日本のあゆみ

世紀	時代区分			年代	ことがら
16	封建社会	室町	戦国	1543	鉄砲の伝来
				1549	キリスト教の伝来
			安土桃山	1573	織田信長が室町幕府をほろぼす
				1590	豊臣秀吉が全国を統一
				1600	関ヶ原の戦い
				1603	徳川家康が征夷大将軍に
17		江戸		1615	武家諸法度の制度
				1637	島原・天草一揆
				1639	ポルトガル人の来航を禁止
				1641	オランダ人を出島にうつす
18				1709	正徳の治
				1716	享保の改革
				1772	田沼の政治
				1787	寛政の改革
19				1825	異国船打払令
				1837	大塩の乱おこる
				1841	天保の改革
				1853	ペリーの来航
				1858	日米修好通商条約を結ぶ
				1867	大政奉還
				1868	五箇条の御誓文が出る
		明治		1877	西南戦争
				1889	大日本帝国憲法の制定
				1894	日清戦争
				このころ	産業革命がすすむ
				1904	日露戦争
	近代社会			1910	韓国併合
		大正		1918	米騒動／原敬内閣成立
				1925	普通選挙法・治安維持法
		昭和		1931	満州事変がおこる
				1937	日中戦争がはじまる
				1941	太平洋戦争がはじまる
20				1945	ポツダム宣言を受諾
				1946	日本国憲法を公布
				1951	サンフランシスコ平和条約を結ぶ／日米安全保障条約の調印
				1956	国際連合に加入
				1964	東京オリンピック開催
				1965	日韓基本条約調印
				1972	沖縄諸島の日本返還
				1978	日中平和友好条約
				1989	消費税の導入
		平成		1995	阪神・淡路大震災
				1999	東海村で臨界事故
				2001	中央省庁再編
				2002	日朝首脳会談（平壌宣言）
21				2004	自衛隊、イラク派遣
				2011	東日本大震災

世界のあゆみ

年代	ことがら	朝鮮	中国
1517	ルターが宗教改革をおこす	朝鮮（李氏朝鮮）	明
1522	マゼラン一行が世界一周		
1558	イギリスでエリザベス1世が即位		
1600	イギリスが東インド会社を設立		
1642	イギリスでピューリタン（清教徒）革命		
1661	フランスでルイ14世の親政		清
1688	イギリスで名誉革命		
1689	イギリスで権利章典の制定		
このころ	イギリスで産業革命がはじまる		
1776	アメリカ独立宣言の発表		
1789	フランス革命・人権宣言		
1804	ナポレオンが皇帝となる		
1814	ウィーン会議		
1830	フランスで七月革命		
1840	中国でアヘン戦争		
1848	フランスで二月革命		
1851	中国で太平天国の乱		
1857	インド大反乱		
1861	アメリカで南北戦争		
1871	ドイツ帝国の成立		
このころ	ヨーロッパ列強によるアフリカの分割がすすむ	韓国	中華民国
1911	中国で辛亥革命		
1914	第一次世界大戦がはじまる	日本の植民地	
1917	ロシア革命		
1920	国際連盟の成立		
1929	世界恐慌がおこる		
1939	第二次世界大戦がはじまる		
1945	国際連合の成立	占領	
1949	中華人民共和国の成立	米ソの	
1950	朝鮮戦争がおこる		中華人民共和国
1955	アジア・アフリカ会議	韓国 北朝鮮（朝鮮民主主... （大韓民国）	
1962	キューバ危機		
1969	人類初の月面着陸		
1975	ベトナム戦争終結		
1980	イラン・イラク戦争がおこる		
1989	東西冷戦の終結宣言		
1990	東西ドイツの統一		
1991	湾岸戦...		
1993	ECがE...		
2000	南北朝...		
2001	アメ...		
2003	イラ...		

中学くわしい歴史(A)

Σ BEST
シグマベスト

くわしい
歴史
中学 1～3 年

木村 茂光　編著

文英堂

特色と活用法

本書は，右の4つの条件を完全に満たすために，さまざまな新しいくふうをこらして編集しました。
みなさんが毎日の勉強にこの本を活用すれば，学力アップは，まちがいありません。

1 教科書で習うことが，すべてくわしく書いてある。

2 くわしいうえに，学習上の要点もはっきりわかる。

3 図や写真が多く，あきないで楽しく勉強ができる。

4 定期テストや入試向けの問題練習もしっかりできる。

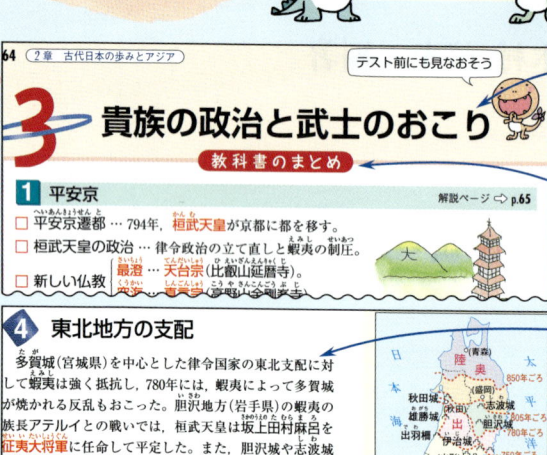

簡潔な要点とくわしさがドッキング

教科書に合わせた単元どり
はさみこみの「教科書対照表」を利用してあわせてください。

重要点をまとめました
テスト前の復習のときには，最低ここだけは覚えましょう。

くわしくてわかりやすい解説
この本の中心となる部分です。読みやすい文章，わかりやすい表し方で，よく理解できます。

とくに大切なポイント
テスト直前に，ここだけ拾い読みしても十分に効果があります。

知識を広げ理解を深める部分
「用語」「参考」「分析」「史料」「人物」「年代ゴロあわせ」など，本文の理解を深め，知っていると役立つ情報がつまっています。

キミの勉強を楽しく確実にするいろいろなパーツ

グレードアップ さらに知識を広げよう 沖縄戦

■ アメリカ軍の沖縄上陸と軍部

太平洋戦争最末期1945年4月1日、アメリカの大軍が沖縄本島に上陸し地上戦が始まった。3月10日には東京大空襲があり、日本の都市が空から無差別爆撃をうけていた。
日本の天皇を中心にした軍部は、連合軍の……ばれて、病院艦などに動員されたが、その半数以上が命を落とした。

■ 沖縄での集団死

暮らしていた町や村が戦場になった沖縄の人々は、日本軍とともに南へ逃げるしかなかった。アメリカ軍の攻撃で多くの人が死んだ

学校の課題研究にそなえる
少しまとまった**重要テーマの解説**です。学校の授業の**課題研究**や**調べ学習**に役立ちます。また、難関校の入試対策も万全です。

時代をとらえる

時代の移り変わりをとらえよう

次の6人の人物を参考に、5章の時代の移り変わりをまとめよう。
徳川家光　松平定信　徳川綱吉　田沼意次　徳川家康　徳川吉宗

解答例 関ヶ原の戦いに勝利した徳川家康が江戸に幕府を開き、徳川家光のころには大名支配のしくみがととのうなど幕藩体制が確立した。幕府政治は徳川綱吉のころ最盛期をむかえたが、この頃から財……

時代の特色がつかめる
各章ごとに、**時代の移り変わりと特色**がつかめるまとめがあります。

史料から時代を読み取る 近代の世界と日本

権利章典　⇒p.198

第1条　議会の承諾なしに、王権によって法律または法律の施行を停止する偽の権力は違法である。
第4条　大権に名を借り、議会の承認なしに、議会が認め、もしくは認めるべき方法と異なった方法で、王の使用に供するために金銭を……

17世紀

アメリカ独立宣言　⇒p.201

われわれは、次の真理を自明のものと認める。すべての人は平等に創られていること。かれらは、その創造者によって、一定のゆずることのできない権利をあたえられていること。それらの中には、生命・自由および幸福の追求があげられること。　【1776年】

時代を読み取る史料
各編ごとに、**時代の流れをつかむために重要な史料**をまとめました。

テスト直前チェック

▶答えられたらマーク　　　　　　　わからなければ↩

① ☐ 日本列島ができたのは、およそ何年前だと考えられているか。　p.34 ①
② ☐ 旧石器時代に人類が使用した石器を、何というか。　p.34 ②
③ ☐ 表面に縄目の文様のある土器を、何というか。　p.34 ③
④ ☐ 縄文時代の人々が女性をかたどって祈ったとされる人形は、何か。　p.35 ④
⑤ ☐ 大陸の技術に学んでつくられた、薄手で赤褐色の土器は何というか。　p.36 ①

復習と知識の確認に最適
1問1答で、自分の弱点がチェックできます。弱点箇所は、指示にしたがって本文へUターンし、しっかり復習しましょう。

定期テスト予想問題

解答⇒p.366

① ［人類のおこりと文明の発生］
次の文章を読んで、あとの問いに答えなさい。

人類がこの地球上にあらわれたのは、いまから700〜500万年ほど前といわれている。古い人類である（ⓐ）には、アフリカで発見されたサヘラントロプス＝チャデンシスやアウストラロピテクスなどがいる。のちに出現した原人は、ⓑ打ちくだいただけの石器を使い、狩猟生活をおくっていた。その後、人類の直接の祖先である新人があらわれた。やがてアフリカやアジアの大河流域で農耕と牧畜がはじまり、文明がおこった。ⓐエジプト文明……

定期テスト対策も完ぺき
各章ごとに、**定期テスト**で出やすい予想問題を集めました。しっかりやっておけば学校のテストは心配ありません。

入試問題にチャレンジ ①

制限時間30分　得点
解答⇒p.371

① ［原始〜近代の郷土史］
よしのさんのクラスでは、「私たちの郷土」というテーマで調べ、発表することになりました。次の文は、そのときの原稿の一部です。これを読んで、あとの問いに答えなさい。　[65点]

私たちは、和歌山県のふるさと教育副読本『わかやま発見』、『わかやま何でも帳』をもとに、郷土の歴史や文化が、日本の歴史や文化とどのようなつながりがあるのかを調べました。
遺跡や古墳についてみると、県内で発見された最古のⓐ石器は、約3万年前のものであることや……

高校入試も意識した編集
実際の入試問題で、**中学歴史の総仕上げ**ができます。

こんなに役立つ参考書です。
問題集も発刊しています。

もくじ

- 特色と活用法 ——————— 2
- 実力up勉強法 ——————— 10
- 歴史学習の基礎知識 ——— 15

1編 原始・古代の日本

1章 文明のおこりと日本

1 人類のはじまりと古代文明 —— 20
1. 人類の誕生 ——————————— 21
2. 四大文明のおこり ———————— 23
3. エジプトとメソポタミアの文明 —— 24
4. 地中海の文明 ————————— 25
5. インドの文明と仏教 ——————— 28
6. 中国文明と秦・漢 ———————— 29
- テスト直前チェック ——————— 32

2 日本の原始時代 —— 33
1. 日本人の祖先 ————————— 34
2. 弥生文化 ——————————— 36
3. 邪馬台国 ——————————— 37
4. 古墳の出現と大和政権 ————— 38
- 時代をとらえる ————————— 40
- テスト直前チェック ——————— 41
- 定期テスト予想問題 ——————— 42

2章 古代日本の歩みとアジア

1 古代国家のなりたち —— 46
1. 中国・朝鮮の統一 ——————— 47
2. 聖徳太子の政治 ———————— 48
3. 飛鳥の仏教文化 ———————— 50
4. 大化の改新 —————————— 51
- テスト直前チェック ——————— 54

2 律令政治の動き —— 55
1. 律令の制定 —————————— 56
2. 平城京 ———————————— 57
3. 奈良時代の農民と貴族 ————— 59
4. 天平文化 ——————————— 60
- テスト直前チェック ——————— 63

3 貴族の政治と武士のおこり —— 64

1 平安京 …… 65
2 東アジアの変化 …… 67
3 摂関政治 …… 68
4 武士のおこり …… 69
5 国風文化 …… 69
時代をとらえる …… 72
テスト直前チェック …… 73
定期テスト予想問題 …… 74

2編 中世・近世の日本

3章 武家政治の成立と展開

1 貴族政治から武士の政治へ —— 82
1 武士の成長と院政 …… 83
2 平氏の政治 …… 85
テスト直前チェック …… 87

2 鎌倉幕府の政治 —— 88
1 鎌倉幕府の成立 …… 89
2 承久の乱と執権政治 …… 91
3 武士と農民 …… 92
4 産業と経済の発達 …… 93
5 鎌倉文化 …… 94
テスト直前チェック …… 96

3 元寇と鎌倉幕府の滅亡 —— 97
1 元の襲来 …… 98
2 鎌倉幕府の滅亡 …… 99
3 建武の新政 …… 100

4 南北朝の内乱 …… 101
テスト直前チェック …… 103

4 室町幕府の政治と外交 —— 104
1 室町幕府の成立 …… 105
2 東アジアの交流 …… 106
3 産業と経済の発達 …… 108
4 都市と交通の発達 …… 109
テスト直前チェック …… 111

5 下剋上の世の中 —— 112
1 村の自治 …… 113
2 応仁の乱 …… 114
3 戦国大名の登場 …… 115
4 国一揆と一向一揆 …… 116
5 室町・戦国時代の文化 …… 117
時代をとらえる …… 120
テスト直前チェック …… 121
定期テスト予想問題 …… 122

4章 ヨーロッパ人との出会いと天下統一

1 イスラムとヨーロッパの世界 ────── 126
1. イスラム教の世界 ────── 127
2. ヨーロッパ世界の発展 ────── 128
3. 十字軍の遠征 ────── 129
4. ルネサンスと宗教改革 ────── 130
5. 新航路の開拓とヨーロッパ諸国の海外進出 ────── 133

テスト直前チェック ────── 136

2 天下統一と桃山文化 ────── 137
1. 鉄砲とキリスト教 ────── 138
2. 信長の統一事業 ────── 139
3. 秀吉の全国統一 ────── 141
4. 秀吉の対外政策 ────── 142
5. 桃山文化 ────── 143

時代をとらえる ────── 145
テスト直前チェック ────── 146
定期テスト予想問題 ────── 147

5章 幕藩体制と鎖国

1 江戸幕府の成立と鎖国 ────── 150
1. 江戸幕府の成立 ────── 151
2. 江戸幕府のしくみ ────── 152
3. さまざまな身分とくらし ────── 154
4. 鎖国の完成 ────── 157
5. 鎖国下の対外関係 ────── 159

テスト直前チェック ────── 162

2 産業の発達と元禄文化 ────── 163
1. 産業の発達 ────── 164
2. 交通の発達 ────── 165
3. 商業と都市の発達 ────── 167
4. 元禄文化 ────── 169

テスト直前チェック ────── 172

3 くずれる封建社会 ────── 173
1. 幕府政治の改革 ────── 174
2. 享保の改革と田沼の政治 ────── 175
3. 農村と都市の一揆 ────── 177
4. 寛政の改革 ────── 178
5. 新しい学問 ────── 179
6. 化政文化 ────── 180

時代をとらえる ────── 183
テスト直前チェック ────── 184
定期テスト予想問題 ────── 185

3編 近代の日本と世界

6章 近代国家の成立と日本の開国

1 欧米諸国の発展 —— 196
1. イギリスとフランスの市民革命 …… 197
2. アメリカの独立革命 …… 201
3. 産業革命とその影響 …… 202
4. 19世紀の欧米諸国 …… 205

テスト直前チェック …… 209

2 ヨーロッパのアジア侵略 —— 210
1. インドの植民地化 …… 211
2. 中国の植民地化 …… 213

テスト直前チェック …… 216

3 日本の開国 —— 217
1. 近づく外国船 …… 218
2. 忠邦の改革 …… 219
3. 開国と不平等条約 …… 222
4. 開国の影響 …… 223
5. 江戸幕府の滅亡 …… 224

時代をとらえる …… 227
テスト直前チェック …… 228
定期テスト予想問題 …… 229

7章 近代国家への歩み

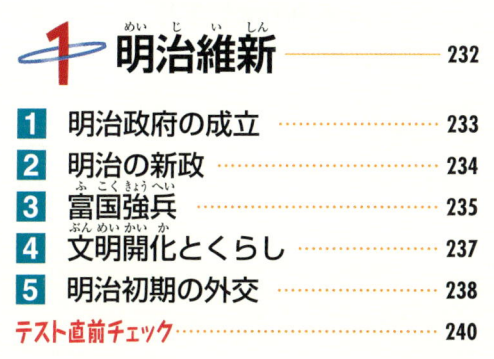

1 明治維新 —— 232
1. 明治政府の成立 …… 233
2. 明治の新政 …… 234
3. 富国強兵 …… 235
4. 文明開化とくらし …… 237
5. 明治初期の外交 …… 238

テスト直前チェック …… 240

2 自由民権運動と立憲政治 —— 241
1. 新政府への不満 …… 242
2. 自由民権運動 …… 242
3. 憲法の制定 …… 244
4. 国会の開設 …… 246

テスト直前チェック …… 248

もくじ

3 日清・日露戦争と条約改正 —— 249
1. 日清戦争 …… 250
2. アジア・アフリカの植民地化 …… 251
3. 日露戦争 …… 253
4. 条約改正の歩み …… 254
5. 韓国併合と辛亥革命 …… 255

テスト直前チェック …… 257

4 産業革命の進展と近代文化の形成 —— 258
1. 日本の産業革命 …… 259
2. 労働者と農民 …… 260
3. 教育と学問の発達 …… 263
4. 近代文学と芸術 …… 264

時代をとらえる …… 267
テスト直前チェック …… 268
定期テスト予想問題 …… 269

8章 2度の世界大戦と日本

1 第一次世界大戦 —— 272
1. ヨーロッパ諸国の対立 …… 273
2. 第一次世界大戦と日本 …… 274
3. ロシア革命とシベリア出兵 …… 276
4. ベルサイユ条約と国際連盟 …… 277
5. 民主主義と民族独立運動 …… 279

テスト直前チェック …… 281

2 大正デモクラシー —— 282
1. 大戦景気と米騒動 …… 283
2. 政党政治の実現 …… 284
3. 民衆運動の高まり …… 285
4. 新しい生活と文化 …… 286

テスト直前チェック …… 288

3 世界恐慌と日中戦争 —— 289
1. 世界恐慌とブロック経済 …… 290
2. ファシズムの台頭 …… 291
3. 日本の中国侵略 …… 293
4. 日中全面戦争と国民生活 …… 295

テスト直前チェック …… 297

4 第二次世界大戦 —— 298
1. 第二次世界大戦のはじまり …… 299
2. 日本の南進 …… 300
3. 太平洋戦争のはじまり …… 301
4. 世界大戦の終結 …… 303

時代をとらえる …… 306
テスト直前チェック …… 307
定期テスト予想問題 …… 308

4編 現代の日本と世界

9章 新しい日本と世界

1 日本の戦後改革 —— 316
1. 占領と日本の民主化 …………… 317
2. 日本国憲法と戦後の国民生活 … 318
3. 2つの世界とアジア …………… 319

テスト直前チェック ………………… 321

2 国際社会と日本 —— 322
1. 冷たい戦争と朝鮮戦争 ………… 323
2. 国際社会に復帰する日本 ……… 324
3. 世界の多極化 …………………… 325

4 55年体制と安保条約の改定 …… 326
5 経済の高度成長と国民生活の変化 …………………………… 327

テスト直前チェック ………………… 329

3 今日の世界と日本 —— 330
1. 複雑化する世界 ………………… 331
2. 世界と日本の現状 ……………… 332
3. われわれの課題 ………………… 334

時代をとらえる ……………………… 336
テスト直前チェック ………………… 337
定期テスト予想問題 ………………… 338

● ふろく ……………………………… 342
○ 入試問題にチャレンジ ❶〜❹ …… 350
○ 定期テスト予想問題の解答と解説 … 366
○ 入試問題にチャレンジの解答と解説 371
■ さくいん …………………………… 374

★史料から時代を読み取る 一覧
● 原始・古代の日本 ………………… 76
● 中世・近世 ………………………… 188
● 近代の世界と日本 ………………… 310
● 現代 ………………………………… 340

★グレードアップ 一覧
● 世界宗教の成立 …………………… 31
● 縄文人のくらし …………………… 35
● 日本にのこる朝鮮の地名 ………… 53
● 平安時代の女性と文学 …………… 71
● アジアのなかの元寇 ……………… 102
● 日本人の生活のもとをつくった東山文化 … 119
● アメリカの古代文明 ……………… 135
● 鎖国時代の4つの窓 ……………… 161
● 藩校 ………………………………… 182
● 19世紀の科学と文化 ……………… 208
● ヨーロッパ諸国のアジア侵略の背景 …… 215
● 諸藩の改革と専売制 ……………… 221
● 自由民権の思想 …………………… 247
● 日本の産業革命年表 ……………… 262
● 沖縄戦 ……………………………… 305
● 戦争の償い ………………………… 335

実力UP 勉強法
社会 [歴史]

ボクは歴史大嫌いの中学生
覚える事は多いし、だいたい歴史を勉強して何の役に立つの？
って思ってた
仙人がコツを教えてくれるまではね
それは何かって？
ボクの話を読むとわかるよ

歴史番組つまんね〜

プチ
ピッ

ねお〜

うわぁ

喝

何を言うちょるか 歴史はおもしろいんじゃあ〜！！

サダコか…

でもサ 歴史を学んで何かの役に立つんですか？

それはね 温故知新（おんこちしん）じゃよ 明智（あけち）君

それはつまり、過去に起こった事、先人たちの行いを学んで、今の自分たちの有り様を考え直してみよう!という意味じゃ 知恵を借りたり、過ちを繰り返さないためにもな

ボクは明智じゃなくて山田なんですけど

でも、覚えることがあり過ぎてめんどくさいです 人名とか 年号とか 事件とか……

丸暗記しようとするからじゃあ

バコ！

喝！

事件の原因と結果を考え 登場人物や時代背景などを書き出し、自分なりに整理して、組み立ててごらん

う〜ん それなら…

問題集や参考書はいつ使うんですか？

こうじゃ!
まず教科書で
しっかり勉強!!
教科書
バ
ン
さらにくわしく
知りたい時に
参考書
なるほど
なるほど
どれくらい
理解できたか
自己診断のための
問題集
このサイクルを
何度もくり返して
しっかり
自分のものに
するんじゃ
ヒェ〜
そんなの気が遠くなる〜〜
そんなのめんどくさいから
さっさと試験のヤマを
教えて下さい
喝!

何を言うちょるか そんなモンありゃせんっ

あのォ山口弁なんですけどォ

安心しろ！
コツはある
要は難しく考えず
好奇心をもって
接することじゃ

はぁ……

1. 時代の特色や流れをつかもう。
2. 重要な出来事について『いつ』『誰が』『何を』『なぜ』『どのように』が答えられるようにしよう。
3. 世界と日本の歴史を関連づけておこう。
4. 史料、歴史地図、文化財の写真などをよく見ておこう。
5. 歴史人物や重要な歴史用語は、正しく漢字で書けるようにしよう。

どうじゃ
そう難しくなかろう

う～ん なんだか
段々出来そうな
気がして来た

千里の道も
一歩からじゃ
気長に気長に
……

じいさんに
なるよ

美術館や博物館
本や映画も良い参
考になるぞ

ナニナニ、これから
明治維新を描いた
映画が始まるとな
……

ああっ!!
この人知ってるかも!?

ホレ
行って来い!
ワッ

誰だったかなあ!?
誰だったかなあ!?

誰?
歴史の勉強ってホントに大事だなあ!
その人は福沢諭吉じゃよ
1万円札
さあ ワシは帰るとするか がんばれよ〜
公民へ続く

年代や時代のあらわし方

（歴史学習の基礎知識）

年代のあらわし方と世紀

❶ **西暦** **イエス＝キリストが生まれたとされる年を第1年として数える方法**。イエスの誕生前の年は紀元前○年という。誕生後の年は紀元○年とあらわすが，ふつうは紀元を省略して○年とあらわす。

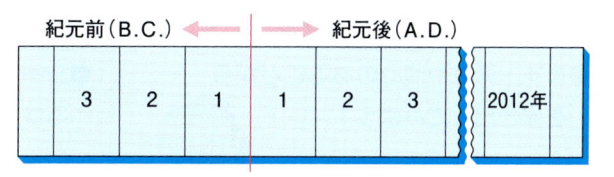

紀元前（B.C.） ←	→ 紀元後（A.D.）
3　2　1	1　2　3　…　2012年

＊紀元前はBefore Christ（英語でキリスト以前）を略してB.C.，紀元後はAnno Domini（ラテン語でわが神の世）を略してA.D.であらわす。
＊キリストが生まれたのは，実際は紀元前4年ごろとされる。

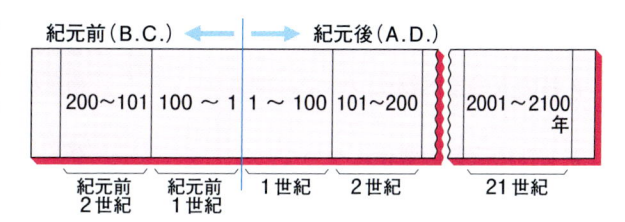

❷ **世紀** **西暦を100年ごとに区切ったあらわし方**。西暦1年～100年を1世紀，101年～200年を2世紀という。21世紀は2001年～2100年。

紀元前（B.C.） ←	→ 紀元後（A.D.）	
200～101 ｜ 100～1	1～100 ｜ 101～200	2001～2100年
紀元前2世紀　紀元前1世紀	1世紀　2世紀	21世紀

❸ **年号（元号）** **昭和・平成など，年につけるよび名**。年代を数える方法の1つ。中国や日本で用いられてきたもので，元号ともいう。日本では，西暦645年にあたる年を「大化」元年と名づけたのが最初。

時代のあらわし方

❶ **政治の中心地による区分**　飛鳥～奈良～平安～鎌倉～室町～安土桃山～江戸（時代）。
❷ **社会のしくみの特色による区分**　原始～古代～中世～近世～近代～現代。
❸ **その時代の主な道具による区分**　旧石器時代～新石器時代～青銅器時代～鉄器時代。

年代	1万年前	2000	400 300	B.C. A.D.	500	1000	1500	1900	2000
日本	旧石器時代	縄文時代	弥生時代	古墳時代	飛鳥時代／奈良時代	平安時代	鎌倉時代／室町時代	安土桃山時代／江戸時代	明治／大正／昭和／平成時代
	旧石器時代	新石器時代	青銅器時代	鉄　器　時　代					
	原　始　時　代			古代		中世（前期封建社会）	近世（後期封建社会）	近代	現代

「調べ学習」にチャレンジ

歴史学習の基礎知識

中学では，地域の歴史や興味・関心をもったことがらについて調べて発表する「調べ学習」が本格化します。次のポイントに注意してチャレンジしよう。

1 テーマを決めよう！

● まず，興味や関心のあることがらを書き出してみよう！

● テーマが決まったら，どんなことを調べるかをしぼり込もう！

《テーマ例》

▶ 政治を行った**歴史上の人物**について

〈調べる人物〉聖徳太子，聖武天皇，藤原道長，源頼朝，織田信長，豊臣秀吉，徳川家康，西郷隆盛と大久保利通 など

▶ **外国との関係**について

渡来人，遣隋使，遣唐使，元寇，秀吉の朝鮮侵略，南蛮人との出会い，ペリー来航，貿易や条約 など

▶ **昔の人の食べ物**について

縄文人の食事
貴族と武士の食事 など

▶ **女性の服装の変化**について

卑弥呼の時代の女性
貴族の時代の女性
武士の時代の女性 など

2 調べよう！

▶ **教科書**や**参考書**を利用する
▶ 学校図書館や地域の**図書館**を利用する
▶ **博物館**や**歴史資料館**を利用する
▶ **聞き取り調査**をする
▶ **インターネット**を利用する

● 「中学歴史の発展的学習」（文英堂版）などを使うと便利です。
● 図書館で歴史人物事典などを借りて調べます。

＊ 検索キーワードを入力して調べてみよう。
＊ 全国の博物館や美術館，歴史資料館などのホームページには，画像を見ることができるものもあり，調べるのに役立つ情報がたくさんある。

● 現地に出かける
● 現地の人の話を聞く
● 学芸員さんの話を聞く 
● 体験する（はにわ作りなど）

歴史学習の基礎知識　17

参考　インターネットを利用するためのルールとマナー

身を守るための約束		法律にかかわること		電子メールの送受信		ホームページの利用	
❶	自分のパスワードは秘密にする	❺	著作権を大切にする	❾	電子メールは公開しない	⓭	悪いホームページは相手にしない
❷	いつも自分のユーザーIDを使う	❻	著作権フリーかどうか確かめる	❿	メールにひそむウイルスに注意	⓮	ほしい情報は検索のページから探す
❸	個人情報は公開しない	❼	人の顔写真をだまって公開しない	⓫	文字だけしか伝わらないことに注意する	⓯	ホームページの作成には責任をもつ
❹	コンピュータウイルスに注意する	❽	ダイレクトメールには要注意	⓬	無責任なメールでうわさをまき散らさない	⓰	リンクは許可をえる

3　まとめよう！

▶ 年表・地図などを工夫しよう。
▶ 図やイラストは色分けをしてわかりやすく。
▶ グループで作業する場合は，役割分担を決めておくとスムーズ。
▶ 自分たちの意見や感想をまとめよう。

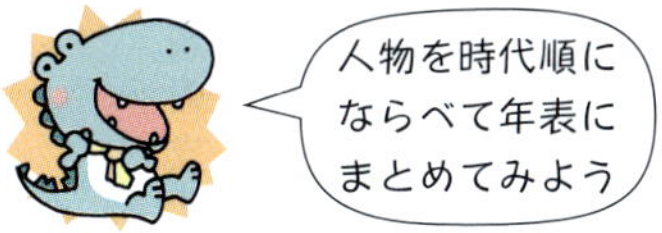

（歴史新聞にまとめてもいいね）

（人物を時代順にならべて年表にまとめてみよう）

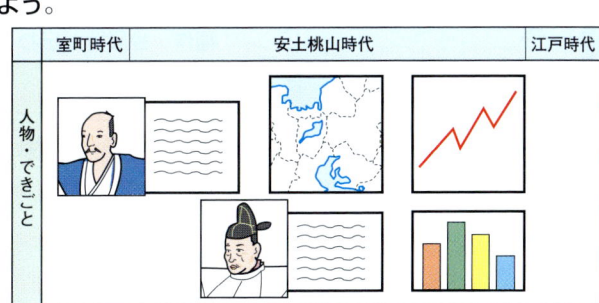

4　発表しよう！

▶ 発表するときは，大きな声でゆっくり話そう。
▶ 図やグラフは，じっくりと見せ，説明しよう。
▶ 質問の回答は，よく調べてから答えよう。

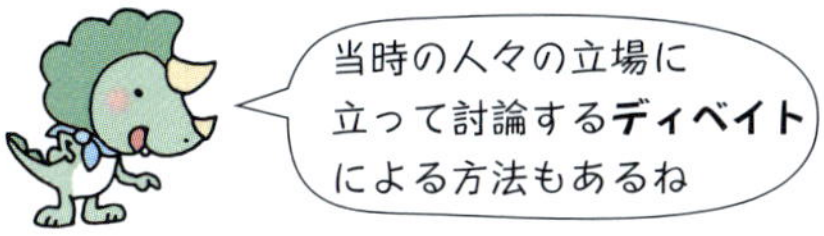

（当時の人々の立場に立って討論するディベイトによる方法もあるね）

＊ロールプレイングによる発表をしよう

1. 調べた内容で台本づくりをしよう。
   どんな話の展開か，どんな場面か，おもな登場人物，配役などを決める。
2. リハーサルは十分に行おう。
   みんなに聞こえるように大きな声で。
3. 発表会をしよう。

＊その人物の気持ちになって考え，演技すること

元寇の巻

「日本よ，元の家来になりなさい」

「われわれは，元に服従する気などないぞ」

1編 原始・古代の日本

人類が地球上に，そして日本列島上に現れたのはいつなのだろうか？ 最初の人類はどのような生活をしながら，今の私たちの生活につながる文化を作り上げてきたのだろうか？ このような疑問を出発点にして，私たちの祖先(せん)が長い時間をかけて作ってきた古代の生活や文化などについて勉強しよう。

年代	日本（時代）	日本（できごと）	世界の文明	朝鮮	中国
400万年前	旧石器時代	● 人類(じんるい)のおこり		原始社会	原始社会
1万年前	縄文(じょうもん)時代	● 磨製(ませい)石器・土器の使用の開始	■メソポタミア文明 ■エジプト文明 ■インダス文明 ■中国文明		殷(いん) 春秋 戦国
	弥生(やよい)時代	● 稲作(いなさく)・金属器が伝わる		（漢の支配）	秦(しん)
紀元前 / 紀元後		● 小国家の分立			
100		● 奴国(なこく)王が漢(かん)に使いを送る			漢(かん)
200		● 邪馬台国(やまたいこく)の成立			
300				高句麗(コグリョ)・百済(ペクチェ)・新羅(シルラ)	三国 晋(しん) 五胡十六国 南北朝
400	古墳(こふん)時代	● 大和政権(やまとせいけん)の国土統一	▲蘇我馬子(そがのうまこ)の墓といわれる石舞台(いしぶたい)古墳		
500					
600	飛鳥(あすか)時代	● 聖徳太子(しょうとくたいし)が摂政(せっしょう)となる			隋(ずい)
700	奈良(なら)時代	● 大化(たいか)の改新(かいしん) ● 平城京(へいじょうきょう)に都をうつす			唐(とう)
800	平安(へいあん)時代	● 平安京(へいあんきょう)に都をうつす		新羅	
900		● 遣唐使(けんとうし)の停止 ● 平将門(たいらのまさかど)・藤原純友(ふじわらのすみとも)の乱	▲復原された遣唐使船		
1000					十五国 宋(そう)
1100		● 白河上皇(しらかわじょうこう)が院政(いんせい)を開始		高麗(コリョ)	
1200		● 源頼朝(みなもとのよりとも)が鎌倉(かまくら)幕府を開く			

1章 文明のおこりと日本

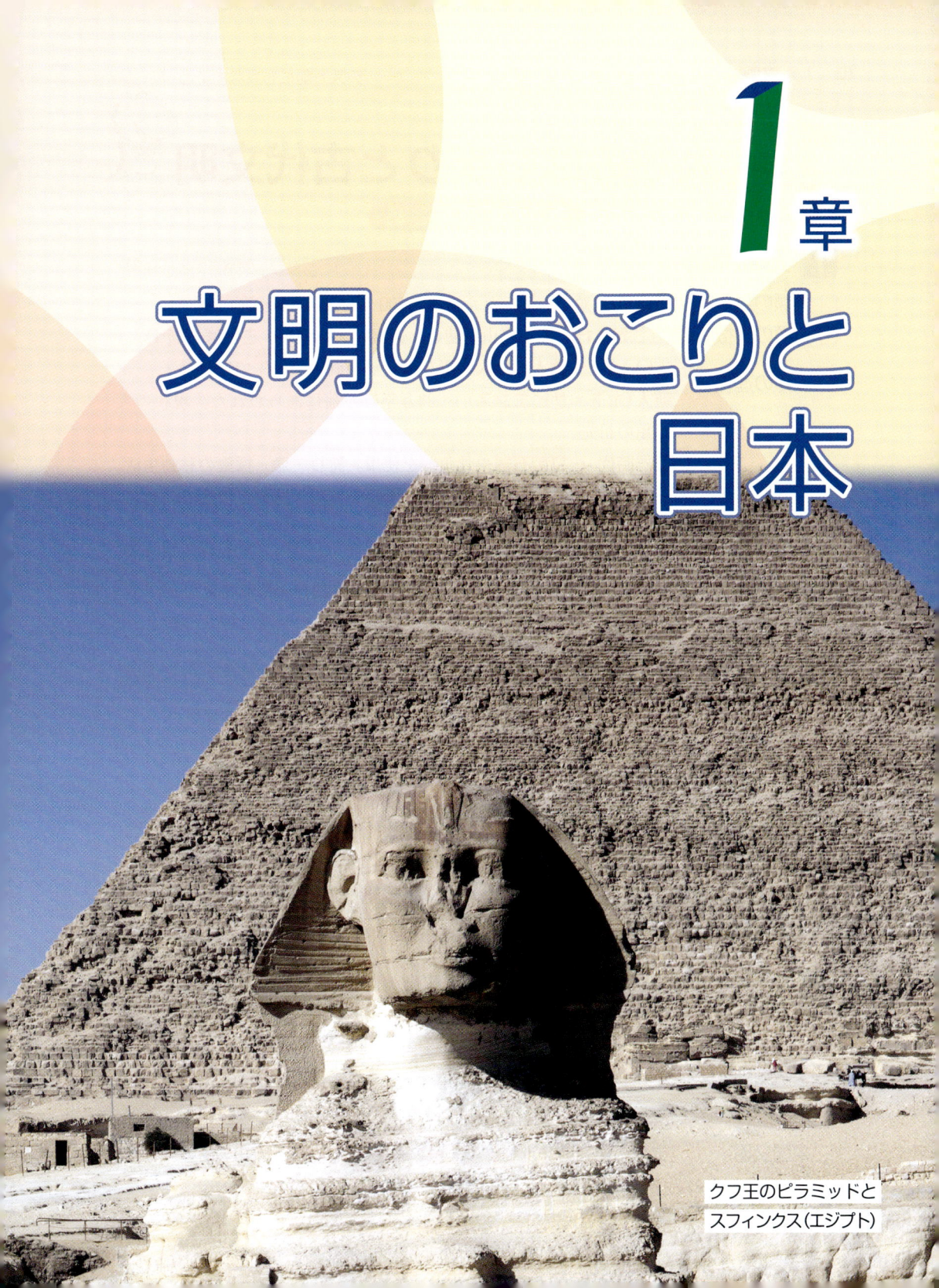

クフ王のピラミッドと
スフィンクス(エジプト)

1 人類のはじまりと古代文明

テスト前にも見なおそう

教科書のまとめ

1 人類の誕生
解説ページ ⇒ p.21

- □ 人類の発生 … 地球上に人類があらわれたのは，**700〜500万年**ほど前。
- □ 人類の特徴 … **直立二足歩行**。手を自由に使い，道具・火を使用。ことばを話す。
- □ 人類の進化 ─ 古い人類 … **猿人・原人**。現在の人類の直接の祖先ではない。
  └ **新人（ホモ＝サピエンス）** … 20万年ほど前にあらわれた。現在の人類の祖先。
- □ 石器時代 ─ 旧石器時代 … **打製石器**や骨角器を使用。**狩り・漁・採集**の移動生活。
  └ 新石器時代 … **磨製石器**や骨角器・土器を使用。**農耕**と**牧畜**の開始。

2 四大文明のおこり
解説ページ ⇒ p.23

- □ 四大文明の発生 … **エジプト・メソポタミア・インド・中国**の4地域で発生。
- □ 四大文明の特徴 … 乾燥して温暖な気候。大河の流域。農業の発達と国家の成立。

3 エジプトとメソポタミアの文明
解説ページ ⇒ p.24

- □ エジプト文明 … **ナイル川**流域。紀元前3000年ごろ発達。太陽暦。象形文字。
- □ メソポタミア文明 … **チグリス・ユーフラテス川**流域。くさび形文字。ハンムラビ法典。

4 地中海の文明
解説ページ ⇒ p.25

- □ ギリシャ世界 … 紀元前8世紀ごろ。スパルタやアテネ（民主政治）。人間中心の文化。
- □ ローマの発展 … 紀元前1世紀に**ローマ帝国**成立。奴隷労働。実用的なローマ文化。
- □ キリスト教の成立 … ユダヤ人の**イエス**が開く。ローマの国教になる。

5 インドの文明と仏教
解説ページ ⇒ p.28

- □ インダス文明 … **インダス川**流域。紀元前2500年ごろ。モヘンジョ＝ダロの都市遺跡。
- □ 仏教の広まり … **シャカ（釈迦）**が開く。カースト制度に苦しむ人々に広まる。

6 中国文明と秦・漢
解説ページ ⇒ p.29

- □ 中国文明 … **黄河**流域。紀元前16世紀ごろ、**殷**の統一。**甲骨文字**（漢字のもと）。
- □ 秦・漢 … 秦の**始皇帝**の中国統一。万里の長城。漢の時代に**シルクロード（絹の道）**。

1 人類の誕生

1 人類の発生

人類の発生についてはまだ分からないことが多いが、発掘された人骨などからいまから700〜500万年ほど前にあらわれたといわれている。人類の特徴は、<u>直立して歩く</u>ことによって両手が使えるようになり、<u>道具をつくり</u>、<u>火を使い、ことばを話せる</u>ようになったことである。これらの活動によって脳も大きく発達した。

ポイント
直立二足歩行 ⇒ 手の使用／脳の発達 ⇒ 道具をつくる／火を用いる／ことばを話す

用語 更新世と氷河時代

更新世とは地質学上の年代区分で、いまから約200万年前から1万年前までの時代をいう。この時代には地球の広い地域が氷河におおわれた氷期が4回にわたっておこり、その間にはさまって3回のわりあい気候のおだやかな間氷期があった（氷河時代）。その間に人類は少しずつ進化していった。骨のDNAの解読がすすんだことで、人類は多くの枝分かれをしながら進化したことがわかってきた。

2 古い人類

更新世に活動した人類。何回かの氷期に死に絶え、現在の人類の祖先とは考えられない。

1 猿人 今から約700〜500万年ほど前にアフリカにあらわれた。サヘラントロプス＝チャデンシス（トゥーマイ猿人）やアウストラロピテクスなどがいる。

2 原人 今から200万年ほど前にあらわれた。ジャワ島（インドネシア）で発見されたジャワ原人や中国の北京郊外周口店で発見された北京原人などがいる。原人は道具を発達させ、それを使用して狩りや採集を行った。火も使用するようになった。

分析 脳頭骨の体積の比較から人類の進化を考える

下表は、各人類の脳頭骨の体積を比較したものである。時代が下るとともに大きくなっている。

人類名	脳頭骨の体積(cm³)
猿　人	400〜600
原　人	800〜1300
新　人	1400〜1800

3 新人（ホモ＝サピエンス）

新人（ホモ＝サピエンス）は今から20万年ほど前にあらわれ、世界各地に広がった。現在の人類の祖先にあたる。新人では、フランス南部で発見されたクロマニョン人が有名で、彼らは精巧な打製石器や骨角器をつくり狩りや漁を営んでいた。そのようすは、彼らが住んでいた洞窟の壁に描かれた壁画で知ることができる。

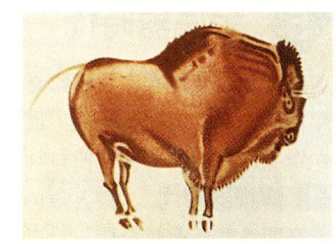

▲アルタミラの壁画　**視点** クロマニョン人は狩りでえものが多いことを祈り、また自分たちの子孫が栄えることを願って壁画を描いたらしい。写真は、北スペインのアルタミラの洞窟で発見されたもので、野牛を描いている。このほかラスコー（フランス）にも壁画が残っている。

ほかに，イタリアの地中海沿岸から発見されたグリマルディ人，中国の山頂洞人なども知られている。

4 石器時代

人類が最初に使った道具は石器で，道具としておもに石器を用いていた時代を石器時代という。これは**旧石器時代**と**新石器時代**に分けられる。

1 旧石器時代 自然石を打ちくだいた石器＝**打製石器**が使われていた時代。人類の発生からクロマニョン人のころまで数十万年も続いた。人々は洞窟を住居としていたが，狩りや漁を行い，木の実などの採集をして生活していたので，獲物を求めて移動していた。彼らは石器のほか，動物の骨や角でつくった骨角器も使っていた。

2 新石器時代 石を磨いたり，するどい刃をつけたりした石器＝**磨製石器**が使われていた時代で，約1万年前から金属器が発見されるまで数千年間続いた。人々は石器・骨角器のほかに土器を発明し，植物の貯蔵や煮炊きに使った。この時代で一番重要なのは，9000年ほど前に**西アジアで農耕と牧畜が始まった**ことである。これによって安定して食料を得ることができるようになったので，人々は低地に定住し，血のつながったものが集団をつくってくらせるようになった。

▲打製石器（左）と磨製石器（右）

[視点] 写真でもわかるように，磨製石器はきれいにみがいてあり，使いやすくなっている。しかし，石器がこのように進歩するまでには，何十万年という長い年月がかかっているのである。

	旧石器時代	新石器時代
道具	打製石器	磨製石器・土器
生産	狩漁・自然物採集	農業・牧畜
住居	洞窟	平地に家を建設
社会	群社会・移動生活	村の成立・貧富の差
時期	数十万年間	9000年前〜数千年間

▲石器時代の特徴

5 金属器時代

道具としておもに金属器を用いた時代。数千年前西アジアで始まった。最初は純銅でやわらかかったため，石器も使われた。

1 青銅器時代 銅と錫の合金である青銅が発明され，それを使った青銅器がさかんに使われた時代。文字がつくられ，文明がおこった。文明の発展とともに集団が大きくなり，それらが統合されて都市や国家が誕生した。

2 鉄器時代 紀元前1500年ごろ，鉄器の使用が西アジアから始まり，世界に広がって文明は急速に発展した。

▲化石人骨の発見地

2 四大文明のおこり

1 四大文明の発生

紀元前3500～1600年ごろ，世界最初の文明が次の4地域で発生した。この文明を**四大文明**とよぶ。また，ややおくれて地中海にエーゲ文明がおこった。
①エジプトのナイル川流域＝**エジプト文明**
②メソポタミアのチグリス川・ユーフラテス川流域＝**メソポタミア文明**
③インドのインダス川流域＝**インダス文明**
④中国の黄河流域＝**中国文明**

2 四大文明の特徴

1 自然 4地域とも乾燥した温暖な気候で，そのうえ大きな川の流域であったため，川の氾濫による肥沃な土地と豊かな水に恵まれて，農業が発達した。

2 社会 農業の発達にともなって人口が増えると，富をもつ者ともたない者ができ，やがて支配する者と支配される者にわかれて**国家**が生まれた。これらの国では権力者の王が**祭政一致**の政治を行い，多くの役人を従えて農民や手工業者や**奴隷**を支配した。

ポイント
〈四大文明の発生〉
大河の流域
温暖な気候
↓
農業の発達
都市国家の発生
⇒ エジプト文明
メソポタミア文明
インダス文明
中国文明

分析 国家がおこったわけ
はじめはみんなの財産を管理し，戦争などの指揮をしていた指導者が，地位を利用して自分の土地や奴隷を増やして支配者となった。支配者は，自分の財産や地位を子孫に伝え，他の集団の財産を得ようと争った。やがて，広い地域と人々を支配する集団ができ，支配する者（王・貴族）と支配される者（人民・奴隷）ができて，国家が生まれたのである。

用語 祭政一致
国家がおこったころは，宗教と政治は一体化していた。王は，神または神の子などとして宗教の儀式と国の政治とをいっしょに考え，政治を行っていた。これを祭政一致という。

用語 奴隷
人間としての資格と自由が認められず，強制的に労働させられ，品物と同じように売買された人々。

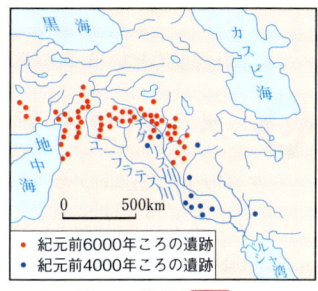

▲**西アジアの農耕** 視点 チグリス川・ユーフラテス川流域の西アジアでは，上流域で農耕がはじまり，下流域へと広まっていった。最初に栽培されたのは麦と考えられている。

◀世界の四大文明の発生地

3 エジプトとメソポタミアの文明

1 エジプト文明の成立

ナイル川の洪水によって運ばれた肥沃な土地を利用して，紀元前6000年ごろに農業が始まり，やがて国家が生まれた。紀元前3000年ごろにはナイル川流域に統一国家の**エジプト王国**が成立し，約2500年以上も続いた。王は太陽神の子として，絶対的な力をもって**祭政一致の政治**を行い，役人や神官は貴族として王に仕えた。

2 エジプト文明の特色

祭政一致の政治の影響で，宗教色の強い文化であった。

1 美術・建築 石材を用いて**ピラミッド**や人面身獣像である**スフィンクス**がつくられた。神殿や墓の内部には，かざりつけの絵画や彫刻も残されている。

2 宗教 太陽を神として信仰した。また人は死んでも魂はほろびないと信じ，死体をミイラにする風習があった。

3 学問 ナイル川の氾濫の時期や種まきの時期を知るためや，土地を測量するために天文学や測量術が発達し，それらによって1年を365日とする**太陽暦**もつくられた。また，**象形文字（ヒエログリフ）**を発明して，パピルスという草からつくった紙を用いて書いた。

3 メソポタミア文明の成立

チグリス川・ユーフラテス川の流域のメソポタミア（いまのイラクにあたる）でも早くから農業が発達し，紀元前3000年ごろには国家が成立した。そして紀元前1700年ごろバビロニアの**ハンムラビ王**がメソポタミアを統一した。王は絶対的な権力をもって祭政一致の政治を行い，また商業もさかえた。

4 メソポタミア文明の特色

1 学問 天文学や数学の発達に加えて，信仰と結びついて占星術（星占い）が行われた。暦はエジプトと

参考 エジプトはナイルのたまもの
ギリシャの歴史家**ヘロドトス**のことば。「エジプトに文明が輝いたのはナイル川の恵みをうけたからだ」という意味である。

年代ゴロあわせ
前**3000**年ごろ → エジプト文明の誕生

前 3000
さん然と 輝く文化
ナイルのほとり

用語 ピラミッド
エジプト国王の墓と考えられており，30余りが残っている。紀元前2500年ごろを中心につくられ，石を積み重ねた正四角錐状のものが多い。カイロの近くのギザにあるクフ王のピラミッドが大きく，高さは140mをこえる。

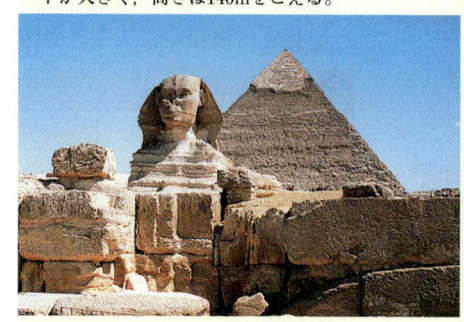

▲クフ王のピラミッドとスフィンクス

▲象形文字 視点 象形文字は物の形をかたどった文字。

ちがい，月の運行をもとにした**太陰暦**が用いられ，1年を12か月，1週を7日，1時間を60分とする60進法の考え方が発明された。文字にはシュメール人が発明した**くさび形文字**が用いられた。

2 法律 発達した国家をおさめるための法律がつくられた。**ハンムラビ法典**は有名である。

用語 くさび形文字
くさび形の記号の表音文字でねん土板にほられた。ハンムラビ法典もくさび形文字で書かれている。

5 オリエントの統一

エジプト・メソポタミアの地域（**オリエント**という）には多くの国家がおこったが，紀元前6世紀ごろ地中海の東部におこったペルシャによって統一された。これによってオリエントの文明は地中海諸地域に伝わり，各地の文明に影響をあたえた。とくに地中海東岸にいたフェニキア人は，貿易をしやすくするため22の表音文字をつくったが，これが現在の**アルファベットのもと**になった。

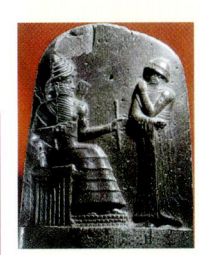

◀ハンムラビ法典 視点 ハンムラビ王がつくったこの法典は「目には目を，歯には歯を」のたとえのように，典型的な復しゅう法である。

ポイント 〈オリエントの文明〉
エジプト文明…**太陽暦・ピラミッド・象形文字**
（ナイル川）
メソポタミア文明…**太陰暦・くさび形文字・ハンムラビ法典**
（チグリス川・ユーフラテス川）

分析 オリエントとは
オリエントとは，「日の出るところ」という意味で，ヨーロッパから見た東方をさす。この地域の影響を大きく受けた，のちのローマ人が名づけた。

4 地中海の文明

1 ギリシャ世界の成立

ギリシャでは，紀元前1600年ごろエーゲ文明がほろび，ギリシャ人の文化が発達した。ギリシャ人は地中海貿易に活躍したため，紀元前800～700年ごろには各地に**ポリス**とよばれる都市国家ができた。そのなかで最も有力だったのが，**アテネ**と**スパルタ**である。

紀元前5世紀前半，オリエントの大帝国ペルシャが3回にわたってギリシャに攻めてきたが，全ポリスが団結してこれを破った（**ペルシャ戦争**，紀元前500～449年）。この結果，東地中海一帯にギリシャ世界が成立した。

分析 ポリスのしくみと人々
①**ポリスのしくみ** ポリスは城壁にかこまれた都市部とそのまわりの郊外からなっていた。都市部の中心には，**アクロポリス**の丘があり，そこに神殿が建てられ，ふもとには市場・公会堂・役所がつくられた。郊外には農民が住み，農牧業にしたがった。
②**ポリスを構成する人々** ポリスの人口は数万人以下で，アテネでは3分の1が**奴隷**だった。実際の生産活動は多くの奴隷が行い，ポリスの基礎をささえていた。

▲ギリシャ世界

2 アテネの民主政治

アテネでは，商工業が発達して平民の力が強くなると，平民も政治に参加できるようになった。民会は政治の最高機関であって，市民権をもつ市民（18歳以上の男子で，奴隷・外国人を除く）が全員出席し，政治を決定する直接民主制が行われていた。アテネの民主政治（デモクラチア）は，ペルシャ戦争に勝った紀元前5世紀後半に全盛をむかえた。

3 ギリシャ文化

ギリシャ人は自由と真理を愛し，人間や自然を知ろうとして合理的な考えを重んじたので，人間中心の文化が発達した。学者や文学者が活躍し，劇や神話が作られた。また，人間の調和のとれた美しさを強調した彫刻や，建築もさかんで，パルテノン神殿は有名である。

4 ヘレニズム文化

ギリシャのポリスは，紀元前4世紀ごろ北方のマケドニアによって統一された。アレクサンドロス大王はオリエント地域にも大遠征を行い，大帝国を建設した。これによってギリシャ文化にオリエント文化がまじりあって新しい文化が生まれた。この文化をヘレニズム文化といい，ミロのビーナス像がその代表である。ヘレニズム文化は中央アジアやインドの文化（ガンダーラ美術）にも影響をあたえ，中国・朝鮮・日本にも影響をおよぼした。

パルテノン神殿▶

参考 アテネとスパルタ
①アテネ　海上貿易と商工業とで栄え，商工業者が民主政治を発達させた。
②スパルタ　農業が中心で，軍国的な政治を行った。

▲古代アテネの想像図　視点　民会は，アゴラという広場で行われた。

「団結は強い」

ギリシャでは，それぞれポリスが独立しており，最後まで統一国家はできなかった。しかし，ギリシャ人は共通の言語を使い，共通の神々を信じ，オリンピアの競技を通して一つの同族意識をもっていたのだ。一人一人は弱くとも，団結すると強い力になるものだ。

参考 学者・文学者の活躍
①ソクラテス　「汝自身を知れ」と教えた。
②プラトン　ソクラテスの弟子で，理想の国家をつくろうとした。
③アリストテレス　プラトンの弟子で，広い学問の分野を体系づけた。
④ヘロドトス　ペルシャ戦争の歴史をあらわし，「歴史学の父」といわれる。
⑤ホメロス　『イリアス』『オデュセイア』などの叙事詩をつくった。

▲アレクサンドロス大王の帝国　[視点]　アレクサンドロス大王の大遠征は，のべ18000kmにも達し，10年半の年月がかかった。

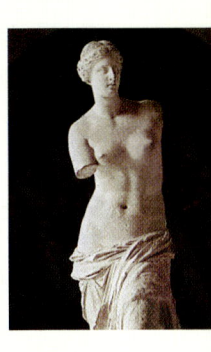

▲ガンダーラの仏像
ミロのビーナス像▶

5 ローマの発展

　イタリア半島の都市国家であったローマが，紀元前3世紀ごろ，イタリア半島を統一。さらに地中海に進出し，紀元前1世紀にマケドニア・ギリシャ・エジプトを従えて地中海沿岸一帯を支配した。紀元前27年，カエサル（シーザー）の養子オクタビアヌスが皇帝につき，ローマ帝国が成立した。ローマ帝国は中国，インドとも貿易して繁栄した。一方，市民の他に多くの奴隷がいてその繁栄をささえていた。

参考　エジプトの滅亡

　ローマにほろぼされる前のエジプトは，アレクサンドロス大王の部下がたてたプトレマイオス家が支配し，その中心地アレクサンドリアはヘレニズム文化と東西貿易の中心となっていた。ローマの実力者アントニウスは，このエジプトに渡り，プトレマイオス家の女王クレオパトラと結婚し，専制君主としてローマを支配しようとした。しかし，紀元前31年にローマのオクタビアヌスにアクティウムの海戦で敗れ，アントニウスもクレオパトラも死に，翌年エジプトはほろんだ。

6 ローマ文化の特色

　ローマ文化はギリシャ・ヘレニズム文化を受けつぎ，ローマ字やラテン語を生みだして後のヨーロッパに多大な影響を与えた。

1 土木建築　水道・道路・浴場など実用的なものがつくられ，コロッセオ（円形闘技場）も建築された。

参考　スパルタクスの反乱

　ローマには征服地からの戦争捕虜などの奴隷が多くいて，奴隷は「ものをいう道具」というひどいあつかいをうけていた。そのため，奴隷の反乱がたびたびおこったが，紀元前1世紀のスパルタクスのひきいた反乱は，2年間におよび10万人が参加した。

▼ローマ時代のコロッセオ

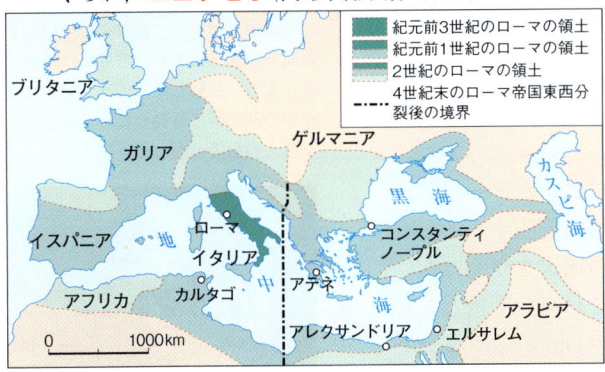

▲ローマの領土　[視点]　ローマは，紀元前3世紀にイタリア半島を統一し，紀元前2世紀には地中海世界へ進出。2世紀には領土が最大に。

2 法律
広大な領土を支配し国家を維持するための法律が，6世紀に東ローマ帝国により「ローマ法大全」としてまとめられた。これは近代の法律のもとになった。

7 キリスト教の発生と発展

ローマの領土となったパレスチナ地方（いまのイスラエル）のユダヤ人が信じていたユダヤ教をもとに，1世紀の初めユダヤ人の**イエス**が全人類の救済と愛情を説いて，**キリスト教**をひらいた。

キリスト教はユダヤ教の迫害を受けたり，神だけを崇拝しローマ皇帝を崇拝しなかったのできびしい弾圧をうけたりした。しかし，4世紀はじめローマ皇帝から公認され，4世紀末にはローマの国教となり，教会や教典（聖書）がととのえられた。

用語 **聖書**
キリスト教の教典のこと。バイブルともいう。『新約聖書』と『旧約聖書』とに分けられる。

▲十字架のイエス

イエスやその弟子たちの言行をまとめたものが『新約聖書』であって，キリスト教の最も重要な教典となっている。これに対し，ユダヤ教の教典として編集されたのが『旧約聖書』である。

5 インドの文明と仏教

1 インダス文明

インダス川流域でも農業が発達し，紀元前2500年ごろには都市ができ，**インダス文明**がおこった。この文明はメソポタミア文明の影響をうけている。ハラッパとならぶ都市国家の遺跡である**モヘンジョ＝ダロ**は計画的な都市で，城壁のなかに道路・下水道・大浴場などがととのえられていた。絵文字であるインダス文字をきざんだ印章も発見されている。

2 アーリア人の社会

紀元前1500年ごろから，中央アジアにいたアーリア人の一部が南下し，**インダス文明の地域を征服**するとともに，ガンジス川流域にも進出し，都市国家をつくった。アーリア人は，バラモン（僧侶階級）を最高の階級とし，**クシャトリア**（王族・貴族）⇨バイシャ（市民）⇨シュードラ（賤民）の4階層をもつ**カースト制度**をつくった。

インダス文字▶

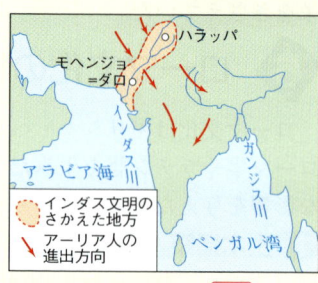

▲アーリア人の進出　視点　アーリア人は中央アジアで遊牧をしていたが，紀元前1500〜1200年ころ各地に移動した。東方に移動したものはインド文明をつくり，西に移動したものはヨーロッパ人の祖先となった。

シャカの像▶

3 仏教の広がり

インドでは紀元前6～5世紀ごろにシャカ(釈迦)があらわれた。シャカは，仏の前ではすべて平等であり，仏の慈悲にすがればだれでも救われると説いて，仏教をおこした。仏教はバラモンの支配に苦しむ人々にひろまっていった。そしてガンダーラ地方にヘレニズム文化の影響を受けた仏教美術が発達した。この美術をガンダーラ美術という。この美術は仏教とともに中国・朝鮮に伝わり，さらに日本にも伝わった。

人物 シャカ(釈迦)
本名をゴータマ＝シッダールタといい，ネパールのシャカ族の建てたカピラ国の王子であった。29歳のとき，王宮を出て修行をつみ，35歳で悟りをひらいて仏陀(悟った者)になったという。

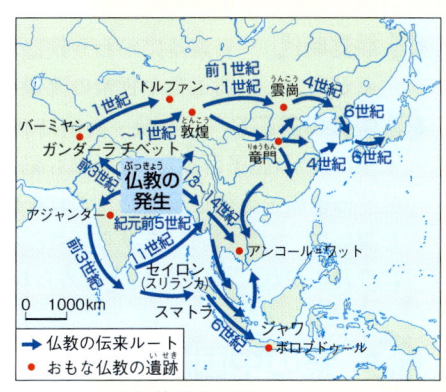

4 インド文化の栄え

4～5世紀ころ，ヒンドゥー教が発達した。仏教美術も，アジャンターの壁画のように，インド独自の特色をもつようになり，学問も発達して数学では0が発見され，10進法が用いられるようになった。

▲仏教の広がり

6 中国文明と秦・漢

1 中国文明の発生

紀元前6000年ごろから中国の黄河流域では，黄河が運んだ肥沃な黄土を利用して農業がおこり，多くの国家が成立した。そのうちの殷が，紀元前16世紀ごろそれらを統一した。殷では祭政一致の政治が行われ，貴族・一般の民衆・奴隷がいた。殷の都の遺跡を殷墟といい国王の墓や宮殿，青銅器・土器・中国最古の文字も発見された。

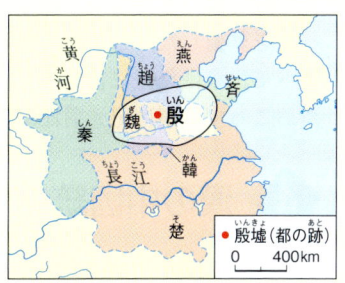

▲殷(紀元前16世紀)と戦国時代の七国(紀元前4世紀)

1 土器 黄河流域では，早くから色をつけた土器(彩陶)が使われていたが，後に灰陶(灰色土器)，さらにろくろを用いた黒陶(黒色土器)がつくられた。

2 文字 文字がカメの甲や動物の骨にきざまれていたので，甲骨文字といい，漢字のもとになった。これは占いにも使用された。

ポイント
殷墟の発掘 ┤ 青銅器・土器などの使用
　　　　　　 甲骨文字の使用⇒漢字のもと

▲甲骨文字

❷ 春秋・戦国時代

　殷は，紀元前11世紀ごろ西方におこった周にほろぼされた。周は，封建制度にもとづく国家をつくったが，紀元前8世紀ごろおとろえ，以後諸侯が争う時代が続いた。この時代の前半を春秋時代，後半を戦国時代という。

1 鉄器時代　青銅器にかわり鉄器が使用され，農業生産が増大し，商工業や貨幣の流通もさかんになった。

2 儒教のおこり　春秋・戦国時代には多くの思想家が出たが(諸子百家)，なかでも紀元前6世紀に出た孔子は家族・道徳を重んじ，これを政治に生かすことを説いて，儒学(儒教)をひらいた。孔子の教えは孟子にうけつがれ，『論語』にまとめられた。

❸ 秦の中国統一

　紀元前221年，秦の始皇帝がはじめて中国を統一した。始皇帝は全国を郡と県にわけ，役人を派遣して支配するしくみをととのえ(郡県制)，皇帝中心の中央集権国家をつくった。また始皇帝は，北方から侵入してきた遊牧民の匈奴を討つとともに，以後の侵入を防ぐために万里の長城を整備した。しかし，匈奴との戦いや長城の建設によって民衆は負担に苦しみ，始皇帝が死ぬとすぐに反乱がおこって，秦は紀元前206年にほろんだ。

❹ 漢の中国統一

　秦の後，漢が中国を統一し(紀元前202年。高祖)，武帝の時に全盛となった。武帝は郡県制度を確立するとともに，朝鮮北部に楽浪郡をおき，さらにベトナム北部も支配し，漢はローマ帝国にならぶ大帝国に発展した。
　漢では儒教が国教とされ，司馬遷が歴史書『史記』を書き，班固が『漢書』を著すなど，漢文化が栄えた。後漢の時代には蔡倫によって紙が発明(改良)された。
　また，中央アジアを通ってオリエント・地中海沿岸と中国とを結ぶシルクロード(絹の道)によって，東西交流がおこり，ローマ・オリエント文化や仏教が中国に入り，中国の絹がオリエントにもたらされた。

用語　封建制度

　土地を分けあたえ(封)，諸侯の国をたてる(建)ということから封建制度という言葉ができた。なお，周の封建制度は，血のつながりによる支配体制であり，あとで述べるヨーロッパや日本の封建制度とはちがうことに注意する。

▲万里の長城　世界遺産

分析　紙が発明されるまで，何が使用されたか

　紙が発明されるまでは，おもに竹や木を細長く削ったものや絹の布などに文字を書いていた。紙の製法は，8世紀にイスラム帝国に伝わり，そこからヨーロッパに伝わった。

▲漢の領土と紀元前後の東西の交通路

グレードアップ さらに知識を広げよう 世界宗教の成立

▲ ウェストミンスター寺院

■ 世界の三大宗教

○ 現在，世界にはさまざまな宗教がある。その中で，信者も多く，文化的・社会的に影響の大きい**仏教・キリスト教・イスラム教**を三大宗教とよんでいる。これらは，他民族による支配や差別，貧富の差の拡大など，さまざまな苦難や課題を克服しようとするなかで生まれ，人々の救済や平等を説くことに共通点を見いだすことができる。

■ 仏教の成立

○ 紀元前1000年ごろからインドでは，この地を征服したアーリア人が，バラモン（僧侶階級）を頂点とするきびしい身分制度（カースト制度）つくり，人々を支配していた。

○ 紀元前6〜5世紀ごろ，**シャカ（釈迦）**は，バラモンの教えを批判し，「人はみな平等であり，慈悲の心をもち正しい行いをすれば，だれでもが救われる」と説いた。この教えは，身分制度に苦しむ人々に受け入れられた。

○ 紀元前3世紀に全インドを支配したアショカ王が仏教を保護したので，仏教はインド全土に広がり，その後，中国，日本などアジア各地へと伝えられた。

■ キリスト教の成立

○ ユダヤ教を信じる人々が住むパレスチナ（いまのイスラエル）では，人々がローマ帝国の支配と貧富の差に苦しみ，自分たちを救ってくれる救世主の出現を待望していた。

▲ ヨーロッパの教会

○ 1世紀初め，**イエス**は「神の前で人は平等であり，神の愛によってだれでもが救われる」と説いた。イエスは処刑されたが，弟子たちは，イエスこそ救世主（キリスト）であると信じ布教をすすめ，キリスト教が誕生した。

○ キリスト教徒たちは，ローマの神々や皇帝への礼拝をこばんだため，ローマ帝国から迫害をうけた。しかし，急速に民衆のあいだに広まり，4世紀にはローマ帝国の国教となった。このため，ヨーロッパ社会でのキリスト教の影響力が強まった。

■ イスラム教の成立

○ アラビア半島では，6世紀ごろ，ヨーロッパとインド・アジアを結ぶ東西貿易路が発達し，商業都市が栄えるようになった。

○ 商業の発達により貧富の差が拡大するなかで，7世紀はじめ，メッカの商人の家に生まれた**ムハンマド（マホメット）**は「唯一の神アラーの前ではすべての人が平等である」と説いた。このイスラムの教えは，はじめ迫害されたが，やがて，ムハンマドは，軍を率いてアラビア半島を統一して，教えを広めた。

○ ムハンマドの死後，彼の後継者によって，中央アジアから北アフリカ，イベリア半島におよぶ広大な地域が征服され，これらの地域にイスラム教が広まった。

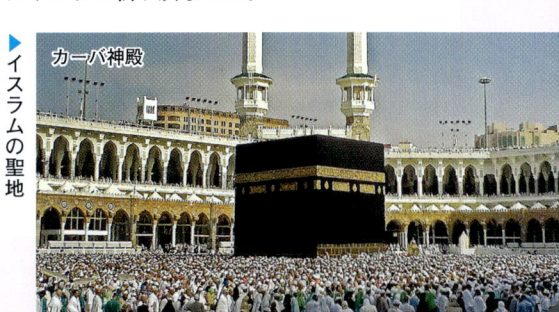

◀ アジャンター石窟寺院 インドの仏教寺院

▶ カーバ神殿 イスラムの聖地

テスト直前チェック

1章 文明のおこりと日本

↓答えられたらマーク　　　わからなければ ↱

① □ 今から約700～500万年前にアフリカにあらわれた人類を，何というか。　p.21 ②
② □ 現在の人類の直接の祖先で，フランス南部で発見された人類は何か。　p.21 ③
③ □ エジプトの国王の墓と考えられている建造物を何というか。　p.24 ②
④ □ エジプトでは，どのような文字が使われたか。　p.24 ②
⑤ □ メソポタミアで使われた，60進法を用いた暦を何というか。　p.25 ④
⑥ □ メソポタミアでは，どのような文字が使われたか。　p.25 ④
⑦ □ バビロニアで制定された，世界最古の法律は何か。　p.25 ④
⑧ □ エジプトからメソポタミアにかけての地方を何とよぶか。　p.25 ⑤
⑨ □ ギリシャ各地にできた都市国家を何とよぶか。カタカナで答えよ。　p.25 ①
⑩ □ ギリシャ文化の代表的な神殿建築は何か。　p.26 ③
⑪ □ 紀元前4世紀，ギリシャからインダス川にいたる帝国を築いた王はだれか。　p.26 ④
⑫ □ ギリシャ文化とオリエント文化がまじった新しい文化を何というか。　p.26 ④
⑬ □ ユダヤ教から生まれて，世界宗教となったのは何か。　p.28 ⑦
⑭ □ 紀元前1500年ごろ，インドに侵入した民族は何というか。　p.28 ②
⑮ □ 仏教をおこしたのはだれか。　p.29 ③
⑯ □ ヘレニズム文化の影響を受け，日本にも影響をあたえた仏教美術は何か。　p.29 ③
⑰ □ 黄河流域の都市国家を統一した国を何というか。　p.29 ①
⑱ □ カメの甲などに刻まれた，漢字のもとになった文字を何というか。　p.29 ①
⑲ □ 儒教の教えをひらいたのはだれか。　p.30 ②
⑳ □ 紀元前221年，中国を統一した皇帝と，その王朝の名前をあげよ。　p.30 ③
㉑ □ 紀元前202年，中国を統一した皇帝とその王朝をあげよ。　p.30 ④
㉒ □ 中国と，地中海沿岸を結んだ，東西交通の陸路を何というか。　p.30 ④

解答

① 猿人（えんじん）
② クロマニョン人
③ ピラミッド
④ 象形文字（ヒエログリフ）
⑤ 太陰暦（たいいんれき）
⑥ くさび形文字
⑦ ハンムラビ法典（ほうてん）
⑧ オリエント
⑨ ポリス
⑩ パルテノン神殿
⑪ アレクサンドロス大王
⑫ ヘレニズム文化
⑬ キリスト教
⑭ アーリア人
⑮ シャカ（釈迦）
⑯ ガンダーラ美術
⑰ 殷（いん）
⑱ 甲骨文字（こうこつ）
⑲ 孔子（こうし）
⑳ 始皇帝（しこうてい），秦（しん）
㉑ 高祖（こうそ），漢（かん）
㉒ シルクロード（絹の道）

2 日本の原始時代

テスト前にも見なおそう

教科書のまとめ

1 日本人の祖先
解説ページ ⇨ p.34

- □ 日本列島のなりたち … 最初は**大陸と陸続き**⇨**約1万年前，大陸から分離**。
- □ 旧石器時代 … 大陸と陸続きの時代。土器はまだ使用せず。
  狩りと採集の生活。岩宿遺跡(群馬県)が代表的。
- □ 縄文時代 … 日本列島が大陸とはなれたころ。
  - **縄文土器**，磨製石器や骨角器などの使用。
  - 縄文時代の生活⇨狩りや採集。**貧富の差がなく，平等な社会**。自然崇拝。**土偶**。

土偶 ▶
(宮城県　東北歴史博物館蔵)

2 弥生文化
解説ページ ⇨ p.36

- □ 弥生土器 … 大陸の技術に学ぶ⇨薄手で赤褐色。じょうぶ。
- □ 金属の伝来 … 青銅器(銅剣・銅鉾・銅鐸)。鉄器(武器・農具)。
- □ 稲作の広がりと社会 … 稲作の発展，定住⇨**身分の別や貧富の差**。

3 邪馬台国
解説ページ ⇨ p.37

- □ 小国の分立 … 紀元前1世紀⇨100余りの小国，**奴国**は「漢委(倭)奴国王」と刻まれた金印を授かる。
- □ 東アジアの動き
  - 中国 … 魏・呉・蜀の三国時代⇨晋⇨南北朝時代(3〜6世紀)。
  - 朝鮮 … **高句麗・百済・新羅**の3国がおこる(4世紀)。
- □ 邪馬台国 … 3世紀ごろ小国が連合(**邪馬台国**が中心)
  ⇨女王**卑弥呼**が首長。近畿(奈良県)説と北九州説。

東アジア情勢にも注意！

4 古墳の出現と大和政権
解説ページ ⇨ p.38

- □ 古墳 … 3〜7世紀の**大王**や豪族の墓。円墳・方墳・**前方後円墳**。
  埴輪などから，当時のようすがわかる。
  ↳大仙古墳(伝，仁徳天皇陵)
- □ 大和政権 … 大和・河内に巨大古墳⇨4〜5世紀に国内をまとめ，連合政権を確立。
  その政府が**大和朝廷**。朝鮮に進出⇨高句麗と対立。倭の五王が宋に使いを派遣。
- □ 氏姓制度 … 大和朝廷の支配のしくみ。豪族が氏を名のり，朝廷から姓をもらって土地と人民を支配。氏には部民や奴婢が従属。
- □ 大陸文化の伝来 … **渡来人**によって，新しい技術や**漢字・仏教・儒教**が伝わる。
  ↳養蚕・鉄器製作など

1 日本人の祖先

1 日本列島のなりたち

いまから数万年前,更新世の終わりころまで,日本列島はアジア大陸と陸続きであったが,約1万年ほど前,土地の変動や氷河時代の終了による海水面の上昇などによって大陸と切りはなされ,いまの日本列島ができた。

2 旧石器時代

列島が大陸と陸続きであったころ,人類はマンモス,ナウマン象,オオツノジカ,野牛などを追って大陸から移動してきた。当時の人々の骨の化石や打製石器などが多数発見され,日本にも旧石器時代があったことがわかった。当時の人々は小さな集団をつくり,狩猟や採集によって食料を手に入れ,火で加熱して食べていた。

3 縄文時代

列島が大陸からはなれたころ,土器を使う文化が生まれた。土器の表面に縄目の文様があることから縄文土器といい,この時代を縄文時代,この時代の文化を縄文文化という。打製石器のほかに磨製石器も使われはじめた。縄文時代はわが国の新石器時代にあたり,紀元前4～3世紀ごろまでおよそ1万年続いた。

4 縄文時代の生活

1 生活と道具 農業や牧畜はあまり発達しておらず,人々はおもに弓矢やイヌを用いた狩りや漁や採集で生活していた。石器や骨角器が発達し,磨製石器には矢じり・おの,骨角器にはつり針・もりなどがある。

2 住居と村 人々は食料が得やすい川や海に近い台地に,竪穴住居をつくって生活した。1つの住居には5～10人ぐらいの家族が住み,いくつかの住居が集まって集落をつくった。まだ身分や貧富の差がなく,成人儀礼として

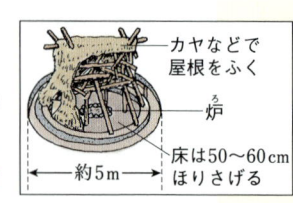

分析 大陸と陸続きであったことがわかるわけ

当時,大陸に住んでいたナウマン象の化石が,長野県の野尻湖など日本でも発見されている。象は泳げないので,大陸と日本列島が陸続きであったことがわかる。

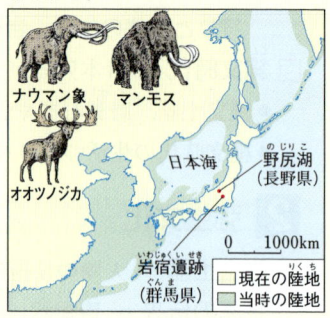

▲氷河時代の日本列島

参考 岩宿遺跡

1946(昭和21)年,相沢忠洋が群馬県桐生市郊外(現みどり市)の岩宿の関東ローム層の赤土の中から打製石器を発見し,わが国にも旧石器時代があったことがはじめてわかった。

分析 縄文土器の特色

縄文土器は,縄目の他に多様なもうでかざるものが多くあって,世界的にも独特の土器である。厚みがあり比較的黒っぽい色をしている。

▲縄文土器(新潟県　長岡市教育委員会蔵)

▲竪穴住居

2　日本の原始時代　35

の抜歯が行われ、土偶をつくって豊かなめぐみを願ったと考えられる。死者は、手足を折りまげ屈葬され平等に葬られた。住居近くには貝塚がつくられた。

用語　貝塚
縄文時代の人々が食用にした貝のから、けもの・魚の骨、不要になった石器・土器などを集めて捨てたところ。1877（明治10）年にアメリカ人のモースが東京の大森貝塚を発掘したのが、日本の貝塚研究の最初で、現在では2500か所をこえる貝塚が確認されている。これらのものから縄文人の生活を知ることができる。

ポイント　〈縄文文化〉
道具＝縄文土器・磨製石器・骨角器
生活｜貝塚・狩りや漁
社会｜竪穴住居・土偶　⇒　平等社会

1章　文明のおこりと日本

グレードアップ　さらに知識を広げよう　縄文人のくらし

■ 三内丸山遺跡

○ 青森市で発掘された日本最大級の縄文時代の遺跡。今からおよそ5500年〜4000年前の大集落跡から、たくさんの竪穴住居跡、大型竪穴住居跡、掘立柱建物跡、土器づくりのための粘土採掘穴などが見つかり、縄文時代の人々の生活を具体的に知ることができる貴重なものとなっている。

▲三内丸山遺跡（青森県）

■ 縄文人の1年

○ 縄文人は狩り・漁・採集をもとにした生活をしていたが、現在でも秋になると木の実が熟したり、冬には雪が降ったりするように、狩り・漁・採集の内容は季節によって変化した。貝塚などから発掘された植物の種や魚・獣の骨などをてがかりに、彼らの1年の生活を復元してみたのが下の図である。

○ 春には、野山で山菜をとり、海や川や湖では貝類をとった。夏にはマグロ・カツオの漁に精をだした。秋には、ドングリやクリなどの木の実を集め、ヤマイモなどを掘った。また、川をのぼってくるサケやマスをつかまえた。植物の採集などができない冬は、シカやイノシシの狩りを行って肉を獲得した。

○ このように縄文人も季節の変化、自然の変化にあわせて、狩り・漁・採集を組みあわせて生活していたのである。自然の急激な変化は、彼らの生活を破壊してしまうから、彼らは真剣に自然を崇拝し、祭ったのである。

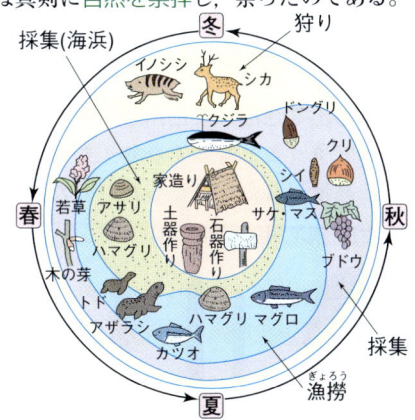

（小林達雄『日本原始美術大系　縄文土器』より）

▲縄文人の生活カレンダー

2 弥生文化

1 新しい文化の伝来

日本の縄文時代に,東アジアでは稲作の技術をもち金属器を使用する,より進んだ文化が生まれていた。紀元前4世紀のころ,その文化が中国・朝鮮を通って日本列島に伝えられた。この新しい文化を弥生文化とよび,この時代を弥生時代という。

1 弥生土器 大陸の技術に学んで弥生土器とよばれる薄手で赤褐色のじょうぶな土器が使われた。

2 金属器の伝来 青銅器(銅とすずの合金)が伝わり,銅鏡や銅剣・銅矛や日本独自の銅鐸もつくられた。その後,武器や農具には鉄器が使われ,青銅器は儀式のための道具や宝物になった。

2 稲作の広がり

縄文時代の末に西日本に伝わった稲作は,弥生時代に発展し,東北日本まで広がった。このころは低湿地を利用した水田を木製の農具で耕して籾のじかまきや田植えをした。収穫は石包丁で穂だけをつみ,木製の臼と杵で脱穀した。収穫された稲は,高床倉庫に貯蔵された。

3 社会生活の変化

本格的な農業の開始は,世の中を大きく変化させた。人々は定住し,農作業の中心になる有力者があらわれ,貧富の差も出てきた。また,むらどうしが水利や収穫物をめぐって争うことも多くなり,むらの周囲を濠でかこんだり,高地にむらをつくったりした。

▼銅鐸(左)・銅矛(中)・銅剣(右)

▼石包丁

(文化庁　島根県立古代出雲歴史博物館蔵)

用語 弥生土器

弥生土器は,縄文土器より高温で焼かれるため,赤褐色で比較的薄くてかたく,かめ・壺・鉢など種類も多い。1884(明治17)年,現在の東京都文京区弥生で最初に発見されたので,この名前がつけられた。

弥生土器(大阪府立弥生文化博物館蔵)▶
(撮影：出合明)

参考 代表的な弥生遺跡

登呂遺跡(静岡県)・板付遺跡(福岡県)・唐古・鍵遺跡(奈良県)・吉野ヶ里遺跡(佐賀県)などが有名である。

▲吉野ヶ里遺跡(佐賀県) 視点 まわりを濠で囲んだ環濠集落で知られる。

分析 有力者があらわれたことがわかるわけ

弥生時代のお墓に,銅鏡や銅剣・玉などを副葬したお墓(大きな土器を棺に用いたかめ棺など)があり,有力者がいたことがわかる。しかし,まだ共同墓地に一緒に葬られていた。

倉庫にはねずみの侵入を防ぐ工夫がされているよ。

▼高床倉庫(登呂遺跡)

ねずみ返し

3 邪馬台国

1 くに(国)の成立

むらの有力者は富を貯え，神を祭るリーダーになり，むらどうしの争いにも勝ち，政治的権力をもった首長になっていった。やがて，彼らはまわりに支配地を広げ，くに(国)を形成していった。中国(漢)の歴史書には，このころの日本のようすが次のように書かれている。

1 『漢書』地理志の記録　日本は，紀元前1世紀ごろ100あまりの小さな国に分かれていて，中国に使いを送る者もいた(→p.76)。

2 『後漢書』東夷伝の記録　紀元57年に，奴国が後漢に使いを送って「漢委(倭)奴国王」の金印をもらった。奴国は北九州にあった(→p.76)。

2 東アジアの動き

1 中　国　220年後漢がほろぶと，その後，隋の統一までの370年間は分裂の時代であった。魏・呉・蜀の3国が対立した三国時代。ついで晋が統一したが，このころから北部で異民族が活動し，やがて南部は漢民族が，北部は異民族が王朝をつくる南北朝時代になった。

2 朝　鮮　4世紀はじめごろ高句麗が，漢の支配地であった楽浪郡をほろぼして朝鮮半島北部を統一した。南部には，馬韓・辰韓・弁韓の3国があったが，4世紀ごろに百済と新羅に統一された。

3 邪馬台国

中国の魏の『魏志』倭人伝(→p.76)に，2世紀後半，倭は乱れたが，3世紀には邪馬台国を中心に30ほどの小国が連合したと書いてある。しかし，その位置は北九州説と近畿(奈良県)説があって，まだわからない。邪馬台国は，占いやまじない(呪術)にすぐれた卑弥呼という女王が首長であった。卑弥呼は，239年に魏に使いを送り「親魏倭王」の称号と銅鏡100枚，金印をもらった。

▲金　印　視点　福岡県の志賀島で発見された。(福岡市博物館蔵) 国宝

用語 倭
このころ，中国から日本をさすよび方。日本人は倭人という。ただ朝鮮半島南部をふくむ場合もあった。「日本」とよぶのは7世紀以後である。

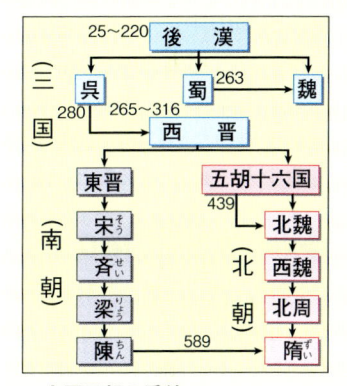

▲中国王朝の系統

参考 邪馬台国の人々
邪馬台国では，大人・下戸・奴婢などの身分の別があって，物々交換の市があったり，税を納めたりしていた。

▼3世紀の東アジアと邪馬台国

4 古墳の出現と大和政権

1 古墳文化

3世紀後半,力のある首長は豪族とよばれ,土を高くもりあげた大きな墓をつくった。この墓を古墳といい,7世紀ごろまで続いた。この時代を古墳時代という。

1 古墳の形 方墳・円墳とその2つを組み合わせた前方後円墳などがある。周囲に濠のある巨大な前方後円墳が,大和(奈良県)や河内(大阪府)に多数つくられているため,4～5世紀ごろ,大和地方を中心に有力な豪族の連合体ができたと考えられている。

2 古墳の中 内部に石室をつくり死者を葬った。一緒に副葬品として,鏡・玉や鉄製の武器・馬具・農具・土器などがうめられた。また,古墳の周囲には,土どめのために埴輪がならべられた。埴輪には円筒埴輪や人・動物・家などを形どった形象埴輪がある。

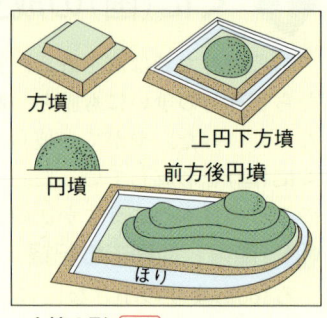

▲古墳の形 視点 前方後円墳には,巨大なものが多い。大阪府堺市にある大仙古墳(大仙陵古墳。仁徳天皇陵とも伝えられる)は全長480m(→p.77)。

▲武人の埴輪(左)と女性の埴輪(右)

2 大和政権のはじまり

巨大な前方後円墳の分布などから,大和(奈良県)のほかにも吉備(岡山県)や出雲(島根県)や毛野(群馬・栃木県)や筑紫(福岡県)・日向(宮崎県)に有力首長がいたことがわかっている。4～5世紀には大和の王権は地方の首長を勢力下にいれ,九州から関東に及ぶ連合政権をつくった。この連合政権を大和政権(ヤマト王権)という。

3 大和政権と対外関係

1 朝鮮への進出 大和政権は4世紀ごろには海を渡り,鉄や進んだ技術を求めて朝鮮の伽耶(任那)と関係を深め,百済と手を結んで新羅などと戦い,また北部の高句麗とも戦った。391年のこの戦いのことは,高句麗の王であった好太王の碑文に書かれている。

2 中国との関係 中国の歴史書の『宋書』によると,5世紀には倭の五王が中国の宋に使いを送って,倭の王としての地位と,朝鮮半島南部を支配する将軍としての地位を認めてもらおうとしていた。

人物 **倭の五王**
倭の五王は,大和政権の大王と考えられる。その5人とは,讃・珍・済・興・武とよばれる。とくに武は「むかしから祖先は武装して山川を進撃し,休むいとまもなく国内統一につとめて,東は蝦夷の55国を,西は熊襲の66国を,さらに海を渡って朝鮮の95国を征服した」とのべている(→p.77)。この武は雄略天皇をさすらしい。また,埼玉県の稲荷山古墳出土の鉄剣や熊本県江田船山古墳出土の鉄刀に記されている「ワカタケル大王」も武と考えられている。

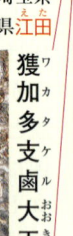

稲荷山古墳出土鉄剣(右)▶と拡大(左)(埼玉県立さきたま史跡の博物館蔵)

獲加多支鹵大王(ワカタケル大王)

4 大和朝廷の支配

5世紀後半，大和政権はその王(**大王**)を中心に政治組織をととのえていった。その政府を**大和朝廷**という。

1 氏姓制度 大和朝廷は，豪族を中心に，同じ血縁と信じる同族の集団を氏とよんだ。氏は首長である氏上に率いられて朝廷につかえた。大王は，氏に対して家がらや仕事や地位をあらわす姓をあたえた。姓には臣・連・君・首などがあり，最も有力なものは大臣・大連とよばれた。このように大王を中心にして，豪族を氏と姓でまとめるしくみを**氏姓制度**という。

2 部民 氏に属する人を氏人といい，それ以外の人々は大王家や豪族に支配され，農作物を納めたり労役に使われた。これらの人々を部民とよび，その集団を部といった。部民の下には奴婢とよばれた奴隷もいた。

3 地方の支配 地方の豪族は，大王や中央の豪族に従い国造や県主とよばれてその地方を支配した。

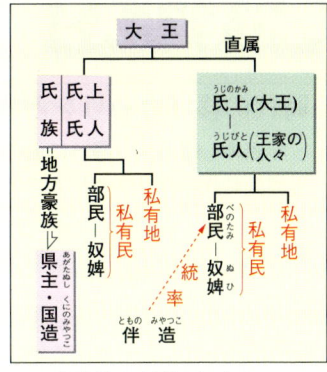

▲大和政権の支配のしくみ

用語 大和政権と地方豪族

大和政権は，大和地方の豪族中心の連合政権で，東北地方や九州地方の豪族らは，たびたび反乱をおこした。大和政権は，彼らを異民族扱いして蝦夷や隼人とよんだ。また6世紀には，九州の国造の磐井が，新羅と結んで反乱をおこしたりした。

大和政権とヤマト王権

大和政権は「ヤマト王権」「ヤマト政権」ともあらわされる。国号や地域名の「大和」と区別するために「ヤマト」と表記されることも多い。

5 大陸文化

この時代，朝鮮半島とくに百済から多くの人々が渡来し，大陸の進んだ文化を伝えた。大和政権も支配力を強めるために，これら**渡来人**の知識や技術を積極的に利用した。渡来人の中には西文氏や東漢氏など，氏として大きな豪族になるものもあった。

1 技術の伝来 すぐれた農業技術・養蚕・織物・製陶・鉄器・建築・造船・かたい質の土器(須恵器)の生産などが伝わった。

2 その他 5世紀には**漢字**が使われ，538年に百済から**仏教**が伝わり(→p.77)，そのころ**儒教**も伝わった。

> **ポイント**
> 大和政権の時代＝古墳文化(**前方後円墳**)。
> (倭の五王) → 埴輪 → 大仙古墳
> 大和朝廷の支配＝**氏姓制度**，民衆は部民。
> 大陸文化＝**渡来人**，技術，**仏教**。

5世紀の東アジア ▶

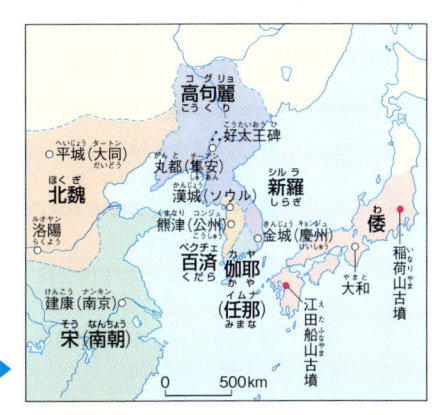

時代をとらえる

時代の移り変わりをとらえよう

年表の（ ❶ ）〜（ ❹ ）にあてはまる語句を，次の語群から選んで，1章の原始・古代の日本と世界の時代の移り変わりをまとめよう。（語群 ― 始皇帝　縄文　卑弥呼　民主政治）

	世　界	アジア（インド・中国・朝鮮）	日　本
1万年ほど前	新石器時代		（ ❶ ）時代 竪穴住居，土器使用
前3000年	メソポタミア文明 エジプト文明	インダス文明	
前1500年		中国文明（殷）	
	ギリシャ文明（ ❷ ）		
前6世紀		仏教がおこる	
前4世紀			弥生時代
前3世紀	ローマ文明	秦の統一（ ❸ ） 漢の統一	
1世紀	キリスト教がおこる		小国に分かれる
3世紀			邪馬台国（ ❹ ）
4世紀		高句麗　百済　新羅 隋の統一	大和政権（ヤマト王権）

【解答例】❶ 縄文　❷ 民主政治　❸ 始皇帝　❹ 卑弥呼

　　人類は長い時間をかけて文明を発達させてきた。日本列島で農耕がまだ十分発達しないころ，文字をもつ文明が世界各地でおこった。紀元前4世紀ころ，進んだ農耕技術や金属器をもった文化が中国や朝鮮半島を通じて伝わり日本列島でも急速に社会が発展した。列島内の小国は大陸との関係を深めることで勢力を強め，やがて大和政権（ヤマト王権）として国のしくみをととのえていった。

時代の特色を説明しよう

次の❶〜❹のことがらについて説明してみよう。

❶ 縄文時代　❷ 民主政治　❸ 始皇帝　❹ 卑弥呼

【解答例】
❶ 1万2千年ほど前の日本列島で，縄目の土器や打製，磨製の石器を使っていた時代。狩猟や採集が中心の生活だった。

❷ ギリシャ文明のアテネの政治のかたち。成人男子は市民として直接政治に参加したが，一方では多くの奴隷もいた。

❸ 紀元前221年に中国を統一した秦の皇帝。万里の長城を築き，強い権力で中央集権国家をつくった。

❹ 3世紀に日本列島にあった邪馬台国の女王。うらないやまじないにすぐれ，中国にも使いを送って国を治めた。

テスト直前チェック

▼ 答えられたらマーク　　　　　　　　　　　　　わからなければ ↰

① ☐ 日本列島ができたのは、およそ何年前だと考えられているか。　p.34 ①
② ☐ 旧石器時代に人類が使用した石器を、何というか。　p.34 ②
③ ☐ 表面に縄目の文様のある土器を、何というか。　p.34 ③
④ ☐ 縄文時代の人々が女性をかたどって祈ったとされる人形は、何か。　p.35 ④
⑤ ☐ 大陸の技術に学んでつくられた、薄手で赤褐色の土器は何というか。　p.36 ①
⑥ ☐ 土器や金属器をともなった、新しい文化は何世紀ごろ日本に伝えられたか。　p.36 ①
⑦ ☐ 青銅器のうちで、わが国独自といわれるものは何か。　p.36 ①
⑧ ☐ 青銅器にかわって、武器や農具に使われた金属器は何か。　p.36 ①
⑨ ☐ 弥生時代に、社会のようすが大きく変わったのはなぜか。　p.36 ②
⑩ ☐ 弥生時代の農耕のあとを示す、静岡県の有名な遺跡は何か。　p.36 ②
⑪ ☐ 弥生時代、収穫した穀物をたくわえるための倉庫を何というか。　p.36 ②
⑫ ☐ 紀元前後の日本の国のようすが書かれているのは、どこの国の歴史書か。　p.37 ①
⑬ ☐ 後漢の光武帝から金印をもらった、北九州の小国はどこか。　p.37 ①
⑭ ☐ 4世紀ごろ、朝鮮半島の北部を統一した国を何というか。　p.37 ②
⑮ ☐ 3世紀ごろ、女王卑弥呼がおさめた国を何というか。　p.37 ③
⑯ ☐ 卑弥呼の国のことが書かれている、中国の書物は何か。　p.37 ③
⑰ ☐ 大仙古墳(伝、仁徳陵古墳)はどのような形をしているか。　p.38 ①
⑱ ☐ 古墳のまわりにならべられ、当時のくらしがわかる土製品を何というか。　p.38 ①
⑲ ☐ 4〜5世紀ごろ、ほぼ全国を支配した連合政権を、何というか。　p.38 ②
⑳ ☐ 5世紀に、つぎつぎと中国へ使いを送った王たちを何というか。　p.38 ③
㉑ ☐ 朝鮮や中国から日本に移り住んできた人々を何というか。　p.39 ⑤
㉒ ☐ 5〜6世紀、朝鮮半島から伝来した学問と宗教をあげよ。　p.39 ⑤

解答
① 1万年前
② 打製石器
③ 縄文土器
④ 土偶
⑤ 弥生土器
⑥ 紀元前4世紀ごろ
⑦ 銅鐸
⑧ 鉄器
⑨ 稲作(農耕)がはじまったため
⑩ 登呂遺跡
⑪ 高床倉庫
⑫ 漢(後漢)
⑬ 奴国
⑭ 高句麗(コグリョ)
⑮ 邪馬台国
⑯ 『魏志』倭人伝
⑰ 前方後円墳
⑱ 埴輪
⑲ 大和政権(ヤマト王権)
⑳ 倭の五王
㉑ 渡来人
㉒ 儒教、仏教

定期テスト予想問題

解答⇒p.366

1 [人類のおこりと文明の発生]
次の文章を読んで，あとの問いに答えなさい。

　人類がこの地球上にあらわれたのは，いまから700～500万年ほど前といわれている。古い人類である（　ⓐ　）には，アフリカで発見されたサヘラントロプス＝チャデンシスやアウストラロピテクスなどがいる。のちに出現した原人は，ⓑ打ちくだいただけの石器を使い，狩猟生活をおくっていた。その後，人類の直接の祖先である新人があらわれる。やがて，アフリカやアジアの大河流域で農耕と牧畜がはじまり，文明がおこった。Aエジプト文明，Bメソポタミア文明，Cインダス文明，D中国文明がそれである。

(1) ⓐにあてはまることばを答えよ。
(2) 下線部ⓑを何というか。
(3) 次のことがらは，A～Dのどの文明と関係があるか。それぞれ，その記号を答えよ。
　① ピラミッド　　② 太陰暦　　③ くさび形文字
　④ モヘンジョ＝ダロ　⑤ パピルス　⑥ 60進法
　⑦ 甲骨文字　　⑧ 太陽暦　　⑨ ハンムラビ法典
　⑩ ナイル川　　⑪ チグリス川・ユーフラテス川　⑫ 殷

2 [文明の広がり]
次の年表を見て，あとの問いに答えなさい。

年　代	で　き　ご　と
前8世紀ころ	ギリシャで（　①　）とよばれる都市国家がさかえる……………A
前600年ころ	インドにシャカ（釈迦）があらわれて仏教をおこす…………B
	中国に（　②　）があらわれて儒教をおこす
前334年	マケドニアのアレクサンドロス大王が東方に大遠征を行う………C
前221年	秦の（　③　）が中国を統一する……………………………D
前202年	（　④　）が中国を統一する……………………………………E
前27年	イタリア半島で（　⑤　）帝国が成立する
1世紀ころ	イエスがあらわれて（　⑥　）をおこす

(1) 上の年表の①～⑥のなかにあてはまる語句を答えよ。

ベストガイド

❶ (1)直立二足歩行をしていたが，猿に近い状態であった。
(3)④モヘンジョ＝ダロはインドの都市国家の遺跡。
⑤パピルスからつくった紙に象形文字を記した。⑫殷は中国の王朝である。

❷ (1)①アテネやスパルタが有名。③は人名，④は王朝名を答える。⑥三大宗教の1つ。

(2) Aの代表的な都市国家アテネでは，市民が広場に集まって民会を開き，政治のありかたなどを討論して決めた。この政治のやり方を何というか。
(3) Bのインドのアーリア人社会の身分制度を何というか。
(4) Cの結果，ギリシャの文化とオリエントの文化がとけあって新しい文化が生まれた。この文化を何というか。 
(5) 右の写真について，次の問いに答えよ。
　① 写真の巨大な建造物はDのころきずかれたものをのちの時代に修復したものである。何というか。
　② ①は何のためにきずかれたか。理由を15字程度で答えよ。
(6) Eの時代に東西の交通路が開けたが，この道を何というか。

③ ［日本のあけぼの］
下の写真を見ながら，あとの問いに答えなさい。

写真A
Ⅰ　Ⅱ 　Ⅲ

写真B
ア　イ 　ウ 　エ

ベストガイド

(3)バラモン，クシャトリア，バイシャ，シュードラの4つの身分にわかれる。(5)②巨大な城壁がきずかれた目的を考える。(6)運ばれた品物から名づけられた。

③ 写真Ⅲは縄目の模様が多いことから名づけられた土器。写真アは埴輪，イは高床倉庫，ウは法隆寺の釈迦三尊像，エは土偶。

(1) 写真AのⅠ・Ⅱ・Ⅲの3枚の写真を古い順に並べよ。
(2) 写真Ⅰが使われていた時代について，次の問いに答えよ。
　① 写真Ⅰの土器を何というか。
　② 写真Ⅰと関係の深いものを写真Bのア〜エの中から1つ選び，記号で答えよ。
　③ この時代には日本にも小さな国ができ，なかには中国へ使いを送る国もあった。右の写真は奴国の王が中国の皇帝から授けられたと考えられているものである。何というか。
　④ 下の文章は，この時代のおわりごろ，中国の歴史書に記されたものである。（　）にあてはまる人名を答えよ。

> その国の王はもとは男であったが，戦乱が続いたので，国々が共同して女の（　　）を王に立てた。（　　）は神に仕え，人々の心をひきつける不思議な力を持っていた。

　⑤ ④の女王がおさめる国を何というか。
(3) 写真Ⅱがつくられていた時代について，次の問いに答えよ。
　① 写真Ⅱの豪族の墓を一般には何というか。
　② 写真Ⅱと関係の深いものを写真Bのア〜エの中から1つ選び，記号で答えよ。
　③ このころ，関東から九州におよぶ地域を支配する国が生まれたと考えられている。この政権を何というか。
　④ このころ朝鮮半島との交流が強まり，朝鮮半島から日本列島に移り住む人々が増えた。こうした人々を何というか。
　⑤ このころわが国に伝わったものを，次のア〜エの中から1つ選び，記号で答えよ。
　　ア 稲作　イ 青銅器　ウ 漢字　エ 竪穴住居
(4) 写真Ⅲが使われていた時代について，次の問いに答えよ。
　① 写真Ⅲの土器を何というか。
　② 写真Ⅲと関係の深いものを写真Bのア〜エの中から1つ選び，記号で答えよ。
　③ この時代の人々が食べ物の残りかすなどを捨てた遺跡を何というか。
　④ このころを代表する遺跡を，次のア〜エの中から1つ選び，記号で答えよ。
　　ア 登呂遺跡（静岡県）　イ 三内丸山遺跡（青森県）
　　ウ 岩宿遺跡（群馬県）　エ 吉野ヶ里遺跡（佐賀県）

ベストガイド

(2)弥生時代に関する問題。③「漢委奴国王」ときざまれている。江戸時代に福岡県の志賀島で発見された。④『魏志』倭人伝に記されている。(3)古墳時代の問題。③大和の豪族の連合政権。(4)縄文時代の問題。③アメリカ人のモースによる大森貝塚の発見が縄文時代研究のはじまりになった。

2章 古代日本の歩みとアジア

復原された平城京の朱雀門(奈良県)

1 古代国家のなりたち

教科書のまとめ

1 中国・朝鮮の統一
解説ページ ⇨ p.47

- ☐ 隋の政治 … 6世紀末，分裂していた中国を統一⇨30年あまりでほろぶ。
  皇帝の権力を強め，律令・科挙・均田制などのしくみを整備。
  南北をつなぐ大運河を建設。
- ☐ 唐の政治 … 隋のあと，中国を統一⇨大帝国を建設。
  隋の制度を引き継ぎ，律令制度にもとづく中央集権政治を完成。
- ☐ 唐の文化 … 東西交通の活性化⇨国際色豊かな文化。
- ☐ 新羅の朝鮮統一 … 朝鮮民族によるはじめての統一国家。

（中国や朝鮮の動きに注意）

2 聖徳太子の政治
解説ページ ⇨ p.48

- ☐ 大和政権(ヤマト王権)の危機
  ①有力豪族の対立，②地方豪族の反乱，③国外情勢の変化。
- ☐ 聖徳太子と蘇我馬子の政治 … 天皇を中心とする中央集権国家をめざす。
  冠位十二階・十七条の憲法・歴史書の編さん
- ☐ 飛鳥の朝廷の外交 … 遣隋使の派遣⇨中国の文化と制度を学ばせる。

3 飛鳥の仏教文化
解説ページ ⇨ p.50

- ☐ 飛鳥文化 … 聖徳太子のころの文化で，わが国最初の仏教文化。
  中国・朝鮮やギリシャなどの西方諸国の影響を受けた文化。
  法隆寺・釈迦三尊像(法隆寺)・玉虫厨子(法隆寺)など。

4 大化の改新
解説ページ ⇨ p.51

- ☐ 大化の改新 … 中大兄皇子・中臣鎌足らが蘇我氏をほろぼし，中央集権国家をめざす。
  改新の方針＝公地公民の制・国郡里の制・班田収授法・新しい税制。
- ☐ 天智天皇の政治 … 朝鮮出兵の失敗。国内の制度の整備(戸籍の作成)。

1 中国・朝鮮の統一

1 隋の中国統一

中国では，5世紀から北部に遊牧民族の国が，南部に漢民族の国が，次つぎにできてはほろびる時代（南北朝時代）が続いた。やがて，北朝の**隋**が589年に南朝を征服し，中国全土を統一した。

▲中国の分裂時代の年表

2 隋の政治

隋は，豪族の力をおさえて皇帝の権力を強めた。そして，**律**と**令**を定めたり，試験による役人の採用（科挙）をはじめたりして，新しい政治のしくみをつくった。また，人々に一定の面積の土地を割りあてて耕作させる制度（均田制）もととのえた。

第2代皇帝**煬帝**は，南北を結ぶ大運河をつくり，政治の中心である華北と米作の中心である華中との交通を活発にした。このように政治や社会のしくみをととのえた隋は，しばしば周辺諸国に遠征軍を送った。しかし，**大土木事業や遠征に対する民衆の不満が高まり**，朝鮮半島の高句麗遠征に失敗すると，各地で反乱がおこり，統一後30年たらずでほろんだ。

> **用語 律と令**
> 律は刑罰などを定めたきまり，令は政治組織や税制などを定めたきまりである。律と令は，隋のころからしだいにととのえられ，唐の時代に完成した。この律と令にもとづいて行われる政治を**律令政治**という。

> **史料 隋の民衆の苦しみ**
> 兄貴は東の　いくさに召され
> 兵糧つきて　草むすかばね（死体）
> おれはみかど（皇帝）の
> 舟づなひいて
> 堤の道を　えんやらこらさ
> 世の中どこも　飢え死にばかり
> おいらの糧（食料）ももうつきちゃうぞ
> さきの道のり　三千あまり
> それまでこの身が続こうものか
>
> 視点 この歌は，隋の時代の「舟ひき歌」で，民衆の苦しみを歌っている。

3 唐の政治

618年，隋をほろぼし，かわって**唐**が中国を支配した。唐は隋の政治制度をうけつぎ，律令制度にもとづいて全国を支配するしくみをつくった。また，戸籍をつくり，均田制によって一定の面積の土地（**口分田**という）を割りあてることで，租・調・庸という税や労役を課した。さらに，徴兵制をしき強力な軍隊をつくった。唐は，周辺諸国に軍隊を送り，7世紀の後半には，**朝鮮半島から中央アジアにまでおよぶ大帝国をつくりあげた**。

> **ポイント**
> 〈唐の政治と制度〉
> **律令制度にもとづく中央集権政治**
> 〔均田制・租調庸・徴兵制〕

▲隋・唐時代の東アジア

4 唐の文化

唐が大帝国になると，東西の交通がさかんになり，西アジアやインドの文化も伝わって，唐には国際色豊かな文化が栄えた。都の長安は，各地から使者や商人が集まり，人口100万をこえる国際都市となった。この時代には，すぐれた詩や文がつくられ，仏教もさかんになった。唐の制度と文化は，各地に大きな影響をあたえた。

5 新羅の朝鮮半島統一

朝鮮半島では，高句麗・百済・新羅の3国のうち，6世紀に新羅の勢力が強まった。新羅は，日本の勢力の強かった朝鮮半島南部の伽耶(任那)を支配下におさめると，唐と結んで高句麗・百済をほろぼし，676年には，朝鮮をほぼ統一した。朝鮮民族によるはじめての統一国家である。新羅では，唐の文化の影響をうけ，首都金城(いまの慶州)を中心に仏教文化が栄えた。(→p.53地図参照)

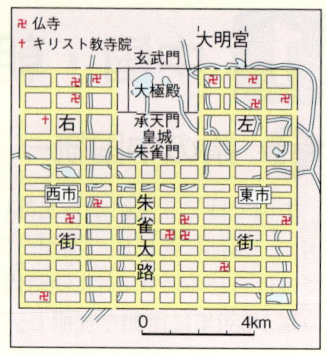

▲長 安

参考　渤海のおこり

高句麗がほろんだあと，この地域(中国東北部から朝鮮半島北部)には，8世紀のはじめに渤海がおこった。この国もまた，唐の文化を取り入れて発展し，日本との交流も活発であった。

2 聖徳太子の政治

1 ゆらぐ大和政権

1 豪族の争い　6世紀ごろの大和政権(ヤマト王権)では，有力な豪族の争いが続いた。はじめ大伴氏が有力となったが，朝鮮の伽耶をめぐる外交問題に失敗しておとろえ，かわって物部氏と蘇我氏が力をもち対立した。王位をめぐって争いがおこると，蘇我馬子は物部氏をほろぼし，崇峻を王位につけた。しかしのちには，自分と対立するようになった崇峻も殺害し，勢力を強めた。

2 内外の危機　この時代には，各地に新しい豪族が生まれ，地方の豪族の反乱も続いた。また，大和政権は，朝鮮半島での勢力拡大の足がかりとしていた伽耶の一部を失うなど，きびしい状況においこまれていた。

分析　蘇我氏の進出

蘇我氏は，古い家がらの大伴氏や物部氏にくらべ，わりあい新しい豪族で，仏教をすすんで受け入れようとするなど，進歩的な考えをもっていた。蘇我氏は，朝廷の財政を受け持ち，渡来人との結びつきも強かった。蘇我氏は，財政と大陸の新しい知識とを背景に，大和政権内で力をつけていった。

▼蘇我氏と天皇家の関係図

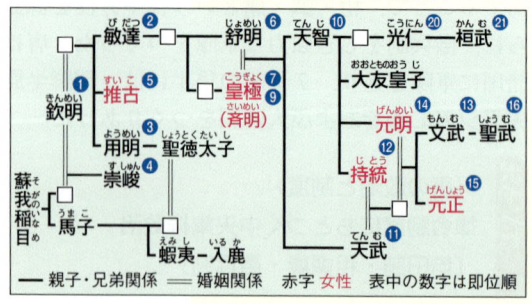

2 聖徳太子と蘇我馬子の政治

崇峻天皇の暗殺後、女帝の推古天皇が即位すると、593年、推古のおいで、蘇我馬子の娘のむこでもある**聖徳太子**(厩戸皇子)が**摂政**(天皇をたすける職)となった。太子は馬子の協力をえて、天皇の地位を高め、**天皇を中心とする中央集権のしくみをととのえ**、内外の危機をのりこえようとした。

① 冠位十二階 これまでの氏姓制度のように豪族の家がらで役職をあたえるしくみを改め、**個人の才能や功績に応じて位をさずけ**、その位によって役職をあたえた。その位は12に分かれ、位により色分けした冠をあたえたので**冠位十二階**とよばれている。

② 十七条の憲法 **十七条の憲法**(→p.77)では豪族が朝廷の役人として**天皇につかえる心がまえ**を示した。儒教や仏教の考え方を取り入れている。

③ 歴史書の編さん 天皇を中心とする国の歴史を明らかにするために、言い伝えられていた神話や伝承をもとに歴史書がつくられた。

3 飛鳥の朝廷の外交

聖徳太子は、はじめ新羅にほろぼされた伽耶を回復しようと、新羅を討つ計画をたてたが中止した。このころ、中国では**隋**が統一国家をつくって栄えていたので、聖徳太子は、**中国のすぐれた制度や文化を取り入れて、わが国の力を強めようとした**。そして、7世紀のはじめ、**小野妹子**らを隋に送り、対等の関係で国交を開こうとした。これが**遣隋使**である。さらに、遣隋使とともに、高向玄理や僧の旻など多くの留学生や学問僧を送り、中国の進んだ文化を学ばせた。

ポイント〈聖徳太子と蘇我馬子の政治〉
① 国内＝天皇中心の中央集権国家 ⇨ **冠位十二階／十七条の憲法／歴史書の編さん**
② 外交＝大陸文化の吸収 ⇨ **遣隋使の派遣**

年代ゴロあわせ

593年 → 聖徳太子が摂政となる

豪族の いくさ やめさす 太子の新政
　　　　 5 9 3

参考 「大王」と「天皇」

「大王」はのちに「天皇」によばれるようになった。その時期は、推古天皇のころという説と、7世紀後半の天武・持統天皇のころという説に分かれている。

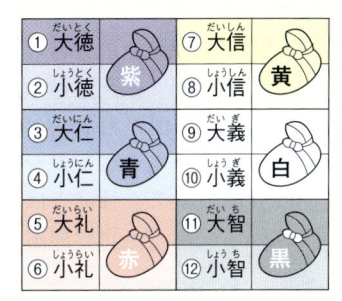

① 大徳	⑦ 大信
② 小徳 紫	⑧ 小信 黄
③ 大仁	⑨ 大義
④ 小仁 青	⑩ 小義 白
⑤ 大礼	⑪ 大智
⑥ 小礼 赤	⑫ 小智 黒

▲冠位十二階

分析 聖徳太子の国書

聖徳太子が小野妹子にもたせた隋の皇帝あての手紙(国書)は、隋の歴史書の『隋書』にのせられている。当時の隋の皇帝は煬帝であった。

その手紙には「日出づるところの天子が、手紙を日のしずむところの天子に送ります。元気ですか」と書いてあった。太子は、太陽ののぼる東の国を日本とし、太陽のしずむ西の国を隋とし、対等の国交を求めたのである。隋の煬帝はこれを読んでたいへん腹を立てたという。

聖徳太子 ▶
(伝聖徳太子像 東京都宮内庁蔵)

3 飛鳥の仏教文化

1 飛鳥文化の特色

聖徳太子のころを中心に，飛鳥地方（奈良盆地南部）に都があった時代を飛鳥時代といい，この時代の文化を飛鳥文化という。飛鳥文化は，蘇我氏や聖徳太子が仏教を厚く保護したため，わが国最初の仏教文化として栄えた。また，朝鮮半島や中国，さらにペルシャ・ギリシャ・インドの影響を受けた国際性豊かな文化であった。さまざまな分野で渡来系の人々の役割も大きかった。

▲飛鳥寺（奈良県）

2 寺院建築

蘇我馬子の建てた飛鳥寺（奈良県），聖徳太子の建てた法隆寺（奈良県）・四天王寺（大阪市）が代表的。法隆寺の建築様式は，中国の北朝系の影響をうけ，ギリシャの神殿建築に起源をもつエンタシスというふくらみをもった柱も使われている。法隆寺は7世紀後半に焼失して再建されたが，それでも世界最古の木造建築物である。

▲法隆寺（奈良県） 国宝 世界遺産

3 仏像彫刻

渡来人の子孫にあたる鞍作鳥（止利仏師）の作である飛鳥寺の釈迦如来像や法隆寺金堂の釈迦三尊像は，中国北朝の仏像彫刻の流れをくむ，この時代の代表的なものである。ほかに，法隆寺の百済観音像や広隆寺（京都市）の弥勒菩薩像，中宮寺（奈良県）の弥勒菩薩像などが名高い。

4 工芸品

オリエント起源の唐草文様の透かし彫りがほどこされた法隆寺の玉虫厨子や，中宮寺の天寿国繍帳とよばれる刺繍が当時のすぐれた技術を伝えている。

参考 唐草文様の絵

下の絵は各地域の唐草文様である。これはつる草の模様で，もとはオリエントにおこり，ギリシャ・ローマでさかんに使われた。やがて，インドのガンダーラや中国に伝わり，飛鳥文化にも影響をあたえた。飛鳥文化が世界とつながる文化であることがよくわかる。

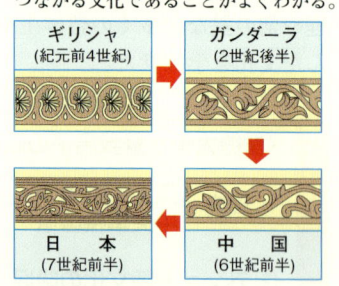

ギリシャ（紀元前4世紀）	ガンダーラ（2世紀後半）
日本（7世紀前半）	中国（6世紀前半）

▲唐草文様の絵

ポイント 〈飛鳥文化〉

最初の仏教文化
国際性ある文化
- 法隆寺
- 釈迦三尊像（法隆寺）
- 玉虫厨子（法隆寺）

▲法隆寺の玉虫厨子（奈良県）国宝 　　▲法隆寺金堂の釈迦三尊像（奈良県）国宝 　　▲広隆寺の弥勒菩薩像（京都府）国宝

4 大化の改新

1 改新への動き

　聖徳太子の死後，蘇我氏がますます勢力を強め，聖徳太子の皇子の山背大兄王を攻めほろぼすなど，その勢いは天皇家をしのぐほどになった。一方，中国では隋にかわって唐がおこり，高句麗を攻めた。そして，朝鮮では新羅が国力を強めていた。中国から帰国した留学生らがこのことを伝えると，国内外の状況をのりきるため中大兄皇子や中臣鎌足らは，唐の制度を取り入れて天皇を中心とする強力な中央集権国家をつくろうと考えた。

> **年代ゴロあわせ**
> **645年** ➡ 大化の改新
>
> 改新だ　蘇我の一族
> 　６４５
> むし殺す

> **人物　中臣鎌足**（614〜669）
> 　鎌足は低い身分であったが，中大兄皇子と知りあってのち，蘇我氏の討伐計画に加わった。彼は，死ぬ直前に藤原の姓をあたえられて藤原鎌足と名のり，のちの藤原氏の祖先となった。

2 大化の改新

　645年，中大兄皇子・中臣鎌足らは蘇我蝦夷・入鹿の父子を飛鳥（奈良県）の宮でほろぼした。そして孝徳天皇が即位すると，中大兄皇子が皇太子となり，中臣鎌足や留学生も加わった新政府が誕生した。この年，中国にならい，はじめて年号を「大化」と定めたので，この年にはじまる改革を大化の改新という。

▶ 大化の改新の舞台となった飛鳥板蓋宮跡（奈良県）

❸ 改新の方針

新政府は、都を飛鳥から難波（いまの大阪市）に移し、646年、「改新の詔」（→p.77）を出して、唐の制度を取り入れた改革の方針を示した。

1 公地公民の制　天皇家や豪族の支配していた土地や人民を国家の支配とする。

2 国・郡・里の制　全国を畿内（都の近くの地方）および国・郡・里の行政区画に分ける。

3 班田収授法　戸籍をつくり、これをもとに国が人々に一定の田地をあたえる。

4 新しい税制　人民から租・調・庸の税を徴収する。

これらの方針は、この後、約半世紀かかって、しだいに実現していった。

ポイント			
国内	蘇我氏の強大化	→ 中大兄皇子・中臣鎌足が中央集権国家をめざし、蘇我氏を倒す	〈改新の詔〉 公地公民 国・郡・里 班田収授 新税制
国外	唐の成立 新羅の国力強化	→	

❹ 朝鮮出兵の失敗

そのころ、朝鮮半島では、新羅が唐と結んで百済をほろぼそうとしていた。朝廷は百済を救うために朝鮮半島に大軍を送ったが、663年に白村江の戦いで新羅・唐の連合軍に大敗し、日本は朝鮮半島からしりぞいた。

そののち、新羅は唐の軍隊も追いかえして、朝鮮半島を統一した。

❺ 天智天皇の政治

白村江の大敗後、中大兄皇子は、北九州の守りを固めるとともに、都を近江（滋賀県）の大津に移し、即位して天智天皇となった。天皇は、最初の全国的な戸籍である庚午年籍をつくって、中央集権の体制を整備した。

大化の改新のなぞ

「改新の詔」が、その当時のものかどうかについて疑問であるという意見がある。「改新の詔」は『日本書紀』という本だけに書かれているが、大化の改新をりっぱなものにみせるために、『日本書紀』の作者が、想像して書いたのではないか、というのである。これが正しいとすると、大化の改新はなかったということになる。

しかし、『日本書紀』の作者は、「改新の詔」の一部を修正しただけで、全部を想像して書いたわけではないという意見もある。

どちらにしても、「改新の詔」の内容が実現するのは、50年以上ものちのことである。

参考　朝鮮式山城と水城

白村江の戦いに敗れた日本は、九州北部から瀬戸内周辺に朝鮮式山城を築いたり、大宰府の北に水城という堤をもうけたりして唐・新羅の侵攻にそなえた。これらの防衛施設は百済からの渡来人の技術や知識が生かされている。

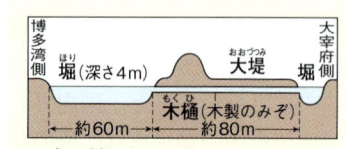

▲水城　全長は約1kmある。

▲古代の都

グレードアップ　さらに知識を広げよう　日本にのこる朝鮮の地名

■ 日本に渡ってきた朝鮮半島の人々

○ 古代, 朝鮮半島には高句麗(コグリョ), 新羅(シルラ), 百済(ペクチェ)の国があったが, 7世紀になると唐と結んだ新羅の勢いが強くなり, 百済と高句麗は滅亡した。そのため国を失った人々は日本列島に渡ってきて住み着くようになった。

○ 彼らのなかには学問や高い技術を持つ者も多く, 大和政権(ヤマト王権)から「百済王(くだらのこにきし)」や「高麗王(こまのこにきし)」の姓を授けられて高い地位についたり, 豪族として地方で栄える人々もいた。その渡来人たちの住んだ所には百済や高麗の地名が付けられて今ものこっている。

▲ 7世紀後半の朝鮮半島

■ 各地にのこる百済の地名

○ 百済は「くだら」とよばれることが多く, 大阪府には百済駅や百済川, 百済橋などがあり, 奈良の広陵町にも百済の地名がある。なかでも有名なのは, 大阪府枚方市にある「百済王神社(くだらおうじんじゃ)」と「百済寺(くだらじ)」である。このあたりは昔百済野とよばれ, 百済復興に失敗して日本に渡ってきた百済の王族の子孫が住み着いた。彼らは大和政権にも仕え, 神社を建てて歴代の百済の王をまつって栄えた。近年, 韓国から訪れる人も多いという。

■ 各地にのこる高麗の地名

○ 高麗は「こま」や「こうらい」とよぶ。埼玉県日高市には高麗駅や高麗神社がある。ここは高句麗が滅んだあと王族と高句麗人が多く移り住んだといわれる所で, 神社には高句麗王の子とされる若光(じゃっこう)がまつられている。神奈川県大磯町や京都府にも高麗の地名がのこり, 大阪には高麗橋などがある。

○ 日本各地には, 高麗, 百済, 新羅に関連した地名や伝承(でんしょう)がのこり, これは古代に日本列島と朝鮮半島の行き来が多かったことをあらわしている。君たちの住む町にもこういう地名がのこっているかもしれない。

▲ 百済王神社(大阪府枚方市)

▲ 舞楽(ぶがく)(広島県 嚴島神社, 宮島観光協会, 撮影: 新谷孝一)　視点　朝鮮半島などから伝わった。

2章 古代日本の歩みとアジア

テスト直前チェック

▼ 答えられたらマーク　　　　　　　　わからなければ ↩

① ☐ 589年，分裂していた中国を統一した王朝を何というか。　p.47 ❶
② ☐ ❶の王朝で，人々に一定面積の土地を割りあて，耕作させた制度は何か。　p.47 ❷
③ ☐ ❶の王朝で始められた，試験によって役人を採用する制度は何か。　p.47 ❷
④ ☐ ❶の王朝で，大運河を建設した第2代皇帝はだれか。　p.47 ❷
⑤ ☐ ❶の王朝のあと中国を統一し，大帝国をきずいた王朝を何というか。　p.47 ❸
⑥ ☐ ❺の王朝の都はどこか。　p.48 ❹
⑦ ☐ 7世紀に朝鮮半島を統一し，朝鮮民族最初の統一国家となったのはどこか。　p.48 ❺
⑧ ☐ 聖徳太子らがめざしたのは，どんな国家か。　p.49 ❷
⑨ ☐ 聖徳太子らが家がらではなく，能力のある者を登用しようとした制度は何か。　p.49 ❷
⑩ ☐ 聖徳太子らが，天皇に仕える役人の心がまえを示したものを何というか。　p.49 ❷
⑪ ☐ 聖徳太子らが，中国の文化や制度を取り入れるために送った使節は何か。　p.49 ❸
⑫ ☐ ⑪の使節となった人物はだれか。　p.49 ❸
⑬ ☐ 聖徳太子のころに栄えた仏教文化を何というか。　p.50 ❶
⑭ ☐ 世界最古の木造建築物といわれるのは何という寺院か。　p.50 ❷
⑮ ☐ 鞍作鳥がつくったといわれる⑭の寺院の金堂にある仏像は何か。　p.50 ❸
⑯ ☐ ⑭の寺院にある，唐草文様の透かし彫りがほどこされた工芸品は何か。　p.50 ❹
⑰ ☐ 645年，蘇我氏をほろぼした事件の中心となった皇太子はだれか。　p.51 ❶
⑱ ☐ 上の645年の事件で，⑰を助け，のち藤原姓を名のったのはだれか。　p.51 ❶
⑲ ☐ ⑰の事件にはじまる政治の改革を何とよんでいるか。　p.51 ❷
⑳ ☐ ⑰の事件後，唐の制度をとりいれ，出された4つの方針を何というか。　p.52 ❸
㉑ ☐ 日本が朝鮮半島から手を引くきっかけとなった663年の戦いは何か。　p.52 ❹
㉒ ☐ ㉑の敗戦後，国内政治に力を注ぎ，戸籍をつくった天皇はだれか。　p.52 ❺

解答

❶ 隋 (ずい)
❷ 均田制 (きんでんせい)
❸ 科挙 (かきょ)
❹ 煬帝 (ようだい)
❺ 唐 (とう)
❻ 長安 (ちょうあん)
❼ 新羅 (シルラ(しらぎ))
❽ 中央集権国家
❾ 冠位十二階 (かんいじゅうにかい)
❿ 十七条の憲法 (じゅうしちじょうのけんぽう)
⓫ 遣隋使 (けんずいし)
⓬ 小野妹子 (おののいもこ)
⓭ 飛鳥文化 (あすかぶんか)
⓮ 法隆寺 (ほうりゅうじ)
⓯ 釈迦三尊像 (しゃかさんぞんぞう)
⓰ 玉虫厨子 (たまむしのずし)
⓱ 中大兄皇子 (なかのおおえのおうじ)
⓲ 中臣鎌足 (なかとみのかまたり)
⓳ 大化の改新 (たいかのかいしん)
⓴ 改新の詔 (かいしんのみことのり)
㉑ 白村江の戦い (はくすきのえ(はくそんこう)のたたかい)
㉒ 天智天皇 (てんじてんのう)

2 律令政治の動き

教科書のまとめ

1 律令の制定

解説ページ ⇨ p.56

- □ 天武天皇の政治 … 壬申の乱に勝って，天皇の権威が確立。
- □ 大宝律令の制定 … 律令政治＝天皇中心の中央集権政治の確立。
  - ─ 中央官制（2官8省）・地方官制（国・郡・里）・大宰府・多賀城
  - ─ 班田収授法（戸籍をつくり，口分田をあたえる）
  - ─ 税制（租・調・庸・雑徭）─兵制（徴兵制，衛士・防人）

農民の生活は苦しかったよ。

2 平城京

解説ページ ⇨ p.57

- □ 平城京遷都 … 平城京を都とした8世紀の約80年間を奈良時代という。
- □ 支配のひろがり … 蝦夷（東北地方）や隼人（南九州地方）を征服。
- □ 仏教による政治 … 聖武天皇は諸国に国分寺・国分尼寺，奈良に東大寺を建立。

3 奈良時代の農民と貴族

解説ページ ⇨ p.59

- □ 重税に苦しむ生活 … 税を逃れるための抵抗⇨逃亡・浮浪・戸籍をいつわるなど。
- □ 公地公民制の動揺 … 口分田の不足⇨開墾の奨励，三世一身法や墾田永年私財法で開墾した田地の私有の許可。⇨やがて古代の荘園へ。

4 天平文化

解説ページ ⇨ p.60

- □ 遣唐使の派遣 … 唐のすぐれた制度や文化を取り入れる。
- □ 新羅・渤海 … 新羅・渤海ともさかんに交流。
- □ 天平文化の特色 … 聖武天皇の天平年間を中心に栄えた奈良時代の文化。
  仏教文化・国際性豊かな文化。

1 律令の制定

1 壬申の乱と天武天皇の政治

天智天皇の死後,弟の大海人皇子と,子の大友皇子とが天皇の位をめぐって争い,672年に大海人皇子が大友皇子をほろぼした。この戦いを壬申の乱という。

この乱の後,大海人皇子は都を飛鳥(奈良県)に移して天武天皇となり,八色の姓をもうけ,浄御原令という法典を編さんした。壬申の乱の結果,大友皇子に味方した中央の有力豪族の勢力が弱まったので,天皇への権力集中が実現し,このころから「大王は神である」とうたわれるようになり,「天皇」の称号が正式に使われるようになった。また「日本」という国号もこのころ定められた。

2 律令の制定

天武天皇のあと,持統天皇・文武天皇が即位し,わが国最初の大きな都藤原京が飛鳥の北につくられ,701(大宝元)年には大宝律令が制定された。これによって,天皇中心の中央集権のしくみがととのった。このような国家を律令国家といい,その政治を律令政治という。

3 律令政治のしくみ

1 中央 中央には,神をまつる神祇官と,一般の政治を行う太政官の2官がおかれ,太政官には8省が設けられた。この中央の官制を2官8省という。2官8省には,貴族がその位に応じた役職につき,田地や布製品などの高い給与をあたえられた。

2 地方 全国は都を中心とする畿内と,東海道・東山道など7道に分けられ,地方支配のために国・郡・里がおかれた。国には貴族のなかから国司が任命され,郡には地方の豪族から郡司が任命された。北九州には大宰府がおかれ,外交や国防の任務にあたった。

4 律令制度と農民

1 班田収授法 律令制では,公地公民を原則とし

用語 八色の姓
天武天皇が,役人の制度をととのえ,氏族を統制するために,これまでの臣や連などの姓をやめて,真人・朝臣など8等級の新しい姓をもうけた制度。

参考 白鳳文化
天武・持統・文武天皇のころの文化を白鳳文化とよんでいる。薬師寺の東塔,法隆寺金堂の壁画,高松塚古墳壁画,興福寺の仏頭などが代表的である(いずれも奈良県にある)。

▲薬師寺の東塔 (奈良県) 国宝
▲高松塚古墳壁画 (文部科学省所管) 国宝

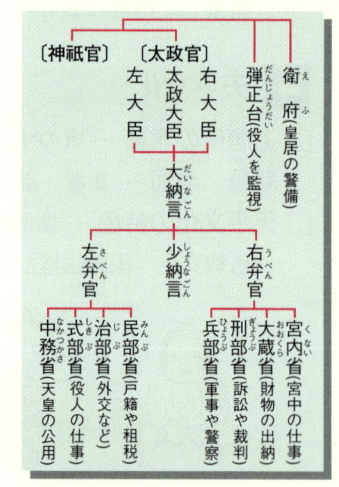

〔神祇官〕〔太政官〕
左大臣／太政大臣／右大臣
弾正台(役人を監視)
衛府(皇居の警備)
大納言
左弁官／少納言／右弁官
中務省(天皇の公用)／式部省(役人の仕事)／治部省(外交など)／民部省(戸籍や租税)／兵部省(軍事や警察)／刑部省(訴訟や裁判)／大蔵省(財物の出納)／宮内省(宮中の仕事)

▲律令制度の政治組織

て，6年ごとに戸籍をつくり，6歳以上の男女に田地を割りあてた。この田地を口分田という。その面積は，良民の男子は2段（約24アール），女子はその3分の2，また，奴婢の男女はそれぞれ良民の3分の1であった。口分田は，本人が死ねば国家に返すことになっており，他人との売買を禁じていた。この制度は，唐の均田制にならったもので，班田収授法という。

2 税制・労役など 口分田を割りあてられた農民は，租・調・庸などの税を国家におさめた。また，兵役や労役などの負担もあった。農民の負担は次の通り。

① 租…収穫の3％の稲を納める。
② 調…絹・糸・布・塩など各地の特産物を納める。
③ 庸…都に出て働くかわりに，布を納める。
④ 雑徭…国司のもとで60日間の労役をする。
⑤ 運脚…調・庸を都まで運ぶ。
⑥ 兵士…3人に1人の割合で国々の軍団に召集される。
　　衛士…1年間，都の警備にあたる。
　　防人…3年間，北九州の大宰府で西国の防備。
⑦ 出挙…稲の貸し付け。5割の利息を払う。

②～⑥は成年男子に課せられ，男子の負担が重かった。

ポイント 〈大宝律令〉
701年制定 ⇒ 改新政治のしあげ
　　　　　　律令政治（中央集権国家）が確立

年代ゴロあわせ

701年 ➡ 大宝律令の制定

大宝律令　つくって不比等
　　　　　７０１
　　名を１つのこす

参考 良民と賤民
律令制度では，すべての人民を良民と賤民に分け，身分のちがいをはっきりさせた。良民とは皇族・貴族と公民（農民など）をいう。賤民とは，良民の下で奴隷のようにあつかわれた人々で，なかでも奴婢は売買され，その子も奴婢とされた。

参考 学校と刑罰
律令制度には，そのほかに学校や刑罰の制度がある。
● 学校＝都（中央）には大学，地方には国学をつくった。これらの学校は役人の養成をめざしたもので，大学には貴族の子弟，国学には郡司の子弟しか入学できなかった。
● 刑罰＝笞（むちでたたく）・杖（つえでたたく）・徒（牢屋に入れる）・流（遠方や離れ島に流す）・死（死刑）の5種類があった。とくに国家や天皇家に対する犯罪，父母に対する犯罪は重く罰せられた。

---

2 平城京

1 奈良の都

律令政治のしくみがととのってくると，朝廷は，唐の都長安にならい，奈良に新しい都をつくり，710（和銅3）年に都を移した。この都を平城京といい，平城京に都がおかれた約80年間を奈良時代という。

年代ゴロあわせ

710年 ➡ 平城京遷都

　　　　７ １０
南都　平城　ごばんの目

1 市と貨幣

都には米のほか、調や庸などが集められ、公営の市場である東市・西市で売られた。朝廷は、天武天皇の時の**富本銭**に続いて、708（和銅元）年、武蔵国（東京都・埼玉県）から銅が献上されたのをきっかけとして、**和同開珎**という貨幣をつくり、その使用を奨励した。しかし、地方では布や稲などが貨幣として使われた。

▲和同開珎（東京都日本銀行金融研究所貨幣博物館蔵）

2 交通の整備

中央集権の政治を行うために、**都と地方の国々を結ぶ交通路**がつくられ、約16kmごとに馬をそなえた駅がおかれた。しかし、駅は役人しか利用できず、一般の人は野宿をしなければならなかった。

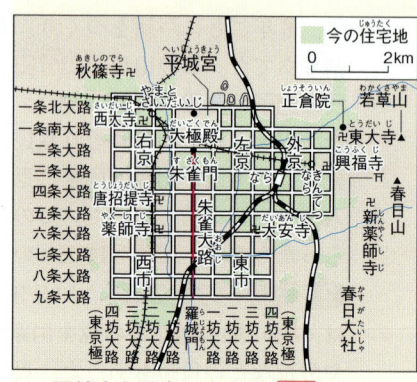

▲平城京と現在の奈良市 視点 平城京は、南北約4.8km、東西約4.3kmの長方形で、市街はごばん目状に道路で区切られ、北はしの中央には皇居や政庁のある平城宮（大内裏）があった。その壮大なすがたとはなやかな都のありさまは、「青丹よし　奈良の都は咲く花の　におうがごとく　今さかりなり」とうたわれた。

2 支配のひろがり

朝廷は東北地方に住む蝦夷の抵抗をおさえて、日本海側には出羽国を、太平洋側には陸奥国をおいた。陸奥国には**多賀城**（宮城県）が築かれ、東北地方の政治・軍事上の本拠地とした。九州には大宰府がおかれ、**九州地方の政治と外交・防衛**にあたった。南九州でも隼人とよばれた人々の反乱をおさえて支配をひろげた。種子島・屋久島・奄美大島（いずれも鹿児島県）などの南西諸島との通交もはじまった。

◀平城京から出土した木簡（奈良文化財研究所蔵）視点 平城京からは、文字を書いた木の札（木簡）がおびただしく発掘されている。木簡を読むと当時の人々の生活がよくわかる。

3 聖武天皇の政治

1 東大寺と国分寺

聖武天皇の即位したころ、政争や病気の流行などで社会が不安な状態であった。奈良時代の仏教は、国を守り、世の中を安らかにする力があると考えられていたため、聖武天皇は**仏教の力によって国家の平安を願おう**とした。そこで、741（天平13）年に、国ごとに**国分寺**と国分尼寺を建て、都の奈良には全国の総国分寺として**東大寺**を建て、高さ16メートルの金銅の大仏（盧舎那仏）をつくった（→p.78）。

2 社会事業をした人々

大仏づくりに協力した僧の**行基**は、民間に仏教を布教し、橋や用水路をつくった。また、聖武天皇の后の光明皇后は、悲田院や施薬院という施設をつくり、貧しい人や病人を救済した。

▲東大寺の大仏（奈良県）国宝 世界遺産

3 奈良時代の農民と貴族

1 農民の苦しい生活

この時代には，鉄製農具がしだいに普及し，灌漑技術の進歩もみられた。田植えなどの農法もひろまり，稲の収穫も増えてきた。しかし，日照りや洪水の被害も多かった。とくに，租・調・庸の税，調・庸の都への運搬・雑徭や兵役などの負担は重く，多くの農民の生活は苦しかった。山上憶良の『貧窮問答歌』は，このころの農民の生活をリアルに描いている。

農民のなかには，重い負担から逃れようと，戸籍の年齢・性別をいつわったり，口分田をすてて逃亡し浮浪人となったり，税の負担のない僧に勝手になったりするものがいた。

2 公地公民制の動揺

人口の増加や，農民の逃亡などによる口分田の荒廃で，口分田が不足するようになった。そこで朝廷は，土地の開墾を奨励し，三世一身法や墾田永年私財法を定め，新たに開墾した田地（墾田）の私有を認めるようになった。これによって律令制の基礎である公地公民制がくずれはじめた。

1 三世一身法 723（養老7）年，朝廷は開墾をすすめるため，新たに開墾した土地はその人の子孫3代，荒廃した耕地をおこしたものにはその人1代にかぎり，それぞれの土地の私有を認めた。これを三世一身法という。しかし，墾田を国に返す期限が近づくと，持ち主は耕作をやめたので，効果があがらなかった。

2 墾田永年私財法 そこで朝廷は，743（天平15）年，墾田を永久に私有してもよいことにした。これが墾田永年私財法（→p.78）である。これにより，新しく開墾した田地は私有が認められた。

ポイント 口分田の不足 → 墾田の私有 ｛三世一身法／墾田永年私財法｝ → 公地公民制の動揺

史料 『貧窮問答歌』（一部）

天地は広く，太陽や月は明るいものだというのに，私にとっては，世の中がせまく，まっくらな気がする。幸い人間に生まれてきたのに，人なみに田畑のしごとにせいだしているのに，海草のようにたれ下がったぼろを肩にかけ，つぶれて倒れそうな家で，土間にわらをしき，父母は私の枕のほうに，妻子は足に，こんなよりない私をとりかこんで，なげき悲しんでいる。かまどには火の気がなく，飯をむすこしきにクモのすがはって，飯をたくのも忘れてしまったようだ。それなのに，悪いことはかさなるものだ。笞をもった里長が寝屋の戸口に立ちはだかって大声でどなっている。こんなにつらいものか世の中に生きるのは。

視点 山上憶良の歌で，『万葉集』にのせられている。農民の苦しい生活ぶりがよくあらわれている。

年代ゴロあわせ

743年 → 墾田永年私財法の発布

私財法　出て公地の制
もう　なしさ
　　　7 4 3

▲公地公民制の動揺

貴族・社寺	農民の負担
官職による田地　寺田・神田など	租・調・庸　調・庸の運搬　兵役・雑徭など
↓	↓
墾田の私有	農民の窮乏
↓	↓
私有地の増加 ←	浮浪・逃亡　口分田の荒廃

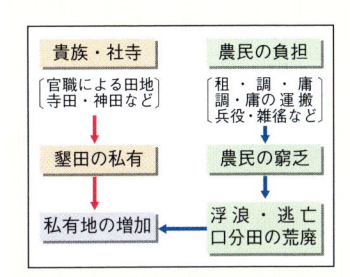

③ 私有地の増加

墾田の私有が許されると、有力な貴族や社寺は財力によって大がかりに墾田をひろげた。口分田をすてた農民のなかにも、貴族らのもとで開墾にしたがうものもあった。こうして、8世紀のなかごろから、全国の各地に貴族・社寺あるいは地方豪族の私有地が増加していった。

> **参考 古代荘園**
> 有力な貴族・社寺・地方豪族は、開墾した私有地を周辺の農民に貸しだし、収穫の5分の1程度の借地料をとった。このような私有地を古代荘園とよんで、11世紀以降の荘園（→p.83）と区別している。

4 天平文化

① 遣唐使の派遣

1 遣唐使の人々 　唐の新しい知識や文化を取り入れようとした朝廷は、遣隋使に続いて、遣唐使を派遣した。遣唐使は、630年に犬上御田鍬の第1回以来、9世紀末に廃止されるまで十数回におよんだ。使節・留学生・留学僧が数隻の船に分乗したが、あらしなどで難破・漂流することもしばしばあった。吉備真備・僧玄昉などは帰国後、朝廷で重く用いられた。また、阿倍仲麻呂のように、帰国に失敗し、唐の朝廷につかえたものもいた。

2 鑑真の来日 　唐の僧鑑真は、何度も渡航に失敗したが、盲目になりながらも来日し、わが国の仏教の発展に貢献した。

> 天の原ふりさけみれば
>
> キミたち、百人一首にある「天の原　ふりさけみれば　春日なる　みかさの山に　いでし月かも」という歌を知っているかい。
> この歌は、阿倍仲麻呂が唐で月をみて、故郷の三笠山(奈良)に出た月と同じだと、なつかしんだ歌なんだよ。仲麻呂の故郷を想う気持ちがよくわかるだろう。

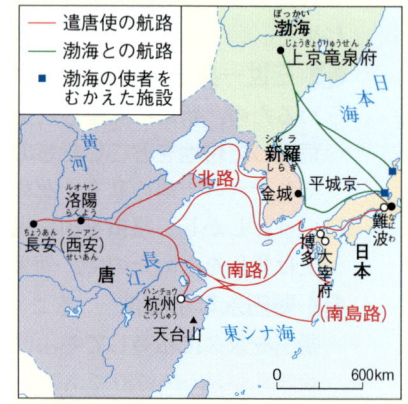

② 新羅・渤海との関係

7世紀から9世紀にかけての日本は、唐ばかりでなく、朝鮮半島の新羅や中国の東北地方におこった渤海ともさかんに交流した。渤海からは34回の使節が日本をおとずれ、虎・熊などの毛皮やはちみつ・にんじんが日本にもたらされた。

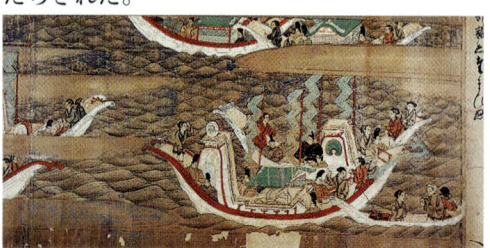

▲鑑真の渡航（唐大和上東征伝絵巻）奈良県　唐招提寺蔵

▲遣唐使の航路　視点　遣唐使の船は、初期のころは北路をとっていた。しかし、奈良時代には新羅との関係が悪くなったので、危険な南路をとった。

3 天平文化の特色

奈良時代には、平城京を中心にはなやかな文化の花がひらいた。聖武天皇の天平年間に最も栄えたので、**天平文化**とよばれる。この文化は、仏教との結びつきが強く、また、**唐の文化**(→p.48)の影響による、国際性豊かな文化であった。

4 寺院建築

法隆寺の夢殿、唐僧の鑑真が建立した唐招提寺の金堂、東大寺の法華堂(三月堂)、聖武天皇の遺品をおさめた東大寺**正倉院**などが有名である。

用語 正倉院 国宝 世界遺産

東大寺境内の北西に建てられている宝庫で、聖武天皇の遺品をおさめている。この建物は一種の高床式の倉で、**校倉造**といって、切り口が三角形の長い角材を組み合わせて建てられている。風通しがよく、湿気をふせぐので、なかの宝物がほとんどいたまずにいまに伝えられた。

▲正倉院の校倉造

5 仏像彫刻

飛鳥時代の仏像(→p.50)にくらべて、明るくふくよかな仏像が多い。東大寺法華堂(三月堂)の不空羂索観音像・日光菩薩像・月光菩薩像や、東大寺戒壇院の四天王像、興福寺の阿修羅像、唐招提寺の鑑真像などが名高い。

▲不空羂索観音像(中)・月光菩薩像(左)・日光菩薩像(右)(奈良県) 国宝

6 絵画・工芸

1 絵画 正倉院の鳥毛立女屏風や薬師寺の吉祥天女画像が代表的。いずれも唐の美人をうつしたものと思われる。

2 工芸 この時代の工芸を代表するのは、正倉院の宝物である。正倉院には、聖武天皇の遺品といわれる金属製品・ガラス器・陶器・織物・楽器など、多くの工芸品がおさめられている。そのなかには、ギリシャ・ペルシャ・インドなどから、**シルクロード(絹の道)**を通って唐に運ばれ、さらに遣唐使によって日本に伝わったものもあり、天平文化の国際性を示している。

▲鑑真像 (奈良県 唐招提寺蔵) 国宝

▲鳥毛立女屏風 (正倉院事務所蔵)

ポイント 〈天平文化〉
聖武天皇の時代 ⇨ 正倉院の宝物
仏教文化・国際性豊か ⇨ 東大寺法華堂

7 学問と文学

1 歴史・地理 律令国家の完成によって天皇の権威が高まると、天皇を中心とする国のなりたちを明らかにするために『古事記』と『日本書紀』が編集された。どちらも神話や伝説をふくみ、事実として認めることができない部分も多いが、現存する最古の歴史書である。

また、朝廷は諸国に命じて諸国の産物・地名・伝説などをまとめた『風土記』をつくらせた。

2 文学 唐の文化の影響で漢文学が栄え、わが国最初の漢詩集『懐風藻』が編集された。また漢詩とともに、わが国独自の和歌も発達し、最初の和歌集『万葉集』(→p.78)がまとめられ、天皇から農民にいたるまで約4500首がおさめられている。作者では、柿本人麻呂・大伴家持・山上憶良などが名高い。『万葉集』では、日本語を書きあらわすのに、漢字の音・訓を利用した万葉仮名が使われた。

史料 万葉仮名

可良己呂武
　須宗尓等里都伎
　　奈苦古良乎
意伎弖曾伎怒也
　意母奈之尓志弖

[視点] 歌の意味は、「わたしの着物のすそにとりついて泣くこどもらを、家において出かけてしまったなあ。母親もいないのに、いまごろはどうしているだろうか」と訳される。

▲正倉院の宝物とそのふるさと
（写真は正倉院の宝物）

テスト直前チェック

2 律令政治の動き

↓答えられたらマーク　　　わからなければ ↪

1. ☐ 天智天皇の死後，大海人皇子と大友皇子が争った戦いを何というか。　p.56 ①
2. ☐ 政治制度をととのえるために，701年に制定された法律を何というか。　p.56 ②
3. ☐ 律令国家で朝廷が一定の土地を農民に分けあたえる制度を何というか。　p.57 ④
4. ☐ ❸の土地を何というか。　p.57 ④
5. ☐ 律令国家で，農民が国におさめた3つの税を何というか。　p.57 ④
6. ☐ このころ，都で朝廷を警備する兵士を何というか。　p.57 ④
7. ☐ このころ，北九州の大宰府で西国の防備にあたった兵士を何というか。　p.57 ④
8. ☐ 平城京がつくられたのは何年か。　p.57 ①
9. ☐ 平城京は，唐の何という都をまねたものか。　p.57 ①
10. ☐ わが国で708年につくられた貨幣を何というか。　p.58 ①
11. ☐ 聖武天皇が国ごとに建てさせた寺を何というか。　p.58 ③
12. ☐ 聖武天皇が都に建てさせた寺を何というか。　p.58 ③
13. ☐ 奈良時代に諸国をまわって橋や用水路などをつくった僧はだれか。　p.58 ③
14. ☐ 743年朝廷が，開墾を奨励し，開墾した田地の私有を認めた法律は何か。　p.59 ②
15. ☐ 奈良時代，朝廷が中国に送った使節を何というか。　p.60 ①
16. ☐ 盲目になりながらも，日本に渡ってきた唐の僧はだれか。　p.60 ①
17. ☐ 奈良時代の文化を何文化というか。　p.61 ③
18. ☐ ⓱の文化は，どの天皇のときが最盛期であったか。　p.61 ③
19. ☐ ⓲の天皇の遺品をおさめた倉を何というか。　p.61 ④
20. ☐ 天皇中心の国家のなりたちを明らかにするためにつくられた歴史書は何か。　p.62 ⑦
21. ☐ 諸国の産物・地名・伝説をまとめた地理書は何か。　p.62 ⑦
22. ☐ 日本最初の和歌集を何というか。　p.62 ⑦

解答

1. 壬申の乱
2. 大宝律令
3. 班田収授法
4. 口分田
5. 租・調・庸
6. 衛士
7. 防人
8. 710年
9. 長安
10. 和同開珎(開宝)
11. 国分寺，国分尼寺
12. 東大寺
13. 行基
14. 墾田永年私財法
15. 遣唐使
16. 鑑真
17. 天平文化
18. 聖武天皇
19. 正倉院
20. 『古事記』，『日本書紀』
21. 『風土記』
22. 『万葉集』

3 貴族の政治と武士のおこり

教科書のまとめ

1 平安京
解説ページ ⇨ p.65
- ☐ 平安京遷都 … 794年，桓武天皇が京都に都を移す。
- ☐ 桓武天皇の政治 … 律令政治の立て直しと蝦夷の制圧。
- ☐ 新しい仏教　最澄 … 天台宗(比叡山延暦寺)。
　　　　　　　空海 … 真言宗(高野山金剛峯寺)。

2 東アジアの変化
解説ページ ⇨ p.67
- ☐ 唐の滅亡 … 東アジアに大きな変化。
　　　　↳ 中国…宋の成立。朝鮮…高麗の成立。
　　　　　ベトナム…中国の支配から独立。

3 摂関政治
解説ページ ⇨ p.68
- ☐ 藤原氏の進出 … 他氏を排斥し，天皇家と親戚関係を結んで有力になる。
- ☐ 摂関政治 … 藤原氏が摂政・関白を独占し，政治の実権をにぎる。
　　藤原道長・頼通のときに全盛。

4 武士のおこり
解説ページ ⇨ p.69
- ☐ 武士のおこり … 地方の治安の乱れ⇨鎮圧のため，貴族が地方に下り，武装した郡司や有力農民を武士団に組織した。
- ☐ 武士の活躍 … 承平・天慶の乱，前九年合戦(前九年の役)や後三年合戦(後三年の役)などの乱をしずめる。

（武士は平安時代後半におこった）

5 国風文化
解説ページ ⇨ p.69
- ☐ 国風文化 … 遣唐使の廃止⇨日本の風土や生活にあった日本風の文化。
- ☐ 国文学の発達 … 仮名文字の発明⇨日本語を自由に表現⇨すぐれた作品を生みだす。
- ☐ 浄土信仰 … 社会の乱れ・不安⇨念仏を唱え，阿弥陀如来にすがり，極楽浄土に生まれかわることを願う。
- ☐ 浄土教美術 … 阿弥陀堂建築や阿弥陀如来像の製作。平等院鳳凰堂など。

1 平安京

1 不安定な政治

8世紀にはいると、朝廷では政権をめぐる貴族の対立が続くようになり政治が混乱した。また、道鏡のように、天皇の位につこうとする僧もあらわれ、有力になった寺院や僧が政治にかかわるようになってきた。

2 平安京

8世紀の末に即位した桓武天皇は、有力な寺社の多い奈良をはなれ、都を移して、律令政治を立て直そうとした。そこで、784（延暦3）年、山城（京都府）の長岡京に都を移した。しかし、都の造営の中心人物藤原種継が暗殺され、この事件をめぐって混乱がおこったため、さらに、794（延暦13）年、いまの京都に都を移した。これを平安京といい、こののち鎌倉幕府が成立するまでの約400年間を平安時代という。

3 律令政治の立て直し

桓武天皇は平安京で政治の立て直しにつとめた。

1 地方政治の引きしめ 地方の政治がみだれていたので、国司や郡司の取りしまりを強めた。

2 班田収授・税制の改革 6年ごとの班田収授が規則どおりにできなくなったため、班田を12年に1度に改めた。また、雑徭の日数を60日から30日にへらし、農民の負担を軽くしようとした。

3 兵制の改革 農民の生活が苦しくなり、農民を中心とする軍団の戦力が低下したので、軍団を東北・九州をのぞいて廃止した。そして、郡司など有力者の子弟を兵士に採用する健児の制をしき、軍事を強化した。

参考 貴族の争いと道鏡事件

藤原不比等の子どもたちが死んだあと、橘氏が吉備真備や玄昉（→p.60）と結んで政治を主導した。しかし、これに不満をもった不比等の孫の藤原広嗣が乱をおこし、一時は都が恭仁京（京都府）や難波京（大阪市）に移された。ついで、藤原仲麻呂が政治の実権をにぎったが、そのあと、称徳天皇の信任をうけた道鏡が勢いを強め、天皇の位につこうとした。しかし、和気清麻呂によってさまたげられ、道鏡は下野（栃木県）に追放された。

年代ゴロあわせ

794年 ➡ 平安京遷都

```
          7 9 4
坊さんの  口出しなくし
  平安遷都
```

▲平安京と現在の京都市街

視点 平安京は、南北約5.3km、東西約4.5kmあり、平城京より一回り大きかった。右京は沼地が多く、人々の生活は左京が中心であった。

◀平安京の羅城門（復元模型）

4 東北地方の支配

多賀城(宮城県)を中心とした律令国家の東北支配に対して蝦夷は強く抵抗し、780年には、蝦夷によって多賀城が焼かれる反乱もおこった。胆沢地方(岩手県)の蝦夷の族長アテルイとの戦いでは、桓武天皇は坂上田村麻呂を征夷大将軍に任命して平定した。また、胆沢城や志波城を築いて東北支配をひろげた。しかし、蝦夷の抵抗はその後もねばり強く続いた。

ポイント 桓武天皇の政治
- 平安京遷都……仏教勢力の排除
- 律令政治の立て直し……国司・郡司の監督／班田収授の改革／健児の制
- 東北支配……蝦夷の抵抗の制圧

▲東北地方の経営　視点 ----は朝廷の進出線。
( )内は現在の県庁所在地名

5 律令政治の再編成

桓武天皇の律令政治再建の方針は、9世紀後半まで受け継がれた。この間、律令政治のしくみを現実にあうものに再編成しようとして、蔵人や検非違使などの、令外の官を設けたり、律令を補足・修正する格や、律令を行うための細かい規則である式を整理した。

用語 令外の官
律令に定められた以外の官職をいう。征夷大将軍・蔵人・検非違使・関白などの官職である。蔵人は天皇の機密文書をあつかう職、検非違使は京都の治安を守る職である。

参考 平安初期の文化
平安初期は唐の影響が強く、漢文学がさかんで、多くの漢詩集がつくられた。また、密教の影響で室生寺(奈良県)のように寺院は山中に建てられ、神秘的な雰囲気の彫刻・絵画がつくられた。このころの文化を弘仁・貞観文化という。

6 新しい仏教

9世紀のはじめ、唐から帰国した最澄(伝教大師)と空海(弘法大師)は、仏教の新しい宗派を伝えた。最澄は比叡山(滋賀県)に延暦寺を建てて天台宗を広め、空海は高野山(和歌山県)に金剛峯寺を建て真言宗を広めた。

これらは、奈良時代の仏教とはちがって、人里はなれた山寺でのきびしい修行を重んじ、わざわいや病気を取り除くために、加持祈禱とよばれる祈りを行った。加持祈禱を中心とする仏教を密教という。

ポイント
- 最澄…天台宗＝比叡山延暦寺
- 空海…真言宗＝高野山金剛峯寺

▲延暦寺(京都府、滋賀県) 世界遺産

2 東アジアの変化

1 唐の滅亡と宋の統一

8世紀の中ごろ以後、唐の律令政治もくずれはじめ、大きな反乱と長い混乱ののち、907年にほろんだ。その後、約50年間は各地に小国が分立して、華北では5つの王朝が交替したので、この時代を五代という。そして979年に宋が中国を統一した。宋は、12世紀に北方の遊牧民の国である金に攻められ華北を奪われたが、13世紀後半まで続いた。

参考 宋と日本
このころ宋と日本のあいだには正式な国交はなかった。しかし、商人や僧の私的な交流は活発で、宋の手工業製品や貨幣（宋銭）は、さかんに日本に輸入され、日本の経済に大きな影響をあたえた。

2 宋の産業と文化

1 産 業 手工業が発達し、絹織物・紙・陶磁器の生産がすすんだ。とくに陶磁器ではたいへんすぐれたものがつくられた。手工業の発達につれて商業が栄え、貨幣経済も活発になった。

2 文 化 儒学が重んじられ、朱子学がおこった。仏教では禅宗が、美術では水墨画がさかんになった。木版印刷術が発達し、火薬・羅針盤の利用がヨーロッパに先がけてはじまった。

参考 遊牧民族の動き
中国北部では、唐がおとろえたころから遊牧民族の活動が活発になった。10世紀前半には、中国東北部の契丹族が、奈良時代に日本と通交した渤海をほろぼし、国号を遼とした。ついで12世紀はじめ、女真族が遼から独立して金を建国し、宋と連合して遼をほろぼした。

用語 朱子学
宋の朱子によって完成された儒学の一派。身分の秩序を重んじた。鎌倉時代に日本に伝えられ、江戸時代、幕府に保護され武士を中心にひろまった。

3 朝鮮半島とベトナム

強い支配力のあった唐の滅亡は、周辺諸国に大きな影響を与えた。アジアの民族は、独自の文化を築きはじめた。

1 朝鮮半島 唐と深いつながりをもっていた新羅が10世紀に入ってほろび、かわって高麗がおこった。高麗でも儒学や仏教が重んじられた。みごとな陶磁器がつくられたり、金属の活字を使った印刷技術が発明された。

2 ベトナム 唐に支配されていたベトナムも10世紀に独立したが、政治は不安定であった。しかし、11世紀になると大越国が成立し、中央集権のしくみをととのえた。

▲12世紀ごろのアジア

3 摂関政治

1 藤原氏の進出

　藤原氏は，奈良時代から力をのばしてきたが，平安時代になると，他の有力貴族をおとしいれたりして勢力を増した。さらに，娘を天皇の后とし，孫を天皇にすることによって，強大な勢力を築いた。そして，9世紀の後半，藤原良房が摂政となり，その養子の藤原基経が関白となって，天皇にかわり政治の実権をにぎった。

用語　摂政・関白
　摂政は天皇が幼少のとき，関白は天皇が成人したのちに天皇を補佐し政治をとる官職で，実際上の政治の最高権力者であった。

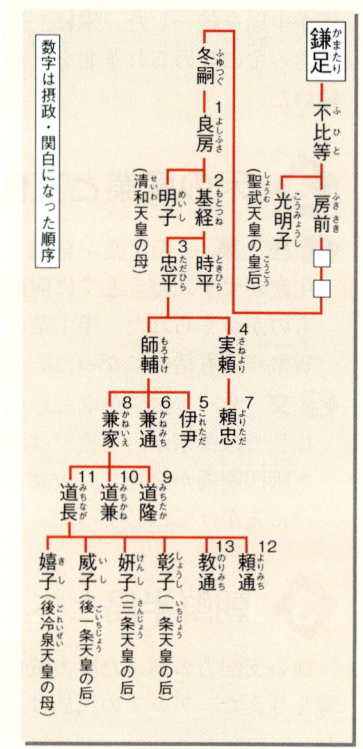

2 摂関政治

　藤原基経の死後，宇多天皇・醍醐天皇は関白をおかず，菅原道真など藤原氏以外の貴族も用いて政治を行った。また，10世紀の中ごろの村上天皇も関白をおかなかった。
　しかし，10世紀の中ごろ以後になると，たえず摂政・関白がおかれ，藤原氏が任命された。藤原氏が摂政・関白として政治の実権をにぎった11世紀後半までの政治を摂関政治という。藤原氏の一族は，朝廷の高位を独占し，ばくだいな収入を得て栄華をきわめ，11世紀前半の藤原道長・藤原頼通の父子の時代に全盛をほこった（→p.79）。

3 地方政治の変化

　平安時代になると，鉄製農具がひろく普及し，農民のなかから大規模な農業経営を行う田堵とよばれる有力農民があらわれた。10世紀になると，班田収授は行われなくなり，かわって田堵に田地の耕作を請け負わせて税をとる制度が成立した。また，朝廷は，国司に地方の政治をまかせきりにし，国司は，決まった額の税を朝廷におさめれば，残りは自分の収入とすることができたので，さまざまな手段で私財をふやすものが多くなった。

ポイント
〈藤原氏の摂関政治〉
- 他氏の排斥
- 天皇家と親戚関係
→ 摂政・関白として政治
→ 朝廷の高い地位を独占

▲天皇家と藤原氏の関係

参考　国司を訴える農民
　不正な税の取り立てをして私財をふやす国司に対して，10世紀後半になると，郡司や農民が国司の不正を朝廷に直接訴えたり，国司を襲撃する事件が各地でおきた。訴えられた国司のなかには，尾張国（愛知県）の藤原元命のように国司をやめさせられたものもいた。

4 武士のおこり

1 武士のおこり

1 武士のおこり　9世紀後半になると、地方では治安が乱れ、反乱・盗賊が増えはじめた。そのため朝廷は、武力にすぐれた下級の貴族を鎮圧のために地方へ送った。彼らは、武装した地方の郡司や有力農民を配下にいれて武士団を組織していった。

2 武士の台頭　10世紀の中ごろ、関東では平将門が、瀬戸内海では藤原純友が反乱をおこした(承平・天慶の乱)。朝廷は武士の力をかりてこの反乱をしずめた。この乱以後、武士の力が認められるようになり、都でも朝廷や貴族の警護に武士を利用するようになった。

> **用語 武士団**
> 武士団の頭を棟梁といい、棟梁が一族のもの(家の子)や配下のもの(郎党)を率いていた。また、有力な棟梁は、いくつもの武士団をまとめ、大武士団を組織していった(→p.85)。

> **用語 承平・天慶の乱**
> 935年、下総(千葉県・茨城県の一部)の豪族平将門が国司に対して反乱をおこし、関東地方の大半をおさえ新皇と称して中央政府と対立した(→p.79)。939年には、伊予(愛媛県)の国の役人であった藤原純友が瀬戸内海の海賊を率いて乱をおこした。この2つの乱を、年号をとって承平・天慶の乱という。

2 平氏と源氏

武士の棟梁として大武士団を率いたのが、桓武天皇の子孫である平氏と、清和天皇の子孫である源氏である。

1 平氏の進出　平氏は、西国に勢力をひろげ、平正盛のときに院(→p.84)の警備にあたり、中央に進出する足がかりをつくった。

2 源氏の進出　11世紀後半、東北地方の安倍氏と清原氏の反乱を、源頼義・源義家父子が関東の武士団を率いてしずめた。これを前九年合戦(前九年の役)・後三年合戦(後三年の役)という。この結果、源氏は名をあげ、東国の武士と主従関係を結び力を強めた。

> **参考 奥州の藤原氏**
> 後三年合戦のとき、奥州(福島・岩手・宮城・青森の4県の総称)の豪族藤原氏は源義家を助けて戦い、のち平泉(岩手県)を中心に栄えた。中尊寺金色堂は、この藤原氏によって建てられたものである(→p.345)。藤原氏は、清衡・基衡・秀衡の3代にわたり栄えたが、源頼朝の軍によってほろぼされた(→p.89)。

5 国風文化

1 唐風から国風の文化へ

唐がおとろえると、朝廷は、菅原道真の意見により、894年に遣唐使をとりやめた。その頃から唐風文化の影響がうすれ、日本独特の文化である国風文化が発達した。

> **人物 菅原道真**(845〜903)
> 宇多天皇に重く用いられ、漢文学にすぐれていた。醍醐天皇のときには右大臣にすすんだが、901年、左大臣の藤原時平におとしいれられ、大宰府(福岡県)へ流された。

2 貴族の生活

貴族たちは，年中行事や儀式を重んじ，占いなども利用して，日常の生活を送っていた。貴族の住宅には，美しい庭園を取り入れた寝殿造がつくられた。服装は以前の唐風のものから日本風のものにかわり，正装として，男子は衣冠・束帯，女子は女房装束(十二単)がもちいられた。

3 大和絵のおこり

寝殿造のなかに使用されたふすまやびょうぶには，以前の唐風の絵画にかわって，日本の風景や風俗がえがかれた。これを大和絵という。大和絵の手法は，やがて物語を絵であらわす絵巻物を生み，「源氏物語絵巻」・「信貴山縁起絵巻」・「鳥獣戯画」などがつくられた(→p.86)。

4 国文学の発達

9世紀ごろ，漢字をもとにして仮名文字が発明されると，日本のことばを自由に表現できるようになり，国文学がめざましく発達した。とくに，摂関政治のころ，宮廷につかえる女性たちがすぐれた作品を生みだした。

1 和歌 醍醐天皇の命令で紀貫之が『古今和歌集』を編集した。こまやかな感情をたくみによんだものが多く，この歌風はのちの和歌の手本とされた。

2 物語文学 9世紀ごろ，かぐや姫の物語である『竹取物語』や歌物語の『伊勢物語』がつくられた。11世紀のはじめには，紫式部が『源氏物語』を書き，光源氏という主人公を中心に貴族の生活と感情をえがいた。

3 日記・随筆 日記では，紀貫之の『土佐日記』が代表的である。『蜻蛉日記』『更級日記』は女性によって書かれた。随筆では清少納言がするどい観察と批判の目で『枕草子』をあらわした。

▲仮名文字のおこり 視点 漢字のへんやつくりなどからカタカナが，草書体からひらがながつくられた。当時は，正式な文書はすべて漢文で書かれ，かなは女性の使う文字だとされていた。

▲貴族の服装

▲鳥獣戯画(京都府 高山寺蔵) 国宝

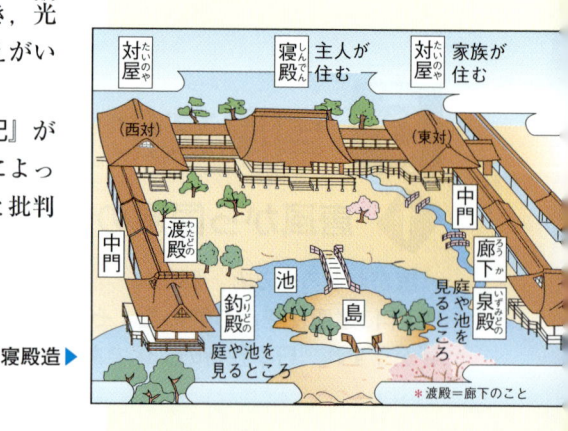

寝殿造▶

＊渡殿＝廊下のこと

5 浄土教信仰

1 浄土教のおこり
平安時代の中ごろから社会が乱れ、災害・疫病が流行して人々の不安が高まると、阿弥陀如来にすがり念仏をとなえれば、死後に極楽浄土に生まれかわれるという浄土教がおこった。この教えは、末法思想の流行もあって、人々のあいだにひろまった。10世紀の中ごろ、空也は京都の町かどで念仏をすすめ、市聖とよばれた。ついで、源信（恵心僧都）は『往生要集』をあらわし浄土教をひろめた。

2 浄土教美術
浄土教がひろまると、阿弥陀堂や阿弥陀如来像がさかんにつくられるようになった。最も代表的なものが、藤原頼通が京都の宇治に建てた平等院鳳凰堂である。鳳凰堂の本尊は、仏師定朝の作といわれる阿弥陀如来像で、平安彫刻の傑作として有名である。浄土教は地方にもひろまり、院政期ごろには、奥州藤原氏による岩手県平泉の中尊寺金色堂（→p.345）や大分県の富貴寺大堂など、各地に阿弥陀堂が建てられた（→p.86）。

> **用語 末法思想**
> 仏教では、シャカの死後2000年で仏法はおとろえ、人々の苦しむ末法の世になると考えられていた。11世紀中ごろはシャカの死後2000年にあたるとされ、社会不安も高まっていたので、人々は末法の世がやってきたと考えた。

▲平等院鳳凰堂の阿弥陀如来像
（京都府）国宝

グレードアップ　さらに知識を広げよう　平安時代の女性と文学

■ すぐれた女流文学

○ 平安時代のすぐれた文学作品には、女性の作者のものが多い。紫式部の『源氏物語』や清少納言の『枕草子』を代表に、『蜻蛉日記』『更級日記』『和泉式部日記』なども女性の手によるものである。平安時代に、なぜ女性がすぐれた文学を生みだしたのだろうか。

■ 貴族社会と女性

○ この時代、貴族の女子教育はきわめてさかんであった。貴族社会では、和歌・音楽・絵画などの教養が重視されたので、摂関家や上流貴族は、娘を天皇の后に立てるため、何十人という侍女をつけ、教養を身につけさせることに夢中になった。

○ 中・下流貴族は、娘を侍女に選んでもらうため、いっそう教育に力をいれた。女流作家の多くは、そのような中・下流貴族の出身で、紫式部も清少納言も、そうであった。

○ 一夫多妻制であった当時の貴族社会で、中・下流貴族という不安定な階層に生まれた女性たちは、社会を見るするどい感覚を育てた。

○ さらに、仮名文字の発明によって、自分の考えや感情を自由に書きあらわすことができるようになり、自由に表現することで、考えや感覚をいっそうみがくことができた。こうして女性たちは、身につけた豊かな教養とするどい感覚によって、すぐれた文学を生みだしていったのである。

2章 古代日本の歩みとアジア

時代をとらえる

時代の移り変わりをとらえよう

次の❶～❸の3点の仏像の写真から、2章の時代の仏教の移り変わりをまとめよう。

❶ 飛鳥時代の仏教文化
▲法隆寺釈迦三尊像

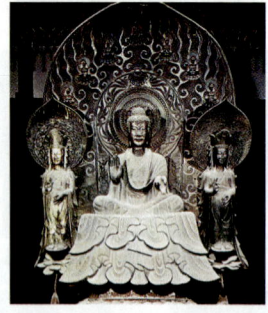

❷ 奈良時代の仏教文化
▲東大寺の大仏

❸ 平安時代の仏教文化
▲中尊寺金色堂の内部

【解答例】　飛鳥時代は、聖徳太子を中心に仏教文化が栄えた。仏像の多くは渡来人の手によるもので大陸文化が直接影響していた。奈良時代には聖武天皇を中心に仏教は日本にひろがったが、それは国家の平安を願うものだったので、平城京に東大寺と大仏をつくり国ごとに国分寺や国分尼寺がつくられた。平安時代になると、貴族たちは個人の救いを仏教に求めるようになり、死後に極楽浄土に導いてくれる阿弥陀仏やそれを安置した阿弥陀堂がつくられた。

時代の特色を説明しよう

古代日本の政治や文化の特色を、下の❶～❺の文を参考にして（　）に答えてまとめよう。

　古代の日本はアジアから様々な影響をうけて国づくりを行った。聖徳太子は中国の（　❶　）に使者を送り、大陸文化を取り入れて（　❷　）などをつくった。朝鮮半島の（　❸　）からは多くの人々が渡ってきて進んだ文化を伝えた。奈良時代や平安時代の都は唐の長安を手本にしている。政治のしくみや文化を学ぶために、多くの僧や留学生が遣唐使と共に海を渡った。彼らによって唐の制度をまねて日本にも律令制度がつくられ、律令政治が行われた。唐の均田制にならった（　❹　）や、租調庸の税制、2官8省の組織などである。唐だけでなく広く新羅や渤海とも交流した。日本が貴族の時代になって唐がおとろえると、大陸との交流はそれまでよりは減ったが、（　❺　）で使われた貨幣が輸入されてひろく日本で流通した。

❶ 6世紀の末に中国を統一した国。
❷ 役人の心得を決めたきまり。
❸ 仏教や漢字もこの国から伝えられたといわれている。
❹ 律令制度の基本で、田を人々に分けあたえ、税をとる制度。
❺ 唐を滅ぼして中国を統一した国。

【解答例】　❶ 隋　❷ 十七条の憲法　❸ 百済（ペクチェ）　❹ 班田収授法　❺ 宋（そう）

3 貴族の政治と武士のおこり

テスト直前チェック

↓答えられたらマーク　　　　　　　　　　　わからなければ ↻

① ☐ 桓武天皇が都をいまの京都に移したのは何年か。　p.65 ❷
② ☐ ❶の都を何とよんでいるか。　p.65 ❷
③ ☐ 最澄がひろめた宗教と建てた寺院は何か。　p.66 ❻
④ ☐ 空海がひろめた宗教と建てた寺院は何か。　p.66 ❻
⑤ ☐ 中国では，唐がほろんで何という国が国土を統一したか。　p.67 ❶
⑥ ☐ ❺の時代にうまれ，日本にも大きな影響をあたえた儒学の一派は何か。　p.67 ❷
⑦ ☐ ❺と同じころ，朝鮮半島にできた新しい国は何か。　p.67 ❸
⑧ ☐ 平安時代に，藤原氏が政治の実権をにぎるためについた官職は何か。　p.68 ❶
⑨ ☐ ❽の官職を独占した藤原氏による政治を何というか。　p.68 ❷
⑩ ☐ ❾の政治はだれのとき全盛であったか。2人の名をあげよ。　p.68 ❷
⑪ ☐ 10世紀の中ごろ，関東で朝廷に反抗して乱をおこした武士はだれか。　p.69 ❶
⑫ ☐ ⑪と同じころ，瀬戸内海で乱をおこした武士はだれか。　p.69 ❶
⑬ ☐ ⑪と⑫の乱をあわせて何とよんでいるか。　p.69 ❶
⑭ ☐ 最も有力な武士の棟梁で，大武士団をひきいた2氏をあげよ。　p.69 ❷
⑮ ☐ 源氏が力を強めるきっかけとなった東北地方の2つの乱は何か。　p.69 ❷
⑯ ☐ 平安時代の中ごろから栄えた日本風の文化を何というか。　p.69 ❶
⑰ ☐ 貴族の住んだ日本風の住宅を何というか。　p.70 ❷
⑱ ☐ 国文学が発達するきっかけとなったできごとは何か。　p.70 ❹
⑲ ☐ 紀貫之が編集した和歌集は何か。　p.70 ❹
⑳ ☐ 紫式部があらわした物語は何か。　p.70 ❹
㉑ ☐ 清少納言があらわした随筆は何か。　p.70 ❹
㉒ ☐ 藤原頼通が京都の宇治に建てた阿弥陀堂を何というか。　p.71 ❺

2章 古代日本の歩みとアジア

解答

① 794年
② 平安京（へいあんきょう）
③ 天台宗（てんだい），比叡山延暦寺（ひえいざんえんりゃくじ）
④ 真言宗（しんごんしゅう），高野山金剛峯寺（こうやさんこんごうぶじ）
⑤ 宋（そう）
⑥ 朱子学（しゅしがく）
⑦ 高麗（コリョ（こうらい））
⑧ 摂政（せっしょう），関白（かんぱく）
⑨ 摂関政治（せっかん）
⑩ 藤原道長（みちなが），藤原頼通（よりみち）
⑪ 平将門（たいらのまさかど）
⑫ 藤原純友（すみとも）
⑬ 承平・天慶の乱（じょうへい・てんぎょう）
⑭ 源氏，平氏（げんじ，へいし）
⑮ 前九年合戦（ぜんくねんかっせん），後三年合戦（ごさんねんかっせん）｛前九年の役／後三年の役｝
⑯ 国風文化（こくふう）
⑰ 寝殿造（しんでんづくり）
⑱ 仮名文字の発明（かな）
⑲ 『古今和歌集』（こきん）
⑳ 『源氏物語』（げんじ）
㉑ 『枕草子』（まくらのそうし）
㉒ 平等院鳳凰堂（びょうどういんほうおうどう）

定期テスト予想問題

解答⇒p.367

1 [6〜11世紀の日本]

右の年表を見ながら，次の問いに答えなさい。

(1) Ⅰ・Ⅱにあてはまる年代を答えよ。
(2) ア〜オにあてはまる国名・人名・ことばを答えよ。
(3) 年表中のCの改革を何というか。
(4) 奈良の都を何というか。
(5) 奈良の都は唐の都を手本にしてつくられた。当時，国際都市であった唐の都を何というか。
(6) 京都の都を何というか。
(7) 京都に都を移した天皇はだれか。
(8) 年表中GとHの乱をあわせて何とよんでいるか。

年代	できごと	記号	期間
589	（ア）が中国を統一する。		X
593	（イ）が摂政となる。	A	
607	小野妹子が使いとして中国へ行く。	B	
618	（ア）がほろび，唐が中国を統一する。		
645	中大兄皇子が政治の改革をはじめる。	C	
672	壬申の乱がおこる。		
701	（ウ）が制定され，中央集権政治のしくみがととのう。	D	
（Ⅰ）	都を奈良に移す。		
	●このころさかんに遣唐使が送られる。	E	Y
（Ⅱ）	都を京都に移す。		
894	遣唐使が廃止される。	F	
935	（エ）が関東で乱をおこす。	G	
939	藤原純友が瀬戸内海で乱をおこす。	H	Z
979	（オ）が中国を統一する。		
	●このころ藤原氏が政治の実権をにぎる。	I	
1051	前九年合戦がおこる。	J	
1083	後三年合戦がおこる。	K	

(9) 年表中のIの政治を何というか。
(10) 年表中のJとKの戦乱をしずめて，関東地方に勢力を強めた武士の棟梁は何氏か。
(11) X・Y・Zのころの文化をそれぞれ何というか。
(12) Yの文化はどのような特色をもつ文化か。
(13) Zの文化はどのような特色をもつ文化か。

ベストガイド

1 (2) アとオは中国の王朝名，イとエは人名，ウは律令の名称。(3) 蘇我氏を倒した改革。(7) 律令政治の立て直しをめざした天皇である。(10) 当時有力だった武士の棟梁は，平氏と源氏である。(12) 国家による仏教の保護，遣唐使の派遣がこの文化の背景にある。(13) この文化には，遣唐使の廃止も影響をあたえた。

(14) 次の①〜⑧のものは，それぞれX・Y・Zのどの時期の文化と関係が深いか。
①源氏物語
②古事記
③万葉集
④古今和歌集
⑤仮名文字の発明
⑥
⑦
⑧

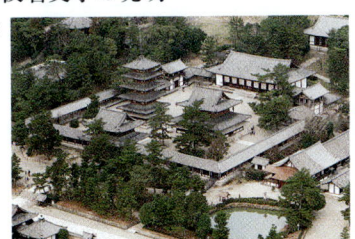

(15) 次の文章はある史料の一部である。①何とよばれているものか。②年表中のA〜Kのどのできごとと最も関係の深いものか。記号で答えよ。

> 一、和をもって貴しとなし，さからうことなきを宗とせよ
> 二、あつく三宝をうやまえ。三宝とは仏法僧なり
> 三、詔を承りては必ず謹め

2 [奈良〜平安の仏教]

次の文章を読んで，あとの問いに答えなさい。

　a奈良時代の仏教は，国を守ると考えられていたので朝廷から強く保護され，聖武天皇は国ごとに（　①　），都には（　②　）を建てた。b平安時代のはじめに，唐から帰国した2人の僧によって新しい宗派が生まれた。（　③　）は，比叡山に（　④　）を建てて（　⑤　）をおこした。（　⑥　）は，高野山に（　⑦　）を建てて（　⑧　）をひろめ，貴族のあいだに流行していった。しかし，c平安時代のなかごろ以後，世の中が乱れてくると，（　⑨　）が人々のあいだに流行していった。

(1) 上の文中の①〜⑨にあてはまる語句を答えよ。
(2) 右の写真は，上の文中の下線部a〜cのどの時代に関係の深いものか。

ベストガイド

(14) ⑥は法隆寺，⑦は平等院鳳凰堂，⑧は正倉院。(15) 史料は聖徳太子の出したものである。有名な史料であるから，必ず覚えておくこと。

2 (1) 唐から帰国した2人の僧は，最澄と空海である。2人の宗派は混同しないようにすること。(2) 写真は平等院鳳凰堂の阿弥陀如来像。

史料から時代を読み取る　原始・古代の日本

◀岩宿遺跡（群馬県）で発見された打製石器（⇒p.34）

▲復元された主祭殿（佐賀県　吉野ヶ里遺跡⇒p.36）

▲復元された竪穴住居（青森県　三内丸山遺跡⇒p.35）

『漢書』地理志　⇒p.37

（紀元前1世紀ごろ）楽浪郡の海のむこうには，倭（日本）人が住んでいて，100あまりの国々にわかれている。そして，定期的に貢物を持ってあいさつにきている。　【紀元前1世紀ごろ】

注　このころは国といってもいくつかの集落がまとまった程度のもので，いまの国家とはちがっていた。中国に使いをおくって，進んだ技術を獲得し，国内で権威を示すことがねらいであったと考えられる。

『後漢書』東夷伝　⇒p.37

57年に倭（日本）の奴の国が，貢物をもってあいさつにきた。使いの者は自分を大臣であると言っている。奴の国は倭（日本）でいちばん南の端に位置する。光武帝はこの奴国王の位を認め，その証として印綬を与えた。　【57年】

注　このとき光武帝から与えられた印は，江戸時代に福岡県の志賀島で見つかった。

紀元前　紀元後1世紀　2世紀　3世紀

『魏志』倭人伝　⇒p.37

倭（日本）人は帯方郡の東南の大海のむこうに住んでいて，山がちな島や国や村をつくっている。もと100以上の国に分かれていて，漢の時代に，やってきて貢物をさしだす者もいた。いま使者をよこす国は30ほどである。帯方郡より倭（日本）へ行くには海岸にそって舟で行き，韓国をへて狗邪韓国へ…対馬国へ…一支国へ…邪馬台国に至る。

邪馬台国は，もとは男子の王であった。70〜80年たって倭の国は乱れ，何年にもわたって戦乱が続いた。そこでひとりの女子をたてて王とした。その名を卑弥呼という。占いの術で人々を従えた。年をとっても結婚はせず，弟が政治を助けた。卑弥呼が王となってからは彼女を見た者は少なく，女の奴隷（婢）が1000人仕えている。…宮室・楼観・城柵がいかめしく設けられ，つねに武器をもった兵が守備している。…卑弥呼が死ぬと大きな墓をつくり，100人あまりの奴隷（奴婢）が一緒にうめられた。

【3世紀】

注　『魏志』倭人伝の記述によると，距離から近畿（奈良県）説が，方角からは北九州説があてはまるため，邪馬台国の場所はまだ場所がわかっていない。卑弥呼の死後は，男の王が立てられたが争いがおきたため，卑弥呼の一族の女姓壱与が王に立てられると国が安定した。

倭王武の手紙　⇒p.38

わたしの祖先は、自らよろいやかぶとを身につけ武装し、山や川をかけめぐり休むひまもありませんでした。東は55か国。西は66か国、さらに海を渡って95か国を平定しました。しかしわたしの使いが陛下のところに貢物を持っていくのを、高句麗(コウクリョ)がじゃましています。今度こそ高句麗を破ろうと思いますので私に高い地位を与えて激励してください。(『宋書』倭国伝)
【5世紀】

(注) 倭の五王のうちの武(ぶ)が宋の皇帝に送った手紙の一部である。倭の王としての地位と朝鮮半島南部での軍事的な指揮権を認めてもらおうとして、中国(南朝)にたびたび使いを送った。

十七条の憲法　⇒p.49

一、和こそ最も貴いものであり、さからうことないように努力せよ。
二、心からあつく三宝を尊敬し信じよ。三宝とは仏・法・僧である。
三、詔(天皇の命令)をうけたならば、必ずしたがえ。
十七、重要な問題は独断で決めてはならない。必ず多くの人と相談せよ。
【604年】

(注) 1条で和の精神を、2条で仏教の奨励を、3条で天皇への服従が定められている。聖徳太子は、天皇を中心に、それを官人が支える**中央集権体制**の国家を目指していた。

◀聖徳太子と伝えられる肖像画(東京都　宮内庁蔵)

4世紀
5世紀
6世紀
7世紀

▲大仙古墳(大阪府堺市)　仁徳天皇の墓と伝えられている。面積が世界最大。(⇒p.38)

仏教の伝来　⇒p.39

欽明(きんめい)天皇の治世、戊午(ぼご)の年(538年)の十月十二日に、百済(クダラ)の聖明王(セイメイオウ)が仏像、経典を伝え、僧を送ってきた。そこで天皇は命令を下し、蘇我稲目(いなめ)に仏像などを授けて仏教を盛んにさせたのである。(上宮聖徳法王帝説)
【538年】

(注) 仏教の伝来には、538年説と552年説があるが538年の説が有力である。

大化の改新(改新の詔)　⇒p.52

一、皇室の私有民や、各地にある皇室の私有地、および臣(おみ)・連(むらじ)ら豪族の持っている私有民と私有地を廃止する。その代わり、上級の役人には、地位や役職によって、一定の農家を指定し、それらの戸が納めるべき租税の大部分を収入として自分のものにしてよいことにする。
二、初めて都の制度をつくり、畿内(きない)の範囲を決め、国・郡(こく・ぐん)・里(り)という地方の区画を定める。
三、初めて戸籍(こせき)・計帳(けいちょう)(徴税台帳)をつくり、班田収授法を定める。およそ50戸を里とし、里ごとに長一人を置け。
四、これまでの労役の税をやめて、田の広さにより調を納めさせる。絹・糸・綿など郷土の特産を納めよ。
【646年】

(注) 大化の改新(かいしん)の詔(みことのり)の方針は、その後50年ほどの間に実現された。

大仏造立の詔　⇒p.58

　天平十五年(743)年十月、聖武天皇の詔が出された。「…ここにこの世に存在するすべての生あるものと万物を救おうという大願をたて、盧舎那仏金銅像一体をおつくりする。国中の銅をとかして、仏像を鋳造し、大山から木を切り出して仏殿をたてる大事業である。…

　天下の富をもつものは自分である。天下の権勢をもつのも自分である。この富と力をもってこの仏像をつくりあげることは簡単であるが、それでは、造仏の精神にはそぐわないものになってしまう。…

　もし人々の中で、一本の草や一握りの土を持って協力しようと願うものがいたら許可せよ。役人はこのことによって人民の生活を騒がせ、無理に税をとりあげるようなことをしてはいけない。…」
【743年】

(注) 聖武天皇は仏教で国家の平安を願おうと、造仏事業を政府だけでなく民衆にも参加をよびかけてすすめようとした。大仏づくりには広く民衆の支持を得ていた行基のような僧も参加している。

▲正倉院の宝物

▲復原された平城京の大極殿(奈良県)

8世紀

▲東大寺の大仏(奈良県) 国宝 世界遺産

墾田永年私財法　⇒p.59

　天平十五(743)年五月、次のような詔が出された。「きくところによると、墾田は三世一身法によって、期限が満了したあとは、朝廷に収めることになっている。そのため農民も怠けてしまい、せっかく開墾した土地もまた元のように荒地になってしまっているという。今後は墾田を自由に私財として所有することを認め、三世一身というような制限を設けず、永久にとりあげないことにせよ。…」と。
【743年】

(注) この法令によって公地公民の原則が崩れていった。貴族や寺院は地方豪族の協力を得て、開発に乗り出し古代荘園がつくられていった。

万葉集　⇒p.62

① 田兒之浦従　打出而見者　真白衣
　　不尽能高嶺尓　雪波零家留
　　　　　　　　　　　　　(山部赤人)

② 銀母　金母玉母　奈尓世武尓
　　麻佐礼留多加良　古尓斯迦米夜母
　　　　　　　　　　　　　(山上憶良)
【770年頃】

(注) 万葉集では、漢字の音・訓を利用した万葉仮名が利用された。それぞれ歌の意味は、①田子の浦(駿河湾の海岸)に出てみると真っ白に富士山の高い嶺に雪が積もっている。②銀も金も珠玉といった宝も何の役に立とうか。子どもにまさる宝はない。

応天門の変

　(866年)八月三日,平安京左京の住人である大宅鷹取が,大納言伴善男…らがはかって応天門を焼いたと告訴した。
　九月二十一日,大納言伴善男と…共謀者紀豊城…ら五人が応天門を焼いた罪で斬首に処されるところ,清和天皇の詔で死刑を減刑されてすべて遠流に処された。(日本三代実録)【866年】

注) この放火事件の真相はいまも定まっていない。事件の後,藤原良房(⇒p.68)は人臣で初めて摂政に正式に任命され,また,古くからの有力貴族であった大伴(伴)氏や紀氏を排除することに成功した。

藤原道長の栄華　⇒p.68

　寛仁二(1018)年十月十六日　今日は藤原威子(道長の三女)を皇后に立てる日である。…道長が私(日記の作者)を招いて「和歌を詠もうと思う。おごり高ぶった歌だが,あらかじめ用意したものではない」といって次の和歌を詠んだ。
「この世をば　わが世ぞと思う　望月の
　　　　　　かけたることも　なしと思へば」
(この世は自分の世のように感じる。満月が欠けることがないように自分の望みは満たされている)(小右記)　　　　　　　　【1018年】

注) この歌は三人目の后を出した時の道長の喜びと藤原氏の全盛ぶりをあらわしている。

9世紀

10世紀

11世紀

▲源氏物語絵巻「東屋・一」(愛知県　徳川美術館蔵)　国宝

平将門の乱　⇒p.69

　天慶二(939)年十一月二十一日,将門は常陸国に侵入した。…このとき武蔵権守興世王が将門に意見して言うには「…一国を侵略しただけでも,その責めは軽くありません。ここまできた以上,関東全域を侵略してしばらく様子をみましょう」将門がそれにこたえていうには「…それならばすぐに関東八カ国を手中におさめ,その人民を従わせよう」と。…将門を名付けて新皇という。…そののち,武蔵・相模などの国まで新皇は巡回し,国司の印や国衙(国司が政務をとった役所)の倉庫の鍵を手中におさめ,政務に励むように国衙の下級役人に命じた。そして自分が天皇の位に就くことを太政官に申し上げ,相模国から下総国に戻った。このため京都の官人らは大いに驚いて,都中騒動となった。
(将門記)　　　　　　　　　　　【939年】

注) 政府は鎮圧の軍を送ったが,その前に,将門の一族の平貞盛と下野の豪族の藤原秀郷によっておさめられた。この乱により,都の貴族も武士の力を認めざるを得なくなった。

◀平等院鳳凰堂(京都府)
世界遺産

＊p.76〜79の史料は,部分要約しているものもあります。

2編 中世・近世の日本

貴族の支配していた社会がおとろえ，村々に住んでいた武士が新しい時代に担い手として登場します。武家政権のもとで，アジアやヨーロッパの動きとも関わりをもちながら，わが国の社会は発展していきました。武士だけでなく，民衆の生活にも目を向けながら，鎌倉・室町から江戸時代への歴史を見ていきましょう。

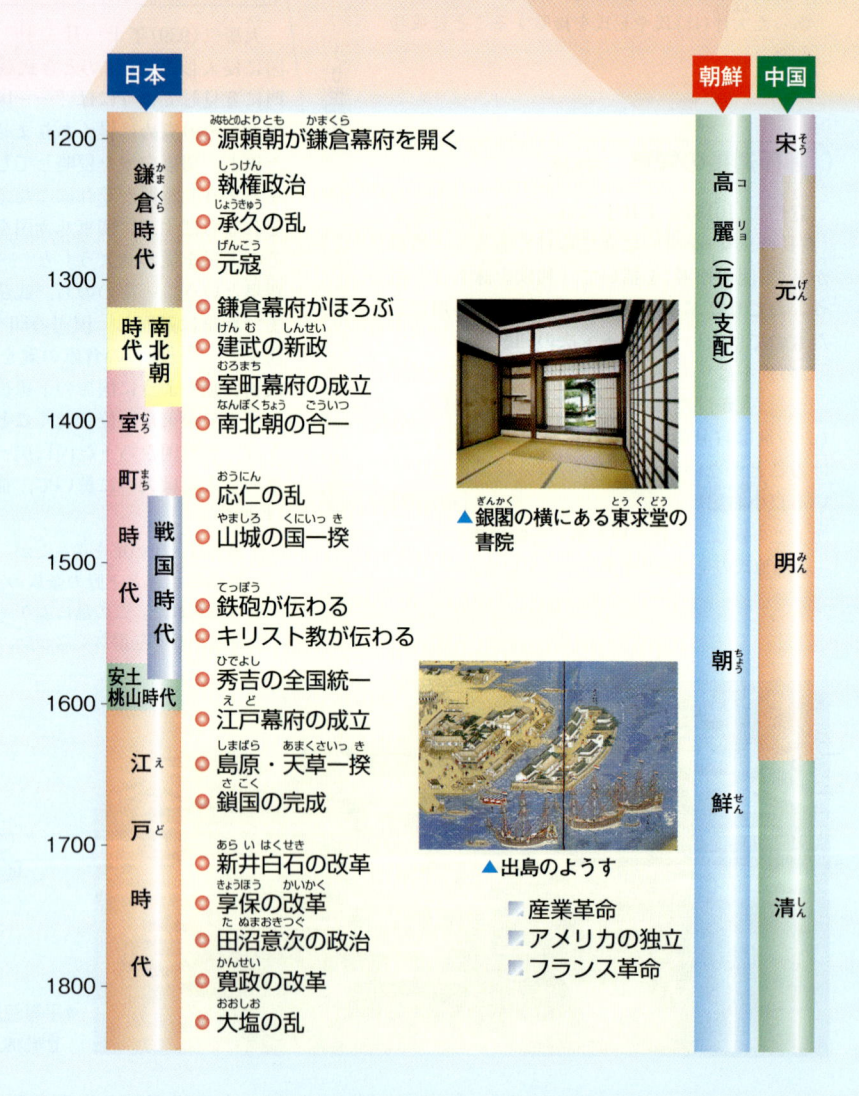

年	日本（時代）	日本（できごと）	朝鮮	中国
1200	鎌倉時代	●源頼朝が鎌倉幕府を開く ●執権政治 ●承久の乱 ●元寇	高麗（元の支配）	宋
1300	南北朝時代	●鎌倉幕府がほろぶ ●建武の新政 ●室町幕府の成立 ●南北朝の合一		元
1400	室町時代 / 戦国時代	●応仁の乱 ●山城の国一揆		明
1500		●鉄砲が伝わる ●キリスト教が伝わる	朝鮮	
1600	安土桃山時代 / 江戸時代	●秀吉の全国統一 ●江戸幕府の成立 ●島原・天草一揆 ●鎖国の完成		
1700	江戸時代	●新井白石の改革 ●享保の改革 ●田沼意次の政治		清
1800		●寛政の改革 ●大塩の乱		

▲銀閣の横にある東求堂の書院

▲出島のようす

□産業革命
□アメリカの独立
□フランス革命

3章 武家政治の成立と展開

田植えと田楽のようす
(月次風俗図屏風)

1 貴族政治から武士の政治へ

3章 武家政治の成立と展開

テスト前にも見なおそう

教科書のまとめ

1 武士の成長と院政

解説ページ ⇨ p.83

- □ **古代荘園** … 奈良時代の中ごろにできたが，不輸の権がなかったので，9世紀には消滅した。
- □ **荘園の増加** … 平安時代中期以後，私領を有力貴族などに寄進して現地の支配権を保護してもらう荘園が増えた。12世紀前半にピークになる。
- □ **荘園のしくみ** … 領主（本所・領家）－荘官（下司・公文）－荘民（名主・作人）
- □ **摂関政治への抵抗** … 後三条天皇が藤原氏をおさえて，みずから政治をはじめた。
- □ **院政の始まり** … 1086年，白河天皇は退位した後も上皇として院で政治をはじめた。
  → 天皇の位を退いた人
- □ **院政の政治**
  - 藤原氏に不満の貴族や武士の支持で，院の政治的力が強まる。
  - 院の仏教保護⇨寺院勢力が増大⇨僧兵の力が強大になる。
  - 僧兵などをおさえるために，院を守る武士（北面の武士）をおいた。

2 平氏の政治

解説ページ ⇨ p.85

- □ **保元の乱** … 院や天皇，藤原氏の争いに平清盛と源義朝が加わり，武力で解決した。この結果，武士の力が認められた。
- □ **平治の乱** … 平清盛と源義朝が争う→勝った平氏が政治の中心に。
- □ **平氏の政治**
  - 摂関政治や院政をまねる→武士の反発をまねく。
  - 海外貿易をさかんにした→日宋貿易，大輪田泊（神戸市）の修築，瀬戸内海交通の整備など。

▲平清盛（東京都宮内庁三の丸尚蔵館蔵）

平治の乱▶
（平治物語絵巻〈模本〉三条焼討巻 狩野栄信 東京国立博物館蔵）

1 武士の成長と院政

1 荘園の発生と増加

奈良時代に墾田の私有が認められると、各地に有力な貴族や寺社の墾田が増えた。ここに「荘」とよばれる倉庫や事務所がおかれたため、これらを荘園という。

しかし、奈良時代の荘園は専属の耕作者もおらず、租税も納めなければならなかったので、9世紀には消滅した。

その後、荘園が増えてくるのは平安時代中ごろ以後である。有力農民や地方の豪族は、不輸・不入の権を得るために私領を中央の有力な貴族や寺社に寄進して荘園とした。寄進をすることで、一定の年貢を納めるかわりに現地での支配権を保護してもらったのである。このような荘園を寄進地系荘園という。

1 不輸の権 有力な貴族や寺社は政治的な力を利用して、租税を免除してもらう特権を得た。

2 不入の権 国司などの役人が税をとるために田地を調べにきたとき、荘園に入ることを拒否できる権利。

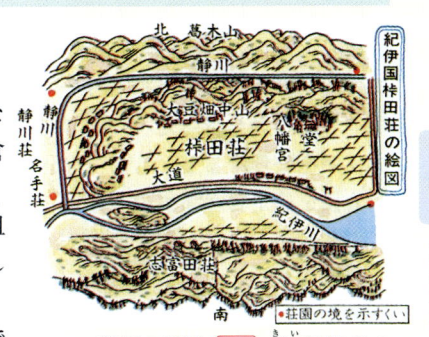

▲荘園の絵図 [視点] 紀伊国（和歌山県）の京都神護寺領桛田荘の図である。平安中期以後の荘園は、上図の赤点のようにくい（牓示という）などによって、耕地だけでなく村や山や道など広大な地域を囲んだものが多い。

2 荘園制の確立

荘園は平安時代中ごろ以後増加するが、そのピークは院政が本格的になった12世紀前半のころである。増加したといっても、耕地のすべてが荘園になったわけではなく、国司が支配する公領も多く残っていた。

3 荘園のしくみ

1 本所・領家 私領の寄進をうけた中央の貴族・寺社のことで、一定の年貢のかわりに政治的な保護を与えた。なかでも摂関家や院に荘園が集中した。

2 荘官 私領を本所・領家に寄進して荘園の実際上の管理者になった豪族や有力農民のことで、下司、公文などといった。

3 荘民 荘園の耕地を実際に耕作した農民のことで、名主・作人・下人などがあった。

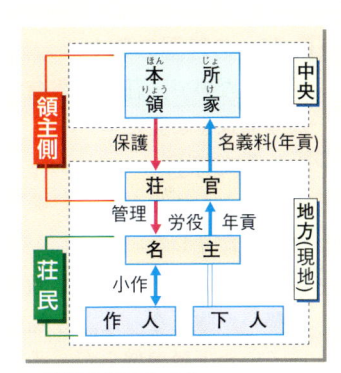

▲荘園支配のしくみ

参考 班田収授のくずれ

荘園がひろがっていくと、それだけ律令国家の基礎である公地公民制がくずれていった。そこで、朝廷は土地の所有をしばしば制限し、さらに、醍醐天皇の延喜年間(901〜923)を最初として数回にわたり荘園整理令を出した。しかし、荘園はますますひろがり、10世紀にはいると班田収授法は行われなくなって、律令制度はその土台である土地制度からくずれていった。

4 院政の開始

　摂関政治に抵抗したのが後三条天皇である。天皇は藤原氏との関係もうすかったので、50年以上におよぶ藤原氏の政治の独占に不満をもつ中・下級貴族を用いて、**天皇中心の政治**を行った。1069年には記録所をおいて不法な荘園を整理するとともに、全国の耕地を調査して荘園と公領を確定し、租税の安定的な確保をめざした。

　つぎの**白河天皇**も、天皇中心の政治をすすめ、1086年につぎの天皇に位をゆずったのちも、**上皇**（天皇の位を退いた人）や法皇（出家した上皇）として政治の実権をにぎった。上皇や法皇の居所を院といったので、**上皇を中心とした政治**を**院政**という（→p.188）。院政は、承久の乱（1221年）で鎌倉幕府に敗北するまで力をもった。

5 院政の特色

1 院への荘園の集中　政治の実権が藤原氏から院へ移ったので、荘園の寄進が院に集中し、院の経済力は藤原氏をこえた。

2 仏教の崇拝　歴代の上皇は仏教をあつく信仰し、みずからも法皇となって多くの寺院を建立し、荘園を寄進したりした。

3 僧兵の活躍　院が仏教を保護したため、有力寺院の勢いが強くなった。寺院の運営や荘園の経営にあたっていた下級の僧らが、武器をもって集団で朝廷や院におしかけ、自分たちの要求を通そうとした。彼らは僧兵とよばれ恐れられた。

4 武士の中央進出　院や貴族は僧兵をおさえる力がなかったので、地方で活躍していた武士団が用いられた。その代表が院の警護にあたった北面の武士で、伊勢（三重県）北部の武士団であった平氏は、これに任ぜられて中央に進出することになった。

ポイント
〈院政〉
白河上皇
院政開始 → 院への荘園集中＝豊かな経済力
　　　　　僧兵の横暴 → 平氏の中央進出

用語　記録所
　正しくは記録荘園券契所という。後三条天皇が新しい荘園や文書のはっきりしない荘園を整理するためにもうけた役所をいう。

年代ゴロあわせ
1086年 → 院政の開始

なんてスゴイ　白河院の
　　１　０　８　６
威令やろ

分析　摂関政治と院政
　摂関政治と院政との共通点は、両方とも天皇の父親または祖父が政治の実権をにぎる点にある。しかし、摂関政治の場合は「外祖父」といわれたように天皇の母方の祖父であり、院政の場合は天皇の実際の父であった。このように政治の実権が母方から父方にかわることに注意しよう。このような変化の背景には母方を中心とした家族関係から、父方を中心とした家族関係への変化があるという。

▲僧　兵（天狗草紙絵巻〈模本〉興福寺巻　狩野養信　東京国立博物館蔵）
視点　白河法皇は、「自分の意のままにならないのは、賀茂川（京都市を流れる川）の水と、双六のさいの目と、山法師（比叡山延暦寺の僧兵）だけである」といったという。

2 平氏の政治

1 保元・平治の乱

　院政が長く続き，寄進される荘園も多くなると，皇位と荘園をめぐって天皇家内部で対立がおこった。これに藤原氏内部の対立が加わり，1156年保元の乱がおきた（→p.188）。上皇側と天皇側はそれぞれ藤原氏や源平二氏を味方にして戦ったが，天皇側の勝利に終わった。この乱で天皇側についた**平清盛**と源義朝は武士の棟梁として勢力を二分した。しかし，乱後の恩賞に不満をもった源義朝は，1159年兵をあげたが清盛にやぶれ（平治の乱），源氏は一時勢力が弱まった。いっぽう勝利した**平氏は中央政界での地位が固まった**。

参考 保元の乱の両陣営
　保元の乱では，父子・兄弟などが天皇側・上皇側に分かれて戦い，勢力争いをした。下図で，その対立をつかもう。

上皇側（敗北）	天皇側（勝利）
崇徳上皇（兄）	後白河天皇（弟）
藤原頼長（弟）	藤原忠通（兄）
平忠正（叔父）	平清盛（甥）
源為義（父）	源義朝（子）

2 保元・平治の乱の意義

　保元の乱は貴族の内部対立に武士が利用されたものであったが，平治の乱は**源氏**と**平氏**という2つの武士団が対立した。この2つの乱を通じて，貴族内部の対立も武士の力なくして解決できないことが明らかになり，**中央政界における武士の地位が大きく前進した**。

3 平氏政権

　平治の乱後，1167年に平清盛は，**武士としてはじめて太政大臣になり，政治の実権をにぎった**。しかし，その政治は貴族的で，摂関政治や院政を引きついだものが多かった。
① 清盛は，藤原氏と同じく娘を天皇の后にして，政治的地位を強化した。
② 平氏一族を朝廷の高位高官につけ，政界を支配した。
③ 全国に支配を広げて500以上の荘園を所有した。

4 清盛の外交

　清盛は中国の**宋**との貿易で，ばくだいな利益をあげた。
① 宋との貿易のために瀬戸内海航路の安全をはかり，**大輪田泊**（神戸市）という港の修築を行った。

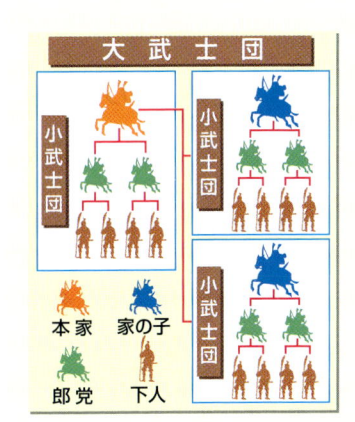

▲武士団のしくみ（→p.69）

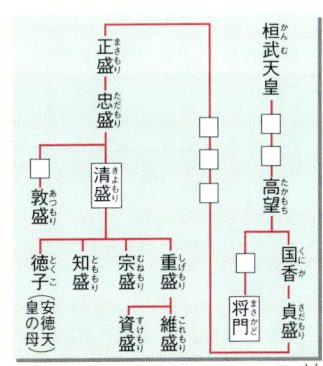

▲平氏の略系図　視点　清盛の娘徳子は，高倉天皇の后となって，安徳天皇を生んだ。

② 宋からの輸入品…絹織物・陶器・書物・銅銭(宋銭)。
③ 宋への輸出品…金・刀剣・蒔絵・扇。

ポイント 〈平氏政権〉
平清盛が平治の乱で実権を得る ⇒ 武士だが貴族的な政治／日宋貿易で大きな利益

5 厳島神社の崇拝

平清盛は瀬戸内海の交通と日宋貿易を重視したので，海神をまつった厳島神社(広島県)を深く崇拝して，平氏の氏神とした。厳島神社には，平氏が一族の繁栄を祈っておさめた「平家納経」がいまものこされている。

6 院政期の文化

武士の登場や農民の成長は文化にも影響をあたえた。
① 武士や農民の生き生きした生活のようすをえがいた仏教の説話集『今昔物語集』がつくられた。
② 大和絵と文章によって物語や寺社の由来などをえがく絵巻物がつくられ，そこにも多くの武士や民衆がえがかれた。
③ 合戦のようすを書いた文学である軍記物が生まれた。
④ 地方と中央との行き来がさかんになると，阿弥陀信仰などの都市の文化(→p.71)が地方にも広がり，各地にすぐれた阿弥陀堂などが建てられた。

分析 平氏政権の性格

平氏政権は，太政大臣になったり荘園をたくさん所有したり，貴族的な性格もあるが，畿内・近国の武士団と主従関係を結び，武士団を勢力の基礎としている点では，武家政権としての鎌倉幕府の前提をつくったといえる。

文化	作品
説話集	今昔物語集
軍記物	将門記
絵巻物	源氏物語絵巻／鳥獣戯画／伴大納言絵詞／信貴山縁起絵巻
阿弥陀堂	中尊寺金色堂(岩手県)／富貴寺大堂(大分県)

▲院政期のおもな文化作品

▲平家納経(広島県　厳島神社蔵) 国宝

▼厳島神社(広島県) 国宝 世界遺産

▼富貴寺大堂(大分県) 国宝

テスト直前チェック

↓答えられたらマーク　　　　　　　　　　　わからなければ ↻

① □ 墾田を中心に私有地として認められた土地を何とよんだか。　p.83 ❶
② □ 私有地の保護のため，名目上貴族らに土地をゆずることを何というか。　p.83 ❶
③ □ 荘園の租税を免除してもらう特権を何というか。　p.83 ❶
④ □ 役人が田地の調査に荘園に入るのを拒否できる権利を何というか。　p.83 ❶
⑤ □ 9世紀に一度消滅した荘園が，本格的に増えてくるのはいつごろか。　p.83 ❷
⑥ □ 国司が支配する土地を何というか。　p.83 ❷
⑦ □ 荘園を寄進された名目上の領主である，有力貴族や寺社を何というか。　p.83 ❸
⑧ □ 荘園を寄進して，実際上の管理者になった土豪・有力農民を何というか。　p.83 ❸
⑨ □ 荘園の記録所をもうけて，藤原氏をおさえようとした天皇はだれか。　p.84 ❹
⑩ □ 位をゆずった天皇が，実権を持った政治体制を何というか。　p.84 ❹
⑪ □ ⑩をはじめた天皇はだれか。またはじめた年はいつか。　p.84 ❹
⑫ □ 天皇の位を退いた人を何というか。　p.84 ❹
⑬ □ 寺院に属す下級の僧らで，武器を持ったものたちを何とよんだか。　p.84 ❺
⑭ □ 武士が，中央の政治に進出するきっかけとなった1156年の乱は何か。　p.85 ❶
⑮ □ 源氏と平氏の2つの武士団が，直接対決した1159年の乱は何か。　p.85 ❶
⑯ □ 武士として初めて中央政治に進出し，太政大臣になったのはだれか。　p.85 ❸
⑰ □ 平氏が積極的に貿易を行った中国の国はどこか。　p.85 ❹
⑱ □ 平清盛が修築をした瀬戸内海の港はどこか。　p.85 ❹
⑲ □ 日宋貿易のおもな輸入品を1つあげよ。　p.86 ❹
⑳ □ 日宋貿易のおもな輸出品を1つあげよ。　p.86 ❹
㉑ □ 武士や農民の生き生きした生活のようすをえがいた，仏教説話は何か。　p.86 ❻
㉒ □ 絵と文章によって，物語や寺社の由来などを描いた物を何というか。　p.86 ❻

解答

❶ 荘園
❷ 寄進
❸ 不輸の権
❹ 不入の権
❺ 平安時代の中ごろ
❻ 公領
❼ 本所，領家
❽ 荘官
❾ 後三条天皇
❿ 院政
⓫ 白河天皇，1086年
⓬ 上皇
⓭ 僧兵
⓮ 保元の乱
⓯ 平治の乱
⓰ 平清盛
⓱ 宋
⓲ 大輪田泊
⓳ 銅銭（宋銭）
⓴ 金（刀剣，蒔絵など）
㉑ 『今昔物語集』
㉒ 絵巻物

2 鎌倉幕府の政治

教科書のまとめ

1 鎌倉幕府の成立 解説ページ ⇨ p.89

- ☐ **鎌倉幕府の成立** … 1192年，**源頼朝**が征夷大将軍になる⇨**武家政治が確立**。頼朝を中心にした御家人制度が基本。京都と鎌倉の２つの政権。
- ☐ **幕府の政治** … 中央＝侍所・政所・問注所，地方＝**守護**と**地頭**。
- ☐ **封建的主従関係** … 将軍と御家人とのあいだの，**御恩**と**奉公**からなる主従関係。

2 承久の乱と執権政治 解説ページ ⇨ p.91

- ☐ **執権政治** … 頼朝の死後，源氏の将軍は３代で終わり，**執権**の北条氏が力をもった。
- ☐ **承久の乱** … 京都の後鳥羽上皇が，幕府を倒そうと戦った⇨幕府の圧倒的な勝利⇨後鳥羽上皇は隠岐(島根県)へ流罪。**六波羅探題**を京都に設置。
- ☐ **執権政治の確立** … 北条泰時が**御成敗式目**を制定し，合議制による政治を実施。

3 武士と農民 解説ページ ⇨ p.92

- ☐ **武士の生活** … 惣領中心。**簡素**で**実用的な生活**。
- ☐ **農民の生活** … 名主，作人(小百姓)，下人・所従などに分かれていた。

4 産業と経済の発達 解説ページ ⇨ p.93

- ☐ **農業技術の発達** … **二毛作**の発展。牛馬耕，肥料の使用，畑作物の増加。
- ☐ **産業と経済の発達** … 漁民や職人も生まれる。**定期市**が立ち，宋銭が流通。

5 鎌倉文化 解説ページ ⇨ p.94

- ☐ **鎌倉仏教** … 一般の農民や武士を救う仏教があらわれる⇨**浄土宗**・**浄土真宗**・**日蓮宗(法華宗)**・**時宗**・**禅宗(臨済宗・曹洞宗)**など。
- ☐ **武家が文化の中心** … **『平家物語』**・東大寺南大門・**金剛力士像**・金沢文庫など。

1 鎌倉幕府の成立

1 平氏打倒の動き

院・朝廷・貴族・寺社などは、独裁的な平氏のありさまに反感を強め、地方の武士たちも失望しはじめ、平氏討伐の計画もおこった。1180年、後白河法皇の子以仁王の命令をきっかけに、全国の源氏が平氏打倒の兵をあげた。その中心は、伊豆(静岡県)にいた源頼朝である。

2 平氏の滅亡

源頼朝は源義朝の子で、平治の乱ののち伊豆に流されていたが、北条氏ら東国の武士の助けを受けて兵をあげた。やがて、鎌倉(神奈川県)に根拠地をおいて武士の勢力を結集した。また、木曽(長野県)にいた源義仲は北陸地方で兵をあげた。頼朝は弟の源義経らに命じて平氏を追いつめ、1185年に壇ノ浦(山口県)でほろぼした。

▲源氏と平氏の勢力範囲

3 源氏政権

平氏をほろぼした頼朝は義経を追放し、1185年には、義経の捜索を名目にして各地に守護・地頭をおいた。守護・地頭は御家人(将軍と直接主従関係を結んだ武士)が任命されたので、しだいに頼朝の勢力が各地に及ぶようになった。1192年、頼朝は征夷大将軍に任ぜられて武家の政権が正式に鎌倉に成立した。こののち、武家の頭を征夷大将軍、その政権を幕府とよぶ。鎌倉のようす(復元模型)▶

分析 地方武士の反発

地方の武士たちは、国司や荘園領主の支配に不満で、彼らに対抗していた。しかし、政権をとった平氏は藤原氏のように貴族化して、武士たちの期待を裏切った。京都から神戸の西にある福原(兵庫県)に都を移したりもしたが、不満は広がった。

参考 奥州藤原氏と義経

東北地方では11世紀の後半から奥州藤原氏の勢力が強まり、中尊寺のある平泉(岩手県)を中心に、金や馬や北方の特産品で栄え、藤原清衡・基衡・秀衡の3代にわたって栄華を誇っていた。独立した力をもっていた藤原氏は、頼朝の最後のライバルであった。頼朝と対立した義経は、この藤原氏を頼って東北に逃れたが、秀衡の子によって殺され、同時に頼朝によって奥州藤原氏もほろぼされた。

年代ゴロあわせ

1192年 ➡ 源頼朝が征夷大将軍になる

武士のため　いいくに
つくると　　1 1 9 2
　　　　　源頼朝

分析 鎌倉という土地

鎌倉に幕府をひらいた理由は、鶴岡八幡宮が源氏の守り神だったことのほかに、鎌倉が三方を山に囲まれ、一方は海に面していて、敵に攻められにくい地形であったことがある。当時、陸路で鎌倉へ入るには切通しというせまい山道を通るしかなかった。

4 幕府政治のしくみ

幕府のしくみは律令制度のしくみと違って，実体にあったわかりやすいもので，将軍に権力が集中した。

① 中央 御家人を統制し，軍事・警察にあたる侍所。一般の政務を行う政所（はじめ公文所）。裁判を行う問注所の3つの役所をおいた。

② 地方 国ごとに守護がおかれ，有力御家人が任命された。国内の御家人の統制，国内の謀反人の取りしまりなど軍事・警察の仕事をした。また，荘園・公領ごとには地頭がおかれ，年貢のとりたてや荘園の管理を行った。京都には京都守護（のちに六波羅探題）・九州には鎮西奉行，東北には奥州総奉行といった特別の役所もおかれた。

③ 公家の政権との関係 幕府ができても，京都を中心とした朝廷の権力は強く，国司も各国に置かれていた。鎌倉時代は，鎌倉と京都に2つの政権があった。

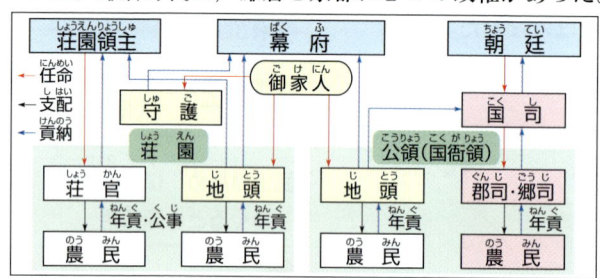

▲伝，源頼朝（京都府 神護寺蔵）

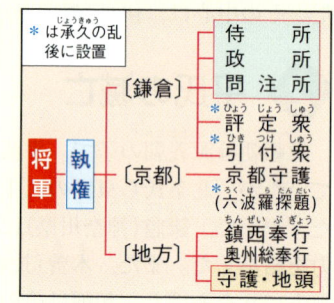

▲鎌倉幕府のしくみ

▲公武二重支配のしくみ

5 封建的主従関係

① 御恩と奉公 将軍（頼朝）は御家人の領地の権利を認め，また功績があれば領地をあたえた。これを御恩という。また御恩に対して，御家人が鎌倉の警護をしたり，戦いになると命を投げ出して働くこと（一所懸命）を奉公という。将軍と御家人は，御恩と奉公で結ばれた主従関係であった。また，一般の武士と家来の間も同じような主従関係にあった。

② 封建制度 御恩と奉公のように領地をなかだちとした主従関係は，中世ヨーロッパの封建制度によく似ているため，鎌倉時代の関係も封建制度とよんでいる。

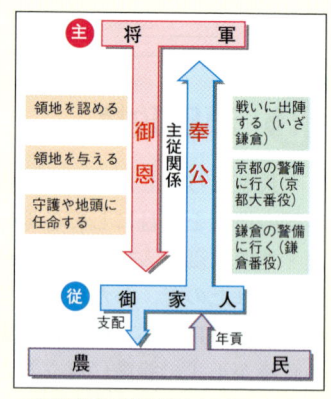

日本の範囲は

頼朝のころ，日本は66か国といわれていた。その北のはしは青森県の外ヶ浜，西のはしは鹿児島県の鬼界ヶ島と思われていたんだ。

▲封建的主従関係のしくみ

源氏の系図

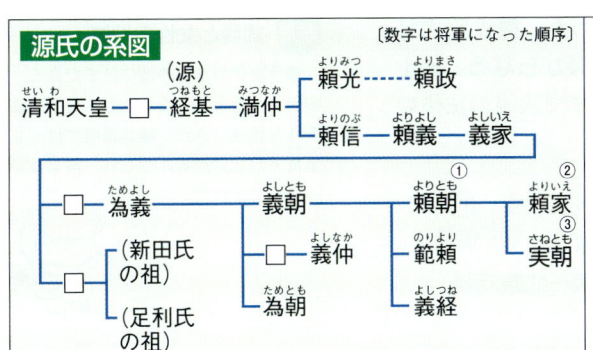

〔数字は将軍になった順序〕

清和天皇—□—経基—満仲—頼光┄┄頼政
　　　　　　　　　　　　├頼信—頼義—義家
　　　　　　　　　　　　├為義—義朝—①頼朝—②頼家
　　　　　　　　　　　　　　　　　　　　　├③実朝
　　　　　　　　　　　　　　　　　├範頼
　　　　　　　　　　　　　　　　　├義仲
　　　　　　　　　　　　　　　　　├為朝
　　　　　　　　　　　　　　　　　└義経
　　　　　　　　　　　　　├（新田氏の祖）
　　　　　　　　　　　　　└（足利氏の祖）

▶ 頼義…前九年合戦で活躍。
▶ 義家…前九年合戦・後三年合戦で活躍。
▶ 義朝…保元の乱・平治の乱で戦う。
▶ 頼朝…**鎌倉幕府**をひらく。
▶ 実朝…『**金槐和歌集**』を著す。
　源氏がほろぶ。

3章　武家政治の成立と展開

2 承久の乱と執権政治

1 執権政治の始まり

源頼朝が死ぬと，その子の頼家，実朝が将軍になったが，実権は頼朝の妻北条政子と彼女の父の北条時政が握った。やがて頼朝の子2人は北条氏に殺され，源氏の将軍は3代で終わった。北条氏が将軍を補佐する**執権**職になり政治を行ったので，その政治を執権政治という。

2 承久の乱

朝廷権力の回復をねらっていた後鳥羽上皇は，源氏の将軍がほろんだのを見て，1221年北条氏を倒そうと兵をあげた。これを**承久の乱**という。戦いは，幕府軍の圧倒的な勝利に終わった。その結果，後鳥羽上皇は隠岐（島根県）に流され，京都には朝廷や西国の監視をする**六波羅探題**がおかれた。また，新しい地頭が各地におかれて，幕府の力が全国におよぶこととなった。

3 御成敗式目の制定

承久の乱に勝った北条泰時は，有力御家人の話し合いで政治を安定させようとした。泰時は評定衆をおき，のち北条時頼は引付衆をおいた。また泰時は，御家人の土地の争いなどを公平にしたり，政治を安定させるために

分析　源氏将軍家の滅亡

頼朝の死後，その子頼家が将軍となったが，政治の中心は頼朝の妻北条政子とその父北条時政が握り，やがて頼家は殺された。その後，弟の実朝が将軍をついだが，彼もおいの**公暁**に暗殺された。実朝に子はなく，源氏将軍はわずか3代，30年たらずで終わった。

年代ゴロあわせ

1221年 ➡ 承久の乱

院宣も　御恩のきずな
　1　2　2　1
ひとつにフイ

＊院宣＝上皇の命令

史料　北条政子の訴え

みな心を一つにして聞きなさい。頼朝公が鎌倉幕府を開いて以来，官職といい，俸禄といい，その恩は山より高く海より深いものです。…名誉を重んじるものは，早く敵を討ち取り，幕府を守りなさい。

視点　承久の乱の際，北条政子は頼朝の御恩を説いて結束を訴え，御家人たちを立ちあがらせた。

御成敗式目(貞永式目)(→p.188)を定めた。御成敗式目は，武士のつくった最初の法律で51か条からなる。武士にもわかりやすいこの法は，のちのちまで武家の法律の手本になった。

> **参考 式目と女性の地位**
> 鎌倉時代の女性の地位はまだ高く，御家人や地頭にもなれたし，男子同様領地も相続できた。鎌倉幕府では，北条政子の意見が重んじられ，彼女は尼将軍とよばれた。

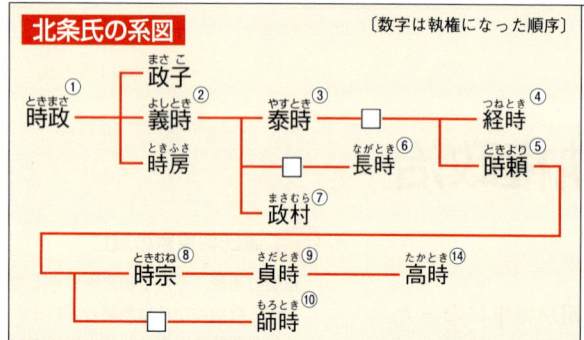

ポイント
承久の乱で幕府が勝利 → 執権政治の基礎が確立
- 御成敗式目 … 北条泰時
- 評定衆
- 引付衆 … 北条時頼

北条氏の系図 〔数字は執権になった順序〕

時政①─┬─政子
　　　├─義時②─┬─泰時③─┬─経時④
　　　└─時房　　│　　　　└─　
　　　　　　　　├─長時⑥
　　　　　　　　├─時頼⑤
　　　　　　　　└─政村⑦
時宗⑧─┬─貞時⑨─高時⑭
　　　└─師時⑩

▶ 時政…初代の**執権**。
▶ 政子…尼将軍とよばれる。
▶ 義時…執権政治を確立し，**承久の乱**で後鳥羽上皇を破る。
▶ 泰時…**御成敗式目(貞永式目)**を制定する。評定衆や連署を設置。
▶ 時頼…引付衆を設置する。
▶ 時宗…**元寇**をむかえうつ。

3 武士と農民

1 武士の生活

武士は荘官や地頭として，村を支配した。ふだんは自分の領地の屋敷に住んでいた。武士は一族の長を惣領とよび，惣領を中心に一族の結びつきを強めた(惣領制)。

1 武士の住居 簡素で実用的なもので，戦いに備えてまわりに土塁や堀をめぐらし，乗馬の訓練をする馬場もあった。地頭の屋敷は，交通に便利なところに建てられることが多かった。

2 弓馬の道 武士は武芸をみがくことが第一とされ，犬追物・笠懸・流鏑馬などにはげんだ。また，剛健や礼節を重んじる道徳が求められた。

3 武士の荘園支配 幕府の勢力が強くなると地頭の力も強まり，もともと荘園を支配していた荘園領主

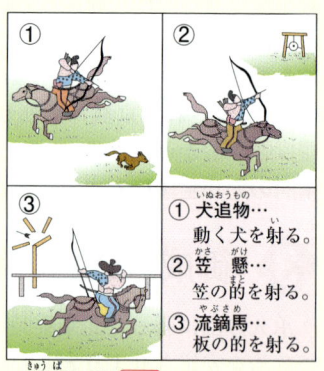

▲弓馬の道 [視点] 武士の子は，5〜6歳ごろから弓馬をならい，15〜16歳ごろには元服して一人前になった。
① 犬追物…動く犬を射る。
② 笠懸…笠の的を射る。
③ 流鏑馬…板の的を射る。

との対立が激しくなった。そのため，荘園領主は一定の年貢納入を条件に荘園を地頭に管理させたり(地頭請)，荘園を半分に分けてそれぞれが支配するようにしたりした(下地中分)。

2 農民の生活

1 名主と作人　農民は百姓とよばれたが，そのうち村を運営する有力な農民を名主，名主などの土地を借りて耕作する一般の農民を作人(小百姓)といった。また，地頭や名主に直接支配されている人々は下人・所従とよばれ，売買されることもあった。

2 農民の負担　農民は，米や布などの年貢の他に，さまざまな地方の特産物をおさめた。地頭らのひどい行いに対しては，村をあげて逃散(土地をすてて逃げること)したり，そろって荘園領主に訴えたりした。

▲地方武士の住居(一遍聖絵　神奈川県　清浄光寺蔵) 視点 館の周囲には堀をめぐらせ，門の上には，弓矢と盾がそなえてある。 国宝

参考 **阿氐河荘農民の訴え**
和歌山県にあった阿氐河荘の農民たちは，「地頭が百姓たちをこき使い，さからうと耳を切ったり，鼻をそいだりする。」と団結して，荘園領主に訴えた。カタカナの訴え状が残っている。(→p.188)

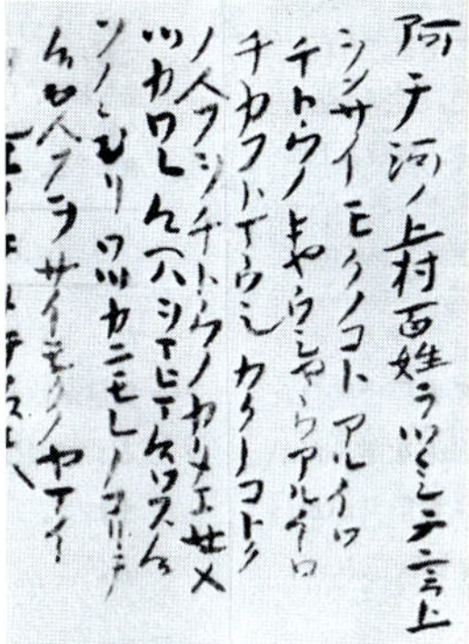

4 産業と経済の発達

1 農業の発達

1 農業技術の進歩　鎌倉時代には農業技術が進歩した。それは鉄製農具や牛馬の使用が進み，草木灰などの肥料も改良されたためである。米の収穫後に麦などを裏作する二毛作が行われ，豆・なす・瓜・大根・ねぎなど作物の種類も豊富になった。

2 漁村　漁業を専門にする村も生まれ，魚・貝・海藻・塩などを年貢として出した。

3 専門的な職人　作物の種類が増え，油や紙，染料などの原料がつくられると，農村でも加工が行われるようになった。また，鍛冶・大工や鋳物師など専門的な職人もあらわれ，手工業が発達した。

▲阿氐河荘農民の訴え状（和歌山県　高野山霊宝館蔵）

参考 **農具の改良**
鍛冶工の成長でくふうがこらされ，からすきなどの鉄製農具が普及した。からすきを牛や馬につけて田を耕す牛馬耕はいっそうふえて農作業が進み，収穫量が増えた。

2 商業と経済の発展

1 市に集まる人々　農産物や手工業品が出まわると、それを交換するために、交通の要地や寺社の門前に定期的に市が立った(**定期市**)。また、貨幣経済も発達して中国から輸入した宋銭が広く流通した。商人や職人は、**座**という同業組合をつくって活動を始め、問(問丸)や馬借とよばれた運送業者もあらわれた。

2 宋・元との貿易　鎌倉時代には正式な国交が行われなかったが、中国との貿易は盛んで、商人たちが往来していた。輸入品は宋銭・織物・陶器などであった。

用語　定期市
月のうち、4の日とか5の日とかを決めて市を開いた。月に3回開かれるので**三斎市**という。現在も残る四日市(三重県)、五日市(広島県)などの地名はその名ごりである。

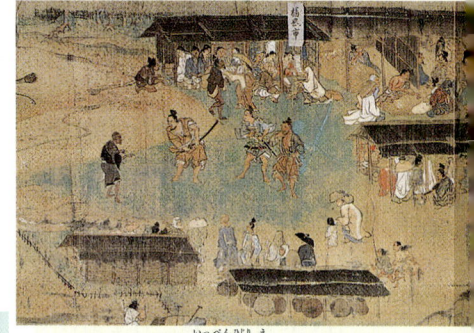

▲市のようす(一遍聖絵　神奈川県清浄光寺蔵)　視点　備前(岡山県)の市のようす。米や布などの商品が並んでいる。また、絵の左に諸国をまわって信仰を広める一遍が見える。　国宝

◀宋　銭

5 鎌倉文化

1 鎌倉仏教

1 新しい仏教　武士が世の中に進出してきたこの時代は、戦乱が続く不安な時代でもあった。宗教に救いを求める民衆は、それまでの貴族や国家のためでない、普通の生活をしている人々でも、信仰によって救われるという新しい仏教を求めていた。

2 浄土宗　**法然**が開いた。阿弥陀如来を信じて「南無阿弥陀仏」の念仏をとなえれば、極楽浄土に往生できると説いた。

3 浄土真宗　法然の弟子の**親鸞**が開いた。法然の教えを進めて、阿弥陀如来にすがれば、悪人とよばれる罪深い人間でも救われると説いた。一向宗ともいう。

4 時　宗　**一遍**が開いた。踊念仏などをしながら諸国をまわり、身分の差なく救われると説いた。

5 日蓮宗(法華宗)　**日蓮**が開いた。法華経の題目「南無妙法蓮華経」をとなえれば成仏できると説いた。

6 禅　宗　中国の宋でおこり、座禅などの厳しい修行により悟りを開くもので、武士らに受け入れられた。栄西は北条氏の保護を受けて臨済宗を開いた。道元は曹洞宗を開き、越前(福井県)に永平寺を建てた。

人物　鎌倉仏教を開いた人々

①**親鸞**(1173～1262)　身分の低い貴族の子に生まれた親鸞は、9歳で出家して、20年間も比叡山(滋賀県)で修行をした。その後、**法然**に会って悟りを開いて生きものを殺す猟師でも救われると教え、人々の救済に力を尽くした。また、親鸞は、僧の決まりに縛られず、肉食したり結婚したりした。

②**日蓮**(1222～82)　漁師の子に生まれた日蓮は、12歳で出家して、比叡山で修行をした。念仏を否定し、法華経以外を認めず、他の宗教を厳しく非難した。元寇を予言したのは有名。

2 鎌倉文化

1 武家の文化
武家を中心とした新しい気運をもとに，伝統にとらわれない写実的で力強い文化が生まれた。また，文字の読めない民衆にも，耳で聞く物語が広がった。

2 学問と文学
①鎌倉時代を代表するものが武士の生活や戦乱を描いた軍記物である。平家の盛衰を描いた『平家物語』はもっとも有名で，盲目の琵琶法師が語り歩いて，全国に広がった。
②武士の学問所として，北条実時は金沢文庫(横浜市)をつくった。
③慈円が歴史書『愚管抄』を著した。
④鴨長明は『方丈記』，吉田兼好は『徒然草』という随筆を書いた。
⑤和歌では武士出身の西行が『山家集』，3代将軍の源実朝が『金槐和歌集』を残し，貴族の藤原定家は『新古今和歌集』を編集した。

3 美術と工芸
①宋から建築の新しい様式が伝わった。禅宗様(唐様)でつくられた円覚寺舎利殿(鎌倉市)・大仏様(天竺様)でつくられた東大寺南大門(奈良市)が代表的である。
②運慶や快慶らの名工が，力強く写実的な彫刻を残した。代表作に東大寺南大門の「金剛力士像」や興福寺「無著像」がある。
③絵画では似絵とよばれる肖像画や絵巻物が描かれた。

史料 『平家物語』(一部)

祇園精舎の鐘の声，諸行無常のひびきあり。沙羅双樹の花の色，盛者必衰のことわりをあらわす。おごれる人も久しからず，ただ春の夜の夢のごとし……。

視点 『平家物語』の最初の一節である。平氏の盛衰を描いているが，そのなかに仏教の無常観をおりまぜ，流れるようなリズムをもった文章でつづっている。

参考 東大寺の再建

東大寺は，平安時代末の源平の争いで焼失したが，鎌倉時代に再建された。このとき東大寺南大門が建てられた。

▲東大寺南大門(奈良県奈良市) 国宝 世界遺産

▲吉田兼好(徒然草画帖　住吉具慶　東京国立博物館蔵)

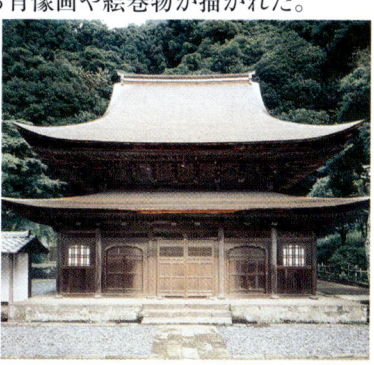

▲円覚寺舎利殿(神奈川県鎌倉市) 国宝

▶東大寺南大門の金剛力士像(奈良県奈良市) 国宝

テスト直前チェック

↓答えられたらマーク　　　　　　　　　　　　　　わからなければ ↻

① ☐ 征夷大将軍になり鎌倉に幕府を開いた人はだれか。　p.89 ③
② ☐ 11世紀から東北地方に勢力を広げて，義経を援助した豪族はだれか。　p.89 ②
③ ☐ 承久の乱以前に幕府が中央(鎌倉)においた3つの役所はそれぞれ何か。　p.90 ④
④ ☐ 地方支配のために国ごとにおかれ，軍事・警察にあたった役は何か。　p.90 ④
⑤ ☐ 荘園・公領ごとにおかれ，その管理や支配にあたった役は何か。　p.90 ④
⑥ ☐ 将軍と直接に主従関係を結んでいた武士を何というか。　p.90 ⑤
⑦ ☐ 将軍が⑥に領地をあたえたり，領地の権利を認めることを何というか。　p.90 ⑤
⑧ ☐ 北条氏が将軍を助ける職について，実権を持った政治を何というか。　p.91 ①
⑨ ☐ 後鳥羽上皇が，幕府を倒そうとしておこした乱を何というか。　p.91 ②
⑩ ☐ ⑨の後，朝廷や西国を監視するため京都におかれた役所は何か。　p.91 ②
⑪ ☐ 武士のつくった最初の法律は何か。またつくったのはだれか。　p.92 ③
⑫ ☐ 源頼朝の妻で「尼将軍」とよばれ，幕府を動かしたのはだれか。　p.92 ③
⑬ ☐ 武士が行った武芸の訓練のうち，笠の的を射るものを何というか。　p.92 ①
⑭ ☐ 農業技術で，米の収穫後に麦を中心に裏作することを何というか。　p.93 ①
⑮ ☐ 月の3の日とか4の日とか，定期的に開かれる市を何というか。　p.94 ②
⑯ ☐ 鎌倉時代や室町時代に活躍した，運送業者を何というか。　p.94 ②
⑰ ☐ 親鸞が開いた新しい仏教で，のちに一向宗ともよばれたのは何か。　p.94 ①
⑱ ☐ 「南無妙法蓮華経」をとなえれば成仏できると説いたのはだれか。　p.94 ①
⑲ ☐ 琵琶法師の語りによって，広く人々に親しまれた軍記物は何か。　p.95 ②
⑳ ☐ 鎌倉時代の仏師で，東大寺の「金剛力士像」をつくったのはだれか。　p.95 ②
㉑ ☐ 鎌倉時代の，代表的な大仏様建築を1つあげよ。　p.95 ②
㉒ ☐ 鎌倉時代の，代表的な禅宗様建築を1つあげよ。　p.95 ②

解答

① 源 頼朝
② 奥州藤原氏
③ 侍所，政所，問注所
④ 守護
⑤ 地頭
⑥ 御家人
⑦ 御恩
⑧ 執権政治
⑨ 承久の乱
⑩ 六波羅探題
⑪ 御成敗式目，北条泰時
⑫ 北条政子
⑬ 笠懸
⑭ 二毛作
⑮ 定期市
⑯ 問(問丸)，馬借
⑰ 浄土真宗
⑱ 日蓮
⑲ 『平家物語』
⑳ 運慶，快慶
㉑ 東大寺南大門
㉒ 円覚寺舎利殿

3 元寇と鎌倉幕府の滅亡

教科書のまとめ

1 元の襲来

解説ページ ⇨ p.98

- □ モンゴル帝国と元 … 13世紀にチンギス＝ハンが**モンゴル帝国**を建国。帝国はアジアや東ヨーロッパに広がり，孫の**フビライ＝ハン**は中国を支配して，国号を**元**とした。
- □ 元寇 … 元は，2度にわたり日本におしよせた（**文永の役・弘安の役**）。執権**北条時宗**を中心に元を撃退した。撃退できたわけは，①日本側の武士の戦い，②アジアの人々の抵抗，③台風などである。

2 鎌倉幕府の滅亡

解説ページ ⇨ p.99

- □ 御家人の不満 … 元寇の負担に対する**恩賞がなかった**⇨御家人の窮乏⇨**徳政令**。独裁的な政治をはじめた北条氏に対する反感が広がる。
- □ 後醍醐天皇 … **倒幕計画の中心**になる⇨隠岐（島根県）に流されるが脱出。
- □ 悪党の出現 … 武士や荘官・名主・百姓などさまざまな人の武装集団で，反幕府的・反領主的な行動をとった。
- □ 幕府の滅亡 … 有力な御家人が倒幕に立つ（**足利尊氏**・新田義貞ら）
  ⇨1333年，鎌倉幕府の滅亡。

3 建武の新政

解説ページ ⇨ p.100

- □ 建武の新政 … **後醍醐天皇**が直接行った政治。2年ほどで失敗。①**公家勢力が中心**，②恩賞の不公平に対する不満，③土地政策に対する不満などで**武士に不評**。
- □ 足利尊氏の挙兵 … **武家政治を復活**させ，京都に新しい天皇をたてて幕府を開く。

4 南北朝の内乱

解説ページ ⇨ p.101

- □ 南朝と北朝
  - 南朝 … 後醍醐天皇の朝廷（吉野）
  - 北朝 … 足利尊氏方の朝廷（京都）

  南朝と北朝が対立した内乱の時代を**南北朝時代**という。
- □ 守護から守護大名へ … 守護が力を増し，支配力を強めた。

後醍醐天皇 ▶

1 元の襲来

1 モンゴル帝国と元

1 モンゴル帝国 モンゴル高原を中心に活動していたモンゴル民族は，13世紀はじめに登場したチンギス＝ハンによって統一された。チンギス＝ハンは，遠征を繰り返し，その子孫は中国から西アジア・ロシア・ポーランドも征服し，アジア・ヨーロッパにまたがる大帝国（モンゴル帝国）をつくりあげた。

2 元の成立 チンギス＝ハンの孫のフビライ＝ハンは，都を大都（いまの北京）に移して，国号を元とした。元の時代は東西交通がさかんで，イタリアの商人マルコ＝ポーロは大都を訪れ，『世界の記述』（『東方見聞録』）を著した。

用語 モンゴル民族
蒙古民族ともいい，中国の北方の草原で遊牧生活をしていた。チンギス＝ハンのハンは，汗とも書き，頭の意味。

用語 『世界の記述』（『東方見聞録』）
マルコ＝ポーロは，日本のことをジパングとよんで，「黄金がたいへん豊かで，国王の宮殿は世にもまれな豪華さである。屋根全体が黄金でおおわれ，道路も部屋も窓もすべて黄金で飾られている。」と紹介して，ヨーロッパ人の好奇心をさそい，あこがれをかきたてた。

2 元の襲来（元寇）

元はベトナムや朝鮮・ジャワ（いまのインドネシア）など周辺諸国を侵略し，日本にもたびたび服属を要求してきた（→p.189）。鎌倉幕府の執権北条時宗は，元の要求をことわり，九州の防備を固めて元軍にそなえた。

1 文永の役 朝鮮の高麗を従えた元軍は，1274（文永11）年，壱岐・対馬（長崎県）を襲い，博多湾（福岡県）に上陸した。西国御家人はよく戦ったが，元軍の火薬兵器や集団戦法に苦しめられた。そして，突然襲った暴風雨に元の船は沈み，元軍は退いた。

2 弘安の役 1281（弘安4）年，再び元は14万の大軍で九州におし寄せた。幕府は石塁を築き，元をくいとめた。そして，元はまたも暴風雨におそわれ大被害をうけて退却した。この2度にわたる元の襲来を元寇という。その後も元は日本遠征を計画したが，高麗やベトナムの抵抗もあって実現しなかった。

分析 元が日本侵略に失敗したわけ
①鎌倉幕府の武士が北条時宗を中心に，団結して力をつくした。
②日本遠征の中心は元に征服された中国人や朝鮮人であったので，彼らはむしろ日本侵略に消極的であった。
③暴風雨によって元軍が，大きな被害を受けた。

◀フビライ＝ハン

アジア各地で吹いた「神風」
元寇の時の暴風雨を「神風」とよんで，以後，日本は神の守る神国だという思想が広まった。太平洋戦争の時も，多くの人がこれを信じていた。しかし実際は，ベトナムやインドネシアを攻めたときも，元は暴風雨の被害にあった。神風は日本だけではなかったのだ。

ポイント
元寇 ⇒ { 文永の役（1274年） / 弘安の役（1281年） } ⇒ 北条時宗のもとで元を撃退

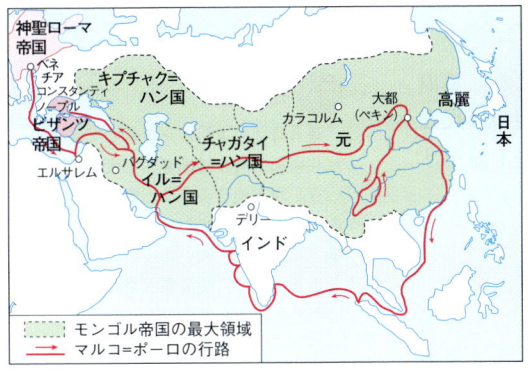

▲モンゴル帝国の広がり

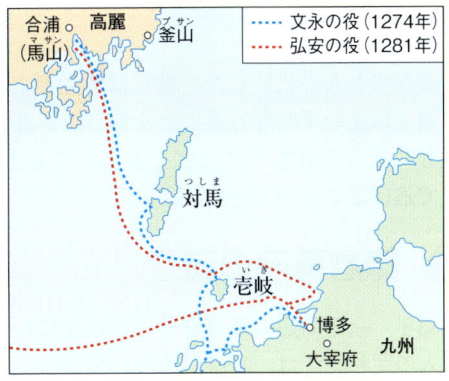

▲元の襲来した道すじ

2 鎌倉幕府の滅亡

1 御家人の不満

1 窮乏する御家人　元の襲来は防げたが，新たな領土の獲得はなかったので，御家人は大きな負担にもかかわらず，十分な恩賞があたえられなかった。そのため御家人の窮乏はひどくなり，土地を質に入れたり借金をしたりするものが増えた。そこで，幕府は1297年に徳政令（永仁の徳政令）（→p.189）を出して御家人を救済しようとした。徳政令とは「御家人が売ったり質入れした土地をただで持ち主に返す」というもの。

2 独裁的になった北条氏　執権政治は合議制によっていたが，元寇のころから北条氏の力が圧倒的になり，守護の半数以上を北条氏が独占するほどになった。そのため，一般の御家人の不満は強まっていった。

> **分析 御家人の窮乏がひどくなった理由**
> ①元寇の負担に苦しんだ。
> ②領地は，子が分けて相続する決まりであったので，領地がしだいに小さくなっていった。
> ③商工業が発達すると，武士も商品を買い，支出が増えた。
> ●つまり，徳政令は一時しのぎにすぎず，かえって社会を混乱させた。

2 後醍醐天皇と悪党の活動

1 後醍醐天皇　朝廷でも対立があり，大覚寺統と持明院統という2派の天皇が交互に皇位についた。14世紀はじめ，大覚寺統の後醍醐天皇は，幕府の混乱をみて天皇政治を復活しようと，2度も倒幕を企てた。失敗して天皇は隠岐（島根県）に流されたが，幕府に不満の御家人や武士は，天皇に味方し各地で兵をあげた。

2 悪党の活動　また，御家人だけでなく，名主など

▲悪党の活動（東京都　宮内庁三の丸尚蔵館蔵）

さまざまな人が武装した。彼らは悪党とよばれ，幕府や領主に従わず略奪行為などを行った。荘園の農民たちも，年貢の引き下げなどを要求して逃散（土地をすてて逃げること）したりした。

③ 鎌倉幕府の滅亡

1333年，京都周辺の反幕府勢力の鎮圧にむかった有力御家人の足利尊氏は，幕府にそむいて後醍醐天皇と手を結び，京都の六波羅探題を攻め落とした。また，上野（群馬県）の新田義貞も鎌倉を攻め落として，北条氏をほろぼした。ここに約150年続いた鎌倉幕府はほろんだ。

3 建武の新政

1 建武の新政

幕府がほろびると，後醍醐天皇は京都にもどり，新しい政治をはじめた。これを建武の新政という。中央に記録所・恩賞方・雑訴決断所という役所をおいたが，天皇の命令が絶対的な力をもつ政治体制であった。また地方に国司と守護をおいて，公家と武家を同時に支配しようとした。しかし，平安時代の天皇政治を理想とした政治は公家が中心で，武士の考え方にそわないものであった。

2 足利尊氏の挙兵

後醍醐天皇に協力した武士たちは，恩賞の不公平などに失望し，再び武家の政治を望むようになった。この動きを見て立ちあがったのが，足利尊氏である。尊氏は京都を占領し，1336年に後醍醐天皇にかえて光明天皇をたてた。1338年，征夷大将軍に任ぜられた尊氏は京都に幕府を開いた。建武の新政は，わずか2年ほどで終わった。

ポイント
建武の新政 → 後醍醐天皇が天皇政治を復活 → 公家中心政治 ⇩ 武士の不満 ⇩ 足利尊氏挙兵 → 新政の失敗

用語 悪党
鎌倉時代の末期から各地で反幕府的，反荘園領主的な活動をした武装集団をいう。現在使うような，悪いことをする集団という意味だけではない。城を構えるような，強い武士の集団も悪党とよんでいる。後醍醐天皇の味方であった楠木正成も悪党であった。

年代ゴロあわせ
1333年 → 鎌倉幕府の滅亡
鎌倉の　幕府のとどめ
　　　　1　3　3　3
　　　　イザささん

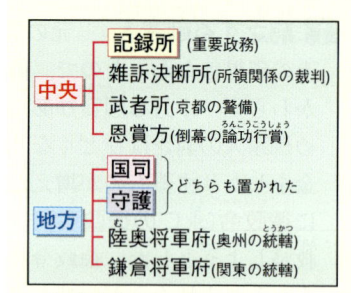

建武政府のしくみ
中央 ─ 記録所（重要政務）
　　　 雑訴決断所（所領関係の裁判）
　　　 武者所（京都の警備）
　　　 恩賞方（倒幕の論功行賞）
地方 ─ 国司／守護（どちらも置かれた）
　　　 陸奥将軍府（奥州の統轄）
　　　 鎌倉将軍府（関東の統轄）

▲建武政府のしくみ

分析 建武の新政の評判
①農民から　若狭（福井県）の太良荘の農民は領主に，「新政になってから，新しい税が増え，年貢が重くなった」と訴えた。新政になれば，北条氏の時より年貢などが減るだろうと期待した農民は，失望し，がまんできずに訴えたのである。
②京都の町の人々　1334年頃，京都鴨川の二条河原に，落書という書きつけがはりだされた（「二条河原の落書」〈→p.189〉）。そこには京都の町が混乱し，天皇のにせの命令まで出され，人々が右往左往しているさまが皮肉られている。

4 南北朝の内乱

1 南朝と北朝

京都の足利尊氏に対抗した後醍醐天皇は，吉野(奈良県)にのがれて天皇政治を続けようとした。このため，京都の尊氏側の朝廷を北朝，吉野の朝廷を南朝とよび，この後，半世紀にわたって対立した(南北朝時代)。

2 南北朝の内乱

南朝側には，楠木正成・新田義貞らがついたがつぎつぎに破れた。南朝の勢力が衰えたにもかかわらず争いは60年間も続いた。それは，①幕府の内部が分裂し，足利尊氏と弟の直義を中心にした争いがあったこと。②地方の武士や農民がそれまでの支配権力に対抗するため，戦いに加わり全国的な争いになったことなどによる。1392年，足利尊氏の孫の義満の時，北朝の力が安定し，内乱が終わって南北朝はひとつになった(南北朝の合一)。

ポイント
南朝…後醍醐天皇が吉野で天皇政治
北朝…足利尊氏が京都で幕府政治(光明天皇)

3 守護から守護大名へ

内乱の時代，地方の武士や農民は自立しはじめた。成長する農民に対抗するため，武士が連合することもあった。そして，守護は，地頭や地方の武士を従えて領地を広げ権力を強めた。このようにして広い領地を直接支配し，領主化した守護を守護大名という。

参考 南北朝期の書物

①『太平記』…後醍醐天皇の倒幕の動きや，足利尊氏の活動，南北朝の動乱の歴史をえがいた軍記物語。
②『神皇正統記』…南朝が後退していくなかで北畠親房が南朝の正統性を記した史書。

参考 尊氏と直義の対立

足利尊氏には1歳下の弟，足利直義がいた。2人は協力して鎌倉幕府を倒し，室町幕府をささえたが，尊氏方の家臣と直義が対立して戦いになり，直義は尊氏に鎌倉で殺された。

分析 守護大名の強大化

南北朝時代，武士はそれぞれ領地を広げるために争い，そのために南朝あるいは北朝の有利なほうについて戦った。鎌倉時代末期から有力となった守護のなかには，戦乱のなかで勢力を強めたものが多かった。

やがて室町幕府は，荘園の年貢の半分を守護が取ることを認めたり(半済)，また荘園領主は，年貢納入の契約を結んで，守護に荘園を支配させたりした(守護請)。守護は，これらを足がかりに荘園や公領を自分の領地のようにした。そして，領地内の武士を自分の家臣にして強大化していった。

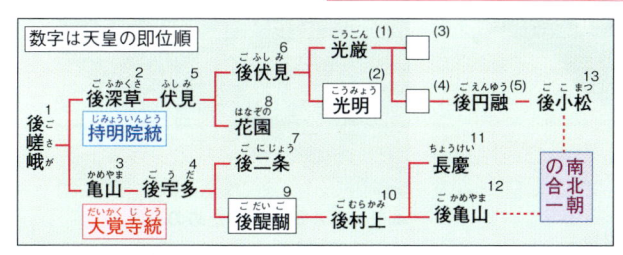

▲天皇家の略系図 ( )の数字は北朝の順序。

▲南北朝時代の近畿地方

グレードアップ さらに知識を広げよう　アジアのなかの元寇(げんこう)

■ アジアの元寇

○ 日本では元寇を，日本が元(モンゴル)に勝ったこと，とくに"神風(かみかぜ)"とよんだ嵐(あらし)に救われたことで日本だけを特別に考えがちだ。

○ しかし13世紀後半，日本が元寇に苦しんだ時代，アジアの各地も日本と比較(ひかく)にならないほどのモンゴルの激(はげ)しい侵略(しんりゃく)を受けていた。たとえば南宋(なんそう)(中国)は1279年，ビルマは1287年に国がほろぼされ，高麗(コリョ)(朝鮮)は1259年にモンゴルに支配され，ベトナムは3度も侵略された。モンゴルはアジア全域を支配するため，各地を侵略したのである。

■ 高麗の元寇と日本

○ 日本ととくに関係が深い高麗について考えてみると，高麗は1231年～1259年の間に6度の侵略をうけた。高麗の被害(ひがい)は大きく，1254年の記録には，捕りょ20万7千人，殺された者無数，いたるところが焼き払われ，死体が野をおおったとある。

○ それでも高麗は抵抗し，首都を江華島(カンファド)に移(うつ)して，海に弱いモンゴルの弱点をついて戦った。しかし1259年，高麗はついに従属(じゅうぞく)した。以後，モンゴルの目は日本に向けられ，高麗は日本の遠征(えんせい)基地としての役目を負わされることになった。

○ しかし，すぐに日本を攻めなかったのはなぜだろう。それは高麗が，日本遠征の船の建造に非協力的だったり，高麗内部の三別抄(さんべつしょう)とよばれた軍隊が強力にモンゴルに抵抗したためである。三別抄は鎌倉幕府に，共同してモンゴルと戦おうという使者も送ってきた。しかし，幕府は三別抄を理解できず，三別抄は1273年に鎮圧(ちんあつ)された。

○ その翌年の1274年，日本に第1回目の元寇(文永の役(ぶんえいのえき))があった。またフビライは3度目の日本遠征を計画していた。しかし，その計画が実現しなかったのはなぜだろう。それは，南宋での反政府運動と，ベトナムやインドネシアの根強い抵抗に手を焼いたことも原因であると思われる。

○ これらの国々で抵抗運動がなかったら，モンゴルは3たび日本を攻めていたかもしれない。モンゴルの目には，当然のことながら日本はアジアの一部とうつっていた。だから，日本の元寇だけを特別に考えるのでなく，アジアのなかの元寇のひとつという目で見てはじめて，日本の元寇が正しく理解できるといえるだろう。

▲モンゴル兵と戦う御家人の竹崎季長(たけざきすえなが)
(蒙古襲来絵詞(もうこしゅうらいえことば)　東京都　宮内庁三の丸尚蔵館(くないちょうさんのまるしょうぞうかん)蔵)

▲モンゴル軍を防ぐための石塁(せきるい)
(福岡県福岡市)

テスト直前チェック

⬇ 答えられたらマーク　　　　　　　　　　　　わからなければ ↩

- ❶ □ 13世紀，モンゴル民族を統一して，大帝国をつくったのはだれか。　p.98 ❶
- ❷ □ 元の国を建てたのはだれか。　p.98 ❶
- ❸ □ 元の都に行ったイタリアの商人はだれか。　p.98 ❶
- ❹ □ ❸の商人の著書は何というか。　p.98 ❶
- ❺ □ 元は2度も日本に攻めてきたが，これを何というか。　p.98 ❷
- ❻ □ ❺は2度あったが，古い順にそれぞれ何とよばれたか。　p.98 ❷
- ❼ □ ❺の時の幕府の執権はだれか。　p.98 ❷
- ❽ □ ❺の時，元が従えた朝鮮の国はどこか。　p.98 ❷
- ❾ □ 元の襲来などで窮乏した御家人の救済に，1297年出された法は何か。　p.99 ❶
- ❿ □ 幕府を倒して，天皇政治を復活しようとした天皇はだれか。　p.99 ❷
- ⓫ □ 反幕府，反領主的に活動する武装した集団を何というか。　p.100 ❷
- ⓬ □ 鎌倉幕府をほろぼすために活躍した御家人を2人あげよ。　p.100 ❸
- ⓭ □ 鎌倉幕府がほろんだ年はいつか。　p.100 ❸
- ⓮ □ 鎌倉幕府をほろぼして，後醍醐天皇が行った天皇政治を何というか。　p.100 ❶
- ⓯ □ ⓮の政治に不満で，京都の二条河原にはりだされた書きつけを何とよぶか。　p.100 ❶
- ⓰ □ 天皇政治に不満な武士の中心になり，武家政権をおこしたのはだれか。　p.100 ❷
- ⓱ □ 後醍醐天皇が，南朝の朝廷を開いた場所はどこか。　p.101 ❶
- ⓲ □ 北朝と，南朝に分れて全国的に争った時代を何というか。　p.101 ❶
- ⓳ □ 足利尊氏とともに幕府をつくった尊氏の弟はだれか。　p.101 ❷
- ⓴ □ 後醍醐天皇や足利尊氏が活動した時代を描いた軍記物語を何というか。　p.101 ❶
- ㉑ □ 『神皇正統記』を書いて南朝の正統性を主張したのはだれか。　p.101 ❶
- ㉒ □ 広い領地を支配して，領主化した守護を何というか。　p.101 ❸

3章　武家政治の成立と展開

解答

- ❶ チンギス＝ハン
- ❷ フビライ＝ハン
- ❸ マルコ＝ポーロ
- ❹ 『世界の記述』（『東方見聞録』）
- ❺ 元寇
- ❻ 文永の役，弘安の役
- ❼ 北条時宗
- ❽ 高麗
- ❾ 徳政令（永仁の徳政令）
- ❿ 後醍醐天皇
- ⓫ 悪党
- ⓬ 足利尊氏，新田義貞
- ⓭ 1333年
- ⓮ 建武の新政
- ⓯ 二条河原の落書
- ⓰ 足利尊氏
- ⓱ 吉野
- ⓲ 南北朝時代
- ⓳ 足利直義
- ⓴ 『太平記』
- ㉑ 北畠親房
- ㉒ 守護大名

4 室町幕府の政治と外交

教科書のまとめ

1 室町幕府の成立　解説ページ p.105

- ☐ 室町幕府の成立 … 3代将軍**足利義満**の時，ほぼ全国を支配し基礎を確立。
- ☐ 幕府のしくみ … 中央には執権にかわって**管領**をおく。鎌倉に鎌倉府をおく。
- ☐ 幕府の特色 … **守護**大名の力が強い。幕府の領地が少なく，財政は臨時の税や**日明貿易**の利益にたよったので不安定であった。
- ☐ 足利義満の政治 … 1392年に**南北朝の合一**。室町幕府のしくみを整える。

2 東アジアの交流　解説ページ p.106

- ☐ 中国との関係 … 14世紀に**明**が中国を統一。**日明貿易**がさかん→**勘合貿易**。
- ☐ 朝鮮との関係 … 14世紀に**朝鮮王朝(朝鮮)**が成立する。日朝貿易がさかん。
- ☐ 倭　寇 … 中国や朝鮮の沿岸を荒らす日本人の海賊。明や朝鮮から取りしまりの要求。
- ☐ 琉球王国 … 15世紀はじめに統一。東南アジア・中国・朝鮮の**中継貿易で発展**。
- ☐ 蝦夷地 … 北海の産物の交易をする。和人の進出に対する**アイヌ民族**の蜂起。
  - ↳ 本州から蝦夷地へわたった人

3 産業と経済の発達　解説ページ p.108

- ☐ 農業の発達 … 二毛作・牛馬耕・鉄製農具がいっそう普及。農作物の種類が増加。商品作物の栽培がさかん。品種の改良がすすむ。
- ☐ 手工業の発達 … 全国的に専門の職人があらわれて，**座**が発達する。
- ☐ 商業の発達 … 各地で定期市が発達→六斎市→常設の市へ。**明銭**の使用。運送業者(馬借)や問(問丸)の発達。金融業者(土倉・酒屋)の発達。

> 民衆の力が強くなってきた！

4 都市と交通の発達　解説ページ p.109

- ☐ さまざまな都市 … **城下町**・門前町・港町・宿場町などの都市ができた。
- ☐ 町　衆 … **京都の有力な町人**たち。自分たちで町をおさめた。
- ☐ 自治都市 … 領主の支配から離れて，**住民が自治を行った都市**があらわれた。堺(大阪府)・博多(福岡県)など。堺は「東洋のベネチア」といわれた。

1 室町幕府の成立

1 室町幕府の成立

足利氏の幕府は尊氏にはじまったが，尊氏の孫の3代将軍の義満が1392年に南北朝を合一して，政治のしくみや財政もととのえて，幕府政治の基礎が確立した。義満は京都の室町の「花の御所」とよばれる邸宅で政治を行ったので，この幕府を室町幕府とよんだ。室町幕府の続いた240年間を室町時代という。しかし，はじめの60年は南北朝時代で，後半の100年は戦国時代であった。

2 室町幕府のしくみと特色

1 中央（京都） 鎌倉幕府の執権にかわって，管領がおかれて政務をとった。管領の下に，侍所・政所・問注所がおかれた。その他，将軍に直属する奉公衆がおかれ，将軍を守ったり幕府領地の管理をした。

2 地方 全国に守護・地頭をおいた。鎌倉には鎌倉府をおいて関東地方を支配した。鎌倉府は独立性が強く，幕府としばしば対立した。東北や九州などには，それぞれ探題をおいた。

3 強い守護大名 南北朝の内乱のなかで勢力を強めた守護大名の力は強かった。将軍と守護大名の間には強い主従関係がなく，幕府は守護大名の連合政府のようであった。

4 幕府の財政 幕府が直接支配する領地は少なく，収入は金融業者や民衆への臨時の税や，日明貿易の利益などが主で，財政は不安定であった。

3 足利義満の政治

義満は，有力な守護の山名氏や大内氏の勢力を弱めて将軍の権威を高めていった。義満は「太政大臣」になり朝廷でも権力をふるって，天皇も将軍も統一した権力をめざした。そして明の皇帝からは「日本国王」と認められて，自らも国王と名のり貿易をすすめた。

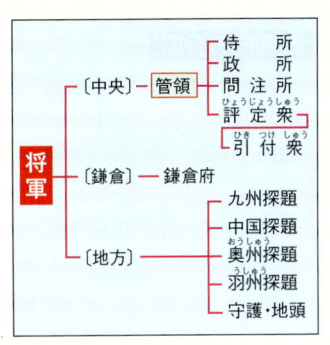

▲室町幕府のしくみ

用語 三管領・四職

管領には，足利一門の畠山・斯波・細川の3氏が交替でなったので，三管領という。また，管領につぐ要職の侍所の長官は，山名・赤松・一色・京極の有力守護がなったので四職という。

参考 守護大名の勢力

中国地方などを支配していた山名氏は，最盛期には11か国の守護を兼ね，六分の一殿（日本の6分の1を支配しているという意味）とよばれた。また，九州・中国を支配した大内氏は，6か国の守護を兼ねていた。

分析 幕府の財源

室町幕府の直接の領地（御所）からの収入は，7分の1ほどであった。あとは金融業者にかける土倉役・酒屋役，田地ごとの段銭，家ごとの棟別銭，通行にかける関銭や港にかける津料などの税金と貿易の利益であった。臨時の税も多くて，収入は安定しなかった。

▲足利義満（京都府　鹿苑寺蔵）

足利氏の系図

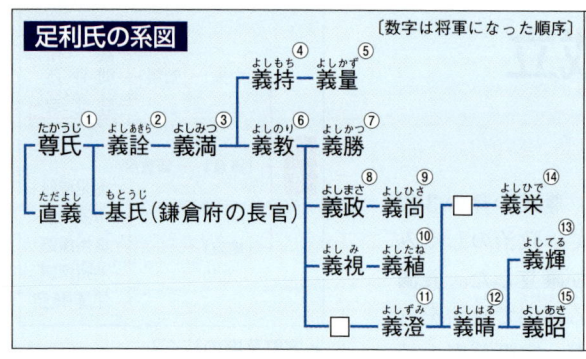

〔数字は将軍になった順序〕

- 尊氏…室町幕府を開く。
- 義満
  - 南北朝を合一する。
  - 日明貿易を開始する。
  - 金閣を建てる。
- 義政
  - 応仁の乱がおこる。
  - 銀閣を建てる。
- 義昭…織田信長に追放される（室町幕府最後の将軍）。

2 東アジアの交流

1 倭寇

元寇ののち，大陸との正式な貿易はとだえたが，九州を中心にした武士や商人は，私的に船団を組んで貿易を行っていた。しかし，そのなかには中国や朝鮮の沿岸で海賊行為を行う倭寇もいた。倭寇に悩まされた中国や朝鮮は，その取りしまりを幕府に要求した。

▲倭寇のころの東アジア

2 明との関係

1 明の成立 元の支配に対する漢民族の反乱（紅巾の乱など）が各地でおきて，1368年，朱元璋は元を北方に追い，明を建てた。明は3代永楽帝の時に体制がととのった。明は自由な貿易を禁止したが，そのかわり近隣の国々に朝貢貿易を求めた。日本にも使いがきて，義満は朝貢貿易をはじめた。

2 明の社会 明は，漢民族中心の社会で産業や経済が発達した。朱子学がさかえ，陽明学がおこった。『西遊記』や『水滸伝』も，この時代に書かれた。

3 日明貿易 倭寇の取りしまりと，朝貢貿易を求めた明に義満は国交を開いた。日明貿易は，倭寇と区別するため勘合という割札を使ったので勘合貿易という。

日明貿易の品々
- 輸入＝銅銭（明銭）・生糸・絹織物・陶磁器・書画など
- 輸出＝銅の地金・刀剣・硫黄・工芸品

分析 朝貢貿易と義満

朝貢貿易とは，家来となった国々からみつぎ物を献上させ，主君である国は，それにこたえて物をあたえる形の貿易をいう。義満が明と朝貢貿易をしたのは，①貿易の多大な利益とともに，②強大な明に自分を「日本国王」に認めさせることで，自身の地位を確かなものにしようとする目的があった。

用語 勘合

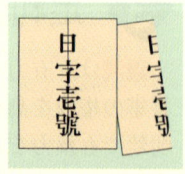

正式の貿易船だということを確かめた割札。1枚の札を半分に割って，半分を日本，残りの半分を明が持っていた。そして，これをつきあわせて，確認した。

> **ポイント**
> 〈日明貿易〉
> 明＝倭寇の取りしまりと貿易を求める
> 幕府＝貿易の利益に着目⇨**足利義満が開始**
> ⇩
> 勘合による**勘合貿易**

③ 朝鮮との関係

1 朝鮮王朝の成立　倭寇の鎮圧に活躍した李成桂によって，政治も社会も混乱していた高麗にかわって，1392年に**朝鮮王朝（朝鮮）**が成立した。

2 日朝貿易　朝鮮は，倭寇の禁止を条件に，幕府と正式に貿易を行った。日本の輸入品は，綿織物や経典，輸出品は銅や硫黄であった。しかし，朝鮮は倭寇がおさまらないため，軍を率いて倭寇の根拠地の対馬（長崎県）を攻めたこともあった。

④ 琉球王国（沖縄）

琉球（沖縄）は，14世紀ごろ北山・中山・南山の3つの地域に分かれ，勢力争いをしていた。15世紀に入ると，中山王の尚巴志（尚氏）が統一し，首里を本拠に**琉球王国**を建てた。室町幕府は，琉球王国を独立国家といちおう認めていた。琉球は明との朝貢貿易を中心にして，朝鮮・日本・東南アジアを結ぶ中継貿易で栄えた。

⑤ 蝦夷地

このころ，北方の蝦夷地との間にも経済交流が生まれた。函館や松前（北海道）の**アイヌ民族**は，津軽（青森県）と往来して昆布やラッコ・アザラシの毛皮など北方の産物を交易した。交易の中心地は津軽半島の十三湊で，日本海を通って近畿地方にも送られた。やがて，本州から蝦夷地にわたった人々（和人）が交易の利益を求め，北海道南部に拠点（館）を築きはじめた。こうした動きに以前から住んでいたアイヌの人々は抵抗し，1457年，大首長コシャマインを中心に蜂起した。コシャマインはたおされたが，以後も抵抗は続いた。

貿易品の豪華さ

1976年，韓国沖の海底で，鎌倉末期に沈んだと見られる貿易船が発見された。日本に向かっていたと思われる積み荷は，陶磁器1万9000点，銅銭約800万枚など。当時の貿易の量の多さと豪華さを見なおさなければならないね。

参考　沖縄のグスク

沖縄には，**城（グスク）**とよばれる石造の要塞が多数ある。その築城の技術は，当時の日本よりはるかにすぐれていた。琉球王国は中継貿易の大きな富を背景に，技術的にも，芸術的にもすぐれた石造文化を築いていた。

▲14世紀ごろの琉球　**視点**　3つの地域（北山・中山・南山）に分かれていた。

参考　北の港町，十三湊

青森県の津軽半島にある十三湊は，室町時代には博多（福岡県）や堺（大阪府）などと並ぶ代表的な港であった。北方の数々の産物は，この港から日本海を通って京都へ運ばれ，また本州の品々も蝦夷地に運ばれていた。

3 産業と経済の発達

1 農業の発達

1 農業技術の進歩
室町時代に入ると，農民のいっそうの努力で，山間部まで開発が進み，農業の生産性は高まった。稲の品種改良が進んで，稲と麦の二毛作もさらに広まり，三毛作さえ行われた。また，肥料には草木灰に加えて人糞尿も使用された。牛馬耕も一般化して，田に水を入れるために水車が使用された。

2 新しい作物の増加
桑・漆・染料の藍・和紙になるこうぞ・油の原料のえごま・綿など作物の種類も増加した。また，地方の特産物も生まれた（甲州ぶどう・紀州みかんなど）。

3 漁業の発達
専門の漁民が増えて技術も進み，沖合漁業も行われた。瀬戸内海を中心に製塩も発達した。

> **日本の技術にびっくり！**
> 室町時代に来日した朝鮮の外交官は，人手を使わず水田に水を引く水車に驚いたり，ととのった用水路を見て水利技術の高さに感心した。日本の水田は祖先の努力の結晶といえるね。

2 手工業の発達

農村のなかから手工業者があらわれ，彼らの多くは専門の職人になった。日常品としての鍋・釜の道具や農具が一般に広まったこと，対外貿易がさかんになったことなどから手工業品の需要は大幅に増えた。室町時代になると，手工業者の同業組合である座はいっそう発達し，織物や，製紙・陶磁器・刀などの各地の特産物も増えた。特産品のなかには，現在まで受けつがれているものも多い。

> **用語 座**
> 商工業者や，運輸業者がつくった特権的な同業組合のこと。有力な寺社などと結びついて保護してもらい，商工業の独占などをはかった。

3 商業の発達

諸産業の発達は，商業の発展をうながした。

1 市の発達
作物や製品が多くなると，それを売り買いするための市（定期市）も発達した。月3回の三斎市から月6回の六斎市が多くなり，1日だけでなく数日から数週間の大市とよぶ市も開かれた。また都市には常設の店も多くなり，市と市を行き来して売り歩く行商人もあらわれた。魚市や米市，それに馬市・牛市などの専門の市もあらわれはじめた。

手工業品	産地
絹織物	京都＝西陣織 博多＝博多織 加賀（石川県）＝加賀絹
麻織物	奈良・信濃（長野県） 越後（新潟県）＝越後上布
紙	美濃（岐阜県）＝美濃紙 播磨（兵庫県）＝杉原紙 越前（福井県）＝奉書紙 讃岐（香川県）＝檀紙 奈良＝奈良紙
陶磁器	尾張（愛知県）＝瀬戸焼 備前（岡山県）＝伊部焼
刀鍛冶	備前（岡山県）の長船 相模（神奈川県）の鎌倉 美濃（岐阜県）の関

▲各地の特産品と手工業品

2 交通の発達

陸上交通では，馬を使った馬借や，牛に荷車を引かせる車借という運送業者があらわれた。海上交通では，廻船とよばれる貨物の輸送船が運航した。また，問(問丸)は，商品の取り扱いや保管なども行った。しかし交通が発達すると，その要所には関所が設けられ，幕府や荘園領主が通行税を取ったので，通行は自由ではなかった。

3 貨幣の流通

鎌倉時代に使われた宋銭にかわって，室町時代は，日明貿易で輸入された明銭(永楽通宝など)が流通した。やがて，年貢を貨幣でおさめることも一般に行われるようになった。貨幣経済の発展のなかで，土倉や酒屋とよばれる高利貸しもあらわれた。幕府は彼らから税を取って，そのかわりに保護した。この税は幕府の重要な財源になった。

4 都市と交通の発達

1 都市の発達

商工業，交通の発達とともに新しい都市が生まれた。

1 城下町
戦国大名の居城を中心にして，家臣団や商人が集められ，その地域の中心的都市になった。武田氏の甲府(山梨県)，大内氏の山口(山口県)などが有名である。発掘されて有名になった越前(福井県)の一乗谷は朝倉氏の城下町であった。

2 門前町
名高い寺社の周囲に発達した。参詣する人々のための宿屋や店が集まった。伊勢神宮の宇治山田(三重県)や善光寺の長野(長野県)など。

▲馬　借(石山寺縁起絵巻〈模本〉　東京国立博物館蔵)

分析 中国の貨幣を流通させたのはなぜか

日明貿易の最大の輸入品は明銭であったが，その原料の銅は日本から輸出した。国産の銭を作る技術も日本にあったのに奇妙なことである。義満は日本で銭を作らず，あえて明銭にこだわった。それは当時の明銭が，アジアやアフリカでも通用する国際通貨で，海外貿易に有利なためだったと思われる。

▲明銭(永楽通宝)
(東京都　日本銀行金融研究所貨幣博物館蔵)

参考 産業と女性の活躍

室町時代から戦国時代には，女性の商人も活躍した。特権的な座の責任者になったり，高利貸しをする女性もあらわれた。

参考 城下町の商工業者

城下町に住んだ人々は大内氏の山口や，今川氏の駿府(静岡県)で約1万人ぐらいといわれている。これらの人々の生活や軍事品のために，さまざまな商工業者が住んでいた。大工・鍛冶・鋳物師などである。彼らのなかには，大名と主従関係を結んで，一族でまとまって城下町に住んだものもいた。しかし，このころはまだ身分も流動的で，住み方も自由で，大名の支配も一部にすぎなかったようである。

3章　武家政治の成立と展開

4　室町幕府の政治と外交　109

3 港町 海上交通の要地につくられた。堺(大阪府)・博多(福岡県)・兵庫(兵庫県)は日明貿易で栄えた。日本海側には、敦賀(福井県)・三国(福井県)などがあった。

4 その他 陸上交通の要地に宿場町が栄えた。浄土真宗の寺院を中心に土塁を築いて、町を守った寺内町などがあった。

2 自治都市

1 京都 都市が発達すると、住民の力が増し、領主から自立して、自治の体制をととのえる都市もあらわれた。京都では町衆とよばれる商工業者が力を持ち、寄合を開き町をおさめた。応仁の乱で荒れた京都を立てなおし、祇園祭を復活したのも町衆たちであった。

2 堺 博多や堺は日明貿易で勢力を増した。とくに、堺は大きな経済力をもとに、堀や門で町を囲み武士をやとって武装し、大名から独立して自治を獲得した。町は、会合衆とよばれる36人の有力な商人が話し合って運営された。当時、日本にいたキリスト教の宣教師は、イタリアの大きな商業都市になぞらえて、堺の町を「東洋のベネチア」とよんだ。

ポイント
自治都市　京都 ⇒ 町衆の活躍
　　　　　堺　 ⇒ 会合衆。東洋のベネチア

史料 堺の繁栄（1562年宣教師の手紙）

日本全国で堺の町より安全なところはなく、他の地域に戦乱があってもこの町では1度もない。敗者も勝者もこの町に来れば、みんな平和に暮らして争うことはない。敵味方の差別なく、みんな愛情と礼儀をもって応対している。町にはあちこちに門があって番人がいる。紛争がおこれば、すぐに門を閉じるのもひとつの理由だ。紛争がおこったときは、犯人その他ことごとくとらえて処罰する。

町はたいへん堅固で、西の方は海に、また、その他の側は深い堀で囲まれて、いつも水が充満している。

▲京都の町と祇園祭(洛中洛外図屏風　山形県　米沢市上杉博物館蔵)
国宝

▲室町時代のおもな産業と都市

テスト直前チェック

❶ 南北朝の戦乱をおさめて、室町幕府の基礎を確立した将軍はだれか。 p.105 ❶
❷ 室町幕府で、執権にかわって政務の中心になった役職は何か。 p.105 ❷
❸ 室町幕府の政治組織で、関東地方の支配のためにおかれたのは何か。 p.105 ❷
❹ 一時は11か国の守護を兼ね、六分の一殿とよばれたのは何氏か。 p.105 ❷
❺ 足利義満は、明の皇帝から何という称号を与えられ、貿易をすすめたか。 p.105 ❷
❻ 南北朝時代のころから、大陸沿岸を荒らした船団を何というか。 p.106 ❶
❼ 元にかわって中国を統一した王朝を何というか。 p.106 ❷
❽ ❼の3代目の皇帝で、体制を確立したのはだれか。 p.106 ❷
❾ ❼の時代に書かれて、民衆に広まり日本でも広く知られた物語は何か。 p.106 ❷
❿ 日本と明の貿易（日明貿易）は、割札を使うため別名、何というか。 p.106 ❷
⓫ 李成桂が、1392年高麗をほろぼして建てた国は何というか。 p.107 ❸
⓬ 15世紀、首里を本拠にして沖縄を統一した国を何というか。 p.107 ❹
⓭ ⓬の国が行った中国・朝鮮・日本などを結ぶ貿易を何というか。 p.107 ❹
⓮ 蝦夷地のアイヌは和人と争ったが、中心になった大首長はだれか。 p.107 ❺
⓯ 室町時代の農業技術のうち、肥料として使われたものを1つあげよ。 p.108 ❶
⓰ 商工業者らのつくった特権的な同業組合のことを何というか。 p.108 ❷
⓱ 交通が発達し、その要所で通行規制をしたり税をとった所は何か。 p.109 ❸
⓲ 貨幣経済が発展して、あらわれてきた高利貸しを2つあげよ。 p.109 ❸
⓳ 室町時代に、流通したおもな貨幣は何か。 p.109 ❸
⓴ 室町時代につくられた城下町の例を1つあげよ。 p.109 ❶
㉑ 名高い寺社の周囲に発達した町を何というか。 p.109 ❶
㉒ 町人の力が増し、自立して町の支配を行った都市を何というか。 p.110 ❷

解答

❶ 足利義満
❷ 管領
❸ 鎌倉府
❹ 山名氏
❺ 日本国王
❻ 倭寇
❼ 明
❽ 永楽帝
❾ 『西遊記』、『水滸伝』
❿ 勘合貿易
⓫ 朝鮮王朝（朝鮮）
⓬ 琉球王国
⓭ 中継貿易
⓮ コシャマイン
⓯ 草木灰（人糞尿）
⓰ 座
⓱ 関所
⓲ 土倉、酒屋
⓳ 明銭（永楽通宝）
⓴ 山口（甲府、一乗谷、駿府）
㉑ 門前町
㉒ 自治都市

5 下剋上の世の中

教科書のまとめ

1 村の自治　解説ページ ⇨ p.113

- 自治的な村の形成 … 力をつけた農民たちの団結⇨**惣(惣村)**の形成。寄合。村の掟。
- 土一揆 … 惣村を基盤に農民たちが戦う。年貢の減免，借金帳消しの徳政令などを要求。応仁の乱の前後100年ほど続く。

2 応仁の乱　解説ページ ⇨ p.114

- 応仁の乱 … **1467年，京都ではじまり11年間続く**。将軍**義政**の後継者争いがきっかけ。細川氏と山名氏の争い。戦乱は京都から全国へ⇨家臣が実力で領地をうばい，戦乱が広がる(**下剋上**)⇨応仁の乱の後，およそ100年間を**戦国時代**という。

◀応仁の乱のようす
(真如堂縁起絵巻　京都府　真正極楽寺蔵)

3 戦国大名の登場　解説ページ ⇨ p.115

- 戦国大名 … 幕府の権威が弱まり，戦乱のなかから領地を実力で支配する大名の登場。国人・地侍を家臣団に編成。農民の統制。**分国法**をつくる。**城下町**をつくる。

4 国一揆と一向一揆　解説ページ ⇨ p.116

- 国一揆 … 国人の一揆に農民も参加して，一国規模でおこした一揆。1485年の**山城の国一揆**が有名⇨守護を追い出し8年間の自治。
- 一向一揆 … 浄土真宗(一向宗)の門徒が中心。加賀の一向一揆⇨約100年間の自治。

5 室町・戦国時代の文化　解説ページ ⇨ p.117

- 室町文化 … **北山文化**(義満-**金閣**)，**東山文化**(義政-**銀閣**)。
- 禅宗や明の影響 … **水墨画**，**書院造**の建物，枯山水の庭など。
- 民衆の文化 … 連歌，**能**(能楽)や**狂言**，**御伽草子**など民衆中心。民衆に浸透する仏教。

5 下剋上の世の中　113

1 村の自治

1 惣の形成

南北朝のころから、荘園を支配していた寺社や公家の力が弱まり、国人とよばれる地方の武士や農民たちが力をつけてきた。農民たちは、村を範囲に自治的な結びつきを強めた。これを惣（惣村）という。農作業のための協力や、戦乱から村を守る必要から惣は強くなった。

1 寄合
村のさまざまなことを話しあう村人の会議を寄合という。村の指導者は、乙名・沙汰人などとよばれてその中心になった。一般の百姓も、時には女性も参加できた。寄合では用水の分配や管理、入会地の利用、村を守る方法などが話しあわれた。村の決まりである村掟（→p.189）が決められることもあった。

2 百姓請
惣が力を持つようになると、領主に納める年貢も惣で請け負うようになり、結びつきがいっそう強まった。これを百姓請という。

2 土一揆

1 農民の戦い
農民たちは年貢を減らすことや、悪い代官を追い出すことなどを要求して団結して戦った。集団で領主に訴えたり（強訴）、聞きいれられないと集団で逃亡したり（逃散）した。

2 土一揆
農民は荘園や村の範囲をこえて団結し、幕府や寺院、高利貸しなどに対して立ちあがった。農民を中心に、地侍や運送業者などを含めた人々を土民とよんだので、この行動を土一揆という。貨幣経済が進むと、生活苦の農民たちは酒屋や土倉に借金をした。その利息は5割をこえることもあったので借金はふくれあがり、追いつめられた人々は、土一揆をおこして借金の帳消し（徳政）を求めた。

3 正長の土一揆
1428（正長元）年におこった日本で初めての土一揆。近江（滋賀県）坂本の運送業者である馬借が徳政を要求して立ちあがったのが始まり。たちまち京都・奈良やその周辺の村々に広がった。

分析 寄合と神社
寄合は、おもに村内の神社で行われた。このような村の神との結びつきが、惣の結合をより強くした。逃散や一揆のときは、みんなで神社に集まり神水を飲んで、神に誓って行動をおこした。

用語 入会地
農民が共同で利用する野原や山林で、肥料の草を取ったり、たきぎや材木などを取ったりした。村が管理する土地で、とくに貧しい農民にとって欠かせない土地であったが、明治維新のとき、多くが国有地にされた。

参考 柳生のお地蔵様
奈良県柳生に、高さ3メートルもある岩にきざまれた地蔵がある。土地の人々は病気をなおす「ほうそう地蔵」とよんでいた。この地蔵のわきに「これより、村々の借金がなくなった」ということばが農民の字で彫ってあった。これは、1428年の正長の土一揆勝利のしるしであった。

3章　武家政治の成立と展開

正長元年ヨリサキ者、カンヘ（神戸）四カンカウニヲヰメアルヘカラス（一四二八年以前の借金は神戸四か郷では帳消しにする）

▲正長の土一揆の碑文が彫られた地蔵（奈良県柳生）

酒屋や土倉を襲い借金証文を破って，質物を奪った。幕府の軍が出動するほどの勢いであった(→p.190)。

4 その他の土一揆 正長の土一揆の翌年(1429年)，兵庫県を中心に土一揆がおこった。また，1441年には京都を中心に土一揆がおこって，この時は幕府に**徳政令**を出させることに成功した。

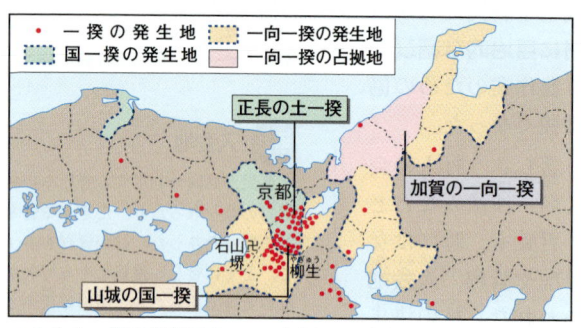

> 徳政令の出しすぎ
>
> 8代将軍**義政**は30年間の将軍の間に，13回も**徳政令**(借金帳消し令)を出したんだよ。そんなに出すと幕府の信用や，その効果はどうだったんだろうね。

▲おもな一揆の発祥地(→p.116も参照しよう)

2 応仁の乱

1 応仁の乱の始まり

1 室町幕府が弱まる 守護大名の連合政権のようであった室町幕府は，15世紀の半ば将軍暗殺事件がおきたり，各地に一揆がおこったりして，幕府の力は弱まり，有力大名の勢力争いが激しくなった。

2 応仁の乱の始まり 8代将軍**義政**は政治に意欲がなく，幕府はますます動揺した。義政は子がなかったので，弟の義視を後継ぎにしたが，妻の日野富子に義尚が生まれたために後継者問題がおこった。義視は細川氏，義尚は山名氏をたよったため，有力2大大名が対立した。他の大名の後継ぎ争いもからんで幕府は2派に別れ，**1467年京都で戦いがおこった**。諸国の大名は，細川方(東軍)と山名方(西軍)に分かれ戦った。**11年間続いたこの乱を応仁の乱**という。

2 応仁の乱の結果

京都での長い戦乱の結果，幕府の権威はなくなり，

> **人物 義政と日野富子**
>
> 義政(1436～90)は政治的な意欲に乏しく，むしろ妻の富子(1440～96)のほうに実権があった。富子は京都の7つの入口に関所を設け，通行税を取り，儲けたお金で大名に高利貸しを行ったりした。当時の学者は，富子に対して，女性が政治を行うのが悪いのではなくて，よい政治を行うかどうかが問題だと書いている。

応仁の乱の勃発地の碑▶
(京都市)

	将軍家	幕府内部
東軍	義視	細川勝元
西軍	(義政) 義尚 日野富子	山名持豊 (宗全)

▲応仁の乱開始時の対立関係

有力守護大名の力も衰えた。かわって地元にいた家臣や国人が力を持ちはじめ、領国の支配をめぐって戦いが続いた。応仁の乱後約100年間を**戦国時代**という。そのなかから、やがて**戦国大名**があらわれる。朝廷・貴族・寺社などのなかには、戦乱をさけて地方の大名を頼るものもあって、中央の文化が地方に広まるきっかけになった。

3 戦国大名の登場

1 下剋上の世の中

応仁の乱のあと、守護大名の領地では、**守護代**などの家臣や、国人とよばれるその土地の武士たちが力を蓄えて、守護大名を倒して実権を奪おうと争った。**下位の身分の者が、上位の身分の者を倒してその地位を奪う現象を下剋上**という。

2 戦国大名

1 戦国大名の登場 うち続く戦乱のなかで、将軍や幕府の権力から独立した新しい支配者が出てきた。国人・地侍や有力農民は、より有力な領主の家臣になって自分の土地を守ろうとした。彼らをまとめ、実力で広い地域を支配したのが**戦国大名**である。戦国大名が土地と人を直接支配した地域を**領国**（**分国**）という。

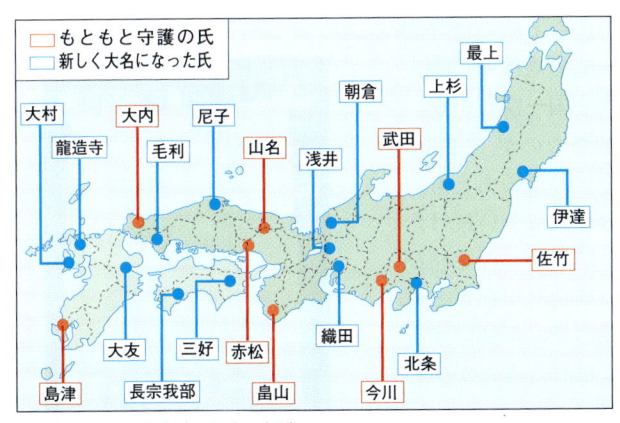

▲戦国大名の分布（1560年ごろ）

【西陣のいわれ】
京都の伝統産業に有名な**西陣織**があるね。西陣という名前は、応仁の乱の時、西軍の**山名持豊**が陣を構えたところからつけられたんだ。東軍の細川勝元の東陣もあったが、名前は残らなかった。

分析 おもな下剋上の事例
①細川氏 ⇨（家臣）三好氏
　　　　 ⇨（家臣）松永氏
②斯波氏 ⇨（家臣）朝倉氏＝越前
　　　　 ⇨（守護代）織田氏＝尾張
③京極氏 ⇨（国人）浅井氏＝近江
　　　　 ⇨（守護代）尼子氏＝出雲
④大内氏 ⇨（守護代）陶晴賢
　　　　 ⇨（国人）毛利氏
⑤山内上杉氏 ⇨（守護代）上杉謙信
⑥土岐氏 ⇨（守護代）斎藤道三

参考 戦争にいった農民たち
約100年間の戦国時代。そのなかからテレビや小説で有名な戦国大名があらわれた。相模（神奈川県）の**北条早雲**、甲斐（山梨県）の**武田信玄**、越後（新潟県）の**上杉謙信**などなど。

歴史のなかで英雄になった彼らに対して、戦死したり、傷ついた人のほとんどが名もない農民であった。大多数が農民兵だったために戦国時代の戦争は、収穫の終わった冬を中心に行われた。そのうえ村が戦場になることも多く、村への放火も行われた。いつの世も、戦争の被害は弱い人々に集中する。たびかさなる戦いに苦しめられて、国一揆は「国中侍あらしむべからず」というスローガンをたてたものもあった。

2 戦国大名の支配

戦国大名は領国を支配するため，家臣・農民・職人・商人らの統制に気を配った。
① 国人や地侍を直接家臣にして，彼らに領地を認めて主従関係を結んだ。
② 年貢の確保のため農業にも力を入れ，土手を築いたり開発などをした。また，土地の面積を調べなおして年貢をかけた。
③ 領内の中心地に城をかまえ，商工業者を集め，家臣を住まわせ城下町をつくった。
④ 領国内をおさめるために，武士や農民が守るべき法をつくった。これを分国法とか家法とかいう（→p.190）。

史料 戦国大名と分国法
① 武田信玄…「甲州法度之次第」
② 朝倉氏…「朝倉孝景条々」
③ 伊達氏…「塵芥集」
④ 大内氏…「大内氏壁書」
⑤ 今川氏…「今川仮名目録」
⑥ 北条氏…「早雲寺殿二十一箇条」

例えば，次のような内容である。

> 一，大名の城のほかは，領国内に城をきずいてはならない。有力な家臣は，すべて城下町に引っこし，村々には役人だけをおくこと。
> （「朝倉孝景条々」より）
> 一，他国に手紙を出すときは，領主の許しをうけること。
> （「甲州法度之次第」より）
> 一，けんかをしたときは，理非をとわず，両方を罰すること。
> （「塵芥集」より）

ポイント 〈戦国大名の出現とその政治〉

応仁の乱 ⇒ 下剋上の時代（守護大名を倒す）⇒ 戦国大名の出現
- 家臣団の編成
- 農民の直接支配
- 分国法の制定
- 産業の保護
- 城下町の形成

4 国一揆と一向一揆

1 国一揆

1 国一揆 下剋上の風潮のなかで，近畿地方では国人や地侍の勢力が強まり，彼らは農民らと結んで守護大名に立ち向かうようになった。一国の規模で，国人を中心に農民も加わっておこす一揆を国一揆という。

2 山城の国一揆 国一揆の代表的なものが，1485年におこった山城の国一揆である。応仁の乱のあとも，山城（京都府）では畠山氏が2派に分かれて争い続けた。そのため，戦場になった南山城では国人が一揆を結び農民とともにたちあがった。一揆は成功して両軍ともに撤退し，その後は守護の支配を認めず8年間自治を行った。南山城では「月行事」とよばれた人々が交替で自治を行った。

分析 一揆の意味は

一揆ということばは本来，道を同じくするという意味で，やがて一致団結するという意味になった。武力で抵抗するものだけを一揆というのではない。土民が一致団結したものを土一揆，一向宗なら一向一揆，国中なら国一揆とよんだ。

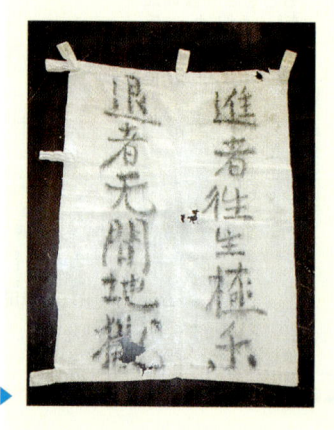

一向一揆の旗（広島県 長善寺蔵）

2 一向一揆

1 一向一揆
またそのころ，浄土真宗(一向宗)が急速に勢力を広げ，とくに近畿・東海・北陸地方で力を強めた。一向宗の門徒がつくる寺内町もあらわれた。一向宗の人々が結束して守護大名に対抗し，また，戦国大名にも抵抗した一揆を一向一揆という。

2 加賀の一向一揆
一向宗を信仰する者(門徒)のなかには，国人も多く含まれていた。国人や農民の組織が強力になると，守護にかわって門徒が国を支配しようとする動きが出てきた。1488年，加賀(石川県)では，一揆軍が守護の富樫氏をほろぼし，その後100年間にわたって自治が行われた。それは，一向宗の僧侶・国人・農民の合議による支配で，一向宗の中心である本願寺の領国のようであった。

史料 山城の国一揆 加賀の一向一揆

文明17年12月11日，今日山城の国人集会する。上は60歳，下は15歳と云々。同じく一国中の土民等群集する。　　「山城の国一揆」

一、今月5日，越前府中(福井県)に行く。……一揆衆20万人，富樫城をとりまく。

一、百姓のもちたる国のようだ。
　　　　　　　　「加賀の一向一揆」

5 室町・戦国時代の文化

1 室町・戦国時代の文化の特色

室町幕府が京都におかれたせいもあって，公家文化と武家文化が融合し新しい文化が生まれた。また貿易がさかんで，元・明や禅宗の影響も大きかった。中国製の陶磁器などの人気は非常に高く，禅宗の僧は通訳や外交官のような仕事もした。禅宗の影響は，簡素で幽玄な文化として表れた。この時代は，下剋上といわれたように身分も流動的で，民衆中心の文化もさかんになった。さらに応仁の乱で京都を逃れた公家は，各地の大名をたより地方に文化を伝えた。

分析 北山文化と東山文化

①北山文化　15世紀はじめの3代将軍義満のころの文化で，京都北山にある鹿苑寺金閣が代表的。ぜいたくなおもむきの文化。

②東山文化　15世紀後半の8代将軍義政のころの文化で，京都東山にある慈照寺銀閣が代表的。幽玄やわび・さびを重んじた。

▲金閣(京都府　鹿苑寺) 世界遺産

銀閣▶
(京都府
慈照寺)
国宝
世界遺産

2 美術

1 建築
室町時代を代表する建物は，北山文化を代表する足利義満(3代将軍)の建てた金閣と，東山文化を代表する足利義政(8代将軍)の建てた銀閣である。住宅建築ではふすま・畳・床の間などを用いた書院造(→p.119)が武家の住宅として広まった。

② 庭園
石の配置で自然を表現する庭園(枯山水)がつくられた。京都の龍安寺，大徳寺大仙院など。

③ 絵画
禅宗の影響で，墨の濃淡だけで表現する水墨画が伝えられ，雪舟が全盛期をきずいた。雪舟は大内氏の保護を受け，その城下町山口で絵を描いた。

③ 民衆に広まる仏教

① 法華宗
日親が出て，京都の町衆に広まった。

② 一向宗(浄土真宗)
蓮如が出て，農民や商工業者に広まった。石山(いまの大阪)の本願寺を中心に発展。

③ 時宗
身分が低い下層の人々の間にも広がった。

④ 禅宗
幕府の保護を受け，五山の制度ができた。

④ 学問・文芸・芸能と生活

① 五山文学
幕府と結びついた五山の禅僧を中心にした漢詩・漢文学をいう。

② 歴史書
南北朝の内乱を描いた軍記物の『太平記』，南朝のために書かれた北畠親房の『神皇正統記』。

③ 連歌の流行
和歌にかわり，短歌の上の句と下の句を交替で読みつらねる連歌が武士や民衆に広まった。

④ 御伽草子
庶民の文学として御伽草子がつくられ，女性や子どもにも親しまれた。『一寸法師』，『浦島太郎』，『物くさ太郎』などで民衆の願いや夢がこめられた。

⑤ 教育
上杉憲実は関東の学問の中心に足利学校(栃木県)を再興。また武士や庶民の子が寺で教育される習慣も広がり，『節用集』という辞書もつくられた。

⑥ 能(能楽)
田植えの時に歌や笛に合わせて舞う田楽や，こっけいなものまね芸の猿楽などが民衆の間に広まった。そのなかから，観阿弥・世阿弥の父子が出て，足利義満の保護を受けて芸術的な能を完成させた。

⑦ 狂言
能の合間に演じられた喜劇。公家や大名，僧など権力のある人々を皮肉って，笑いにした。

⑧ 茶の湯・生け花
会合の場で茶が広く飲まれた。

⑨ 生活
麻にかわって木綿の着物の使用。朝夕2度の食事から3度食の普及。味噌や醤油の登場。畳を敷きつめた住宅など，和風の生活様式の基礎ができた。

用語 五山の制度

足利義満が宋の制度にならって，臨済宗の重要な寺を選び，京都と鎌倉に，次の5寺(五山)をおいた。
- 京都＝天龍寺・相国寺・建仁寺・東福寺・万寿寺(別格に南禅寺)。
- 鎌倉＝建長寺・円覚寺・寿福寺・浄智寺・浄妙寺。

用語 連歌

最初の人が五七五または七七の前句を詠み，次の人がそれを受けて七七または五七五の対句を詠んで意味をかよわせ，さらにつぎつぎ続けてひとつの歌にする。たいへん流行し，女性の参加も見られた。

参考 文化を支えた下層の人々

現在，古典芸能とよばれているものはこのころおこったものが多い。その芸を守り育てていたのは，多様な雑芸者で，彼らは芸をしながら各地を放浪した。定住する人々からは，河原者とよばれて差別されたが，彼らこそ室町文化を支えた人々であった。なかには将軍や大名に仕え，造園や芸能に活躍する者もあった。

▲御伽草子(物くさ太郎)(京都大学附属図書館蔵)
▼足利学校(栃木県)

5 下剋上の世の中　119

グレードアップ さらに知識を広げよう　日本人の生活のもとをつくった東山文化

■ 東山文化

○ 15世紀後半、8代将軍足利義政のころに栄えた東山文化は、北山文化の鹿苑寺金閣に代表されるような華やかさはないが、日本人の生活の基礎が作られた時代として重要である。
○ その代表が書院造の建築様式の成立である。書院造はそれまでの寝殿造の建物と違って、ふすまや障子や壁によって部屋ごとにしきられ、床には畳が敷かれるなど、現在の和風建築の基本となった。

■ 書院造の部屋

○ 書院造の中心となる部屋（上段の間という）には、本を読んだりする付書院が設けられ、その前には外の明るさを取り入れるための明障子がつくられた。室内には違い棚、床の間などが取りつけられた。そして、その違い棚や床の間に飾るために生け花や掛け軸などが発達し、部屋のふすまを飾るためにふすま絵や水墨画も発展した。
○ また、茶道（茶の湯）も書院造を小規模化した茶室で行われるようになり、戦国時代、千利休によって侘び茶として完成した。侘び茶の流行にともない、生け花も茶室にあうように改良され定着した。
○ 書院造が広まると、それにふさわしい庭園も造られた。とくに、水を使わず、石と砂だけで自然をあらわす枯山水の様式が発展した。

■ 現代にいきる東山文化

○ このように、東山文化は、書院造の建築様式をはじめ、生け花や茶道さらに水墨画などに代表されるように、現在の私たちの生活のもとになっているさまざまな文化を作り出したのである。

▶ 生け花のようす
▼ 茶道のようす

▲ 書院造の部屋（東求堂同仁斎　京都府）
国宝　世界遺産

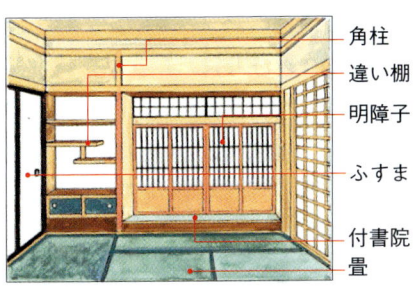

▲ 書院造の模式図　違い棚や床の間には掛け軸や生け花がかざられた。
角柱／違い棚／明障子／ふすま／付書院／畳

3章　武家政治の成立と展開

3章 武家政治の成立と展開

時代をとらえる

時代の移り変わりをとらえよう

次にあげる史料から、3章の武士の時代に人々の生活はどう変わったかまとめよう。

鎌倉時代

▲一遍上人絵伝（岡山県福岡の市）

室町時代

▲洛中洛外図屏風（京都の風景）

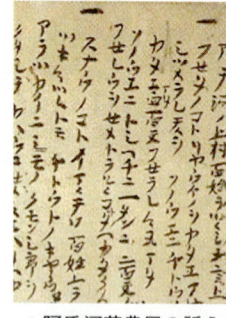

▲阿氏河荘農民の訴え

▲地蔵石に残った正長の土一揆の碑文

正長元年ヨリサキ者、カンへ四カンカウニヲキメアルヘカラス
（一四二八年以前の借金は神戸四か郷では帳消しにする）

解答例 鎌倉時代には農具や肥料の改良で農業が発達し、油や紙などの原料の作物を作って加工する手工業も発達した。やがて寺社の門前などで市が開かれるようになったが、月に3度の臨時的なものだった。室町時代になると手工業はさらに発達し市は常に開かれ、都市が栄えた。祇園祭を行った京都では商人たちが町の政治を行うまでになった。鎌倉時代、阿氏河荘の農民のように武士の横暴を訴えた農民たちは、室町時代になるとその力を強めて土一揆をおこした。

時代の特色を説明しよう

次の6つのキーワードを使って、中世の武士の特色をまとめよう。

鎌倉幕府　御家人　室町時代　守護大名　下剋上　戦国大名

解答例 源頼朝は、鎌倉幕府を開いて将軍となり、武士を支配した。頼朝と直接主従関係を結んだ武士は御家人とよばれ、彼らは守護や地頭に任命されて各地に勢力をのばした。室町時代になると、将軍との主従関係は弱まり、力をのばした守護は領国を支配し守護大名となった。応仁の乱のあと、戦乱は全国に広がった。その中で実力で領地を支配した武士を戦国大名といい、家臣が主人を倒す下剋上もおこった。

テスト直前チェック

▼答えられたらマーク

❶ ☐ 室町時代, 自治的に結びついた村のしくみを何というか。　p.113 ❶
❷ ☐ 村のさまざまなことを話し合う会議を何というか。　p.113 ❶
❸ ☐ 農民や地侍が団結して, 幕府や寺院と対決したことを何というか。　p.113 ❷
❹ ☐ 借金を帳消しにするという命令を何というか。　p.114 ❷
❺ ☐ 1467年から11年間, 京都を中心におこった戦乱を何というか。　p.114 ❶
❻ ☐ ❺の時の室町幕府の8代将軍はだれか。　p.114 ❶
❼ ☐ 下の者が上の者をたおして, のしあがっていく風潮を何というか。　p.115 ❶
❽ ☐ ❺の後, 守護大名にかわって領国を支配したのはだれか。　p.115 ❷
❾ ☐ ❽が領国内をおさめるために, つくった法を何というか。　p.116 ❷
❿ ☐ 1485年の京都府の国人の一揆で, 8年間自治を行ったのは何か。　p.116 ❶
⓫ ☐ 1488年の石川県の一向宗の一揆で, 100年間自治を行ったのは何か。　p.117 ❷
⓬ ☐ 室町文化がもっとも強い影響を受けた仏教は何か。　p.117 ❶
⓭ ☐ 足利義満のころの文化を何とよぶか。また, 代表する建物は何か。　p.117 ❷
⓮ ☐ 足利義政のころの文化を何とよぶか。また, 代表する建物は何か。　p.117 ❷
⓯ ☐ 禅宗寺院の様式をもった, 床の間などのある住宅建築を何というか。　p.117 ❷
⓰ ☐ 石の配置だけで自然を表現する庭を何というか。　p.118 ❷
⓱ ☐ 室町時代に発達した, 墨の濃淡で自然を表現する絵画を何というか。　p.118 ❷
⓲ ☐ 室町時代, 河原などに住み造園や芸能などに従事した人々を何というか。　p.118 ❹
⓳ ☐ 室町時代に, 武士や民衆に流行した和歌の形式を何というか。　p.118 ❹
⓴ ☐ 庶民に親しまれた, 『一寸法師』などのお話を何というか。　p.118 ❹
㉑ ☐ 能のあいまに演じられた喜劇で, 大名たちを皮肉ったものは何か。　p.118 ❹
㉒ ☐ 武士の会合の場などで広く行われた, 茶を飲むことを何というか。　p.118 ❹

解答

❶ 惣(惣村)
❷ 寄合
❸ 土一揆
❹ 徳政令
❺ 応仁の乱
❻ 足利義政
❼ 下剋上
❽ 戦国大名
❾ 分国法(家法)
❿ 山城の国一揆
⓫ 加賀の一向一揆
⓬ 禅宗
⓭ 北山文化, 金閣
⓮ 東山文化, 銀閣
⓯ 書院造
⓰ 枯山水
⓱ 水墨画
⓲ 河原者
⓳ 連歌
⓴ 御伽草子
㉑ 狂言
㉒ 茶の湯

定期テスト予想問題

解答⇒p.367

1 ［平安末期～鎌倉～室町時代の日本］
次の年表を見て，問いに答えなさい。

(1) 年表中のⅠ・Ⅱにあてはまる年代をそれぞれ答えよ。
(2) 年表中のあ・い・うにあてはまる人名・語句を答えよ。
(3) Ａの政治を何というか。
(4) Ｂに勝利して，政治の実権を握ったのはだれか。
(5) Ｃのあと，①鎌倉幕府の実権を握ったのは何氏か。②また，その政治を何というか。
(6) Ｄの乱について正しく述べられているものを，次から1つ選べ。
　ア　幕府が敗れ，京都に六波羅探題がおかれた。
　イ　この乱のあと，戦乱が続く時代となった。
　ウ　上皇側が敗れ，京都に六波羅探題がおかれた。
　エ　上皇は幕府の所領を取り上げ，新しく地頭を任命した。

年	できごと	記号
1086	上皇による政治がはじまる	A
1159	平治の乱がおこる	B
(Ⅰ)	（あ）が征夷大将軍となる	
1219	源氏がほろびる	C
1221	承久の乱がおこる	D
1232	武家最初の法律がつくられる	E
1274	文永の役	F
1281	弘安の役	
1297	幕府が徳政令を出す	G
1333	鎌倉幕府がほろびる	
1334	（い）がはじまる	
1338	京都に幕府が開かれる	H
	このころ，南北朝の内乱が広がる	I
	このころ，（う）が中国・朝鮮の沿岸をおそい，海賊行為を行う	
1401	明との貿易がはじまる	J
(Ⅱ)	応仁の乱がはじまる	K

(7) ①Ｅの法律を何というか。②Ｅの法律を制定したのはだれか。
(8) Ｈの幕府を開いたのはだれか。
(9) Ｉの内乱のなかで，守護は地頭や一般の武士を従えて，支配国に対する力を強め，荘園を奪い領地を広げていった。このように広い領地を支配し，領主化するようになった守護を何というか。
(10) ①Ｊの貿易を何というか。②Ｊの貿易をはじめた将軍はだれか。

ベストガイド

1 (2)いは後醍醐天皇による政治。(3)白河天皇は天皇の位を退いたあとも上皇として政治の実権をにぎった。上皇の御所を院とよんだ。(5)源頼朝の妻の実家は，執権として実権をにぎった。(7)御家人の間の争いを裁くための裁判の基準を示した法律。(8)室町幕府を開いたのは足利氏。(10)倭寇と区別するために勘合を利用。

(11) Kの乱の影響として正しくないものを1つ選び，記号で答えよ。
ア　この戦いを通じて強大になった大名の協力をえて，幕府は権力を高めた。
イ　公家や僧が都をはなれ，都の文化が地方に広まった。
ウ　幕府の権威が地に落ち，公家や寺社も荘園を失って没落した。
エ　下剋上によって，戦国大名が登場し，戦乱の時代となった。

(12) 下の史料について，①この史料は年表中のA～Kのどのできごとと最も関係が深いものか。記号で答えよ。②この史料はだれのことばか。

> みなの者，よく聞きなさい。これが最後のことばです。（中略）名誉を大事にする者は，京都に向かって出陣し，逆臣を討ち取り，幕府を守りなさい。

(13) 右の絵について①～③の問いに答えなさい。
① この絵は年表中のA～Kのどのできごとと最も関係の深いものか。記号で答えよ。
② この絵の左側にえがかれているのは，どこの軍か。
③ この戦いで，日本の武士は，それまで経験したことのない武器と戦法に悩まされた。その武器と戦法は何か。絵を参考にして答えよ。

2　[鎌倉～室町時代の農業・商業と自治]
次の文章を読み，（　）にあてはまることばをあとの語群から選び，記号で答えなさい。

鎌倉時代にはじまった米と麦の（　A　）は，室町時代になると，農民の生産向上への努力の結果，全国的に広がった。室町時代には農業の発達とともに商業も発達し，鎌倉時代には月3回程度であった（　B　）は月6回ほどひらかれるようになった。また，（　C　）や問（問丸）といった荷物の運送に関わる運送業者，（　D　）や酒屋などの高利貸しも多くなった。商人や手工業者は，同じ品物をあつかう商人の組合である（　E　）をつくり営業を独占するようになった。

ベストガイド

(11) この乱によって，幕府のあった京都は焼け野原となった。(12) 尼将軍とよばれた人物のことば。(13) 絵は「蒙古襲来絵詞」の一部分。

2　Aは裏作に麦を育てることをいう。Cは馬を利用した運送業者。Eは江戸時代の株仲間と間違えやすいので注意。Jは借金の帳消しを要求すること。Lは国人（地

農業や商業の発達によって人々の生活が向上すると，有力な名主を中心に団結して（　F　）をつくったり，（　G　）を開いて話し合いをしたり，自治のしくみをととのえた。この自治のしくみを（　H　）という。都市でも（　I　）とよばれる有力な商人による自治がすすんだ。
　村の自治が進み，農民の団結が強まると，農民たちは年貢の軽減や（　J　）を要求して，領主や高利貸しなどをおそうようになった。これを（　K　）という。また，山城国（京都府）では（　L　）が，加賀国（石川県）では（　M　）がおこり，武士を追い出し，しばらくの間，国人や農民が地域を支配した。

<語群>

ア 二期作	イ 土倉	ウ 座	エ 一向一揆	オ 応仁の乱
カ 土一揆	キ 惣	ク 二毛作	ケ 国一揆	コ 百姓一揆
サ 定期市	シ 馬借	ス 分国法	セ 寄合	ソ 徳政
タ 町衆	チ 株仲間	ツ おきて		

3　[鎌倉〜室町文化]
次の(1)〜(9)の語句に関する事項をA群・B群から選び，記号で答えなさい。

　　　　　　　　[A群]　　　　　　[B群]
(1) 能　　　　　ア 一寸法師　　　① 南無阿弥陀仏をとなえる。
(2) 浄土真宗　　イ 雪舟　　　　　② 民衆の読み物で，人々の夢がおりこまれている。
(3) 曹洞宗　　　ウ 日蓮　　　　　③ 書院造をとりいれた建築。
(4) 銀閣　　　　エ 世阿弥　　　　④ 関東の学問の中心地。
(5) 平家物語　　オ 軍記物　　　　⑤ 中国の山水画の影響をうけた絵画。
(6) 水墨画　　　カ 足利義政　　　⑥ 南無妙法蓮華経をとなえる。
(7) 足利学校　　キ 親鸞　　　　　⑦ きびしい座禅でさとりをひらこうとする。
(8) 法華宗　　　ク 上杉憲実　　　⑧ 猿楽や田楽から発展した芸能。
(9) 御伽草子　　ケ 道元　　　　　⑨ 琵琶法師によって語られた。

ベストガイド

侍）を中心とした一揆のこと。Mは浄土真宗（一向宗）の信徒を中心とした一揆のこと。選択肢のス分国法は，戦国大名が領国をおさめるためにつくった法律。

3 いずれも鎌倉文化・室町文化を代表するもの。(4)は東山文化を代表する建築物。(5)は平氏の興亡をあつかうが，平安時代ではない。

4章 ヨーロッパ人との出会いと天下統一

日本に来航したヨーロッパ人を描いた南蛮屏風（南蛮人渡来図屏風）

1 イスラムとヨーロッパの世界

テスト前にも見なおそう

教科書のまとめ

1 イスラム教の世界
解説ページ ⇒ p.127

- □ イスラム教 … **ムハンマド**「神アラーの前では全ての人々は平等である」。
- □ イスラム帝国 … 8世紀に大帝国。都バグダッドは国際都市。国際的な文化。

2 ヨーロッパ世界の発展
解説ページ ⇒ p.128

- □ ヨーロッパ諸国のおこり … ゲルマン人の大移動（4世紀以降）。
- □ 封建社会の成立 … 国王・諸侯・騎士は，領地をなかだちに主従関係を結ぶ。
- □ キリスト教の発展 … ローマ教会が権威を高め，教皇が大きな力をもつ。

3 十字軍の遠征
解説ページ ⇒ p.129

- □ 十字軍 … エルサレムをイスラム教徒から奪い返す遠征軍⇒失敗。
- □ 遠征の失敗 … **ローマ教皇（法王）** の権威のおとろえ，封建制度のくずれ，東方貿易の発達。

4 ルネサンスと宗教改革
解説ページ ⇒ p.130

- □ ルネサンス … 自然や人間をありのままに見ようとする**人間中心の文化**。
  - → 14世紀にイタリアではじまり，ヨーロッパ各地に広まる。
- □ 宗教改革 … ルター，カルバンがカトリック教会の堕落を批判。
- □ 反宗教改革 … **イエズス会**がカトリックの勢力回復をめざす。海外へ布教。

5 新航路の開拓とヨーロッパ諸国の海外進出
解説ページ ⇒ p.133

- □ 新航路開拓の背景 … アジアとの貿易への関心の高まり。
- □ 新航路の開拓 → 新航路の開拓
  - バスコ＝ダ＝ガマ … アフリカ南端を通り，インドへ（1498年）。
  - **コロンブス** … アメリカ大陸へ到達（1492年）。
  - **マゼラン** … 一行が世界一周を達成（1519～22年）。
- □ ヨーロッパ諸国の海外進出 … アジアやアメリカへ進出。

地図で航路を確認しておこう。

1 イスラム教の世界

1 イスラム教のおこり

アラビア半島では、6世紀には、東西交易の活発化によって商業が発達し、メッカなどの商業都市が栄えた。しかし、貧富の差も激しくなった。そのなかで、7世紀初めにメッカの商人**ムハンマド（マホメット）**は、「唯一の神アラーの前ではすべての人々は平等である」と説いた。これが**イスラム教**で、その教典が『**コーラン**』。

2 イスラム帝国

ムハンマドとその後継者たちは、征服戦争を進めて、領土を拡大した。8世紀には、広大な**イスラム帝国**が成立した。イスラム商人は、陸上・海上の東西貿易に活躍した。都**バグダッド**は、人口150万を数え、唐の都**長安**とともに世界の貿易・文化の中心として栄えた。

3 イスラムの文化

1 学問・技術 数学・天文学・医学などの**自然科学が発達**。インドの数字からアラビア数字が作られた。中国から伝わった製紙法・火薬・羅針盤を改良。

2 文学 インド・アラビア・イランなどに語り伝えられた数百の物語を集めた『**アラビアン＝ナイト**』（『千夜一夜物語』）が代表的。

3 建築・美術 丸いドームと高い塔をもつ**モスク**（イスラム寺院）がつくられ、建物の壁には美しいアラベスク模様がほどこされた。

▼イスラム寺院（モスク）

参考 イスラムの意味

イスラムとは「すべてを神にささげる」という意味。コーランとは「読むべきもの」という意味で、ムハンマドのことばを集録したものである。

> イスラムが語源

キミたち、アルコール・アルカリ・ガーゼといったことばをよく使うね。じつは、これらの語源はいずれもアラビア語からおこっているんだ。イスラムでは**自然科学**がとくに発達したから、自然科学用語が現在でも生きているんだ。

参考 数字の発達

古代インドの数字がアラビアに伝わってアラビア数字となり、さらにヨーロッパに伝わって、現在の数字のもとができた。

アラベスク模様▶

▼8世紀中ごろの世界 視点 イスラム帝国は中央アジアで**唐**と西アジアで**東ローマ帝国**と、ヨーロッパで**フランク王国**と国境を接している。

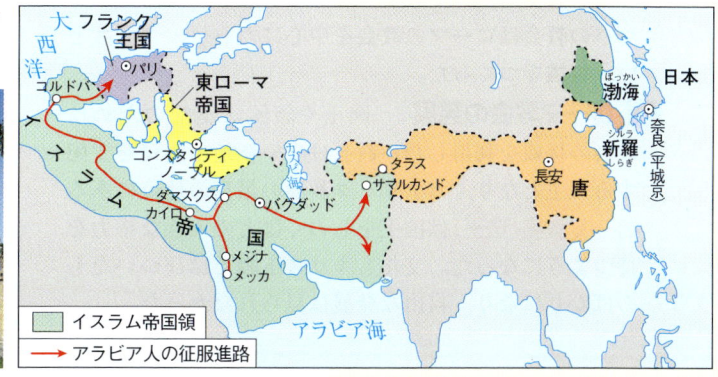

4章 ヨーロッパ人との出会いと天下統一

2 ヨーロッパ世界の発展

1 ヨーロッパ諸国のおこり

1 ゲルマン人の移動 4世紀後半，ローマ帝国の北に住んでいたゲルマン人がローマ帝国内に移動を開始。4世紀末，ローマ帝国は分裂，西ローマ帝国は476年にほろんだ。東ローマ帝国（ビザンツ帝国）はゲルマン人の侵入をしりぞけ，15世紀まで続いた。

2 フランク王国 ゲルマン人の国フランク王国は，8世紀末には，西ヨーロッパの大部分を支配する大国となった。9世紀の中ごろ3つに分裂し，今のドイツ・フランス・イタリアのもとになった。

3 ノルマン人の国々 北ヨーロッパのノルマン人は，11世紀中ごろイギリスに進出し，今のイギリスのもとを開いた。東ヨーロッパに進出したノルマン人は，スラブ人を征服してロシアのもとをつくった。

2 封建社会の成立

西ヨーロッパの国々では，国王・諸侯・騎士はそれぞれ荘園（領地）をもち，農奴を支配した。国王・諸侯・騎士は領地をなかだちに主従関係を結んだ。これを封建制度といい，封建社会は15世紀ごろまで続いた。

3 キリスト教の発展

1 キリスト教の広まり 4世紀の末にローマ帝国の国教となったキリスト教は，ゲルマン人の間にも広まり，人々の精神的なよりどころとなった。西ヨーロッパの教会はローマの教会を中心にカトリック教会という組織をつくった。

2 ローマ教会の発展 国王や諸侯は支配のために教会の権威を利用した。教会は広い領地と農民を支配する領主となり，カトリック教会の最高の地位にあるローマ教皇（法王）は国王をしのぐほどの大きな権力を持つようになった。文化もキリスト教と結びついたものばかりになり，自由な発展は見られなかった。

用語 ノルマン人
スカンジナビア半島あたりに住んでいたゲルマン人の一派。航海術にすぐれ，一部のものは北海を中心に海賊のように荒らしまわったので，バイキングとして恐れられた。

用語 農奴
荘園で働く農民。領主から重税や労役を課せられ，移転の自由もなかった。

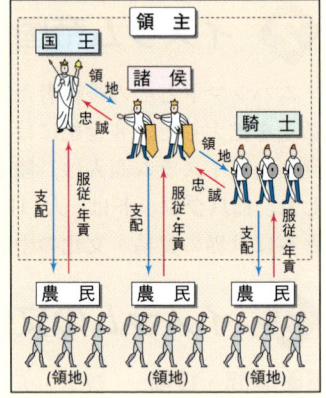

▲封建社会のしくみ 視点 国王は，最高の主君としての権威は持っていたが，諸侯や騎士の領地を直接支配することはできなかった。

分析 キリスト教会の分裂
8世紀ごろ，ローマ教会が統率する西ヨーロッパのローマ＝カトリック教会と東ローマ帝国と結びついたギリシャ正教会が対決し，11世紀に分裂した。

▼中世ヨーロッパの農村（想像図）

3 十字軍の遠征

1 十字軍のおこり

　11世紀になると，西アジアでは，アラビア人にかわってトルコ人のセルジューク朝が勢いをのばしてきた。イスラム教のセルジューク朝は，エルサレムを占領し，そこをおとずれるキリスト教徒を迫害するようになった。そのうえ，東ローマ帝国をはげしく圧迫したので，東ローマ皇帝は，ローマ教皇に助けを求めた。そこで，ローマ教皇ウルバヌス2世は，エルサレムをイスラム教徒からとりかえすための遠征軍を送るように，人々によびかけた。これが十字軍のはじまりである。

2 十字軍の遠征

　ローマ教皇のよびかけにおうじた国王や諸侯・騎士，商人や農民による十字軍は，11世紀の末から約200年間で前後7回送られた。一時はエルサレムを占領したが，遠征の回をかさねるにつれて，人々の宗教的情熱よりも経済的利益が優先されるようになり，はげしい略奪や暴行が行われた。イスラム教徒もねばり強く抵抗を続け，十字軍の遠征は結局，失敗に終わった。

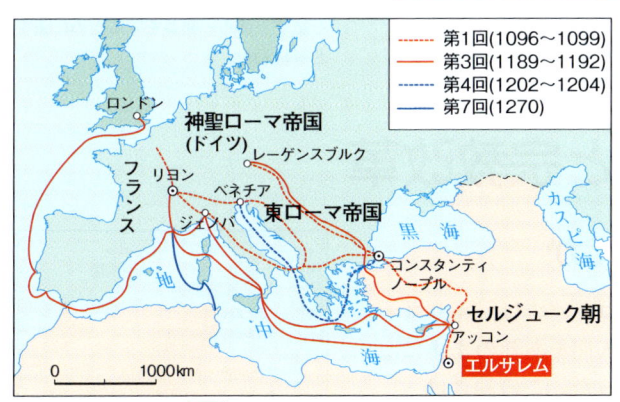

▲十字軍の遠征路　視点　第4回は，エルサレムではなく，コンスタンティノープル（いまのイスタンブール）に向かっていることに注意。このときは軍の指導権をベネチアの商人がにぎり，東方貿易に対抗する勢力であったコンスタンティノープルを攻めようとしたからである。宗教上の情熱はうすれ，経済上の利益を目当てに加わる人が増えてきた。

用語　セルジューク朝
　11世紀の前半，トルコ人が建てたイスラム教国。イスラム帝国の衰退に乗じて西アジア・中央アジアを統一した。しかし，十字軍との戦いや国内の争いなどからおとろえていき，12世紀末にほろんだ。

参考　エルサレムとキリスト教徒
　キリスト教徒は，キリストの処刑地・復活地として，エルサレムを聖地とし，お詣りに行くものが少なくなかった。しかし，イスラム帝国に支配されてからは，イスラム教の聖地ともなった。アラビア人はエルサレムにキリスト教徒が来るのを認めたが，セルジューク朝はキリスト教徒を迫害した。

用語　十字軍の名のいわれ
　聖地エルサレム奪回の遠征軍に加わった騎士たちが，服に十字架の印をつけていたことから，十字軍とよばれた。

年代ゴロあわせ
1096年 → 十字軍遠征のはじまり

エルサレム　いくぞと胸に
　　　　　　１０９６
　　　　　十字組む

分析　十字軍が失敗したわけ
①ヨーロッパ各国からの連合軍であったから，統制を失い，内部の不和がおこりがちであった。
②聖地エルサレムの回復を目的としながら，一面では東方の富を得ることを願うというように，その目的に多様なものがふくまれていた。

③ 十字軍の影響

① ローマ教皇の権威のおとろえ　「神の軍隊」として行われた十字軍が失敗に終わったため、これを指導したローマ教皇はその権威を失った。

② 封建制度のくずれ　遠征に参加した諸侯・騎士は、戦死したり、多くの戦費をつかい勢いがおとろえた。一方、国王は、十字軍の総司令官としての活躍などによって力を強め、封建制度がくずれはじめた。

③ 東方貿易の発達　十字軍の遠征の通路にあたる地中海やその沿岸の交通が発達し、イタリア諸都市の商人と西アジアのイスラム商人との貿易(東方貿易)が活発になった。また、東ローマ帝国やイスラムのすぐれた文化がヨーロッパに伝わった。

> **ポイント**　〈十字軍の影響〉
> 十字軍　教皇の権威と領主層の没落
> 　　　　東方貿易の発達

少年十字軍の悲さんさ
少年や少女たちが参加した少年十字軍が送られたこともあった。これには、3万もの少年や少女が参加したが、途中、疲労で倒れたり、暴風雨にあったり、奴隷に売られたりして、悲さんな結果に終わったのだよ。

参考　東ローマ帝国の文化
ギリシャ・ローマの文化をうけつぎ、イスラム文化の影響をうけた独自の文化を生みだした。帝国ではギリシャ語が公用語とされ、ギリシャの文献がよく保存され、ルネサンスに大きな影響をあたえた。首都コンスタンティノープルは、東西交通の中心として栄えた。

④ 商業と都市の発達

東方貿易がさかんになると、ヨーロッパ各地で商工業が発達した。イタリアやドイツなどでは、新しい都市が栄え、領主から独立して手工業者や商人などの市民が自治を行った。これが自治都市(自由都市)である。

参考　自治都市
地中海に面したイタリアのベネチア・ジェノバ・フィレンツェなどは東方貿易によって財力を蓄えていった。また、北ドイツのハンブルク・リューベックなどの自治都市は、ハンザ同盟を結び、都市の利益を守るために領主と対抗した。

4 ルネサンスと宗教改革

① ルネサンスとはなにか

14世紀から16世紀にかけて、ヨーロッパでは、キリスト教中心の考え方をはなれ、自然や人間をありのままに見ようとする人間中心の文化がおこった。この動きは、ギリシャやローマの文化を見なおし、復興することからはじまったので、ルネサンス(文芸復興)という。ルネサンスは、イタリアで始まりヨーロッパ各地に広まった。

▶ルネサンス時代のイタリア

2 ルネサンスの背景

ローマ教会の権威の低下は，人々にキリスト教をはなれた自由な発想を可能にした。また，イスラムや東ローマの文化との接触が，人々に強い文化的刺激をあたえた。とりわけ，ローマ文化の伝統がのこるイタリアのフィレンツェ・ベネチアなどの都市では，東方貿易による富を背景に新しい文化を生みだそうという雰囲気が高まった。

3 ルネサンスの文化

1 文学 14世紀にイタリアのダンテがイタリア語で『神曲』をあらわし，ルネサンス文学のさきがけとなった。ほかに，イタリアのボッカチオの『デカメロン』，イギリスのシェークスピアの『ハムレット』など。

2 美術 15世紀から16世紀にかけて，イタリアにレオナルド＝ダ＝ビンチ，ミケランジェロ，ラファエロの3人の天才芸術家があらわれ，生き生きとした人間の姿を絵画や彫刻に表現した。

3 科学 ルネサンスの精神は，合理的・科学的な精神を発達させた。14世紀に中国からイスラム商人をへて伝わった火薬・羅針盤が改良され，15世紀には，ドイツのグーテンベルクが活版印刷術をはじめた。16世紀には，ポーランドのコペルニクスが地動説をとなえ，ガリレオ＝ガリレイはみずからつくった望遠鏡で天体観測をし，地動説の正しさを主張した。

ポイント
〈ルネサンスのおこり〉
教会の権威のおとろえ
東方貿易による都市の発達と富の蓄積
イスラム・東ローマ文化からの刺激
ローマ文化の伝統
⇩
ルネサンス…自由で人間中心の文化

参考 フィレンツェのメディチ家
メディチ家は，金融業でたくわえた巨大な財産で，多くの芸術家や学者を保護し，ルネサンスをささえた。

参考 イタリアの天才芸術家と業績
①レオナルド＝ダ＝ビンチ 「モナ＝リザ」「最後の晩さん」などの絵画のほか，彫刻・建築にもすぐれ，さらに数学・物理学・生物学にも業績をのこし，万能の天才とよばれた。
②ミケランジェロ 絵画に「最後の審判」「聖家族」，彫刻に「ダビデ像」「モーゼ像」がある。
③ラファエロ 聖母(マドンナ)の絵を得意とし，バチカン宮殿の壁画は有名である。

> ルネサンスの三大発明か？

火薬・羅針盤・活版印刷術は，ルネサンスの三大発明といわれていたが，いずれも中国に起源をもつもので，イスラム世界で改良され，ヨーロッパに伝わった。
ヨーロッパではそれをさらに改良したのであって，正確にいうと発明ではないので注意しよう。

参考 地動説に対する教会の態度
地動説は，キリスト教の真理(天動説)に反するというので，コペルニクスもガリレオも教会から迫害された。

▶ ミケランジェロの「ダビデ像」(左)
　(イタリア　アカデミア美術館蔵)
▶ レオナルド＝ダ＝ビンチの「モナ＝リザ」(右)
　(フランス　ルーブル美術館蔵)

4 宗教改革

1 カトリック教会の堕落 ローマ＝カトリック教会の勢いは，十字軍の失敗以来おとろえた。教皇や僧は，その地位を利用して富や権力を手にいれることだけを考えるようになり，教会の堕落がはなはだしくなった。16世紀はじめ，サン＝ピエトロ大聖堂（いまのバチカン市国）の改修資金にこまった教皇は，資金を調達するために免罪符（贖宥状）を売り，これを買えばそれまでの罪が許され，天国へ行けると宣伝した。

2 ルターの宗教改革 ドイツのルターは，免罪符の販売にいきどおり，1517年に「95か条の意見書」を発表して教皇や教会のやり方に抗議した。これが宗教改革のはじまりである。ルターは「聖書だけが信仰のよりどころである」とし，教皇や教会の権威を否定した。

3 カルバンの宗教改革 ルターの考えにふれて，スイスで宗教改革をおこしたのがフランスのカルバンである。カルバンも「聖書」をよりどころとした信仰をとなえ，人々が自分の職業にはげみ，結果として富を蓄えることは神の教えにかなうと説いた。この教えは，おもに商工業者にうけいれられ，商工業が発達したオランダやフランス・イギリスを中心に広まった。

4 プロテスタントのおこり ルターやカルバンの教えを信じる人々は，各地にローマ教皇の支配をうけない新しい教会をつくり，プロテスタントとよばれた。プロテスタントとは「抗議する者」の意味。

5 カトリック教会の改革 プロテスタントの広まりに対して，カトリック教会（旧教）側も教会の改革をはかった。とくに，スペインのイグナチウス＝ロヨラ，フランシスコ＝ザビエルらがつくったイエズス会は，きびしい規律のもとに，南ヨーロッパを中心にカトリックの勢力を回復するとともに，アメリカやアジアにも布教をすすめた。

▲**免罪符の販売（風刺画）** [視点] 免罪符を買えば，それまでの罪が許されるというもので，その行いは神の権威を著しくそこなうものであった。上の絵は，僧が金庫を前に免罪符を売っているところである。

参考 ルターの教えの広まり
　ルターは新約聖書をだれにも読めるようにドイツ語に訳して出版したので，ルターの考えは，諸侯や市民・農民のあいだに広まった。ドイツでは，ルターの考えに影響をうけた農民が，ドイツ農民戦争とよばれる大きな反乱をおこした。

参考 ピューリタン
　イギリスでは，権力を強めていた国王が，カトリック（旧教）にカルバンの教えを取りいれて，独自のイギリス国教会をつくった。それでもカルバンの教えを信じる人が多く，彼らはピューリタン（清教徒）とよばれた。なお，カルバン派は，フランスではユグノー，オランダではゴイセンとよばれた。

〈宗教改革〉
カトリック教会の堕落 → 免罪符の販売 → ルター，カルバンの改革 → 旧教の反省

年代ゴロあわせ
1517年 → ルターの宗教改革

教会の堕落に　ルター
　　 1 5　 17
　　一語「否」

ポイント

5 新航路の開拓とヨーロッパ諸国の海外進出

1 新航路開拓の背景

14世紀から15世紀にかけて、スペインとポルトガルを中心に、地中海を通らずアジアに行く航路の開拓に力がそそがれた。この背景には次のようなことがあった。

1 アジアへの関心 十字軍の遠征以来アジアへの関心が高まり、マルコ゠ポーロの『世界の記述』(『東方見聞録』)では、ヨーロッパ人の関心がより強まった。

2 新貿易路の必要 アジアとの貿易のばく大な利益は、イスラムとイタリアの商人が独占していた。また、西アジアにおこった**オスマン帝国**は通過する商品に重税を課し、貿易品の価格が著しく上がったため、地中海を通らずにアジアへ行く航路が求められた。

3 国王の保護 スペインとポルトガルは、貿易による利益を手にいれ、財力を豊かにしようと、国王が新航路の開拓を国家事業として保護した。

4 航海技術の発達 羅針盤・火薬の使用と、造船技術の発達により、安全な外洋航海が可能になった。また、正しい地理上の知識がえられるようになった。

2 新航路の開拓

1 インド洋へ アフリカ南端からインドに達する航路は、ポルトガルによって開拓がすすめられ、1498年、**バスコ゠ダ゠ガマ**がイスラム教徒の水先案内人の助けをえてインド洋を横切り、**インドに達した**。

2 海を西へ イタリア人の**コロンブス**は、大西洋から西まわりでもインドに達することができると考え、スペイン女王の援助をうけて大西洋を航海し、1492年**アメリカの西インド諸島に到着した**。

3 世界一周の成功 ポルトガル人の**マゼラン**は、スペイン王の援助をうけ、南アメリカ南端の海峡をまわって、太平洋を横断した。彼は、フィリピンで住民と戦って死んだが、部下は1522年にスペインに帰り、史上はじめての**世界一周**に成功した。

参考 ヨーロッパ人の関心を強めたアジアの品々

当時、アジアの宝石・香料・絹織物などは、ヨーロッパの上流社会でもてはやされた。香料のなかでも胡椒は、ヨーロッパ人の肉料理には欠かせないものとして珍重された。これらの品々の貿易は、ばく大な利益をうんだ。

用語 オスマン帝国

トルコ人のイスラム教国。1453年に**東ローマ帝国**をほろぼし、**コンスタンティノープル**(いまのイスタンブール)に都をおいた。ヨーロッパとアジアを結ぶ**東西交通路の要地**を占めて16世紀に全盛となった。

「発見」ということば

バスコ゠ダ゠ガマがヨーロッパ人としてはじめて横断したインド洋には、早くからイスラム商人が活発に行き来していた。だから、インド航路の「発見」というときの「発見」ということばは、ヨーロッパ人からみた表現なんだ。

参考 新大陸の「発見」

コロンブスは死ぬまで西インド諸島をインドの一部と信じていたが、イタリア人**アメリゴ゠ベスプッチ**は、ポルトガルの援助をうけて南アメリカを探検し、ヨーロッパに知られていない「新大陸」であることを明らかにした。

年代ゴロあわせ

1492年 → コロンブスのアメリカ到達

コロンブス　意欲に(1 49 2)
もえて　西回り

4章 ヨーロッパ人との出会いと天下統一

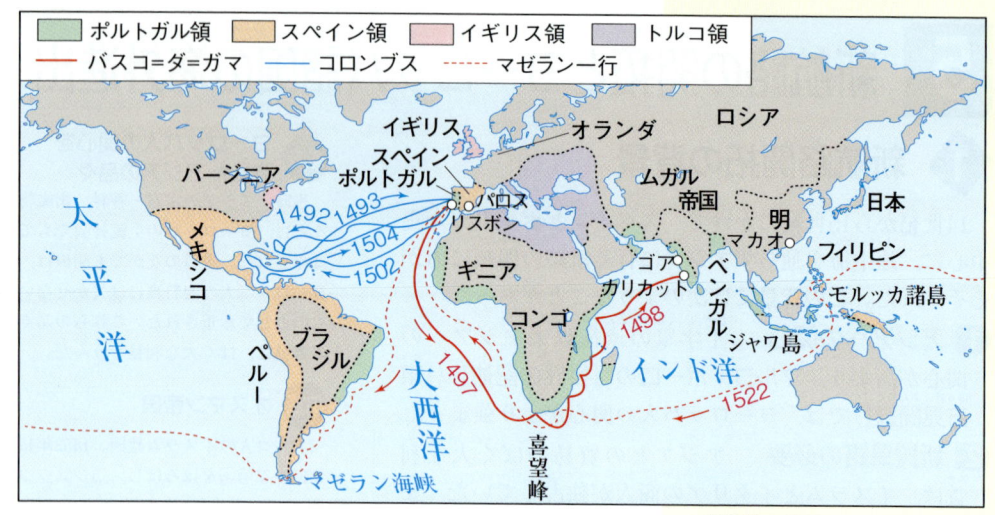

▲新航路の発見

3 ヨーロッパ諸国の海外進出

1 ポルトガルの海外進出 16世紀のはじめ、インドのゴアやモルッカ諸島を占領し、中国のマカオにも勢力をのばした。そして、香辛料や綿織物・絹織物などのアジア貿易を独占した。また、ブラジルにも植民地を開いた。

2 スペインの海外進出 アメリカ大陸には、いまのメキシコからペルーにかけて、アステカ帝国やインカ帝国が栄えていたが、スペイン人は、これらの帝国を征服し、広大な植民地をつくった。一方、16世紀後半には、フィリピンのマニラを根拠地としてアジア貿易にも進出した。

3 オランダの海外進出 スペインから独立したオランダは、1602年に東インド会社をつくり、さらにジャワ島にバタビア(いまのインドネシアのジャカルタ)を建設し、ここを根拠地にアジア貿易に進出した。北アメリカ東岸にはニューアムステルダム(いまのニューヨーク)を建設して植民地を広げた。

4 イギリスの海外進出 16世紀後半のエリザベス1世の時代に、スペインにかわってインドに進出した。そして、1600年には東インド会社をつくった。また、北アメリカ東部にも植民地を建設した。

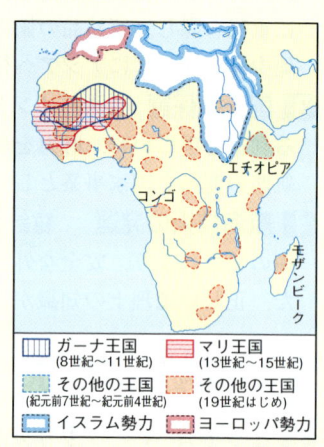

▲アフリカのおもな文明 視点 サハラ砂漠の南の西アフリカには、8世紀ごろからガーナ王国があり、13世紀にはマリ王国が栄えた。ポルトガルとスペインは、16世紀から、アフリカの住民をアメリカ大陸や西インド諸島に奴隷として送った。やがて、オランダやイギリスも奴隷貿易に参加した。

用語 東インド会社

アジア貿易をすすめ、植民地の経営にもあたった貿易会社。国家の保護をうけ、強力な武力もそなえていた。オランダだけでなく、イギリス・フランスなどもつくった。

グレードアップ さらに知識を広げよう　アメリカの古代文明

■ 文明の特色

○ **コロンブス**のアメリカ「発見」やスペインのアメリカ征服以前に，アメリカ大陸には，マヤ・アステカ・インカなどの独自に発展した文化や文明が栄えていた。

○ 中央アメリカでは，6〜15世紀のあいだに**マヤ文明**や**アステカ文明**が栄えた。ここでは神権政治が行われ，神殿・ピラミッドや太陽暦・神聖文字などをうみだし，高度な文明をつくりだした。

○ これと前後して，中央アンデスでは**インカ帝国**がおこり，多くの王国を統一して，太陽の化身とされる王（インカ）を頂点とした社会が形成された。インカ帝国は，たいへん高度な石造技術をもち，神殿・灌漑設備・道路網を発達させた。文字はなかったが，縄の結び方によって数を記録するキープ（結縄）が，情報伝達と記録の手段として用いられた。これらの文明は，金・銀・青銅器は使用したが，鉄器の製作は知らなかった。したがってすきやそれをひく大形の役畜も利用されておらず，人力と土掘り棒だけで，とうもろこし・じゃがいもの栽培を中心とする農耕を基礎とした都市文明を発達させた。

■ スペインによる征服

○ コロンブスの「新大陸発見」後，アメリカ大陸に進出し，これらの文明を破壊したのはスペインであった。**コルテス**は，1521年，兵数百人と馬・大砲をもってアステカ王国を征服し，殺しあいと略奪をほしいままにした。1533年には，**ピサロ**がインカ帝国の皇帝を謀略をもって殺して帝国を征服し，多くの黄金や金細工品を奪った。

○ 先住民はインディオとよばれ，征服者のもとで酷使され，その手で掘り出された銀は，スペイン本国へ送られた。こうして「新大陸」は，植民地としての歴史を歩みはじめたのである。

▲インカ帝国の遺跡（ペルー）

▲銀の採掘に働かされるインディオ

テスト直前チェック

4章 ヨーロッパ人との出会いと天下統一

⬇ 答えられたらマーク　　　わからなければ ↪

❶ ☐	7世紀にイスラム教をおこしたのはだれか。	p.127 ❶
❷ ☐	イスラム教徒が築いた大帝国を何というか。	p.127 ❷
❸ ☐	世界の貿易・文化の中心として栄えた❷の大帝国の都はどこか。	p.127 ❷
❹ ☐	4世紀後半，ローマ帝国内に大移動をおこした民族は何か。	p.128 ❶
❺ ☐	西ヨーロッパの大部分を支配するようになった❹の民族の国は何か。	p.128 ❶
❻ ☐	領地をなかだちに，契約によって主従関係を結ぶ制度を何というか。	p.128 ❷
❼ ☐	中世のヨーロッパで人々の生活に大きな影響をあたえた宗教は何か。	p.128 ❸
❽ ☐	❼の宗教の最高の地位を何というか。	p.128 ❸
❾ ☐	キリスト教の聖地エルサレムを奪いかえすために送られた遠征軍は何か。	p.129 ❶
❿ ☐	ルネサンスはどこの国からはじまったか。	p.130 ❶
⓫ ☐	「モナ＝リザ」をえがいた人物はだれか。	p.131 ❸
⓬ ☐	天体観測から地動説の正しさを証明した人はだれか。	p.131 ❸
⓭ ☐	教皇がサン＝ピエトロ大聖堂の改修資金をえるために販売したものは何か。	p.132 ❹
⓮ ☐	教会の堕落に対して，きびしく批判をした人物を2人あげよ。	p.132 ❹
⓯ ☐	⓮の批判の動きを何というか。	p.132 ❹
⓰ ☐	⓮の2人の教えがもとになった新教を何とよんでいるか。	p.132 ❹
⓱ ☐	旧教側の改革の中心となり，勢力の回復につとめた団体は何か。	p.132 ❹
⓲ ☐	アフリカ南端を通り，はじめてインドへ達したヨーロッパ人はだれか。	p.133 ❷
⓳ ☐	西まわりでインドに行こうとしてアメリカ大陸へ到達した人はだれか。	p.133 ❷
⓴ ☐	はじめて世界一周に成功したのはだれの一行か。	p.133 ❷
㉑ ☐	ゴアやマカオを根拠地にアジア貿易を独占した国はどこか。	p.134 ❸
㉒ ☐	オランダやイギリスがつくったアジア貿易のための会社を何というか。	p.134 ❸

解答

❶ ムハンマド(マホメット)
❷ イスラム帝国
❸ バグダッド
❹ ゲルマン人
❺ フランク王国
❻ 封建制度
❼ キリスト教(ローマ＝カトリック)
❽ ローマ教皇(ローマ法王)
❾ 十字軍
❿ イタリア
⓫ レオナルド＝ダ＝ビンチ
⓬ ガリレオ＝ガリレイ
⓭ 免罪符(贖宥状)
⓮ ルター，カルバン
⓯ 宗教改革
⓰ プロテスタント
⓱ イエズス会
⓲ バスコ＝ダ＝ガマ
⓳ コロンブス
⓴ マゼラン
㉑ ポルトガル
㉒ 東インド会社

2 天下統一と桃山文化

テスト前にも見なおそう

教科書のまとめ

1 鉄砲とキリスト教
解説ページ ⇨ p.138

- ☐ 鉄砲伝来 … 1543年，ポルトガル人が種子島(鹿児島県)に漂着して，**鉄砲**を伝える。
- ☐ キリスト教の伝来 … 1549年，**フランシスコ＝ザビエル**が伝える。キリシタン大名。
- ☐ 南蛮貿易 … 九州の港を中心に，ポルトガルやスペインと貿易。輸出品は銀。

▲ザビエル(兵庫県 神戸市立博物館蔵)

2 信長の統一事業
解説ページ ⇨ p.139

- ☐ 織田信長 … 尾張の小大名⇨桶狭間(愛知県)で今川氏を破る⇨**室町幕府をほろぼす**。
- ☐ 信長の政治 … 安土城(滋賀県)を根拠地に統一事業をすすめた。一向一揆の弾圧。キリスト教を保護し，仏教勢力を弾圧。商工業の保護⇨関所の廃止，**楽市・楽座**。

3 秀吉の全国統一
解説ページ ⇨ p.141

- ☐ 豊臣秀吉 … 信長の事業を受け継ぐ。大阪城を根拠地に，**1590年全国統一**。
- ☐ 太閤検地 … 全国の土地の収穫高と耕作人の調査⇨検地帳に記載し，農民を支配。
- ☐ 刀狩 … 百姓から武器を没収⇨一揆の禁止。農民は農業に専従させる。**兵農分離**。

4 秀吉の対外政策
解説ページ ⇨ p.142

- ☐ キリスト教の禁止 … 宣教師や信者を国外追放。
- ☐ 東南アジア貿易 … 倭寇を取りしまり，堺や博多の大商人を保護。
- ☐ 朝鮮侵略 … 2度の侵略(文禄の役・慶長の役)⇨朝鮮民衆の抵抗。

5 桃山文化
解説ページ ⇨ p.143

- ☐ 特色 … 豪壮・華麗で雄大。**南蛮文化**の影響。宗教の影響が少ない，人間中心の文化。
- ☐ 桃山文化 ｛建築…**城**(安土城・大阪城・姫路城)，住宅(聚楽第)。
  絵画…障壁画(狩野派)。**茶の湯**(**千利休**)，歌舞伎踊りなど。

4章 ヨーロッパ人との出会いと天下統一

1 鉄砲とキリスト教

1 ヨーロッパ人の来航

　16世紀，アジアとの貿易を求めたヨーロッパ人は，オスマン帝国が支配する陸路をさけて海路を開いた。インドのゴア，フィリピンのマニラ，中国のマカオなどを拠点に進出し，貿易で大きな利益をあげた。このような情勢のなかで1543年，タイから明へ行く中国船が難破して種子島（鹿児島県）に漂着する事件がおきた。この船に乗っていたポルトガル人が，初めて日本の土を踏んだヨーロッパ人である。そして，この時伝えられた鉄砲が，日本の社会に大きな影響をあたえた。

2 鉄砲の伝来

1 鉄砲の広がり
　ポルトガル人から銃を2丁手に入れた領主の種子島時堯は，使用法と製造法を学ばせた。日本は，このころ戦国時代であったので，鉄砲はたちまち全国に広まり，刀鍛冶の高い技術を利用して，堺（大阪府），近江の国友（滋賀県），紀伊の根来（和歌山県）などで国内生産されるようになった。

2 鉄砲の影響
①刀による一騎討ちから，鉄砲隊による集団戦法に。
②平地に強固な城が築かれた。
③戦争の勝負が早くつき，国内の統一事業を促進した。

3 キリスト教の伝来

1 フランシスコ＝ザビエルの来日
　スペインのイエズス会の宣教師ザビエルは，1549年鹿児島に来日し，初めてキリスト教を伝えた。戦国大名大内氏の保護で，山口に教会を建て布教した。その後，ルイス＝フロイスなど他の宣教師もつぎつぎと来日した。

2 キリスト教の広がり
　キリスト教は人間の平等を説いたため，女性や貧しい農民にも広く広まり，信者は全国で20万人をかぞえた。キリスト教徒になる大

ヨーロッパ人は，なぜ日本へ来なかったの？

　当時の中国の明は，明の商人の自由な海外貿易を禁じていた。そのためヨーロッパ人は，インドと中国を中継して巨額の利益をあげていたんだ。
　しかし，日本付近の海は以前から倭寇（密貿易集団）によって支配されていたため，すぐには貿易に参加できなかった。ポルトガル人が乗っていた中国船も，密貿易船だったといわれているよ。

年代ゴロあわせ

1543年 ➡ 鉄砲の伝来

鉄砲だ　一騎討ちなど
　1　5　4　3
以後よさん

参考 鉄砲の威力

　当時の鉄砲は火縄銃で，1分間に4発ほど。飛距離は600mぐらい。有効距離は100mほどであった。鉄砲の材料のほとんどは国内で調達できたが，火薬の硝石は輸入に頼った。伝来から30年後，天下統一をめざした織田信長は，3000丁もの鉄砲を有して戦った。

▲種子島銃（種子島時邦蔵）

年代ゴロあわせ

1549年 ➡ キリスト教の伝来

　1　5　4　9
以後よく　広まり
ザビエル満足

名もあらわれ，彼らはキリシタン大名とよばれた。
　1582年，九州のキリシタン大名はローマ教皇への使節として4人の少年を派遣した(天正遣欧少年使節)。4人は1585年にローマに着き，ヨーロッパで歓迎された。

ポイント
〈鉄砲伝来〉
ポルトガル人の種子島漂着 ⇒ 鉄砲伝来 ⇒ ①集団戦法 ②平地の城 ③南蛮文化の受け入れ ⇒ 国内統一の促進

▲天正遣欧少年使節(京都大学附属図書館蔵) **視点** 中浦ジュリアン(左上)，伊東マンショ(右上)，原マルチノ(左下)，千々石ミゲル(右下)の4人が派遣された。

用語 キリシタン大名
キリスト教徒になった大名。九州の戦国大名であった大村純忠・有馬晴信・大友宗麟らがいる。

4 南蛮貿易

　鉄砲伝来後，ポルトガル人やスペイン人が平戸(長崎県)や長崎などへ来航した。彼らは南蛮人とよばれたので，その貿易を南蛮貿易という。南蛮貿易は，鉄砲や火薬の原料(硝石)，中国の生糸などをもたらした。南蛮人にとって，貿易とキリスト教の伝道は一体であったので，貿易の利益のため，キリシタン大名になるものもいた。

1 日本の輸出品 銀・刀剣・漆器など。
2 日本の輸入品 中国の生糸・絹織物・南洋の香料・ヨーロッパの鉄砲・硝石・ガラス・毛織物など。

参考 ヨーロッパ文化の伝来
キリスト教と一緒に伝えられたものに，医学や天文学・地理学などがある。活版印刷術も伝えられ，『イソップ物語』『平家物語』が印刷された。カステラ・パン・タバコ・テンプラ・カルタも，南蛮語であった。

2 信長の統一事業

1 天下統一をめざして

　分国法をつくり，自国の経営に努力していた戦国大名は，16世紀の後半になると地方の統一をなしとげ，天下統一をめざした。天下布武をスローガンに，その先頭を走ったのが，尾張(愛知県)から出た織田信長であった。

分析 信長が諸大名に先がけて全国統一を進められたわけ
①根拠地の尾張は室町幕府のあった京都に近く，濃尾平野の生産力も高くて，経済的基盤がしっかりしていた。
②信長は，新しいものを取り入れる実行力に富み，足軽の鉄砲隊をいち早く取り入れるなどした。

▲織田信長(愛知県　長興寺蔵)

◀1581年ごろの戦国大名

2 織田信長の動き

1 桶狭間の戦い
織田家は尾張の守護代の家臣にすぎなかったが、信長の父のときに力を強め、信長は1560年、駿河(静岡県)の今川義元を桶狭間の戦い(愛知県)で破り、勢力をのばした。さらに美濃(岐阜県)や近江(滋賀県)を支配下にいれた。1575年、甲斐(山梨県)の武田勝頼を破った長篠の戦い(愛知県)は、鉄砲を組織的に使った最初の戦いとして有名である。

2 室町幕府の滅亡
信長は最初、15代将軍足利義昭をたてて京都に入ったが、義昭が信長を家臣として扱おうとしたため、1573年義昭を追放した。ここに室町幕府はほろんだ。1576年には近江に安土城を築き、天下統一の拠点にした。

3 本能寺の変
信長は、義昭と結んだ朝倉氏や浅井氏をほろぼし、延暦寺(滋賀県)や一向一揆の宗教勢力も押さえた。さらに中国地方に勢力を伸ばそうとしたがその途中、1582年、京都の本能寺で家臣の明智光秀に攻められ殺された(本能寺の変)。

3 織田信長の政治

新しい時代を開こうとした信長は、古い権力にとらわれなかった。幕府や朝廷にこだわらず、強力な仏教勢力を排除し、農民や商工業者を直接支配しようとした。

1 農業政策
征服地で土地台帳を提出させる、指出しという検地を実施した。

2 商工業政策
①関所を廃止して自由な通行を認めた。
②京都・堺(大阪府)など重要都市を支配した。
③独占が強く、新しい商業の発達を妨げていた座を廃止し、自由な商売を許した(楽市・楽座)。

3 中世的な権威の否定
延暦寺を焼き討ちして3000人あまりの僧たちを殺したり、一向一揆の徹底弾圧をした。いっぽう、キリスト教を保護したり、教会の建設を許したが、これは仏教勢力に対抗するためと思われる。

▲「天下布武」の印(滋賀県 長浜城歴史博物館蔵) 視点 天下布武は、武力で天下を支配するという意味。信長は印としても使った。

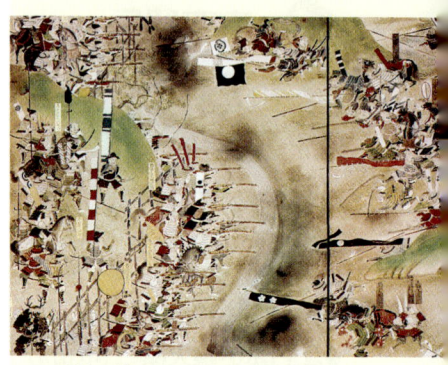

▲長篠の戦い(長篠合戦図屏風 愛知県 徳川美術館蔵) 視点 天下最強といわれた武田氏の騎馬軍団(右)を、織田軍は3000丁の鉄砲隊(左)で破った。

分析 一向一揆の弾圧
強力な本願寺の指導のもとに、農民や商人・国人らが信徒という横の関係でつながる一向一揆は、大名の支配に従わず、戦国大名たちを悩ませた。信長は、皆殺しの方針で一向一揆を弾圧した。長島(三重県)の一向一揆や越前(福井県)の一向一揆など、何万もの人が虐殺され、信長に敗れた。

用語 楽市・楽座
楽市(→p.190)とは、商工業者が税を免除され、自由に市で品物を売ること。楽座とは、商工業者が座の権利がなくても営業できること。楽とは「自由」という意味。安土の城下町などで出された。

3 秀吉の全国統一

1 豊臣秀吉の全国統一

1 信長の後継者
本能寺で倒れた信長の統一事業を引き継いだのは，**豊臣秀吉**である。秀吉は，尾張(愛知県)の農民の子であったが，信長に仕え，実力を認められてその有力武将となった。本能寺の変のときは，すぐに山崎の戦い(京都府)で明智光秀を討ち，さらに信長の有力な家臣である柴田勝家も破って，信長の後継者と認められた。

2 全国統一
1583年，石山(大阪府)の本願寺跡に大阪城を築き，本拠地とした。1587年九州の島津氏を従え，1590年小田原(神奈川県)の北条氏をほろぼし，同年に東北の伊達政宗も服属させて全国を統一した。

2 検地と刀狩

秀吉は，土地と人の統一的支配のために**検地**(1582～98年)と**刀狩**(1588年)を行った。

1 太閤検地
秀吉の行った検地は**太閤検地**とよばれている。**ものさしや枡を統一**し，検地役人が直接田畑の面積や土地のよしあしを調べて**収穫高(石高)**を決め，その結果を検地帳に記入した。

2 太閤検地の意義
① 検地帳には，それまで名主に従っていた小農民も百姓(→p.154)として記入され，耕作権が認められた。

参考 秀吉と朝廷

家がらによる権威をもたない秀吉は，朝廷の権威を利用して自分の権威を高めようとした。秀吉は朝廷から**関白**や**太政大臣**の位を得，豊臣の姓も天皇からあたえられている(以前は羽柴秀吉)。太閤とは，関白を退いた人を指すことば。

▲豊臣秀吉(京都府高台寺蔵)

年代ゴロあわせ

1590年 ➡ 秀吉の全国統一

　　　　　１５９０
秀吉が　戦国丸めて
　　　天下統一

分析 太閤検地の実施

太閤検地の方法は，次の通りである。
① 土地を測量する単位や，年貢をおさめる枡を全国統一とした。
② 田畑を上・中・下・下々にわけ，収穫高は，米で何石とれるかという石高で表すようにした。
③ **一地一作人**の原則で，直接の耕作者１人を登録させ，年貢をとった。

▼信長・秀吉の全国統一

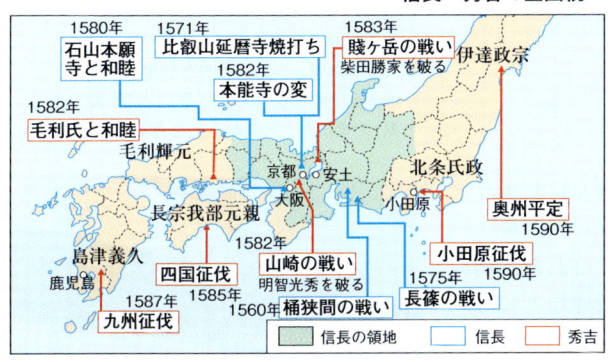

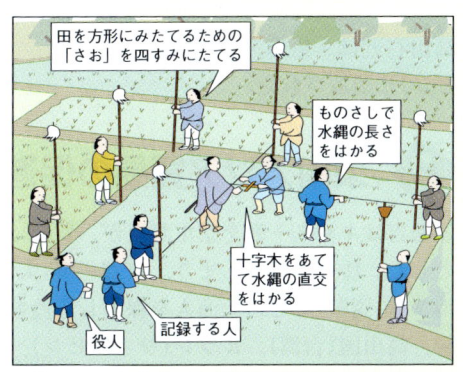

1580年 石山本願寺と和睦
1571年 比叡山延暦寺焼打ち
1583年 賤ヶ岳の戦い（柴田勝家を破る）
1582年 本能寺の変
1582年 毛利氏と和睦　毛利輝元
京都　安土
長宗我部元親
島津義久　鹿児島
1582年 四国征伐
1587年 九州征伐
1585年
1560年 桶狭間の戦い
1575年 長篠の戦い
1590年 小田原征伐　北条氏政　小田原
伊達政宗　奥州平定 1590年
山崎の戦い 明智光秀を破る

信長の領地　信長　秀吉

▲検地のようす(江戸時代) 視点 太閤検地もほぼ同じ。

・田を方形にみたてるための「さお」を四すみにたてる
・ものさしで水縄の長さをはかる
・十字木をあてて水縄の直交をはかる
・役人
・記録する人

②百姓は年貢をおさめる義務を負わされ，土地を勝手に離れられなくなった。
③寺社や公家の荘園領主としての権利はなくなり，荘園は完全になくなった。

3 刀狩 検地によって百姓を耕作に専念させ，また，一揆をおこさせないように，刀や槍などの武器の所有を禁止した。これを刀狩（→p.191）という。

4 身分制度の確立 武士や町人や百姓が，その身分を変えることを禁じた。武士や町人は農村に住むことを禁じられ，城下町に集められた（兵農分離）。

> **ポイント**
> 太閤検地 ┤ 百姓の耕作権を認める
>   └ 土地と百姓の直接支配
> 刀狩＝兵農分離が進む⇨身分制度の確立

> **史料 刀狩令**（一部，1588年）
> 一．諸国の百姓が，刀・脇ざし・弓・やり・鉄砲などの武具を持つことをかたく禁ずる。そのわけは，百姓が不要な武器をたくわえていると，年貢をおさめることをおこたり，自然に一揆などをくわだて，武士に反抗するようになるからである。
> 一．百姓から集めた武具は，すべて大仏鋳造に使う。したがって武器をさしだした百姓は，今の世はもちろん来世までも仏の加護をうけることができる。
> 一．百姓は農具さえ持って耕作にはげむならば，子孫代々にいたるまで栄える。百姓のためにこれを出すのである。

4 秀吉の対外政策

1 キリスト教の禁止

南蛮貿易を保護していた秀吉は，はじめキリスト教を認めた。しかし，のち国内統一のさまたげと考え，1587年キリスト教の布教を禁止し，宣教師や信者を国外に追放した（バテレン追放令）（→p.191）。1596年には，長崎で26人の信者や宣教師が処刑された。日本最初のキリシタンの受難であった。

なお，前高槻城主（大阪府）でキリシタン大名であった高山右近は，信仰を捨てなかったので，マニラ（フィリピン）に追放された。

> **分析 秀吉がキリスト教を禁止したわけ**
> ①長崎が教会の領地になっていたのを知って怒り，教会の力は天下統一のさまたげになると考えた。
> ②人間の平等を説くキリスト教は，秀吉を頂点とする身分秩序を重んずる考えに反した。

> **参考 秀吉の経済政策**
> 貿易の促進に力をいれた秀吉は，国内経済でも，①関所の廃止，②楽市・楽座で商工業を保護，③貨幣の統一に力を入れて，天正大判や小判をつくる，④生野（兵庫県）の銀山や佐渡（新潟県）の金山などの直接支配を行った。

2 東南アジア貿易の促進

秀吉はキリスト教を禁止したが，貿易は盛んにしようとした。倭寇を取りしまり，京都・堺（大阪府）・長崎・博多（福岡県）などの大商人を保護して渡航を許した。朝鮮，高山国（台湾），ルソン（フィリピン），琉球などにも，強い態度で貿易をせまった。

二十六聖人の殉教碑（長崎市）

3 秀吉の朝鮮侵略

1 明の征服計画 国内統一をはたしたころから，中国の明の征服を計画していた秀吉は，朝鮮に対して，日本への服属と明への案内を求めた。朝鮮がそれを断わると，日本は1592（文禄元）年と1597（慶長2）年の2度にわたって朝鮮に大軍を送った。これが文禄の役・慶長の役である。朝鮮では，壬辰・丁酉の倭乱という。

2 文禄の役 1592年に出兵。日本軍は，15万の大軍を送って首都の漢城（いまのソウル）を占領し，さらに朝鮮北部を侵略した。しかし，朝鮮民衆の抵抗と明の援軍や李舜臣の水軍の活躍に苦しみ，休戦した。

3 慶長の役 1597年，14万の大軍で日本軍は侵略していたが，翌年の秀吉の病死で撤兵した。

4 朝鮮侵略の影響
① 無謀な戦争は，国内の武士や農民を多大の負担で苦しめ，その失敗は豊臣氏の没落を早めた。
② 朝鮮に被害と苦痛をあたえ，その文化も略奪した。
③ 朝鮮へ援軍を出した明の力も弱まった。

▲秀吉の朝鮮出兵

参考 朝鮮出兵した大名
小西行長・加藤清正・宇喜多秀家・毛利輝元・黒田長政・福島正則などの大名たちであった。徳川家康は九州まで行ったが，朝鮮へは渡らなかった。

参考 朝鮮文化の略奪
日本軍は，朝鮮の技術者を捕虜にし，製陶技術や，活字印刷術を伝えさせた。

5 桃山文化

1 桃山文化の特色

信長と秀吉の全国統一が進められた時代を安土桃山時代といい，この時代の文化を桃山文化という。

1 豪壮華麗で雄大 文化のにない手は戦いに勝った大名や，豪商といわれた大商人たちであったので，金銀を使った雄大な文化となった。

2 現実的な文化 仏教の影響力から解放され，宗教の影響力の少ない，人間中心の文化となった。

3 ヨーロッパ文化の影響 南蛮文化を中心に，朝鮮や琉球の文化に影響された新しい文化が生まれた。

2 建築

この時代を代表するのは雄大な城である。高くそびえ

安土桃山となぜいうの？

信長や秀吉の時代は，彼らの城が建てられた場所から，安土桃山時代とよんでいる。琵琶湖のほとり安土（滋賀県）に建てられた信長の安土城。秀吉が晩年を過ごした京都桃山の伏見城がそうだ。
でも，安土城はいまでは石垣だけがのこっているだけだ。伏見城も秀吉の死後，江戸時代の初めにこわされ，いまでは昭和時代に再建された観光用の城が建っている。

テスト直前チェック

4章 ヨーロッパ人との出会いと天下統一

↓答えられたらマーク　　　　　　　　　　　　　わからなければ ⤴

- ❶ ☐ 日本に最初にきたヨーロッパ人はどこの国の人か。　p.138 ❶
- ❷ ☐ ❶の人はどこに着いたか。また，そこで日本に伝えた武器は何か。　p.138 ❶
- ❸ ☐ 日本にはじめてキリスト教を伝えたのはだれか。　p.138 ❸
- ❹ ☐ 大友宗麟のように，キリスト教の信者になった大名を何というか。　p.139 ❸
- ❺ ☐ ポルトガル人やスペイン人と行った貿易を何というか。　p.139 ❹
- ❻ ☐ 全国統一をめざした織田信長の出身地はどこか。　p.139 ❶
- ❼ ☐ 織田信長が本拠地にした，琵琶湖のほとりに建てられた城を何というか。　p.140 ❷
- ❽ ☐ 本願寺の指導をうけて，信長ときびしく対決した一揆は何か。　p.140 ❷
- ❾ ☐ 市場での自由な商売を許したり，座を廃止した政策を何というか。　p.140 ❸
- ❿ ☐ 信長のあとをついで，全国を統一した豊臣秀吉の本拠地の城はどこか。　p.141 ❶
- ⓫ ☐ 秀吉が，小田原の北条氏を倒して全国を統一したのは何年か。　p.141 ❶
- ⓬ ☐ 秀吉が土地の面積や耕作者を調べ，直接農民を支配した政策は何か。　p.141 ❷
- ⓭ ☐ ⓬の結果，完全になくなった土地制度は何か。　p.142 ❷
- ⓮ ☐ 秀吉が，農民ら武士以外の人々から武器を没収した政策は何か。　p.142 ❷
- ⓯ ☐ ⓮の結果，武士と百姓の身分がはっきり区別されたことを何というか。　p.142 ❷
- ⓰ ☐ 秀吉の2度の朝鮮侵略を，日本では何とよんでいるか。　p.143 ❸
- ⓱ ☐ 朝鮮侵略のとき，朝鮮に援軍を送った中国の王朝は何というか。　p.143 ❸
- ⓲ ☐ 朝鮮から捕りょとして連行した技術者によって伝えられたものは何か。　p.143 ❸
- ⓳ ☐ 信長・秀吉の時代の文化を何というか。　p.143 ❶
- ⓴ ☐ ⓳の文化を代表する絵画で，狩野派が活躍したものを何というか。　p.144 ❸
- ㉑ ☐ 秀吉の援助を受けて，茶の湯を大成した人物はだれか。　p.144 ❸
- ㉒ ☐ 出雲の阿国のはじめた舞踊劇を何というか。　p.144 ❸

解答

- ❶ ポルトガル
- ❷ 種子島，鉄砲
- ❸ （フランシスコ＝）ザビエル
- ❹ キリシタン大名
- ❺ 南蛮貿易
- ❻ 尾張（愛知県）
- ❼ 安土城
- ❽ 一向一揆
- ❾ 楽市・楽座
- ❿ 大阪城
- ⓫ 1590年
- ⓬ 太閤検地
- ⓭ 荘園
- ⓮ 刀狩
- ⓯ 兵農分離
- ⓰ 文禄の役，慶長の役
- ⓱ 明
- ⓲ 製陶の技術，活字印刷術
- ⓳ 桃山文化
- ⓴ 障壁画
- ㉑ 千利休
- ㉒ 歌舞伎踊り（阿国歌舞伎）

定期テスト予想問題

解答⇒p.368

1 ［信長・秀吉の天下統一］
次の年表と地図を見て，あとの問いに答えなさい。

(1) 年表中の（ア）・（イ）にあてはまることば・地名を答えよ。

(2) Aについて，はじめて鉄砲が伝わったのは地図中のどこか。記号で答えよ。

(3) Bについて，キリスト教をわが国にはじめて伝えたのはだれか。

(4) Cについて，信長の築いた安土城は地図中のどこか。記号で答えよ。

(5) 下の史料は信長が安土城下などで実施した政策である。何というか。

1543	鉄砲が伝わる …………………… A
1549	キリスト教が伝わる ………… B
1573	織田信長が（ ア ）幕府をほろぼす
1576	織田信長が安土城を築く ……… C
1582	本能寺の変がおこる
1583	豊臣秀吉が（ イ ）城を築く
	このころ Ⅰ と Ⅱ が行われる
1590	豊臣秀吉が全国を統一する
1592	豊臣秀吉が朝鮮に出兵する …… D

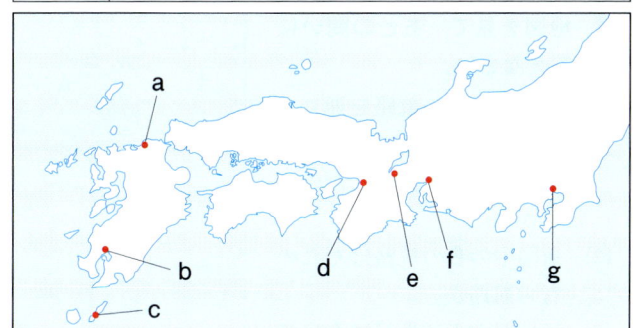

> この町では，商売は自由であり，あらゆる課税を行わない。

(6) 年表中のⅠは秀吉の政策である。右の図を参考にして，あてはまる歴史用語を答えよ。

(7) 年表中のⅡも秀吉の政策である。①下の史料を参考にして，あてはまる歴史用語を答えよ。②この政策の目的を答えよ。

> 諸国の百姓が刀・脇ざし・弓・やり・鉄砲などの武具を持つことをかたく禁止する。

ベストガイド

1 (1) イは伏見城ではないので注意。(2) 鉄砲伝来の地は種子島。(3) イエズス会の宣教師で，鹿児島に上陸した。(4) 安土は琵琶湖のほとりの交通の要地。(5) 座による商工業の独占を廃止した。(6) 図は江戸時代の検地のようすである。(7) この史料はテストによく出る重要史料である。

(8) Ⅰ・Ⅱの結果として間違っているものを1つ選び，記号で答えよ。
　ア　寺社や公家の荘園領主としての権利はなくなり，荘園が完全になくなった。
　イ　武士と農民の区別が明らかになった。
　ウ　農民の土地への権利が認められ，農地を売ったり，土地を離れ自由に町人になることができるようになった。
　エ　全国の収穫高を米の体積である石高であらわすようになった。
(9) Dの影響として正しいものを1つ選び，記号で答えよ。
　ア　秀吉の軍が有利に戦闘をすすめ，秀吉は権力を強めた。
　イ　無謀な戦争は，国内の武士や農民を多大な負担で苦しめ，出兵に参加した徳川家康の勢力を弱めた。
　ウ　秀吉の朝鮮侵略を撃退した朝鮮では，勝利によって経済・文化がおおいに発展した。
　エ　侵略のときに朝鮮から日本に連行されたすぐれた陶工らによって，有田焼などすぐれた陶磁器が生まれた。

2 ［新航路の開拓］
地図を見て，あとの問いに答えなさい。

(1) 地図中のAの航路を通り，ヨーロッパ人としてはじめて，アメリカ大陸に到達したのはだれか。
(2) 地図中のBの航路はだれの一行の航路か。
(3) 15世紀から16世紀にかけて地図のように新航路の開拓が続いたのは，背景に航海術の発達があげられる。航海術の発達をうながした14世紀ごろイタリアではじまった新しい文化の動きを何というか。カタカナで答えよ。
(4) (3)の文化を代表する右の絵画の作者を次から選べ。
　ア　レオナルド＝ダ＝ビンチ　　イ　ルター
　ウ　ラファエロ　　エ　ダンテ

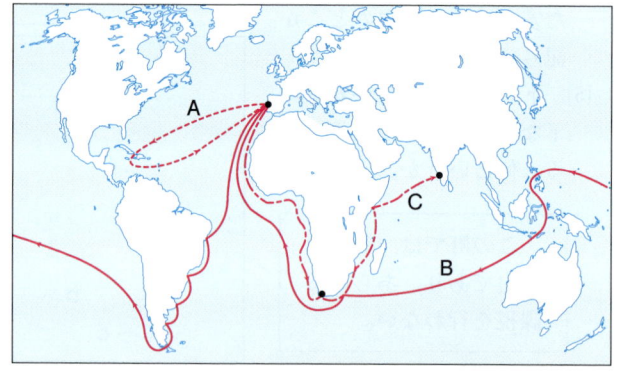

ベストガイド
(8) イを兵農分離という。江戸時代が身分制の社会であることをよく考えること。(9) イ．徳川家康は，朝鮮には出兵していない。

2 (2) はじめて世界一周を行った人物の一行である。(3) キリスト教中心の考え方をはなれ，自然や人間をありのままに見ようとした文化。

5章
幕藩体制と鎖国

17世紀ごろの江戸城（江戸図屏風）

1 江戸幕府の成立と鎖国

5章 幕藩体制と鎖国

テスト前にも見なおそう

教科書のまとめ

1 江戸幕府の成立
解説ページ ⇨ p.151

- □ 徳川家康の天下 … **関ヶ原の戦い**（1600年）の勝利。大阪の陣で豊臣氏をほろぼす。
- □ 江戸幕府の成立 … 1603年成立。**徳川家康**・秀忠・**家光**の3代で基礎が確立した。

2 江戸幕府のしくみ
解説ページ ⇨ p.152

- □ 幕府のしくみ ┤ 中央 … 将軍⇨（大老）⇨老中・若年寄 など。
　　　　　　　 └ 地方 … 京都所司代・代官 など。
- □ 大名の統制 … 大名を親藩・譜代大名・外様大名に分けて支配。**武家諸法度**や**参勤交代**。
- □ 朝廷の統制 … 禁中並公家諸法度。

3 さまざまな身分とくらし
解説ページ ⇨ p.154

- □ 身分制度 … **武士**が支配者。身分は世襲。封建的な主従関係による支配。
- □ 武　士 … 大名・旗本・藩士など。苗字・帯刀が許された。
- □ 百　姓 … 本百姓・水呑百姓。重い負担に苦しんだ。
- □ 農村の統制 … 庄屋(名主)など村役人をおく。御触書や五人組で日常生活を規制。
- □ 都市の統制 … 町年寄などの町役人。家持と店借。都市の決められた場所に住む。

4 鎖国の完成
解説ページ ⇨ p.157

- □ 海外発展 … 朱印船が活躍し、**日本町**が栄える。オランダ・イギリスとの貿易。
- □ 鎖　国 … キリスト教の禁止。海外渡航の禁止。1639年**ポルトガル船の来航を禁止**。
　　　1641年にオランダ商館を長崎の出島に移す⇨鎖国の体制が固まる。

5 鎖国下の対外関係
解説ページ ⇨ p.159

- □ 中国・オランダ … 長崎でのみ貿易。オランダ商館を**出島**に移転。
- □ 朝　鮮 … 家康のとき国交回復。**朝鮮通信使**が来日して文化交流がさかん。
- □ 琉　球 … 琉球王国(沖縄県)は、薩摩藩(鹿児島県)の島津氏に征服され、支配下に入る。
- □ 蝦夷地 … 松前藩が支配。アイヌの抵抗⇨**シャクシャイン**の反乱。

1 江戸幕府の成立

1 徳川家康の進出

　徳川家は、もと松平と名のる三河（愛知県）の小大名であった。徳川家康は織田信長と同盟を結んだりしながら勢力を伸ばした。やがて三河を統一して徳川を名のり、近隣の国も従え実力をたくわえた。豊臣秀吉の時代に、家康は三河から関東に移されたが、江戸（東京都）を本拠地に城をととのえ関東経営をはじめた。62歳（数え年）で秀吉が死んだとき、後継ぎの豊臣秀頼はわずか6歳であったので、豊臣氏の権威は弱まり、家康の勢力が増した。

2 関ヶ原の戦い

　勢力を強めた家康と、豊臣方の中心石田三成はしだいに対立を深めた。1600年、徳川方（東軍）と三成方（西軍）が戦った関ヶ原の戦い（岐阜県）。東軍は8万人、西軍は10万人といわれたが、西軍は傍観するだけの大名も多く東軍が勝利した。この戦いは天下分け目の戦いといわれ、この結果全国の大名は家康に従った。

3 江戸幕府を開く

　1603年、徳川家康は征夷大将軍に任ぜられて、江戸幕府を開いた。これ以後明治維新までの約260年間、徳川氏による幕府が続き、この時代を江戸時代という。家康は「天下はまわり持ち」という考えを否定し、幕府を安定させようとした。そこで、わずか2年で将軍職を子の秀忠にゆずり、徳川氏が将軍職を継ぐことを天下に知らせた。3代将軍の孫の家光のころに、幕府の基礎は確立した。

4 大阪の陣

　徳川氏と豊臣氏の争いは、家康が江戸幕府を開いたあとも続いた。家康は京都の方広寺の鐘銘事件を口実に、1614年、大阪城を攻めて堀を埋めさせた（大阪冬の陣）。さらに、翌1615年、ふたたび大阪城を攻めて秀頼と淀君をほろぼし、豊臣氏を滅亡させた（大阪夏の陣）。

徳川家康▶（栃木県　日光東照宮宝物館蔵）

分析　秀吉の死後、家康が力を持ったわけ

　秀吉は長い間実子に恵まれず、老年になって秀頼（母は淀君）を得た。しかし、秀吉が死んだ時まだ6歳と幼かったため、秀吉は遺言で、秀頼の後見を5人の大老と5人の奉行に頼んだ。家康はその筆頭の大老だった。秀頼を補佐しながら、むしろ家康の権力が高まっていった。また家康は、朝鮮出兵で力を落とした大名の多いなかで、実際には兵を出さずに力をのこしていた。

年代ゴロあわせ

1603年 → 家康が江戸幕府を開く

江戸幕府　家康祝う
　１６０３
　人群れさ

参考　大御所としての家康

　秀忠に将軍職をゆずってからも、家康は大御所とよばれ、政治の実権を持ち続けた。そして、大阪の陣の指揮も取った。死後は、権現様として神のように日光（栃木県）の東照宮にまつられた。また秀忠も、家光に将軍職をゆずったのち、大御所政治をした。

用語　方広寺鐘銘事件

　秀吉の建てた京都の方広寺を秀頼が再建したが、その方広寺の鐘に「国家安康」の文字があった。幕府は、これは家康を2つに割って呪っているものだといいがかりをつけた。これが大阪の陣の口実になった。

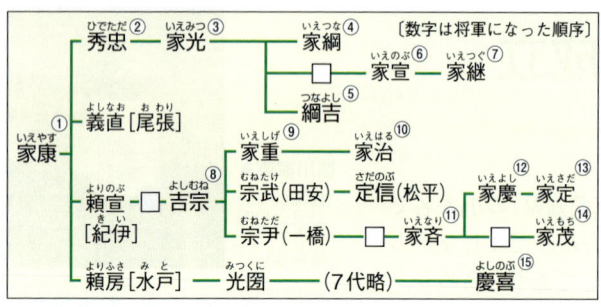

▲ 徳川氏の系図

人物 淀君(1567?〜1615)
信長の妹お市の方には、浅井長政との間に3人の娘がいた。長女が、秀吉の側室で秀頼の母の淀君。3女が、徳川秀忠の正室で家光の母の江与である。

2 江戸幕府のしくみ

1 幕府の財政的基盤

統一政権として、全国をおさえた江戸幕府の経済的な力は大きく、初期の幕府財政は豊かで安定していた。

1 広大な幕府の領地 江戸中期には、全国約2700万石のうち、幕府の領地はその4分の1を超えた。幕領とよぶ直接支配地の約400万石に加えて、将軍直属の家臣の旗本らの領地約300万石があって、多くの年貢収入があった。

2 多くの直接支配 京都・大阪・堺(大阪府)・長崎など重要都市や、佐渡(新潟県)の金山・石見(島根県)の銀山などの主要鉱山を直轄地として直接支配した。また統一的な貨幣をつくり、長崎の外国貿易の利益を独占し、主要街道の交通や通信も支配した。

▲ 江戸中期の領地の割合
直轄領(幕領) 15.8%
旗本領 10.0%
大名領 72.5%
その他 1.7%
約2643万石

2 幕府のしくみ

将軍を中心にした実用的な支配のしくみがつくられ、3代将軍家光のころにできあがった。

1 中央 将軍の下に、政務の中心になる老中がおかれ、大名の統制や財政など、重要事項について合議制で運営された。重要なときには臨時に、老中の上に大老がおかれた。その次に旗本や御家人を取りしまる若年寄がおかれ、監視機関の大目付・目付や、三奉行とよばれた寺社奉行・町奉行・勘定奉行がおかれた。

用語 老中
老中の「中」は、集まりを意味して、ふつう4〜5人で構成し、月交代で政治にあたる。譜代大名から選出した。

用語 大名・旗本・御家人
大名は1万石以上の領地をもつ武士をいう。旗本・御家人は将軍直属の家臣で、1万石以下の武士をいう。旗本は将軍に目通りできたが、御家人はできなかった。

1 江戸幕府の成立と鎖国　153

2 地方

幕府の直轄地を幕領とよび、郡代や代官をおいて支配した。また、京都には所司代をおいて西国の支配を強め、大阪城・駿府城(静岡県)・二条城(京都府)には城代をおいて支配した。

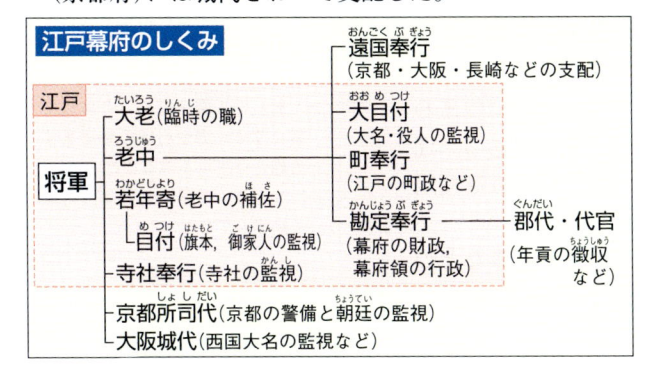

江戸幕府のしくみ

江戸
将軍
- 大老(臨時の職)
- 老中
  - 若年寄(老中の補佐)
  - 目付(旗本、御家人の監視)
- 寺社奉行(寺社の監視)
- 京都所司代(京都の警備と朝廷の監視)
- 大阪城代(西国大名の監視など)
- 遠国奉行(京都・大阪・長崎などの支配)
- 大目付(大名・役人の監視)
- 町奉行(江戸の町政など)
- 勘定奉行(幕府の財政、幕府領の行政) ─ 郡代・代官(年貢の徴収 など)

分析 江戸幕府のしくみの特色

①権力が将軍に集中し、将軍の独裁体制を守る。
②譜代大名と旗本が重要な職を占める。
③大老をのぞいて複数メンバーで構成し、合議する。
④月ごとの当番制で交代させる。
⑤監視のしくみが充実している。

用語 親藩、譜代・外様大名

徳川家の一族を親藩、三河(愛知県)以来の家臣を譜代大名、関ヶ原(岐阜県)の戦いの後に家臣になったものを外様大名という。大老・老中・若年寄などの要職は譜代大名がついた。

3 大名の統制

幕府は幕領と旗本の領地以外の土地を大名にあたえて藩とし、藩内の政治を大名にまかせた。幕府と藩によって、土地と人々を支配するしくみを幕藩体制という。

1 大名の分類と配置

幕府は、大名が反抗しないようにさまざまに苦心した。大名は、親藩・譜代大名・外様大名の3種類にわけ、重要地には親藩・譜代大名を、九州や東北などの遠国には外様大名をおき、たがいに監視させた。国替え(領地の変更)をしばしば行い、土地や領民との結びつきを弱めた。

参考 御三家

親藩のうちで家康の子がおこした、尾張(愛知県)・紀伊(和歌山県)・水戸(茨城県)の三家をいう。将軍に後継ぎのないときは、御三家から将軍を出すきまりであった。

▼大名の配置図(1664年ごろ)

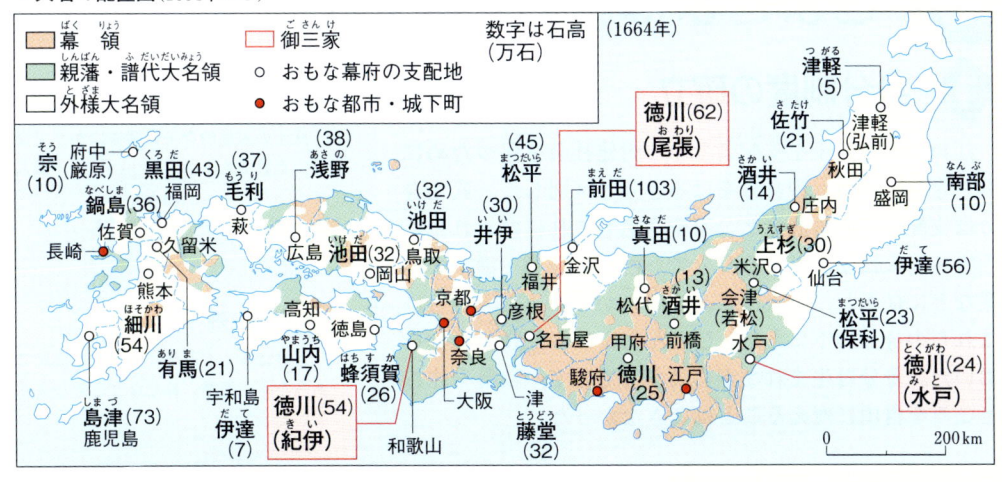

凡例:
- 幕領
- 親藩・譜代大名領
- 外様大名領
- 御三家
- ○ おもな幕府の支配地
- ● おもな都市・城下町
- 数字は石高(万石) (1664年)

宗(10) 府中(厳原)
黒田(43) 福岡
鍋島(36) 佐賀
長崎
久留米
熊本
細川(54)
有馬(21)
島津(73) 鹿児島
毛利(37) 萩
浅野(38) 広島
池田(32) 岡山
池田(32) 鳥取
松平(45)
高知
山内(17)
宇和島
伊達(7)
蜂須賀(26) 徳島
徳川(54) 紀伊 和歌山
井伊(30) 彦根
京都
奈良
大阪
福井
金沢
松代
甲府
駿府
藤堂(32) 津
前田(103)
真田(10)
酒井(13)
松平(30)
会津
松平(23) 保科
名古屋
徳川(62) 尾張
徳川(25) 江戸
前橋
水戸
徳川(24) 水戸
津軽(5)
佐竹(21) 津軽(弘前) 秋田
庄内
南部(10) 盛岡
酒井(14)
上杉(30) 米沢
仙台
伊達(56)

0　200km

5章 幕藩体制と鎖国

2 武家諸法度
諸大名を取りしまるための法で、1615年に徳川家康より出された。将軍交代のたびに出されたが、3代将軍家光の時にほぼ完成した。①一国につき一城で、城の修理は許可制、②大名の結婚も許可制、③参勤交代の制度などが決められた。違反すると、領地の没収や国替えなど厳重に処罰された。

3 参勤交代
大名を1年交代に江戸と領地に住まわせ、妻子は人質として常に江戸におく制度である。江戸と領地の二重生活と往復の大名行列にばく大な費用がかかり、大名の力はたいへん弱められた。

そのほか、江戸城の修理や大河川の治水工事などの土木工事を、お手伝普請として負担させたりした。

4 朝廷や寺社の統制
かつて勢力をもっていた朝廷や寺社が、力をもつことのないように警戒した。また、諸大名が朝廷に近づくのをおそれて参勤交代のさいも京都へ立ち寄ることを禁止した。1615年、天皇や公家に対して禁中並公家諸法度、寺社に対して寺院法度を出して、その行動を統制した。

> **史料 武家諸法度**(一部)(→p.191)
> （家光の時に出されたもの）
>
> 一、文武弓馬の道にもっぱら励むこと。
> 一、大名小名の江戸出仕を交代で定める。毎年四月中に参勤すること。
> 一、新しい城郭を築くことは堅く禁止する。堀や石垣の修理をする場合は許可を得ること。
> 一、大名や、将軍の側近は許可無く結婚してはならない。

> **参考 参勤交代の費用**
> 1831年の紀伊家(和歌山県)の場合、領地にいるときの費用が1万1080両に対して、江戸にいるときの費用が2万1250両、参勤の道中に1万2930両使ったという記録がある。

ポイント
大名統制｜親藩、譜代大名・外様大名の分類
　　　　　武家諸法度・参勤交代
朝廷統制→禁中並公家諸法度

3 さまざまな身分とくらし

1 身分制度の確立
江戸幕府は武士を支配者とする封建社会を保つために、武士と百姓・町人の身分をはっきりと区別した。武士身分は支配者である武士と公家や僧侶もこれに含まれた。百姓・町人は支配される身分で、百姓は農業・漁業・林業などに従事し、町人は職人・商人からなった。さらに、これらの身分の下にえた・ひにんとよばれた賤民身分をおいた。身分は生まれながら決まっていて、職業や住むところを自由に変えることはできなかった。

> **参考 江戸時代の身分のしくみ**
> 武士の封建的な主従関係ばかりでなく、百姓でも本百姓と水呑百姓、職人でも親方と徒弟、商人でも主人と番頭というような上下の関係もあった。

> **用語 百姓**
> 百姓は多くが農業に従事する農民であったが、漁業、林業などを営む人々もいた。

1 江戸幕府の成立と鎖国

1 武士の身分制度と特権
将軍を最高に，大名・旗本・御家人がいた。大名の下には家臣である藩士がいて，藩士も侍・同心・足軽などに分かれていた。それぞれ上下関係が厳しく定められ，主人への絶対的な忠誠が義務づけられた。かわりに主人から家来に俸禄（米やお金）があたえられた。武士は城下町に住み，苗字を名のり，刀をさす特権（苗字・帯刀）があった。

2 百姓の身分関係
百姓のうち，農民は村に住み，重い年貢を負担して幕府や藩の財政をささえた。百姓も，検地帳に名前が記入されて年貢を負担する地主である本百姓と本百姓の田畑を小作する水呑百姓，本百姓に家族ぐるみで従属する名子や被官などの身分に分けられた。村では本百姓のなかから，庄屋（名主）・組頭・百姓代（村方三役とよぶ）の村役人を決めた。幕府は彼らを使って年貢を徴収し，村の政治にあたらせた。

3 町人の身分制度
職人と商人は都市に住み，町人とよばれた。職業は世襲され，親から長男に受け継がれた。職人には親方・徒弟の区別があり，商人には，主人・番頭・手代・丁稚の区別があった。徒弟や番頭からは，長い修業によって独立できる者もあった。

4 賤民身分
えた・ひにんの賤民身分は，武士に対する不満をそらすために政治的につくり出された。ほかの身分の人々から差別され，その差別は封建社会が揺いできた幕末にいっそう厳しくなった。

2 家族制度

身分関係は家族関係にもおよび，封建的な家族制度がつくられた。そこでは個人よりも家というものが重んじられ，家がらや家格が大切にされた。家を統率する家長は絶対的な権限をもち，家族は家長に服従させられた。家長の地位はふつう長男が相続するため，長男以外の地位は低く，とくに女子の地位は，男尊女卑という考えにもとづき低かった。しかし庶民の家では，長男以外の相続もあり，女性の地位も比較的高かった。

ポイント
- 身分制度＝武士─百姓・町人─えた・ひにん
- 身分内でさらに細かく上下を決める

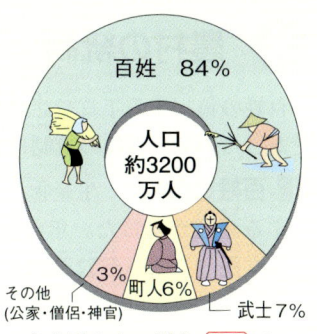

▲ 身分別の人口割合　百姓 84%，町人 6%，武士 7%，その他（公家・僧侶・神官）3%，人口約3200万人　視点 支配階級の武士は7％にすぎず，百姓が人口の大部分を占めていた。

用語 えた・ひにん
ほかの身分の人々から差別された人々。住む場所は町や村はずれの川原・荒地などに制限され，職業も死んだ牛馬の処理，革製品の手工業，処刑の手伝い，清掃，芸能などに限られた。こうした差別政策は，百姓や町人に，自分より下層の者がいると思わせることで武士の支配に対する不満をそらすのに役立った。武士・百姓・町人の身分をさらに細かく分けているのも，支配された人々が団結して幕府に抵抗するのを防ぐためであった。

> 町人や農民にも苗字があった

武士の特権とされた苗字とは姓のことだが，町人や農民でも姓のあるものは多かったようだ。しかし，正式に名のったり，書類に書いたりは許されなかったんだね。
また刀のほうも，長い刀は持てないが，脇差などの小刀は旅をするときなど持っていたようだよ。

参考 女性の地位
主従関係を重んじる社会で，女性の地位はたいへん低く，子供のときは親に，結婚したら夫に，老いたら自分の子供に従うよう教えられた。しかし，寺子屋の教師や芸ごとの師匠などで自立する女性もわずかながらいた。

3 農村の統制

百姓の負担する年貢や諸役が武士の生活をささえる元であったので、百姓の統制はもっとも厳しかった。

1 百姓の負担　生産物で納める**年貢**と、労役を提供する諸役があった。年貢は収穫の4〜5割（4割→四公六民，5割→五公五民という）を米で納めるのが主で、その他、山野や河海などの産物にかかる雑税があった。諸役は、河川などの土木工事に人夫としてかりだされるものと**助郷役**があった。助郷役とは、公用の荷物を運ぶために、街道すじの百姓が馬や人夫をだすもので、百姓にとって重い負担であった。

2 農村の統制　年貢や諸役は村単位にかけられ、その徴収にあたっては室町時代から発達してきた村の自治のしくみが利用された。有力な**本百姓**から、**庄屋（名主）・組頭・百姓代**などの村役人が選ばれ年貢の徴収や村の運営にあたった。**水呑百姓**はふつう村の話し合いには参加できなかった。また5軒でひとつの組をつくらせて（**五人組**）、年貢の納入や犯罪の防止に共同で責任を負わせ、たがいに監視させた。

3 さまざまな統制の決まり　幕府は、年貢を負担する本百姓がおちぶれて年貢が払えなくなることを恐れて、次のような決まりをつくった。
① **田畑永代売買禁止令**（1643年）…百姓が自由に田畑を売ることを禁止した。
② **分地制限令**（1673年）…農地を数人の子に分割して相続することを制限した。土地が細かく分けられ、零細百姓が増えるのを防ぐためであった。
③ 小農でも農業経営ができるように、衣食住などの細かな**日常生活の心得**が決められた。

4 村の生活　夫婦と子どもを基本的な家族とし、数十戸で構成されるのが江戸時代の村であった。ふつう自給自足の生活でまとまりは強く、山林・原野などは**入会地**として共同で利用した。田植えや稲刈や屋根ふきなどを共同で行う「**結**」というしくみもあった。その反面、村のおきてを破ったりすると、火事と葬式以外は付き合わない「**村八分**」などの制裁があった。

用語　庄屋（名主）・組頭・百姓代
庄屋（名主）は、村の全般的な指導者で、村長にあたる。関東では名主、関西では庄屋、東北では肝煎などとよばれる。村の旧家が代々引き継いだり、有力百姓の交代制が多かった。**組頭**は名主を補佐した。**百姓代**は、一般農民の代表として、名主や組頭を監視する役であった。

史料　百姓への御触書（一部）

一、朝は早くおきて草を刈り、昼は田畑の耕作にかかり、夜は縄をなったり俵をあんだりして、それぞれの仕事に精をだすこと

一、酒や茶を買ったり飲んだりしてはいけない。

一、百姓は、食物を大切にし、麦・粟・稗・菜など雑穀をつくって食べ、米を多く食いつぶさないように気をつけること。

一、たとえ美人でも、夫をおろそかにして、お茶を飲んだり、遊び歩く女房は離縁すること。

一、百姓の衣類は麻、木綿に限ること。

視点　3代将軍**家光**のとき（1649年）に出されたと伝えられる。しかし、現在は疑問視されている。（→p.192）

▲年貢を納める百姓（農耕春秋屏風　會津酒造歴史館蔵）

> **ポイント**
> 〈農民の統制〉
> 本百姓の没落を防ぎ年貢を確保する
> ・田畑永代売買の禁止
> ・分地制限令
> ・衣食住の規制

> **農民の楽しみ**
> 農村では、厳しい統制のなかでも身分や貧富をこえて、正月や盆、ひな祭りや氏神の祭りなど、年中行事や祭りが広がり、奉納の相撲や芝居、寺社のお詣りなどが人々の娯楽になっていった。生活のなかの楽しみが広がったんだね。

4 都市の統制

職人や商人などの町人は、城下町の決められた地域に住んだ。家屋敷を持つ家持と、持たない地借・店借とよばれる借家人がいて、家持だけが町の政治に参加した。町にも五人組の制度があり、町役人が選ばれ町の運営にあたった。町人の負担は、屋敷の大きさに応じてかかる税と営業税があったが、農民に比べて軽かった。

4 鎖国の完成

1 オランダ・イギリスとの貿易

オランダ・イギリスが、東インド会社を設立し、ポルトガル・スペインに約1世紀ほど遅れてアジア貿易に加わってきた。

1 オランダ・イギリスとの貿易 1600年オランダ船リーフデ号が日本に漂着した。家康はこの船に乗っていたイギリス人とオランダ人を外交の相談役にもちいた。両国との貿易が始まったが、イギリスはオランダとの競争に破れて、貿易からしりぞいた。

2 スペイン・ポルトガルとの貿易 とだえていたスペインとの貿易が復活した。太平洋を越えてスペイン領のメキシコへ渡った田中勝介や支倉常長らもいた。早くから日本貿易の中心であったポルトガルは、中国の生糸の中継貿易で大きな利益をあげていたが、幕府の定めた糸割符制度で大打撃を受けた。

2 朱印船貿易と海外発展

1 朱印船貿易 徳川家康は、東南アジアとの朱印船貿易を積極的にすすめた。正式の貿易船には将軍から

> **参考 リーフデ号の漂着**
> リーフデ号に乗っていた、オランダ人のヤン=ヨーステンは江戸に屋敷をあたえられた。イギリス人のウィリアム=アダムスは、三浦半島(神奈川県)に領地をあたえられ、いずれも江戸幕府の外交に協力した。

> **人物 田中勝介と支倉常長**
> 田中勝介は京都の大商人で、家康の命令でメキシコへ行った。太平洋を初めて渡った日本人といわれている。支倉常長は、伊達政宗の命令を受けてヨーロッパまで行った。

> **用語 糸割符制度**
> 糸割符とは、輸入された生糸を独占的に買うことができる許可証のことで、堺(大阪府)・京都・長崎の特定商人にあたえられた。彼らは生糸の値段を自由に決められたので、生糸を運んできたポルトガル商人も、彼らの決めた値段で取り引きするしかなかった。ポルトガル商人の利益独占を排除するための幕府の政策であった。

朱印状という許可状があたえられ，その船を朱印船とよんだ。島津氏（鹿児島県）・松浦氏（佐賀県）などの大名や，京都の茶屋四郎次郎・角倉了以，大阪の末吉孫左衛門，長崎の末次平蔵などの大商人が活躍した。

2 日本町
朱印船貿易がさかんになるにつれて，東南アジアで活動する日本人も増え，タイ・ベトナムなど各地に日本町ができた。シャム（タイ）の山田長政のように地方長官になって活躍した人もいた。

参考 朱印船貿易
貿易品では輸入は生糸，輸出は銀が第1であった。当時の日本は，世界の銀産出額の3分の1におよぶ銀を輸出したという。この他，輸入品には絹織物・砂糖・香料・毛織物・薬などがあり，輸出品には銅・鉄・硫黄・刀剣・蒔絵などがあった。

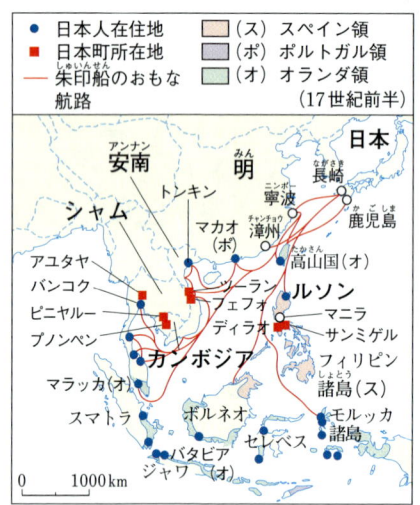

▲朱印船貿易による海外発展

▲朱印船（異国渡海船之図　長崎歴史文化博物館蔵）

3 キリスト教の禁止と海外交流の制限

1 禁教令と弾圧
1612年幕府は禁教令を出して本格的なキリスト教の取りしまりをはじめた。キリスト教をやめない人々は，海外へ追放されたり残酷に殺されたりした。信者の発見のために，キリストやマリアの像（踏絵）を踏ませる絵踏が実施された。

2 海外交流の禁止
幕府は宣教師の流入を防ごうと貿易に制限をくわえはじめた。まずヨーロッパとの貿易を，平戸（長崎県）と長崎の2港に制限した。3代将軍家光のとき，スペイン人の来航を禁止し，ついで，1633年朱印船以外の海外渡航を禁止した。1635年，日本人の海外渡航の禁止と海外にいる日本人の帰国が禁止された。これで海

分析 幕府がキリスト教を禁止したわけ
①キリスト教の教えは，主君よりも神の教えに従うというものであったので，封建社会にあわなかった。
②キリスト教の布教は，スペイン・ポルトガルが日本を植民地にする手段ではないかと疑った。
③キリスト教徒が信仰によって強く団結し，抵抗するのを恐れた。

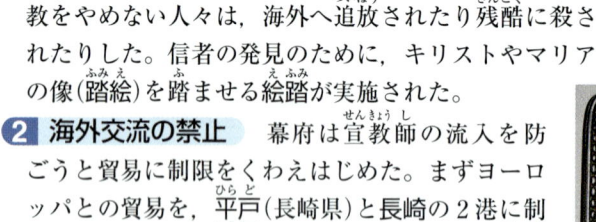

◀踏　絵（鹿児島県　川内カトリック教会蔵）

絵踏のようす▶
（京都外国語大学付属図書館蔵）

外へ発展しつつあった日本人の自由な動きは完全に押さえられることになった(→p.192)。
3 島原・天草一揆
1637年 九州の島原(長崎県)と天草(熊本県)で３万数千人の百姓一揆がおこった。幕府は、老中と12万の兵を派遣して鎮圧した。これは、キリシタンへの激しい迫害と領主の悪政にたまりかねたキリシタンを中心にした百姓の抵抗であった。これを**島原・天草一揆**という。
4 キリシタンの取りしまり
島原・天草一揆の後、キリスト教の団結と抵抗をいっそう恐れた幕府は、すべての人を仏教の信者にさせて寺の宗門改帳に登録させた。これを寺請制度という。

用語 島原・天草一揆
16歳の**天草四郎**(**益田時貞**)を頭に、島原半島の**原城跡**にたてこもって戦った。幕府の大軍を相手に４か月も戦った大百姓一揆であった。**島原の乱**ともいう。

4 鎖国の完成

1 鎖国体制が固まる
３代将軍家光のときの1639年、宣教師の密入国を恐れてポルトガル船の来航を禁止した(→p.192)。さらに1641年、オランダの商館を長崎につくった人工の島の**出島**に移し、中国人も長崎郊外の**唐人屋敷**に集めてその貿易を統制した。
2 鎖国
日本人の海外への行き来を禁止し、外国との交流を幕府が独占する状態を**鎖国**という。この結果、貿易はオランダと中国(清)に限られた。鎖国の目的は、キリスト教禁止の徹底と、幕府による貿易の独占にあったが、国民の国際的視野は奪われた。

参考 オランダのキリスト教
オランダもキリスト教の国であったが、**新教**で海外布教に力を入れなかった。スペインやポルトガルが日本を植民地にねらっていると幕府に伝えたのもオランダであった。オランダの出現で、幕府は貿易の利益とキリスト教を切り離すことができたのである。

ポイント
〈鎖国への道〉
キリスト教禁止⇒貿易港制限⇒日本人の海外渡航禁止⇒**島原・天草一揆**⇒禁教を強化⇒**ポルトガル船来航禁止・オランダ商館の出島移転**

5 鎖国下の対外関係

1 長崎での貿易
鎖国によって、貿易は長崎において、**オランダと中国(清)のみ**に限られた。中国船は、年によっては100隻以

▲出 島(長崎港図 兵庫県 神戸市立博物館蔵)

上来航した。オランダ商船との貿易は中国商人よりきびしく監視され，人工の島である出島の商館でのみ行われた。オランダ商館長は，世界のできごとをオランダ風説書とよばれる報告書にして差し出すことが求められた。中国人にも唐船風説書を提出させた。中国船やオランダ船は，中国産の生糸や絹織物，東南アジアの品物をもたらした。

2 朝鮮との外交関係

朝鮮との国交は豊臣秀吉の朝鮮侵略でとだえていたが，対馬藩（長崎県）の大名宗氏を通じて回復した。宗氏は幕府から朝鮮との貿易を許されて，年間20隻の貿易船が朝鮮へ行った。将軍の代替わりには，朝鮮通信使が来日し，さかんな文化交流も行われた。

3 琉球

琉球（沖縄県）には尚氏の琉球王国があって，中国の明と薩摩藩（鹿児島県）の島津氏の両方と通交していた。しかし，1609年島津氏は琉球を攻め，支配下においた。島津氏は，琉球の特産品の黒砂糖と琉球が中国と行う貿易の輸入品を手にいれ利益をあげた。

4 蝦夷地

蝦夷地南部（北海道）に勢力のあった和人（日本人）の松前氏は，江戸幕府から1万石の松前藩として認められた。松前藩はアイヌとの交易権を独占し，北方の鮭・鰊・昆布などで大きな利益をあげた。しかし，和人が安すぎる値段で取り引きしたり，アイヌの漁場を支配したので，怒ったアイヌは松前藩に対して戦いをおこした（シャクシャインの戦い）。しかし，首長シャクシャインがだまし討ちにされてアイヌは敗れ，その後はいっそう不当に扱われた。

オムシャのようす（日高アイヌ・オムシャ之図 ▶
北海道　函館市中央図書館蔵）[視点] オムシャはもともとはアイヌの人々が久しぶりに会ったときに行う儀式であったが，松前藩はアイヌの人々を支配するための儀礼とした。

鎖国時代の窓

江戸時代は鎖国の時代といわれるけれど，長崎のほかにも，対馬・琉球・蝦夷と海外にひらいた窓はあったといえそうだね。

参考 朝鮮通信使

朝鮮通信使は，江戸時代を通じて12回来日した。約500人で構成され，江戸まで行列した。琵琶湖（滋賀県）のほとりには朝鮮人街道とよばれる道がのこっている。通信使の費用はすべて幕府が負担し，さかんな歓迎をした。

▲朝鮮通信使（朝鮮通信使来朝図
兵庫県　神戸市立博物館蔵）

▲琉球の首里城 [視点] 1945年に焼失したが，1992年に復原された。

グレードアップ さらに知識を広げよう 鎖国時代の4つの窓

■ 鎖国

○ 1639年、ポルトガル人の来航を禁止し1641年に平戸(長崎県)のオランダ商館を長崎の出島に移して鎖国の体制が固まっていった。しかし鎖国ということばが実際に使われたのは、江戸時代もずっとあとで、鎖国ということばのもつ、国を閉ざしたというイメージと、実態はずいぶんと違っていたようである。

○ 江戸時代の日本の海外交流の窓は、長崎の出島だけでなく、対馬(長崎県)・琉球(沖縄県)・蝦夷(北海道)の4つがあった。そこでそのようすを少しくわしく見ながら、鎖国の実態を考えよう。

■ 海外交流の4つの窓

○ 対馬は、むかしから朝鮮半島と関係が深く、江戸幕府は対馬藩を通して朝鮮と交流した。朝鮮の釜山にあった倭館とよばれる朝鮮との外交センターは、長崎の出島より広く、常に500人から600人の対馬藩の役人や商人が駐在していたといわれる。

○ また琉球は、もともと清(中国)と交流して中継貿易で栄えていた国で、那覇には中国人町があり、10万を超す琉球人が海外で活躍したという。琉球は、薩摩藩(鹿児島県)が支配するようになっても清との関係を続けていたので、薩摩藩や幕府はそれを利用して、間接的に中国貿易を行った。

○ さらに北方の蝦夷地には松前藩をおき、松前藩を通してアイヌを支配した。蝦夷はロシアなど北方に続く道であり、しだいに重要性を増していった。

○ 鎖国時代の最大の窓であった長崎での貿易は、その額も多く、内容も豊富であった。輸入されたものは市中にも出まわり、人々に好まれた。そのため貿易量が増加して、金・銀・銅が大量に海外に流出したので、新井白石はその量を制限したほどであった。

○ 鎖国のもとでも対馬・琉球・蝦夷・長崎では活発な交流が行われていた。しかしそれは、幕府に統制されていたことにも注意しなければならない。つまり、幕府は海外と交流したが、大名や民衆にはその自由が認められなかった、というのが鎖国といえるだろう。そのため、漂流して国外に出てしまった民衆が、日本にもどることさえできなかったという悲劇さえ多数おこったのである。

▼出島のオランダ人住居(漢洋長崎居留図巻[蘭館図] 長崎歴史文化博物館蔵)

▼那覇港のにぎわい(琉球貿易図屏風 滋賀大学経済学部附属史料館蔵)

テスト直前チェック

5章　幕藩体制と鎖国

↓答えられたらマーク　　　　　　　　　　　　　わからなければ ↗

① ☐ 天下分け目の関ヶ原の戦いに勝って，江戸幕府を開いたのはだれか。　p.151 ❷ ❸
② ☐ 1614年と1615年に行われ，豊臣家がほろぼされた戦いは何か。　p.151 ❹
③ ☐ 幕府の直接支配地のことを何というか。　p.152 ❶
④ ☐ ふつう，将軍の下で最高の政治機関として幕政にあたった役職は何か。　p.152 ❷
⑤ ☐ 江戸幕府が3つに分けた大名の種類をあげよ。　p.153 ❸
⑥ ☐ 江戸幕府が諸大名を取りしまるために出した法律を何というか。　p.154 ❸
⑦ ☐ 大名統制のため，江戸と領地を1年交代で行き来させる制度は何か。　p.154 ❸
⑧ ☐ 江戸幕府が，朝廷や貴族を取りしまるために出した法律は何か。　p.154 ❹
⑨ ☐ 人口の大部分を占め，重い年貢を負担し，幕府や藩の財政を支えた身分は何か。　p.155 ❶
⑩ ☐ 土地を持ち，検地帳に名前が記入されて年貢を負担する百姓を何というか。　p.155 ❶
⑪ ☐ 公用の荷物の運搬に，馬や人夫を出す百姓の負担を何というか。　p.156 ❸
⑫ ☐ 百姓に，年貢の納入や犯罪の共同責任をおわせた制度を何というか。　p.156 ❸
⑬ ☐ 村のおきてに違反した場合の，つきあいなしという制裁を何というか。　p.156 ❸
⑭ ☐ 徳川家康が行った，東南アジアとの貿易を何というか。　p.157 ❷
⑮ ☐ ⑭の貿易につれて，東南アジア各地にできた町を何というか。　p.158 ❷
⑯ ☐ 信者の発見のために，キリストなどの像を踏ませたことを何というか。　p.158 ❸
⑰ ☐ キリスト教の弾圧と，かこくな百姓支配に抵抗した九州の一揆は何か。　p.159 ❸
⑱ ☐ キリスト教徒でない証明のために，仏教の寺に登録させる制度は何か。　p.159 ❸
⑲ ☐ 鎖国の体制は，どの将軍の時に固まったか。　p.159 ❹
⑳ ☐ 鎖国後も，わが国と貿易を行った国を2つあげよ。　p.159 ❹
㉑ ☐ 鎖国後も日本にやってきた，朝鮮からの使者たちを何とよんだか。　p.160 ❷
㉒ ☐ 江戸時代に，蝦夷地(北海道)の南部を支配していたのは何藩か。　p.160 ❹

解答

① 徳川家康
② 大阪冬の陣，大阪夏の陣
③ 幕領
④ 老中
⑤ 親藩，譜代大名，外様大名
⑥ 武家諸法度
⑦ 参勤交代
⑧ 禁中並公家諸法度
⑨ 百姓(農民)
⑩ 本百姓
⑪ 助郷役
⑫ 五人組
⑬ 村八分
⑭ 朱印船貿易
⑮ 日本町
⑯ 絵踏
⑰ 島原・天草一揆(島原の乱)
⑱ 寺請制度
⑲ 徳川家光
⑳ 中国(清)，オランダ
㉑ 朝鮮通信使
㉒ 松前藩

2 産業の発達と元禄文化

> テスト前にも見なおそう

教科書のまとめ

1 産業の発達　　解説ページ ⇒ p.164

- □ 新田開発 … とくに8代将軍吉宗のとき進む。
- □ 農業技術の進歩 … 農具の改良と肥料。
- □ 商品作物の栽培 … 売って現金を手に入れることを目的とする。藍・紅花・木綿・菜種など。
- □ 林業・牧畜・水産業・鉱業の発達 … 幕府や藩も力を入れる。
- □ 手工業の発達 … 農村の副業としてもさかん。問屋制家内工業。各地の特産品。

2 交通の発達　　解説ページ ⇒ p.165

- □ 陸上交通 … 五街道(東海道・中山道など)・宿場の整備。関所の設置。飛脚の制度。
- □ 水上交通 … 西廻り航路・東廻り航路。江戸・大阪間の定期航路(菱垣廻船・樽廻船)。

3 商業と都市の発達　　解説ページ ⇒ p.167

- □ 商業の広がり … 大阪の蔵屋敷中心。商人が専門化。株仲間が出現し，独占が始まる。
- □ 貨幣制度の整備 … 貨幣鋳造を幕府が独占。
- □ 大商人のおこり … 御用商人(蔵元・掛屋)。
- □ 三都の繁栄 … 江戸(将軍のお膝元)・大阪(天下の台所)・京都(千年の古都，天子様のお膝元)。

4 元禄文化　　解説ページ ⇒ p.169

- □ 元禄文化 … 5代将軍綱吉のころ。
  上方(大阪・京都)の町人が中心。
  浮世草子(井原西鶴)
  俳諧(松尾芭蕉)
  人形浄瑠璃(近松門左衛門)
- □ 儒学の発達 … 朱子学・陽明学。
- □ 教育の普及 … 藩校や寺子屋がさかんになる。
- □ 民衆のくらし … 木綿の衣服，1日3食の食事の普及，長屋のくらしなど。

活気にあふれた町人文化

▲閑谷学校(岡山藩の庶民教育のための学校)

5章　幕藩体制と鎖国

1 産業の発達

1 農業の発達

1 新田の開発
幕府や藩は田畑からの年貢をおもな経済的基礎としていたので、農業の奨励と耕地の拡大（新田開発）に力をいれた。とくに8代将軍吉宗のころは積極的で、新田開発も大きく進んだ。

2 農業技術の発展
農業の発展のため、各方面で農業技術が改良された。
① 農具…深く耕せるため開墾に適した備中ぐわが広まり、脱穀具も、それまでの2本の竹や木を用いた「こき箸」にかわり鉄製の千歯こきが発明された。もみをふるい分ける千石どおしや唐箕も考案された。
② 肥料…人糞尿や家畜の糞尿に加えて、乾燥した鰯（干鰯）や油かすなどお金で買う肥料（金肥）が用いられるようになり、生産量が増えた。
③ その他…用水のくみあげに踏車や竜骨車が使用されるようになり、耕作に牛馬の使用も広がった。

3 商品作物の増加
農家の副業としてつくられた。
① 四木三草と特産物…四木三草の栽培が広まった。また、海外から伝えられたさつまいも・じゃがいも・かぼちゃ・とうもろこし・すいかなども栽培されて特産物もでき、商品として売買されるようになった。
② 養蚕…養蚕もすすんで生糸は国内生産でまにあうようになった。また、木綿生産の拡大によって、民衆の衣料は麻から木綿に代わった。

2 林業と牧畜の発達

1 林業
山林は土木・建築などの用材であり、治水のためにも重要なので、幕府や藩は整備に力をそそいだ。いっぽう、江戸や諸藩の城下町の発展によって建築用材の需要が多くなり、江戸深川の木場のように材木問屋が集まる所もできた。

2 牧畜
軍事・交通上の必要から馬の牧畜が進み、東北の南部馬が有名。中国地方では牛の牧畜が進んだ。

分析 新田開発
沼地を干拓したり、用水路を引いて、新田（太閤検地以後の新しい田畑）を開発すること。児島湾（岡山県）・有明海（九州）の干拓や、箱根用水（神奈川県）・玉川上水（東京都）の開削が有名。この結果、18世紀前半の耕地面積は、豊臣秀吉のころの約2倍になった。
① 箱根用水　江戸の町人友野与右衛門が芦ノ湖の水を駿河（静岡県）に引くために開削した用水路。
② 玉川上水　江戸の農民玉川庄右衛門・清右衛門兄弟が、幕府の命で多摩川の水を江戸まで引いた用水路。江戸の飲料水でもあった。

参考 農学の発達
農業技術の発展をささえるため、農学の研究が進んだ。中国の農業書を模範とした『農業全書』を書いた宮崎安貞や大蔵永常・佐藤信淵が研究を進めた。青木昆陽は8代将軍吉宗の命をうけてさつまいもの栽培の研究を進め、二宮尊徳も実際の農業の指導を行った。

用語 四木三草
四木は桑・楮・漆・茶、三草は藍・麻・紅花をいう。楮は和紙の原料、漆からは塗料と蝋をとり、藍・紅花は染料の原料となった。

▲新しい農具（備中ぐわ／千歯こき／唐箕／千石どおし）

3 水産業の発達

1 漁業 地曳網による大規模な漁法が発達して漁場も広がり，遠洋漁業も行われた。魚は食料だけでなく，肥料(干鰯)や中国への輸出品(俵物)にも使われた。

2 製塩業 塩田法によって生産が増え，瀬戸内海の諸藩では専売品として奨励した。赤穂(兵庫県)が有名。

4 鉱業の発達

金・銀・銅は，貿易の最大の輸出品で，貨幣の原料でもあるため，幕府はおもな鉱山を直轄地とし，採掘した。

5 手工業の発達

1 問屋制家内工業 城下町の職人や農村の副業として手工業が盛んになり，大商人が道具や材料を貸して製品をつくらせるという問屋制家内工業が生まれた。

2 特産物の増加 諸藩の産業奨励によって，江戸時代中期になると各地にさまざまな特産物が生まれた。

ポイント

農業の発達	新田開発 農業技術の発達 農学の発達	⇒	収穫物の増大 作物の多様化	幕府・藩の奨励
諸産業の発達	林業・鉱業・水産業と手工業の発達	⇒	特産物の増加	

2 交通の発達

1 陸上交通の発達

参勤交代や産業の発達による物資の輸送のために交通が発達し，幕府も全国支配の必要から整備につとめた。

1 五街道の整備 江戸の日本橋を中心とした五街道が中心的な道路として整備され，脇街道も多くつくられた。街道には並木を植えた一里塚がおかれて，旅人の便利がはかられた。

参考 広がる漁場
　上方の漁法が全国に広がった。九十九里浜(千葉県)の鰯，土佐(高知県)・紀伊(和歌山県)のくじら，北海道の鰊・昆布が有名になる。

用語 俵物(→p.176)
　いりこ(なまこを煮て乾燥させたもの)・干しあわび・ふかのひれなどを俵に詰めた海産物のこと。

参考 おもな鉱山
①金山＝佐渡(新潟県)・伊豆(静岡県)。
②銀山＝石見(島根県)・生野(兵庫県)。
③銅山＝足尾(栃木県)・別子(愛媛県)・阿仁(秋田県)。

特産物	おもな特産地
絹織物	西陣(京都)・桐生(群馬)・伊勢崎(群馬)・足利(栃木)
綿織物	久留米(福岡)・河内(大阪)・三河(愛知)
麻織物	薩摩(鹿児島)・小千谷(新潟)
陶磁器	有田(佐賀)・九谷(石川)・清水(京都)
漆器	会津(福島)・輪島(石川)・春慶塗(秋田・岐阜)
酒	灘・伊丹(兵庫)
醤油	銚子・野田(千葉)
紙	土佐(高知)・美濃(岐阜)

▲おもな各地の特産物

用語 五街道
　本街道ともよばれ，これに通じるのが脇街道である。
①東海道＝江戸～京都。
②中山道＝江戸～草津(滋賀県)。
③奥州道中＝江戸～白河(福島県)。
④日光道中＝江戸～日光(栃木県)。
⑤甲州道中＝江戸～甲府(山梨県)。

2 宿場の発達

① 街道すじには宿場が設けられ，馬・かご・人足が用意された。人馬が不足した時には，周辺の農村から助郷役として人馬が徴発された。
② 宿場には，大名や幕府の役人が泊る本陣・脇本陣や民衆用の旅籠もつくられた。

3 関所の設置
幕府は江戸の防備のため，箱根(神奈川県)などの主要な場所に関所をおいて通行人をきびしく取りしまった。

4 飛脚の制度
通信のために飛脚が用いられた。幕府が管理した飛脚を継飛脚といい，宿場ごとにリレー式に運んだ。その他，大名の大名飛脚や町人が営む町飛脚などがあった。

2 水上交通の発達

大量の物資を運ぶには，船による輸送が便利であったので，沿岸の海上や河川を利用した水上交通が発達した。

1 沿海航路の開発

① 江戸・大阪間を結ぶことがもっとも重要であったので，ここには定期航路が開かれ，菱垣廻船・樽廻船などの定期船が運航した。
② 河村瑞賢によって日本海を通る西廻り航路と太平洋を通る東廻り航路が開かれ，東北地方や日本海側でとれた米や産物が大阪・江戸に運ばれた。

2 河川の船運
17世紀はじめ，京都の角倉了以が富士川・天竜川(以上静岡県)や保津川・高瀬川(以上京都府)を開いた。17世紀末には河村瑞賢が大阪の安治川を開き，内陸との交通が便利になった。

▲一里塚のあと(滋賀県の中山道)

用語 入鉄砲と出女

江戸時代に特に注意して取りしまられたものを「入鉄砲と出女」という。入鉄砲は，反乱をおこすために武器を江戸に持ちこむことを取りしまったもの。出女は，一種の人質として江戸に住まわせられていた大名の妻子が密かに江戸を脱出するのを監視したもの。

参考 渡しの設置

幕府は，関所とともに軍事や治安のために，大井川(静岡県)など重要な河川には橋をかけず，渡しをおいた。

用語 菱垣廻船・樽廻船

菱垣廻船は積荷が落ちないように甲板の横に菱形の竹垣をくんだ船。樽廻船は，伊丹(兵庫県)の酒問屋の援助で酒樽を運んだ船のこと。

▲菱垣廻船

◀江戸時代の交通

自由社 新しい歴史教科書

くわしい歴史 教科書とこの本との内容対照表

この本は，みなさんが使っている教科書に合わせてつくってあります。

教科書のもくじ	本書のページ
序章　歴史のとらえ方	
第1節　年代の表し方と時代区分	15
第2節　「○○の歴史」を調べる	16
第3節　人物を通して時代をとらえる	16
第4節　地域の歴史を調べる	16
第1章　古代までの日本	
第1節　文明のあけぼの	21, 127
第2節　古代国家の形成	37
第3節　律令国家の建設	47
第4節　律令国家の展開	65
第2章　中世の日本	
第1節　武家政治の始まり	85
第2節　武家政治の展開	99, 114
第3節　中世の社会と文化	93, 108, 117
第3章　近世の日本	
第1節　戦国時代から天下統一へ	115
第2節　江戸幕府の政治	151
第3節　産業の発達と教育・文化の普及	164, 179
第4節　幕府政治の展開	175, 218
第4章　近代の日本と世界（Ⅰ）	
第1節　欧米諸国のアジア進出	197
第2節　開国から明治維新へ	222
第3節　立憲国家と日清・日露戦争	242
第4節　近代産業と近代文化の形成	259
第5章　近代の日本と世界（Ⅱ）	
第1節　第一次世界大戦とその影響	273
第2節　第二次世界大戦と日本	290
第6章　現代の日本と世界	
第1節　占領下の日本と冷戦	317
第2節　高度経済成長と冷戦の終結	324

内容対照表のじょうずな使い方

1 勉強をするときは，この表の左側に書いてある［教科書のもくじ］に合わせて，右側の［本書のページ］を開いて使ってください。

2 あなたが使っている教科書会社名と同じ教科書の部分の表を，点線にそって切りとります。

3 左上の○にリボンをつけてしおりをつくり，この本にはさんで使いましょう。
　＊表のうらには，写真や絵をはるなど，くふうをしてください。

文英堂

清水書院 新中学校歴史

教科書のもくじ	本書のページ
序章	15
第1章 原始・古代の日本と世界	
1 文明のおこりと日本のはじまり	21
2 律令国家の成立	47, 127
3 貴族の政治と武士の登場	65, 68
第2章 中世の日本と世界	
1 武士の政権と東アジアのうごき	67, 85
2 武家社会の展開と民衆	100
第3章 近世の日本と世界	
1 ヨーロッパの拡大とアジアの交易	128
2 戦国大名と全国統一	115, 138
3 江戸幕府の成立と進展	151
4 産業の発達と町人の文化	164
5 社会の変動と欧米諸国の接近	175, 218
第4章 近代化の進む世界と日本	
1 近代社会の成立	197
2 開国と江戸時代の終わり	219
3 明治維新と文明開化	233
4 立憲政治のはじまり	242
5 アジアの近代化と日本のうごき	250
6 日本の産業革命と社会の変化	259
第5章 二つの世界大戦と日本	
1 第一次世界大戦とその後の世界	273
2 政党政治の発展と大衆文化	283
3 ファシズムのうごきと日中戦争	290
4 第二次世界大戦と戦時下の人びと	299
第6章 現代の日本と世界	
1 戦後の日本と世界	317, 326
2 冷戦下の世界と日本の経済成長	323, 327
3 現代の社会と今後の課題	332

教育出版 中学社会 歴史

教科書のもくじ	本書のページ
第1章 歴史の移り変わりを考えよう	15
第2章 原始・古代の日本と世界	
1 文明のおこりと日本列島	21, 34
2 古代中国と「倭」の王権	25, 36
3 大帝国の出現と律令国家の形成	47, 127
4 貴族社会の発展	57, 68, 69
第3章 中世の日本と世界	
1 世界の動きと武家政治の始まり	67, 69, 83
2 ゆれ動く武家政治と社会	98
第4章 近世の日本と世界	
1 結びつく世界との出会い	127
2 天下統一への歩み	139
3 幕藩体制の確立と鎖国	151
4 経済の成長と幕政の改革	164
第5章 近代の幕開け	
1 近代世界の確立とアジア	197
2 開国と幕府政治の終わり	218
第6章 近代の日本と世界	
1 明治維新と立憲国家への歩み	226
2 激動する東アジアと日清・日露戦争	250
3 近代の産業と文化の発展	259
第7章 二度の世界大戦と日本	
1 第一次世界大戦と民族独立の動き	273
2 大正デモクラシー	283
3 恐慌から戦争へ	290
4 第二次世界大戦と日本の敗戦	299
第8章 現代の日本と世界	
1 日本の民主化と冷戦	317
2 世界の多極化と日本	326
3 冷戦の終結とこれからの日本	332

東京書籍 新しい社会 歴史

教科書のもくじ		本書のページ
第1章	歴史のとらえ方	15
第2章	古代までの日本	
1節	文明のおこりと日本の成り立ち	21, 127
2節	古代国家の歩みと東アジア世界	48, 69
第3章	中世の日本	
1節	武士の台頭と鎌倉幕府	69, 83
2節	東アジア世界とのかかわりと社会の変動	98
第4章	近世の日本	
1節	ヨーロッパ人との出会いと全国統一	127
2節	江戸幕府の成立と鎖国	151
3節	産業の発達と幕府政治の動き	164, 218
第5章	開国と近代日本の歩み	
1節	欧米の進出と日本の開国	197, 222
2節	明治維新	233
3節	日清・日露戦争と近代産業	250
第6章	二度の世界大戦と日本	
1節	第一次世界大戦と日本	273
2節	世界恐慌と日本の中国侵略	290
3節	第二次世界大戦と日本	299
第7章	現代の日本と世界	
1節	戦後日本の発展と国際社会	317
2節	新たな時代の日本と世界	332

帝国書院 中学生の歴史

教科書のもくじ		本書のページ
第1部	歴史の流れと時代区分	
1章	おもしろ歴史発見！	15
第2部	古代国家の成立と東アジア	
1章	人類の登場から文明の発生へ	21, 127
2章	東アジアの中の倭（日本）	34
3章	中国にならった国家づくり	47
4章	展開する天皇・貴族の政治	65, 69
第3部	武家政権の成長と東アジア	
1章	武士の世の始まり	69, 83
2章	武家政権の内と外	98
3章	自力救済が広まる社会	108
第4部	武家政権の展開と世界の動き	
1章	大航海によって結びつく世界	127
2章	戦乱から全国統一へ	139
3章	武士による支配の完成	151, 157
4章	天下泰平の世の中	154, 164
5章	社会の変化と幕府の対策	175, 218
第5部	近代国家の歩みと国際社会	
1章	欧米諸国における「近代化」	197
2章	新しい価値観のもとで	222
3章	近代国家への歩み	238, 263
4章	帝国主義と日本	250
5章	「一等国」の光と影	259
6章	高まるデモクラシーの意識	273
7章	軍国主義と日本の行方	290
8章	アジアと太平洋に広がる戦線	299
第6部	現在に続く日本と世界	
1章	敗戦から立ち直る日本	317
2章	経済大国 日本	327
3章	これからの日本と世界	332

育鵬社　新しい日本の歴史

教科書のもくじ	本書のページ
序章　歴史の世界を旅してみよう	15
第1章　原始と古代の日本	
第1節　日本のあけぼのと世界の文明	21, 127
第2節　「日本」の国の成り立ち	47, 69
第2章　中世の日本	
第1節　武家政治の成立	69, 84
第2節　武家政治の動き	99
第3章　近世の日本	
第1節　ヨーロッパとの出合い	128
第2節　信長・秀吉の全国統一	139
第3節　江戸幕府の政治	151
第4節　産業・交通の発展と町人文化	164
第5節　幕府政治の改革	175, 218
第4章　近代の日本と世界	
第1節　欧米諸国の進出と幕末の危機	197, 222
第2節　明治・日本の国づくり	226
第3節　アジア最初の立憲国家・日本	242
第4節　近代産業の発展と近代文化の形成	259
第5章　二度の世界大戦と日本	
第1節　第一次世界大戦前後の日本と世界	273
第2節　第二次世界大戦終結までの日本と世界	290
第6章　現代の日本と世界	
第1節　第二次世界大戦後の民主化と再建	317
第2節　経済大国・日本の国際的役割	327

日本文教出版　中学社会　歴史的分野

教科書のもくじ	本書のページ
第1編　歴史のとらえ方	15
第2編　古代までの日本	
「古代までの日本」の特色を探っていこう	
1　人類の始まりと文明	21, 127
2　日本の原始時代	34
3　日本の古代国家の形成	38
4　古代国家の展開	57
第3編　中世の日本	
「中世の日本」の特色を探っていこう	
1　鎌倉幕府の成立	83
2　元の襲来と鎌倉幕府のおとろえ	98
3　室町幕府と下剋上	99
4　中世の文化	94, 117
第4編　近世の日本	
「近世の日本」の特色を探っていこう	
1　中世から近世へ	127
2　江戸幕府の成立と東アジア	151, 157
3　百姓・町人と産業の発達	154, 164
4　幕府政治の改革と農村の変化	174
5　江戸時代の文化と学問	169, 179
第5編　近代の日本と世界	
第1章　日本の近代化	
「日本の近代化」の特色を探っていこう	
1　欧米の発展とアジアの植民地化	197
2　近世から近代へ	218
3　近代国家へのあゆみ	233
4　自由民権運動と国会開設	242, 254
5　日清・日露の戦争と東アジアの動き	250, 255
6　近代日本の社会と文化	259
第2章　二度の世界大戦と日本	
「二度の世界大戦と日本」の特色を探っていこう	
1　第一次世界大戦と戦後の世界	273
2　大正デモクラシーの時代	283
3　世界恐慌と日本	290
4　中国との全面戦争	293
5　第二次世界大戦と日本	299
第6編　現代の日本と世界	
「現代の日本と世界」の特色を探っていこう	
1　平和と民主化への動き	317
2　国際化する世界と日本	326

3 商業と都市の発達

① 商業の広がり

諸産業の発達と交通の発達にともなって，**商業がさかん**になり，多くの商人が活躍した。諸藩は**年貢米や特産物**を貨幣にかえるため，大阪の**蔵屋敷**に運び，特定の商人に管理と売買にあたらせた。これらの物資を**蔵物**といい，もっとも重要な商品であった。いっぽう，民間からでた商品も全国に出回るようになり，**納屋物**とよばれた。

分析　商業が発達したわけ
① 産業や交通が発達したうえ，鎖国によって幕府による商業支配がスムーズに行われたため。
② 貨幣制度がととのって貨幣経済が発達したため，年貢などの物資と貨幣の交換がさかんになった。
③ 都市が発達し，武士や町人などの消費生活が増大したため。

② 商業のしくみ

1 商人の専門化　商人の専門化がすすみ，問屋・仲買・小売商などの区別ができた。また，地方を商売してまわる行商人も増え，近江商人(滋賀県)や伊勢商人(三重県)，さらに富山の薬売りが活躍した。

2 株仲間　商人のなかには営業の独占をねらって，**株仲間**という同業組合をつくるものもあらわれた。幕府ははじめこれを禁止したが，商人を統制するためと，彼らが許可のみかえりとして納める**冥加金・運上金**を獲得するために，株仲間を認めたため発展した。

3 卸売市場　商業の発展にともなって，1つの商品を専門的にあつかう卸売市場もできた。大阪堂島の米市，江戸日本橋の魚市などが有名である。

用語　蔵屋敷
大名が領地からとれた年貢米や産物を売って貨幣にかえるためにおいた蔵。商業・経済の中心**大阪**に多くおかれた。

③ 貨幣制度と金融業

1 金座・銀座　幕府は経済を統制するため，貨幣の鋳造権を独占して，勘定奉行の監督のもと，金座・銀座・銭座で，それぞれ金貨・銀貨・銅貨をつくらせた。

2 藩札　諸藩では幕府の許可をえて，藩内だけで通用する藩札という紙幣を発行した。

3 両替商　貨幣の流通にともなって，手数料をとって貨幣の交換を行う両替商があらわれた。彼らは**預金や貸付**も行うようになり，さらに**為替・手形**を発行して信用取引の業務も行うようになっていった。

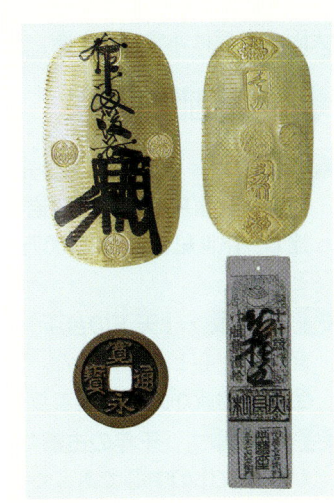

▲江戸時代の貨幣(東京都　日本銀行金融研究所貨幣博物館蔵)
(左上)大判の金貨
(右上)小判の金貨
(左下)寛永通宝(銅貨)
(右下)藩札

4 大商人のおこり

1 御用商人 蔵屋敷の米を管理する蔵元や、この米を売って代金を管理する掛屋などの商人は、商売上、大名と密接な関係があったので、御用商人とよばれた。

2 札差 江戸では旗本や御家人の米を売る札差という御用商人が力をもった。彼らは両替商をかねる者も多く、大名に金銭を融通する大名貸しを行った。

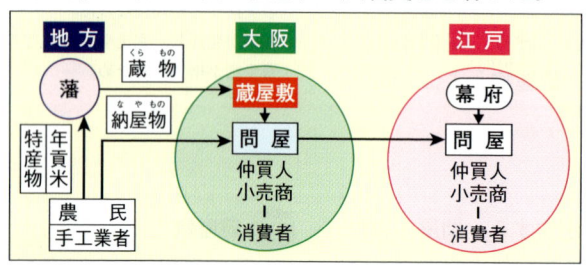

▲商品の流れるすじみち

5 いろいろな都市

諸産業や商業の発達によって、城下町・港町・宿場町や門前町など特色ある都市が生まれた。とくに、江戸・大阪・京都は非常にさかえ、三都とよばれた。

6 三都の繁栄

1 江戸「将軍のお膝元」といわれ、市街地の3分の2が武家屋敷という政治都市であった。商工業も発達し、18世紀には人口100万を超えて、世界最大の都市となった。

2 大阪「天下の台所」といわれ、全国的な商業や経済の中心として栄えた。多くの大名が蔵屋敷をおき、全国の物資が大阪に集まり、多くの商人が活躍した。

3 京都「千年の古都」や「天子様のお膝元」といわれ、文化の中心であったが、西陣織・友禅染・清水焼など工芸品の産地でもあった。

ポイント　三都の繁栄
- 江戸＝政治都市。世界最大の都市
- 大阪＝商業都市。天下の台所
- 京都＝文化都市。千年の古都

▲江戸時代の商店（東京都　三越伊勢丹ホールディングス蔵）

参考　代表的な大商人

元禄時代ごろからあらわれた大商人には、次のような人がいる。
① 三井高利　伊勢（三重県）出身。江戸で越後屋呉服店をひらき、現金安売りの商売で成功した。
② 紀伊国屋文左衛門　紀州（和歌山）出身。江戸で材木問屋を開いて成功した。みかんを江戸に送ってもうけたとされるが、この話は確かではない。
③ 鴻池善右衛門　大阪で酒造・海運業・両替商を開いて成功した。

参考　代表的な各種の都市
① 城下町＝江戸・名古屋・金沢・仙台など。
② 港町＝長崎・下関・博多・兵庫など。
③ 宿場町＝品川・三島・草津など。
④ 門前町＝奈良・宇治山田・長野など。

（大阪か？大坂か？）

大阪は石山本願寺のあとにつくられた都市で、豊臣秀吉が大阪城を建ててから栄えた。大阪は、江戸時代の終わりまで「大坂」と書いていた。明治に入って「大阪」の字が使われたのだ。

だから、江戸時代までは歴史的には「大坂」と書くのがよい。高校の教科書でも「大坂」と書かれている。でも、中学の場合は全時代を通して「大阪」で統一する場合が多いので、本書でも「大阪」と書いておくことにしよう。

4 元禄文化

1 元禄文化のおこり

1 時期 商業が発達し，都市に富を蓄えた大商人が出てくると，彼らにささえられた町人文化がおこった。5代綱吉の元禄時代(17世紀末〜18世紀初め)が全盛であったので，このころの文化を元禄文化という。

2 特徴 ①商業・経済の中心であった上方(大阪・京都)が中心。②町人が文化の中心。③町人生活を反映し，現実的で人間性を重んじた文化。

2 文学

元禄時代の文学は，人間の生き方をありのままにみつめて表現したところに特徴がある。

1 浮世草子 室町時代の御伽草子の流れをくむ浮世草子は，町人や武士の生活・心情を描いた小説で，大阪の町人井原西鶴が代表的な作家である。

2 俳諧 室町時代の連歌の第一句(初句)の17文字が独立したもので，芸術性の高い俳諧として完成したのは松尾芭蕉である。紀行句集の『奥の細道』は有名。

3 人形浄瑠璃 語りと操り人形が一体となった人形浄瑠璃もさかんになった。義理と人情をテーマにその脚本を書いたのが，大阪の近松門左衛門。

> **ポイント** 〈元禄時代の文学・芸能〉
> 井原西鶴・松尾芭蕉・近松門左衛門
> ＝　　　　＝　　　　＝
> 浮世草子　俳諧　人形浄瑠璃

3 歌舞伎

安土桃山時代の阿国歌舞伎の流れをくむが，歌や踊り中心のものからしだいに劇を主とする形式に変わった。役者も風紀を乱すという理由から女から男にかえられた。上方に坂田藤十郎，江戸に市川団十郎(初代)などの名優が出て，人気をとった。

人物 井原西鶴(1642〜93)
西鶴は，はじめ俳諧を志したが，浮世草子の作者となる。町人の生活や感情をするどく観察し，それをありのままに書いて人気を得た。作品は『日本永代蔵』『世間胸算用』『好色一代男』などがある。

人物 松尾芭蕉(1644〜94)
芭蕉は，伊賀上野(三重県)の武士であったが，身分をすてて漂浪生活をおくった。『奥の細道』『野ざらし紀行』『笈の小文』の俳文集がある。

人物 近松門左衛門(1653〜1724)
門左衛門は，浄瑠璃や歌舞伎の脚本作家。武士であったが，文学の道にはいり，義理と人情のもつれになやむ武士や町人の姿を描いた。作品に『国姓(性)爺合戦』『曽根崎心中』『心中天網島』などがある。語り手竹本義太夫と組んで活躍した。

参考 藤十郎と団十郎
上方の藤十郎は恋愛劇(和事)を得意とし，江戸の団十郎は武勇劇(荒事)を得意とした。

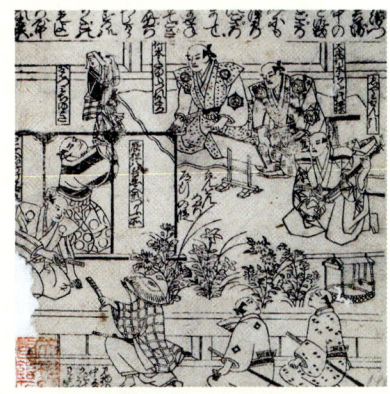

▲人形浄瑠璃(奈良県　天理大学附属天理図書館蔵)

4 絵画

桃山文化をひきついで障壁画がかかれたが、やがて町人の趣味を反映して装飾画や浮世絵がさかんとなった。

1 装飾画 江戸時代初期に俵屋宗達が大和絵をもとに生みだした装飾画は、元禄時代に尾形光琳が出て大成した。

2 浮世絵 安土桃山時代の風俗画から発展した浮世絵は、菱川師宣が版画を利用し、町人の中に広まった。

> ポイント 〈元禄時代の画家〉
> 俵屋宗達・尾形光琳・菱川師宣
> ↓装飾画↔　　　↓浮世絵

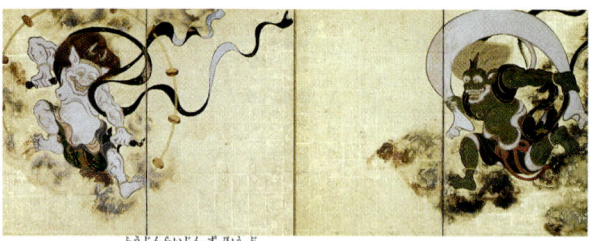

▲俵屋宗達の風神雷神図屏風（京都府　建仁寺蔵）国宝

▲尾形光琳の燕子花図屏風（東京都　根津美術館蔵）国宝

5 工芸

1 蒔絵 漆器など表面に美しい絵模様をほどこした蒔絵の技術が発達し、京都の本阿弥光悦や尾形光琳が傑作を残した。

2 陶磁器 有田（佐賀県）の酒井田柿右衛門が出て、有田焼の技術を発展させた。京都の野々村仁清も有名。

3 染物 染物では、京都で友禅染がつくられた。

参考 **障壁画**
狩野派の狩野探幽がすぐれた作品をかいたが、雄大さは消え、気品だけを重んじる型にはまったものとなった。

分析 **元禄時代の風俗**
新しい文化は生活にもあらわれた。元禄袖や元禄模様が流行し、着物のうえに羽織を着るようになった。

▲菱川師宣の見返り美人図（東京国立博物館蔵）

▲本阿弥光悦の舟橋蒔絵硯箱（東京国立博物館蔵）国宝

6 建築

1 城郭建築など 江戸初期には安土桃山時代をうけつぎ，江戸城・二条城(京都府)などの城郭や日光(栃木県)の東照宮などが建築された。

2 茶室建築 茶の湯の影響によって，京都の桂離宮や修学院離宮など，簡素な建物がつくられた。

▲桂離宮(宮内庁京都事務所蔵)

7 学問の発達

1 儒学の奨励 徳川家康は幕府政治を安定させるために，道徳や秩序を重んじる儒学，なかでも朱子学を保護した。儒学がさかんになるにつれて，朱子学に批判的な陽明学や古学がおこった。

2 教育の広まり
① 藩校…学問の奨励は諸藩にも広がり，藩士の教育のために多くの藩校がつくられた。
② 寺子屋…庶民の中にも教育が広まり，神主・浪人・地主らが塾を開き，庶民の子に「読み・書き・そろばん」を教えた。これを寺子屋という。

分析 幕府が朱子学を奨励したわけ
江戸幕府は幕藩国家ともいわれるように，幕府の長の将軍と藩の長である大名との主従関係，さらに大名と家臣との主従関係によって成り立っていた。だから，この関係を守るためには，上下の秩序を重んじ，礼節を尊んだ朱子学が一番都合がよかったからである。

参考 代表的な藩校
藩校は17世紀中期，岡山藩が花畠教場を設けたのに始まる。水戸の弘道館，名古屋の明倫堂，山口の明倫館，鹿児島の造士館も有名。

8 民衆のくらし

1 衣食住の生活 木綿の衣服の普及。小袖の流行。1日3食の食事の普及。米が主食の食事。町人の多くは長屋で生活。

2 年中行事 元旦の雑煮，ひな祭りのひな人形，端午の節句の鯉のぼり，年末の煤払いなど。

3 娯楽 遠方の寺社への参詣。祭りの時の奉納相撲，村芝居や踊りなど。

参考 実学の発達
儒学などの発達のいっぽうで，数学や，薬草の効能などを研究する本草学など実際に役立つ学問(実学)も発達した。数学では，関孝和が日本独特の方法で円周率の計算のしかたなどを完成した(和算という)。

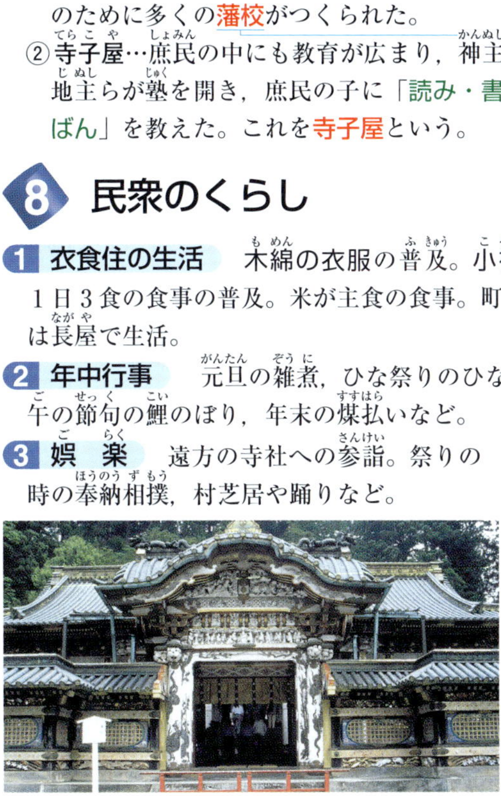

▲日光東照宮

▲寺子屋のようす(一掃百態 愛知県 田原市博物館蔵)

テスト直前チェック

→ 答えられたらマーク　　　　　　　　　　　　わからなければ ↩

① ☐ 江戸時代に，用水路を引いたりして開発した新しい田を何というか。　p.164 ①
② ☐ 江戸時代に，新しくくふうされた深く耕すための農具を何というか。　p.164 ①
③ ☐ 青木昆陽が，栽培の研究を進めた作物は何か。　p.164 ①
④ ☐ 藍や紅花などの売って現金を手に入れるために栽培する作物を何というか。　p.164 ①
⑤ ☐ 中国へ輸出された，干しあわびなどの海産物を俵につめたものは何か。　p.165 ③
⑥ ☐ 江戸時代の，金山と銀山を1つずつあげよ。　p.165 ④
⑦ ☐ 大商人が道具や材料を百姓らに貸して製品をつくらせるしくみは何か。　p.165 ⑤
⑧ ☐ 五街道のうち，江戸〜京都を結ぶ街道は何か。　p.165 ①
⑨ ☐ 江戸・大阪間の定期航路に使われた，廻船の名を2つあげよ。　p.166 ②
⑩ ☐ 東北地方から日本海を通って，大阪まで行く航路を何というか。　p.166 ②
⑪ ☐ 大名が，年貢米や特産品を売りさばくために大阪においた建物は何か。　p.167 ①
⑫ ☐ 江戸時代に，商工業者のつくった同業者組合を何というか。　p.167 ②
⑬ ☐ 貨幣の交換や，預金・貸し付けを行った商人を何というか。　p.167 ③
⑭ ☐ 江戸時代に，三都とよばれて栄えた都市を3つあげよ。　p.168 ⑥
⑮ ☐ 徳川綱吉のころさかえた文化の名をあげよ。また，その中心地はどこか。　p.169 ①
⑯ ☐ ⑮の文化で，浮世草子を書いた代表的な作家はだれか。　p.169 ②
⑰ ☐ ⑮の文化で，俳諧を完成させたのはだれか。　p.169 ②
⑱ ☐ ⑮の文化で，人形浄瑠璃の脚本を書いたのはだれか。　p.169 ②
⑲ ☐ 菱川師宣がはじめた，町人の風俗を描いた絵画を何というか。　p.170 ④
⑳ ☐ 江戸幕府が幕府政治を安定させるために奨励した学問は何か。　p.171 ⑦
㉑ ☐ 諸藩が，藩士の教育のためにつくった教育機関を何というか。　p.171 ⑦
㉒ ☐ 庶民の子供に，「読み・書き・そろばん」を教えた塾を何というか。　p.171 ⑦

解答

① 新田（しんでん）
② 備中ぐわ（びっちゅうぐわ）
③ さつまいも
④ 商品作物
⑤ 俵物（たわらもの）
⑥ 金山＝佐渡（さど），銀山＝石見（いわみ）
⑦ 問屋制家内工業（とんやせいかないこうぎょう）
⑧ 東海道（とうかいどう）
⑨ 菱垣廻船（ひがきかいせん），樽廻船（たるかいせん）
⑩ 西廻り航路（にしまわりこうろ）
⑪ 蔵屋敷（くらやしき）
⑫ 株仲間（かぶなかま）
⑬ 両替商（りょうがえしょう）
⑭ 江戸，大阪，京都
⑮ 元禄文化（げんろくぶんか），上方（かみがた）（大阪・京都）
⑯ 井原西鶴（いはらさいかく）
⑰ 松尾芭蕉（まつおばしょう）
⑱ 近松門左衛門（ちかまつもんざえもん）
⑲ 浮世絵（うきよえ）
⑳ 儒学（朱子学）（じゅがく（しゅしがく））
㉑ 藩校（はんこう）
㉒ 寺子屋（てらこや）

3 くずれる封建社会

教科書のまとめ

1 幕府政治の改革　解説ページ ⇨ p.174

- 武断政治から文治政治へ … 武力の支配から，学問や思想の力による政治に転換。
- 綱吉の政治 … 儒教を重んじる。生類憐みの令。
- 正徳の治 … 新井白石の政治。生類憐みの令の廃止，長崎貿易を制限。
- 財政のゆきづまり … 貨幣経済の発達による支出の増大。武士は消費だけの生活。
- 幕府・藩の窮乏 … 対策⇨年貢の引き上げ，町人に借金，専売制の強化，武士の内職。

2 享保の改革と田沼の政治　解説ページ ⇨ p.175

- 享保の改革 … 8代将軍吉宗の改革。公事方御定書。上げ米の制。新田開発。
- 田沼意次の政治 … 商人の力を利用した積極的な経済政策。貿易政策。

3 農村と都市の一揆　解説ページ ⇨ p.177

- 農村の変化 … 自給自足が崩れる。貨幣経済により貧富の差が増大。百姓一揆。
- 都市の変化 … 米価があがる。貧しい人々の打ちこわし。マニュファクチュア。

4 寛政の改革　解説ページ ⇨ p.178

- 寛政の改革 … 老中松平定信の改革。政治の引きしめと経済の立て直し。
- 改革の内容 … 質素・倹約の奨励。寛政異学の禁，囲い米の制，棄捐令など。

5 新しい学問　解説ページ ⇨ p.179

- 新しい学問 … 国学＝本居宣長の『古事記伝』，蘭学＝西洋の学問，『解体新書』。
- 新しい思想 … 尊王思想がおこり，幕府を批判。安藤昌益らの封建制批判，平等思想。

6 化政文化　解説ページ ⇨ p.180

- 化政文化 … 江戸中心の町人文化。滑稽や風刺の小説。浮世絵の発達。
- 地方への広まり … 農村歌舞伎。寺子屋。

5章 幕藩体制と鎖国

1 幕府政治の改革

1 武断政治から文治政治へ

3代将軍家光までは、武力による強い政治（武断政治）が行われた。しかし幕府も安定したので、以後は学問や思想の力で社会をおさめようとした。これを文治政治といい、5代将軍綱吉や、新井白石のころ最盛となった（17世紀末〜18世紀初め）。

2 綱吉の政治

綱吉が文治政治を行った時期を、年号から元禄時代という。

1 儒学をすすめる 儒学のなかでも朱子学を幕府の学問（官学）にし、湯島（東京都）に聖堂を開いて武士の学問所にした。

2 財政の悪化 1657年江戸が大火で焼け、その復興に多額の費用がかかり、幕府財政は悪化していった。さらに綱吉の華美な生活で、いっそうゆきづまった。勘定奉行の荻原重秀は、貨幣の質を落として財政をおぎなったが、物価は上昇した。

3 生類憐みの令 綱吉は、生きもの、とくに犬を大切にせよという法を出した。生類憐みの令（→p.192）は犬を殺傷すれば、厳しい処罰を受ける悪法であった。

3 新井白石の政治（正徳の治）

その後、6代将軍家宣や7代将軍家継につかえた朱子学者の新井白石が政治の改革にあたった。これを正徳の治という。まず生類憐みの令を廃止し、さらに貨幣の質をよくして物価の安定をはかったが、経済の混乱はおさまらなかった。また、めずらしい輸入品などで増加の一途をたどっていた長崎貿易を制限し、金銀の大量流出を防ごうとした。しかし、効果はうすかった。

ポイント 文治政治
綱吉・白石の政治
儒学（朱子学）中心。財政の窮乏

参考 牢人や旗本の不満

武断政治では、武家諸法度の違反や、跡継ぎがないなどで、大名がとりつぶされ失業する武士（牢人、浪人）が増えた。その数は40万人にものぼり、また、戦いのない世の中で、出世のできない旗本の不満も強まった。このような不満をやわらげ、社会不安を押さえるため文治政治に転換した。

▲湯島の聖堂（東京都）

人間よりお犬さま

生類憐みの令は、人間より鳥獣の生きものを大切にする悪法で、綱吉は「犬公方」とよばれ、晩年は人々に恨まれた。綱吉には子がなく、「戌年生まれだから、とくに犬を大切にすれば子が得られる」とすすめられたためといわれているね。

しかし、百姓らが持っていた鉄砲の取りしまりのための法だという説もある。本当の目的は何だったのかな。

用語 長崎貿易

白石の計算では、長崎貿易で金は約1500万両、銀は約110万貫も海外に出たという。日本は黄金の国ともいえた。

4 財政の窮乏

貨幣経済がすすむと，武士も貨幣で商品を手に入れる生活になった。都市生活が豊かになり必要なものが増えて，支出も増大した。しかし財政の基礎である米の生産が急に増えるわけではなく，そのため幕府や藩は財政がたいへん窮乏し，苦しんだ。

5 幕府・諸藩の窮乏とその対策

幕府は，金銀の産出量が激減しはじめ，さらに蓄えた金銀も底をつき，綱吉のころから財政は赤字になった。諸藩は，参勤交代や幕府にたのまれる工事などで，もともと苦しい財政がいっそう苦しくなった。

1 その対策 収入の増加のため，年貢を重くし，また各地の特産品を藩が管理する専売制を広げた。さらに大商人から借金したり，御用金を課したりした。

2 下級武士の生活 下級の武士は収入も増えず，むしろ俸禄を減らされることもあり，その生活は苦しく内職や借金にたよった。貧しい武士は裕福な町人と縁組するものもあらわれ，身分制度はゆらぎだした。

史料 大名の財政難
（太宰春台の『経済録』より）

> 今の世の諸大名は，大も小もみな頭を下げて町人に借金をせがみ，江戸・京都・大阪その他あちらこちらの富商を頼んでその金銭援助だけで財政をまかなっている。自分の領地の年貢収入をすべて借金返済にあて，年貢の収納期には金貸しが大名の米倉を差し押さえる状態である。

用語 藩の専売制

各藩の特産品は，商品価値が高いので高く売れる。そのため，こうした特産品を藩が独占的に買い上げて売りさばくことを専売制という。一部の商人と藩が利益を得た（→p.221）。仙台藩の塩・米・うるし，松江藩の鉄・銅・にんじん，宇和島藩の紙・ろう・するめ，徳島藩の藍・塩，薩摩藩のしょうのう・黒砂糖などがある。

2 享保の改革と田沼の政治

1 享保の改革

18世紀に入って8代将軍吉宗は，家康時代を理想に改革を行い，成果をあげた。これを享保の改革という。

1 政治の引きしめと法の整備 吉宗は①武芸を奨励し，質素・倹約をすすめた。②有能な人材の登用のために足高の制を定め，町奉行の大岡忠相などを取り立てた。③増える裁判に対しては裁判の基準としての公事方御定書（→p.192）を定めた。④民衆に対しては目安箱（投書箱）を設置し，その意見をもとに貧しい病人のために小石川（東京都）に養生所をつくったり，町火消しの制度を整備したりした。

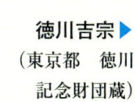

徳川吉宗▶
（東京都　徳川記念財団蔵）

用語 足高の制

能力のある人材が，禄高が低くて重要な地位につけないときに，その職に就いた期間だけ禄高を上げる制度。

2 **財政の立て直し** ①田畑のでき具合に関係なく年貢の量を決め(定免法)，収入の安定と増加を図った。②参勤交代の江戸滞在期間を半年にするかわりに，大名に1万石につき米100石を献上させる制度(上げ米の制)を定めた。

3 **産業の振興** ①新田開発に力を入れた。②青木昆陽にさつまいもの栽培を研究させたり，ろうの材料の櫨栽培などもすすめた。③株仲間を許可して商業をすすめ，④キリスト教以外の洋書の輸入を許し，新しい技術に道を開いた。

4 **改革の成果** 財政は好転したが，重くなった年貢に百姓は強く反発し，各地で百姓一揆がおこった。

ポイント
〈享保の改革〉　公事方御定書・目安箱
18世紀はじめ　上げ米の制
8代将軍 吉宗　年貢の引きあげ
　　　　　　　新田開発の奨励

2 田沼意次の政治

享保の改革のあと，田沼意次が老中になり，商業を重視した新しい政治を行った。意次は，年貢による財政の立て直しは限界と考えて，商業を重視した大胆な経済政策をとった。しかし，そのために賄賂が横行するなどして，批判も高まり失脚した。

1 **株仲間を増やす** 都市だけでなく，農村の商人の株仲間を認めて，税金をとった。
2 **幕府の専売制** 銅・鉄・真鍮・朝鮮人参などを専売にして，利益を吸収した。
3 **長崎貿易の奨励** 貿易を奨励した。とくに俵物とよばれた海産物の輸出をすすめ，積極的に金・銀の輸入をはかった。
4 **新田開発** 町人資本を利用した新田開発を積極的にすすめた。

ポイント
〈田沼意次の政治〉
18世紀中ごろ　商業を重視
　　　　　　　株仲間，長崎貿易，新田開発

参考 「米将軍」吉宗

吉宗は，幕府財政の立て直しの基礎を米において，「定免法」や，「上げ米の制」を定めて，新田開発にも力を入れた。また，米を高く売るため，米の値段にも細かく注意した。そのため，吉宗は「米将軍」とよばれた。

年　次	金納分		米納分	
	収入	支出	収入	支出
享保7～享保16	869	742	654	618
享保17～寛保1	1,560	1,205	763	715
寛保2～宝暦1	1,606	1,191	813	727
宝暦2～宝暦11	2,074	1,114	767	749
宝暦12～明和8	1,686	1,643	703	720
安永1～天明1	1,827	1,572	630	659
天明2～寛政3	1,933	1,894	613	575

▲**幕府財政の収支** 視点 上の表から，享保の改革と田沼の政治の成果が読みとれる。享保から宝暦までは金納分もともに黒字になっているが，そのあと天明までは金納分だけが黒字になっている。

▲**田沼意次**(静岡県 牧之原市相良史料館蔵)

用語 俵物の輸出

いりこ(なまこを煮て干したもの)・干しあわび・ふかのひれを俵に詰めた物。中国料理の材料に重要であった。意次は俵物の産地である蝦夷地(北海道)やロシアに関心を持った。

3 農村と都市の一揆

1 農村の変化

1 貨幣経済の広がり 農村では，産業や商業が発達すると，暮らしに必要なものを買い入れるようになった。このため，農村の自給自足は崩れ，貨幣経済が広がりはじめた。

2 農村の階層分化 貨幣経済の広がりで，借金のために田畑を質に入れたり，出稼ぎする百姓が増えた。こうして土地を手放した小作と，土地を集めた地主があらわれ，貧しい百姓と豊かな百姓に階層が分化した。

3 農村の荒廃 大雨・日照り・冷害などの天災やききん，増える出稼ぎは，農村を荒廃させた。「間引き」も行われ，農村の人口は増えなかった。それは百姓の年貢を基盤とする封建体制に打撃をあたえた。

2 百姓一揆

財政のゆきづまりで年貢はいっそう重くなり，また百姓が苦心して作った商品作物は，専売制で商人や藩・幕府の利益になることが多かった。百姓たちは，年貢の軽減や不正な役人の交替，専売の廃止を求めたが，聞き入れられないときには百姓一揆をおこして抵抗した。一揆は18世紀後半から増え，封建社会を基礎からゆさぶった。

百姓一揆は，初期には，名主などの代表者が藩主や老中に直訴する越訴とよぶ形が多く，要求が通っても代表者は死刑になることが多かった。後期では，集団で武装

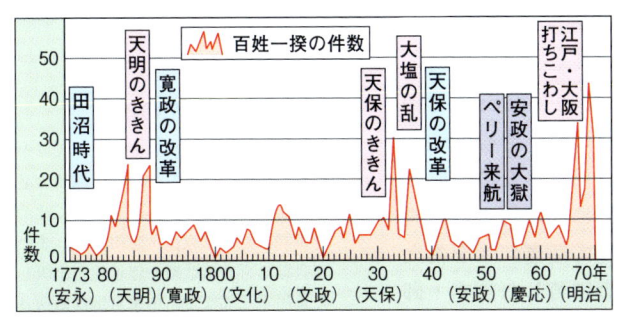

▲江戸時代後期の百姓一揆

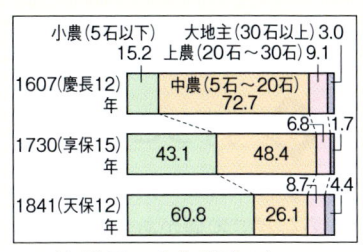

	小農(5石以下)	中農(5石〜20石)	上農(20石〜30石)	大地主(30石以上)
1607(慶長12)年	15.2	72.7	9.1	3.0
1730(享保15)年	43.1	48.4	6.8	1.7
1841(天保12)年	60.8	26.1	8.7	4.4

▲百姓(農民)の変化(単位%)
視点 小農が増え，中農がへっている。

用語 間引き
江戸時代におもに農村で行われた。生活苦で，口べらしのために，生まれた赤ん坊を殺した。

史料 武士の百姓の見かた
● 「胡麻の油と百姓は，絞れば絞るほど出るものなり。…」
● 「百姓どもは死なぬように，生かさぬようにと心得て，年貢を納めさせるよう…。」

視点 江戸時代の武士は，農業や商業などの生産の場と切り離されて，まったくの消費階級になった。だから，自分たちの生活を維持するために，多くの年貢を百姓から取ろうとした。

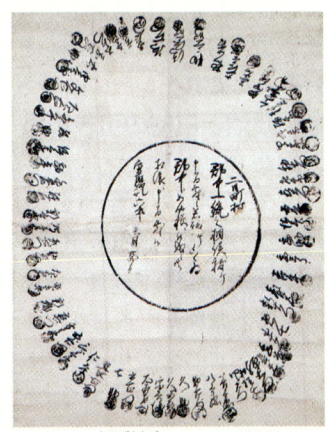

▲一揆の連判状(岐阜県　白山文化博物館蔵) 視点 だれが一揆の中心かわからないように，円形に署名した。

5章　幕藩体制と鎖国

178　5章　幕藩体制と鎖国

して代官所や城下に押し寄せる(強訴)ようになり，村を越え広く団結することもあった。

③ 打ちこわし

農村の百姓一揆に対し，都市ではききんや米の買い占めなどで米価があがると，貧しい人々は米屋や大商人を集団で襲った。これを打ちこわしという。打ちこわしは18世紀に始まり，天明の打ちこわしはとくに大きかった。

④ 新しい産業のおこり

このころ，都市や農村に新しい産業がおこり，人々の生活に大きな変化をあたえた。

1 問屋制家内工業　地主や商人が，百姓に原料や道具を貸して生産させ，できた製品を安く買い取った。
2 工場制手工業　やがて大商人や大地主は工場をつくり，働き手を1か所に集めて分業で生産させるようになった。このしくみを工場制手工業(マニュファクチュア)という。伊丹・灘(兵庫県)の酒，野田(千葉県)のしょうゆ，川口(埼玉県)の鋳物などが有名。

4 寛政の改革

1787年，窮乏した武士を救い，農村や都市を立て直すために，11代将軍家斉のもとで老中の松平定信が改革を行った。これを寛政の改革という。

1 政治と風俗の引きしめ　定信は，①質素・倹約を命じ，武士に対しては文武にはげむよう命じた。②朱子学以外の学問を禁じて(寛政異学の禁という)，言論・出版・思想を統制した。
2 経済の立て直し　田沼時代に拡大した商業を押さえ，荒廃した農村を立て直そうとした。①株仲間を一部廃止し，②出稼ぎのため都市に出てきた百姓には帰農をすすめ，「間引き」を防ぐために赤ん坊の育児資金を出すなどした。③ききんに備えて諸藩に米を蓄えさせる囲い米の制を行った。④借金に苦しむ旗本・御家人の救済に，借金帳消しの命令(棄捐令)を出した。

用語　ききん
農作物の不作などで，人々が飢え苦しむこと。享保のききん，天明のききん，天保のききんを江戸時代の3大ききんという。とくに天明のききんはひどく，90万人以上の人が飢え死にしたといわれている(→p.193)。

分析　工場制手工業が十分発達しなかったわけ
幕府や藩では，百姓が土地を離れることを禁じ，また製品をかってに藩の外へ売ることを禁じていたので，働き手を確保したり，製品を売りさばくことがむずかしかった。しかし，こうした工場制手工業の芽ばえは，封建社会をゆるがす原因の1つとなった。

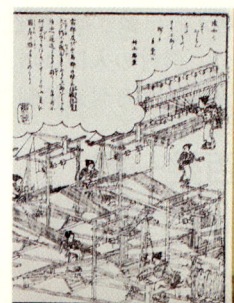

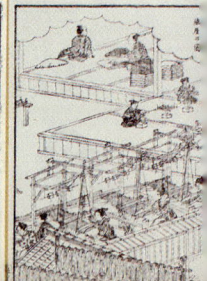

▲工場制手工業(尾張名所図会　東京都　早稲田大学図書館蔵)

年代ゴロあわせ
1787年 ➡ 寛政の改革

定信は　心のきびしい
　　　17　　87
　　　人なンやな

参考　出版・思想の統制
寛政の改革の時に処罰された人々がいた。『海国兵談』を書いて，海防の必要を訴えた林子平，小説を書いて政治を批判した山東京伝・恋川春町，また浮世絵の喜多川歌麿や浮世絵を出版した蔦屋重三郎など。山東京伝は処罰され，蔦屋は財産を半減された。

3 その他 ①石川島(東京都)に人足寄場をつくって，浮浪者などを収容し，職業指導をした。②このころ，鎖国中の日本近海にも外国船があらわれはじめ，1792年にはロシアのラクスマンが，漂流民大黒屋光太夫の送還を名目に根室(北海道)にあらわれた。定信は海防の必要に迫られて，沿岸の警備を強めた。

> **ポイント**
> 〈寛政の改革〉
> 18世紀末 ⇒ 老中松平定信。
> 思想・出版統制(寛政異学の禁)，倹約令，
> 棄捐令，囲い米の制

5 新しい学問

1 新しい学問

世の中の変化につれ，幕府の認めた学問の他に国学や蘭学がおこり，尊王思想や封建制批判の思想も生まれた。

1 国学の発達
①国　学…古典を研究して，仏教や儒教にとらわれない，日本にもとからある思想を明らかにしようとした。
②国学の発展…元禄のころ，僧の契沖が『万葉集』を研究したのにはじまり，賀茂真淵が国学の基礎を築いた。その後，真淵の弟子の本居宣長が出て国学を大成した。彼は『古事記』を研究して『古事記伝』を著した。平田篤胤は，宣長の考えをうけつぎ神道を確立した。

2 蘭学の発達
①蘭　学…8代将軍吉宗のとき，洋書の輸入が一部許可されて以来，西洋の学問(洋学)への関心が急速に高まった。鎖国のもとではオランダが西洋への窓口であったので，洋学は蘭学とよばれた。
②蘭学の発達
　ⓐ医　学…新井白石が『西洋紀聞』を著し，西洋への関心を示した。18世紀後半に医者の杉田玄白・前野良沢らはオランダ語訳のドイツの解剖書『ターヘル＝アナトミア』の正確さに驚き，苦心して翻訳し『解体

史料 狂歌

> 白河の　清きに魚の　すみかねて
> 　もとのにごりの　田沼恋しき

意味　定信の政治があまりにきびしいので，もとの田沼の時代が恋しい〔定信はもと白河(福島県)藩主〕。

◀松平定信
(福島県立博物館蔵)

人物 大黒屋光太夫(1751〜1828)
伊勢(三重県)の漁師で，漂流してロシアに着いた。多くの困難を乗り越えて，女帝エカチェリーナ2世に会い，10年後に日本に戻った。

参考 本居宣長と尊王思想
宣長は，伊勢松阪の医師で35年の歳月をかけて『古事記伝』を著した。宣長は，儒教や仏教を外国思想として排斥し，日本独自の思想を「やまとごころ」として尊んだ。これを信仰に高めた平田篤胤は神道にまとめ，やがて天皇を尊び，外国を排除するという尊王攘夷の運動が生まれてきた。

史料 『蘭学事始』(杉田玄白)

> 『ターヘル＝アナトミア』の書物の翻訳にとりかかったが，…眉というものは目の上に生じたものである，というような文章が，長い春の日を一日も使っても理解できず，日暮まで考えつめ，おたがいににらみ合って，わずか一，二寸の文章を一行も解せぬこともあった。

視点　『蘭学事始』は，杉田玄白が『解体新書』の翻訳の苦労を記したもの(→p.193)。

新書』として出版した。ドイツ人医師のシーボルトは、長崎に鳴滝塾を開いて新しい学問を伝えた。大阪では緒方洪庵が適塾を開いて弟子を育てた。

ⓑその他…医学の他に、天文学や理化学・地理学なども発達した。平賀源内はエレキテル（発電機）をつくり、伊能忠敬は正確な日本地図をつくった。幕府は実用的な蘭学には援助をしたが、蘭学者が世界に目をむけたり、幕府批判をすることを厳しく禁止した。

2 新しい思想

新しい思想も生まれて、国学からは将軍よりも天皇を尊ぶ尊王思想がおこった。また封建社会への強い批判もおこって、支配者を否定し士農工商の差別のない平等な社会を求めた安藤昌益や、鎖国をやめてヨーロッパと貿易を行うことを主張した本多利明らがあらわれた。

6 化政文化

1 化政文化の特色

18世紀末から19世紀の11代将軍家斉の文化・文政の時代に栄えた文化で、年号をとって化政文化という。
① 江戸が経済の中心になるにつれて文化の中心も上方（大阪・京都）から江戸（東京都）に移った。
② 文化の担い手が上層町人から中・下層町人に広がり、より庶民化していった。
③ 商品流通によって、都市と農村の交流も深まり、文化は地方に広がった。

2 文　学

1 小説 庶民の生活を笑いやユーモアで描いたこっけい本や、歴史的な題材を中心に善をすすめ悪をこらしめる読本が人気をえた。こっけい本は十返舎一九の『東海道中膝栗毛』、式亭三馬の『浮世風呂』が、読本は滝沢馬琴の『南総里見八犬伝』が有名である。これらの小説は、貸本屋を通じて庶民に広まった。

▲伊能忠敬の地図（大日本沿海輿地全図〔東北〕　東京国立博物館蔵）

人物 伊能忠敬（1745～1818）
　伊能忠敬は千葉の酒屋であったが、50歳で隠居をして、江戸に出て天文学を学び、測量術を身につけた。56歳で蝦夷地（北海道）の地図をつくり、71歳まで全国を実際に測量して歩いて日本全図をつくった。その正確さは、イギリスの技師も驚かせた。その基礎には、日本独特の数学を発明した関孝和ら科学者の業績があった。

▲伊能忠敬（千葉県　伊能忠敬記念館蔵）

用語 貸本屋
　店はもたず、風呂敷に本を背負って定期的に得意先を回り、本を貸した。19世紀のはじめ、江戸に656軒、大阪で約300軒をかぞえた。本は高価だったので、小説を庶民に広める役割をした。

2 俳諧
与謝蕪村が，写生のように自然の美しさをよみ，小林一茶は，人間愛に満ちた句をよんだ。

3 川柳・狂歌
俳諧や和歌の形をまねて，世の中を皮肉ったりする川柳や狂歌が流行した。

史料 俳諧・川柳・狂歌

〔俳諧(小林一茶)〕
雀の子　そこのけそこのけ
　お馬が通る
〔川柳(柄井川柳)『柳多留』より〕
これ小判　たったひと晩
　いてくれろ
〔狂歌(大田南畝)〕
今までは　人のこととは思いしに
　我が死ぬとはこいつはたまらん

3 絵画

1 浮世絵
浮世絵は，鈴木春信が多色刷りの錦絵を生み出し，役者のブロマイドなどになって発展した。美人画の喜多川歌麿，役者絵の東洲斎写楽，また風景画では「富嶽三十六景」の葛飾北斎，「東海道五十三次」の歌川(安藤)広重らが有名。

2 その他
写生画の円山応挙や西洋画の司馬江漢ら。文人画(学者や俳人が書いた絵)の池大雅・与謝蕪村・渡辺崋山ら。

4 芸能
18世紀半ばから民衆娯楽の主流になった歌舞伎は，江戸を中心に全盛期を迎えた。また，人形浄瑠璃から新内節などの音曲が生まれた。

5 地方の生活文化
このころには，都市の文化が地方にも広まった。歌舞伎は農村でも楽しまれ，今でも農村歌舞伎として演じられているところもある。また，伊勢参りなど観光をかねた寺社参詣も行われるようになった。教育への関心も高まり，寺子屋が広まった。

浮世絵とゴッホ

わが国の浮世絵が，ヨーロッパの近代絵画と関係があるといったら驚くかな(→p.208)。
　オランダを通じて輸出された浮世絵は，ゴッホ・モネ・ドガ・ゴーギャンらに大きな影響をあたえたんだよ。ゴッホは自分が描いた絵のバックに，浮世絵の美人画や富士山を描いたほどだったよ。

▶「東海道五十三次」
(日本橋　東京国立博物館蔵)

▼歌舞伎(芝居大繁昌之図　東京都　日本芸術文化振興会蔵)

▼「富嶽三十六景」
(神奈川沖浪裏
東京国立博物館蔵)

グレードアップ さらに知識を広げよう 藩校

■ 幕府による儒学の奨励

○ 幕府は，道徳や秩序を重んじる儒学，なかでも，上下の身分の秩序を重んじ礼節を尊ぶ朱子学を奨励した。5代将軍綱吉は，湯島（東京都）に聖堂を建てて孔子をまつり，ここに林家の塾を開かせて武士の教育にあたらせた。この塾は，寛政の改革で正式な幕府の教育機関としての昌平坂学問所となり，幕府の学問・教育の中心となった。

■ 広まる藩校

○ 幕府による儒学の奨励は，諸藩にも広がり，藩士の師弟の教育機関である藩校がつくられるようになった。とくに，18世紀の後半になると，諸藩は，幕藩体制の動揺を打開し有能な人材を育成するために，藩校を相次いで設立した。その数は江戸時代を通じて250校以上にのぼる。

○ 藩校では，はじめ文武一致の精神から，朱子学を主とする儒学の講義と武術・習字が教えられた。のちには，洋学や国学もとり入れられ，医学・化学・物理学・天文学・西洋兵学などを教授する藩校もあらわれた。

○ 水戸藩が設立した弘道館は，藩校の代表的なものである。弘道館は，9代藩主徳川斉昭が1841年に設立した。藩校としては規模が最大で，17.8ヘクタールほどの敷地に，精神のよりどころとしての孔子廟と鹿島神社をまつり，学校御殿（正庁），文館・武館・天文館・医学館といった教場，寄宿寮が配置され，さながら現在の総合大学のようであった。

○ こうした藩校からは，藩政を支える有能な人材が育ち，とりわけ，幕末から明治維新にかけての激動期には，新しい時代をリードする政治家や学者が多数あらわれた。

○ 明治時代になると，藩校は学制改革の中で廃止された。しかし，藩校明倫堂に起源を持つ金沢大学や藩校造士館に起源を持つ鹿児島大学など，現在ある大学や高等学校の中には，江戸時代の藩校を前身とするものも多い。

▶弘道館の正庁（茨城県）

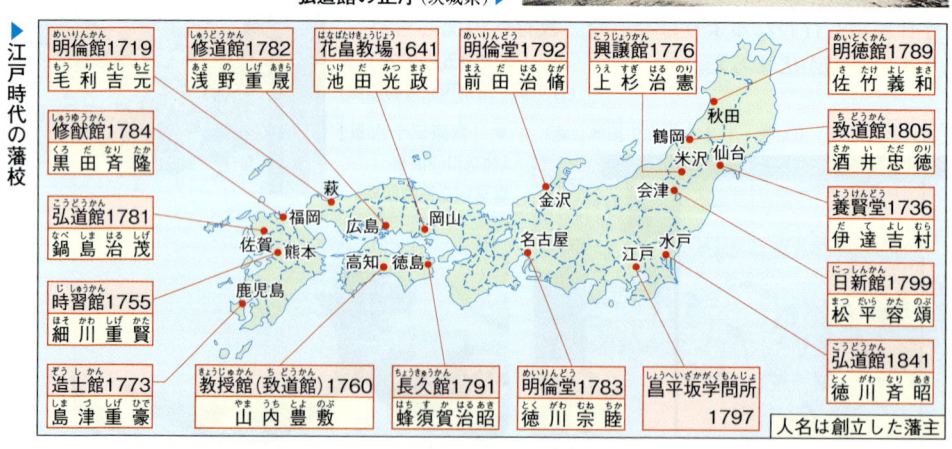

▶江戸時代の藩校

藩校	設立年	創立した藩主
明倫館	1719	毛利吉元
修道館	1782	浅野重晟
花畠教場	1641	池田光政
明倫堂	1792	前田治脩
興譲館	1776	上杉治憲
明徳館	1789	佐竹義和
修猷館	1784	黒田斉隆
致道館	1805	酒井忠徳
弘道館	1781	鍋島治茂
養賢堂	1736	伊達吉村
時習館	1755	細川重賢
日新館	1799	松平容頌
造士館	1773	島津重豪
教授館（致道館）	1760	山内豊敷
長久館	1791	蜂須賀治昭
明倫堂	1783	徳川宗睦
昌平坂学問所	1797	
弘道館	1841	徳川斉昭

人名は創立した藩主

時代をとらえる

時代の移り変わりをとらえよう

次の6人の人物を参考に，5章の時代の移り変わりをまとめよう。

徳川家光　松平定信　徳川綱吉　田沼意次　徳川家康　徳川吉宗

解答例　関ヶ原の戦いに勝利した徳川家康が江戸に幕府を開き，徳川家光のころには大名支配のしくみがととのうなど幕藩体制が確立した。幕府政治は徳川綱吉のころ最盛期をむかえたが，この頃から財政が窮乏し，徳川吉宗による享保の改革に始まって，田沼意次，松平定信が改革政治を行い，政治の引きしめや財政の立て直しを進めた。しかし，たびかさなる改革にもかかわらず，政治・財政の立て直しは難しく，幕府政治はおとろえていった。

時代の特色を説明しよう

次の史料・図版を参考に，江戸時代の❶外国との関係，❷産業，❸文化の特色を説明しよう。

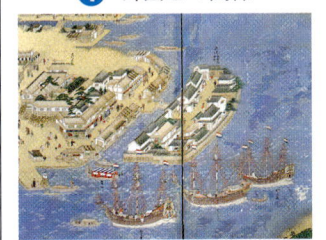

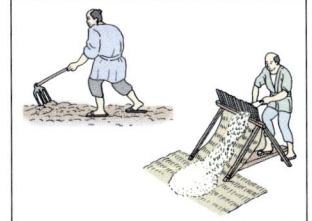

❶ 外国との関係
▲出島

❷ 産業
▲備中ぐわと千歯こき

❸ 文化
▲浮世絵

▲朝鮮通信使

▲大商人（越後屋）

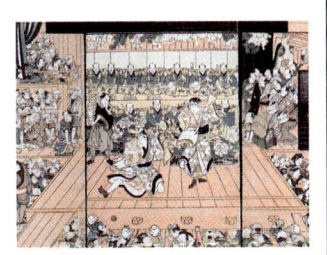

▲歌舞伎

解答例
❶ キリスト教の禁止の徹底や貿易の統制・独占を目的に，幕府は鎖国を行った。鎖国のもとでも，長崎でオランダと中国，対馬の宗氏を通じて朝鮮，薩摩の島津氏を通じて琉球，蝦夷地の松前氏を通じてアイヌとの交流を維持していた。

❷ 新田開発や農具の改良などが進み，農業生産が大きく発展した。また，商業が発達し，大きな財力を持つ大商人も生まれた。

❸ 町人や地方の農民など庶民の間に文化が広まり，浮世絵や歌舞伎などが楽しまれた。

テスト直前チェック

↓答えられたらマーク　　　　　　　　　　　　　　　　わからなければ ⤴

- ❶ ☐ 武断政治にかわって，学問や思想を重んじて行われた政治は何か。　p.174 ❶
- ❷ ☐ ❶の政治をさかんにすすめた5代将軍はだれか。　p.174 ❷
- ❸ ☐ 人間より生きもの，とくに犬を大切にせよという法律を何というか。　p.174 ❷
- ❹ ☐ 正徳の治とよばれた政治を行った朱子学者はだれか。　p.174 ❸
- ❺ ☐ 特産品の自由な取り引きを禁止し，藩や幕府が管理することを何というか。　p.175 ❺
- ❻ ☐ 18世紀のはじめ，8代将軍吉宗が行った幕府の改革は何というか。　p.175 ❶
- ❼ ☐ ❻の改革で定められた，裁判のよりどころになる決まりを何というか。　p.175 ❶
- ❽ ☐ ❻の改革で，大名から1万石につき100石の米を献上させた制度は何か。　p.176 ❶
- ❾ ☐ 老中になり，商業を重視した大たんな経済政策を行ったのはだれか。　p.176 ❷
- ❿ ☐ 生活に苦しむ百姓たちが集団で抵抗した動きを何というか。　p.177 ❷
- ⓫ ☐ 都市の貧しい人々が集団で商人などを襲ったりした動きを何というか。　p.178 ❸
- ⓬ ☐ 工場に働き手を集めて，分業で生産するしくみを何というか。　p.178 ❹
- ⓭ ☐ 18世紀後半に寛政の改革を行って，質素・倹約をすすめたのはだれか。　p.178
- ⓮ ☐ 寛政の改革で，朱子学以外の学問を禁じたことを何というか。　p.178
- ⓯ ☐ 古典を研究し，日本古来の精神を明らかにしようとした学問を何というか。　p.179 ❶
- ⓰ ☐ 『古事記伝』を著して，⓯を大成したのはだれか。　p.179 ❶
- ⓱ ☐ オランダ語を通じて，西洋の科学や技術を学んだ学問を何というか。　p.179 ❶
- ⓲ ☐ 杉田玄白らが苦心のすえ完成した，西洋医学の翻訳書を何というか。　p.179 ❶
- ⓳ ☐ 11代将軍家斉のころ栄えた文化を何というか。また，その中心地はどこか。　p.180 ❶
- ⓴ ☐ こっけい本の代表である『東海道中膝栗毛』を書いたのはだれか。　p.180 ❷
- ㉑ ☐ 「富嶽三十六景」を描いたのはだれか。　p.181 ❸
- ㉒ ☐ 「東海道五十三次」を描いたのはだれか。　p.181 ❸

解答

- ❶ 文治政治
- ❷ 徳川綱吉
- ❸ 生類憐みの令
- ❹ 新井白石
- ❺ 専売制
- ❻ 享保の改革
- ❼ 公事方御定書
- ❽ 上げ米の制
- ❾ 田沼意次
- ❿ 百姓一揆
- ⓫ 打ちこわし
- ⓬ 工場制手工業（マニュファクチュア）
- ⓭ 松平定信
- ⓮ 寛政異学の禁
- ⓯ 国学
- ⓰ 本居宣長
- ⓱ 蘭学
- ⓲ 『解体新書』
- ⓳ 化政文化，江戸
- ⓴ 十返舎一九
- ㉑ 葛飾北斎
- ㉒ 歌川（安藤）広重

定期テスト予想問題

解答⇒p.368

1 [江戸時代の政治]
右の年表を見て，下の問いに答えなさい。

(1) 年表中のⅠにあてはまる年代を答えよ。
(2) 年表中の（①）～（④）にあてはまるできごとを，次のア～カから1つずつ選べ。
　ア　ラクスマンが根室に来航する
　イ　鎖国が完成する
　ウ　関ヶ原の戦いがおこる
　エ　天明のききんがおこる
　オ　日本に鉄砲が伝わる
　カ　徳川綱吉が将軍になる

1600	（　①　）
（Ⅰ）	徳川家康が幕府を開く
1615	大名統制のための法律がつくられる…A
1637	島原・天草一揆がおこる………………B
1641	（　②　）
1680	（　③　）
1716	享保の改革がはじまる…………………C
1772	田沼意次が老中となる
	（　④　）
1787	寛政の改革がはじまる…………………D

(3) Aの法律を何というか。
(4) ① 下の史料は，3代将軍家光のときにAに加えられた制度である。史料の制度を一般に何というか。

> 一，大名小名の江戸出仕を交代で定める。毎年四月中に参勤すること。

② 右の資料は，徳島藩の12代藩主が1826年に①を終えて，江戸から帰ってくるときの行路を表したものである。この行路についての説明文として正しいものをあとのア～エの中から1つ選べ。
　ア　陸路のほとんどは中山道を通行している。
　イ　海路は東まわり航路の船を利用している。
　ウ　「天下の台所」とよばれた都市は，船で通過している。
　エ　当時ヨーロッパの国と貿易を行っていた都市に立ち寄っている。

(5) Bの後，キリスト教の取りしまりを強めた幕府は，人々を仏教の信者にし，寺にキリシタンではないことを証明させた。この制度を何というか。

ベストガイド

1 (2)①は徳川家康と豊臣方（石田三成）との戦い。②の年，幕府はオランダ商館を出島に移した。④の影響で各地に一揆や打ちこわしがおこり，寛政の改革が必要になった。(3) 大名が無許可で城を修理したり，無断で結婚することなどが禁じられた。違反するときびしい処分があった。

(6) Cの改革を行った人物名を答えよ。
(7) Dの改革を行った人物名を答えよ。
(8) 次の文のうち、享保の改革に関するものにはA，田沼意次の政治に関するものにはB，寛政の改革に関するものにはCと答えよ。
① ききんに備えて米や貨幣を蓄えさせた。
② 上げ米の制を定めて大名に米を献上させた。
③ 旗本や御家人の借金を帳消しにする命令をだした。
④ 株仲間を結ぶことを奨励して，特権をあたえるかわりに税を取った。
⑤ 新田の開発や商品作物の栽培を奨励して，年貢の率を引き上げた。
⑥ 町人に出資させて印旛沼などの干拓を行い，新田を増やそうとした。

2 [江戸時代の社会]
次の文の（ ）にあてはまる語句を答えなさい。

(1) 鎖国後，ヨーロッパの国のうち日本と通商するのは（ ア ）のみとなった。そして，（ ア ）との貿易は，長崎の（ イ ）で行われた。
(2) 村には，名主（庄屋）・組頭・百姓代などの（ ウ ）がおかれた。また年貢や犯罪について共同の責任を負わせる（ エ ）の制度がつくられた。
(3) 幕府や藩は，土地の開墾に力を注ぎ，用水路をつくったり，海や沼地を干拓して，大規模な（ オ ）を開発した。現在でも（ オ ）のつく地名が各地にのこされている。
(4) （ カ ）は「将軍のお膝元」といわれ，政治の中心地として栄えた。また，（ キ ）は「天下の台所」とよばれ，諸藩の蔵屋敷がもうけられ，商業の中心となった。
(5) 18世紀になると，多くの村が団結して，領主に年貢の軽減や不正な代官の交代などを要求する（ ク ）がおこった。都市では，米の買い占めをした商人に対する打ちこわしがおこった。
(6) 庶民のあいだにも教育への関心が高まり，都市や農村には多くの（ ケ ）が開かれ，読み・書き・そろばんなど実用的な知識が教えられた。

▲（ イ ）での貿易のようす

▲（ ケ ）のようす

ベストガイド
(6) 8代将軍。(7) 12代将軍家斉につかえた老中。(8) やや細かい内容だが，改革政治のおもな政策はおさえておきたい。

2 (1) アはプロテスタントの国で，キリスト教の布教をしなかった。(4) カ・キと京都をあわせて三都という。
(6) ケ．武士の教育のためには藩校がもうけられた。

③ [江戸時代の文化]

次の問いに答えなさい。

(1) 江戸時代の前半の将軍徳川綱吉のころの文化を何というか。
(2) 江戸時代の後半の将軍徳川家斉のころの文化を何というか。
(3) 次にあげた文章・写真に最も関係の深い人物を下から選び，記号で答えよ。
　① 浮世草子とよばれる小説で，町人の生活を生き生きと描いた。
　② 浮世絵の中で風景画にすぐれ，『東海道五十三次』などを描いて名高い。
　③ 人間愛あふれた俳句をよんだ。
　④ 装飾画を大成し，『紅白梅図屏風』などが有名である。
　⑤　⑥ 月日は百代の過客にして、行きかふ年も又旅人也。『奥の細道』　⑦

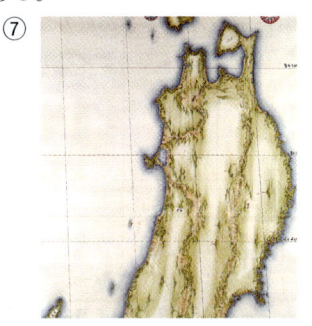

　ア　松尾芭蕉　　イ　杉田玄白　　ウ　歌川(安藤)広重　　エ　井原西鶴
　オ　尾形光琳　　カ　伊能忠敬　　キ　小林一茶

(4) (3)のアからキの人物のうち，江戸時代の前半のころの文化にあたる人物はだれか。記号で答えよ。
(5) ① 本居宣長が大成した学問を何というか。
　② 本居宣長が大成した①は，その後，尊王攘夷運動に影響を与え，倒幕への動きにつながっていった。のちに，尊王攘夷運動に影響を与えた①とはどのような学問か，下の資料を参考にして，述べよ。

> 資料　本居宣長のことば(一部)
> 「世の中の物知りたちは，ただ漢籍にのみまどわされ，考えることや言うことはみな仏教や儒教などの影響を受けていて，まことの道を理解できないでいる。」
> 　　　　　　　　　　　　　　　　　　　　　　(本居宣長『古事記伝』より作成)

ベストガイド

③(1)上方(京都・大阪)中心の文化で，元禄時代のころが全盛期であった。(2)江戸中心の文化で，文化・文政時代のころ全盛期であった。(3)⑦日本全国の海岸線を測量し，正確な日本地図をつくった。(5)②本居宣長は『古事記』を研究し，日本にもとからある思想をあきらかにしようとした。

史料から時代を読み取る　中世・近世

院政の開始　⇒p.84

　白河院は天皇として十四年間天下を治められた。皇太子(後の堀河天皇)に位を譲って上皇となり、政治を初めて院で行われた。後に出家なさってからも、そのまま一生政治を執られた。位を降りてから政治を行われることは、昔はなかったことである。(神皇正統記)
【1086年】

(注)　摂関政治のころは、天皇の母方の祖父が実権を握っていたが、院政になると父方が実権をもつように変化した。

御成敗式目(貞永式目)　⇒p.92

一、諸国の守護の仕事は、京都の警備に御家人が出向くことを指揮・催促する大番催促と、謀反人や殺害人の取りしまりであり、国司や地頭の職務を妨げてはならない。(3条)
一、武士が20年以上継続して土地を支配していれば、その者が所有者となる。(8条)
一、女性が養子をとることは、律令では許されていないが、頼朝公の時代から今日まで、子のいない女性が土地を養子にゆずることは武士の慣習として数え切れない。(23条)
【1232年】

(注)　この式目は、武士の間で使用された法律であり、貴族の間ではこれまでどおり律令が使われた。

▼武芸の訓練(男衾三郎絵巻　東京国立博物館蔵)

11世紀

12世紀

13世紀

保元の乱　⇒p.85

　保元元(1156)年7月2日、鳥羽院がお亡くなりになった後、日本国はじまって以来の乱逆ともいうべきこと(保元の乱)がおこって、これ以後は武者の世になってしまった。……この平安京になってからのことを考えてみても、朱雀天皇の天慶年間の(平)将門の合戦も、(源)頼義が(安倍)貞任を攻めた十二年の戦い(前九年合戦)なども、また大宰権師(藤原)隆家が刀伊国を討ち従えたことも、関東や鎮西(九州)におこったことである。まさしく王と臣下が都の内でこのように乱をおこすようなことは鳥羽院の時代まではなかったことである。(愚管抄)
【1156年】

(注)　この保元の乱と、1159年におこる平治の乱によって、貴族内部の対立でも武士の力がないと解決できないことがあきらかになり、武士が台頭するきっかけとなった。

阿氏河荘農民の訴え　⇒p.93

　阿氏河荘上村の百姓たちがつつしんで申し上げます。…
一、(領主におさめる)材木がおくれていることですが、地頭が上京するとか、あるいは急な用務のためだとかいっては、多くの人夫を地頭のところで責め使われるので、ひまがありません。残りわずかな人を、材木を山から運ぶために送ると、地頭は「逃げた者の畑に麦をまけ」といって追いもどしてしまいます。
【1275年】

(注)　「泣く子と地頭には勝てぬ」いうことわざがあるように、地頭の勝手な行いは目にあまるものがあった。しかし、農民はこうした地頭のふるまいに対して、荘園の領主へ訴えたり、耕作放棄や逃亡といった方法をとったりして対抗した。

史料から時代を読み取る 中世・近世

▲元 寇（蒙古襲来絵詞　東京都　宮内庁三の丸尚蔵館蔵）

フビライの国書 ⇒p.98

　天のいつくしみをうけているモンゴル国の皇帝（フビライ）が書を日本国王に奉る。朕が考えるのに、昔から小国の君主で、国境を接しているものは、音信を交わしあい、仲よくしあうよう努めている。……高麗は朕の東方の属国であるが、日本は高麗と近接し、開国以来おりにふれて中国に使いを遣わしてきた。しかし朕の時代になってからは一人の使いも親交を結びに来たことがない。……願わくは今後互いに訪問しあい、親交を結び、親睦を深めようではないか。兵を用いるようなことをどうして好むであろうか。王はよくこの事を考えてほしい。【1266年】

注　フビライから送られた服属要求の国書である。執権北条時宗はそれを断り、元寇に備えた。

村 掟 ⇒p.113

一、寄合の連絡があって、二度出席しなかった者は五十文のばつをあたえる。
一、森林の苗木を切った者は五百文のばつをあたえる。
一、若木の葉をとったり、くわの木を切ったりした者は百文のばつをあたえる。
（今堀日吉神社文書）　【15世紀】

注　農民たちは村を守っていくために惣（惣村）を形成し結びつきを強めた。その中で寄合という会合を開いたり、上記のような村掟をつくったりして村を運営していった。

13世紀　14世紀　15世紀

永仁の徳政令 ⇒p.99

　領地の質入れや売買は、御家人の生活が苦しくなるもとなので、今後は禁止する。…御家人以外の武士や庶民が御家人から買った土地については、売買後の年数にかかわりなく、返さなければならない。　【1297年】

注　領地を質入れしたり、売ったりした御家人を救うために、幕府は徳政令を出して、ただで取りもどさせようとしたが、さらに混乱をまねいた。

二条河原の落書 ⇒p.100

　このごろ都にはやるもの。夜討ち、強盗、にせ綸旨（にせの天皇の命令）、召人（囚人）、早馬、虚騒動。生頸、還俗、自由出家。にわか大名、迷い者。安堵（所領の保証）、恩賞、虚軍（いくさもないのに手柄をたてたとうそをつくこと）。本領はなるる訴訟人。文書入れたる細つづら。追従（ごまをする者）、ざん人（無実の人をおとしいれる人）、禅律僧（当時力を持っていた僧）。下克（剋）上する成出者…（略）　【1334年頃】

注　京都の鴨川の二条河原に掲げられた書きつけである。建武の新政の混乱ぶりをリズムの良い文章で記している。

▼能のようす（洛中洛外図屏風　千葉県　国立歴史民俗博物館蔵）

5章　幕藩体制と鎖国

正長の土一揆　⇒p.113

天下の土民(農民)が一揆をおこした。徳政だととなえて酒屋・土倉・寺院などをこわし、品物をほしいままに取り、借金の証文をみな破りすてた。管領がこれを処罰したが、およそ国が亡びる原因としてこれ以上のものはない。日本の国始まって以来、土民がこのような一揆をおこしたのはこれが初めてである。(大乗院日記目録)　【1428年】

注　筆者(興福寺大乗院の僧)は、日本史上初めての土民の蜂起であると驚いている。

幕府は一揆が求めた徳政令をださなかったが、柳生の碑文(⇒p.113)にあるように、惣(惣村)によっては、借金の帳消しが実現したところもある。

15世紀

▲応仁の乱のようす(真如堂縁起絵巻　京都府真正極楽寺、⇒p.114)

分国法　⇒p.116

一、駿河・遠江両国(今の静岡県)の今川氏の家臣は、主君の許可を得ないで、他国より嫁をとったり、むこをとったり、娘を他国へ嫁にやることは、禁止する。(今川仮名目録)　【16世紀】

一、朝倉家の城のほか国内には城をつくらせない。有力な家臣は全部、朝倉氏の城のある一乗の谷に引っこしさせ、村々には下級の家臣のみをおく。(朝倉孝景条々)　【15世紀】

一、喧嘩はかたく禁止する。この命令にそむき、もしすれば理由のいかんによらず両方を処罰する。(長宗我部元親百か条)　【16世紀】

注　戦国大名は、領国を治めるために分国法(家法)を定めて、家臣を統制していった。

16世紀

楽市令　⇒p.140

一、この町を楽市として命ぜられた上は、いろいろな座は撤廃し、課役・公事はすべて免除する。

一、往来する商人は、上街道を通ってはならず、この町に泊るようにせよ。……

一、他国ならびに他所の者で、この町に来て住みついた者は、以前から住んでいた者と同じ待遇をうけられる。　【1577年】

注　「楽」とは「自由」という意味。織田信長などの戦国大名は、城下町に楽市令をだして、商業の発展をはかった。

▼南蛮船の到来(南蛮人渡来図屏風　神戸市博物館蔵)

バテレン追放令 ⇒p.142

- 一、日本は古くから神国であるから、キリシタン国から邪法を伝え広めているのは、まことに不都合なことである。
- 一、ポルトガルの貿易船については商売のことであるから特別に取り扱う。今後ともいろいろ取り引きするようにせよ。

【1587年】

注 豊臣秀吉は、キリスト教は禁止する一方で南蛮貿易は許可した。そのため禁教は徹底されなかった。

16世紀

▲検地に使われたものさし(検地尺)(鹿児島県尚古集成館蔵)と桝(京桝 東京国立博物館蔵)

刀狩令 ⇒p.142

- 一、諸国の百姓が、刀・脇ざし・弓・やり・鉄砲などの武器を持つことをかたく禁ずる。そのわけは、百姓が不要な武器をたくわえていると、年貢をおさめることをおこたり、自然に一揆などをくわだて、武士に反抗するようになるからである。
- 一、百姓から集めた武器は、すべて、このたび建立しようとしている寺(方広寺)の大仏鋳造に使うのである。したがって、自分の持っている武器をさしだした百姓は、今の世はもちろん来世までも仏の加護をうけることができる。

【1588年】

注 刀狩は、農民が武器を持ち一揆をおこすことを防ぐねらいがあった。太閤検地とこの刀狩によって、農民と武士の身分がはっきりわかれていった。

17世紀

武家諸法度(寛永令) ⇒p.154

- 一、文武弓馬の道にもっぱら励むこと。
- 一、大名小名が国元と江戸とを参勤交代するよう定めるので、毎年四月に参勤すべきこと。
- 一、新しい城郭を構営することはかたく禁止すること。
- 一、大名(一万石以上の城主)や将軍の側近は、ひそかに婚姻を結んではならないこと。

【1635年】

注 江戸幕府が大名および武士全体の守るべき掟としてつくった法律。最初は13か条からなり、家康の命でつくられたものを2代将軍秀忠が1615年に発布した。3代将軍家光のとき、さらに8か条が追加されて21か条となった。とくに、参勤交代の取り決めがたいせつ。

5章 幕藩体制と鎖国

▼参勤交代のようす(加賀藩大名行列図屏風 石川県立歴史博物館蔵)

百姓の生活の心得　⇒p.156

一、朝は早く起きて草を刈り，昼は田畑の耕作にかかり，晩は縄をなったり俵をあんだりして，それぞれの仕事に精を出すこと。
一、酒や茶を買い，飲んではならないこと。
一、百姓は粟・稗などの雑穀を作って食べ，米を多く食いつぶさぬようにすること。
一、男は耕作に励み，女ははた織りにつとめ，夫婦ともども夜なべにも精を出すこと。夫のことをおろそかに思い，遊びずきな女房は離別すること。
一、百姓の衣類は，すべて木綿にかぎること。
一、たばこは何の得にもならないものであるから，のまないようにすること。【伝，1649年】

(注) 1649年に幕府が出した「慶安の御触書」といわれる史料で，幕府の百姓統制のわかる史料と考えられてきたが，近年では，幕府の法令ではなく，また後年に出されたという説が有力である。

17世紀

生類憐みの令　⇒p.174

一、飼い主のいない犬に最近は食べ物を与えないと聞く。つまり，食べ物を与えれば，その人の犬のようになり，今後関わり合うと面倒になると思っていたわらないと聞く。不届きである。これからはこのようなことがないようにお互いに心得るべきこと。
一、犬だけに限らず，全ての生き物に人々は慈悲の心を持って憐れむことが大切である。
【1687年】

(注) 5代将軍徳川綱吉は，1685年から数回にわたって生類憐みの令を出した。初めは生き物を大切にする慈悲の心を実現しようとする政策であったが，次第に極端になって人々を困らせ，綱吉は「犬公方」とよばれた。

18世紀

▲出島のようす（寛文長崎図屏風　長崎歴史文化博物館蔵）

鎖国令　⇒p.158, p.159

一、外国へ奉書船以外の日本船を派遣することは禁止する。【1633年】
一、外国へ日本の船を派遣することを禁止する。
一、日本人を外国へ派遣してはいけない。【1635年】
…今後，ポルトガル船の来航を禁止する。それでも来航する場合は，その船はこわし，乗組員は斬罪（打ち首）に処される…。【1639年】

(注) 1641年に，オランダ商館を平戸から長崎の出島に移し，鎖国が完成した。

公事方御定書　⇒p.175

一、人を殺して盗みをした者は町中をひきまわした後，さらし首にする。
一、金銭は10両以上，物品は代金にみつもっておよそ10両以上を，こっそり盗みとった者は死罪とする。
一、おいはぎをした者はさらし首にする。
【1742年】

(注) 『公事方御定書』は，8代将軍徳川吉宗が享保の改革で，裁判を公正にするために出した。上下2巻あり，下巻は，刑法・刑事訴訟法103条からなるので，『御定書百箇条』ともよぶ。

天明のききん　⇒p.178

　出羽(秋田県・山形県)・陸奥(青森県・岩手県・宮城県・福島県)の両国は，いつもは穀物がよくとれるところであるが，この年(天明四[1784]年)は，とりわけ不作で，南部(岩手県盛岡地方)，津軽(青森県弘前地方)に至っては，他より甚だしく…。人々はわれ先にと他の領地に行って食べ物を求める。しかし，行く先もききんであるので…日に千人二千人の流民が餓死したと聞く。…(後見草)

【1780年代】

(注) 天明のききんは1780年代におこった大ききん。東北地方は冷害のため大凶作となり，1783年には浅間山(長野県・群馬県)の大噴火がおこるなどしたため，凶作は全国におよび，特に東北地方は多数の餓死者を出した。天明のききんは，享保・天保とならんで，江戸の三大ききんといわれている。

蘭学事始　⇒p.179

　『ターヘル゠アナトミア』の書物の翻訳にとりかかったが，……眉というものは目の上に生じたものである，というような文章が長い春の日を一日つかっても理解できず，日暮れまで考えつめ，おたがいににらみ合って，わずか一，二寸の文章を一行も解せぬこともあった。

【1815年】

(注) 『蘭学事始』は，杉田玄白がオランダの解剖書『ターヘル゠アナトミア』を訳して，『解体新書』を出版した際の苦心談をのべたもの。

◀解体新書の表紙
(兵庫県　神戸市立博物館蔵)

18世紀

19世紀

▲大ききんに苦しむ人々(荒歳流民救恤図　東京都　早稲田大学図書館蔵)

大塩平八郎の呼びかけ　⇒p.219

　この頃は米価がますます高騰しているが，大阪の役人たちは，わがまま勝手な政治をしている。このたび有志の者といっしょに，民衆を苦しめている役人たちを責めうって，引き続いて，ぜいたくなくらしをしている大阪の町人たちを責めうって，その者たちがためこんでいる金銀銭や，蔵屋敷にかくしている米を分け与えるので，…大阪市中で騒動がおこったと聞いたなら，遠くであっても一刻も早くかけつけよ。

【1837年】

(注) 元大阪町奉行所役人の大塩平八郎は，奉行所や豪商に天保のききん(⇒p.219)で苦しむ人々の救済を求めたが受けいれられなかったため，弟子などを率いて豪商をおそい，困っている人々に米などを分け与えようとした。反乱は1日で鎮められたが，元幕府の役人がおこした反乱が幕府にあたえた衝撃は大きかった。

渋染一揆の嘆願書　⇒p.220

　「えた」は新しく衣類をつくる場合は，無紋，柿渋，藍染のものにかぎると仰せつけられましたが…，恐れながら，私たちは「えた」とはいいながら，検地帳に登録された田地を耕し，年貢を納めています。そのように特別な差別をされては，おもいのほかなげかわしく思います。

【1855年】

(注) 岡山藩で出された「えた」身分に対する差別的な内容の法令に，「えた」身分の人々は，嘆願して法令撤回を求めた。結果，藩は法令を実施しなかった。

5章　幕藩体制と鎖国

*p.188～193の史料は，部分要約しているものもあります。

3編 近代の日本と世界

欧米の市民革命と産業革命は、民主主義を発展させ、われわれに資本主義の富をもたらしました。しかし、20世紀には帝国主義諸国がアジア・アフリカで植民地を広げ、日本は朝鮮や中国などを侵略しました。2度の世界大戦は、多くの人命を奪いましたが、反ファシズム勢力の力で、1945年、世界戦争は終結を迎えました。

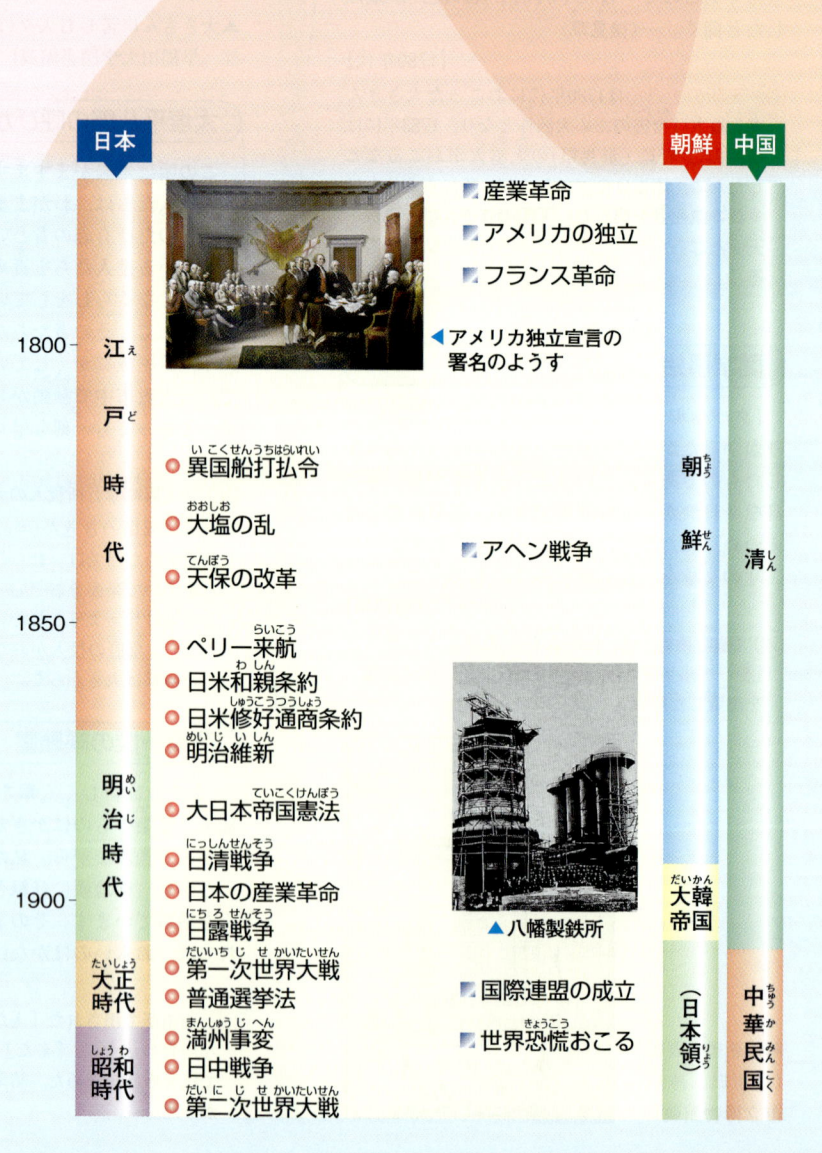

年表

日本 ／ **朝鮮** ／ **中国**

1800年〜

- 産業革命
- アメリカの独立
- フランス革命

◀ アメリカ独立宣言の署名のようす

江戸時代
- 異国船打払令（いこくせんうちはらいれい）
- 大塩の乱（おおしお）
- 天保の改革（てんぽう）

1850年〜

- ペリー来航（らいこう）
- 日米和親条約（わしん）
- 日米修好通商条約（しゅうこうつうしょう）
- 明治維新（めいじいしん）

- アヘン戦争

明治時代
- 大日本帝国憲法（ていこくけんぽう）

1900年〜

- 日清戦争（にっしんせんそう）
- 日本の産業革命
- 日露戦争（にちろせんそう）

▲ 八幡製鉄所

大正時代
- 第一次世界大戦（だいいちじせかいたいせん）
- 普通選挙法

昭和時代
- 満州事変（まんしゅうじへん）
- 日中戦争（にっちゅうせんそう）
- 第二次世界大戦（だいにじせかいたいせん）

- 国際連盟の成立
- 世界恐慌おこる（きょうこう）

朝鮮 → 大韓帝国（だいかんていこく） → （日本領）

中国 → 清（しん） → 中華民国（ちゅうかみんこく）

6章 近代国家の成立と日本の開国

横浜に上陸したペリーの一行
(ペリー提督・横浜上陸の図)

1 欧米諸国の発展

教科書のまとめ

1 イギリスとフランスの市民革命
解説ページ ⇨ p.197

- □ 革命前のヨーロッパ … 国王による専制政治(**絶対王政**)と市民階級の成長。
- □ 市民革命 … 専制政治の廃止と産業の自由な発展を求めて絶対王政を倒す。
- □ イギリスの市民革命 ┫ **ピューリタン革命**(1642年)⇨クロムウェルの共和政。
   名誉革命(1688年)⇨**権利章典(権利の章典)**⇨議会政治の発達。
- □ 啓蒙思想の発達 … **ロック，モンテスキュー，ルソー**ら⇨市民革命に影響。
- □ フランス革命 … 1789年，市民がバスチーユ牢獄を襲撃(革命のはじまり)
   ⇨**人権宣言**の発表⇨国王ルイ16世を処刑⇨共和政へ。
- □ ナポレオン … 皇帝となりヨーロッパの大半を支配⇨ロシア遠征に失敗。

2 アメリカの独立革命
解説ページ ⇨ p.201

- □ 13州の植民地 … イギリス本国の**重商主義政策**の圧迫。
- □ アメリカの独立 … 独立戦争⇨1776年，**独立宣言**を発表⇨独立(パリ条約)。
- □ アメリカ合衆国の成立 … 連邦共和制の国，初代大統領ワシントン。

3 産業革命とその影響
解説ページ ⇨ p.202

- □ **産業革命** … 手工業から機械工業へ。**18世紀後半，イギリスではじまる。**
   └▶経済や社会のしくみも大きく変化。
- □ 産業革命の影響 … 近代工業の発達，資本主義の確立，社会問題の発生。

4 19世紀の欧米諸国
解説ページ ⇨ p.205

- □ フランス … 七月革命⇨二月革命⇨第2帝政⇨パリ=コミューン⇨共和政。
- □ イギリス … 選挙法の改正と議会政治の進展。
- □ ロシア … クリミア戦争での敗戦⇨農奴の解放など近代化の動き。
- □ イタリア・ドイツ … 民族の統一。
- □ アメリカ合衆国 … 西部の開拓⇨**南北戦争**(**リンカン**)の奴隷解放令)。

1 イギリスとフランスの市民革命

1 革命前のヨーロッパ

1 絶対王政 16世紀ごろからヨーロッパの国王は、「国王の地位と権力は神から授けられたものであるから、人民はこれに服従しなければならない」という王権神授説をとなえ、絶対的な権力をにぎった。国王は、強力な軍隊と役人を従え、議会を無視し、国王を中心とする政治を行った。国王は、これらの費用をまかない、国力を高めるために、国内の経済を統制し、大商人を保護して輸出向けの産業をさかんにして貿易を奨励した(重商主義)。イギリスのエリザベス1世、フランスのルイ14世が典型的な絶対王政の王。

2 市民階級の成長 地主や富農・中小商工業者のなかには、土地を失った農民を賃金労働者としてやとい、毛織物工業などの工場制手工業(マニュファクチュア)を経営して、多くの利益をえようとした者もあった。こうした工場制手工業の経営者(資本家)を市民階級とよび、市民革命の中心となった。

2 市民革命

絶対王政のもとでは、国王が特権的大商人を保護していたので、市民階級の産業活動はつねに制限され、そのうえ重い税をかけられることも多かった。そこで市民階級は、国王から権力を奪って議会政治を確立し、産業を自由に発展させようと革命をおこした。市民階級の成長の早かったイギリスの市民革命の後、アメリカ独立戦争やフランス革命へと世界に広がっていった。

3 イギリスの市民革命

1 国王との対立 エリザベス1世の死後、国王ジェームズ1世やチャールズ1世は、絶対王政を行い、議会を開かないまま重税をかけた。そこで市民階級の代表が多数をしめる議会は、国王に「権利の請願」を提出した。しかし国王はこれを無視した。

参考 絶対王政の国々

国名	全盛期	特色
スペイン	16世紀後半	フェリペ2世の時に全盛期をむかえ、無敵艦隊をうしろだてに海外に進出して「太陽の没しない国」とよばれた。
イギリス	16世紀後半	エリザベス女王(1世)の時に最も栄えた。スペイン無敵艦隊を破って海外に進出した。1600年には東インド会社を設立してアジア貿易に進出し、一島国から世界帝国への発展の土台を築いた。
フランス	17世紀後半	ルイ14世の時に最も栄えた。ルイ14世は重商主義をもとに国内産業を育成するいっぽう、ヨーロッパ最強の軍隊を率いて周囲を侵略し、植民地を獲得するなど典型的な絶対王政を行った。また、ルイ14世は豪壮なベルサイユ宮殿を建てて華やかな宮廷生活を展開したが、重税のため国民の不満は高まった。
ドイツ・ロシア	17〜18世紀	ドイツではフリードリヒ大王の時に全盛期を迎えた。大王は、農民保護・教育改革・産業育成をはかり国力を充実させた。ロシアでは、ピョートル大帝の時に最も栄えた。大帝は西ヨーロッパ化の政策を進めた。

用語 権利の請願

1628年、議会が国王チャールズ1世に対して認めさせたもの。議会の同意なしに課税しないこと、法律によらないで国民を逮捕しないこと、などがもりこまれている。しかし、チャールズ1世はこれを無視して重税をかけ、以後、11年間も議会を開かなかった。

2 ピューリタン革命

1642年，クロムウェルを中心とした議会派は内乱をおこした。クロムウェルは，ピューリタン（清教徒）を中核とした軍隊で国王の軍をやぶり，1649年，チャールズ1世を処刑して共和政をはじめた。これが<u>ピューリタン革命</u>である。

> **分析　ピューリタン革命とよばれるわけ**
> 議会での中産階級の人たちの多くは，カルバン派の新教を信仰し，ピューリタン（清教徒）とよばれていた。この人たちが中心となっておこした革命だから，ピューリタン革命（清教徒革命）という。

3 王政の復活

革命後，政治の中心になったクロムウェルは，独裁政治を行ったので，国民の不満が高まった。彼の死後，王政が復活し，チャールズ2世やジェームズ2世による専制政治が行われた。

> **年代ゴロあわせ**
> **1642年 ➡ ピューリタン革命のおこり**
> クロムウェル　ピューリタン
> ひきいて　　一路世に
> 　　　　　　１ ６ ４ ２

4 名誉革命

専制政治の復活に対して不満を持った議会は，1688年ジェームズ2世を退け，オランダからオレンジ公ウィリアムを迎えて国王とした（ウィリアム3世）。ジェームズ2世はフランスに逃げ，この革命は無血で行われたので，<u>名誉革命</u>とよばれている。

5 権利章典

ウィリアム3世は議会が提出した権利の宣言を認め，1689年，「<u>権利章典（権利の章典）</u>」として発布した。これによって議会の権限がはっきり確認され，国民の自由と権利が認められた。これによって，王政のもとでの議会政治が確立できたイギリスでは，憲法と民主主義にもとづく立憲政治が発達し，「<u>王は君臨すれども統治せず</u>」の原則が定まった。

> **史料　「権利章典」（抜すい）（→p.310）**
> 一，国会の承諾なしで王権によって法律または法律の執行を停止する虚偽の権力は違法である。
> 一，国会の承諾によらなければ，平時に王国内で常備軍を徴集し，また維持することは違法である。

> **ポイント**
> 〈イギリスの市民革命〉
> **ピューリタン革命**＝クロムウェルの共和政
> **名誉革命**＝権利章典，議会政治の発達

> **年代ゴロあわせ**
> **1688年 ➡ 名誉革命**
> １ ６ ８ ８
> 一路早や　議会政治へ
> 血をみずに

4 啓蒙思想の発達

イギリスの革命ののち，国家や社会のしくみについても自由な考えがでてきた。教会や国王の支配に苦しんできた人々に，新しい社会の到来を合理的にわかりやすく説明し，自覚させるもので，<u>啓蒙思想</u>とよばれる。<u>アメリカの独立やフランス革命に大きな影響をあたえた。</u>
① <u>ジョン＝ロック</u>（イギリス）…人間は生まれながらに自由と平等の権利を持っていて，国民には政府の圧政に対して抵抗する権利があるとした。
② <u>モンテスキュー</u>（フランス）…『<u>法の精神</u>』を著して<u>三権分立</u>の必要性を説いた。

> **人物　メアリ2世**（1662～94）
> ジェームズ2世の娘で，ウィリアム3世の妻。夫とともにイギリス国王に即位し，共同統治を行った。

> **用語　三権分立**
> <u>立法</u>（法律をつくる）・<u>行政</u>（法律にもとづき政治を行う）・<u>司法</u>（裁判を行う）の3つの政治権力をそれぞれ独立させ，独裁を防ぐ政治のしくみ。

③ **ルソー**（フランス）…『社会契約論』を書いて国民主権の考え方を主張した。

5 フランス革命

1 革命前のフランス　フランスでは18世紀になっても絶対王政が続き，僧や貴族が免税などの特権を持つ一方で，農民や市民は高い税に苦しみ，産業の自由がさまたげられていた。しかし，啓蒙思想の影響やアメリカ独立の刺激を受けて，王政を批判しはじめていた。

2 国民議会の成立　財政の悪化に苦しむルイ16世は，僧や貴族に課税しようとしたので，これに反対する貴族は，175年ぶりに，僧・貴族・市民などからなる議会（三部会）を開かせた。三部会では議決方法で争いがおこり，市民らは，国民の代表は自分たちであるとして，**国民議会**をつくった。

3 革命のはじまり　ルイ16世は軍隊の力で国民議会を解散させようとしたので，国民議会を支持していたパリの人々は，1789年7月14日，絶対王政の象徴とみなされていた**バスチーユ牢獄**を襲撃した。こうして**フランス革命**がはじまった。

4 人権宣言　国民議会は，僧や貴族の特権を廃止した。そして，**人権宣言**を発表し，人は生まれながら自由で平等の権利をもち，主権は国民にあることなどを明らかにした。人権宣言は，アメリカの独立宣言とともに，その後の各国の憲法に大きな影響をあたえた。

5 共和政の成立　革命が進行する中で，ルイ16世は国外逃亡をはかったが発覚し，国民の信頼を完全に失った。国民議会にかわって成立した新しい議会は，王政を廃止して共和政（第1共和政）をしき，ルイ16世を処刑した。このころ，革命をおさえようするオーストリア，プロシア（プロイセン）など周辺の国々がフランスを攻撃したが，議会のよびかけで各地から集まった人々によって**義勇軍**が組織され，撃退した。

6 急進派の政治　混乱のなかで，ロベスピエールを中心とする急進改革派が独裁の体制をつくった。そして，貴族の土地を農民に分けるなど改革を進めた。しかし，反対派をつぎつぎに処刑したため，恐怖政治

▲**バスチーユ牢獄の襲撃**　視点　バスチーユ牢獄は，パリ市内にあり，国王の政治に反対した政治犯が多く収容されていた。襲撃のあった7月14日は，今日，革命記念日とされている。

▶史料　**フランス人権宣言**（抜すい）

一、人間は生まれながらにして自由かつ平等な権利をもっている。社会的な差別は，一般の福祉に基づく以外にはありえない。

一、あらゆる政治的結合の目的は，天賦にして不可侵の人権を維持することにある。その権利とは自由，財産所有，安全および圧政に対する抵抗である。

一、いかなる主権の原理も，本来，国民のうちにある。いかなる団体，いかなる個人でも，明白に国民のうちから出ない権威を行使することはできない。

視点　ラファイエットらが起草。ルソーらの啓蒙思想が入っている（→p.310）。

▶参考　**国民義勇軍**

革命を押えようとするプロシア・オーストリアに対して戦うため，国民議会の指令で各地からパリに集まった義勇軍。彼らが歌った「**ラ・マルセイエーズ**」が今日のフランス国歌となった。

年代ゴロあわせ

1789年 ➡ フランス革命

専制に　非難爆発　フランス革命
　　　　1 7 8 9

とよばれ長続きせず，ロベスピエールが政敵に処刑されると，穏健派が総裁政府をつくった。

❻ ナポレオンの時代

1 ナポレオンの登場 総裁政府は国民の生活を安定させることができなかった。そうしたなかで国民の期待にこたえて登場したのが軍人ナポレオンであった。彼は，武力で総裁政府を解散した後に統領政府をつくり，みずから第1統領となって政治の実権をにぎった。ナポレオンの登場でフランス革命は終わった。

2 ナポレオンの政治 ナポレオンは，フランス銀行設立や租税制度の改革を行って経済的混乱をしずめ，行政機構と警察網を整備して反革命の動きに備えた。また，私有財産の尊重など市民社会の法関係を明らかにした『ナポレオン法典』を制定した(1804年)。

3 第1帝政 こうした改革で人気が高まると，1804年，ナポレオンは国民投票を行って皇帝の位につき，ナポレオン1世としてヨーロッパの大部分を支配した。

4 ナポレオンの没落 ナポレオンは自由・平等というフランス革命の成果をヨーロッパ諸国に広めたが，それは諸国民の愛国心を刺激するものであった。そしてナポレオンのロシア遠征失敗を契機に，諸国は解放戦争に立ちあがり，1814年，退位させられたナポレオンは地中海のエルバ島へ流された。

5 ウィーン体制の成立 1814年，オーストリアのメッテルニヒが諸国によびかけ，オーストリアのウィーンで会議を開き，ヨーロッパをフランス革命前の状態にもどすことが決められた。これは市民革命の成果である自由と平等をおさえようとする動きであり，こうした国際秩序をウィーン体制とよぶ。

ポイント
〈フランス革命〉
バスチーユの襲撃…革命のはじまり
⇩
人権宣言…自由・平等，国民主権を宣言
⇩
共和政⇨ナポレオンの政治

1789年5月	ベルサイユで三部会開会
6月	国民議会の成立
7月	バスチーユ牢獄を襲撃
8月	『人権宣言』の発布
1791年6月	国王の逃亡事件⇨失敗
1792年4月	オーストリアに宣戦
6月	国民義勇軍の進軍
8月	プロシア軍がパリに進撃
9月	王政廃止・共和政を宣言
1793年1月	ルイ16世を処刑
6月	急進派の独裁＝恐怖政治
7月	封建的特権を全廃
1794年7月	ロベスピエールら処刑
1795年10月	総裁政府の成立

▲フランス革命の進展

人物 ナポレオン＝ボナパルト (1769～1821)
コルシカ島の小貴族の家に生まれ，革命政府軍で砲兵士官として活動。総裁政府の信任を得て，1796年にオーストリア軍を破って名をあげた。

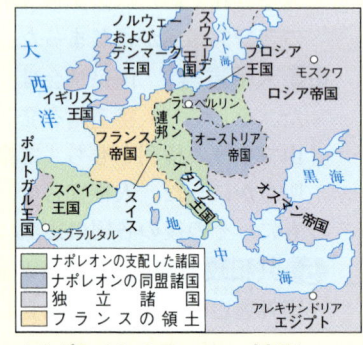

▲ナポレオンのヨーロッパ支配

分析 フランス革命の意義
フランス革命は，フランスの市民階級が貧しい民衆の力を組織して立ちあがった革命であった。革命では，あくまで封建的特権にしがみつく貴族や，革命が波及することで近代化の実権を市民階級に奪われることを恐れた周辺の絶対王政国家の干渉と戦いながら，自由で平等な市民社会を実現した。

2 アメリカの独立革命

1 植民地アメリカ

1 13州植民地の成立 イギリスは絶対王政下で，アメリカ東部にバージニア植民地をひらいていた。18世紀に入ると13の州が成立して，各州が議会を開き，自主・独立の精神を強く示した。

2 イギリスの植民地政策 イギリスは13州の植民地に対し重商主義の政策をとり，産業の発展をおさえ，植民地をイギリスの製品販売市場と原料供給地として扱った。

3 13州の抵抗 18世紀後半，フランスとの植民地戦争で財政が苦しくなったイギリスは，13州に対して印紙法を出し，印紙税をとることにした。これに対し，13州は「代表なくして課税なし」と主張して，この法律を撤回させた。しかし，なおもイギリスは茶法を出して，生活に欠くことのできない紅茶に課税したので，1773年にボストン茶会事件がおこった。

2 独立への歩み

1 独立戦争 1775年4月，13州はボストン郊外のレキシントンでイギリス軍と独立戦争をはじめた。独立軍は，司令官ワシントンのたくみな指揮と，フランス・スペインの援助，ロシア・北ヨーロッパ諸国が中立を宣言して独立軍を支援したことで有利に戦った。

2 独立宣言 1776年7月4日，13州の代表はフィラデルフィアで，「すべて人間は平等で，生命・自由・幸福を追求する権利や圧政に対する革命権をもっている」ことを明らかにした『独立宣言』(→p.310)を発表した。これはトーマス=ジェファーソンが起草したもので，ジョン=ロックの思想の影響がみられる。

3 独立の承認 1781年，独立軍はイギリス軍の本拠地ヨークタウンを占領した。そして1783年，13州はイギリスとパリ条約を結び，正式に独立を認められ，ミシシッピ川以東の地を得た。

▲アメリカの13州植民地

用語 ボストン茶会事件
1773年12月，ボストン市民がイギリス船を襲い，茶箱を海に投げこんだ事件。植民地への課税は，1770年にほぼ廃止されたが，茶税は残っていた。

アメリカの独立の年は

アメリカの独立の年は，独立宣言の出された1776年とパリ条約を結んだ1783年の2つが考えられる。しかし，7月4日が独立記念日とされているように，ふつうは，独立宣言を発表した1776年がアメリカの独立の年とされる。

年代ゴロあわせ
1776年 → アメリカの独立宣言

アメリカで 非難なかろと 独立宣言
         1 7 7 6

史料 アメリカ独立宣言(一部)
われわれは，次の真理を自明のものと認める。すべての人は平等に創られていること。彼らは，その創造者によって，一定の譲れない権利をあたえられていること。

視点 前半で民主政治の原則を書き，後半でイギリスの暴政を批判した。

3 アメリカ合衆国の成立

　アメリカ合衆国は独立したとはいえ，それぞれ別の憲法をもった13州の連合にすぎなかった。そこで1787年，フィラデルフィアで憲法制定会議が開かれ，「合衆国憲法」が制定された。
　その特色は，①州の自治権を広く認めた連邦共和制の採用，②大統領制ときびしい三権分立のしくみなどである。初代大統領には，ワシントンが就任した（1789年）。

> **ポイント**
> アメリカの独立＝13州植民地の市民階級が
> 　　　　　　　　イギリス本国の支配を打倒。
> 1776年，独立宣言⇨1783年，パリ条約
> 1787年，合衆国成立。初代大統領ワシントン

分析 アメリカの独立が市民革命とされるわけ
　植民地の人々すべてが独立を望んだのではなく，大地主・大商人らはイギリス本国と結びついて利益を得ていたため，独立に反対した。しかし，植民地でも市民階級の成長が著しく，これら市民階級が，大地主・大商人をおしのけて本国の支配をうち破ったという点で，市民革命といえる。

参考 中南アメリカの独立
　アメリカ合衆国の独立やフランス革命の影響を受けて，19世紀のはじめ，中南アメリカのスペインやポルトガルの植民地で独立運動がおこった。この結果，メキシコ，ブラジル，アルゼンチンなどが独立した。

3 産業革命とその影響

1 イギリスの産業革命

　18世紀後半，イギリスでは産業上の大変革がおこっていた。これまでの道具にかえて機械をもって生産することからはじまった技術上の革新は，近代社会の特色の1つである資本主義社会を確立することになったのである。これが産業革命であり，まず綿工業からはじまり，他の工業部門に広がっていった。

分析 産業革命がイギリスではじまったわけ
①早くから工場制手工業が発達し，市民が富をたくわえていた。
②いち早く，市民革命を達成し，産業の自由な発展がはかられた。
③海外に広い植民地をもち，製品の需要（大きな市場）があった。
④鉄・石炭などの資源が豊かであった。
⑤囲い込みによって，土地を失った農民が増え，それらが労働者となった（豊富な労働力）。

2 産業革命の展開

1 綿工業の発達　イギリスでは，もともとヨークシャーの毛織物工業が中心であった。しかし，インドから大量に綿花が輸入されるようになると，綿織物の需要が高かったこともあって，ランカシャーの綿工業での機械化が必要となった。ハーグリーブズ・アークライト・クロンプトンらが紡績機を発明・改良し，カートライトは，ワットの発明した蒸気機関を利用した力織機を発明し，綿布の生産を高めた。

分析 ワットの蒸気機関が産業革命に果たした役割
　それまでの動力はもっぱら水車であったから，紡績工場も山間の流れにそってつくられ，原料・製品の運搬にも不便であり，水量の少ない時期は生産できなかった。しかし，蒸気機関の利用で工場はどこへでも建設でき，交通機関に応用されて，原料・製品の運搬にも役立ったのである。

2 重工業の発達
機械が発明され、実際に使われるようになると、機械工業という新しい産業や、その基礎になる製鉄業、さらに蒸気機関と製鉄に欠かせない鉄・石炭を採掘する鉱業が発達した。

3 交通革命
産業の発達にともない、原料や製品を大量に早く運ぶ輸送手段の改良が望まれた。1807年には、アメリカ人フルトンが蒸気船を発明した。また1814年には、イギリス人スチーブンソンが蒸気機関車を発明した。こうした交通革命は地球上の距離を短縮することになり、**イギリスは「世界の工場」とよばれるようになった。**

人　名	改良・発明
ジョン＝ケイ	飛びひの布織機
ダービー父子	コークス製鉄法
ハーグリーブズ	多軸紡績機
ワット	蒸気機関
アークライト	水力紡績機
ウィルキンソン	シリンダー中ぐり盤
クロンプトン	ミュール紡績機
コート	反射炉（製鉄）
カートライト	力織機
モーズリ	送り台付き旋盤

▲イギリスの綿工業の発達（18世紀後半）　視点　紡績機は綿花から糸をつむぐ機械で、織機は綿糸から綿布を織る機械。

3 各国の産業革命

1825年、イギリスが機械の輸出を許可したことで、産業革命は各国におよんだ。①フランスは1830年代に産業革命を迎え、ゆるやかに進行した。②ドイツは1850年ごろから、国家統一と並行して行われた。③アメリカは1860年代の南北戦争のころから産業革命が展開し、豊富な資源に恵まれていたこともあって、やがて世界一の工業国となった。④日本の産業革命は、**日露戦争のころから本格化**した。⑤ロシアの産業革命による工業化は1930年代になってから本格化した。

▲スチーブンソンの蒸気機関車
視点　1825年に、イギリスのストックトン～ダーリントン間に世界最初の鉄道が開通。1829年に、この絵のロケット号が実用化に成功し、翌年、リバプール～マンチェスター間に鉄道がしかれた。

ポイント
産業革命＝機械・動力の発明で生産のしくみが大変革⇒経済・社会も変化
　　　　　　手工業⇒工場制機械工業
18世紀後半、イギリスではじまる

4 産業革命の影響

1 近代工業の確立
産業革命の結果、機械で大量生産を行う工場制機械工業のしくみが生まれた。イギリスを例にとると、交通の要所にマンチェスター（綿工業）やバーミンガム（鉄・機械）などの工業都市がおこり、都市と農村の区別がはっきりしてきた。

参考　イギリス産業革命と世界
①**インドへの影響**　世界的な綿布輸出国であったインドに、イギリスの安価な綿製品が大量に流入したため、インドの家内工業を没落させた。
②**アメリカへの影響**　アメリカは、イギリスの綿工業の原料供給地として利用され、南部の大農場では黒人奴隷を酷使して、大量に綿花を栽培するようになった。

② 資本主義の確立
産業革命の結果，生産に必要なもの（原料・機械・工場施設）をもつ**資本家**と，資本家にやとわれて賃金をもらう**労働者**という2つの階級が生まれた。資本家が労働者をやとって生産するしくみを**資本主義**といい，この生産のしくみを骨組みにした社会を資本主義社会とよぶ。

① **資本家の社会進出**…資本家は，大商人や地主などにかわって，その国の経済を支配する力をもつようになった。

② **増える労働者**…機械の導入により，成人男性ばかりでなく，女性や子どもまでが労働者としてやとわれるようになり，労働者が急激に増えた。

③ 社会問題の発生

① **労働問題**…資本主義社会で資本家は，より多くの利益を得るために，労働者をより安く，より長く働かそうとした。そのため，労働者はつねに貧困・病気・けがなどにおびやかされ，都市の一部にはスラム（貧民街）もできた。

② **労働運動のはじまり**…労働問題が発生すると，労働者は団結して労働組合をつくり，人間らしい生活を求めて，労働条件の改善，労働者保護の法律の制定などを政府・資本家に要求する労働運動をすすめた。運動には，**社会主義**の考え方が大きく影響した。

③ **社会主義思想のおこり**…労働者の貧困や資本家との著しい貧富の差の原因は資本主義のしくみにあると考えて，平等な社会をめざす**社会主義**の思想が唱えられるようになった。ドイツのマルクスは資本主義経済を科学的に分析して，『共産党宣言』や『資本論』を著し，資本主義の矛盾を指摘して社会主義理論を確立した。マルクスの理論は，のちの労働運動や社会主義運動に大きな影響をあたえた。

ポイント
産業革命 ⇒ 近代工業の発達／資本主義の確立／社会問題の発生
資本家と労働者の2つの階級
　→ 社会主義思想

分析 産業革命が欧米の近代社会におよぼした影響
① 機械で大量生産する**工場制機械工業**のしくみができた。
② 工業都市がおこり，**都市に人口が集中**した。
③ 社会を構成する階級は資本家（市民階級）と労働者の2つになった。
④ 資本家は多くの利益を得て，社会の中心勢力となった。
⑤ 多数の労働者があらわれ，**労働問題**などの社会問題や社会主義の思想がおこってきた。
⑥ 製品を売る市場と原料の供給地を増やすため，**欧米諸国の勢力が急速に世界各地に進出**することになった。

▲工場で働く子ども　視点　産業発達の一方で，労働者は貧しい生活をしいられ，女性や子どもの長時間労働や虐待が社会問題となった。

用語 社会主義
土地や工場を個人の私有とせずに，社会の共有にし，すべて国民は労働者として平等な生活を送る社会をつくろうとする考え。

◀マルクス

4 19世紀の欧米諸国

1 フランスの発展

1 七月革命 ウィーン会議の結果，フランスでは王政が復活し，国王は言論・思想などを弾圧するなどの反動的な政治を行った。1830年7月，国王が議会を解散すると，パリ市民は，武器をもって蜂起して国王を退位させ，ルイ＝フィリップを国王とした。これを七月革命という。

2 二月革命 七月革命ののち，フランスでは市民階級の勢力が強まり，産業革命が急速に進行し，貧富の差が拡大した。労働者らは1848年2月，選挙権を要求してパリで革命をおこし，保守反動化した国王ルイ＝フィリップを退位させた。その後，臨時政府がつくられ，第2共和政が成立して，世界に先がけて成人男子が選挙権を持つ普通選挙が実施された。これを二月革命という。

3 共和政の確立 臨時政府は第2共和国憲法を制定し，その憲法のもとで選ばれた大統領がナポレオンの甥ルイ＝ナポレオンであった。まもなくルイ＝ナポレオンは，農民の支持を得て皇帝となり，ナポレオン3世と称して独裁政治をはじめた(第2帝政)が，プロシア(プロイセン)と戦って敗れ，没落した。パリ市民は1871年，パリ＝コミューンをつくったが鎮圧された。しかし，1875年に第3共和国憲法が制定されて，フランスの共和政は確立した。

2 イギリスの繁栄

イギリスは，ウィーン体制にとらわれずに自由主義の改革をすすめるとともに，資本主義を発展させ繁栄した。

1 選挙法の改正 イギリスでは産業革命後も，選挙権は財産とある種の資格をもった者に限られ，議員の割り当ても不平等であった。そこで市民階級や労働者は選挙法改正を要求し，1832年に第1回選挙法改正が行われた。

分析 七月革命の影響

七月革命はフランス国民がウィーン体制に対して最初の勝利をおさめたできごとであった。その影響はたちまち全ヨーロッパに広がり，各地に自由主義・国民主義の運動がさかんとなり，ウィーン体制はくずれた。まず，ウィーン会議の取り決めでオランダに併合されていたベルギーが独立し，イギリスでは選挙法の改正がはじまり，イタリアやドイツでは統一への気運がもりあがってきた。

年代ゴロあわせ

1848年 ➡ フランス二月革命

1 8 4 8
自由はしばれぬ
二月の革命

分析 二月革命の影響

① オーストリア　ウィーンで暴動がおこり，メッテルニヒは追放された。ハンガリー・ボヘミアでも民族独立運動がおこった。
② ドイツ・イタリア　統一の気運がいっそう高まった。
③ イギリス　普通選挙などを求めるチャーチスト運動が最高潮に達した。

用語 パリ＝コミューン

1871年，パリの市民によって建てられた世界最初の社会主義政府。プロシア＝フランス戦争の結果，フランスでは資本家や農民を代表する臨時政府が成立し，プロシアと講和しようとしたが，社会主義者はこれに反対し，パリ市民を指導して自治政府のパリ＝コミューンをつくった。

2 チャーチスト運動
第1回選挙法改正で、市民階級には選挙権があたえられたが、労働者にはなかった。そこで、労働者は男子普通選挙などを求めてチャーチスト運動をおこした。運動は失敗したが、以後、数回の選挙法改正で、イギリスは議会制民主主義を実現していった。

3 議会制民主主義の発達
19世紀後半、ビクトリア女王のもとで、保守党(トーリー党の後身)と自由党(ホイッグ党の後身)にそれぞれ有力政治家があらわれ、典型的な議会政治を展開した。

年次	選挙権を得た階層
1832	資本家を中心とする市民階級
1837	チャーチスト運動
1867	都市の労働者
1884	鉱山労働者・農民
1918	男子21歳、30歳以上の一部女子
1928	男女とも21歳以上

▲イギリスの選挙権の拡大

3 ロシアの改革

ロシアでは19世紀になっても農奴制が存続し、皇帝の専制支配が続いていた。

1 クリミア戦争
18世紀末以後、急速に衰えたオスマン帝国に対し、ロシアはギリシャ正教徒保護を口実に南下し、オスマン帝国と開戦した。ロシアの南下を警戒したイギリス・フランスがオスマン帝国を助けたのでロシアは敗れ、ロシアの南下政策は挫折した。これがクリミア戦争(1853～56年)である。

2 ロシアの近代化
クリミア戦争の敗北で近代化の必要性を痛感したアレクサンドル2世は、1861年に農奴解放令を出した。しかし、地主の農民支配が根強く残り、皇帝も国内の自由主義を取りしまるなど近代化は不十分だったので、革命の気運が高まった。

分析 ロシアが南下を進めようとしていたわけ
ロシアは、北の寒い地方に位置しているうえ、海岸はとくに寒い北部と北西部にしかなく、港は冬になると凍って使えなくなってしまう。それで、南の暖かい地方に1年中凍らない港をもつことを願っていたのである。そのため、黒海からバルカン半島、さらには地中海へと勢力をのばそうとして、オスマン帝国とたびたび衝突をくり返していた。

参考 ギリシャの独立
1829年、ギリシャがイギリス・フランスなどの支援をうけてオスマン帝国から独立した。これはウィーン会議後、初めてのヨーロッパの領土変更であったので、ウィーン体制は動揺した。

4 イタリアの統一

イタリア半島は小国にわかれていたが、フランスの二月革命の影響をうけて独立と統一を求める運動がおこった。1861年、フランスの援助をうけたサルジニア王国のビットリオ゠エマヌエーレ2世が統一を完成し、イタリア王国が成立した。

参考 バチカン市国
イタリア王国は1870年にローマ教皇領を併合し、中世以来の教皇領は消滅した。そのため、イタリア王国とローマ教皇が対立することとなったが、1929年に妥協がなり、ローマ市の一角に教皇庁(バチカン市国)が復興された。

5 ドイツの統一

1 プロシアの発展
小国分裂の状態であったドイツを統一しようとする運動の中で、オーストリアとプ

ロシア（プロイセン）が独立運動の中心として有力となった。とくにプロシアでは産業がいちじるしく発展し，市民階級の勢力も強かった。

2 プロシアによる統一

19世紀中ごろ産業革命が進むにつれて，プロシアがドイツ統一運動の主導権を握るようになった。プロシア首相ビスマルクは，軍備を増強して，武力で統一しようとし，統一の障害となるオーストリア・フランスと戦って勝利した。1871年，ドイツ帝国が成立し，プロシア国王が皇帝に即位した。

> **史料 ビスマルクの演説**
>
> ドイツの着眼すべき点はプロシアの自由主義ではなく，その軍備であります。言論や多数決によっては現下の大問題は解決されないのであります。言論や多数決は1848年，および1849年の欠陥でありました。鉄と血によってこそ，問題は解決されるのであります。
>
> 視点 これは，ドイツの統一は，プロシアが中心となって，武力でおし進めなければ実現できないということを主張したもので，これによってビスマルクは，鉄血宰相とよばれた。

6 アメリカ合衆国の発展

1 領土の拡大

独立後，多くの移民を迎えたアメリカ合衆国は，西へ西へと開拓をすすめ，19世紀中ごろには，太平洋沿岸にまで領土を拡大し，大陸横断鉄道も開通した。開拓者たちのフロンティア精神は，アメリカ民主主義の基礎となったが，インディアンは住む場所を奪われ，やせた土地へ強制移住させられた。

2 南北戦争

19世紀中ごろ，黒人奴隷の使用をめぐって南部と北部が激しく対立した。1860年，奴隷解放を主張するリンカンが大統領に当選すると，南部は合衆国を脱退し，南北戦争（1861〜65年）をおこした。1863年，リンカンが奴隷解放令を出したので，北部が優勢となり勝利をおさめた（→p.310）。

3 戦後のアメリカ

アメリカ合衆国は再び統一され，南部の農業と北部の工業が結びついて，急速に資本主義が発展した。黒人や女性の一部に選挙権があたえられるなど民主主義が進んだが，いぜん黒人は貧しく，解放も不徹底に終わった。

> **分析 南北が対立したわけ**
>
> 北部では早くから商工業がおこり，イギリスの大工業と対抗するため，輸入品への関税を高くする保護貿易を求め，国内市場の統一のために中央集権を望み，奴隷制に反対していた。
>
> 南部は黒人奴隷を使って，綿・たばこを栽培する大農場経営が中心であったから，農産物を自由に輸出するために自由貿易を求め，各州に強い自治権を認める地方分権を望んでいた。
>
> こうした政治上・経済上の違いから，北部と南部はことごとに対立するようになった。

▶リンカン

> **ポイント**
>
> 〈南北戦争〉
> 南部…綿花農業・奴隷制・自由貿易 ｜ 対立
> 北部…商工業・奴隷反対・保護貿易 ｜
> ⇒資本主義・民主主義の発達

▶アメリカ合衆国の領土の拡大

視点 1867年にはロシアからアラスカを買収した。なお，領土が太平洋沿岸に達したのは，ペリーの日本来航とほぼ同じ時期である。

イギリス領カナダ／オレゴン 1846併合／カリフォルニア 1848メキシコより割譲／テキサス 1845併合／ガズデン 1853メキシコより買収／ルイジアナ 1803フランスより買収／1783独立のときイギリスより割譲／独立13州／フロリダ 1819スペインより買収／メキシコ／太平洋／大西洋

グレードアップ さらに知識を広げよう 19世紀の科学と文化

■ 自然科学の発達

○ 自然科学では，17世紀の末にニュートンが「万有引力の法則」を発見していたが，19世紀に入ると，資本主義の発達には科学・技術の革新が不可欠であったため，自然科学が急速に発展した。今日のわれわれの生活に恩恵をあたえている発明・発見の多くは19世紀のものである。そのため，19世紀は「科学の世紀」とよばれる。

○ 電信機・電話機などの発明で，情報をすばやく各地に伝達することができるようになった。電灯は都市を大きく変え，人々の生活をより豊かなものにした。顕微鏡の発明により，病原菌が発見されて伝染病の予防が進んだ。また，ダーウィンが『種の起源』を著して進化論を唱え，さまざまな分野の学問に影響をあたえた。

■ 人文科学・社会科学の発達

○ 経済学では，イギリスのアダム＝スミスが『諸国民の富（国富論）』を著し，経済活動は自由であるべきことを主張して，経済学の土台をつくった。またドイツのマルクスは社会主義の理論を確立し，社会主義社会を実現するには，労働者が団結する必要があると説いた。哲学では，ドイツのカントとヘーゲルが近代哲学を完成した。

■ 新しい芸術

○ 市民革命後，人々は人間の感情や想像力を重んじるようになり，18世紀の末から，ロマン主義という芸術活動が文学・絵画・音楽の各分野でおこった。

○ 19世紀の後半には，人間や社会をより冷静に観察して，社会の矛盾を追究して，それを作品で主張しようとする自然主義がおこり，働く農民や市民の生活がえがかれた。

○ 19世紀の末になると絵画の面で，色彩豊かな明るい絵をえがく，印象派があらわれた。ゴッホなど印象派の絵画には日本の浮世絵の影響がみられる。

人名	おもなしごと
メンデル(オ)	遺伝の法則の発見
パスツール(フ)	微生物病原体の発見
キュリー夫妻(フ)	ラジウムの発見
コッホ(ド)	結核菌・コレラ菌の発見
レントゲン(ド)	X線の発見
ディーゼル(ド)	ディーゼル機関の発明
エジソン(ア)	電灯・蓄音機の発明
ベル(ア)	電話の発明

▲19世紀のおもな発明・発見
(オ)オーストリア (フ)フランス (ド)ドイツ (ア)アメリカ (ポ)ポーランド (ロ)ロシア (オラ)オランダ (ス)スペイン

ロマン主義	ベートーベン…(ド)〔音楽〕	
	シューベルト…(オ)〔音楽〕	
	ショパン…(ポ)〔音楽〕	
	ゴヤ…(ス)〔絵画〕	
	ドラクロア…(フ)〔絵画〕	
自然主義	スタンダール…(フ)〔文学〕	
	ユーゴー…(フ)〔文学〕	
	トルストイ…(ロ)〔文学〕	
	ミレー…(フ)〔絵画〕	
	ロダン…(フ)〔彫刻〕	
印象派	マネ…(フ)〔絵画〕	
	セザンヌ…(フ)〔絵画〕	
	モネ…(フ)〔絵画〕	
	ルノアール…(フ)〔絵画〕	
	ゴッホ…(オラ)〔絵画〕	

▲芸術の進歩

▲タンギーじいさん(ゴッホ)
(フランス　ロダン美術館蔵)
視点 背景の浮世絵に注目。

テスト直前チェック

↓答えられたらマーク　　　　　　　　　　　　　　わからなければ ↩

① □ 16世紀，ヨーロッパの国王が行った専制政治を何というか。　　p.197 ①
② □ 1649年，チャールズ1世を処刑したイギリスの革命を何というか。　p.198 ③
③ □ 血を流さず，議会政治を確立したイギリスの革命を何というか。　p.198 ③
④ □ ③の革命後，1689年にウィリアム3世が発布したものは何か。　p.198 ③
⑤ □ 『法の精神』を著して，三権分立の必要性を説いたのはだれか。　p.198 ④
⑥ □ 『社会契約論』を著して，人間の自由・平等を主張したのはだれか。　p.199 ④
⑦ □ フランス革命は何年におこったか。　p.199 ⑤
⑧ □ フランス革命のとき，市民の自由と平等を保証した宣言が出た。何宣言か。　p.199 ⑤
⑨ □ フランス革命後，皇帝となってヨーロッパを支配したのはだれか。　p.200 ⑥
⑩ □ 独立時のアメリカ合衆国には州がいくつあったか。　p.201 ①
⑪ □ ジェファーソンが起草して，1776年7月4日に発表されたものは何か。　p.201 ②
⑫ □ アメリカ合衆国の初代大統領はだれか。　p.202 ③
⑬ □ 18世紀後半，イギリスではじまった産業上の大きな変化を何というか。　p.202 ①
⑭ □ 資本家が労働者をやとって生産する社会のしくみを何というか。　p.202 ①
⑮ □ 『資本論』を著して，資本主義の矛盾を指摘したのはだれか。　p.204 ④
⑯ □ 1830年にフランスでおこった革命は何か。　p.205 ①
⑰ □ 1848年にフランスでおこった革命は何か。　p.205 ①
⑱ □ 1871年，パリに世界最初の労働者政権が成立した。それを何というか。　p.205 ①
⑲ □ 19世紀半ば，イギリスでおこった普通選挙を求める運動を何というか。　p.206 ②
⑳ □ ドイツの統一を完成したプロシア首相はだれか。　p.207 ⑤
㉑ □ アメリカの南北戦争は何年におこったか。　p.207 ⑥
㉒ □ 「奴隷解放令」を出したアメリカ合衆国大統領はだれか。　p.207 ⑥

解答

① 絶対王政
② ピューリタン革命（清教徒革命）
③ 名誉革命
④ 権利章典（権利の章典）
⑤ モンテスキュー
⑥ ルソー
⑦ 1789年
⑧ 人権宣言
⑨ ナポレオン
⑩ 13州
⑪ 独立宣言
⑫ ワシントン
⑬ 産業革命
⑭ 資本主義
⑮ マルクス
⑯ 七月革命
⑰ 二月革命
⑱ パリ＝コミューン
⑲ チャーチスト運動
⑳ ビスマルク
㉑ 1861年
㉒ リンカン

2 ヨーロッパのアジア侵略

教科書のまとめ

1 インドの植民地化
解説ページ ⇨ p.211

- ☐ **ヨーロッパのアジア侵略** … 産業革命の進展⇨工業原料の供給地と製品の販売市場を求めてアジアに進出。
- ☐ **ムガル帝国** … インドのイスラム国家。17世紀に全盛。イスラム教徒とヒンズー教徒の対立が激しくなって衰退。
- ☐ **イギリスのインド進出** … フランス勢力をしめだし，大量の綿製品を売りこみインド経営を独占⇨1857年，**インド大反乱**（セポイの蜂起がきっかけ）
  - →インド最初の民族運動
- ☐ **インド帝国の成立** … ビクトリア女王が皇帝を兼ねる⇨イギリスの完全な植民地化。
- ☐ **東南アジアの植民地**
  - インドネシア→オランダ領
  - インドシナ半島→フランス領
  - ビルマ，マレー半島→イギリス領
    - →現在のミャンマー
  - フィリピン→アメリカ領

地図で場所も確認しよう

2 中国の植民地化
解説ページ ⇨ p.213

- ☐ **清** … 女真族が建国。18世紀の康熙帝・乾隆帝のとき全盛。
- ☐ **中国の経済** … 茶・絹・陶磁器の輸出。貨幣経済の発達。
- ☐ **アヘン戦争** … イギリスによって，中国にインド産の**アヘン**が流入⇨銀の流出，アヘン中毒⇨1840年，**アヘン戦争**⇨**南京条約**（香港をイギリスにゆずり，5港を開港）。
- ☐ **アロー戦争** … 北京条約⇨イギリス・フランス・ロシアの進出。
- ☐ **太平天国の乱** … **洪秀全**が指導。清の打倒をめざす。近代中国の民族運動，反植民地運動の出発点。

▶アヘン戦争
〔東京都　（財）東洋文庫蔵〕

1 インドの植民地化

1 ヨーロッパ諸国のアジア侵略

産業革命の進んだ欧米諸国は，工業原料の供給地と工業製品の販売市場を求めてアジア・アフリカに進出し，植民地を手に入れる動きを強めた。とりわけ，世界にさきがけて産業革命を達成したイギリスは諸国の先頭に立ってアジアに進出していった。

▲タージ＝マハル　視点　ムガル皇帝が最愛の王妃のために建てた墓所で，インドのアグラにある。世界遺産

2 ムガル帝国

1 ムガル帝国の繁栄　インドでは16世紀に，イスラム教徒が進出して，ムガル帝国を建てた。17世紀中ごろ，第3代皇帝アクバルのとき，ヒンズー教徒を従わせてインドをほぼ統一して最盛期を迎え，タージ＝マハルに代表されるインド＝イスラム文化を生んだ。

2 ムガル帝国の衰退　18世紀の半ばすぎ，皇帝がヒンズー教徒をきびしく差別するようになると，ヒンズー・イスラム両教徒の対立が激化したことで，国内の統一支配は崩壊した。これに乗じて，イギリス・フランスなどが東インド会社を中心に進出したので，帝国は一気に衰退した。

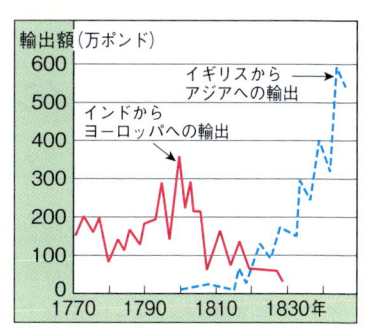

▲綿織物の輸出の変化

3 イギリスのインド進出

イギリスは，プラッシーの戦い(1757年)でインドに勢力を持とうとしていたフランスを破った。また，産業革命の結果，大量生産されるようになった綿製品をインドに売りこみながらインドに進出し，19世紀半ばにはインドのほぼ全土を支配した。このためインドの綿工業は衰退し，手工業者は職を奪われた。

4 インド民衆の抵抗

インドの人々の生活は，イギリスの侵略やたびたびのききんにより急速に悪化し，19世紀のインドでは2000万人以上が餓死したという。こうした中で，イギリス支配に対する武装した抵抗がインド各地で続けられた。

▲イギリスのインド支配

1 インド大反乱

1857年，抵抗運動の中で最大のものがおこった。反乱はセポイの蜂起ではじまったので，セポイの反乱（シパーヒーの反乱）ともいう。セポイとは，イギリスの東インド会社にやとわれていたインド人の兵士のことでインドではシパーヒーという。この蜂起は，やがてイギリスの侵略に不満を持つ各地の都市住民，農民や職人など多くのインド人も加わり，インドの3分の2の地域をおおう大きな反乱へ発展した。一時デリーを占領するなどイギリスを苦しめたが，1859年には鎮圧された。

2 インド大反乱の意義

インド大反乱では，一時，対立していたヒンズー教徒とイスラム教徒が宗教の違いをのりこえて団結し，インドのために戦った反乱であった。このためこの反乱は，インド民族主義のはじまりと考えられており，のちの民族運動に大きな影響をあたえた。

5 イギリス領インド帝国の成立

イギリスは1858年，インド大反乱を助けたという理由でムガル帝国をほろぼした。また，それまでインドを支配していた東インド会社を解散して，インドをイギリスの直接支配下においた。1877年にはビクトリア女王がインド皇帝を兼ね，ここにインド帝国が成立して，インドは完全にイギリスの植民地になった。さらにイギリスはビルマ（いまのミャンマー）を侵略し，インド帝国に併合した。

6 東南アジアの植民地

欧米諸国は，インドに続いてインドシナ半島の大部分や東南アジアの島々も，19世紀末までにほとんど植民地にした。

ポイント
〈イギリスのインド支配〉
ムガル帝国の衰退に乗じて進出⇨
綿製品の大量輸出⇨**インド大反乱**を鎮圧⇨
インド民族運動の出発点⇦
インド帝国の成立（完全な植民地）

▲セポイの蜂起

分析 セポイの蜂起の原因
イギリスがセポイに使わせた銃は，牛と豚の油をぬった薬包（弾丸と火薬をいっしょに包んだ紙）を口でかみ切って，弾丸をこめて使用するものであった。ところが，ヒンズー教徒やイスラム教徒にとって，牛や豚の油は口にしてはならないものであったので，セポイは反乱をおこしたのである。

参考 東南アジアの植民地化は，どのように進んだか
①**オランダ領東インド** オランダは早くからジャワ島・モルッカ諸島に進出し，17世紀前半にはアジア貿易をひとりじめにしていた。そののち，イギリスにおされたが，19世紀末までには，いまのインドネシアを植民地とした。
②**イギリス海峡植民地** イギリスはマレー半島にシンガポールを建設し，オランダからマラッカをとり，さらにマライ連邦をつくって，海峡植民地を形成した。
③**フランス領インドシナ** フランスはインドでイギリスに敗れたのち，インドシナに進出し，1887年にフランス領インドシナ連邦をつくった。
④**フィリピン** はじめスペイン領であったが，のちアメリカが領有した。

2 中国の植民地化

1 清の中国支配

17世紀半ば，中国では明がほろんだ後，北方の女真族（満州人）が中国を統一し，清と称して北京を首都とした。

1 清の発展
清では康熙帝から雍正帝・乾隆帝にいたる約130年間が最盛期で，18世紀には面積が世界最大となって繁栄した。中国産の絹・茶・陶磁器などはヨーロッパを中心に輸出され，多くの銀が中国に入り，銀を中心とする貨幣経済がいちじるしく進んだ。

2 清の支配体制
清の皇帝は，人口の9割以上を占める漢民族の反感をおさえるために，役人には満州人と漢民族をほぼ同数ずつ採用した。しかし，重要な職は満州人が独占し，満州風の服装や髪型（辮髪という）を強制し，言論や出版をきびしく取りしまった。

2 清の鎖国政策

清は18世紀中ごろ，キリスト教が中国の風習にあわないことを理由に布教を禁じたうえ，鎖国政策をとり，貿易港を広州（広東）のみとした。

3 イギリスの対清貿易

イギリスの東インド会社は，18世紀後半に対清貿易を独占した。19世紀に入ると，イギリスが清から買う茶の量が増え，清に支払う銀の量が不足するようになった。このため，イギリスはインド産のアヘンを中国に密輸出して売りこんだため，今度は中国が銀の流出に苦しんだ。

4 アヘン戦争

アヘン患者の急増による治安の乱れと，銀の大量流出に悩まされた清は，アヘンをきびしく取りしまった。

1 アヘン戦争のはじまり
1839年，清の役人である林則徐がイギリスのアヘンを没収して焼く事件をおこしたことを口実に，1840年，イギリスは清に宣戦してアヘン戦争がはじまった。

参考 清の領域
満州・華北・華中・華南からモンゴル・チベット・中央アジアまでをおさめ，朝鮮・タイ・ベトナム・ビルマ（いまのミャンマー）を属国とした。

参考 清代の中国文化
清の皇帝は大規模な編さん事業を行い，『康熙字典』（辞書）や『古今図書集成』『四庫全書』（百科全書）などをつくらせた。また，中国の美術や選挙による官吏登用法などは，ヨーロッパにもとり入れられた。

また，ヨーロッパからは，ヤソ会（イエズス会）の宣教師がやってきて，キリスト教とともに，ヨーロッパの新しい科学知識を伝えたため，実用的な科学も発達した。

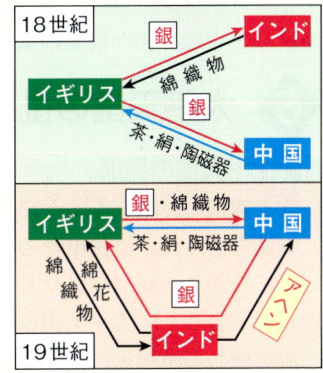

▲イギリスの中国・インド貿易

視点 19世紀には，インド産のアヘンを中国へ，中国の茶をイギリスへ，イギリスの綿製品をインドへという三角貿易が行われていることに注意しよう。

用語 アヘン
麻薬の一種で，吸い続けるとやめられなくなり中毒症状をおこす。中国民衆だけでなく役人・軍人にまで広がり，その心身をそこねた。

6章 近代国家の成立と日本の開国

2 南京条約

1842年，敗北した清はイギリスと南京条約を結んだ。条約の内容は，①香港をイギリスに譲る。②広州・上海など5港開港，などといった清にとって不利なものであった。フランス・アメリカとも同様の条約を結び，中国の半植民地化がはじまった。

ポイント

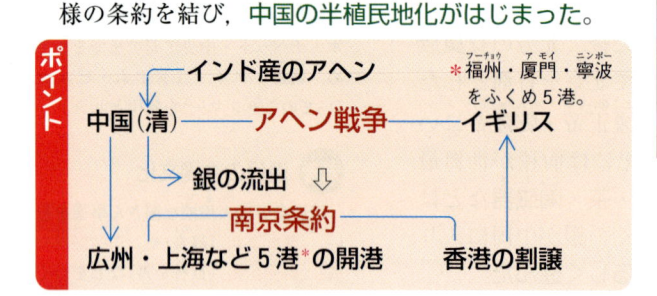

```
          インド産のアヘン              *福州・厦門・寧波
            ↓                          をふくめ5港。
中国(清) ── アヘン戦争 ── イギリス
    ↓
  銀の流出  ⇩
    ↓    ┌── 南京条約 ──┐
  広州・上海など5港*の開港    香港の割譲
```

年代ゴロあわせ
1840年 ➡ アヘン戦争

1 8 4 0
人や知れ　アヘンのこわさ
　　　　　イギリスのこわさ

分析 南京条約で，清はどのように不利になったか
①中国にいる外国人が罪をおかしても，中国には裁判権がない(治外法権)。
②輸出入品にかける関税の率を中国が自分で決めることができない(関税自主権の放棄)。
③上海などの貿易港には，中国の主権のおよばないイギリス人居留地(これを租界という)をもうける。

5 アロー戦争

南京条約ののちも，清への綿織物の輸出はイギリスが期待したほど増えなかった。そこでイギリスは1856年，アロー号事件を口実にしてフランスとともにアロー戦争(1856～60年)をおこし，首都の北京を占領した。1860年，イギリスとフランスは，ロシアの仲介で清と北京条約を結び，さらに有利な貿易の条件を得た。

用語 アロー号事件
イギリスの国旗をかかげたアロー号の中国人船員が清の役人にとらえられ，イギリスの国旗がはずかしめられたとする事件。

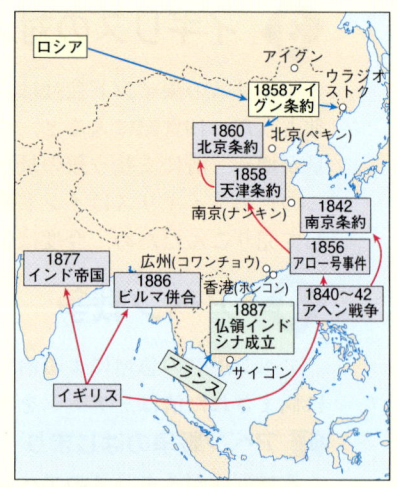

6 太平天国の乱

1 太平天国の発展　アヘン戦争ののち，中国民衆は欧米強国の侵略をくいとめられない清朝政府に対して不満をもった。農民出身の洪秀全は，キリスト教の教えにひかれ，1851年に反乱をおこして，太平天国の樹立を宣言した。太平天国は南京を首都とし，満州人の清を倒して漢民族の国家を再建し，貧富の差のない理想の社会をつくることを目標にして，勢力を強めた。

2 太平天国の滅亡　清は，漢民族の役人李鴻章が組織した軍隊や外国の軍隊の力をかりて太平天国を攻撃した。太平天国にも，指導者の対立や腐敗が生まれていた。こうした中で1864年，首都の南京が占領され，洪秀全が死んだことで太平天国は滅亡した。

3 太平天国の乱の意義　太平天国の乱は，反満州人支配を唱えた点で漢民族の民族主義運動であった。また，欧米強国に対する反植民地運動の出発点となった。

▲列強の中国進出　視点　1858年，ロシアは清とアイグン条約を結び，アムール川以北の地を得た。

グレードアップ　さらに知識を広げよう　ヨーロッパ諸国のアジア侵略の背景

■ ヨーロッパの情勢

○ 新航路の発見以来，ヨーロッパ諸国は，商業・貿易の利を求めて，アジアに進出するようになった。そして19世紀にはいると，ヨーロッパ諸国の海外進出は新しい段階にはいり，いちだんと激しくなっていくのであるが，それはなぜか。ヨーロッパとアジアの両局面から考えてみよう。

○ 19世紀を通じてヨーロッパの大国は，ほとんど**産業革命**を達成し，**資本主義**が発展した。そのため，多くの原料を得るための原料供給地や国内だけではさばききれない大量の製品の販売市場を，海外に求めた。

この点は，絶対主義時代の海外進出が，重商主義にもとづいた中継貿易に重点がおかれたことと，大きく異なるところである。

■ アジアの情勢

○ 16～18世紀のアジアでは，西にオスマン帝国，南にムガル帝国，東に清(中国)という3つの大帝国が順次繁栄した。その最盛期の国力や富は，ヨーロッパ諸国をしのぐものがあり，その華美な宮廷生活はヨーロッパ人をおどろかせた。

○ しかし，3つの大帝国ではいずれもむかしながらの古い専制政治が行われ，近代化がおくれた。また，国内に多くの異民族をかかえ，その反乱に悩んだ。そのため国力がおとろえ，また人口が多く市場としても有望であったため，ヨーロッパ諸国の進出の的とされたのである。

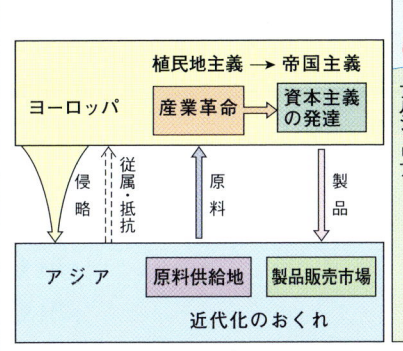

▲ヨーロッパ諸国のアジア進出のしくみ

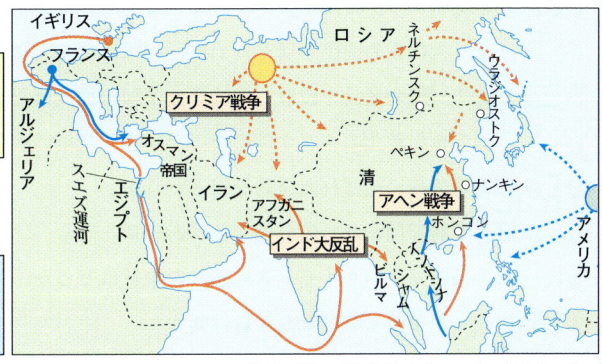

▲欧米列強の海外進出（1880年ごろまで）

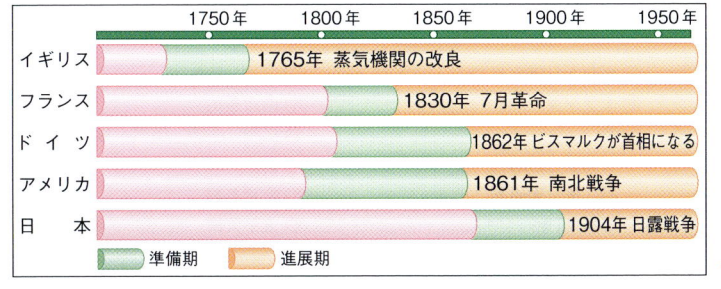

◀産業革命の広がり

テスト直前チェック

6章　近代国家の成立と日本の開国

↓答えられたらマーク　　　　　　　　　　　　　　　　　　　わからなければ ↴

- ❶ ☐ 17世紀に全盛をほこったインドのイスラム帝国を何というか。　p.211 ❷
- ❷ ☐ ❶の帝国の最盛期をきずいた3代皇帝はだれか。　p.211 ❷
- ❸ ☐ インド＝イスラム文化を代表するイスラム建築を1つ答えよ。　p.211 ❷
- ❹ ☐ イギリスがインド進出を本格化する契機となった1757年の戦いは何か。　p.211 ❸
- ❺ ☐ 1857年におこったインドの反植民地主義的な反乱を何というか。　p.212 ❹
- ❻ ☐ ❺のきっかけになったインド人兵士の蜂起を何というか。　p.212 ❹
- ❼ ☐ ❻のインド人兵士は，何という会社にやとわれていたか。　p.212 ❹
- ❽ ☐ ❺の反乱後，インドに成立した国名を答えよ。　p.212 ❺
- ❾ ☐ ❽の国の皇帝を兼ねていたイギリスの国王はだれか。　p.212 ❺
- ❿ ☐ いまのインドネシアを植民地とした国はどこか。　p.212 ❻
- ⓫ ☐ 17世紀，明にかわって中国を支配したのは何という国か。　p.213 ❶
- ⓬ ☐ ⓫の国を建てたのは，何という民族か。　p.213 ❶
- ⓭ ☐ 18世紀の中国からヨーロッパに盛んに輸出されたものを答えよ。　p.213 ❶
- ⓮ ☐ 18世紀中ごろ，ただ1つ開かれていた中国の港はどこか。　p.213 ❷
- ⓯ ☐ イギリスは銀の流出を防ぐために，中国に何を大量に売りこんだか。　p.213 ❸
- ⓰ ☐ 1839年，⓯の商品を没収して焼いた中国の役人はだれか。　p.213 ❹
- ⓱ ☐ 中国の植民地化のきっかけとなった1840～42年の戦争は何か。　p.213 ❹
- ⓲ ☐ ⓱の戦争後に結ばれた条約を何というか。　p.214 ❹
- ⓳ ☐ ⓲の条約で開かれた貿易港を2つあげよ。　p.214 ❹
- ⓴ ☐ ⓲の条約で中国がイギリスに譲った地域はどこか。　p.214 ❹
- ㉑ ☐ アロー戦争後に結ばれた条約は何か。　p.214 ❺
- ㉒ ☐ 洪秀全の指導する反乱軍が建てた国を何というか。　p.214 ❻

解答

- ❶ ムガル帝国
- ❷ アクバル
- ❸ タージ＝マハル
- ❹ プラッシーの戦い
- ❺ インド大反乱（セポイの反乱）（シパーヒー）
- ❻ セポイの蜂起
- ❼ 東インド会社
- ❽ インド帝国
- ❾ ビクトリア女王
- ❿ オランダ
- ⓫ 清（しん）
- ⓬ 女真族（満州人）
- ⓭ 絹，茶，陶磁器
- ⓮ 広州（広東）
- ⓯ アヘン
- ⓰ 林則徐
- ⓱ アヘン戦争
- ⓲ 南京条約
- ⓳ 広州，上海，厦門，寧波など
- ⓴ 香港
- ㉑ 北京条約
- ㉒ 太平天国

3 日本の開国

テスト前にも見なおそう

教科書のまとめ

1 近づく外国船
解説ページ ⇨ p.218

- 外国船の出現 … ロシア・イギリス・アメリカ船の出没⇨開国の要求。
- 幕府の対策 … **異国船打払令（外国船打払令）**（1825年），海防の強化。
- 鎖国への批判 … 渡辺崋山や高野長英らの洋学者⇨処罰（蛮社の獄）。

2 忠邦の改革
解説ページ ⇨ p.219

- 大塩の乱 … **大塩平八郎**は，天保のききんによる人々の窮状を救おうと大阪で反乱。
  → 幕府直轄地での反乱⇨幕府の権威がおちる。
- 天保の改革 … 老中**水野忠邦**の政治。倹約，株仲間の解散，人返し令，上地令⇨失敗。
- 諸藩の改革 … 薩摩藩・長州藩で成功⇨**国力を充実させ，明治維新の原動力**になる。

3 開国と不平等条約
解説ページ ⇨ p.222

- 開 国 … **ペリー**が開国を要求
  ⇨**日米和親条約**（1854年）…下田・函館の開港。
- **日米修好通商条約**（1858年）…大老**井伊直弼**が結ぶ。
  → 不平等条約…①治外法権を認める。②関税自主権がない。
  5港を開港し，貿易を始める。
  → 神奈川（横浜）・兵庫（神戸）・函館・長崎・新潟

ペリー▶
（神奈川県　横浜開港資料館蔵）

4 開国の影響
解説ページ ⇨ p.223

- 安政の大獄 … **井伊直弼**が反対派を処罰⇨井伊直弼の暗殺（桜田門外の変）。
- 経済・社会の混乱 … 物価の上昇，一揆・打ちこわしの多発。

5 江戸幕府の滅亡
解説ページ ⇨ p.224

- 攘夷から倒幕へ … 攘夷の失敗（薩摩藩・長州藩）⇨倒幕運動へ…**薩長同盟**。
- 江戸幕府の滅亡（1867年）…**大政奉還・王政復古**⇨将軍の政治から天皇中心の政治へ。
- 戊辰戦争 … 旧幕府勢力の抵抗⇨新政府軍がやぶり，全国を統一。

6章　近代国家の成立と日本の開国

1 近づく外国船

1 外国船の出現

市民革命や産業革命をへて国力を充実させた欧米諸国は，アジアへの進出を強め，18世紀後半（寛政の改革のころ）から，外国船が日本の近海に出没しはじめた。

1 ロシア　ロシアはシベリア・極東の開発をすすめ，千島・樺太に勢力をのばした。そして，1792（寛政4）年には，ラクスマンが根室（北海道）に来航，続いて，1804（文化元）年，レザノフが長崎に来航して通商を求めた。しかし，幕府は鎖国の方針をかえず，この要求を拒否した。

2 イギリス　早くからアジアに進出したイギリスは，中国に勢力をのばしていたこともあって，たびたび日本近海へ出没していたが，1808（文化5）年，イギリス軍艦フェートン号が，オランダ船を追って長崎に侵入する事件をおこした。

3 アメリカ　1837（天保8）年，日本人の漂流民を助けたアメリカ商船モリソン号が日本人の漂流民を送り，通商を求めて江戸湾に侵入した。幕府はこれを砲撃して追い返した。

2 幕府の対策

1 海防と探検　18世紀末，林子平が『海国兵談』で海防の必要性を説いて，松平定信に罰せられた。その後，幕府は北辺の海岸の防備に力をいれて，間宮林蔵・近藤重蔵・最上徳内に千島・樺太の探検を命じた。また，東北地方の諸藩に北海道の沿岸を警備させた。

2 異国船打払令　外国船の出没が続いたため，幕府は1825（文政8）年に異国船打払令（外国船打払令）を出して，清・オランダ以外の外国船が日本に近づいたときは，すぐに撃退するように命じた。しかし，1842（天保13）年，清がアヘン戦争でイギリスに敗れたという知らせが届くと，幕府は驚いて，打払令をゆるめ，外国船が薪・水・食料を補給することをゆるした。

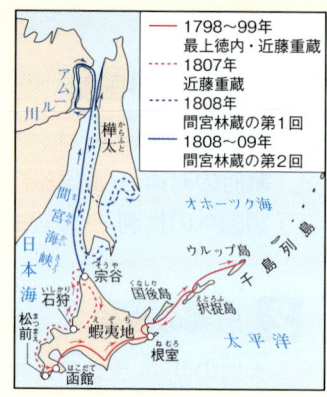

▲北方の探検図

凡例：
— 1798～99年 最上徳内・近藤重蔵
— 1807年 近藤重蔵
-- 1808年 間宮林蔵の第1回
-- 1808～09年 間宮林蔵の第2回

年代	ことがら
1778	●ロシア船，国後島に来航，通商を求める
1786	●最上徳内が千島を探検
1791	●林子平，『海国兵談』をあらわす
1792	●ラクスマンが根室に来航
1798	●近藤重蔵が千島を探検
1804	●レザノフが長崎に来航
1806	●ロシア人，千島・樺太を襲う
1808	●間宮林蔵が樺太を探検 ●イギリス軍艦フェートン号，長崎で乱暴
1818	●イギリス船，浦賀（神奈川県）に来航
1825	●異国船打払令を出す
1837	●アメリカ商船モリソン号を，浦賀で砲撃
1842	●異国船打払令を改める
1844	●オランダ国王，将軍に開国を忠告

▲幕末の外交年表

③ 鎖国への批判

　幕府が、アメリカ商船モリソン号を砲撃して追い返したことを知った渡辺崋山や高野長英らの洋学者は、いつまでも鎖国を続ける幕府政治を批判した。これに対して幕府は、渡辺崋山や高野長英をとらえ、きびしく罰した。これを蛮社の獄という。

用語　蛮社の獄
　長英と崋山はともに蘭学に関心をもった知識人の集まりである蛮社（尚歯会）の一員で、長英は『戊戌夢物語』を、崋山は『慎機論』を書き、幕府を批判した。長英は入牢したが、脱獄して、諸国逃亡後、江戸で自決した。崋山も謹慎ののち、自殺した。

2 忠邦の改革

① 天保のききん

　19世紀前半の天保年間は、東北・北陸・関東を中心に極端な天候不順に見舞われた。そのため、大凶作が続き、大ききんとなった。そして、米価は上がり、各地で百姓一揆や打ちこわしが続いた。とくに、1836（天保7）年のききんははげしく、大規模な百姓一揆がおこった。

② 大塩の乱

　1836年のききんでは大阪にも餓死者がでた。しかし、幕府は、なんの策もとらなかった。陽明学者で、もと大阪町奉行所の役人であった大塩平八郎は、町民救済を奉行所に申しいれたが、聞きいれられなかった。そのため、1837年、大塩は同志の人々や大阪周辺の農民らによびかけて反乱をおこした。これを大塩の乱という（→p.193）。乱は1日で鎮圧されたが、影響はきわめて大きかった。

▲大塩平八郎（大阪城天守閣蔵）

分析　大塩の乱の影響
　大塩平八郎がもと幕府の役人であり、乱のおこった大阪は幕府の直轄地であったことから、幕府のうけた打撃は大きかった。人々にあたえた影響も大きく、越後（新潟県）の生田万が「大塩門弟」と称して、幕府代官所をおそった事件など、大塩の乱の影響をうけた一揆があいついだ。

③ 天保の改革

　各地で百姓一揆や打ちこわしがおこり、幕府の支配がゆらいできた状況のなかで、1841（天保12）年、水野忠邦が老中となり、享保の改革・寛政の改革を手本として政治の改革にあたった。これを天保の改革という。

1 改革の内容　①倹約令を出し、ぜいたくや華美な風俗を取りしまった。また、②物価をあげているのは株仲間であるとして、株仲間を解散させた。③農村の立て直しにも力をいれ、人返し令を出して、江戸へ出

用語　倹約令
　戯作者の為永春水らを処罰し、高価な菓子・料理・人形・衣服などを禁止し、芝居小屋を郊外に移転させた。また、歌舞伎役者は低い身分とされ、町を歩くときには編笠をかぶらされた。

てきている百姓を農村へ帰らせた。④幕府の力を強めるため，貨幣経済の発達した豊かな地域を幕府がにぎろうとして，上地令（上知令）を出し，江戸・大阪周辺の大名や旗本の領地を幕領にしようとした。

2 改革の失敗
きびしい風俗の取りしまりは経済活動の停滞をまねき，株仲間の解散は，流通をかえって混乱させて効果をあげられなかったので，人々の不満が高まった。また，上地令も大名・旗本から農民にいたるまで反対をうけ失敗した。この失敗で水野忠邦は老中の地位を失い，改革はわずか2年あまりで終わり，幕府の権威はまったく失われた。

4 諸藩の改革

幕府の天保の改革と前後して，諸藩でも藩政の改革が行われた。多くの藩は失敗したが，薩摩藩（鹿児島県）や長州藩（山口県）などでは，改革がかなりの成果をあげた。これらの藩では，①有能な下級武士を政治に参加させ政治の改革をはかり，②領内の特産物の専売制を強化するとともに，③借金を事実上ふみたおすことによって財政を立て直した。そして，この改革をきっかけとして，国力を充実させ，近代的な軍備をととのえ，幕末から明治維新にかけて大きな役割をはたすようになった。

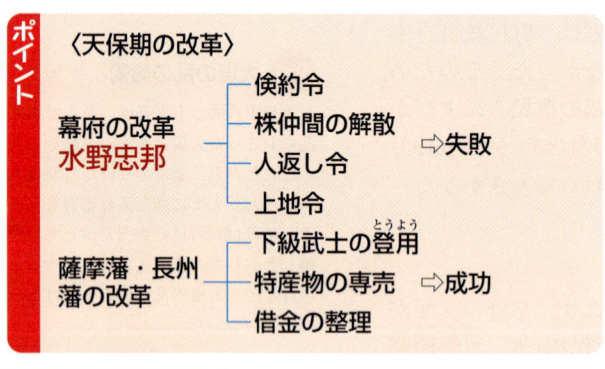

〈天保期の改革〉

- 幕府の改革　水野忠邦
  - 倹約令
  - 株仲間の解散
  - 人返し令
  - 上地令
  - ⇒失敗
- 薩摩藩・長州藩の改革
  - 下級武士の登用
  - 特産物の専売
  - 借金の整理
  - ⇒成功

◀水野忠邦
（首都大学東京図書情報センター蔵）

年代ゴロあわせ

1841年 → 水野忠邦の天保の改革

水野どの　改革悪いが
　　　　1 8 4 1
　　　人はよい

参考　諸藩の改革
18世紀後半には藩主自らが中心となって改革をすすめ，財政の立て直しに成功するところもあった。なかでも，米沢藩（山形県）の上杉治憲（鷹山），熊本藩の細川重賢，松江藩（島根県）の松平治郷（不昧），秋田藩の佐竹義和などの藩主は藩の危機を救った名君として有名。

参考　渋染一揆
藩財政の窮乏した岡山藩は藩政改革を行い，1855年，倹約令を出した。とくに「えた」身分の人たちに対しては，新しく着物をつくるときは，渋染め（茶色）か藍染め（紺色）のものにかぎること，雨天のときに外で顔見知りの本百姓に会ったときは下駄をぬいであいさつすることなど差別のきびしいものであった。これに対し，「えた」身分の人たちは，年貢を納め，農民としての役割をはたしているのに差別はおかしいと主張し，翌年20数か村の千数百人が一揆をおこした（渋染一揆）。そして，犠牲はでたものの，これらの実施をくい止めることができた。このように19世紀の半ばごろになると，民衆のなかから近世社会のわく組みをこえた，自由な経済や平等な社会を求める動きがさかんになった（→p.193）。

グレードアップ さらに知識を広げよう 諸藩の改革と専売制

■ 天保期の藩政改革

○ 18世紀に入ると、幕府だけでなく、各藩でも財政がゆきづまり、藩政の改革が行われるようになった。

○ その政策はさまざまであったが、①農村の再建をすすめて年貢を確保し、②産業を育成して、産物を藩が買い上げて売りさばく専売制をとって、藩の収入を増やすことなどは共通していた。天保期(19世紀前半)になると、改革を行う藩が増加した。薩摩・長州・土佐・肥前など西南諸藩は成果をあげ、幕末に雄藩として活躍する土台をつくった。

■ おもな藩の改革

○ 長州藩…藩士の村田清風が登用され、藩の借金を37年間で返済する方法で藩財政の改革にのりだした。また、専売制の見直しや下関を通る船に、その積荷を担保に高利貸しをするという方法で、藩の収入を増大させた。

○ 薩摩藩…下級武士の調所広郷が登用され、藩の借金返済に着手し、砂糖などの特産品の専売や琉球貿易で、藩財政を立て直した。

○ 佐賀藩…藩主の鍋島直正の主導で殖産興業がすすめられた。

○ 水戸藩…藩主の徳川斉昭の主導のもとで、儒学者の藤田東湖らによって藩政の改革が行われた。

■ 各藩の専売品

○ 八戸藩(青森県)…塩
○ 仙台藩(宮城県)…塩・米・うるし
○ 会津藩(福島県)…ろう
○ 松江藩(島根県)…朝鮮にんじん・鉄
○ 長州藩(山口県)…紙・ろう
○ 佐賀藩(佐賀県)…陶器
○ 熊本藩(熊本県)…ろう・塩
○ 薩摩藩(鹿児島県)…黒砂糖

▲薩摩藩の黒砂糖を作る農民(奄美大島)
(日本山海名物図会)

各藩の専売品 ▶

松前藩 こんぶ・にしん
松江藩 朝鮮人参・鉄
宇和島藩 紙・ろう
姫路藩 木綿・石材
八戸藩 塩
長州藩 紙・ろう
鳥取藩 ろう・鉄
仙台藩 塩・米
佐賀藩 陶器
福井藩 紙
会津藩 ろう
金沢藩 塩・陶器
尾張藩 木綿・陶器
熊本藩 ろう・塩
高松藩 砂糖
薩摩藩 黒砂糖
徳島藩 あい・塩

3 開国と不平等条約

1 開国のすすめ

　1844(弘化元)年、オランダ国王ウィレム2世は幕府に親書を送り、世界の情勢を説いて開国をすすめたが、幕府は鎖国の方針をくずさなかった。アヘン戦争ののち、イギリス・アメリカ・フランスは、日本の開国を求め、とくに、アメリカは、中国と貿易する商船と、北太平洋での捕鯨船の寄港地として、日本の開国を求めた。

参考　ペリー来航を知っていた幕府
　幕府は毎年、長崎出島のオランダ商館長に『オランダ風説書』を提出させて世界の情勢を得ていた。1852年に提出された風説書にはペリーの江戸来航が予告されており、幕府はペリー来航を知っていながら、なんの策もとらず、人々にも知らせなかった。

2 ペリーの来航

　1853(嘉永6)年、アメリカの東インド艦隊司令長官のペリーひきいる4隻の軍艦が浦賀(神奈川県)に来航した。ペリーはアメリカ大統領の国書をわたして開国を要求した。幕府は、鎖国の方針にもとづき拒否したが、ペリーの強い態度におされ、翌年回答することを約束した。幕府は、外交問題を幕府だけで対処してきた先例をやぶり、朝廷や大名の意見を求めた。しかし、意見はまとまらず、幕府の処置は幕府の権威を急速に失わせた。

▲黒船(武州潮田遠景　新潟県　黒船館蔵)　[視点] ペリーのひきいた4隻の軍艦(蒸気船は2隻)を、当時の人々は「黒船」とよんだ。人々が「黒船」に驚いたようすは、「泰平の眠りをさます上喜撰(蒸気船)　たった四杯で夜もねむれず」という狂歌によくあらわれている。上喜撰とは上等のお茶のこと。

3 日米和親条約

1 条約の締結　翌1854(安政元)年ふたたびペリーが来航し、回答をせまった。幕府は、朝廷や大名の意見を統一できないまま日米和親条約(神奈川条約)(→p.311)を結び、ついに日本は開国した。続いて、イギリス・オランダ・ロシアとも同じ内容の条約を結んだ。

2 条約の内容　①下田(静岡県)・函館(北海道)の2港を開港し、②入港する船に燃料・食料・水などを補給すること、③下田に領事をおくことを決めた。ただし、貿易のとり決めはしなかった。

「函館」と「箱館」
　北海道の「函館」は、明治時代に入るまでは、「箱館」と書いていたんだよ。「大坂」を「大阪」と書くようになったことと、よく似たケースだね。

4 日米修好通商条約

1 通商条約の締結　下田に着任したアメリカの総領事ハリスは、アロー戦争(→p.214)などに苦しむ清

のようすを幕府に説き，修好通商条約を結ぶように幕府にすすめた。しかし，幕府内部も意見がわかれ，朝廷も条約を結ぶことを許さなかった。1858(安政5)年，大老になった井伊直弼は，反対派をおさえ，朝廷の許可のないまま日米修好通商条約を結んだ。

2 条約の内容 ①神奈川(横浜)・兵庫(神戸)・函館・長崎・新潟の5港を開いて貿易を行うこと，②治外法権を認めること，③日本の関税自主権は認められないことなどを定め，わが国にとって不利な不平等条約であった。また，日本が将来，他国により有利な条件をあたえるときは，アメリカにもその条件を認めることになっていた。

3 各国との条約締結 日米修好通商条約を結んだあと，日本はイギリス・フランス・ロシア・オランダと同様な条約を結んだ。これらの一連の条約を，年代をとって安政の五か国条約という。

ポイント
- 日米和親条約(1854年)⇨開国
  └→下田・函館の開港
- 日米修好通商条約(1858年)⇨貿易の開始
  └→神奈川・兵庫・函館・長崎・新潟の開港

4 開国の影響

1 安政の大獄

開国に反対し，武力をもって外敵を打ち払えという攘夷論をとなえる人々は，大老の井伊直弼が朝廷の許しなく条約を結んだことで，幕府を批判した。井伊は将軍のあとつぎ問題も独断で決めたので，それに反対する大名の批判も強くなった。そのため，井伊は徳川斉昭ら反対派の大名を処罰し，攘夷論者の橋本左内(越前藩士)や吉田松陰(長州藩士)らを処刑した。これを安政の大獄という。反対派の水戸藩浪士らは1860(万延元)年，江戸城桜田門外で井伊直弼を暗殺した(桜田門外の変)。

年代ゴロあわせ
1858年 → 日米修好通商条約

不平等　入った条約
　　1 8 5 8
　いやこわい！

用語 治外法権
外国人がそこにいる国の法律にしばられないことで，外交官などに認められる権利。通商条約では，外国人が罪をおかしてもその国の領事が裁判(領事裁判権)し，日本の裁判にかけることができず，不平等なものであった。

用語 関税自主権
輸入品にかける税を関税といい，国内産業保護のため，輸入国が関税率を自主的に決める権利をいう。通商条約は協定制で，日本に自主権がなかった。

◀井伊直弼
(滋賀県　清涼寺，彦根城博物館蔵)

参考 将軍のあとつぎ問題
前水戸藩主徳川斉昭ら多くの大名は，13代将軍家定の後任に一橋慶喜を推していたが，井伊直弼は，紀伊家の徳川慶福(家茂)を14代将軍に内定した。

江戸城の桜田門▶

② 経済の混乱

開国によって貿易がはじまると，生糸・茶・海産物などの輸出が増えた。いっぽう，毛織物・綿織物・武器などが輸入された。しかし，輸出品を中心とする物資が不足し，物価が上がった。金の流出がはげしく，幕府は貨幣の質を落したので，さらに物価が上がり，経済が大混乱した。

分析 金が海外に流出したわけ
金と銀の交換比率が欧米では1対15であるのに対し，日本では1対5であったのが原因。外国では金のねうちが日本の3倍も高かったのである。

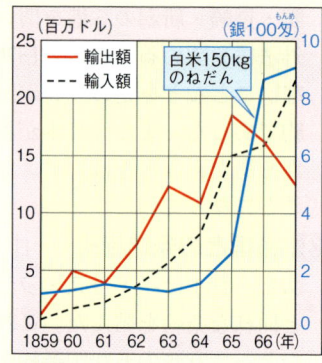

③ 社会の混乱

物価が上昇し，日用品の品不足がひどくなってくると，下級武士や一般の人々の生活はしだいに苦しくなっていった。さらに，大商人が米の買い占めをしたので，人々の生活はいっそう苦しくなった。そのため，百姓は各地で百姓一揆をおこし，都市では大商人に対する打ちこわしがおこった。

▲幕末の貿易額と米価の動き

5 江戸幕府の滅亡

① 尊王攘夷と公武合体

1 尊王攘夷運動 開国による経済・社会の混乱によって，幕府と外国への反感が高まった。また，日本が外国の植民地になるのではないかという危機感も広まり，下級武士を中心に開国に反対する攘夷運動がはげしくなった。この攘夷運動は，天皇中心の政治をすすめようという尊王論と結びついて尊王攘夷運動という反幕府・反外国運動に発展していった。

2 公武合体運動 尊王攘夷運動の高まりに対して，幕府は朝廷との関係を強めること（公武合体）によって，尊王攘夷の動きをおさえようとした。そのため，老中安藤信正は，孝明天皇の妹の和宮を14代将軍家茂の妻にむかえたが，公武合体の動きは，政治に対する朝廷の発言力を強めることになった。そして，安藤信正は，1862（文久2）年，江戸城坂下門外で尊王攘夷派におそわれた（坂下門外の変）。

年代・月	ことがら
1853. 6	ペリー来航
1854. 3	日米和親条約
1858. 6	日米修好通商条約
9	安政の大獄（～59年）
1860. 3	桜田門外の変
1861. 10	和宮，将軍家茂と結婚
1862. 1	坂下門外の変
8	生麦事件
1863. 5	長州藩が外国船砲撃
7	薩英戦争
8	八月十八日の政変
1864. 7	禁門の変
8	第1回長州征討（～12）
8	四国連合艦隊が，下関を砲撃

▲幕末の動き(1)

2 攘夷の実行

1 生麦事件と薩英戦争 1862年,薩摩藩(鹿児島県)藩士がイギリス人を殺傷する生麦事件がおこった。これに対し,イギリスは翌年7隻の艦隊で鹿児島湾に侵入して鹿児島を砲撃し,市内を炎上させた(薩英戦争)。

2 下関事件 尊王攘夷派が主導権をにぎっていた長州藩(山口県)は,1863年,下関海峡を通ったアメリカ・フランス・オランダの船を砲撃した。翌1864(元治元)年,アメリカ・フランス・オランダ・イギリスの4国の連合艦隊は長州藩に報復の砲撃を加えた。そのため,長州藩の砲台は,破壊され,さらに上陸してきた陸戦隊によって占領された(下関事件)。

3 尊王攘夷派の後退 1863年,公武合体派の薩摩藩の上級武士は会津藩(福島県)とともに,尊王攘夷派の長州藩や三条実美らの急進派公家を京都から追放した(八月十八日の政変)。これにいきどおった長州藩は,翌年,京都に攻めのぼり,御所で薩摩・会津両藩と戦ったが敗れ,朝敵(朝廷の敵)とされた(禁門の変〔蛤御門の変〕)。その後,幕府は長州藩を朝敵として攻撃したが,長州藩は四国連合艦隊の下関砲撃の直後だったこともあって,戦わずに降伏した(第1回長州征討)。

3 攘夷から倒幕へ

1 長州藩の動き 攘夷を決行し外国の軍隊と戦ってみて,攘夷の不可能を知った長州藩では,幕府を倒し統一国家の体制をつくり,外国と対抗できる強国をめざそうという考えが強まった。その中心になったのは,高杉晋作や木戸孝允・伊藤博文らであった。

2 薩摩藩の動き 薩摩藩も薩英戦争で攘夷の不可能なことをさとり,西郷隆盛・大久保利通らが中心となって,イギリスの援助をうけて藩の力を強めた。

3 薩長同盟 薩摩・長州両藩は,ともに近代化をすすめ実力を強めていたが,対立をしていた。土佐藩(高知県)出身の坂本龍馬は,両藩が倒幕のために協力するようなかだちをした。そして,1866(慶応2)年,薩長同盟が成立し,倒幕の大勢力ができ上がった。

用語 生麦事件

1862年,横浜付近の生麦村(神奈川県)で,乗馬中のイギリス人が薩摩藩主の父島津久光の行列を乱したとして,3名が殺傷された事件。イギリスは,幕府と薩摩藩に犯人の処罰と賠償金を要求したが,薩摩藩は拒否した。この事件の報復として,イギリスは鹿児島を攻撃し,薩英戦争となった。

「アメリカはどうした」

ペリー・ハリスが来日して,日本との貿易を熱心にすすめていたアメリカは1860年に姿を消した。どうしたんだろう。実は,日本どころではなかった。1861年から,南北戦争がはじまったのだ。

参考 高杉晋作と奇兵隊

尊王攘夷運動で活躍した長州藩の高杉晋作は,吉田松陰の松下村塾に学び,藩政改革につくした。彼のつくった奇兵隊は,第2回長州征討や戊辰戦争などで活躍した。この軍隊は,身分制度を無視して実力本位で編成され,下級武士のほか,農民・町人も参加した。

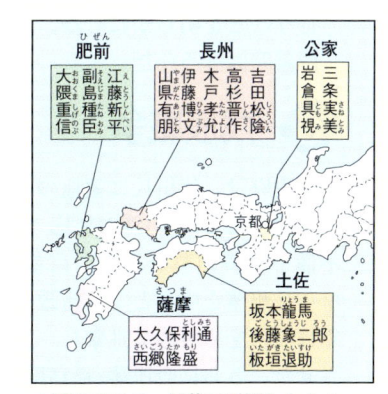

肥前	長州	公家
大隈重信 副島種臣 江藤新平	山県有朋 伊藤博文 木戸孝允 高杉晋作 吉田松陰	三条実美 岩倉具視

土佐: 坂本龍馬 後藤象二郎 板垣退助
薩摩: 大久保利通 西郷隆盛
京都

▲幕末のころ,倒幕に活躍した人々
[視点] 薩摩・長州・土佐・肥前(佐賀県)の4藩出身の下級武士と京都の急進派公家が倒幕運動の中心となった。

4 世直しと「ええじゃないか」

国内の争いで米価が上がり、1866年から翌年にかけて、全国各地で百姓一揆や打ちこわしがはげしくおこった。とくに江戸や大阪の打ちこわしは規模が大きく、幕府のおとろえをしめすことになった。これらの一揆や打ちこわしは、人々が時代の変化を感じ、「世直し」を求めたので世直し一揆とよばれる。1867(慶応3)年の秋から暮れにかけては、神仏のお札が降ってきたといって集団で踊りくるう「ええじゃないか」のさわぎが広がった。

5 江戸幕府の滅亡

1 大政奉還 1866年、幕府はふたたび長州藩(山口県)を攻めたが、敗北に終わった(第2回長州征討)。幕府の権威はおとろえ、倒幕運動ははげしくなった。薩摩・長州藩の武力による倒幕計画があることを知った前土佐藩主(高知県)の山内豊信(容堂)は、15代将軍徳川慶喜に政権を朝廷に返すようにすすめた。慶喜はこれにしたがい、1867年10月14日、政権を朝廷に返上した(大政奉還)。天皇のもとに大名の会議をつくり、自分が政治の実権をにぎるのが慶喜のねらいであった。

2 王政復古 しかし朝廷は、薩摩の西郷隆盛や大久保利通・公家の岩倉具視ら倒幕派に動かされて王政復古の大号令を出し、将軍を廃止し、天皇中心の政治を行うことを明らかにした。こうして、約260年続いた江戸幕府はほろんだ。

6 戊辰戦争

新政府は、徳川氏に領地の返上を要求するなどきびしい態度をとった。1868(慶応4)年1月、新政府の態度を不満とする旧幕府軍は、京都の鳥羽・伏見の戦いで薩摩・長州藩を中心とする新政府軍と戦い敗れた。新政府軍は江戸をめざして進撃し、江戸城を戦わずに明けわたさせた。さらに会津藩(福島県)など旧幕府を支持する東北諸藩をやぶり、翌年函館の五稜郭(北海道)で旧幕府軍を降伏させた。この内乱を戊辰戦争という。

▶ 勝・西郷会見地の碑(東京都)

年代・月	ことがら
1866. 1	薩長同盟
6	第2回長州征討(～8)
	このころ、世直し一揆が各地でおこる
1867. 8	「ええじゃないか」がおこる
10	大政奉還
12	王政復古の大号令
1868. 1	鳥羽・伏見の戦い(戊辰戦争がはじまる)
4	江戸城無血開城
1869. 5	五稜郭の戦い

▲幕末の動き(2)

年代ゴロあわせ
1867年 ⇒ 大政奉還

武家政治　一夜（1867）むなしく　幕おりる

参考 民衆も加わった新政府軍
義勇軍をみずから組織して、新政府軍に加わる民衆もいた。とくに、相楽総三の組織した赤報隊は、新政府の「年貢半減」の方針を村々に伝え、農民を新政府側にひきよせた。しかし、財政が苦しく年貢半減を実行できない新政府は、相楽をにせ官軍として処刑した。

参考 江戸城無血開城
新政府軍の江戸城総攻撃を前に、幕臣の勝海舟は、新政府軍の西郷隆盛と話し合い、将軍慶喜の命を助けることを条件に、戦わずに江戸城を明けわたすことを決めた。

時代をとらえる

時代の移り変わりをとらえよう

次の史料やグラフを参考にして，6章の時代の移り変わりをまとめよう。

▲バスチーユ牢獄の襲撃
▲産業革命（蒸気機関車） 
▲アヘン戦争 
▲黒船来航 
▲開国後の物価の変化
▲大政奉還 

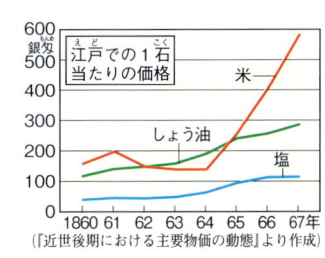

解答例 欧米では，市民階級が自由と平等をめざして**市民革命**をおこした。さらに産業革命により資本主義が発達し，アジア・アフリカ諸国などを植民地にしようとする動きが強まった。こうした動きを背景に，**ペリー**がアメリカ軍艦をひきいて来航し，幕府はやむを得ず開国した。開国への反対は強く，物価の上昇など開国による社会の混乱も加わって，**薩摩・長州藩を中心に倒幕運動が盛り上がった**。そして将軍慶喜の**大政奉還**により江戸幕府の政治は終わった。

時代の特色を説明しよう

次の❶～❹のことがらについて，説明してみよう。

❶ 市民革命　❷ 産業革命　❸ 日米修好通商条約　❹ 攘夷

解答例
❶ 新しく成長してきた商工業者（市民階級）が中心となり，自由と平等をめざして絶対王政を倒した革命。イギリスのピューリタン（清教徒）革命，アメリカの独立戦争，フランス革命が代表的である。

❷ 機械や動力の導入による生産方法の変革。手工業が工場制機械工業に変わり，生産力が飛躍的にのび，社会も大きく変化させた。

❸ 1858年に幕府がアメリカと結んだ条約で，国内の5港を開いて貿易を行うことを定めた。**治外法権を認め，日本に関税自主権がない**という日本にとって不利な不平等条約であった。

❹ 開国に反対し外国人を追い払えという考えで，天皇中心の政治をすすめようという**尊王論**と結びつき，やがて倒幕運動へと発展していった。

テスト直前チェック

答えられたらマーク　　　　　　　　　　　　　　　　わからなければ ↩

1. ☐ 外国船の来航に対して，1825年に幕府の出した法令は何か。　p.218
2. ☐ モリソン号事件の後，幕府の鎖国政策を批判した洋学者はだれか（2人）。　p.219
3. ☐ ❷の洋学者を処罰した事件を何というか。　p.219
4. ☐ 天保のききん後，大阪で人々の窮状を救おうと乱をおこしたのはだれか。　p.219
5. ☐ 老中水野忠邦の行った幕府の改革を何というか。　p.219
6. ☐ ❺の改革のころ，藩政改革に成功した代表的な藩を2つあげよ。　p.220
7. ☐ ペリーが幕府と結んだ条約を何というか。また，何年に結んだか。　p.222
8. ☐ ❼の条約で開港した港はどこか。2つ答えよ。　p.222
9. ☐ ハリスが結んだ条約を何というか。また，何年に結んだか。　p.223
10. ☐ ❾の条約を結んだ幕府の代表はだれか。　p.223
11. ☐ ❾の条約で開港した港は神奈川（横浜）以外，どこか。4つ答えよ。　p.223
12. ☐ ❾の条約の不平等な点は「治外法権を認めた」と，もう1つは何か。　p.223
13. ☐ ❾と同じ内容の条約を結んだ国を4国あげよ（アメリカ以外）。　p.223
14. ☐ 井伊直弼が反対派を処罰した事件を何というか。　p.223
15. ☐ 水戸藩の浪士たちが井伊直弼を暗殺した事件を何というか。　p.223
16. ☐ 尊王攘夷運動の高まりに対して幕府がとった方策を何というか。　p.224
17. ☐ 1862年に薩摩藩士がイギリス人を殺傷した事件を何というか。　p.225
18. ☐ 1866年，倒幕のために2つの藩によって結ばれた同盟を何というか。　p.225
19. ☐ ⓲の同盟を結ぶなかだちをした土佐藩出身の武士はだれか。　p.225
20. ☐ 1867年10月，将軍慶喜は政権を朝廷に返上した。これを何というか。　p.226
21. ☐ 将軍を廃し，天皇中心の政治への復古を明らかにした宣言を何というか。　p.226
22. ☐ ㉑の後，新政府軍と旧幕府軍とで戦われた内乱を何というか。　p.226

解答

1. 異国船打払令（外国船打払令）
2. 渡辺崋山，高野長英
3. 蛮社の獄
4. 大塩平八郎
5. 天保の改革
6. 薩摩藩，長州藩
7. 日米和親条約，1854年
8. 下田，函館
9. 日米修好通商条約，1858年
10. 井伊直弼
11. 兵庫（神戸），函館，長崎，新潟
12. 日本の関税自主権がない
13. イギリス，フランス，ロシア，オランダ
14. 安政の大獄
15. 桜田門外の変
16. 公武合体
17. 生麦事件
18. 薩長同盟
19. 坂本龍馬
20. 大政奉還
21. 王政復古の大号令
22. 戊辰戦争

定期テスト予想問題

解答⇒p.369

1 [幕末の動き]
年表を見て、問いに答えない。

(1) （Ⅰ）にあてはまる年代を答えよ。
(2) （Ⅱ）にあてはまるできごとを、次のア～エから1つ選べ。
　ア　田沼意次が老中となる
　イ　桜田門外の変がおこる
　ウ　大塩平八郎が反乱をおこす
　エ　「ええじゃないか」のさわぎが広まる
(3) 天保の改革の中心となった老中はだれか。
(4) 次のことがらのうち、幕府の天保の改革と関係のないものを、次のア～エから1つ選べ。
　ア　農民や町人にきびしく倹約を命じた。
　イ　江戸・大阪周辺の大名・旗本の領地を幕府の領地にしようとした。
　ウ　有能な下級武士をとりたて、政治の重要な地位につけた。
　エ　株仲間を解散させた。
(5) 1853年に来航したアメリカの艦隊の司令長官はだれか。
(6) （Ⅲ）にあてはまる条約名を答えよ。
(7) 次のことがらのうち、（Ⅲ）の条約の内容として正しいものを、次のア～エから1つ選べ。
　ア　下田と長崎を開港し、アメリカ船の入港を認めた。
　イ　下田に総領事をおくことを認め、貿易がはじまった。
　ウ　イギリス・オランダ・中国とも同じ内容の条約を結んだ。
　エ　入港するアメリカ船に、燃料・食料・水などを補給することを認めた。
(8) 日米修好通商条約が日本にとって不平等な点を2つあげよ。
(9) 次の①～⑤は、幕末のできごとである。古い順に並べかえよ。
　①　大政奉還が行われる　　②　薩長同盟が結ばれる
　③　尊王攘夷運動がはげしくなる　④　王政復古の大号令が出される
　⑤　戊辰戦争がはじまる

1825	異国船打払令が出される
	天保のききんがおこる
1837	（　Ⅱ　）
1841	天保の改革がはじまる
1853	アメリカの艦隊が来航する
1854	（　Ⅲ　）が結ばれる
（Ⅰ）	日米修好通商条約が結ばれる
	↕ X
1867	江戸幕府がほろびる

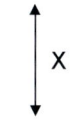

ベストガイド

1 (2) 天保のききんで苦しむ人々のためにおこしたできごと。(4) 薩摩藩や長州藩の改革が1つある。(5) 神奈川県の浦賀に来航した。(7) Ⅲの条約で開港したのは、下田と函館の2港で、貿易の取り決めはなかった。(9) 尊王攘夷運動が倒幕運動に発展し、薩長同盟が結ばれる。戊辰戦争は、新政府と旧幕府軍の戦い。(10) 開港によって

(10) 右のグラフは，Xの時期の，大阪における米と生糸の価格の推移を，1857年を100とした指数であらわしたものである。この時期に，米や生糸など物価が上昇した原因として，まちがっているものを，次のア～エから1つ選べ。
　ア　外国との輸出による品不足
　イ　幕府と長州藩との戦争
　ウ　質を落とした貨幣の大発行
　エ　株仲間の解散

(11) Xの時期の世界のできごととして正しいものを，次のア～エから1つ選べ。
　ア　アメリカで南北戦争がおこった。
　イ　イギリスで産業革命がはじまった。
　ウ　アメリカで独立戦争がはじまった。
　エ　中国とイギリスとのあいだにアヘン戦争がおこった。

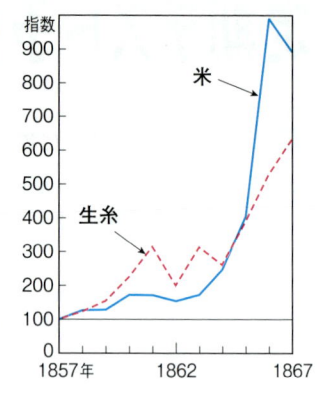

2　［産業革命とイギリスのアジア侵略］
次の文章を読んで，問いに答えなさい。

　産業革命は，18世紀の中ごろ，まず（　A　）ではじまった。産業革命によって，工場の経営者が労働者をやとって生産する（　B　）主義が発達した。物資が豊かになり，生活も便利になったが，より多くの利益を得ようとする経営者によって，労働者はより安く，より長時間の労働を強いられたため，労働者は貧困・病気・けがなどにおびやかされた。こうした社会問題の発生に対して，労働者は団結して労働組合を結成し，さらに，より平等な社会をめざす（　C　）主義の考え方もおこった。一方，産業革命によって，工業力や軍事力を強めた欧米諸国は，植民地を求めてアジア・アフリカに進出した。イギリスは，中国に進出し，（　D　）をおこして香港を手に入れ，不平等な条約をおしつけた。また，（　E　）では，セポイの蜂起をきっかけとしておこったイギリス支配に対する大反乱を鎮圧し，完全な植民地とした。

(1)　上の文中の（　A　）～（　E　）にあてはまる国名・語句を答えよ。
(2)　欧米諸国が植民地を求めたのはなぜか。理由を説明せよ。

ベストガイド
2 (1) Bは資本家が労働者をやとって利潤を得ようと生産するしくみ。Cはマルクスらが主張した考え方。Dは貿易がはじまったことなどが影響している。1840年におこった戦争である。(2) 産業革命によって，欧米諸国は原料をどこで入手し，製品をどこで売ろうとしたのかについて考える。

7章 近代国家への歩み

横濱鉄道館蒸気車往返之図

明治初期の横浜のようす
（横浜鉄道館蒸気車往返之図）

1 明治維新

教科書のまとめ

1 明治政府の成立
解説ページ ⇒ p.233

- ☐ 五箇条の御誓文(1868年)…新政府の基本方針を示す。同時に五榜の掲示を出す。
- ☐ 政治のしくみ…政体書にもとづく太政官制。
- ☐ 改元と遷都…年号を明治と改め,都を東京に移した。

2 明治の新政
解説ページ ⇒ p.234

- ☐ 版籍奉還(1869年)…土地・人民を天皇に返す ┐
- ☐ 廃藩置県(1871年)…藩をやめ,府・県をおく ┘ 中央集権の確立
- ☐ 四民平等…士農工商の封建的身分制度の廃止。
- ☐ 新しい身分…皇族・華族・士族・平民(農工商,えた・ひにん)。

> 天皇中心の政治が行われた

3 富国強兵
解説ページ ⇒ p.235

- ☐ 徴兵令(1873年)…藩兵をやめ,国民皆兵(20歳以上の男子)⇒富国強兵へ。
- ☐ 地租改正(1873年)⇒地租は地価の3%を現金で徴収⇒財政の安定。
  地租改正反対の一揆⇒地租を地価の2.5%に引き下げた。
- ☐ 殖産興業…官営模範工場・官営鉱山の設立,北海道の開拓,貨幣・金融制度の整備,交通・通信の近代化など。 → 富岡製糸場など
- ☐ 教育の近代化…学制の発布(1872年)。

地券▶
(東京都 国文学研究資料館蔵)

4 文明開化とくらし
解説ページ ⇒ p.237

- ☐ 思想の近代化…近代思想の導入(福沢諭吉ら)。新聞・雑誌の発行。
- ☐ 生活の変化…都市を中心に生活の洋風化が進む。太陽暦の採用。

5 明治初期の外交
解説ページ ⇒ p.238

- ☐ 岩倉使節団の派遣…岩倉具視を全権大使として派遣。不平等条約の改定⇒失敗。
- ☐ 中国・朝鮮との国交…日清修好条規・日朝修好条規を結ぶ。
- ☐ 国境の画定…千島・琉球・小笠原諸島など。

> 領土の決定も重要な課題だ

1 明治政府の成立

1 五か条の御誓文

勝海舟らが，江戸城の明けわたし交渉(→p.226)をすすめていた1868(慶応4)年3月，明治天皇は，新政府の方針として，五箇条の御誓文を神前で宣言した。これは，①世論の尊重，②国民の協力，③人心の一新，④旧制度の改正，⑤新知識の吸収について述べており，大名や公家向けに発布された。

2 五榜の掲示

明治政府は御誓文の翌日，5枚の立て札をたて，民衆の守るべき規律を掲示した。これを五榜の掲示(→p.311)という。政府はこのなかで，徒党・強訴・百姓一揆を禁じ，キリスト教の信仰も禁止した。これは，江戸時代の支配者と同じような民衆支配をめざすものであった。

3 明治政府のしくみ

明治政府は政体書を公布し，中央集権的な太政官制を採用した。これは太政官に強い権力をあたえたもので，そのもとで外見的には三権分立制，議会制度，官吏公選などを行うように定められていた。

4 改元と遷都

1868年7月，江戸を東京と改め，翌年には明治天皇も京都から東京に移り，東京が首都となった。1868年9月，年号を慶応から明治に改め，一世一元の制を定めた。

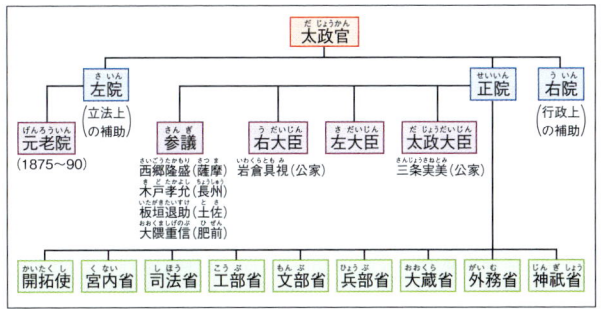

史料 五箇条の御誓文

一、広ク会議ヲ興シ，万機公論ニ決スヘシ
一、上下心ヲ一ニシテ，盛ニ経綸ヲ行フヘシ
一、官武一途庶民ニ至ル迄，各其志ヲ遂ゲ，人心ヲシテ倦マサラシメンコトヲ要ス
一、旧来ノ陋習ヲ破リ，天地ノ公道ニ基クヘシ
一、智識ヲ世界ニ求メ，大ニ皇基ヲ振起スヘシ

視点 五箇条の御誓文を日本の民主主義の出発点とする意見もある。しかし，五榜の掲示とあわせ読むと，御誓文がフランス人権宣言やアメリカ独立宣言とは，比べものにならない内容の貧しいものであることがわかるであろう。

用語 一世一元の制

天皇一代の間は，1つの年号を用いること。天皇の権威を高めることをねらいとしたものであった。それまでは，天皇一代に数回の改元が行われていた。

◀明治天皇

年代ゴロあわせ

1868年 → 五箇条の御誓文

1 868
ひとつやろや　五箇条出し
明治の維新

▼新政府のしくみ(1871年ころ)

```
                太政官
    ┌────────────┼────────────┐
   左院          正院          右院
 (立法上の補助)              (行政上の補助)
   │           参議
 元老院      西郷隆盛(薩摩)   右大臣   左大臣   太政大臣
(1875～90)   木戸孝允(長州)  岩倉具視  （公家）  三条実美(公家)
            板垣退助(土佐)
            大隈重信(肥前)

開拓使 宮内省 司法省 工部省 文部省 兵部省 大蔵省 外務省 神祇省
```

2 明治の新政

1 版籍奉還

1 ねらい 明治政府の成立後も，日本の多くの地方では藩主が政治をしていたので，天皇中心の中央集権国家を建設しようとしていた明治政府の障害となっていた。この障害をなくすために版籍奉還が行われた。

2 版籍奉還 幕府から受けた版（土地）と籍（人民）を朝廷に返すこと。版は藩ではない。

3 実行 大久保利通や木戸孝允らの画策で，1869（明治2）年，まず，薩摩（島津氏）・長州（毛利氏）・土佐（山内氏）・肥前（鍋島氏）の4藩主により版籍奉還が行われると，各藩もつぎつぎと奉還した。旧藩主は知藩事に任命され，引きつづき領地をおさめた。

2 廃藩置県

1 ねらい 藩を廃止し，中央政府の直轄となる府県をおくことにより中央集権体制を強化するとともに，軍事や財政両面の基礎を固めるために行われた。

2 実行 1871（明治4）年7月，新政府直属の軍隊（御親兵）を背景に断行された。

3 結果 全国に3府302県が設置され，府知事・県令が派遣された。年貢はすべて中央政府のものとなり，旧藩主・藩士には家禄（給料）が支給された。

> **ポイント** 版籍奉還＋廃藩置県 ⇒ 天皇中心の中央集権体制の確立
> （1869年）（1871年）

3 身分制度の改革

明治政府は天皇の一族を皇族，公家・大名を華族，武士を士族・百姓・町人を平民とした。四民平等をとなえ，平民にも苗字が許され，他の身分との結婚や，住居移転，職業の選択も自由となった。1871年の解放令（賤称廃止令）で，えた・ひにんも平民となったが，差別は残った。

年代ゴロあわせ
1871年 ⇒ 廃藩置県
府県おき　もうこれからは
藩といわない（1871）

人物 大久保利通（1830〜78）
薩摩藩（鹿児島県）出身。倒幕運動を指導し，薩長同盟や王政復古に努力。1871年の欧米視察後，西郷隆盛などの征韓論（→p.239）をしりぞけ，政府の中心人物としてその確立につとめた。1878年，東京で暗殺された。

人物 木戸孝允（桂小五郎）
（1833〜77）
長州藩（山口県）出身。吉田松陰に学び，尊王攘夷運動に参加。薩長同盟を結び，倒幕運動の中心人物となった。新政府成立後は参議として活躍。

参考 どんな差別をうけたか
1871年に出された「解放令」により，それまでは，えた・ひにんとされていた人々は，戸籍に「新平民」とか「旧えた」などと記された。また，江戸時代から認められてきた皮革加工などの独占権を失ったうえ，各地の職場からもしめ出され，職業を選ぶ自由もなかった。ところが，兵役や税負担は平等に負わされ，苦しい生活をおくった。

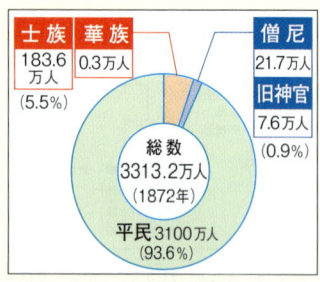

士族 183.6万人 (5.5%)
華族 0.3万人
僧尼 21.7万人
旧神官 7.6万人 (0.9%)
総数 3313.2万人 (1872年)
平民 3100万人 (93.6%)

▲華族・士族・平民の割合

3 富国強兵

1 徴兵令

1 徴兵令の公布
1873(明治6)年、富国強兵を目標とする政府は、近代的軍隊の設立のために徴兵令を公布した(→p.311)。国民皆兵が原則で、満20歳以上の成人男子に3年間の兵役を義務づけた。警察のしくみもととのえられ、1874年には東京に警視庁が設置された。

2 徴兵反対一揆
徴兵令では戸主・役人・上級学校進学者・代人料270円以上を納めた者などは兵役を免除された。結果、兵役は平民の二男・三男が中心につき、「血税一揆」とよばれた徴兵反対一揆がおこった。

2 地租改正

1 地租改正の必要性
年貢や大商人からの御用金にたよっていた政府の収入は不安定であった。これは、近代国家建設のための諸改革を行う障害となった。そこで、政府は収入を安定させるため地租改正を行った。

2 地租改正の内容
1873(明治6)年、政府は地租改正を行った。改正の要点は、次の3点である。
① 土地所有者(地主・自作農)に地券をあたえて、土地の所有権を認める。
② 土地の面積を調べ、土地の値段(地価)を決める。
③ 地価の3%を地租として、土地所有者が作物を現金(貨幣)にかえて、それをおさめる。

3 地租改正の結果
地租改正により、政府の収入は安定した。自作農は土地の所有権を認められ、売買も自由になった。いっぽう、小作農が地主におさめる小作料は米などの現物で、その量は収穫高の30〜50%にもなった。こうして農村の貧富の差は拡大し、各地で地租改正反対一揆が続発した。このため、政府は1877(明治10)年に地租を2.5%に引き下げた。

ポイント 1873年、徴兵令・地租改正 ⇒ 富国強兵
→反対一揆

参考 近代的軍隊の成立
明治政府は、中央集権国家のささえとするためにも、欧米諸国の強大な軍事力に対抗するためにも、近代的軍隊が必要と考えた。この近代的軍隊の研究をしたのが、長州藩出身の大村益次郎と山県有朋である。徴兵制の軍隊が初めて実戦で活躍したのは、西南戦争(→p.242)の時であった。こののち徴兵令が改正され、兵役免除規定も縮小され、文字通り国民皆兵となり、第二次世界大戦が終わるまで続いた。

分析 地租改正
① 地主の大もうけ 地租が金納になっても、小作料はいぜんとして現物納であったから、物価が上がると地主は、手もちの米を売って大きな利益を得ることができた。
② 地租改正反対一揆 1876年秋、三重県・愛知県などで、最大の一揆がおこった。士族の反乱(→p.242)との合流をおそれた政府は、地租を2.5%に引き下げた。農民は、「竹槍でどんとつき出す2分5厘」と一揆の成果をたたえた。

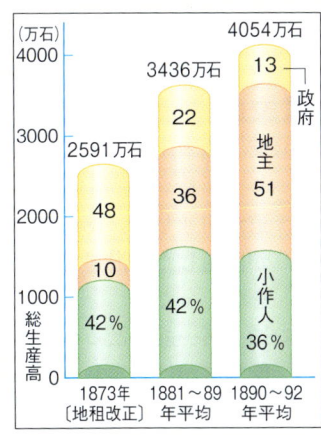

▲政府・地主・小作人の米の取り分

	1873年[地租改正]	1881〜89年平均	1890〜92年平均
総生産高	2591万石	3436万石	4054万石
政府	10	22	13
地主	48	36	51
小作人	42%	42%	36%

❸ 殖産興業

　明治政府は豊かで強い近代国家建設のために，近代産業を育成し，貨幣・金融制度をととのえ，交通・通信を近代化する**殖産興業**の政策をおし進めた。

1 近代産業の育成

① 工　業…政府は，欧米諸国から機械・技術を導入して，製糸・紡績・セメント・ガラス・製鉄などの**官営模範工場**を経営した。代表的なものには，1872（明治5）年に群馬県にできた**富岡製糸場**がある。

② 鉱　業…三池炭坑（福岡県）・高島炭坑（長崎県）・佐渡金山（新潟県）・生野銀山（兵庫県）・釜石鉄山（岩手県）など，重要鉱山を直接経営した。

③ 農　業…安積疏水（福島県）・明治用水（愛知県）などを開発し，農業生産力の向上をはかった。北海道では，1869（明治2）年に**開拓使**がおかれ，士族が**屯田兵**として移住した。1876（明治9）年には**札幌農学校**（いまの北海道大学）が開設され，**クラーク**の指導の下でアメリカ式大農法がとり入れられた。北海道の開拓は，先住民のアイヌの生活を圧迫した。

2 貨幣・金融制度の整備

① 貨幣制度…1871（明治4）年，1円＝100銭，1銭＝10厘となる円・銭・厘による貨幣制度をつくり，大阪に貨幣をつくる造幣寮（のちの造幣局）をおいた。

② 金融制度…1872年の国立銀行条例により，1873年にできた第一国立銀行など153行の国立銀行ができた。これらの銀行は株式会社であり，1882年，中央銀行として日本銀行が設立された後は，普通銀行となった。

3 交通・通信の近代化

① 交　通…イギリス製の機関車・レールを用いて1872年，**新橋**（東京都）・**横浜**（神奈川県）間に最初の鉄道が開通した。1889年に東京・神戸間には東海道線が開通した。海運では，**岩崎弥太郎**が三菱汽船会社をつくった。

② 通　信…**前島密**らの努力により1871年，近代的な郵便制度がはじまり，1882年に均一料金による全国郵便網が完成した。電話は1877年に輸入され，1890年には東京・横浜間などの電話交換がはじまった。

分析　明治政府が近代産業の育成につとめた理由

　明治初期のころの産業は，まだマニュファクチュア（工場制手工業）の段階で，民間には富国強兵のための近代産業をおこす力はなかった。そのため，政府はまず産業の発展を妨げていた関所や株仲間など古い制度を廃止した。ついで，軍事工業や軽工業（とくに繊維工業）を中心とした近代産業を，政府がみずから経営・育成しはじめた。

参考　お雇い外国人の月給

　政府は，欧米から制度・技術を導入するために多くの外国人を招いた。彼らの月給は，当時の太政大臣の月給を800円とすると，キンドル（造幣首長）は1045円，ロエスレル（外務省顧問）は600円と高額であった。

参考　アイヌへの圧迫

　政府は，アイヌが住む土地をうばい，移住を強制した。また，日本語を強制し，独自の伝統や文化を破壊した。1899年に制定された北海道旧土人保護法は1997年にアイヌ文化振興法が成立するまで存続した。

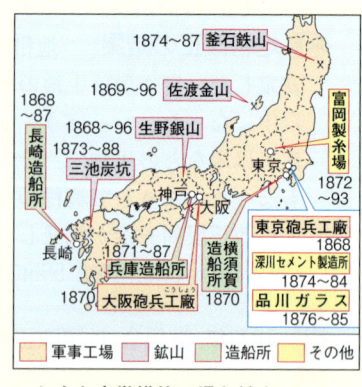

▲おもな官営模範工場と鉱山

4 教育の近代化

1 学制 1872（明治5）年，文部省は学制を発布して，全国に小学校を設置し，小学校4年間の義務教育制などの方針を示した。しかし，子どもは貴重な働き手であったので，高い授業料を払ってまで学校に通わせる親は少なく，学制反対一揆もおきた。

2 高等教育 福沢諭吉の慶応義塾（東京），新島襄の同志社（京都），大隈重信の東京専門学校（いまの早稲田大学）などができ，高等教育の中心となった。いっぽう，政府は各地に教員養成のための師範学校をつくり，東京大学を設立して外国人教師を招いたり，留学生を海外に派遣して外国の文化を摂取しようとした。

4 文明開化とくらし

1 近代思想の導入

欧米の近代思想もさかんにとり入れられ，のちの自由民権運動に影響をあたえた。福沢諭吉は，イギリスの近代思想に学び『学問のすゝめ』を著した。

2 新聞・雑誌の発行

1 新聞 幕末に開発された活版印刷技術により1870（明治3）年，わが国最初の日刊紙『横浜毎日新聞』が発行された。1882（明治15）年には福沢諭吉が『時事新報』を創刊した。

2 雑誌 1873（明治6）年，イギリスの啓蒙思想を学んだ福沢諭吉や中村正直らが明六社をつくり，翌年『明六雑誌』を発行した。

▲福沢諭吉

3 変わる民衆生活

政府が近代国家建設のために欧米から制度・文化をとり入れたので，都市を中心に生活・文化・風俗の面で大きな変化がみられた。これを文明開化とよぶ。

▲開智学校 視点 明治の初期，長野県松本市に建てられた小学校。

用語 学制（→p.312）
1872年に行われた近代的学校制度。フランスにならい，全国を8大学区に分け，1大学区に32中学区，1中学区に210小学区を設けた。また，太政官布告で「村に不学の家がなく，家に不学の人がいないように」として小学校を義務教育とした。

参考 おもな外国人教師
アメリカのヘボン（医学）・クラーク（農学）・モース（動物学），フランスのボアソナード（法学），ドイツのナウマン（地質学）・ベルツ（医学），イタリアのキヨソネ（紙幣印刷）らが有名。

参考 最初の女子留学生
津田梅子（当時8歳）ら5名で，1871年に岩倉具視大使らの使節団（→p.239）とともにアメリカに渡った。津田はアメリカで学び，帰国後女子英学塾（いまの津田塾大学）をつくった。

史料 『学問のすゝめ』

一，天ハ人の上に人を造らず人の下に人を造らずといへり されバ天より人を生ずるハ万人ハ万人皆同じ位にして生まれながら貴賤上下の差別なく万物の霊たる身と心との働を以て天地の間にあるよろづ……。

視点 『学問のすゝめ』の冒頭の一節。人間の平等について述べている。

1 **暦** 太陰暦をやめ太陽暦に切りかえ，1日が24時間，1週間が7日，日曜日は休日となった。

2 **衣食住** チョンマゲを切っただけのザンギリ頭が流行し，「ザンギリ頭をたたいてみれば，文明開化の音がする」と歌われ，文明開化のシンボルとなった。都市の人々は洋服を着たり，薬用だった牛肉を使った牛鍋をふだんから食べるようになった。また，建物も西洋風のものが増え，東京の銀座にはレンガ作りの建物が並び，ガス灯がともり，鉄道馬車が走った。

4 都市と農村

文明開化は「日本橋（東京の中心地の地名）の文明開化」と皮肉られるほど，大都市のしかも上流階級の人々に限られた現象であった。地方の農村では江戸時代とほとんど生活が変わらず，都市と農村の生活の差が大きかった。

▲牛鍋を食べる男性（『安愚楽鍋』 神奈川県　横浜開港資料館蔵）

年代	ことがら
1869年	パンの製造・販売
1869年	人力車・乗合馬車のはじめ
1870年	靴・洋傘・背広服の使用
1871年	西洋料理店のはじめ
1872年	帽子・ビールの使用
1873年	巻たばこの使用・野球のはじめ
1874年	ガス灯・レンガ街（銀座）

▲生活・風俗の変化の年表

▲明治時代の鉄道（横浜鉄道館蒸気車往返之図　神奈川県　横浜開港資料館蔵）　視点　新橋・横浜間に鉄道が開通した。陸蒸気とよばれた蒸気機関車が人々をおどろかせた。

▲富岡製糸場（群馬県）の内部（長野県　岡谷市立岡谷蚕糸博物館蔵）

▼アメリカを訪問した岩倉使節団　視点　左から，木戸孝允，山口尚芳，岩倉具視，伊藤博文，大久保利通。

5 明治初期の外交

1 政府の外交方針

明治初期の外交の特色は，中国・朝鮮に対する外交方針と欧米諸国に対する外交方針が異なっていたことであ

る。具体的にいえば，中国・朝鮮に対しては，武力を用いての強硬外交であったが，欧米に対しては条約改正交渉による対等外交をめざすものであった。

2 欧米との外交

1871（明治4）年，政府は幕末の不平等条約の改正交渉のため，岩倉具視を大使とする岩倉使節団を欧米に派遣した。交渉は失敗したが，使節団は欧米の政治・経済を学び，日本の強国化が必要なことを痛感した。

3 中国・朝鮮との外交

1 清（中国）との外交
1871（明治4）年，政府は清と日清修好条規（→p.311）を結んだ。この条約は，政府が初めて対等な立場で結んだ条約であった。同年11月，日清両属の立場をとっていた琉球の宮古島民が台湾で殺されたことで，政府は1874年に台湾へ出兵した。

2 朝鮮との外交
岩倉使節団が帰国したころ，国内では征韓論が台頭していた。朝鮮と国交を開こうとした政府は，1875（明治8）年に日本の軍艦が朝鮮から砲撃をうけた事件（江華島事件）を機に1876年2月，日朝修好条規を朝鮮政府に調印させた。この条約は，日本が外国に押しつけた最初の不平等条約であった。

4 国境の画定

1 千島
1875年，ロシアと樺太・千島交換条約を結び，樺太はロシア領，千島列島は日本領と画定した。

2 琉球
江戸時代まで琉球王国は，薩摩藩に年貢をおさめながら，清にも朝貢していた。政府は，1872年に琉球藩をおいたが，琉球は清への朝貢をやめなかった。政府は台湾出兵で清に対し，琉球における日本の主権を認めさせると，1879（明治12）年，強い抵抗をおさえて琉球藩を廃止し，沖縄県をおいた（琉球処分）。

3 小笠原諸島
江戸時代まで小笠原諸島には，イギリス人やアメリカ人が住んでいたので，日本・アメリカ・イギリスで帰属を争った。1876（明治9）年，日本の領有宣言をイギリス・アメリカが認め，日本領土と画定した。

明治初期の近隣諸国との関係▶

分析 征韓論をめぐる争い

明治初年，開国をこばんだ朝鮮を武力で開国させようとした西郷隆盛・江藤新平・板垣退助らの考え。士族の不満を外へむけようとするねらいもあった。内政重視をとる岩倉具視・木戸孝允・大久保利通らの欧米視察組が征韓論をおさえたので，政府内部は大きく分裂，西郷らは政府をしりぞいた。

用語 日朝修好条規

日朝修好条規のおもな内容は，次の3点である。
①朝鮮は，自主独立の国であることを確認する。
②釜山など3港を開港する。
③日本だけが領事裁判権をもつ。

用語 樺太・千島交換条約（→p.312）

1875年に結ばれた日本とロシアの条約。1854年の日露和親条約（→p.222）で，千島列島を日本とロシアで二分し，樺太は雑居地となっていたものを改め，樺太はロシア領，千島列島全体を日本領とした。現在は，どちらもロシアの領土となっているが，日本政府は千島列島のうち国後島と択捉島を，また歯舞群島と色丹島についても返還するように，ロシアに要求している（→p.324）。

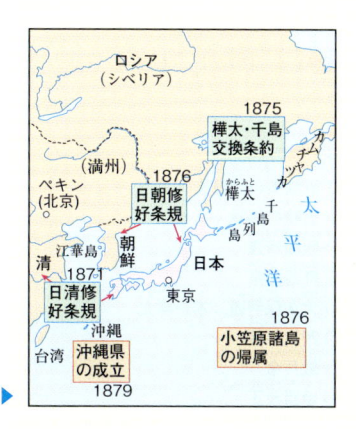

7章 近代国家への歩み

テスト直前チェック

▼ 答えられたらマーク　　　　　　　　　　　　　　　　わからなければ ↩

- ❶ ☐ 明治政府が大名・公家向けに政治の基本方針を示したものは何か。　p.233 ❶
- ❷ ☐ 明治政府が5枚の立て札で示した，一般民衆に対する方針は何か。　p.233 ❷
- ❸ ☐ 旧藩主が，土地と人民を天皇(朝廷)に返したことを何というか。　p.234 ❶
- ❹ ☐ ❸の後，藩をやめて府県をおいた政治改革を何というか。　p.234 ❷
- ❺ ☐ ❸や❹を提案した中心人物はだれとだれか。　p.234 ❶
- ❻ ☐ 明治になって，武士，百姓・町人の身分制度はどう改められたか。　p.234 ❸
- ❼ ☐ 1873年，国民皆兵を定め，近代的軍制をめざしてつくられた法律は何か。　p.235 ❶
- ❽ ☐ 明治政府が財政確立のために行った土地制度の改革を何というか。　p.235 ❷
- ❾ ☐ ❽により，地租は地価の何％になったか。のちに何％に下がったか。　p.235 ❷
- ❿ ☐ 政府が近代産業の手本として群馬県に建てた官営模範工場は何か。　p.236 ❸
- ⓫ ☐ 札幌農学校に招かれ，アメリカ式大農法を紹介したアメリカ人はだれか。　p.236 ❸
- ⓬ ☐ 北海道開拓のために，北海道各地に移住してきた人々を何というか。　p.236 ❸
- ⓭ ☐ 1872年，文部省が発布し，義務教育制度の基礎となったものは何か。　p.237 ❹
- ⓮ ☐ 大隈重信が創立した学校は何か。　p.237 ❹
- ⓯ ☐ 福沢諭吉がイギリスの近代思想を紹介した書物は何か。　p.237 ❶
- ⓰ ☐ 明治初期の生活や風俗の近代化のことを何とよぶか。　p.237 ❸
- ⓱ ☐ 太陰暦にかわって採用されたのは何暦か。　p.238 ❸
- ⓲ ☐ 1871年，不平等条約改正のため欧州に派遣した使節団の大使はだれか。　p.239 ❷
- ⓳ ☐ 1871年，日本が初めて対等な立場で結んだ条約を何というか。　p.239 ❸
- ⓴ ☐ 朝鮮を武力によってでも開国させようとした西郷隆盛らの考えは何か。　p.239 ❸
- ㉑ ☐ 江華島事件を理由として，日本が朝鮮におしつけた不平等条約は何か。　p.239 ❸
- ㉒ ☐ 1875年，日本とロシアが領土に関して結んだ条約は何か。　p.239 ❹

解答

- ❶ 五箇条の御誓文
- ❷ 五榜の掲示
- ❸ 版籍奉還
- ❹ 廃藩置県
- ❺ 大久保利通，木戸孝允
- ❻ 四民平等
- ❼ 徴兵令
- ❽ 地租改正
- ❾ 3％→2.5％
- ❿ 富岡製糸場
- ⓫ クラーク
- ⓬ 屯田兵
- ⓭ 学制
- ⓮ 東京専門学校(早稲田大学)
- ⓯ 『学問のすゝめ』
- ⓰ 文明開化
- ⓱ 太陽暦
- ⓲ 岩倉具視
- ⓳ 日清修好条規
- ⓴ 征韓論
- ㉑ 日朝修好条規
- ㉒ 樺太・千島交換条約

テスト前にも見なおそう

2 自由民権運動と立憲政治

教科書のまとめ

1 新政府への不満
解説ページ ➡ p.242

- 藩閥政治に対する民衆の抵抗 … 学制・徴兵令・地租改正に反対する農民一揆が拡大。
- 士族の没落 … 四民平等・徴兵制度などが原因 ➡ 士族の商法。
- 士族の反乱 … 西日本各地で不平士族がおこす。
  ➡ **西郷隆盛**のおこした**西南戦争**は最大,最後の反乱。

なぜ,士族は反乱をおこしたのかな？

2 自由民権運動
解説ページ ➡ p.242

- 自由民権運動 … 藩閥政治を批判し,**国会の開設と憲法の制定**を主張。
- 民撰議院設立の建白書(1874年) ➡ 立志社 ➡ 愛国社 ➡ **国会期成同盟**。
- 政府の弾圧 … ざんぼう律・新聞紙条例・集会条例など
  ➡ 反政府運動の激化(秩父事件など) ➡ 衰退。
- 政党の結成 … **自由党**(**板垣退助**)と**立憲改進党**(**大隈重信**)の結成。
  ↳ 国会開設の勅諭(1881年)

3 憲法の制定
解説ページ ➡ p.244

- 憲法制定の準備 … **伊藤博文**らをヨーロッパに派遣,憲法草案を作成。
  内閣制度も整備。 ➡ プロシア(ドイツ)憲法が手本
- 大日本帝国憲法の制定(1889年) … 欽定憲法・天皇主権など。

4 国会の開設
解説ページ ➡ p.246

- 帝国議会の開設(1890年) … 貴族院と衆議院の二院制。
  ↳ 第1回総選挙 … 制限選挙で民党が多数 → 政府と政党の対立。
- 政党政治の発達 … 隈板内閣 → 伊藤博文内閣(立憲政友会)。
  ↳ 最初の政党内閣

7章 近代国家への歩み

◀伊藤博文

帝国議会のようす▶
(東京都 衆議院憲政記念館蔵)

1 新政府への不満

1 藩閥政治に対する民衆の抵抗

1 藩閥政治
新政府の政治は**藩閥政治**とよばれた。これは新政府の実権が、**薩摩・長州**など明治維新に功績のあった藩の下級武士出身の高級役人ににぎられ、彼らの思いのままに動かされたからである。

2 民衆の抵抗
学制・徴兵令・地租改正に反対する農民一揆が各地でおこり、士族も不満をもった。

2 士族の没落

士族は四民平等や徴兵制度の実施などにより**多くの特権を失った**ため収入が減り、教員や警官になったり、農業や商工業をいとなんだりした。その大部分は、「士族の商法」といってなれない商売で失敗し、生活に苦しんだが、のちの三菱財閥の創始者となった**岩崎弥太郎**など一部の士族は転職に成功し、財をきずいた。

3 士族の反乱

1 各地の反乱
没落した士族は、**政府の政策に不満をもち**、各地で武力による反抗をするようになった。廃刀令に憤慨して、1876(明治9)年におこった神風連(敬神党)の乱をはじめ、佐賀・福岡・山口などで反乱がおこったが、最大規模の反乱は**西南戦争**であった。

2 西南戦争
1877(明治10)年、鹿児島の不平士族が、**征韓論**(→p.239)に敗れて帰った**西郷隆盛**をおしたてて大規模な反乱をおこした。しかし、徴兵令で集められた政府の軍隊に平定され、最後の士族反乱となった。

用語 藩閥政治
薩摩(鹿児島)・**長州**(山口)・**土佐**(高知)・**肥前**(佐賀)の4藩出身者が政府の要職を独占して行った専制政治。とくに薩摩の**西郷隆盛・大久保利通**、長州の**木戸孝允・山県有朋**、土佐の**板垣退助・後藤象二郎**、肥前の**江藤新平・大隈重信**らが中心となった。

参考 うばわれた士族の特権
廃刀令の実施で、武士は目に見える特権で武士の誇りでもあった帯刀を禁止された。また、廃藩置県後も俸禄の一部を**家禄**(給与)としてあたえられていたが、財政支出の3分の1に達するような大きな負担になり、政府は1876年、利子つきの**公債(金禄公債)**をあたえて、家禄を打ち切った(**秩禄処分**)。

人物 西郷隆盛(1827～77)
薩摩藩出身。尊王攘夷・倒幕運動の指導者で、薩長同盟・王政復古に力をつくした。戊辰戦争では、政府軍参謀として江戸城明けわたしに成功。新政府の参議となり、征韓論を主張するが、政府に受け入れられず帰郷した。西南戦争をおこしたが敗れ、鹿児島で自殺した。

▲西郷隆盛

▼不平士族の反乱

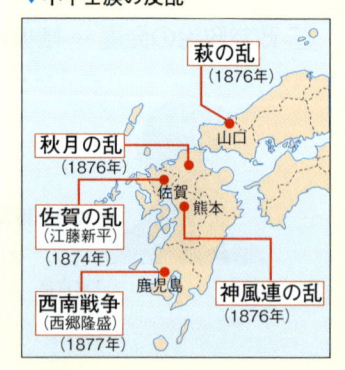

- 萩の乱 (1876年) 山口
- 秋月の乱 (1876年)
- 佐賀の乱 (江藤新平) (1874年) 佐賀 熊本
- 西南戦争 (西郷隆盛) (1877年) 鹿児島
- 神風連の乱 (1876年)

2 自由民権運動

1 自由民権運動のおこり

士族の反乱が続く一方、武力で政府に反抗するのが不

可能であると考えた士族は，天賦人権思想に共鳴し，言論によって政府を批判し，憲法の制定と議会の開設を実現することで，国民の意見を政治に反映させようという運動を展開するようになった。こうした運動を自由民権運動という。

2 自由民権運動の展開

1 民撰議院設立の建白書 1874（明治7）年，板垣退助・後藤象二郎・江藤新平・副島種臣らは，藩閥政治を批判し，議会の開設を求める意見書（民撰議院設立の建白書）を政府に提出した（→p.247）。

2 政治結社 議会の開設を求めるための結社として，板垣退助らが高知で立志社（1874年）を結成した。1875（明治8）年には，全国組織として愛国社が大阪で結成され，士族が中心となって自由民権運動をおし進めた。

3 国会期成同盟 立志社や全国組織の愛国社に集まった人々は，演説会や新聞・雑誌などを通して，自由や権利について考えを広めた。その結果，地租軽減を求める農民なども運動に加わり，運動は全国に広まった。そして1880（明治13）年には愛国社が，国会開設を政府に要求する運動団体（国会期成同盟）に発展した。

4 政府の弾圧 自由民権運動の進展に対し政府は，府県会の開設を認め，立憲政治に移行する姿勢をみせた。一方，国会の開設を拒否し，ざんぼう律・新聞紙条例・集会条例を定めて自由民権運動を弾圧した。

5 国会開設の勅諭 1881（明治14）年，政府が北海道の開拓事業を安く大商人に払い下げることを知った民権運動の人々は，政府を非難し，国会開設を求めた。政府は払い下げを中止する一方，国会開設の勅諭を下し，10年後（1890年）＊に国会を開設することを約束した。
＊当時は数え年なので，10年後は1890年となる。

6 政党の結成 国会開設が決まったころ，1881（明治14）年に板垣退助らが自由党を結成し，1882（明治15）年には大隈重信らが立憲改進党を結成した。

ポイント 自由民権運動 ⇒ 国会開設の勅諭 ⇒ { 自由党 / 立憲改進党 }

板垣退助（左），大隈重信（右）▶

用語 天賦人権思想
明治初期に西洋から入ってきた思想。人間は生まれながらにして自由・平等の権利をもっているという考えで，自由民権思想ともいう。植木枝盛はこの思想をもとに『民権自由論』を著した。中江兆民はルソーの『社会契約論』を紹介して「東洋のルソー」とよばれた。

人物 板垣退助（1837～1919）
土佐藩（高知県）出身の政治家。倒幕運動に参加。新政府の参議となったが征韓論に敗れて辞職。民撰議院設立の建白書の提出，立志社の結成など自由民権運動を指導した。

参考 国会期成同盟の運動
国会期成同盟に参加した各地の政社（民権結社）は，国会開設や憲法の制定を要求する請願書への署名運動を行った。また，憲法の私案（私擬憲法）を作成，発表した（→p.244）。

年代ゴロあわせ
1881年 → 板垣退助が自由党結成

板垣の　自由党結成
1　8　8　1
一番早い

分析 自由党と立憲改進党

政党	中心人物	特色	支持者
自由党	板垣退助 後藤象二郎 植木枝盛	フランス流で急進的	士族 地主 貧農
立憲改進党	大隈重信 犬養毅 尾崎行雄	イギリス流で穏健	資本家 地主 知識人

7 政党への弾圧と抵抗

政党は新聞などを通して政府を批判したため、政府は政党を弾圧した。急進的な自由党員は、不景気で生活に苦しむ農民らとともに各地で実力行使をおこすなどの抵抗をした。こうしたなかで1884(明治17)年に、自由党は党員内の意見の違いが大きくなったことなどが原因で解散し、立憲改進党も大隈重信が脱党し、民権運動は指導部を失った。

8 運動のおとろえ

自由党の解散、立憲改進党の弱体化によりおとろえた自由民権運動は、1886(明治19)年、条約改正反対運動をきっかけに再び盛りあがったが、政府は翌年保安条例を制定してこれをおさえた。

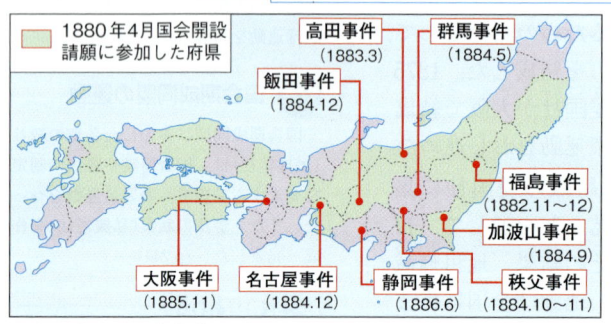

▲自由党員の激化事件

（地図：1880年4月国会開設請願に参加した府県／高田事件(1883.3)／群馬事件(1884.5)／飯田事件(1884.12)／福島事件(1882.11〜12)／加波山事件(1884.9)／大阪事件(1885.11)／名古屋事件(1884.12)／静岡事件(1886.6)／秩父事件(1884.10〜11)）

参考 デフレ政策による不景気

大蔵卿松方正義は、西南戦争後のインフレに対し、紙幣を整理して景気をおさえた。このため、物価が下がり農・商・工業を圧迫し、小作人や労働者になる者が増えた。

参考 自由党員の激化事件

1882年の福島事件以後、群馬・茨城・名古屋・秩父(埼玉県)・飯田(長野県)・静岡などで事件がおこった。このうち、福島事件は県令の三島通庸の圧政に対し、農民や自由党員らがおこした事件。河野広中らの自由党員が処罰された。秩父事件は、借金と重税に苦しむ埼玉県秩父地方の農民が借金党や困民党をつくり、地租軽減や村費半減をかかげて立ち上がった。

用語 保安条例

1887年、政府に反対する運動をおさえるため、内乱をたくらみ、治安の妨害をするおそれのある者を、皇居から3里(12km)の地へ追放した法律。

3 憲法の制定

1 憲法制定の準備

1 憲法の起草

政府は自由民権運動を弾圧する一方、国会開設に備えて、1882(明治15)年に伊藤博文らを憲法調査のためにヨーロッパへ派遣した。天皇主権の政治をめざす伊藤らは、君主権が強く、専制的な政治が可能なドイツ(プロシア、プロイセン)の憲法がよいと考え、帰国後に憲法草案をつくった。

2 政治制度の整備

1884(明治17)年華族令を出した。1885年には、行政機構として皇族・公卿以外は大臣になれない太政官制を廃止し、内閣総理大臣と国務大臣で構成される内閣制度を発足させた。初代内閣総理大臣には、伊藤博文が就任し、国務大臣9人中7人が、薩摩と長州出身者で占められた藩閥内閣であった。

人物 伊藤博文(1841〜1909)

長州藩(山口県)出身。大久保利通の死後、政府の最高指導者となり、大日本帝国憲法を作成、初代内閣総理大臣・枢密院議長となった。のち韓国統監となり、韓国併合をすすめたが暗殺された(→p.256)。

参考 自由民権派の憲法草案

自由民権運動の指導者たちも、憲法の私案(私擬憲法)を発表した。植木枝盛の「東洋大日本国国憲按」は国民主権や基本的人権の保障などをうたった民主的なものであった。千葉卓三郎が起草した「五日市憲法草案」は、36か条の人権規定をもち、国民の権利を手厚く保障しているなど注目すべきことが多い(→p.247)。

③ 地方制度の改革
1888(明治21)年に市制・町村制を，1890(明治23)年には府県制・郡制を定めた。

2 憲法の発布

1888年に完成した伊藤博文の憲法草案は，天皇の相談機関の枢密院の審議を経て，1889(明治22)年2月11日，**大日本帝国憲法**(明治憲法)として発布され，形の上では日本は立憲君主国となった。ドイツ人医師ベルツの日記によると，当時，国民は憲法の内容がわからないまま，憲法発布を祝うお祭りさわぎをしていたという。

3 大日本帝国憲法の特色

① 欽定憲法 大日本帝国憲法は，明治天皇が定め，天皇が国民にさずけあたえた欽定憲法であった。

② 天皇主権 神聖不可侵の天皇主権が憲法の基本であった。天皇は，陸海軍を率いる統帥権，宣戦や講和，条約の締結，議会の開会や解散などの権限，議会と関係なく独立の命令(勅令)を出す権限などをもった。

③ 二院制 この憲法のもとでの帝国議会は，貴族院と衆議院からなる二院制を採用し，両院ともほぼ同じ権限をもった。内閣は天皇に対して行政の責任を負い，議会より権限は強かった。帝国議会(国会)・内閣・裁判所は，天皇を助けるものと位置づけられていた。

④ 国民の権利 国民は天皇の臣民とされ，自由や権利は法律で制限された。

4 法律の整備

政府は，大日本帝国憲法にもとづいて民法・商法・刑法などの制定作業をすすめた。民法では戸主権が強く，女性の地位が低かった。1890年には，国民に忠君愛国の精神を植えつけるため，**教育勅語**(→p.312)を発布した。

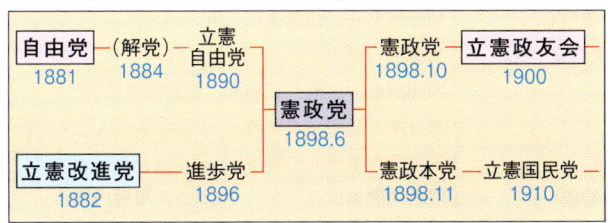

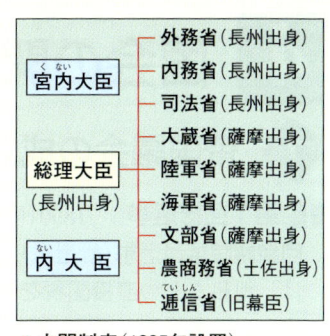

▲内閣制度(1885年設置)

宮内大臣 ─ 外務省(長州出身)
　　　　 ─ 内務省(長州出身)
　　　　 ─ 司法省(長州出身)
総理大臣 ─ 大蔵省(薩摩出身)
(長州出身) ─ 陸軍省(薩摩出身)
　　　　 ─ 海軍省(薩摩出身)
　　　　 ─ 文部省(薩摩出身)
内大臣 　 ─ 農商務省(土佐出身)
　　　　 ─ 逓信省(旧幕臣)

年代ゴロあわせ
1889年 → 大日本帝国憲法の発布
1　88　9
いち早く　出した
大日本帝国憲法

史料 大日本帝国憲法 (→p.312)

第1条　大日本帝国ハ万世一系ノ天皇之ヲ統治ス
第3条　天皇ハ神聖ニシテ侵スヘカラス
第5条　天皇ハ帝国議会ノ協賛ヲ以テ立法権ヲ行フ
第11条　天皇ハ陸海軍ヲ統帥ス
第29条　日本臣民ハ法律ノ範囲内ニ於テ言論著作印行集会及結社ノ自由ヲ有ス

視点　言論・集会・結社の自由も「法律ノ範囲内」であった。

参考 華族令と貴族院

華族令(→p.244)は，華族の身分や権利を定めた法律で，華族に公・侯・伯・子・男の爵位をあたえた。この時，旧藩主・公家のほかに維新の功労者が華族となったが，これは貴族院をつくる準備であるとともに，議会において旧薩摩や長州の勢力で占めようとしたものであった。

◀明治時代の政党(保守党)

自由党 1881 ─(解党)1884─ 立憲自由党 1890 ─┐
　　　　　　　　　　　　　　　　　　　　　　├─ 憲政党 1898.6 ─┬─ 憲政党 1898.10 ─ 立憲政友会 1900
立憲改進党 1882 ─ 進歩党 1896 ──────────────┘　　　　　　　　　└─ 憲政本党 1898.11 ─ 立憲国民党 1910

4 国会の開設

1 帝国議会の成立

1 第1回総選挙 1890(明治23)年に行われた第1回衆議院議員選挙(総選挙)で選挙権があたえられたのは、地租などの直接国税を15円(年間)以上納める満25歳以上の男子で、全人口の1.1%にすぎなかった。

2 第1回帝国議会(国会) 1890年11月に開かれた。総選挙の結果、自由民権運動を指導した自由党や立憲改進党など民党(野党)の議員が過半数を占めた。そのため、軍備拡張問題や地租軽減などをめぐって藩閥政府(内閣)と民党は、するどく対立した。

3 政府の干渉 1892年の第2回総選挙では、政府は民党の進出をおさえるため、警官や暴力団などを使い選挙活動を妨害した(選挙干渉)。しかし選挙の結果、またも民党が勝ち、藩閥政府を苦しめた。

2 政党政治の発達

1 隈板内閣の成立 1898(明治31)年、自由党と進歩党(もとの立憲改進党)が合同して憲政党を結成した。これをもとに、首相に大隈重信、内務大臣に板垣退助が就任し、形式的には日本初の政党内閣がつくられた。

2 立憲政友会 伊藤博文は、1900(明治33)年に立憲政友会をつくり、議会で多数を占め内閣を組織した。

参考 衆議院と貴族院
衆議院(国民が選出)は予算の先議権以外は貴族院と対等とされたが、むしろ貴族院に圧迫された。定員300人で、財産による制限選挙であった。貴族院議員は皇族・華族の代表者、功労者・学識者の中から天皇が任命した者、多額納税者で構成された。

成立年・月	首相	出身
1885・12	伊藤博文	長州
1888・4	☆黒田清隆	薩摩
1889・12	☆山県有朋	長州
1891・5	松方正義	薩摩
1892・8	伊藤(二次)	長州
1896・9	松方(二次)	薩摩
1898・1	伊藤(三次)	長州
1898・6	大隈重信	肥前
1898・11	☆山県(二次)	長州
1900・10	伊藤(四次)	長州

▲明治時代の内閣(☆は軍人)

分析 政党政治が発達したわけ
①日清戦争(1894年)がおこると、政府と民党が協力して戦争を進めたため、両者の対立が弱まったこと。
②産業革命が進むにつれて力をつけた資本家や地主が政党を支持したこと。

▼立憲政治の成立までの年表

年次	民間・政党の動き	政府の動き
1874(明治7)	民撰議院設立の建白、立志社の創立	
1875(明治8)	愛国社の創立	元老院の設置、ざんぼう律・新聞紙条例の制定
1880(明治13)	国会期成同盟の創立	集会条例の制定
1881(明治14)	自由党の結成(板垣退助ら)	国会開設の勅諭、開拓使払い下げ事件
1882(明治15)	立憲改進党の結成(大隈重信ら)	伊藤博文ら憲法調査に渡欧
1884(明治17)	自由党の解散、大隈が改進党を脱退	華族令の制定
1885(明治18)	(1884年、秩父事件)	内閣制度の設置、1888年に枢密院の設置
1889(明治22)		大日本帝国憲法の発布
1890(明治23)	第1回衆議院議員総選挙	第1回帝国議会の開催
1898(明治31)	(1900年、立憲政友会の結成)	隈板内閣の成立

大隈重信の隈と板垣退助の板をとって隈板内閣

グレードアップ さらに知識を広げよう 自由民権の思想

■ 民撰議院設立の建白書

1874(明治7)年，征韓論にやぶれて政府をしりぞいた板垣退助らが，国会の開設を求めて政府に出した意見書。これをきっかけに自由民権運動がはじまった。その内容を要約すると次のようになる。

「今の政権のありさまをみると，政権は天皇にも人民にもなく，ただ官僚にあるのみである。ところが官僚は，法令をめまぐるしく変え，情実によって政治を行って，失政をかさねている。このようなことでは天下の治安はおびやかされ，国家はくずれさってしまうだろう。これを改めるには天下の公議をおこさねばならない。公議をおこすには，民撰議院を設立するべきである。租税をおさめる国民は，政治に参加する権限をもっており，民撰議院はそのための機関である。……」

■ 植木枝盛の『民権自由論』

1879(明治12)年に出版された。
次に示すような平易な文章で，天賦人権論や人民主権を説いた自由民権論の代表作。当時，数万部を売り自由民権思想の普及に大きく影響した。

「一寸御免をこうむりまして，日本の御百姓様，日本の御商売人様，日本の御細工人職人様，其他士族様，御医者様，船頭様，馬かた様，猟師様，飴売様，お乳母様，新平民様，御一統に申上ます。あなた方は一つの大きなる宝をお持ちでござる。それは何でござるか。金や銀やダイヤモンドや別品の女房よりも，いっそう尊い一つの宝がござる。それが即ち自由の権と申すものじゃ。……」

■ 私擬憲法

憲法の私案のこと。すでに幕末から，西周らの憲法案があったが，明治政府の憲法制定の動きに対抗して，自由民権運動の各政社がそれぞれに憲法草案を作成した。

私擬憲法には，慶応義塾出身者らによる交詢社の「私擬憲法案」，立志社の「日本憲法見込案」など，数多くの草案が作成され，現代の日本国憲法におとらないようなものもあった。とくに，植木枝盛がつくった「東洋大日本国国憲按」では思想・集会・結社の自由のほか人民の抵抗権や革命権まで規定している点が注目される。また，千葉卓三郎らの「五日市憲法草案」では，五日市(現在の東京都あきる野市)の住民の討論を基礎に作成し，政府が国民の自由をおかす法律をつくったときには，国会が拒否する権利をもつことが示された。

▲自由民権をとなえる演説会 視点 演説を中止させようとする警官に，人々が怒って土びんや茶わんを投げつけている。

テスト直前チェック

↓答えられたらマーク　　　　　　　　　　　　　わからなければ

① ☐	明治政府の初期の政治は，何政治とよばれたか。	p.242 ①
② ☐	士族が特権を奪われ，反乱のきっかけとなった政策は何と何か。	p.242 ② ③
③ ☐	士族の反乱で最大のものは何か。また，その指導者はだれか。	p.242 ③
④ ☐	明治初期，立憲政治と議会開設を求めた政治運動を何というか。	p.243 ①
⑤ ☐	1874年，板垣退助らが議会の開設を求めて提出した意見書は何か。	p.243 ②
⑥ ☐	議会の開設を求めるため，板垣退助が高知で結成した結社は何か。	p.243 ②
⑦ ☐	1880年，国会開設を求める全国組織として生まれた団体は何か。	p.243 ②
⑧ ☐	自由民権運動を弾圧するために政府が出した法律を1つあげよ。	p.243 ②
⑨ ☐	1881年，政府が10年後(1890年)の国会開設を約束したものは何というか。	p.243 ②
⑩ ☐	自由党の中心人物はだれか。	p.243 ②
⑪ ☐	立憲改進党の中心人物はだれか。	p.243 ②
⑫ ☐	自由党員や農民らがおこした事件で，埼玉県でおこったものは何か。	p.244 ②
⑬ ☐	1887年，自由民権運動をおさえるために政府が出した法律は何か。	p.244 ②
⑭ ☐	伊藤博文らは，どこの国の憲法を手本に憲法草案をつくったか。	p.244 ①
⑮ ☐	初代総理大臣に就任したのはだれか。	p.244 ②
⑯ ☐	大日本帝国憲法は，何年の何月何日に発布されたか。	p.245 ②
⑰ ☐	大日本帝国憲法で主権をもつのはだれか。	p.245 ③
⑱ ☐	帝国議会は二院で構成されていた。何と何か。	p.245 ③
⑲ ☐	1890年，国民に忠君愛国の精神を植えつけるために発布したのは何か。	p.245 ④
⑳ ☐	第1回衆議院議員選挙の選挙権は何歳以上の男子，何円以上の納税者か。	p.246 ①
㉑ ☐	⑳の選挙の結果，過半数をしめた野党を何とよぶか。	p.246 ①
㉒ ☐	大隈重信と板垣退助による憲政党内閣は何とよばれたか。	p.246 ②

解答

① 藩閥政治
② 廃刀令，家禄の廃止(秩禄処分)
③ 西南戦争，西郷隆盛
④ 自由民権運動
⑤ 民撰議院設立の建白書
⑥ 立志社
⑦ 国会期成同盟
⑧ ざんぼう律，新聞紙条例，集会条例
⑨ 国会開設の勅諭
⑩ 板垣退助
⑪ 大隈重信
⑫ 秩父事件
⑬ 保安条例
⑭ ドイツ(プロシア，プロイセン)
⑮ 伊藤博文
⑯ 1889年2月11日
⑰ 天皇
⑱ 貴族院，衆議院
⑲ 教育勅語
⑳ 25歳以上の男子・15円以上
㉑ 民党
㉒ 隈板内閣

3 日清・日露戦争と条約改正

教科書のまとめ

1 日清戦争
解説ページ ⇨ p.250

- □ 朝鮮をめぐる問題 … 日本が朝鮮に進出し，清と対立。
- □ 日清戦争 … **甲午農民戦争**を機に開戦（1894年）⇨ 日本の勝利。
- □ 下関条約 … 清は朝鮮の独立を承認，**賠償金**を支払い，**遼東半島**などをゆずる
  - ⇨ **三国干渉**（遼東半島の返還）。
  - 2億両（約3.1億円）

2 アジア・アフリカの植民地化
解説ページ ⇨ p.251

- □ 帝国主義 … 資本主義の高度に発達した欧米諸国が原料・市場・植民地などを求めて海外へ武力で進出⇨アジア・アフリカへ。
- □ 中国・アフリカの分割 … アフリカの植民地化，**中国の半植民地化**。
  - → 義和団事件（反帝国主義の運動）

3 日露戦争
解説ページ ⇨ p.253

- □ 日本とロシアの対立 … **日英同盟**を結び，ロシアの南下政策に対抗。
- □ 日露戦争 … 1904年開戦⇨日本の苦戦，ロシア革命がおこる。
- □ ポーツマス条約 … ロシアに朝鮮での日本の優越権を認めさせる。
  - → 関東州の租借権と東清鉄道を日本にゆずる

4 条約改正の歩み
解説ページ ⇨ p.254

- □ 改正への努力 … 岩倉具視の交渉⇨井上馨の**欧化政策**（鹿鳴館時代）⇨大隈重信・青木周蔵の努力⇨大津事件で中止。
- □ 条約改正の完成
  - 治外法権の撤廃，関税自主権の一部回復→**陸奥宗光**（1894年）
  - 関税自主権の完全回復→**小村寿太郎**（1911年）

5 韓国併合と辛亥革命
解説ページ ⇨ p.255

- □ 韓国併合（1910年）… 日露戦争後，日本は韓国を保護国化⇨植民地化・朝鮮総督府。
- □ 辛亥革命（1911年）… **孫文**が中心。清が倒れ，**中華民国**が成立。

7章 近代国家への歩み

1 日清戦争

1 朝鮮をめぐる問題

1 日本の朝鮮進出 日本は日朝修好条規(→p.239)で朝鮮を開国させた後、朝鮮から米や大豆をきわめて安く輸入した。また、朝鮮へ綿製品などを輸出し、朝鮮人の生活をおびやかした。

2 朝鮮の宮廷内部の争い 日本の進出が進むと、1882(明治15)年に軍と市民らによる政変がおこったが、清国軍が鎮圧した。1884(明治17)年には、急進的な政治改革を主張する開化派(独立党)が保守的な事大党を倒そうとしたが、失敗した。この漢城での事件のあと、日本と清国との間に天津条約が結ばれた。

2 日清戦争のおこり

1 甲午農民戦争 1894(明治27)年、朝鮮の農民は東学の信徒を中心に反乱をおこした(甲午農民戦争)。農民軍は、「不正役人の追及、政治改革、外国人の追放」を掲げて、政府軍を破り、漢城にせまった。しかし、日清両軍の出兵を知ると、全州和約を結び休戦した。

2 日清戦争 全州和約の後も日清両国は撤兵せず両国の対立は深まった。1894年7月末、日本軍は清国軍を朝鮮半島の豊島沖で奇襲し、8月1日宣戦布告した。①日本の軍備が近代化されていたこと、②清国の国内不統一などがあって、日本は日清戦争で勝利した。

3 下関条約

1 条約の締結 1895(明治28)年、日本から伊藤博文と陸奥宗光、清から李鴻章が出席し、日清戦争の講和会議が下関(山口県)で開かれ、下関条約が結ばれた。

2 下関条約の内容
① 清は朝鮮の独立を認める。
② 清は台湾と遼東半島、澎湖諸島を日本にゆずる。
③ 清は日本に2億両(約3.1億円)の賠償金を支払う。
④ 日本と清は通商条約(清には不平等条約)を結ぶ。

参考 漢城での事件
首都の漢城(いまのソウル)でおきた1882年の事件を壬午軍乱、1884年の事件を甲申政変という。

用語 天津条約
1885年、日本と清国が結んだ条約。①日清両国は朝鮮から軍隊を引き上げること、②朝鮮に出兵するときはたがいに通知しあうこと、などを約束した。

分析 甲午農民戦争がおきたわけ
東学は、西学(キリスト教)に反対する宗教団体。朝鮮では、日本人商人による米や大豆の買い占めなどによって、経済の混乱が続いていた。朝鮮の農民は、経済の混乱と重税の下で、生活が苦しくなっていたため、甲午農民戦争に積極的に参加した。日本では、当時東学党の乱といったが、東学党という党は存在しなかった。

年代ゴロあわせ
1894年 ➡ 日清戦争
清やぶり　大陸への侵略
　　1　8　9　4
　　人は苦しむ

参考 賠償金のゆくえ
日清戦争で、清は賠償金総額3.6億円(還付金や運用利益金を含む)を支払った。当時の日本政府の歳入は9800万円、日清戦争の戦費は総額2.3億円であった。日本はこの賠償金で八幡製鉄所を建て、85%を軍備増強にあてた。

▼日清戦争

3 条約締結の意義
下関条約で日本は国際的な地位を高め，**大陸進出の足場**を築くことができた。

4 三国干渉

極東で南下政策をすすめていたロシアは，フランス・ドイツとともに**遼東半島を清に返す**よう日本に要求した（**三国干渉**）。日本政府が，3国の軍事力を恐れて要求を受けたので，**日本国民はロシアへの反感を強めた**。

> **ポイント**　朝鮮をめぐる日・清の対立 ⇒ 日清戦争（1894〜95年）⇒ 下関条約 ⇒ 三国干渉

▲日清戦争ころのアジア

2 アジア・アフリカの植民地化

1 帝国主義

19世紀の終わりから20世紀の初めにかけては，帝国主義の時代とよばれている。欧米諸国は国内の余った資本でアジア・アフリカ地域に進出し，現地の安い労働力と原料を使って生産活動を行い，現地の産業や人々を支配した。武力を背景に進められたこのような**植民地獲得の動き**を**帝国主義**という。

2 帝国主義諸国の進出

1 イギリス　スエズ運河を買収しエジプトを保護国としたイギリスは，南アフリカ連邦を建設し，両植民地間を結ぶアフリカ縦断政策をとった。また，インドに，ビクトリア女王を皇帝とするインド帝国を成立させた。アフリカとアジアを結ぶ地域を支配しようとしたイギリスの政策を**3C政策**という。

2 フランス　アルジェリア・チュニジア・サハラなどに進出するアフリカ横断政策をとった。アジアではインドシナ半島東部（ベトナムなど）に進出した。

3 ドイツ　イギリス・フランスよりも遅れて植民地獲得競争に参加したドイツは，**3B政策**やアフリカへの進出で，イギリス・フランスと対立した。

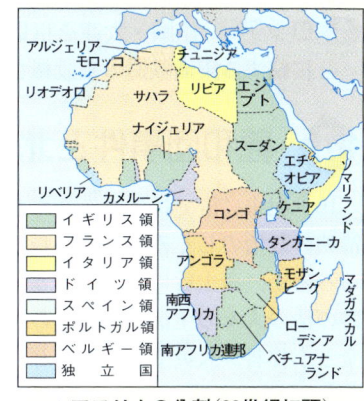

▲アフリカの分割（20世紀初頭）
視点 大部分が欧州列強の植民地となり，独立国は**エチオピア**と**リベリア**だけ。

> **用語** 3C政策と3B政策
> イギリスの**3C政策**は**ケープタウン**（南アフリカ連邦）〜**カイロ**（エジプト）〜**カルカッタ**（インド）を結ぶ地域を支配しようとする政策。ドイツの**3B政策**は**ベルリン**〜**イスタンブール**（ビザンティウム＝トルコ）〜**バグダッド**を結ぶ地域を支配しようとする政策。どちらも都市の頭文字（英文字）をとって名づけられた。

7章　近代国家への歩み

4 アメリカ
19世紀末から太平洋に進出してハワイを併合した後, 1898年の米西戦争でスペインに勝ち, フィリピンやグアム島・キューバに進出した。1914年にはパナマ運河を完成させた。

③ 中国の半植民地化

「眠れる獅子」といわれていた中国の清が, 日清戦争で小国日本に敗れたことを知った帝国主義諸国は, 清の重要地を租借地(借りうけた土地)とし, 鉄道敷設権や鉱山の開発権を手に入れながら中国に進出した。これには日本も参加し, 20世紀の初めに中国は, 半植民地の状態になった。

1 イギリス
威海衛・九竜を租借地とした。
2 ドイツ
膠州湾を租借地とし, 青島を根拠地に。
3 フランス
広州湾を租借地とした。
4 ロシア
旅順・大連を租借地とし, シベリア鉄道と接続する東清鉄道の敷設権を獲得した。

④ 義和団事件と北清事変

19世紀末に清では, 康有為らを中心に憲法をつくって清朝の政治のしくみを根本から変えようとする運動がおこったが, 西太后によっておさえられた。いっぽう, 当時の清の人々の生活は, 欧米の工業製品の流入, 高い税金と小作料, 天災やききんなどのため苦しかった。

1 義和団事件
1899年に山東地方の義和団を中心にした, 帝国主義諸国による中国の半植民地化に抗議し, 外国勢力を追い出す運動がはじまった。これを義和団事件という。

2 北清事変
1900(明治33)年になると義和団は北京に入り, 外国公使館のある地域を占領し, 清は, 帝国主義諸国に宣戦布告した。これに対し, 帝国主義諸国は日本軍・ロシア軍を主力とする8か国の連合軍を中国に送り, 義和団と清軍を破った(北清事変)。

ポイント 欧米諸国の産業の発展(19世紀) ⇒ アジア・アフリカへ進出 (植民地の獲得)

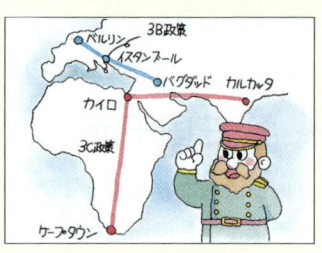

▲3C政策と3B政策

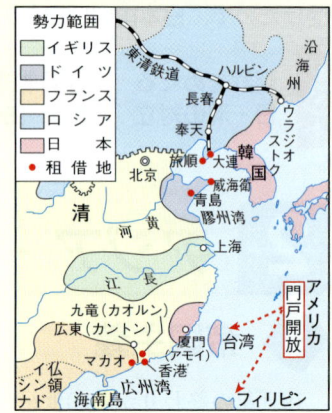

▲帝国主義諸国の中国分割(20世紀初頭) 視点 アメリカは中国への進出がおくれ, 門戸開放をとなえていることに注意。

用語 義和団
義和拳教徒を中心とする宗教的秘密結社。拳法や棒術による護身をとなえ, 「扶清滅洋」(清をたすけ, 西洋をほろぼす)を叫んで, 外国人排斥運動をおこした。

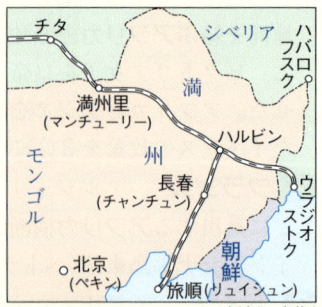

▲東清鉄道の図 視点 長春 − 旅順間は日露戦争後, 日本がゆずり受け, 南満州鉄道として経営した。

3 日露戦争

1 東アジアをめぐる帝国主義諸国

1 ロシアとイギリスの対立
ロシアは，義和団事件後も大軍を中国東北部（満州）に駐留させ，清や韓国（朝鮮→p.255）への進出をねらう南下政策をとった。イギリスはロシアの南下政策に対し，中国における自国の支配地域や権益を守ろうとしてロシアと対立した。

2 日英同盟
ロシアの南下政策は，韓国を勢力範囲としていた日本とも利害対立を強めた。そこで，イギリスはロシアに対抗するために日本を利用しようと考え，1902（明治35）年に日英同盟を結んだ。

2 日露戦争

1 開戦論と非戦論
ロシアが満州を，日本が韓国を支配するという内容の日ロ交渉が決裂すると，日本国内ではロシアと戦争をすべきという意見が強まり，多くの新聞・雑誌が開戦論をとなえたが，キリスト教徒や社会主義者の中には開戦に反対する者もあった。

2 戦争のようす
1904（明治37）年2月，日本海軍が仁川沖でロシア艦隊を攻撃し，その後宣戦布告して，日露戦争がはじまった。日本軍は最初苦戦したが，旅順を占領し，奉天（いまの瀋陽）の会戦に勝利し，日本海海戦ではロシアのバルチック艦隊を全滅させた。

3 戦争中の両国のようす
日本では戦費調達のために税金や物価が上がり国民の生活は苦しくなった。また，戦場での死傷者が増え，兵力や物資も欠乏したため，戦争続行に反対する動きも高まった。ロシアでも，民衆が帝政に不満をもち，ロシア第一革命をおこしたので，戦争続行が不可能になっていた。

3 ポーツマス条約

1 条約の締結
その結果日本は，アメリカ大統領のセオドア＝ルーズベルト（ローズベルト）に講和のあっせんを頼んだ。1905（明治38）年，アメリカのポーツマ

分析 南下政策をとったわけ
ロシアは不凍港（1年中凍らない港）を求めて南方へ進出した。また，帝政や戦争に対する民衆の不満を，対外進出によって外にそらそうとした。

参考 日露戦争に反対したわけ
キリスト教徒の内村鑑三は，人道主義的な立場から，社会主義者の幸徳秋水・堺利彦は「平民新聞」を発行して，社会主義の立場から戦争に反対した。

▲日露戦争のようす

年代ゴロあわせ

1904年 ➡ 日露戦争

1 9 0 4
日暮れし　満州
日露の戦い

参考 日露戦争の反戦詩
歌人の与謝野晶子は，「君，死にたまふこと勿れ」という詩をつくり，出征した弟の無事を祈った。

用語 ロシア第一革命
1905年1月，ペテルスブルクで，デモ行進をする労働者約10万人に向けて軍隊が発砲し，2000人以上の死傷者を出した「血の日曜日事件」が，革命運動に発展した。ストライキが全国へ広まり，6月には戦艦ポチョムキンの水兵が反乱をおこした。

スで講和会議が開かれ，講和条約が結ばれた。日本全権は小村寿太郎，ロシア全権はウィッテであった。

2 ポーツマス条約の内容
① ロシアは，韓国における日本の優越権を認める。
② 樺太の南半分（北緯50度以南）を日本にゆずる。
③ 旅順・大連の租借権と長春以南の東清鉄道の敷設権を日本にゆずる。
④ 沿海州・カムチャツカ半島沿岸の漁業権を日本に与える。

4 日露戦争の結果

① 日本は大国ロシアを破ったことにより国際的な地位を高め，韓国や満州にも市場を確保した。② ポーツマス条約の内容に失望した国民は，日比谷焼き打ち事件などの暴動をおこした。③ 日本の勝利はアジアの植民地の人たちに独立の自信と希望をあたえた。しかし，その後の日本のアジア政策は失望する人々が多かった。④ 欧米列強の日本に対する警戒心も強まってきた。

ポイント
ロシアの南下策／日本の大陸進出 ✕⇄ 日露戦争（1904〜05） ⇒ ポーツマス条約
日英同盟（1902）

分析 国民がポーツマス条約の内容に失望したわけ
日本は，日露戦争で18億円以上の戦費を使い，11万人以上の戦死者・重傷者を出したが，賠償金はなく，国民は増税と物価高に苦しんだ。

用語 日比谷焼き打ち事件
1905年9月，東京の日比谷公園でおこった暴動。講和反対の国民集会がエスカレートし，警察署・新聞社などが焼き打ちにあった。

▲増税に苦しむ国民　視点　軍備拡張のため，増税や新しい税金が課せられた。

4 条約改正の歩み

1 条約改正のねらい
治外法権を認め，関税自主権を放棄した日米修好通商条約などの不平等条約を改正しようとした。

2 条約改正の歩み

年号	改正交渉者	内容
1872年（明治5）	岩倉具視使節団	条約改正の予備交渉を試みたが，相手にされなかった。
1876〜78年（明治9〜11）	寺島宗則	アメリカは賛成したが，イギリスなどの反対で失敗。

▲舞踏会のようす　視点　条約改正の実現のため，外国人を東京の鹿鳴館に招いて舞踏会などが開かれた。

年号	改正交渉者	内　容
1882～87年（明治15～20）	井上　馨（いのうえ　かおる）	鹿鳴館を建て，外国人を招いて舞踏会を開くなど，欧米の制度や風俗をとり入れた（欧化政策）。ノルマントン号事件がおきて，政府部内や自由民権派から反対され失敗。
1888～89年（明治21～22）	大隈重信（おおくましげのぶ）	井上馨と同じく，外国人を日本の裁判官に採用しようとしたが，右翼の青年に負傷させられ，交渉は失敗。
1889～91年（明治22～24）	青木周蔵（あおきしゅうぞう）	イギリスと交渉してまとまりかけたが，大津事件の責任をとって辞任し，交渉は失敗。
1894年（明治27）	陸奥宗光（むつむねみつ）	日英通商航海条約を結び，治外法権の撤廃と関税自主権の一部回復に成功した。他の国とも同様の条約を結んだ。
1911年（明治44）	小村寿太郎（こむらじゅたろう）	日米新通商航海条約を結び，アメリカとの間に関税自主権が完全に認められ，条約改正のしごとが完成。

ポイント
条約改正の実現
- 治外法権の撤廃／関税自主権の一部回復（陸奥宗光）
- 関税自主権の完全回復（小村寿太郎）

5 韓国併合と辛亥革命

1 韓国併合

1 日本の韓国侵略

日本は韓国に対し，1904～07（明治37～40）年の間に軍隊や警察の力を背景に，3回にわたり日韓協約を結ばせた。1905年の第2次日韓協

用語 ノルマントン号事件

1886（明治19）年，イギリスのノルマントン号が，紀伊半島（和歌山県）の沖合いで難破した事件。イギリス船員は全員ボートで助かったが，日本人乗客25人（23人とも）は死んだ。

▲ノルマントン号事件の風刺画

用語 大津事件

1891（明治24）年5月，ロシアの皇太子が滋賀県大津で，巡査に切りつけられた事件。政府はロシアの報復をおそれ，大審院に犯人の死刑を要求したが，児島惟謙大審院長は無期懲役の判決を指示し，司法権の独立を守った。

分析 条約改正に成功したわけ

①わが国では，憲法が制定され，議会政治も行われ，近代国家としての体裁がととのった。
②イギリスがロシアと対立し，その南下をはばもうとして，日本に近づく態度をとるようになった。
③民間で政府の外交姿勢が弱いといって，はげしい反対がおこったので，政府は改正交渉を急いだ。

参考 韓国の名称

1897年，朝鮮は国号を大韓帝国と改めた。このあと，1910年の韓国併合以後，1945（昭和20）年に日本が太平洋戦争に敗れるまで，日本の植民地として支配され，朝鮮とよばれた。

約(乙巳保護条約)では，韓国を保護国とし，ソウルに統監府をおいた(初代統監伊藤博文)。こうして日本は韓国の内政・外交などの権力を手に入れた。

2 朝鮮人の抵抗 1907〜09年にかけて韓国の兵士や民衆は日本の侵略に反対して武装闘争をおこし，日本の植民地化政策に大きな打撃をあたえた(義兵運動)。また1909年，満州のハルビン駅頭で，韓国の独立運動家安重根が初代韓国統監の伊藤博文を殺害した。

3 韓国併合 1909(明治42)年，伊藤博文の暗殺より前に韓国併合が閣議で決定された。そして1910年8月，日本は韓国政府に韓国併合条約を結ばせ，強引に韓国併合して植民地とした(→p.313)。以後，統監府のかわりに朝鮮総督府をおいて1945(昭和20)年まで支配した。

2 日本の満州進出

また日本は，日露戦争後に満州に南満州鉄道株式会社(満鉄)をつくって，鉄道・鉱山を経営した。さらに日露協約を結び，満州〜モンゴルでの両国の勢力範囲を確定した。そのため，アメリカとの対立が深まってきた。

3 辛亥革命と中華民国

1 孫文と革命運動 義和団事件(→p.252)後，清国政府は弱体化し，また賠償金支払いのために重税を国民に課したので，清国政府を倒し，新しい中国をつくろうとする革命運動がおこった。その中心となったのが，孫文である。孫文は中国同盟会をつくり，三民主義をとなえ革命運動をすすめた。

2 辛亥革命 清国政府が，外国資本で鉄道国有化をはかろうとすると，反対運動が高まり，1911(明治44)年，武昌(いまの武漢)での軍隊の反乱をきっかけに革命運動が全国に広がり，辛亥革命がはじまった。

3 中華民国の成立 1912年1月，革命軍は南京に臨時政府をつくり，孫文を臨時大総統として，共和制の中華民国の成立を宣言した。清国政府は，中国最大の軍閥の袁世凱に臨時政府を討つように命じたが，袁世凱は孫文らと結んで清の皇帝を退位させ，300年間つづいた清朝をほろぼした。

年代ゴロあわせ
1910年 ➡ 韓国併合

1910
幾重も しばりつけたり
韓国併合

分析 日本の朝鮮支配
日本は朝鮮の土地調査を行い，申告書類の不備を理由に次々と朝鮮人の土地をとりあげた。また朝鮮人に日本語のみを使用させ，日中全面戦争開戦後の1940年には名前もすべて日本風の名前に変えさせて，徹底的な同化政策をすすめた。

用語 三民主義
民族主義・民権主義・民生主義の3つ。民族主義は清朝や外国の支配からの独立，民権主義は基本的人権の尊重と民主政治の確立，民生主義は土地の公平な配分と独占資本の排除によって民衆の生活の安定をはかること。

▲孫 文

用語 軍閥
特定地域を支配している中国軍人の集団。袁世凱・張作霖らがいた。彼ら軍閥の活動によって，中国の統一や近代化がはばまれた。

参考 辛亥革命後の中国の混乱
袁世凱は，やがて武力で孫文らを弾圧し，1913年北京に政府を移して初代大総統に就任し独裁政治を行った。さらに袁世凱は，帝政復活をはかったが，革命勢力や他の軍閥の反抗で失敗した。袁世凱の死後，中国では軍閥の争いや外国勢力の侵入などで政治は混乱した。

テスト直前チェック

▼ 答えられたらマーク　　　　　　　　　　　わからなければ ↻

① □ 1894年，朝鮮で東学の信徒を中心とした農民がおこした反乱は何か。　p.250 ❷
② □ 1894年におこった日本と中国の戦争は何か。　p.250 ❷
③ □ ❷の戦争後に結ばれた条約は何か。　p.250 ❸
④ □ ❸の条約で日本が得た領土はどこか。　p.250 ❸
⑤ □ ロシアなどが，❹の領土を中国に返すように要求してきた事件は何か。　p.251 ❹
⑥ □ 19世紀末，武力を背景に植民地を獲得した動きを何というか。　p.251 ❶
⑦ □ 1899～1900年，中国の半植民地化に抗議しておこった事件は何か。　p.252 ❹
⑧ □ 1902年，イギリスがロシアに対抗するために結んだものは何か。　p.253 ❶
⑨ □ 日露戦争は何年にはじまり，何年に終わったか。　p.253 ❷
⑩ □ 日露戦争後に結ばれた講和条約は何か。　p.253 ❸
⑪ □ ⑩の条約で日本がロシアからその一部敷設権を得たのは何という鉄道か。　p.254 ❸
⑫ □ 条約改正を成功させるために東京に建てられたダンスホールは何か。　p.255 ❷
⑬ □ 治外法権の撤廃に成功した外務大臣はだれか。　p.255 ❷
⑭ □ 関税自主権を完全に回復したのは何年か。また，その時の外務大臣はだれか。　p.255 ❷
⑮ □ 統監府の初代統監はだれか。　p.256 ❶
⑯ □ ⑮の人物をハルビン駅で暗殺した韓国の独立運動家はだれか。　p.256 ❶
⑰ □ 韓国併合は何年のできごとか。　p.256 ❶
⑱ □ 中国同盟会をつくったのはだれか。　p.256 ❸
⑲ □ ⑱の人物がとなえたのは何主義か。　p.256 ❸
⑳ □ 1911年，武昌ではじまった革命は何か。　p.256 ❸
㉑ □ ⑳の革命の翌年，中国に成立した国名を答えよ。　p.256 ❸
㉒ □ 1913年，㉑の国の初代大総統に就任したのはだれか。　p.256 ❸

解答

① 甲午農民戦争（こうごのうみん）
② 日清戦争（にっしん）
③ 下関条約（しものせき）
④ 遼東半島・台湾など（リオトン・たいわん）
⑤ 三国干渉（かんしょう）
⑥ 帝国主義（ていこく）
⑦ 義和団事件（ぎわだん）
⑧ 日英同盟（にちえい）
⑨ 1904年，1905年
⑩ ポーツマス条約
⑪ 東清鉄道（とうしん）
⑫ 鹿鳴館（ろくめいかん）
⑬ 陸奥宗光（むつむねみつ）
⑭ 1911年，小村寿太郎（こむらじゅたろう）
⑮ 伊藤博文（いとうひろぶみ）
⑯ 安重根（アンジュングン・あんじゅうこん）
⑰ 1910年
⑱ 孫文（スンウェン・そんぶん）
⑲ 三民主義（さんみん）
⑳ 辛亥革命（しんがい）
㉑ 中華民国（ちゅうかみんこく）
㉒ 袁世凱（ユワンシーカイ・えんせいがい）

4 産業革命の進展と近代文化の形成

教科書のまとめ

1 日本の産業革命　　　解説ページ ⇨ p.259

- □ 松方財政 … 不換紙幣の整理，日本銀行の設立，官営模範工場の払い下げなど。
- □ 産業革命のはじまり … 日清戦争前後，紡績・製糸など軽工業が発達。
- □ 労働問題のおこり … 低賃金・長時間労働に苦しむ⇨労働争議の発生。
- □ 産業革命の発展 … 日露戦争前後，重工業が発達。財閥の形成。

2 労働者と農民　　　解説ページ ⇨ p.260

- □ 労働運動 … 片山潜らの労働組合期成会。
- □ 社会主義運動 … 社会民主党（すぐに結社禁止），平民社など。
- □ 政府の対策 … 治安警察法，大逆事件，工場法など。
- □ 足尾鉱毒事件 … 栃木県の渡良瀬川流域で被害。田中正造が天皇に直訴。

3 教育と学問の発達　　　解説ページ ⇨ p.263

- □ 学校教育の広まり … 学校令の公布＝学校制度の確立。
- □ 教育方針の変化 … 教育勅語の発布＝国家主義教育への変質。
- □ 学問の発達 … 自然科学がまず発達，ついで人文科学が発達。
- □ 宗教の動き … 神道を保護。仏教は神仏分離令⇨排仏毀釈（廃仏毀釈）で圧迫される。キリスト教は内村鑑三・新島襄らが広める。
- □ 思想の動き … 欧化主義⇨国粋主義⇨国家主義へ。

4 近代文学と芸術　　　解説ページ ⇨ p.264

- □ 近代文学の成長 … 写実主義 → ロマン主義 → 自然主義 → その他

近代文学の出発点	日清戦争ごろ	日露戦争ごろ	
坪内逍遙 二葉亭四迷	樋口一葉 与謝野晶子	島崎藤村 石川啄木	森鷗外 夏目漱石

- □ 美術 … フェノロサ・岡倉天心の日本画の復興。洋画の黒田清輝。
- □ 音楽と演劇 … 滝廉太郎が近代音楽を広める。新劇・新派の発達。

1 日本の産業革命

1 松方財政

1 松方デフレ
政府は、殖産興業政策と西南戦争の軍事費のため出費がかさみ、不換紙幣を多く発行した。そのため、インフレーションがおこり、財政難におちいった。1881（明治14）年、大蔵卿の松方正義が増税と財政のひきしめを行い、乱発された不換紙幣の回収につとめた。その結果、はげしいデフレーション（松方デフレ）が進行し、不景気がおこった。とくに、農村では、米や生糸の価格暴落によって、大打撃をうけ、小作人となる農民や都市の下層民となる者が多くでた。

2 日本銀行
政府は1882年、中央銀行として日本銀行を設立し、紙幣の発行できる唯一の銀行とした。

3 官営模範工場の払い下げ
政府は、財政負担の軽減と民間産業の育成をはかるため、軍事工場をのぞく官営の工場・鉱山を極端に安い価格で民間に払い下げた。この払い下げを受けたのは、政府と結びつきの深い三井・三菱・古河などの大商人（政商）であった。

2 産業革命のはじまり

1 軽工業の発達
1880年代末ごろから、製糸業・綿紡績業などの軽工業部門で、大規模な工場で機械を使って大量生産を行うことがはじまった。これを産業革命という。その結果、朝鮮・中国への綿糸・綿織物などの輸出が増え、1897（明治30）年には綿糸輸出高が、輸入高を上まわるようになった。

2 労働問題のおこり
繊維産業を中心とした工業生産の発展は、女子労働者による低賃金かつ長時間の労働に支えられていた。1890年代には、そのきびしい労働条件の改善を資本家に要求する運動が生まれた。

3 農村の変化
農村では、繊維産業における機械制工業の発展によって座繰製糸や手織機などの家内制工業はおとろえ、綿花・なたねなどの栽培も安い輸入品におされておとろえた。とくに松方デフレの時期には、

用語 不換紙幣
国の貨幣の基礎となる貨幣（金・銀）である本位貨幣との交換ができない紙幣のこと。

用語 インフレーション
通貨の量が増えて商品量を上まわり、物価が持続的に上昇している状態。反対の状態がデフレーション。デフレーションでは、物価は下落しているが、商品が売れず、不景気の状態である。

参考 払い下げられた官営模範工場・鉱山

事業所	年代	払い下げ	払い下げ価格
富岡製糸場	1893	三井	12.1万円
深川セメント	1884	浅野	6.2
長崎造船所	1887	三菱	45.9
佐渡金山	1896	三菱	⎫ 256.1
生野銀山	1896	三菱	⎭
阿仁銅山	1885	古河	33.8

視点 払い下げ価格は、建設などにかけた費用より安いものであった。

参考 製糸工女の実態
長野県の工場の例では（1898年ごろ）、労働時間は14時間ほどで、賃金は日額7～25銭がふつうであった〔当時の米価は1kg10銭〕。

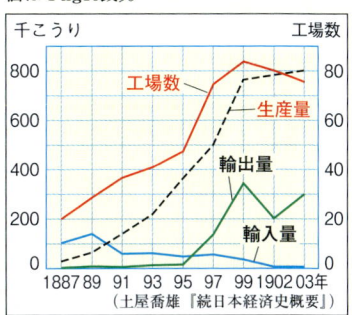

▲綿糸紡績業の発達

中小地主が没落して，土地が大地主に集中し，小作人が増えた。また，工業生産の拡大にともなって，貧しい小作人の次男・三男や女子の多くは都市へ出て，工場労働者となった。

3 産業革命の発展

1 重工業の発達　日本の重工業は，明治初期から官営の軍事工業を中心に発達してきた。日清戦争後，賠償金の一部で八幡製鉄所(1901年操業開始)をつくり，重工業の基礎をきずいた。さらに，軍備拡張政策により，日露戦争前後から鉄鋼・造船・機械などの重工業はめざましい発展をみせた。

2 鉄道の国有化　交通では，1889(明治22)年に東海道線が開通した。日露戦争直後の1906(明治39)年には，政府は，軍事上・経済上の必要から鉄道国有法を制定し，民間の幹線を買収して国有鉄道とした。

3 海運と貿易　海運業では，岩崎弥太郎の日本郵船会社が軍事上・経済上の理由で政府の手厚い保護をうけ，外国航路にも進出した。日清・日露戦争によって，アジアを中心とした海外市場が広がり，関税自主権も回復したことなどで，貿易の発展はめざましかった。

4 財閥の形成　企業の集中と独占がすすみ，三井・三菱・住友・安田などの大資本家が現れた。これらの資本家は，一族の者が銀行・鉱山・大工場などを経営し，政府の保護を受けて日本の産業を支配する力をもった。このような一族経営の企業集団を**財閥**という。

> **参考　地主制度の広まり**
> 不景気になると，中小の自作農は土地を売って小作人になり，大地主は土地を買い集めた。その結果，自分は農業をせず小作料をとるだけの寄生地主となる者もあった。こうして，明治の終わりごろには，日本の耕地の約半分が小作地となった。

> **分析　日本の資本主義の特色**
> ①日本の近代産業は，政府の保護・育成の下に発達した。とくに軍事工業は官営で行われた。
> ②財閥が形成され，日本の産業を支配したが，工場数では，中小企業の占める割合は多かった。
> ③労働者は低賃金・長時間労働で，生活程度は低かった。そのうえ，農民の生活も貧しいため，国内市場はせまかった。
> ④安い原料と広い市場を求めて大陸へ進出し，日清・日露戦争をおこした。戦争によって日本の資本主義は発展した。

> **用語　八幡製鉄所**
> 福岡県の八幡村(北九州市)につくられた大製鉄所。鉄鉱石は中国のターイエ(大冶)から，良質の石炭は中国のフーシュン(撫順)から輸入した。

2 労働者と農民

1 社会運動の発展

1 労働運動　資本主義の発達とともに，賃金や労働時間をめぐる資本家と労働者との対立が激しくなった。1897年(明治30)年，アメリカで労働運動の経験をもつ高野房太郎や片山潜らが，労働組合期成会をつくり，労働組合の結成を指導した。

▲社会民主党の人々　**視点**　前列左から，安部磯雄，幸徳秋水，片山潜。

2 社会主義運動の展開

1901(明治34)年、片山潜・安部磯雄・幸徳秋水らが日本最初の社会主義政党である社会民主党を結成した(前年に制定された治安警察法により、すぐに禁止)。幸徳秋水・堺利彦らは1903(明治36)年に平民社をおこし、「平民新聞」を発行して日露戦争に反対の主張をした。日露戦争後に重工業部門の労働者数が増えてくると、労働争議がひん発し、その規模も大きくなった。1906(明治39)年に日本社会党が結成され、労働争議の指導を行った。

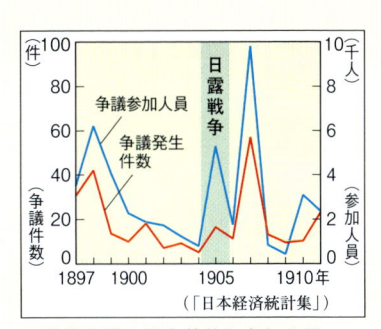

▲労働争議の発生件数と参加人員

視点 件数・参加人員ともに、日露戦争後に一時急激に増えていることに注意しよう。

2 政府の対応

1 治安警察法
高まる社会主義運動に対して、政府は弾圧の態度でのぞんだ。1900(明治33)年に制定された治安警察法は、政治にかかわる結社や集会の自由を制限し、労働運動や小作争議をおさえこみ、社会主義運動を取りしまった。

2 大逆事件
1910(明治43)年、明治天皇の暗殺を計画したとして多数の社会主義者をとらえ、非公開の裁判で幸徳秋水ら12人を死刑とした。これを大逆事件という。これ以後、社会主義運動や労働運動はおとろえ、社会主義運動の「冬の時代」にはいった。

3 工場法
きびしい弾圧とは別に、政府は1911(明治44)年に、労働運動や世論の高まりにおされ、工場法を制定したが、例外規定が多く不十分であった。

> 用語 **大逆事件**
> 1910年におこった政府による社会主義者弾圧事件。明治天皇の暗殺を計画したとして26人の社会主義者を起訴し、幸徳秋水ら12人を死刑、14人を無期懲役などに処した。しかし、幸徳をふくめて、そのほとんどは無実であった。

> 用語 **工場法**
> 1911年に制定された日本最初の労働者保護法である。その内容は、12歳未満の児童の就業禁止や15歳未満の少年および女子の深夜業の禁止などであった。しかし、例外規定が多く、不徹底であった。施行も、紡績業の資本家らの反対で1916年までのばされた。

3 足尾鉱毒事件と田中正造

重工業の発展のなかで、足尾(栃木県)では、足尾銅山から流れ出た鉱毒が、渡良瀬川流域の田畑を荒廃させ、農民に大きな被害をあたえた。地元の農民らは、地元出身の衆議院議員であった田中正造を中心に、銅山の操業停止を求めて何度も請願したが、政府は問題の解決にあたらず、反対運動を力でおさえた。

> 人物 **田中正造(1841〜1913)**
> 地元栃木県選出の代議士田中正造は鉱毒事件の先頭にたち、古河鉱業や政府に操業停止・鉱毒防止の請願を行った。彼は、議会でもこの問題をとりあげ、明治天皇にも直訴した。その後、渡良瀬川の洪水を防ぐために栃木県谷中村が水中にしずむことになったので、彼は谷中村に移り住み、農民とともに鉱毒と闘った。

足尾銅山の内部▶

田中正造▶

グレードアップ さらに知識を広げよう 日本の産業革命年表

	年代	事項	備考
産業革命のはじまり	1878(明治11)年 〜 1885(明治18)年	①横浜正金銀行の設立 ②政府が紙幣整理に着手，日本銀行の設立 ③日本鉄道会社の創立(最初の民営鉄道) ④大阪紡績会社の設立 ⑤日本郵船会社の設立	政府が産業革命の準備をすすめる 財政・金融の確立 **自由民権運動** 松方デフレ
	1886(明治19)年 〜 1896(明治29)年	①三池炭鉱・長崎造船所などを払い下げ ②東京に電灯がつく(東京電燈会社) ③鐘淵紡績の設立 ④富岡製糸場・生野鉱山などを払い下げ ⑤東海道線・東北線など全通	会社設立ブーム (1886〜89年) 製糸・綿紡績などの軽工業を中心に産業革命がすすむ(日清戦争) 台湾の植民地化
産業革命の発展	1897(明治30)年 〜 1905(明治38)年	①金本位制を実施(1897年) ②八幡製鉄所を設立(1897年) →1901年，操業開始 ③日本勧業銀行・日本興業銀行・台湾銀行などの設立	製鉄・機械工業などの重工業が発達しはじめる (日露戦争)
	1906(明治39)年 〜 1912(明治45)年	①南満州鉄道株式会社の設立 ②東洋拓殖会社(韓国)の設立 ③朝鮮銀行(韓国)を設立 ④日本製鋼所・池貝鉄工所の設立 ⑤鉄道の国有化 ⑥水力発電が火力発電より多くなる	重工業の産業革命がすすむ 韓国の植民地化
	1913(大正2)年 〜 1917(大正6)年	①人絹の製造はじまる ②満州に鞍山製鉄所を建設 ③猪苗代水力発電所を建設	**第一次世界大戦** →好景気，成金の出現 ◀百円札をもやす成金 視点 当時の百円は今の20万円ほど。

設立当時の八幡製鉄所▶

3 教育と学問の発達

1 学校教育の広まり

1 学校令 近代教育は，1872(明治5)年の**学制発布**からはじまったが，1886(明治19)年に文部大臣**森有礼**が，学校令を公布して，小学校・中学校・帝国大学などの学校制度を整備した。**小学校の義務教育は4年間**とされ，東京大学は帝国大学となり，国家のための学問研究や官吏養成の中心機関となった。

2 教育方針の変化 教育の方針は，自由主義から国家主義へと変更された。1890(明治23)年に**教育勅語**が発布されて，忠君愛国が教育の基本であるとされた。

3 教育の普及 日露戦争後には，**義務教育が6年**に延長された。また，学制発布当時は28％ほどであった小学校の就学率が，明治末期の1911(明治44)年には，98％に達した。

> **ポイント** 〈学校教育の変質〉
> 学制⇒学校令⇒教育勅語の発布
> 　　自由主義教育から国家主義教育へ

教育勅語ってナニ

教育勅語といってもピンとこないだろうが，太平洋戦争(アジア・太平洋戦争)に負けるまで教育の中心だった。天皇への忠と親への孝をもとに，ひとたび戦争があれば，天皇のために死ぬことを要求されたんだ。
　学校の式典では，必ず校長先生がうやうやしく読んで聞かせた。そして，1字でも読み間違えると，天皇に無礼をしたということで辞めさせられたそうだ。

参考 内村鑑三の「不敬事件」

教育勅語は，全国の学校に配布され，礼拝・奉読を強制されたが，東京第一高等中学校の教員でキリスト者の**内村鑑三**は，教育勅語への最敬礼をこばんだ。そのため，内村は教壇を追われた。

2 学問の発達

1 自然科学 政府は殖産興業・富国強兵をめざして，**欧米の近代的な科学技術の導入**につとめた。そのため，自然科学の発達がめざましく，19世紀後半には，世界的な業績をあげる学者が多数出た。

分野	人物	おもな自然科学の業績
医学	北里柴三郎	破傷風の血清療法の発見
	志賀潔	赤痢菌の発見
化学	高峰譲吉	タカジアスターゼの製造
	鈴木梅太郎	ビタミンB_1(オリザニン)の製造
物理学	大森房吉	地震計の発明
	木村栄	重力と緯度の変化に関する研究
	長岡半太郎	原子模型の研究

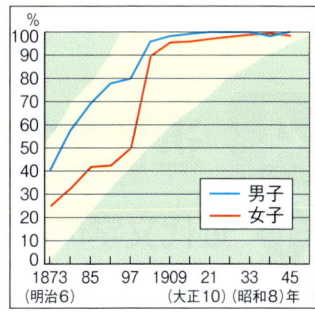

▲小学校の就学率の移り変わり

視点 日清・日露戦争(1894〜1905)ごろに就学率が伸びてきていることや，女子の就学率が初め低かったことなどに注意しよう。

2 人文・社会科学

法律学・経済学・哲学・歴史学などの人文・社会科学では，明治初期にはイギリス・アメリカ系の自由主義的学問がうけいれられていた。しかし，憲法制定の時に，ドイツ系の学問を参考にしたことをきっかけとして，ドイツ流の国家主義的な学問が主流となっていった。

3 宗教・思想の動き

1 神道
明治政府は，1868(明治元)年，**神仏分離令**を出して王政復古の精神を神道に求め，これまでの神仏習合をやめさせた。そのため，**排仏毀釈(廃仏毀釈)** が全国で行われ，寺院や仏像がこわされたりしたため，仏教界からそれを批判する動きも出てきた。しかし，政府は神道を保護し，全国の神社を管理するなどして，神道国教化をすすめた。

2 キリスト教
江戸時代に引き続き五榜の掲示でも禁止されていたキリスト教は，1873(明治6)年に解禁となった。**内村鑑三・新島襄** らがキリスト教の普及や教育で活躍し，その博愛主義は労働運動や農民運動などの社会運動に影響をあたえた。

3 思想の動き
日本は明治初期の文明開化以来，欧米思想を受けいれ，吸収してきたが，1890年代には鹿鳴館時代の欧化政策に反対し，日本古来の文化や伝統を見直そうという**国粋主義**の思想が生まれた。この思想は，大日本帝国憲法の制定とともに**国家主義**思想になり，日露戦争後の三国干渉でよりさかんになった。

用語　排仏毀釈(廃仏毀釈)

神仏分離令の出たあと，各地の神官が，寺院や仏像・経文などを焼いたりこわしたりしたこと。このとき，大切な文化財が多く失われたり，外国に安く売られたりした。これに対し，排仏反対の民衆の動きや信教の自由を主張する宗教家(島地黙雷など)もあった。

人物　内村鑑三(1861～1930)
新島襄(1843～90)

教育勅語の「不敬事件」で教壇を追われた内村鑑三は，新聞記者として足尾鉱毒事件を批判したり，**日露戦争に反対する非戦論**を主張したりした。また，新島襄は，キリスト教主義の学校創設をこころざし，1875(明治8)年に**同志社英学校**(のちの同志社大学)を設立した。

参考　国粋主義と国家主義

国粋主義は，日本古来の伝統を重くみようとする考え方で，極端な欧化主義に対する反動としてさかんになった。日清戦争前には三宅雪嶺らが，日清戦争後には高山樗牛・徳富蘇峰らがとなえた。

やがてこの国粋主義は，個人の自由や権利よりも国家や天皇を重んずる国家主義へと発展した。

---

4 近代文学と芸術

1 近代文学の成長

1 写実主義文学
1885(明治18)年，坪内逍遙は『**小説神髄**』を著して，社会の現実や人間の心の動きをあるがままに描きだそうとする写実主義の理論を提唱した。この『小説神髄』の発刊は，日本の近代文学の出発点となった。

◀『小説神髄』の表紙

この写実主義の理論にもとづいて，二葉亭四迷は，言文一致体の『浮雲』を著した。

2 ロマン主義文学
日清戦争の前後になると，人間を古い道徳や習慣から解放し，自由や感情を重んずるロマン主義がおこった。北村透谷が雑誌『文学界』を発行して，ロマン主義の文学を提唱した。小説では，泉鏡花やドイツ留学から帰国した森鷗外らが，詩歌では，島崎藤村や明星派の与謝野晶子らが活躍した。

3 自然主義文学
日露戦争前後になると，ヨーロッパの自然主義の影響をうけて，人間や社会のみにくい面もかくさずに描こうという自然主義文学がおこった。小説では，『破戒』を著した島崎藤村や田山花袋らが活躍した。石川啄木は，社会の矛盾や生活の苦しみを，口語を使った新形式の短歌でうたった。

4 その他
ロマン主義文学の先駆けとなった森鷗外は，やがて独自の風格をもつ歴史小説へとすすんでいった。イギリス文学の知識とするどい知性をそなえた夏目漱石は，個人主義にもとづく独自の文学をうちたてた。

参考 近代文学のめざめ
これまでの文学は，勧善懲悪といって，善をすすめ悪をこらしめるという筋書きで，封建的な考えと結びついていたものであった。そして，自由民権運動がさかんなころには，政治小説が流行した。これに対し，写実主義文学は，社会や人の心をありのままに描くことによって，文学の独自の意義を見いだそうとした。

用語 言文一致体
話しことばと同じ文章で書くこと。これまでの小説は，日常話すことばと文章にしたときのことばとが違っていたため，一般の人々には理解しにくかった。二葉亭四迷は，人間の気持ちをあらわすときに話しことば（口語体）で書いた。

参考 フランスの自然主義
フランスでは，ゾラやモーパッサンなどが自然主義文学を著し，日本の自然主義に大きな影響をあたえた。

年代・文学思想	人物	おもな作品
明治20年代 写実主義	坪内逍遙 二葉亭四迷 尾崎紅葉 幸田露伴	小説神髄 浮雲 金色夜叉 五重塔
日清戦争前後 ロマン主義	森鷗外 樋口一葉 島崎藤村 与謝野晶子 徳冨蘆花 国木田独歩	舞姫 にごりえ，たけくらべ 若菜集 みだれ髪 不如帰，自然と人生 武蔵野
日露戦争前後 自然主義	田山花袋 島崎藤村 石川啄木	蒲団，田舎教師 破戒 一握の砂
明治末期〜大正 反自然主義	夏目漱石 森鷗外	吾輩は猫である，坊っちゃん 雁，阿部一族

▲『若菜集』の表紙

▼『吾輩は猫である』の表紙

2 近代芸術の発展

1 美術

① アメリカ人フェノロサは，岡倉天心とともに，日本美術の復興につとめ，1887(明治20)年の東京美術学校(東京芸術大学の前身)の設立につくした。日本画では，横山大観や狩野芳崖が活躍した。

② 洋画では，政府が1876(明治9)年に工部美術学校をつくり，建築や工芸などに洋風をとりいれることにつとめた。フランス印象派の技法を学んだ黒田清輝は，白馬会を組織して洋画の発展に貢献した。

③ 彫刻の分野でも木彫の高村光雲や，ロダンに学んだ荻原守衛などが活躍した。

2 音楽

西洋音楽は，小学校の唱歌に採用されて広まった。作曲家の滝廉太郎は，西洋音楽に日本風を加味した「荒城の月」や「花」などの名曲をのこした。

3 演劇

演劇では，明治初期に河竹黙阿弥が歌舞伎の新作を発表して，民衆に親しまれた。日清戦争ころになると，時事問題を劇にとりあげた新派劇がおこった。さらに，日露戦争後には，坪内逍遙・小山内薫らによって，西洋近代劇の翻訳物が上演されるようになり，新劇(近代演劇)の基礎となった。

人物 フェノロサ(1853〜1908)
日本に招かれて，東京大学で哲学などを教授しながら，日本の古い美術を研究した。浮世絵を世界に紹介したり，日本画を広めるなど，日本の美術の発展のうえに大きな役割を果たした。

分野	作者名	おもな作品
日本画	狩野芳崖	悲母観音
	橋本雅邦	龍虎図
	横山大観	無我
	下村観山	大原御幸
	菱田春草	落葉，黒き猫
洋画	高橋由一	鮭
	黒田清輝	読書，湖畔
	和田英作	渡頭の夕暮
	藤島武二	天平の面影
	和田三造	南風
	浅井忠	収穫
	青木繁	海の幸
彫刻	高村光雲	老猿
	荻原守衛	女，坑夫

▲明治時代のおもな芸術家と作品

▼狩野芳崖「悲母観音」(東京藝術大学蔵)

▼横山大観「無我」(東京国立博物館蔵)

▲黒田清輝「湖畔」(東京文化財研究所蔵)

◀荻原守衛「女」(長野県 碌山美術館蔵)

4 産業革命の進展と近代文化の形成　267

時代をとらえる

時代の移り変わりをとらえよう

次の3人の人物を取りあげて、7章の時代の移り変わりをまとめてみよう。

大久保利通　板垣退助　伊藤博文

解答例　戊辰戦争後、大久保利通は廃藩置県を断行するなどして、中央集権的な政治体制の整備を進めた。しかし、薩長土肥の藩閥政府には人々の不満が高まっていったため、板垣退助は不満をもつ人々とともに、民撰議院設立の建白書を提出して自由民権運動を展開し、国会開設を求めた。その結果、政府は1890年の国会開設を約束した。1889年には伊藤博文が中心となって作成した大日本帝国憲法が発布された。日本が朝鮮進出を目指すなかおこった日清戦争では、講和条約の下関条約で賠償金を獲得し、台湾・遼東半島を得たが、遼東半島は、三国干渉によって清朝に返還することになった。また、日露戦争後のポーツマス条約では、韓国の独占的な支配権や南満州の鉄道敷設権、遼東半島の租借権などを獲得した。その後、韓国を併合するとともに、南満州鉄道株式会社を設立するなどして、大陸への進出を強めていった。

時代の特色を説明しよう

❶ 次の①～⑤のことがらについて、説明してみよう。
① 三国干渉
② 秩父事件
③ 韓国併合
④ 富岡製糸場
⑤ 西南戦争

❷ ❶のことがらがおきた時期を、右の年表中のA～Fのなかから選ぼう。

1868年	五箇条の御誓文・五榜の掲示
	↓ A
1869年	版籍奉還
1871年	廃藩置県
	↓ B
1874年	民撰議院設立の建白書
	↓ C
1881年	国会開設の勅諭・自由党の結成
	↓ D
1889年	大日本帝国憲法の発布
1894～95年	日清戦争→下関条約
	↓ E
1904～05年	日露戦争→ポーツマス条約
	↓ F

7章　近代国家への歩み

解答例　❶ ① ロシアが、フランス、ドイツとともに下関条約で日本が得た遼東半島の清への返還を要求し、返還した。
② 松方デフレによって生活に苦しんでいた農民が、地租の軽減などを要求して立ちあがった。
③ 1910年、日本は韓国政府に韓国併合条約を結ばせて植民地とし、朝鮮総督府を設置した。
④ 製糸業の近代化を進めるため、フランスの製糸技術を士族の子女に学ばせた官営模範工場。
⑤ 1877年、明治政府に不満を持つ鹿児島の不平士族らが、西郷隆盛をおしたてて行った反乱。

❷ ① E　② D　③ F　④ B　⑤ C

テスト直前チェック

↓答えられたらマーク　　　　　　　　　　　　わからなければ ↱

1. ☐ 1880年代の前半，政府の財政政策によっておこった不景気を何というか。　p.259
2. ☐ 1882年，政府が設立した，紙幣を発行できる唯一の中央銀行を何というか。　p.259
3. ☐ 日清戦争の賠償金でつくられ，1901年に操業が開始された製鉄所はどこか。　p.260
4. ☐ 日露戦争前後の産業革命では，おもにどの工業部門が発達したか。　p.260
5. ☐ 一族が政府の保護をうけ，日本の産業を支配した企業集団を何というか。　p.260
6. ☐ 1897年，高野房太郎・片山潜らが労働組合の指導のためにつくった団体とは。　p.260
7. ☐ 1901年，片山潜・安部磯雄らが結成した日本最初の社会主義政党は何か。　p.261
8. ☐ 1903年，幸徳秋水・堺利彦らがおこした社会主義運動の結社は何か。　p.261
9. ☐ 1900年，労働運動や社会主義運動を抑えるために制定された法律は何か。　p.261
10. ☐ 1910年，明治天皇の暗殺を計画したとして幸徳秋水が処刑された事件は何か。　p.261
11. ☐ ❿の事件の後，社会主義運動は「何の時代」に入ったか。　p.261
12. ☐ 1911年に制定された日本最初の労働者保護法を何というか。　p.261
13. ☐ 足尾鉱毒事件で明治天皇に直訴した人物はだれか。　p.261
14. ☐ 足尾鉱毒事件では，何という川の流域の農民に大きな被害をあたえたか。　p.261
15. ☐ 1886年に小学校・中学校・帝国大学などの学校制度を整備した法令は何か。　p.263
16. ☐ 1890年に発布された忠君愛国を教育の基本方針と定めたものは何か。　p.263
17. ☐ ⓰の最敬礼をこばみ，東京第一高等中学校教員の職を追われたのはだれか。　p.263
18. ☐ 破傷風の血清療法を発見したのはだれか。　p.263
19. ☐ 赤痢菌を発見したのはだれか。　p.263
20. ☐ 『舞姫』『阿部一族』を著した人物はだれか。　p.265
21. ☐ 『にごりえ』『たけくらべ』を著した人物はだれか。　p.265
22. ☐ 明治前半，古美術の保存と日本画の復興につとめたアメリカ人はだれか。　p.266

解答

1. 松方デフレ
2. 日本銀行
3. 八幡製鉄所
4. 重工業
5. 財閥
6. 労働組合期成会
7. 社会民主党
8. 平民社
9. 治安警察法
10. 大逆事件
11. 冬の時代
12. 工場法
13. 田中正造
14. 渡良瀬川
15. 学校令
16. 教育勅語
17. 内村鑑三
18. 北里柴三郎
19. 志賀潔
20. 森鷗外
21. 樋口一葉
22. フェノロサ

定期テスト予想問題

解答⇒p.370

1 [明治時代の日本]
次の年表を見て、問いに答えなさい。

1867	大政奉還を行う。	
1868	明治天皇の名で、（ ① ）がだされる。	
1869	（ ② ）奉還を行う。	A
1871	（ ② ）奉還のあと、（ ③ ）を行う。	●岩倉具視などの使節団が派遣される。
（ ④ ）	地租改正を行う。…ⓐ （ ⑤ ）令を公布する。	
1874	板垣退助などが（ ⑥ ）を提出する。…ⓑ	
1877	西郷隆盛などによる（ ⑦ ）戦争がおこる。……ⓒ	
1881	（ ⑧ ）の勅諭が出される。……ⓓ	
1885	内閣制度の成立。……ⓔ	B
（ ⑨ ）	大日本帝国憲法を発布する。……ⓕ	●ノルマントン号事件がおきる。
1890	第1回帝国議会を開く。……ⓖ	
1894	条約改正に成功する。……ⓗ	

(1) （ ① ）～（ ⑨ ）にあてはまることば、数字を答えよ。
(2) 年表中Aのころの外国のようすについて述べているものを次のア～エから1つ選び、記号で答えよ。
　ア　アメリカでは、イギリスなどから移住してきた人々によって開拓が進められ、大西洋岸に植民地が建設された。
　イ　ドイツではプロイセン（プロシア）によって統一が進められ、ドイツ帝国が成立した。
　ウ　ロシアでは、労働者や兵士などによって臨時政府が倒され、ソビエト政府が成立した。
　エ　フランスでは、絶対王政に抵抗する人々がパリのバスチーユ牢獄を襲撃して革命がはじまった。
(3) 次の文章で述べていることは、年表中のA・Bのどの区分にあてはまるか。
　「政府は、東京の日比谷に洋風の鹿鳴館を建て、外国の高官やその夫人たちを招いて舞踏会を開くなど、欧化政策を進めた。」
(4) ⓐでは、地価の何％を地租として納めたか。
(5) ⓑの後、憲法の制定と議会の開設によって国民の意見をとり入れる立憲政治をうちたてようとする運動がもりあがったが、この運動を何というか。

ベストガイド

❶ (1) ①は明治政府の基本方針を示したもの。③は天皇を中心とした中央集権の確立をめざしたもの。⑤は武士の軍隊にかわって近代軍隊の設立をめざしたもの。⑥は自由民権運動のおこりとなったできごと。(2) 19世紀後半の世界のようすを確かめよう。(3) 欧化政策はノルマントン号事件がおきて挫折した。

(6) ⓒの西郷隆盛は，何藩の出身か。
(7) ⓓのあとに政党が結成された。自由党と何党か。
(8) ⓔの初代の内閣総理大臣はだれか。
(9) ⓕの憲法を作成するにあたり，(8)の人物が参考としたのはドイツ（プロシア，プロイセン）の憲法であった。ドイツの憲法を参考としたのはなぜか。
(10) ⓖの第1回総選挙が行われたとき，選挙権はどのような人々にあたえられたか。
(11) ⓗの時の条約改正の内容として正しいものを，次のア～エから選び，記号で答えよ。
　ア　関税自主権の回復に成功した。
　イ　関税自主権の回復はできなかったが，治外法権の廃止に成功した。
　ウ　関税自主権の一部回復のほか，治外法権の廃止に成功した。
　エ　関税自主権や治外法権以外の内容の権利を回復した。

② ［日清・日露戦争］
次の文を読んで，問いに答えなさい。

　日本は①日清戦争をおこし，台湾・澎湖諸島のほか遼東半島を手にいれたが，②三国干渉により遼東半島は中国に返された。しかし，その後，列国は中国から租借地を手にいれ，③中国人の間にはげしい排外運動をまきおこした。日本も列国に対抗して中国への侵入をくわえて④日露戦争をおこすとともに，⑤韓国をも併合した。この間，社会主義の運動が高まったが，政府はこれを徹底的に弾圧した。

(1) 下線部①がはじまったのは何年か。
(2) 下線部①の結果結ばれた条約を何というか。
(3) 下線部②により中国に返還した遼東半島は，右の地図中のア～エのどこか。1つ選べ。
(4) 下線部③をきっかけとしておこった1900年の事件は何か。
(5) 下線部④の戦争にさいして，反戦論をとなえたキリスト教徒と社会主義者をひとりずつあげよ。
(6) 下線部④の結果結ばれた条約を何というか。
(7) (6)の条約で，ロシアは日本に旅順・大連の租借権をゆずりわたした。旅順・大連のある半島は，右上の地図中のア～エのどこか。1つ選べ。
(8) 下線部⑤が行われたのは何年か。

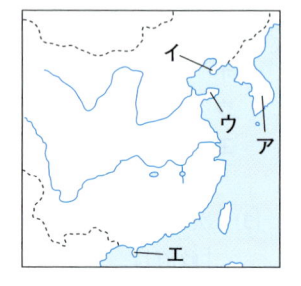

ベストガイド

(7)自由党の党首は板垣退助，設問の政党の党首は大隈重信。(10)このときの有権者は国民の約1％にすぎなかった。(11)陸奥宗光が交渉に成功した。

② (2)この条約は下関で結ばれた。(3)・(7)遼東半島と山東半島は間違えやすいので注意する。(6)この条約はアメリカのポーツマスで結ばれた。

8章 2度の世界大戦と日本

原爆による犠牲者の冥福を祈る平和祈念像（長崎県）

1 第一次世界大戦

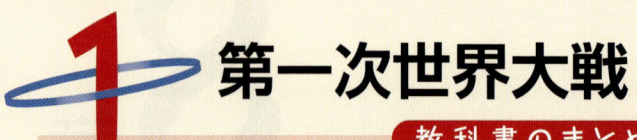

教科書のまとめ

1 ヨーロッパ諸国の対立　　　解説ページ ⇨ p.273

- □ 三国同盟 … ドイツ・オーストリア・イタリア ─┐
    ⇅　3B政策対3C政策　　　　　　　　　├─ 帝国主義間競争。
- □ 三国協商 … イギリス・フランス・ロシア ───┘
- □ バルカン半島でのスラブ人とゲルマン人の対立 …「ヨーロッパの火薬庫」。

2 第一次世界大戦と日本　　　解説ページ ⇨ p.274

- □ 第一次世界大戦のおこり … 1914年のサラエボ事件。
- □ 日本の参戦 … ねらいは中国進出⇨**二十一か条の要求**，ドイツ領の占領。
- □ アメリカ合衆国の参戦 … 連合国を勝利に導く。

3 ロシア革命とシベリア出兵　　　解説ページ ⇨ p.276

- □ 三月革命 … 皇帝を倒し，臨時政府を樹立。
- □ 十一月革命 … レーニンの指導。**ソビエト社会主義共和国連邦(ソ連)**の成立⇨社会主義国家の建設。
- □ シベリア出兵 … 自国への影響をおそれた外国の干渉。

4 ベルサイユ条約と国際連盟　　　解説ページ ⇨ p.277

- □ パリ講和会議 … ウィルソンが「十四か条の平和原則」(**民族自決**など)を提案。
- □ ベルサイユ条約 … ドイツに戦争責任⇨多額の賠償。
- □ 国際協調 … **国際連盟**。ワシントン・ロンドンでの海軍軍縮会議。
- □ 欧米諸国の変化 … 民主主義の発展，社会主義勢力の成長，アメリカの地位の向上。

5 民主主義と民族独立運動　　　解説ページ ⇨ p.279

- □ 日本の侵略に対する抵抗 … **三・一独立運動，五・四運動**。
- □ 中国の統一 … 蔣介石による北伐⇨南京に国民政府樹立。
- □ インドの民族運動 … **ガンディー**の非暴力・不服従の抵抗。

1 ヨーロッパ諸国の対立

　20世紀に入ると，ヨーロッパの帝国主義諸国は，海外に新しい植民地や資本投下先を求めて，たがいに激しい競争を繰り広げた。そのなかで，利害をともにする国々が，**同盟**や**協商**を結びあい，対立は複雑化した。

> **用語 協商**
> 国と国とが，あることがらについて協定すること。義務行為を明文化した同盟にくらべて結びつきは弱いが，弾力性のある結びつきをもつ。

1 ドイツの進出

1 三国同盟の結成　一歩遅れていた**ドイツ**は，統一後のめざましい産業の発展と，ビスマルクのたくみな外交政策によって，その国際的地位を高めてきた。普仏戦争で敗北したフランスの復讐をおそれたビスマルクは，フランスの孤立化をはかろうと，1882年には，オーストリア・イタリアと**三国同盟**を結んだ。

2 対外進出　1890年にビスマルクが失脚した後，皇帝ビルヘルム2世は，みずから政治を行い，イギリスに対抗して大艦隊建設など軍備の拡大をすすめ，**積極的な帝国主義政策を展開した**。

> **分析 ドイツが発展したわけ**
> ①石炭・鉄鉱石などの重要資源が国内に豊富にあった。
> ②ビスマルク外交によって平和がたもたれ，そのあいだに国内産業の発達に専念することができた。
> ③ビルヘルム2世の時代には，産業保護政策がとられ，積極的に海外の資源や市場を獲得していった。
> ④イギリスとの建艦競争などにより，軍事力がいちじるしく増強された。

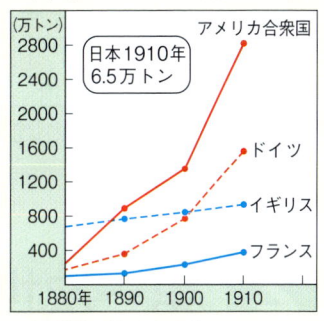

▲主要国の鉄の生産高

2 三国協商の成立

　ドイツの進出を警戒したヨーロッパ諸国は，利害を同じくする国と結んでこれに対抗した。

1 フランスの外交　フランスは，オーストリアと対抗していたロシアと1891年に**露仏同盟**を結んだ。

2 イギリスの外交　イギリスは，諸外国との同盟に加わらない「**光栄ある孤立**」主義をとっていたが，帝国主義間競争の激化により，その政策の変更を迫られ，1904年にはフランスと**英仏協商**を結びドイツと対抗した。1907年には，日露戦争の敗北後，バルカン半島への進出を強めていたロシアとも**英露協商**を結んだ。

3 三国協商と三国同盟　こうしてできあがったイギリス・フランス・ロシアの結びつきを**三国協商**という。この結果，ヨーロッパでは，ドイツを中心とする三国同盟と，イギリスを中心とする三国協商とが対立するようになった。とくに，ドイツとイギリスとの対立が深刻で，両国の軍艦建造競争は激しかった。

> **参考 「光栄ある孤立」**
> イギリスは，いち早く資本主義を発達させ，列強に先がけてアジア・アフリカに多くの植民地を確保していた。そこで，19世紀以来，どこの国とも同盟を結ばず，独力で外交や世界進出を進めるという政策をとった。イギリス人は，これを「光栄ある孤立」として自慢した。しかし，20世紀になって，ドイツが国力を強め，イギリスと対抗するようになったため，この方針は捨てざるを得なくなった。

3 ヨーロッパの火薬庫 −バルカン半島−

1 3B政策と3C政策 ドイツは3B政策をすすめ，バグダッド鉄道の建設に着手して，イギリスの3C政策に激しく対立することとなった（→p.251）。

2 民族対立 ベルリン・イスタンブール・バグダッドを結ぶ3B政策の線上で，重要な交通路であるバルカン半島では，弱体化しつつあったトルコからの独立をめざすスラブ系やゲルマン系の民族による民族独立運動がさかんとなっていた。

3 バルカン半島における国際的対立 ロシアは，全スラブ民族の団結をはかろうとするパン＝スラブ主義をとなえてスラブ系のバルカン民族を支援し，パン＝ゲルマン主義でドイツ系の諸民族を統合しようとするドイツ・オーストリアとの対立が深まっていった。

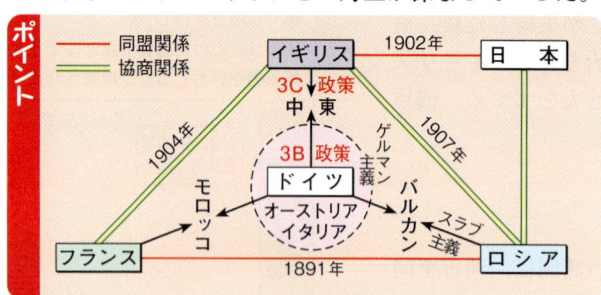

> **用語 バグダッド鉄道**
> イスタンブールの東岸を起点としてトルコ領内を通過し，バグダッドを経てクウェートにいたる鉄道。各国がその建設をねらったが，ドイツが建設することによって，3B政策を進めることとなった。

> **分析 ヨーロッパの火薬庫**
> バルカン半島は，ヨーロッパ大陸南東部にある半島で，日本の2倍たらずの面積に，現在でもルーマニア・スロベニア・クロアチア・ボスニア＝ヘルツェゴビナ・セルビア・アルバニアなどの国々がある。この地域にはラテン系・トルコ系・スラブ系・ゲルマン系など多くの民族が入りまじっており，列強は，複雑な民族間の対立を利用しながら，自分たちの勢力に引き入れようとした。
> とくに，ドイツ・オーストリアとロシアとの対立が激しく，いつ武力による戦闘が勃発するかもしれない危険な状態となった。そのため，バルカン半島は，「ヨーロッパの火薬庫」といわれた。

ポイント 同盟関係／協商関係
イギリス—1902年—日本
3C政策 中東
1904年／1907年
ゲルマン主義／スラブ主義
3B政策 ドイツ オーストリア イタリア
モロッコ／バルカン
フランス—1891年—ロシア

2 第一次世界大戦と日本

1 第一次世界大戦のおこり

1 サラエボ事件 1914年6月，ボスニアの都サラエボで，オーストリアの皇太子夫妻が，セルビアの青年によって暗殺された。このサラエボ事件が口火となって，同年7月，オーストリアはドイツの支持をえて，セルビアに宣戦を布告した。

2 世界大戦への発展 セルビアを支持するロシアが兵力を動員すると，オーストリアの同盟国ドイツは，ロシアとフランスに宣戦を布告した。さらに，イギリスは，ドイツが中立国のベルギーへ侵入したことを理

> **用語 セルビア**
> 19世紀後半にトルコから独立したスラブ人の国。ボスニア地方を併合するなどバルカン半島進出をねらっていたオーストリアに対して，強く反発した。

> **年代ゴロあわせ**
> **1914年** ➡ 第一次世界大戦
> 植民地　とりにいく意思
> 　　　　　1 9 1 4
> ありありと

1 第一次世界大戦

由にドイツに宣戦布告した。ここに、ドイツ・オーストリアの同盟国とイギリス・フランス・ロシアの協商国(連合国)との間に、第一次世界大戦がはじまった。

2 日本の参戦

ヨーロッパでおこった戦争ではあったが、日本は、この大戦を大陸進出の好機とし、戦争の初年に日英同盟を理由にドイツに宣戦した。

1 ドイツ領の占領
陸軍は、山東半島を攻撃して中国におけるドイツの軍事拠点の青島を占領し、海軍はドイツ領南洋諸島を占領した。また、インド洋や地中海にも軍隊を送った。

2 二十一か条の要求
ヨーロッパ列強がアジアをかえりみる余裕がないのにつけこみ、日本は、1915(大正4)年、中国に対して二十一か条の要求をつきつけた。これは、中国におけるドイツの権益を日本が引き継ぎ、さらに日本の権益を拡大しようとするものであった。日本は、最後通牒を発して、ときの中華民国大総統袁世凱に対して、要求のほとんどを認めさせた。

3 戦争の経過

1 戦争の長期化
戦局は、はじめドイツ側に有利に展開していたが、連合国側も反撃し、戦争は長期化した。戦闘には、毒ガス・戦車・飛行機などの新兵器が投入され、非戦闘員にもばくだいな犠牲者を出す戦いとなり、交戦国がその国力のすべてを戦争にそそぐ総力戦となった。

2 イタリアの態度
1915年5月、イタリアは連合国側について参戦した。これは、国境地域の領土問題でイタリアとオーストリアとの利害が対立していたからである。これより先の4月にイタリアはフランス・ロシア・イギリスと秘密協定を結び、三国同盟から離れていたから、連合国はドイツを包囲する体制となった。

第一次世界大戦中のヨーロッパ▶

> **参考 開戦当時の日本の考え**
> 井上馨が山県有朋・大隈重信に送った手紙によると、「今回の欧州の戦争は、日本の発展にとって天の助けであり、日本は、これを利用しなければならない」と述べている。参戦は、日英同盟のよしみだけでなく、日本政府のほんとうのねらいは、ここにあった。

> **分析 二十一か条の内容**
> ①山東省の旧ドイツ利権(優先して利用する権利)を日本が受け継ぐ。
> ②南満州・東部内モンゴルにおける日本の優越権を認め、旅順・大連や満鉄の借りる期間をさらに99か年延長すること。
> ③漢陽の製鉄所、大冶の鉄山、萍郷の炭鉱を日・中の共同経営にすること。
> ④中国沿岸の港や島を他国に貸したりゆずったりしないこと。
> ⑤中国政府に日本人の政治・財政・軍事顧問をおき、中国の警察に多数の日本人をやとい、中国の兵器の半数以上は日本から買うこと。
>
> これに対して、中国はもちろんイギリス・アメリカも反対したが、日本は修正を加えたのち、①～④を強引に認めさせた。

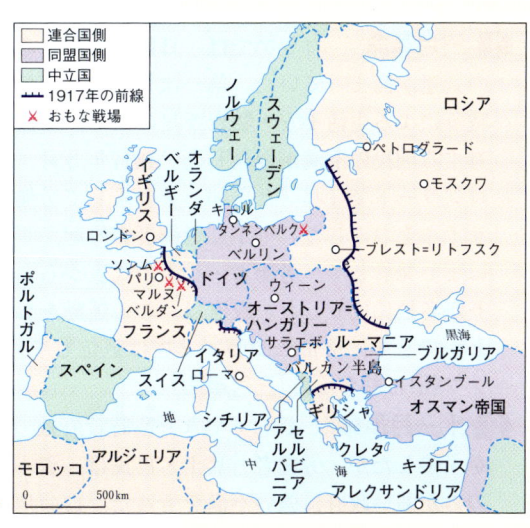

8章　2度の世界大戦と日本

3　アメリカの参戦　海上を封鎖されたドイツによる無制限潜水艦作戦を不法として，1917年，中立を保っていたアメリカ合衆国が，連合国側にたって参戦した。アメリカの参戦は，連合国の勝利に大きな力となった。

4　戦争の終結　ロシア革命によって成立したソビエト政府は，1918年3月，ドイツとブレスト＝リトフスク条約を結び，連合国側の戦列から離れた。いっぽう，同盟国側のブルガリア・トルコが降伏した。また，戦争の長期化とあいつぐ敗戦で物資が不足し，国民の不安が高まっていたドイツ・オーストリアでも革命がおこり，1918年11月，両国はあいついで降伏し，休戦した。ここに，4年4か月にわたる最初の世界大戦は，多くの被害を残して終結した。

> **ポイント**
> 第一次世界大戦…帝国主義戦争
> 連合国／同盟国 →（日本の参戦）長期化 →（アメリカの参戦）ドイツ・オーストリアに革命

参考　ルシタニア号事件
ドイツの無制限潜水艦作戦により，イギリスの客船ルシタニア号がドイツの潜水艦（Uボート）に撃沈された事件。アメリカ人128人が犠牲となり，アメリカの世論は参戦に傾いた。

参考　第一次世界大戦の被害
30か国以上が参加し，兵員7000万人，直接戦費2080億ドルが投入された。その結果，戦死者1000万人，負傷者2000万人，一般市民の死者500万人に達したといわれる。

▲第一次世界大戦のようす

3　ロシア革命とシベリア出兵

1　ロシア革命

1　三月革命　ロシアでは，日露戦争のころから革命の気運が高まっていた。第一次世界大戦が始まると，戦争による生活不安・物資不足のため，帝政や戦争に対する国民の不満が爆発した。1917年3月，首都ペトログラードで「パンと平和」を要求して労働者がストライキをおこした。やがて労働者の蜂起，兵士の反乱にまで発展して，労働者・兵士の代表からなるソビエトが各地に成立した。政府は，この運動をおさえることができず，皇帝ニコライ2世は退位して帝政（ロマノフ朝）は終わった（三月革命）。

2　十一月革命　新しくできた臨時政府は，戦争継続を主張したが，労働者・兵士・農民は，資本家・地主の力が強い政府に強い不満をもった。亡命地のスイス

ロシア暦のズレ
三月革命・十一月革命をあわせてロシア革命という。なお，当時のロシアの暦は，太陽暦と約半月のずれがあり，それぞれを二月革命・十月革命ということもある。ややこしいが，まちがえないようにしよう。

用語　ソビエト
ロシア語で会議を意味する語で，労働者・兵士（軍服を着た農民）の評議会という意味である。すでに1905年につくられていたが，1917年の革命の基礎となった。

から帰国したボリシェビキ(急進派＝のちのロシア共産党)の指導者レーニンは，戦争の即時中止や地主の土地の没収などを主張をし，ソビエト政権の樹立をよびかけた。1917年11月，レーニンらは武装蜂起して臨時政府を倒した(十一月革命)。

2 ソビエト政府の成立

1 ドイツとの講和 レーニンを指導者とするソビエト政府は，1918年3月に，ドイツとブレスト＝リトフスク条約を結んで，第一次世界大戦から手をひいた。

2 外国の干渉 国内の大地主・資本家はソビエト政権に反対し，各地で内戦をくりかえした。欧米諸国は，革命が自国におよぶことをおそれ，反革命軍を支援した。1918年，イギリス・アメリカ・フランス・日本がシベリア出兵を行ったが，革命軍の力に敗退した。日本軍は，他国の引きあげた後も1922年まで駐兵した。

3 ソ連の成立 ソビエト政府は，内戦や外国の干渉に対して，農民から穀物徴発を強めるなどのきびしい政策をすすめて乗りこえた。こうして1922年，ソビエト社会主義共和国連邦(ソ連)が成立した。

ポイント ロシア革命
三月革命 → 十一月革命（レーニン）→ 社会主義政権の成立
　　　　　　↘ 帝政の終わり

人物 レーニン(1870～1924)
マルクスの理論を実行に移し，世界最初の社会主義国家をつくった。三月革命後に亡命地スイスから帰国し，「すべての権力をソビエトへ」と訴えて，十一月革命を成功させた。

▲レーニン

参考 ソビエト政府の政策
ソビエト政府は，「平和に関する布告」と「土地に関する布告」を出して，無併合・無賠償・民族自決の即時講和をよびかけるとともに，大地主の土地を没収して農民に利用させるという土地改革をすすめた。これらの政策は，大地主・資本家の抵抗にあった。

用語 シベリア出兵
シベリアにいる連合国側のチェコスロバキアの兵士を助けるという名目で出兵した。他の国はまもなく引きあげたが，日本軍だけがとどまり，完全に撤退したのは1922(大正11)年であった。しかし，多くの費用と人命を失っただけで，成果はなかった。

4 ベルサイユ条約と国際連盟

1 ベルサイユ条約

1919年1月，フランスのパリで第一次世界大戦の講和会議が開かれた。アメリカ合衆国大統領ウィルソンのとなえた「十四か条の平和原則」が会議の原則とされたが，敗戦国の参加は認められず，イギリス・フランスは自国の利益を強く主張したため，同年6月に，パリ郊外のベルサイユ宮殿で調印された連合国とドイツとの講和条約(ベルサイユ条約)は，ドイツにきびしいものとなった。

用語 十四か条の平和原則
ウィルソンが1918年1月に発表。秘密外交の廃止，植民地問題の公正な解決，軍備の縮小，民族自決の尊重，海洋・通商の自由，平和のための国際機関の設立など14項目で，「勝利なき平和」をめざしたが，イギリス・フランスの反対で，十分に実現できなかった。

このベルサイユ条約を基礎にしてきずかれた第一次世界大戦後の国際関係をベルサイユ体制という。

1 ドイツの処分
① 植民地はすべて失い，鉄鉱・石炭の資源の豊富なアルザス＝ロレーヌ地方の領土も失う。
② ライン川べりの非武装化と連合軍による占領。
③ 軍備の縮小，徴兵制の廃止。
④ 払えないほどのばく大な賠償金。

2 民族自決
ウィルソンの<u>民族自決</u>の主張にそって，ロシア領からフィンランド・ポーランド，オーストリア領からチェコスロバキア・ハンガリー・ユーゴスラビアなどが独立した。しかし，<u>この原則はアジア・アフリカには適用されず</u>，植民地はそのままにされた。

3 日本
戦勝国としてパリ講和会議にのぞんだ日本は，西園寺公望を首席全権としてベルサイユ条約に調印した。日本は，中国にあったドイツの権益を受け継ぎ，<u>ドイツ領南洋諸島の委任統治権</u>をえた。

2 国際連盟の成立と国際協調主義

1 国際連盟の成立
パリ講和会議では，ウィルソンの提案をうけて，<u>国際紛争の平和的解決のための国際機構</u>の設立が決まり，1920（大正9）年に，<u>国際連盟</u>として成立した。日本の新渡戸稲造は連盟の事務局次長として活躍した。
① 目　的…各国の独立と領土の尊重，紛争の平和的解決などによる世界平和の確保。
② 機　構…全加盟国からなる総会と，日本・イギリス・フランス・イタリアを常任理事国とする理事会とが中心。本部はスイスのジュネーブ。
③ 意　義…いろいろな問題点をふくんではいたが，世界最初の国際平和機構として，戦後10年ほどは国際平和に貢献した。各国が財政負担を軽減させようとしたこともあって，軍備縮小の動きをうながした。

2 ワシントン会議
1921～22年には，日本の進出をおさえることを目的に，アメリカの提案で，<u>ワシントン会議</u>が開かれ，次の条約が決まった。
① 海軍軍縮条約…イギリス・アメリカ・日本の主力

用語　民族自決
どの民族も，ほかの民族や国家から支配や強制を受けないで，自分でそのあり方を決定する権利があること。

① ～⑧ 大戦後にできた国
①フィンランド ②エストニア ③ラトビア
④リトアニア ⑤ポーランド ⑥チェコスロバキア
⑦ハンガリー ⑧ユーゴスラビア

▲第一次世界大戦後のヨーロッパ

分析　ベルサイユ条約の結果，日本は何を得たか
① 中国代表の反対にもかかわらず，中国の山東省におけるドイツの権益を引きつぐなど，二十一か条の要求が国際的に認められた。
② <u>国際連盟の常任理事国</u>となった。
③ <u>赤道以北の旧ドイツ領南洋諸島</u>が連盟による日本の委任統治領となった。

分析　国際連盟にはどんな問題点があったか
① 世界の指導国であった<u>アメリカが参加しなかった</u>。これは，上院が<u>モンロー主義</u>（孤立外交主義）を守って，条約を批准しなかったからである。
② ドイツ（1926年）・ソ連（1934年）の加盟が遅れ，日本・ドイツ・イタリアが脱退するなど，大国が不ぞろいであった。
③ <u>全会一致制</u>を採用したため，事がなかなか決まらず，実効力がなかった。
④ 平和を乱す国に対して，武力制裁を加える力がなかった。

艦の保有トン数を，それぞれ5：5：3の比率に制限し（フランス・イタリアは1.67），以後10年間は主力艦をつくらないこととした。
② **四か国条約・九か国条約**…アジア・太平洋地域における列強の利害の調整がはかられた。
　　また，1922年に日本は山東省における日本の権益を返還した。

3 不戦条約（ケロッグ＝ブリアン協定）　1928年，フランスのブリアン外相とアメリカのケロッグ国務長官の提唱で不戦条約が結ばれた。のち63か国が調印。

4 ロンドン会議　1930年に，イギリスのよびかけでロンドン会議が開かれた。この会議では，潜水艦・巡洋艦など補助艦についての制限がとりきめられ，アメリカ・イギリスの各10に対し，日本は7の比率に決まった。しかし，この条約に対し，日本では，軍部や政友会，右翼が政府をはげしく攻撃した（→p.293）。また，このころより再び国際対立が激しくなった。

年代ゴロあわせ

1920年 → 国際連盟の成立

世界中　平和でいくには
　　　　　　１９２０
国際連盟

用語 四か国条約
アメリカ・イギリス・フランス・日本の4国が太平洋地域の現状維持を確認しあったもので，この条約によって日英同盟は廃止された。日本の太平洋への進出をおさえる意味があった。

用語 九か国条約
上記4国（アメリカ・イギリス・フランス・日本）に，イタリア・オランダ・ポルトガル・ベルギー・中国が加わって締結した。中国の主権と領土を尊重し，列国の経済上の進出に平等な機会を約束することがきめられた。

3 欧米諸国の変化

① 第一次世界大戦で，ロシア・オーストリア・ドイツの帝政が倒れ，共和国が生まれた。
② **ワイマール憲法**の制定（ドイツ），イギリスの帝国から連邦への移行，アメリカやイギリスでの選挙法の改正など，各国で民主主義が発展した。
③ ロシア革命の成功は，各国の社会主義運動に大きな刺激をあたえ，社会主義勢力がのびた。
④ 国際社会の主導権が，イギリス・フランスからアメリカ合衆国に移った。

用語 ワイマール憲法
1919年，ドイツで制定された憲法。国民主権・20歳以上の男女の普通選挙権などを保障し，労働者の団結権・団体交渉権などの社会権を定めており，当時としてはもっとも民主的な憲法といわれた。しかし，大統領に「非常権力の行使」を認めたことは，のちにナチスに独裁を許す原因ともなった。

5 民主主義と民族独立運動

アジア・アフリカでは，民族の団結によって帝国主義列強の支配を排除しようという民族運動が高まってきた。とくに，ウィルソンの民族自決の主張やロシアの社会主義革命の成功は，民族運動に大きな刺激をあたえた。

列国の帝国主義・植民地主義	
日露戦争　日本の勝利	民族運動のおこり　エジプト　トルコ　インド
第一次世界大戦　民族自決主義　ロシア革命	エジプトの独立　トルコの新生　イランイラクの独立
第二次世界大戦	アジア・アフリカ諸国の独立

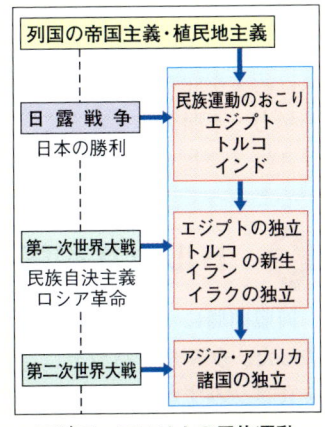

▲アジア・アフリカの民族運動

1 朝鮮の独立運動

日本は朝鮮を武力で支配していたが，1919年3月1日，京城(ソウル)で，朝鮮人独立運動家が独立宣言を発表し，それをきっかけに「独立万歳」を叫ぶデモ行進が朝鮮全土に広がった。これを三・一独立運動というが，日本の軍隊・警察によって鎮圧された。

2 中国の民族運動

1 五・四運動 1919年，パリ講和会議で日本の二十一か条の要求は無効であるとする中国の主張がしりぞけられると，これに抗議する北京の学生が，5月4日にデモ行進を行った。それをきっかけにして中国各地で，軍閥打倒と抗日をとなえる運動がひろがった。これが五・四運動である。

2 中国の統一 五・四運動後，孫文は中国国民党を結成して，広東(広州)に政府をつくり，各地の軍閥と対抗した。また，中国共産党員の国民党への入党を認め，第一次国共合作を成立させた。孫文の死後，あとを継いだ蔣介石は，1926年から，国民革命軍を率いて，北方の軍閥を倒すための北伐を開始した。その間，共産党を弾圧し，1927年には南京に国民政府をたて，翌年にはほぼ全国を統一した。

3 インドの独立運動

第一次世界大戦中，イギリスはインドに自治をあたえる約束で，インドから兵士や物資を送らせたが，イギリスは約束を守らなかった。国民会議派のガンディーは，非暴力・不服従をとなえて，独立運動を進めたが，イギリスはきびしく弾圧した。1920年代に入ると，ネルーが中心となって，完全独立をめざす運動を続けた。

4 トルコ共和国の成立

同盟国側についたトルコは，敗れて4分の3の領土を失った。ケマル＝パシャは皇帝を廃し，1923年，共和政を宣言，みずから大統領となり，女性に参政権をあたえるなど，国内の近代化と民主化につとめた。

用語 三・一独立運動(→p.313)

運動に参加した朝鮮人は200万人をこえた。16歳の少女柳寛順は，独立運動の先頭に立ってたたかったが，日本は，徹底した弾圧でのぞみ，7500人以上の死者を出した。日本では柳宗悦が日本の朝鮮支配を批判した。「万歳事件」ともよばれた。

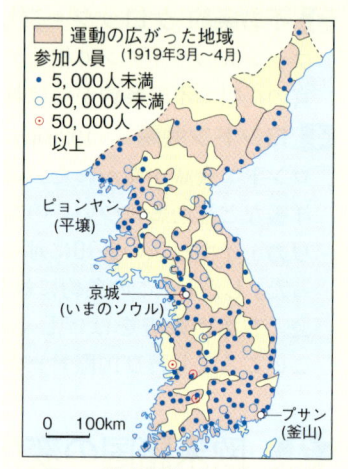

▲三・一独立運動が広がった地域

用語 五・四運動

中国の本格的な民族主義・反帝国主義運動の出発点をなす。1919年5月4日に北京の学生約3000人が，青島の返還やベルサイユ条約反対を叫んで，親日派官僚の私邸に押しかけた。この運動が全国に広がり，労働者・商人も加わって，各地でストライキや日本商品のボイコットが行われた。そのため，中国政府は親日派官僚をやめさせ，ベルサイユ条約に調印しなかった。

人物 ガンディー(1869〜1948)

インドの民族運動の指導者。武力を用いることを嫌い，断食などによってイギリスに抵抗した。何度も投獄されたが屈せず，民衆からマハトマ(大聖)とよばれ，「民族の父」として尊敬された。

テスト直前チェック

▼答えられたらマーク　　　　　　　　　　　　　　　わからなければ ↻

❶ □ 三国同盟の3国をそれぞれあげよ。　　　　　　　　　　　　p.273 ❶
❷ □ 三国協商の3国をそれぞれあげよ。　　　　　　　　　　　　p.273 ❷
❸ □ 第一次世界大戦の直前に「ヨーロッパの火薬庫」といわれた地域はどこか。　p.274 ❸
❹ □ 第一次世界大戦が始まるきっかけとなった事件は何か。　　　p.274 ❶
❺ □ ❹がおきたのは何年か。　　　　　　　　　　　　　　　　p.274 ❶
❻ □ 第一次世界大戦で日本が占領した地域を2つ答えよ。　　　　p.275 ❷
❼ □ 日本の大陸進出が明らかとなった中国への要求を，ふつう何というか。　p.275 ❷
❽ □ 1917年，ロシアで2回にわたっておこった革命をそれぞれ何というか。　p.276 ❶
❾ □ ❽のうち，2度目の革命を指導した人物はだれか。　　　　　p.277 ❶
❿ □ 1918年，チェコスロバキア兵の救出を口実に日本が兵を出したのは何か。　p.277 ❷
⓫ □ 第一次世界大戦後の講和会議の原則として，提唱された原則は何か。　p.277 ❶
⓬ □ 1919年，連合国とドイツとのあいだに結ばれた講和条約を何というか。　p.277 ❶
⓭ □ 第一次世界大戦後の1920年に成立した世界最初の国際平和機構は何か。　p.278 ❷
⓮ □ 1921〜22年，主力艦の制限などを決めた軍縮会議を何というか。　p.278 ❷
⓯ □ ⓮の会議で，アジア・太平洋地域に関して取り決めた条約を2つあげよ。　p.279 ❷
⓰ □ 1930年，補助艦の制限を決めた軍縮会議を何というか。　　p.279 ❷
⓱ □ 第一次世界大戦後，ドイツで制定された民主主義的な憲法は何か。　p.279 ❸
⓲ □ 1919年，朝鮮で日本からの独立をめざしておこした運動を何というか。　p.280 ❶
⓳ □ 1919年，中国でおきた二十一か条の要求反対の運動を何というか。　p.280 ❷
⓴ □ ⓳のあと，中国国民党を結党したのはだれか。　　　　　　　p.280 ❷
㉑ □ 中国で蔣介石が，北方の軍閥を倒すためにおこした行動を何というか。　p.280 ❷
㉒ □ 非暴力・不服従運動によって，インドの民族運動を指導した人はだれか。　p.280 ❸

解答

❶ ドイツ，オーストリア，イタリア
❷ イギリス，フランス，ロシア
❸ バルカン半島
❹ サラエボ事件
❺ 1914年
❻ 青島（チンタオ），ドイツ領南洋諸島
❼ 二十一か条の要求
❽ 三月革命，十一月革命
❾ レーニン
❿ シベリア出兵
⓫ 十四か条の平和原則
⓬ ベルサイユ条約
⓭ 国際連盟（こくさいれんめい）
⓮ ワシントン会議
⓯ 四か国条約，九か国条約
⓰ ロンドン会議
⓱ ワイマール憲法
⓲ 三・一独立運動
⓳ 五・四運動
⓴ 孫文（スンウェン/そんぶん）
㉑ 北伐（ほくばつ）
㉒ ガンディー

2 大正デモクラシー

教科書のまとめ

1 大戦景気と米騒動

解説ページ ⇨ p.283

- □ 大戦と好景気 … 空前の好景気⇨経済の発展⇨都市人口の増加
  ↓
  シベリア出兵⇨米の買い占め⇨米価の上昇⇨**米騒動**。
- □ 大戦後 … 不景気・経済恐慌(⇨社会運動の高まり)。**関東大震災**。

> なぜ，米騒動はおこったのかな？

2 政党政治の実現

解説ページ ⇨ p.284

- □ 第一次護憲運動 … 尾崎行雄・犬養毅ら。「閥族打破・憲政擁護」。
- □ 原敬内閣の成立 … 1918年成立。**本格的な政党内閣**。
- □ 第二次護憲運動 … 護憲三派⇨加藤高明内閣。
  → 普通選挙法・治安維持法

  政党内閣制⇨1932年の五・一五事件まで続く。
  「憲政の常道」

▲犬養毅
▲尾崎行雄

3 民衆運動の高まり

解説ページ ⇨ p.285

- □ 民衆運動の高まり … 第一次世界大戦後の1920年代に発展。
- □ 労働運動 … 鈴木文治らの友愛会⇨日本労働総同盟。
- □ 農民運動 … 日本農民組合。
- □ 共産主義運動 … 日本共産党の結成⇨**治安維持法**を制定。
- □ 部落解放と婦人運動 … **全国水平社**。平塚らいてうの婦人運動。
- □ 大正デモクラシー … 吉野作造の**民本主義**。

▲吉野作造

4 新しい生活と文化

解説ページ ⇨ p.286

- □ 大正時代の文化 … **都市の大衆を担い手とする市民文化**。
- □ 文　学 … 白樺派⇨新思潮派の芥川龍之介。プロレタリア文学。
- □ 美　術 … 二科会創立。
- □ 演　劇 … 小山内薫が築地小劇場を設立⇨新劇。

芥川龍之介▶

1 大戦景気と米騒動

1 大戦景気

1 空前の好景気 第一次世界大戦が始まると，日本はそれまでにない好景気（大戦景気）をむかえた。ヨーロッパから軍需品の注文が殺到し，日本と同様に好景気であったアメリカへの生糸輸出が増加した。また，それまで欧米が支配していた中国などアジア市場への綿糸・綿織物の輸出が増加した。

2 重化学工業 ドイツなどからの輸入がとだえたため，輸入にたよっていた国内の肥料・薬品・染料などの化学工業が生まれた。戦争による世界的な船舶不足と運賃高騰で，日本の海運業・造船業は繁栄し，「船成金」が生まれた。製鉄・鉄鋼業では，官営の八幡製鉄所の拡張や民間製鉄所の設立が続いた。電力需要は急増し，工業用の動力では蒸気力を上まわった。

3 貿易 大戦中の4年間に，戦前の10年分にあたる輸出があり，それまでの輸入超過は輸出超過に転じた。海運業では，日本はアメリカ・イギリスに次ぐ世界第3位の海運国となった。

2 米騒動

1 米不足 好景気によって物価の上昇が続いていたが，とくに米の値上がりは国民生活を苦しめた。それは，大戦景気による労働者の増大で都市の非農業人口が急増し，米不足が深刻化していたためであった。

2 米騒動のきっかけ 1918（大正7）年，シベリア出兵（→p.277）による米の値上がりを見こした大商人が米を買い占め，米価が高騰した。そのため，富山県の漁村の主婦たちが，米の県外移出の阻止と安売りを求めた。これをきっかけに，米騒動が全国に広がった。

3 米騒動の意義 政府は軍隊を出動させて騒ぎをしずめたが，ときの寺内正毅内閣は責任をとって総辞職した。これは，自然発生的な民衆運動ではあったが，その後の労働運動や農民運動のさきがけとなった。

分析 第一次世界大戦で日本の経済が発達したわけ
①ヨーロッパ諸国が全力で戦争をしていて海外市場をかえりみる余裕がなかったため，日本はアジア市場を独占することができた。
②列国から軍需品の注文が殺到した。
③日本は戦争による直接の被害を受けなかった。

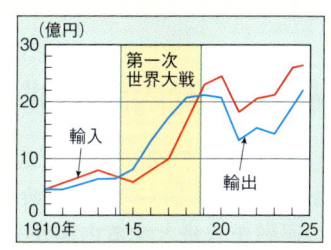

▲第一次世界大戦前後の日本の貿易 視点 戦争中のみ，輸出が輸入を上まわっていることに注意。

分析 米価が急騰したわけ
①大戦の好景気で，都市へ労働者が集まり，生産が間に合わなかった。
②農村で米を主食とするようになった。
③シベリア出兵を見こんで，大きな米屋や高利貸が米を買い占め，売りおしみをした。

▲米騒動のようすを描いた絵
（米騒動絵巻　愛知県　徳川美術館蔵）

2 政党政治の実現

1 第一次護憲運動

　1912(大正元)年，西園寺公望内閣は，軍部の反対で辞職した。そのあと組閣した桂太郎は，陸軍出身で長州(山口県)閥であったため，翌年にかけて，尾崎行雄(立憲政友会)や犬養毅(立憲国民党)らを中心に，「閥族打破・憲政擁護」をかかげた第一次護憲運動がおこった。運動は国民の支持をうけ，桂内閣は倒れた(大正政変)。

2 政党内閣の成立

　1918(大正7)年，米騒動で寺内正毅内閣が総辞職したあと，山県有朋らの元老も政党内閣を認め，立憲政友会の原敬を首班とする内閣が登場した。原敬内閣は，陸軍・海軍・外務の3大臣を除いて，立憲政友会のメンバーで構成され，はじめて本格的な政党内閣が成立した。

3 第二次護憲運動

1 第二次護憲運動
　原敬内閣・高橋是清内閣の政友会内閣のあと，再び軍人・官僚出身の内閣が続いた。1924(大正13)年，枢密院議長の清浦奎吾が貴族院を中心とする内閣を組織すると，立憲政友会・憲政会・革新倶楽部の3党(護憲三派)が，世論の支持をうけて第二次護憲運動をおこした。護憲三派は5月の衆議院選挙で圧勝し，加藤高明(憲政会)を首班とする護憲三派内閣が成立した。

2 政党内閣
　以後，1932(昭和7)年に犬養毅内閣が，五・一五事件(→p.294)で倒れるまで，議会で多数を占める政党が内閣を組織する政党内閣が続いた。

3 普通選挙法と治安維持法
　加藤高明内閣の下で，1925(大正14)年に，満25歳以上の男子に対する普通選挙法が成立した。しかし，婦人参政権は認められず，また同時に治安維持法が制定され，社会主義・共産主義運動に対する弾圧は強まった。

用語 護憲運動
　明治の末ごろから藩閥政治に対する批判が高まっていたが，大正時代になっても，内閣を決める実権は元老がにぎり，内閣は，あいかわらず藩閥や軍人によってつくられていた。これに対する不満が，大正デモクラシーの中で，護憲運動となって発展したのである。

参考 原敬内閣
　原敬は，当時爵位を持っていなかったから「平民宰相」とよばれた。しかし，普通選挙には消極的で，選挙法の改正でも，選挙資格を直接国税3円以上と引き下げただけに終わった。

年代ゴロあわせ
1925年 → 治安維持法 普通選挙法

治安維持する　普選と議会
　を行くふた子
　　　1 9 2 5

史料 治安維持法
　第一条　国体ヲ変革シ，又ハ私有財産制度ヲ否認スルコトヲ目的トシテ結社ヲ組織シ，又ハ情ヲ知リテ之ニ加入シタル者ハ十年以下ノ懲役又ハ禁錮ニ処ス。

視点 1925年，普通選挙法の成立と同時に制定された法律。国体(天皇を中心とする政治制度)を変えたり，資本主義を否定する結社(団体や組織)をつくることを禁じており，社会主義・共産主義運動の取りしまりを目的としている。しかし，のちには，死刑をふくむきびしい刑罰が加えられ，自由主義者や平和主義者まで取りしまるようになった。

ポイント
- 第一次護憲運動…尾崎行雄・犬養毅
- 原敬内閣…**本格的な政党内閣**
- 第二次護憲運動…護憲三派⇨加藤高明内閣
- 1925年に**普通選挙法・治安維持法**

公布年	選挙人の年齢	納税額	有権者数(人口比)
1889	男25歳以上	15円以上	45万(1.1%)
1900	〃	10円	98万(2.2%)
1919	〃	3円	307万(5.5%)
1925	〃	制限なし	1241万(20.8%)
1945	男女20歳以上	制限なし	3688万(50.4%)

▲日本の選挙権の拡大

▲原 敬

成立年・月	首相	出身
1912・12	桂（三次）	陸軍
1913・2	山本権兵衛	海軍
1914・4	大隈（二次）	同志会
1916・10	寺内正毅	陸軍
1918・9	原敬	政友会
1921・11	高橋是清	政友会
1922・6	加藤友三郎	海軍
1923・9	山本（二次）	海軍
1924・1	清浦奎吾	官僚
1924・6	加藤高明	憲政会
1925・8	加藤（二次）	憲政会
1926・1	若槻礼次郎	憲政会
1927・4	田中義一	政友会
1929・7	浜口雄幸	民政党
1931・4	若槻（二次）	民政党
1931・12	犬養毅	政友会

▲大正・昭和初期の内閣

3 民衆運動の高まり

1 戦後恐慌

　第一次世界大戦が終わり，ヨーロッパ諸国が復興すると，アジア市場にヨーロッパ諸国がもどり，日本の輸出は減っていった。1920(大正9)年には，戦後恐慌がおこり，多くの商社や銀行が倒産した。追いうちをかけるように，1923年(大正12)年，関東地方に大地震(関東大震災)がおこり，日本経済は大打撃をうけ，不景気はいっそうひどくなった。不況の中で，中小企業は経営困難におちいり，財閥による系列化がすすんだ。

2 社会運動の高まり

　第一次世界大戦後は，ロシア革命の影響で民主主義的な運動が世界各地で前進した時代であった。日本でも，米騒動をきっかけに，さまざまな社会運動が発展した。

1 労働運動　不景気で首切りや賃金引き下げがあり，労働争議がひん発した。1920(大正9)年，日本で最初のメーデーが行われ，翌年には，友愛会(→p.286)が，日本労働総同盟と改称し，全国的な労働組合となった。

2 農民運動　農民運動では，小作料の減額を要求して小作争議が増加した。1922(大正11)年には，日本農民組合が結成され，小作争議の指導にあたった。

用語 関東大震災

　1923(大正12)年9月1日，相模湾を震源地とする大地震により，関東全域と静岡・山梨に家屋の全半壊約21万戸，焼失約21万戸，死者・行方不明者10万5千人以上の被害をもたらした。この災害を関東大震災という。このとき，朝鮮人が暴動をおこすというデマで数千人の在日朝鮮人が憲兵や自警団などにより殺された。大杉栄らの社会主義者や労働組合の幹部も軍人によって殺された。また，在日中国人の殺害事件もおこった。

参考 婦人解放運動

　1911(明治44)年，平塚らいてうらが青鞜社を結成した(→p.313)。雑誌『青鞜』を発行し婦人の地位を高める運動が行われた。1920年，婦人参政権を求めて平塚や市川房枝らが新婦人協会を結成した。

用語 メーデー

　1886年5月，アメリカの労働者が8時間労働制を目標としてデモを行い，要求を勝ちとった。このことから，毎年5月1日は国際的な労働者の団結を確認する日となっている。

8章　2度の世界大戦と日本

3 共産党の結成　同じ1922年には，日本共産党がひそかに結成されたが，ただちに弾圧された。政府は，1925(大正14)年に<u>治安維持法</u>(→p.284)を制定して，社会主義・共産主義運動を取りしまった。

4 部落解放運動　同じ1922年に，社会的に差別をうけていた被差別部落の人々が，京都で<u>全国水平社</u>の結成大会を開き，みずからの力で差別からの解放をめざすことを誓いあった(→p.313)。

3 大正デモクラシーと民本主義

第一次世界大戦後には社会運動が高まり，普通選挙や政党政治などの民主主義的改革を求める運動が広がった。こうした風潮あるいは空気を<u>大正デモクラシー</u>という。

東京帝国大学教授の吉野作造は，1916(大正5)年に論文を発表し，<u>民本主義</u>をとなえた。彼は，天皇主権の大日本帝国憲法の中で，できるだけ民主主義を実現するため，<u>普通選挙による議会政治の実現</u>を主張した。

4 新しい生活と文化

資本主義の発達につれて，都市人口が増加し，いわゆるサラリーマンや職業婦人が増えた。大正時代には，こうした<u>都市の大衆を担い手とする市民文化が繁栄した</u>。

1 教育の普及と近代科学の発達　教育の普及・整備はすすみ，高等学校が増設され，帝国大学のほかに公立・私立の大学を認めるなど高等教育の機関が拡充された。それによって，新しい文化や教養を求める人々が増え，近代科学も発達した。

2 文学　武者小路実篤・志賀直哉らが，雑誌『白樺』を中心に，人道主義の立場から人間の幸福を追求する文学運動をすすめた。また，谷崎潤一郎や新思潮派の<u>芥川龍之介</u>らが活躍し，労働者や農民の生活を描いた<u>小林多喜二</u>らのプロレタリア文学も生まれた。

3 美術　洋画では，二科会の梅原龍三郎・安井曾太郎や岸田劉生らが新風を吹き込んだ。日本画では<u>横山大観</u>や下村観山らが活躍した。

用語 友愛会
1912(大正元)年，鈴木文治を中心に15人で結成。当初は労使協調の組織であったが，1918年には約3万人に増え，支部も増えて戦闘的な全国的労働組合となった。

分析 民本主義とは何か
吉野作造は，論文「憲政の本義を説いて其有終の美を済すの途を論ず」の中でデモクラシーを民本主義と名づけた(→p.313)。それは国民主権ではなく，天皇主権の範囲内で民衆を重んじる政治を実現することを考えていたからであった。民本主義は，学生運動や労働運動にも影響を与えた。

参考 近代科学の発達につくした人
①自然科学…医学の野口英世，KS磁石鋼をつくった本多光太郎，原子物理学の仁科芳雄。
②人文科学…東洋・西洋の思想の統一をはかって独自の哲学を生んだ西田幾多郎，日本古代史を科学的に究明した津田左右吉，民俗学の柳田国男。
③社会科学…『貧乏物語』を書いた河上肇，憲法学の美濃部達吉(→p.294)。

文学者	作品
武者小路実篤	『その妹』『友情』
志賀直哉	『暗夜行路』
有島武郎	『或る女』
芥川龍之介	『羅生門』『河童』
菊池 寛	『父帰る』
永井荷風	『あめりか物語』
谷崎潤一郎	『刺青』
山本有三	『路傍の石』
小林多喜二	『蟹工船』
徳永 直	『太陽のない街』

▲大正～昭和初期の作家と作品

4 演劇 小山内薫が築地小劇場をつくり，新劇の発展につくした。

5 女性の職場進出 洋服姿の女性もあらわれ，タイピストやバスガール・アナウンサー・美容師など新しい職業への女性の進出がみられるようになった。社会で働く女性たちは，職業婦人とよばれた。

6 その他 新聞や雑誌に連載された大衆文学が多く読まれた。1925(大正14)年にはラジオ放送が開始された。映画も国内でつくられるようになり，大衆の娯楽として普及していった。また，野球などのスポーツもさかんになった。

> **ポイント**
> **大正文化**…市民文化。社会運動の影響
> 文学＝白樺派・プロレタリア文学など

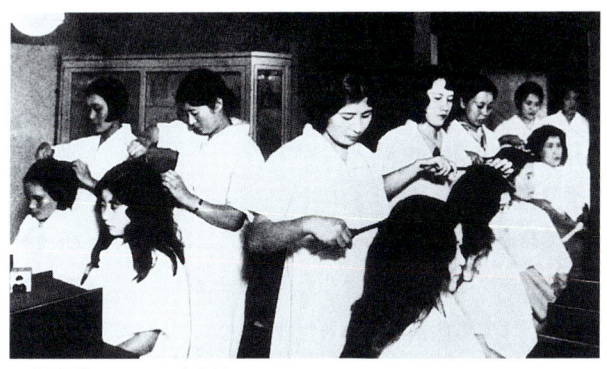

参考 文化の大衆化
中里介山らの大衆文学が読まれ，鈴木三重吉が児童雑誌『赤い鳥』を発行して児童文学も成長した。1912年には，第5回国際オリンピックにはじめて参加し，1915年からは全国中等学校優勝野球大会(現在の全国高等学校野球選手権大会)もはじまった。

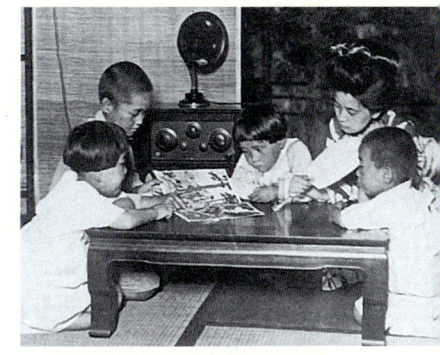

▲ラジオのあるくらし

▲美容院ではたらく女性

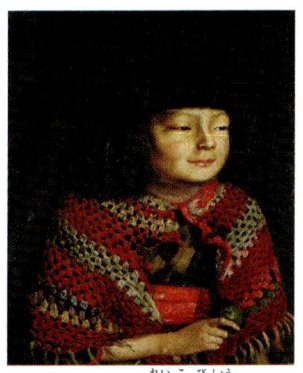

▲安井曾太郎の「金蓉」
（東京国立近代美術館蔵）

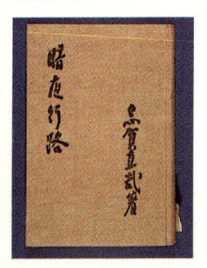

▲岸田劉生の「麗子微笑」
（東京国立博物館蔵）

▲洋服姿の女性

▲『羅生門』と『暗夜行路』の表紙

テスト直前チェック

↓答えられたらマーク　　　　　　　　　　　　　　わからなければ ↗

1. ☐ 大戦景気のなか海運・造船業で富を築いた者を何というか。　p.283
2. ☐ 1918年に富山県からはじまり，全国に広がった民衆運動を何というか。　p.283
3. ☐ ❷のときの内閣の首相はだれか。　p.283
4. ☐ 1912～13年の第一次護憲運動の中心となった人物を2人あげよ。　p.284
5. ☐ 1918年，最初の本格的政党内閣が成立した。そのときの首相はだれか。　p.284
6. ☐ 1924年，第二次護憲運動の中心となった野党3派の名を答えよ。　p.284
7. ☐ 第二次護憲運動の結果，成立した内閣の首相はだれか。　p.284
8. ☐ ❼の内閣が行った普通選挙制で，どんな人々に選挙権があたえられたか。　p.284
9. ☐ 1925年，共産主義・社会主義運動を取りしまるために出された法律は何か。　p.284
10. ☐ ❾は，何の法律が制定されたときに，同時に制定されたものか。　p.284
11. ☐ 1923年に関東地方をおそった大災害を何というか。　p.285
12. ☐ 1911年に平塚らいてうが婦人の地位向上のために結成した団体を答えよ。　p.285
13. ☐ 1920年に婦人参政権を求め，平塚らいてうや市川房枝が結成した団体は何か。　p.285
14. ☐ 1912年に鈴木文治を中心に結成された労使協調の組織を何というか。　p.286
15. ☐ ⓮の組織は1921年に改称したが，そのときの名称は何というか。　p.285
16. ☐ 1922年に被差別部落の解放をめざして結成された団体名を答えよ。　p.286
17. ☐ 政党政治や普通選挙をとなえて，大正デモクラシーを指導した人はだれか。　p.286
18. ☐ ⓱の人物は，天皇主権の下での民衆を重んじる政治を何と名づけたか。　p.286
19. ☐ 民衆の生活文化を研究する民俗学の確立につくした学者はだれか。　p.286
20. ☐ 武者小路実篤・志賀直哉らが活躍した雑誌名を答えよ。　p.286
21. ☐ 小林多喜二・徳永直らがめざした文学を何というか。　p.286
22. ☐ 鈴木三重吉が発行した児童向けの雑誌名を答えよ。　p.287

解答

1. 船成金（ふななりきん）
2. 米騒動（こめそうどう）
3. 寺内正毅（てらうちまさたけ）
4. 尾崎行雄（おざきゆきお），犬養毅（いぬかいつよし）
5. 原敬（はらたかし）
6. 立憲政友会，憲政会，革新倶楽部（りっけんせいゆうかい，けんせいかい，かくしんくらぶ）
7. 加藤高明（かとうたかあき）
8. 満25歳以上の男子
9. 治安維持法（ちあんいじほう）
10. 普通選挙法（ふつうせんきょほう）
11. 関東大震災（かんとうだいしんさい）
12. 青鞜社（せいとうしゃ）
13. 新婦人協会（しんふじんきょうかい）
14. 友愛会（ゆうあいかい）
15. 日本労働総同盟（にほんろうどうそうどうめい）
16. 全国水平社（ぜんこくすいへいしゃ）
17. 吉野作造（よしのさくぞう）
18. 民本主義（みんぽんしゅぎ）
19. 柳田国男（やなぎたくにお）
20. 『白樺』（しらかば）
21. プロレタリア文学
22. 『赤い鳥』

3 世界恐慌と日中戦争

教科書のまとめ

1 世界恐慌とブロック経済
解説ページ ⇒ p.290

- 世界恐慌のおこり … 1929年，**ニューヨーク株式取引所の株価暴落**。
- 世界恐慌の原因 … 第一次世界大戦後，アメリカ合衆国が世界市場を独占。列国の復興で生産過剰となる。
- 各国の対策 … アメリカ＝**ニューディール政策**，イギリス・フランス＝**ブロック経済**。
  - アメリカ・イギリス・フランスの資本主義諸国は，国家の力で経済統制をはかり解決。
  - ソ連は五か年計画などで社会主義国家の建設をすすめた。

2 ファシズムの台頭
解説ページ ⇒ p.291

- ファシズム諸国の台頭 … ベルサイユ体制の打破をかかげる。一党独裁政治。
  - { イタリア…ファシスト党の**ムッソリーニ**
      ドイツ…**ナチス**の**ヒトラー** } 独裁政治と対外侵攻で解決。
- 日本経済のいきづまり … 経済の混乱（戦後恐慌⇒**関東大震災**⇒金融恐慌⇒昭和恐慌）⇒**財閥の産業支配**，**軍部の台頭**。

3 日本の中国侵略
解説ページ ⇒ p.293

- 軍部の台頭 … 軍部が国際協調外交を非難⇒山東出兵，張作霖爆殺事件。
- 十五年戦争のはじまり … **満州事変**（1931年）：関東軍による柳条湖事件ではじまる。
  ⇒**満州国**の成立⇒リットン調査団⇒国際連盟が日本を批判，**日本は連盟を脱退**。
- ファシズムの成長 { 政党政治への不信＝政党と財閥の結びつきへの国民の不信。
  軍部勢力の拡大＝**五・一五事件**や**二・二六事件**。

4 日中全面戦争と国民生活
解説ページ ⇒ p.295

- 中国の抗日民族統一戦線の結成（⇐西安事件）
- 日中戦争の全面化（1937年）… 盧溝橋事件。
- 戦時体制の強化 … **国家総動員法**（1938年）の制定。

国際連盟の本部▶
（ジュネーブ）

1 世界恐慌とブロック経済

1 世界恐慌

1 世界恐慌のおこり
1929(昭和4)年，アメリカのニューヨーク株式取引所の株価が大暴落しておきた経済恐慌をきっかけに，世界恐慌となった。原因は，第一次世界大戦後，列国が経済復興をとげ，生産を回復したにもかかわらず，国民の収入は増えず，製品が売れのこりぎみで過剰生産の状態であったためである。

2 対策
恐慌がおこると，列国は輸出に力をいれ，輸入には高い関税をかけてこれを締めだす保護貿易政策をとった。しかし，国内資源の豊かなアメリカ合衆国，多くの植民地をもつイギリス・フランス，植民地も国内資源も少ないドイツ・イタリア・日本では，それぞれ異なる対策をとった。

2 諸国の動き

1 アメリカ合衆国
1933年，民主党のフランクリン=ルーズベルト(ローズベルト)が大統領となり，ニューディール(新規まき直し)政策を行った。この政策では，労働者や農民を保護し，彼らの収入を増やして購買力を高めるとともに，TVA(テネシー川の流域開発公社)などの公共事業をおこし，失業者に仕事をあたえた。それまでの自由放任の経済政策に修正を加えた新しい政策で，景気は回復へと向かった。

2 イギリス
1931年にマクドナルドが保守党・自由党をあわせた挙国一致内閣をつくった。そして，翌年，イギリス連邦経済会議(オタワ会議)を開き，本国と連邦内の自治領や植民地との結びつきを強め，他国の商品がこれらの地域に入らないようにした。これをブロック経済という。これによって，イギリスはそれまでの自由貿易から保護貿易に移った。

3 フランス
ブロック経済化がすすめられたが，軍部らの保守派と労働者らの進歩派との対立が激しく，伝統的な小党分立の状態の中で国内の動揺が続いた。

年代ゴロあわせ

1929年 ➡ 世界恐慌

ひどく吹く　不景気の嵐
1　9　2　9
大恐慌

用語 経済恐慌
資本主義国では，生産は自由に行われるから，つねに買う人の数よりも生産物が多すぎたり，少なすぎたりすることがおこる。経済恐慌は，生産物が売れず，生産物の値段が下がり，つぶれる工場が続出して，失業者が増える状態である。

> 恐慌の影響

アメリカ合衆国ではじまった恐慌が全資本主義国に影響をあたえ，各国はその対策をめぐって対立するようになり，戦争への道を歩むことになるんだよ。経済の動きが政治や社会に大きな影響をあたえていることがよくわかるね。

分析 ブロック経済の欠点
ブロック経済では，グループ同士の貿易量が減り，世界全体の貿易量は減少する。また，貿易がおとろえると，不景気が長びき，各国間に政治的な紛争や対立がおこってくる。

▼職を求めて行列する失業者
(ニューヨーク)

3 社会主義建設のすすむソ連

1 五か年計画 資本主義国とは経済関係をもたないソ連(いまのCIS諸国など→p.332)は，恐慌の影響を受けず，着実に工業化をすすめていた。1928年からはじまった第一次五か年計画では，コルホーズ(集団農場)・ソフホーズ(国営農場)を中心とする農業の集団化と重工業の整備に力を入れた。

2 スターリン憲法 1934年には国際連盟に加盟した。1936年にはスターリンがいわゆるスターリン憲法を制定して，社会主義体制を確立した。

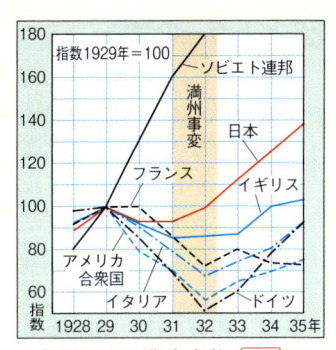

▲主要国の工業生産数 視点 アメリカ合衆国やドイツなどの資本主義国と社会主義国のソ連との違いに注意。

2 ファシズムの台頭

1 イタリア

1 社会不安の拡大 イタリアは戦勝国ではあったが，大戦後も思いどおりの領土獲得ができず，ベルサイユ条約に強い不満をもっていた。資源が少なく，大戦の戦費負担のために大戦後の経済は混乱し，社会主義勢力がのびてきた。

2 ムッソリーニの登場 イタリアのファシスト党の指導者ムッソリーニは，1922年に資本家・地主・軍人の支持を受けて「ローマ進軍」を行い，政権をにぎって一党独裁のしくみをととのえた。世界恐慌がおこると，ムッソリーニは，1935年にエチオピアに侵入し，翌年これを併合した。1937年には，イタリアの行動を非難した国際連盟を脱退した。

2 ドイツ

1 社会不安の拡大 ベルサイユ条約で植民地を失い，多額の賠償金を課せられていたドイツは，アメリカの援助で経済回復をすすめていたが，世界恐慌によりアメリカ資本が引きあげられると，深刻な影響を受けた。失業者は約560万人を数え，物価の上昇の中で国民生活は苦しく，社会不安が増していた。

用語 **ファシスト党**
ムッソリーニにひきいられた政党。ファシスタ党ともいう。イタリア戦闘者同盟を前身として1921年に結成。1943年までイタリアを独裁的に支配した。

◀ムッソリーニ

参考 **ファシズム**
ファシズムとは，イタリア語のファッショ(団結)からできた語で，一般に右派の軍部・官僚・政党などがうちたてた一党独裁体制をいう。議会は政府の政策に賛成するだけの機関となる。資本主義の危機にさいして，社会主義・共産主義運動を暴力的におさえ，資本主義を守ろうとした。そのため個人の幸福よりも国家の繁栄を考え，海外侵略をすることで危機を切り抜けようとした。

▲ヒトラー

2 ヒトラーの登場

そのとき，ヒトラーのひきいるナチス（国民社会主義ドイツ労働者党）が，ベルサイユ条約の破棄・ユダヤ人の排斥などを主張して国民の支持を集めた。1932年の総選挙で第一党となり，翌年，ヒトラーが首相となって政権をにぎった。ついで，国会議事堂放火事件を口実にして，共産党を非合法化し，1933年，ヒトラーに絶大な権限をあたえる授権法（全権委任法）によってナチスの一党独裁をうちたてた。また，1933年には国際連盟を脱退し，1935年にはベルサイユ条約を破って再軍備宣言を行った。

3 昭和恐慌と日本の動き

1 あいつぐ不況
第一次世界大戦後の日本は，戦後恐慌・関東大震災により不況が続いた。1927（昭和2）年の金融恐慌では，倒産・休業する銀行が増えた。

2 昭和恐慌
さらに，1929年の世界恐慌は日本にも波及し，都市では企業がつぶれたりして失業者が増え，農村に帰るものも増えた。これが昭和恐慌で，とくに農業への影響が大きかった。農村では，アメリカへの生糸輸出が減ったため，繭の価格が下がって養蚕業は大打撃を受けた。米などの農産物の値下がりも大きく，東北地方や北海道では凶作にもみまわれ，娘の身売りや満足に食事をとれない欠食児童も数多く出た。

3 財閥の進出
あいつぐ不況の中で，財閥は経営の行きづまった中小企業を吸収して独占をすすめていった。また，政党はこれらの財閥と結びつき，汚職事件をおこす政治家さえもいた。

4 政府の対応
浜口雄幸内閣は，財政のひきしめや産業の合理化などの政策を行ったが，財閥を太らすばかりで不景気を深刻化させた。このため，労働争議や小作争議がひん発したが，政府は，治安維持法によって，きびしく取りしまった。

5 ファシズム勢力の台頭
恐慌による国民の生活不安や社会不安と，それに対処できない政党や議会政治に対する不信が，国民のあいだに広がった。そうした空気の中で，軍人や極端な国家主義者は，現状の打破を訴えて，ファシズムの運動をはじめた。

分析　ナチスはどのようにして国民の支持を得たか

ドイツは，第一次世界大戦後に民主的な共和国になったが，国民の間ではベルサイユ条約に対する反発が強かった。ナチスは世界恐慌による不景気のなかで社会主義に似た政策をかかげた。ベルサイユ条約の廃止を主張して国民の気持ちをつかみ，また大資本家・軍部の資金や武力をうしろだてにした。

用語　金融恐慌

銀行などの金融機関は，資金を貸しつけた会社などがつぶれると資金を回収することができなくなり，預金者に支払いができなくなる。そのため，預金者はつぶれかかった銀行におしかけるので金融界に混乱がおこる（銀行の取付け騒ぎ）。これが金融恐慌で，このとき田中義一内閣は，日本銀行より多額の資金を民間銀行に貸し出して，さわぎをおさめた。

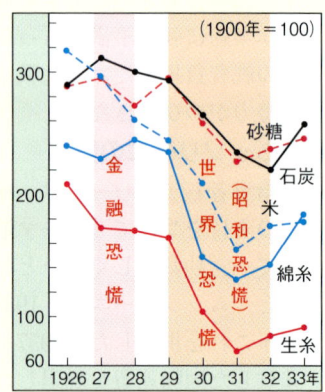

▲恐慌と商品のねだん　視点　アメリカ合衆国向けの生糸，中国・インド向けの綿糸，米の値下がりが大きい。

分析　日本製品の輸出がのびなくなったわけ

①世界恐慌でアメリカへの生糸輸出が激減した。
②イギリスなどの各国が，自国のブロック経済内での取り引きにしぼるようになった。

ポイント
世界恐慌 ⇨ 社会不安・経済不安

ファシズムの台頭
- イタリア＝ファシスト党
- ドイツ＝ナチス
- 日本＝軍部＋財閥

⇨ 対外進出

年代ゴロあわせ

1933年 ➡ ヒトラーが政権をとる

ヒトラーは 戦さ再三(1 9 3 3)
引きおこす

3 日本の中国侵略

1 軍部の台頭

1 協調外交への批判 第一次世界大戦後，日本は外務大臣幣原喜重郎の下でイギリス・アメリカとの協調外交をすすめ，日本の権益がおかされない限りは中国の内政に対しても干渉をしないとした。しかし，不景気がひどくなり，蔣介石の北伐軍(→p.280)が満州にせまると，強硬外交をとなえる軍部出身の田中義一内閣が成立し，1927(昭和2)年に在留日本人の保護を口実に山東半島に出兵し，翌年，一時は済南を占領した。

2 張作霖爆殺事件 1928年，満州にいた日本軍(関東軍)が，日本に協力しなくなった張作霖が乗っていた列車を爆破し殺した。この事件は，国際的な非難をあびた。田中義一内閣は，この問題の処理で天皇の不信をかって総辞職した。次の浜口雄幸内閣では，再び幣原喜重郎が外務大臣となり協調外交が復活した。

3 統帥権干犯問題 しかし，浜口雄幸内閣が1930(昭和5)年のロンドン海軍軍縮会議で軍縮条約を結ぶと，天皇の統帥権を犯したものであるとして，軍部や政友会・右翼が政府をはげしく非難した。浜口はその年，右翼青年に狙撃され，翌年死亡した。

2 満州事変

1 満州の権益 張作霖爆殺後，満州では民族運動が活発化し，日本の権益があやうくなったが，軍部は「満州は日本の生命線である」と宣伝し，浜口内閣の協調外交を非難した。

▶ 軍部の政治支配を風刺した絵
[視点] 国会が軍人のくつでふみにじられている。

用語 統帥権干犯問題
大日本帝国憲法では，天皇は軍隊を直接ひきいる権限(陸海軍の統帥権)を持つと定めている。軍部は，浜口内閣がロンドン会議で軍縮条約に調印したことは，この権限を無視したものであると抗議した。当時大陸進出をくわだてていた軍部は，各国と協調主義をとる浜口内閣の外交政策をやめさせる必要があり，そのための口実となった。

参考 日本にとっての満州
満州は，日本にとっては明治以来の重要な市場でもあり，特に南満州鉄道株式会社(満鉄)への投資は，満州向け投資の大半となっていた。しかし，国民政府の勢いが満州におよんだり，世界恐慌下で満鉄の経営が悪化していたため，満州の確保に必死になっていた。

8章 2度の世界大戦と日本

2 柳条湖事件

1931(昭和6)年9月18日，関東軍が奉天(いまの瀋陽)近くの柳条湖(リウティアオフー)で南満州鉄道線を爆破し，中国側のしわざとして戦闘をはじめた。これが満州事変で，軍部は一時，上海(シャンハイ)にまで戦火を広げた。

3 満州国建国と日本の国際連盟脱退

満州を占領した日本軍は，1932(昭和7)年，清朝最後の皇帝溥儀(プイ)を執政(のちに皇帝)にして満州国をつくった。これに対し，中国国民政府が国際連盟に訴えたため，連盟はリットン調査団をおくった。1933年，国際連盟の総会で調査団の報告書にもとづき，日本軍の占領地からのひきあげを求める勧告が，42対1で可決された。日本はこれを不服として，国際連盟を脱退した。

年代ゴロあわせ
1931年 → 満州事変

中国へ　いくさ始めだ
　　1　9　3　1
満州事変

用語　リットン調査団
イギリスのリットンを団長とする調査団は，日本の軍事行動は不法であり，「満州国」は不承認とする一方で，日本の権益は認める報告書を作成した。国際連盟はこの報告書にもとづいて，日本に撤兵勧告を行った。

3 ファシズムの成長

満州事変前後から，軍人や右翼の中で，大陸侵略をすすめるための軍部独裁政権を直接行動によって樹立しようという動きが活発化した。また，テロリズム(暴力主義)に訴え，政治家や財界人を暗殺する事件がおきて，政党不信をさけぶ軍部の力は強まった。

1 五・一五事件

1932(昭和7)年5月15日，海軍の青年将校らが政友会総裁の犬養毅首相を殺害した。これが五・一五事件で，1924年の加藤高明内閣以来，「憲政の常道」として続いていた政党内閣の時代は終わった。

2 二・二六事件

さらに，1936(昭和11)年2月26日，陸軍の青年将校が軍部政権をうちたてようとして，クーデタをくわだて，部隊を率いて首相官邸・警視庁・新聞社などを襲撃した。これが二・二六事件で，一時，陸軍省や帝国議会などを占拠したが，失敗に終わった。しかし，その後，軍部の発言力は強くなった。

3 自由主義的思想・学問に対する攻撃

その間，京都帝国大学教授滝川幸辰は，自由主義的な刑法学説が危険思想であるとして辞職させられた(1933年)。また，東京帝国大学名誉教授で貴族院議員の美濃部達吉は，「天皇は国家の最高機関である」という持論の天皇機関説が議会で非難され，議員辞職においこまれた(1935年)。

参考　血盟団事件
1932年に，日本の政治を悪くしているのは政党や財界だとして，井上日召がひきいる血盟団員が，井上準之助前蔵相・団琢磨三井合名会社理事長を暗殺する事件がおきた。

参考　皇道派と統制派
当時，陸軍内部には直接行動によって天皇中心の軍部独裁政権を樹立しようとする皇道派と陸軍内の統制を強化しつつ戦争体制をつくろうとする統制派とが対立していた。二・二六事件は，皇道派によるものであるが，事件後，皇道派は一掃され，統制派によって戦争を準備する体制づくりがすすんだ。

戦争への道すじ

日本は，1931年の満州事変から1945年の敗戦までの足かけ15年の間，日中戦争・太平洋戦争とほぼ一貫して戦争を続けたんだ。
そこで，これらの戦争を全体として十五年戦争とよぶことがある。中国に対する侵略が，1945年の日本の破滅を導いたともいえるね。

こうして，軍部によるテロリズムがはげしくなり，軍部に対する批判的な言論や自由主義的な言論が抑圧されて，ファシズムが急速に成長していった。

ポイント

〈大陸への侵略〉

満州事変 ⇨ 五・一五事件 ⇨ 二・二六事件 ⇨ ファシズム化の進展
　　　　　　　＝　　　　　　　＝
国際連盟　　政党内閣　　議会政治
からの脱退　の終わり　　の危機

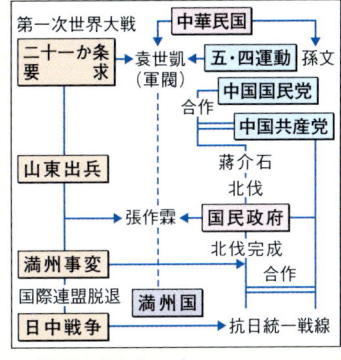

▲中国の動きと日本

4 日中全面戦争と国民生活

1 日中戦争の全面化

1 中国の抗日運動　中国では，1927年の国民政府の成立以来，国民党と共産党との内戦が続いたが，日本が華北に進出すると，共産党は延安まで大移動（長征）し，1935年に，抗日民族統一戦線の結成をよびかけた。
　1936（昭和11）年，張学良が西安で蔣介石を監禁し，共産党と手を結んで日本の侵略と戦うことを要求したが，共産党の周恩来の仲立ちで解決した。この西安事件をきっかけにして，抗日民族統一戦線がつくられた。

2 盧溝橋事件　1937（昭和12）年7月7日，北京郊外の盧溝橋で，夜間演習中の日本軍が中国軍と戦闘を交えた。近衛文麿内閣は華北派兵を決定し，日本軍は7月に華北を占領，8月には華中の上海に戦火を拡大し，12月には首都南京を占領した。そこで，国民政府は首都を重慶に移した。南京占領前後に，日本軍は南京事件をおこした。

3 戦争の長期化　近衛文麿内閣は，1938（昭和13）年に「国民政府を対手にせず」と声明し，中国との和平の道をとざした。中国側の抵抗はねばりづよく，日本軍はおもな都市と鉄道という「点と線」をおさえたのみで，戦争は長期戦にはいった。また，アメリカやイギリスも中国を助けた。

参考 中国共産党の動き

1931年，毛沢東が中心となって瑞金に臨時政府をたて，国民政府と戦ったが，1934年に瑞金が陥落した。そのため，陝西省まで大移動（長征）して，延安を本拠地とした。この間の1935年8月1日に，八・一宣言を発して，「抗日救国」のために抗日民族統一戦線を結成することをよびかけた。この宣言は，大きな反響をよんだ。

用語 南京事件

1937年12月に南京を占領した日本軍は，翌年の2月ごろまでに女性や子どもをふくむ多数の中国人を虐殺し，中国人の財産を奪った。死者は数万人とも30万人ともいわれる。この事件は国際的な非難をうけた。

年代ゴロあわせ

1937年 ➡ 日中戦争

満州事変から　1 9 3 7
　　　　　　　戦さ長びき
日中戦争

近衛内閣は1940(昭和15)年，重慶を脱出させていた汪兆銘に南京政府をつくらせ，戦争終結をはかったが失敗した。

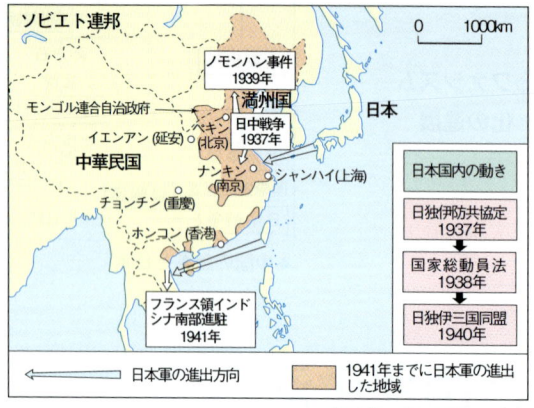

▲日中戦争ごろの東アジア

2 戦時体制

日中戦争がはじまると，軍部や政府は，国力のすべてを戦争につぎこむ戦時体制づくりを本格的にすすめた。

① 国家総動員法 1938(昭和13)年には**国家総動員法**(→p.313)を制定し，政府は議会の承認なしで人や物資を動員できるようにした。これにもとづき，翌年，国民徴用令が出され，一般国民は軍需産業に動員された。また，米・砂糖・マッチ・衣類などの生活必需品が切符制や通帳による配給制となり，隣組を通じて配給された。

軍事費はふくれあがり，軍需生産を目的とする重化学工業は活気づいたが，生活に必要な物資は不足した。

② 戦争への動員 近衛内閣は，1937(昭和12)年に国民精神総動員運動を展開し，消費節約・貯蓄奨励などを説き，戦争への思想統制をすすめた。また，労働組合は，日中戦争がはじまるとストライキ絶滅宣言をして，戦争に協力することをしめしたが，1940(昭和15)年にはすべて解散し，大日本産業報国会となった。

ポイント
日中戦争 { 中国の徹底抗戦 / 米英の中国援助 } ⇒ 戦争の長期化
⇩
戦時体制の強化(経済・思想統制，新体制)

用語 隣 組
約10戸を単位に組織され，配給や切符の配布，金属の供出，防空訓練などが行われた。協力しない者は，「非国民」とされて不利益な扱いを受けたりした。国民どうしが監視する役割も果たした。

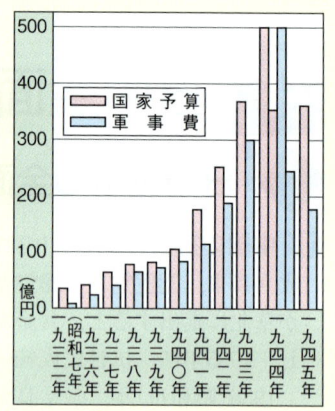

▲日本の予算と軍事費 [視点] 戦争の拡大によって，予算中に占める軍事費が増加していることに注意。

「統制にはマイッタ」

軍部がめざした**戦時体制**は，経済面における統制と，国民を戦争にかりたてるための思想の統制の両面にまとめることができる。この統制は，太平洋戦争中も継続して行われ，強化されていくことに注意しておこう。

テスト直前チェック

↓答えられたらマーク　　　　　　　　　　　　　　　わからなければ ↻

① □ アメリカ合衆国でおこった世界恐慌は，何年におこったか。　p.290 ①
② □ 世界恐慌に対して，アメリカ合衆国のとった政策を何というか。　p.290 ②
③ □ ❷のときの大統領はだれか。　p.290 ②
④ □ 世界恐慌のとき，イギリスなどがとった経済体制を何というか。　p.290 ②
⑤ □ ファシスト党（ファシスタ党）はどこの国の政党か。　p.291 ①
⑥ □ ❺の党首はだれか。　p.291 ①
⑦ □ 1933年，ドイツで政権をにぎったファシズム政党は何か。　p.292 ②
⑧ □ ❼の党首はだれか。　p.292 ②
⑨ □ 世界恐慌の下で，日本におきた恐慌を何というか。　p.292 ③
⑩ □ 1928年，関東軍が中国軍閥の乗っていた列車を爆破した事件は何か。　p.293 ①
⑪ □ 1931年，関東軍が南満州鉄道線を爆破した事件は何か。　p.294 ②
⑫ □ ⑪をきっかけにしておきた戦争を何というか。　p.294 ②
⑬ □ ⑫ののち，日本が中国東北部につくった国は何か。　p.294 ②
⑭ □ 国際連盟が⑪の事件のために派遣した調査団を何というか。　p.294 ②
⑮ □ 日本の政党内閣の時代を終わらせることになった事件は何か。　p.294 ③
⑯ □ ⑮のとき，殺された首相はだれか。　p.294 ③
⑰ □ 1936年に陸軍の青年将校がおこしたクーデタ事件は何か。　p.294 ③
⑱ □ 1933年，自由主義的な刑法学説のため大学を免職となったのはだれか。　p.294 ③
⑲ □ 1935年，天皇機関説をとがめられて貴族院議員を辞職させられたのはだれか。　p.294 ③
⑳ □ 1937年，北京郊外で日中戦争のきっかけとなった事件は何か。　p.295 ①
㉑ □ 「国民政府を対手（あいて）にせず」と声明した首相はだれか。　p.295 ①
㉒ □ 1938年制定で，政府が議会の承認なしで人や物資を動員した法律は何か。　p.296 ②

解答

① 1929年
② ニューディール政策
③ フランクリン＝ルーズベルト
④ ブロック経済
⑤ イタリア
⑥ ムッソリーニ
⑦ ナチス（国民社会主義ドイツ労働者党）
⑧ ヒトラー
⑨ 昭和恐慌（しょうわきょうこう）
⑩ 張作霖爆殺事件（チャンツォリンばくさつじけん）
⑪ 柳条湖事件（リュウジョウコじけん）
⑫ 満州事変（まんしゅうじへん）
⑬ 満州国
⑭ リットン調査団
⑮ 五・一五事件
⑯ 犬養毅（いぬかいつよし）
⑰ 二・二六事件
⑱ 滝川幸辰（たきがわゆきとき）
⑲ 美濃部達吉（みのべたつきち）
⑳ 盧溝橋事件（ルーコウチァオじけん）
㉑ 近衛文麿（このえふみまろ）
㉒ 国家総動員法（こっかそうどういんほう）

4 第二次世界大戦

教科書のまとめ

1 第二次世界大戦のはじまり　解説ページ ⇨ p.299

- ☐ ファシズム諸国の結合 … 国際的孤立を深めた日本・ドイツ・イタリアが結束をかため，領土を拡大していった。
- ☐ 第二次世界大戦(1939年) … 連合国と枢軸国の戦い。
  - 開戦…**独ソ不可侵条約** ⇨ **ドイツのポーランド侵入**
    - ⇨ イギリス・フランスの宣戦布告。
  - 経過…ドイツの進撃・イタリアの参戦 ⇨ 独ソ戦の開始。

2 日本の南進　解説ページ ⇨ p.300

- ☐ ファシズムの確立 … **大政翼賛会**の成立＝議会を無力化し，国民を一元的に統制。
- ☐ 南　進 … フランス領インドシナへ進駐
  - ⇨ 日米関係の悪化 ⇨ 日米交渉 ⇨ 失敗。
    - → ABCD包囲陣
  - { 日独伊三国同盟 / 日ソ中立条約 } の締結

> なぜ，日本は東南アジアへ進出したのかな？

3 太平洋戦争のはじまり　解説ページ ⇨ p.301

- ☐ 太平洋戦争の開始(1941年) { 陸軍はマレー半島に上陸。／ 海軍はハワイの真珠湾を奇襲。
- ☐ 戦　況 … 戦争の初期は，東南アジア一帯を占領
  - ⇨ ミッドウェー海戦の敗北以後，敗退が続く。
- ☐ 大東亜共栄圏 … 資源獲得が目的 ⇨ 抗日運動の活発化。
- ☐ 国民生活 … 配給制・切符制，勤労動員，**学徒出陣**，学童疎開など。朝鮮人・中国人の強制連行。

▶ 学童疎開の小学生

4 世界大戦の終結　解説ページ ⇨ p.303

- ☐ 連合国の反撃 … ソ連の反撃。ノルマンディー上陸 ⇨ パリ解放など。
- ☐ 戦争処理の動き … カイロ宣言 ⇨ ヤルタ協定。
- ☐ 日本の敗戦 … 1945年，ポツダム宣言の発表 ⇨ 鈴木貫太郎首相が「黙殺」発言 ⇨ **原子爆弾**の投下(広島・長崎)。その間にソ連が対日参戦 ⇨ **ポツダム宣言**の受諾。

1 第二次世界大戦のはじまり

1 人民戦線とファシズム

1 スペインの内戦
スペインでは，1936（昭和11）年に自由主義者と社会主義者が手を結んで人民戦線内閣をつくったが，フランコ将軍はドイツ・イタリアの支持をうけて反乱をおこした。このとき，ソ連が政府を援助し，世界各国から知識人や労働者が義勇兵を組織して政府支援にかけつけた。

こうしてスペインは，ファシズムと反ファシズムの国際的な対決の場となったが，1939（昭和14）年にフランコ軍の勝利に終わった。この間の1937年，フランコ軍を支援するドイツ軍が，スペインの小都市ゲルニカを爆撃し，多くの被害をもたらした。

2 ファシズム諸国
内戦がはじまった1936年，ドイツ・イタリアはベルリン＝ローマ枢軸を成立させた。同じ年，日本は共産主義勢力と対抗することをうたった日独防共協定を結び，翌年，イタリアも参加して日独伊三国防共協定が成立した。こうして，国際連盟を脱退した3国が枢軸国として結びついた。

2 第二次世界大戦のはじまり

1 ドイツの侵略
1938（昭和13）年，ドイツはオーストリアを併合し，チェコスロバキアの一部の併合を要求した。イギリス・フランスはミュンヘン会談でドイツに譲歩し，併合を認めた。しかし，ドイツは1939年3月までにチェコスロバキアを解体し，ポーランドにも進出しようとした。イギリス・フランスはポーランドの援助を約束した。一方，ソ連首相のスターリンは，1939年8月にドイツと独ソ不可侵条約を結んだ。

2 大戦のおこり
ソ連からの攻撃の心配のなくなったドイツは，翌月（1939年9月），ポーランドに侵入した。これに対して，イギリス・フランスの連合国が宣戦を布告して，第二次世界大戦がはじまった。同月，ソ連もポーランド東部に侵入して占領した。

用語 人民戦線内閣
共産党などの政党や労働組合・知識人などが，戦争とファシズムを防ぐために結成した組織による内閣。1935年にフランスで最初に結成され，人民戦線内閣ができた。スペインで人民戦線内閣ができたのは，フランスのすぐあとである。

分析 ドイツ・イタリアが侵略を進められたわけ
① ドイツ・イタリアの侵略に対して，国際連盟は，経済封鎖などを行ったにすぎなかった。また加盟国の足なみがそろわず，効果をあまりあげることができなかった。
② ドイツがチェコスロバキアの一部併合を行ったときには，戦争の危機が高まったので，イギリス・フランスとドイツ・イタリアの各首脳はミュンヘン（ドイツ）で会談したが，この会談でイギリス・フランスはドイツの侵略を認めた。
③ イギリス・フランスは，ドイツの関心を東ヨーロッパに向けて社会主義国のソ連と対立させることによって，自国の利益をはかろうとした。

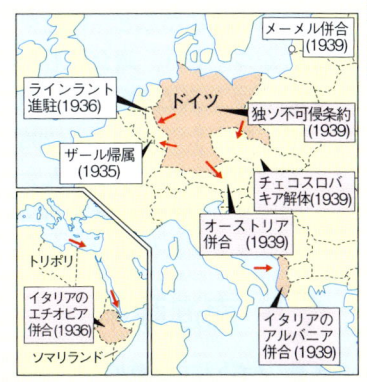

▲ドイツ・イタリアの侵略
視点 ドイツは，ドイツ民族（ゲルマン）の統一を口実に対外侵略を進めた。

3 西部戦線 翌1940年春、ドイツは西部戦線で大規模な攻撃をはじめ、デンマーク・ノルウェーを占領した。さらに、ベルギー・オランダの中立を踏みにじりフランスに侵入、パリを占領して、フランスを降伏させた。1940(昭和15)年6月には、ドイツ優勢をみてイタリアもドイツ側について参戦した。

4 独ソ戦 1941(昭和16)年6月、ドイツがソ連領に侵攻した。ソ連はイギリスと同盟を結び、アメリカの援助を受けてドイツと対戦した。同年8月、アメリカとイギリスは大西洋憲章を発表し、戦争の目的と戦後の平和機構の再建を明らかにした。

用語 大西洋憲章
1941年8月、アメリカのフランクリン＝ルーズベルト(ローズベルト)大統領とイギリスのチャーチル首相が大西洋上で会見し、この戦争が民主主義を守る戦いであることを確認した。そして、領土不拡大・民族自決・戦後の国際的平和機構の再建などを宣言した。その後、中国やソ連も同意した。

年代ゴロあわせ
1939年 ➡ 第二次世界大戦
第二次の 戦さ苦しい ヨーロッパ
　　　　　1 9 3 9

ポイント
ベルリン＝ローマ枢軸 ─ 日本の接近 ⇨ 第二次世界大戦
防共協定
軍事同盟　　　　　　　　　　　　⇩
　　　　　　　　　　　　　枢軸国 × 連合国

2 日本の南進

1 大政翼賛会の成立

1 大政翼賛会 ドイツが、ヨーロッパ各地を占領していった1940年、日本の軍部や官僚・政治家の間では、ナチス＝ドイツにならった一国一党の強力な政治体制をめざす動きが活発化した。近衛文麿がこの新体制運動の中心になると、政党や各団体は解散し、大政翼賛会がつくられ、議会は形だけのものとなった。

2 ファシズムの確立 大政翼賛会は、その後、部落会・町内会・隣組(→p.296)を下部組織とし、大日本産業報国会や大日本婦人会などをその傘下におさめて、国民を一元的に統制する団体となった。こうして日本のファシズム体制が確立した。

用語 大政翼賛会
1940年に近衛文麿首相を総裁として設立された国民組織。各道府県知事が地方支部長で、部落会・町内会・隣組を下部組織に組みこんで、国民を戦争に動員するための中心組織となった。

▲近衛文麿

大政翼賛会の看板▼

2 南進政策

1 ノモンハン事件 1939年(昭和14)5月、日本軍は満州とモンゴルの国境でソ連・モンゴル両軍と戦闘をはじめたが、決定的敗北に終わった。

2 北部仏印進駐

1939年に始まったヨーロッパの第二次世界大戦におけるドイツの勝利は，ドイツ・イタリアと結んで南方に進出しようという日本の気運を高めた。1940(昭和15)年，第２次近衛文麿内閣は，**フランス領インドシナ(仏印)の北部へ進駐**し，アメリカ・イギリスと対抗するためにドイツ・イタリアと**日独伊三国同盟**を結んだ。結果，日米関係は悪化した。

3 南部仏印進駐

1941(昭和16)年４月，日本は北方の安全確保のために**日ソ中立条約**を結んだが，ヨーロッパの戦争の行方をみて，**北進**と**南進**の両面を考えた。しかし，北進は断念され，７月に**フランス領インドシナ(仏印)の南部に進駐**し，南進が決定的になった。

3 日米交渉

1 日米交渉

アメリカ・イギリスは，日本の南方進出をおさえるため，日本への石油輸出の禁止や**ABCD包囲陣**による経済封鎖を実行した。この間，近衛文麿内閣は戦争を避けるための**日米交渉**を続けた。しかし，満州を除く中国からの日本軍の撤退を要求するアメリカとそれに反対する日本との妥協は成立しなかった。

2 開戦準備

1941(昭和16)年９月，**御前会議**(天皇が出席した政府・軍部の首脳会議)でアメリカ・イギリス・オランダとの戦争準備が決定された。10月に軍人の**東条英機**が首相となり，開戦は決定的となった。

3 太平洋戦争のはじまり

1 太平洋戦争のおこり

1 戦争のおこり

1941(昭和16)年12月８日，陸軍はマレー半島に上陸し，海軍はハワイの**真珠湾**に奇襲攻撃を行い，アメリカ・イギリスに宣戦を布告した。ここに**太平洋戦争(アジア・太平洋戦争)**がはじまった。ドイツ・イタリアもアメリカに宣戦を布告し，第二次世界大戦は世界中を戦場とすることとなった。

2 戦争の経過

日本は開戦後，半年のうちに，シン

用語 日独伊三国同盟

1940年９月に調印。ヨーロッパおよびアジアにおける日本・ドイツ・イタリア３国の指導的地位を認め，３国のいずれかが攻撃された場合には，おたがいに援助することを定めている。アメリカの大戦参加の防止を意図した軍事同盟で，これによって日本とアメリカの対立が決定的となった。

参考 北進論

1941年６月に独ソ戦がはじまり，ソ連が苦戦しているのをみた日本は，**関東軍特種演習**でソ連と満州の国境に大軍を派遣してソ連攻撃の準備をした。しかし，ソ連軍の態勢が強固であったことなどで，北進は中止された。

用語 ABCD包囲陣

アメリカ合衆国(America)・**イギリス**(Britain)・**中国**(China)・**オランダ**(Dutch)の包囲によって，日本の南方進出をおさえようとした。４国の頭文字をとって名づけられ，盛んに危機感があおられた。これらの国々は，日本に対する重要物資の輸出を制限または禁止した。

参考 太平洋戦争

日本政府は，**大東亜共栄圏**(→p.302)の建設が戦争の目的であるとして，この戦争を**大東亜戦争**とよんだが，戦後は**太平洋戦争**というよび方が一般的になった。最近は，中国や東南アジアでの戦闘を重視して，**アジア・太平洋戦争**というよび方をされている。

年代ゴロあわせ

1941年 ➡ 太平洋戦争

奇襲にて　いくよひとつ
　　　　　1 9 4 1
真珠湾

ガポール・ビルマ(いまのミャンマー)・フィリピン・インドネシアなど東南アジア一帯を占領した。しかし，1942年6月にミッドウェー海戦で敗れたのをきっかけに，アメリカを中心とする連合国の反撃がはじまり，その後，日本は敗退をくりかえした。

② 日本の占領地

1 大東亜共栄圏 日本は，アジアを欧米の支配から解放し，アジア民族がともに繁栄する大東亜共栄圏を建設するととなえた。しかし，実際には，戦争を続けるために必要な資源を獲得し，日本軍の現地での食料を確保することが目的であった。日本軍は，中国や東南アジアなどの占領地で石油・天然ゴム・木材・鉄鉱石・食料などを取り立てたり，住民を強制的に飛行場や港湾などの軍事施設の建設にかりだした。

2 占領地での抗日運動 朝鮮・中国や東南アジアにおける日本の占領地では，抗日運動が高まり，ベトナムではベトナム独立同盟(ベトミン)，フィリピンでは抗日人民軍(フク団)，ビルマ(いまのミャンマー)では反ファシスト人民自由連盟などが活動した。これらの勢力のなかには，戦後の独立運動で活躍したものもある。

③ 戦争と国民生活

国力のすべてを戦争に動員させるために，国民生活は多くの犠牲を強いられた。食料や衣類などの生活必需物資は不足し，ほとんどの物が配給制や切符制になった。若者が戦争にかりだされたため不足した労働力は，朝鮮や中国からの強制連行や中学生や女学生などの勤労動員でまかなわれた。大学生に対する徴兵猶予も解除されて大学生も戦地にむかった(学徒出陣)。また，空襲にそなえて，児童を東京や大阪などから地方へ疎開させた。

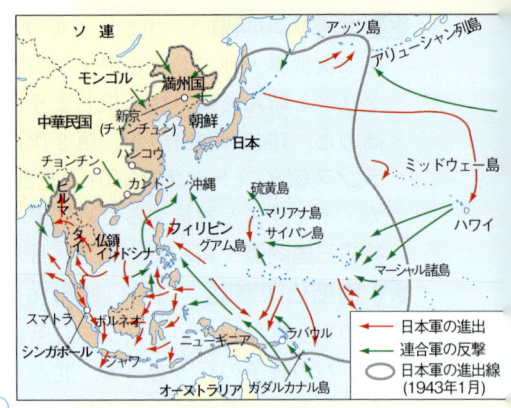

▲太平洋戦争の関係地図

日本軍の進出
連合軍の反撃
日本軍の進出線(1943年1月)

参考 大東亜共栄圏の実態

朝鮮では，朝鮮人の民族性をうばおうとする「皇民化」がすすめられ，日本風の名前や学校教育での日本語の使用が強制された。中国にあった日本軍の731部隊では，捕虜や住民が細菌戦や毒ガス戦のための人体実験に利用され，多くの中国人が犠牲となった。シンガポールでは，抗日的とみなされた中国系住民が殺害された。ビルマ(いまのミャンマー)とタイを結ぶ泰緬鉄道の建設では，捕虜や各地の労務者がひどい労働条件で働かされ，数万人が死んだ。

参考 強制連行

1939(昭和14)年から1945(昭和20)年までに少なくとも約72万人の朝鮮人が強制的に日本に連れてこられ，鉱山や工場などで，かこくで危険な労働をさせられた。中国人も1943～45年に，約4万人が日本に連行され，同じように働かされた。また，朝鮮人をはじめとする多くの女性が強制的に従軍慰安婦にかりだされた。

◀学徒出陣のようす

4 世界大戦の終結

1 イタリア・ドイツの降伏

1 レジスタンス ドイツに占領されたフランスやユーゴスラビアなどでは、ナチスの支配に対して**レジスタンス**やパルチザンとよばれる武装した抵抗運動が展開された。かれらは、ドイツ軍の列車や線路を破壊したり、ナチスに追われた政治犯やユダヤ人を救出するなどした。また、ドイツ国内でも学生・教授らによる白バラ抵抗運動や一部の軍人によるヒトラー暗殺計画などがあった。

2 連合国の反撃 1943年、ドイツ軍がスターリングラード(いまのロシアのボルゴグラード)でソ連軍に敗北したのを機に、連合国軍の反撃がさかんになった。同年、**イタリアが降伏**し、1944年に連合国軍がフランスのノルマンディーに上陸し、**パリを解放した**。

3 戦争処理の動き 1943年11月、エジプトのカイロでアメリカ・イギリス・中国が日本の戦後処理に関する**カイロ宣言**を発表した。ドイツの敗北が決定的になった1945年2月には、アメリカのフランクリン＝ルーズベルト(ローズベルト)大統領、イギリスのチャーチル首相、ソ連のスターリン首相が黒海沿岸のヤルタで会談し、**ヤルタ協定**を結んだ。そこでは、ドイツの戦後処理がきめられ、ドイツ降伏後の**ソ連の対日参戦**・ソ連への南樺太の返還と千島の引き渡しなどを秘密にとりきめた。

その後5月には、**ドイツが降伏**し、日本を早期に降伏させることが連合国の課題となった。

2 日本の敗戦

1 空襲と沖縄戦 アメリカ軍は1944(昭和19)年にサイパン島をうばうと、B29による日本本土への空襲をはじめた。翌年3月10日の**東京大空襲**では、一夜で10万人以上の人々が死んだ。1945年3月、アメリカ軍は沖縄に上陸し、沖縄の住民を巻き込んだ**沖縄戦**が行われた。

> **用語 カイロ宣言**
> 1943年11月に、アメリカの**ルーズベルト**大統領・イギリスの**チャーチル**首相・中国の**蔣介石**主席が会談して発表した宣言。日本の無条件降伏を要求し、台湾の中国への返還、朝鮮の独立などが確認された。

▲ヤルタ会談 視点 左から順にチャーチル、ルーズベルト、スターリン。

> **分析 沖縄戦**
> 日本軍は、女学生を従軍看護婦として動員し、**ひめゆり学徒隊**などに組織したり、中学生を**鉄血勤皇隊**に組織して参戦させた。また、住民に対して「**集団自決**」を強要したり、スパイ容疑で日本軍に殺された人々も多かった。日本軍の組織的抵抗は6月に終わったが、戦闘は9月まで続き、沖縄県民の4分の1にあたる12万人以上が犠牲となった。

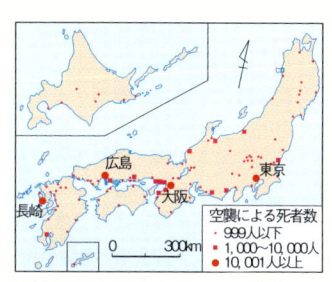

▲空襲を受けたおもな都市

2 ポツダム宣言

1945（昭和20）年7月，アメリカのトルーマン，イギリスのチャーチル（のちアトリー），ソ連のスターリンがドイツのポツダムで会談し，日本の降伏条件を示した**ポツダム宣言**をアメリカ・イギリス・中国の名で発表した。日本の鈴木貫太郎首相は，これを「黙殺」すると国民に発表し，連合国は，これをポツダム宣言を拒否したものと受けとった。

3 日本の降伏

原子爆弾の開発に成功したアメリカは，戦後世界での優位を確保するため，ソ連の対日参戦前に戦争を終わらせようと，完成後まもない原子爆弾を，8月6日に広島，9日に長崎に投下した。その結果，1945年末までに広島で約14万人，長崎で約7万人の命がうばわれた。その間の8日には，ソ連が対日参戦した。これをみた日本は，8月14日ポツダム宣言を受諾して連合国に降伏した。翌15日，天皇のラジオ放送（玉音放送）によって，日本国民は敗戦を知った。

史料 ポツダム宣言

- 一，日本国民をだまし，世界征服をめざさせた者の権力や勢力を永久にとりのぞく。
- 一，日本国に新しい秩序が建設され，戦争をする能力がうちくだかれるまで，日本の諸地点は連合国軍が占領する。
- 一，日本国の主権は，本州・北海道・九州・四国と，われらの定める諸小島に限る。
- 一，すべての戦争犯罪人は厳重に処罰する。日本国政府は民主主義的傾向の復活強化の妨げになるものを取り除き，言論・宗教・思想の自由，ならびに基本的人権の尊重は確立される。

視点 この宣言は，戦後の日本民主化の基本方針となった。

◀被爆した広島のようす（撮影：米軍）

▼第一次世界大戦と第二次世界大戦の比較

	第一次世界大戦	第二次世界大戦
戦争の性格（原因）	①帝国主義列強の対立 ②パン＝ゲルマン主義×パン＝スラブ主義	①ファシズム勢力×反ファシズム勢力　｛民主主義諸国／社会主義勢力／民族主義勢力｝ ②帝国主義諸国間の戦争 ③民族解放の戦争
参加国	①同盟国側＝ドイツ・オーストリア・トルコが中心。 ②連合国側＝イギリス・フランス・ロシア・日本など。のち，イタリア・アメリカ合衆国・中華民国も参加	①枢軸国側＝ドイツ・イタリア・日本が中心 ②連合国側＝イギリス・フランス・ソ連・中華民国・オランダ・アメリカ合衆国など50か国以上
被害	兵員の戦死者＝約1000万人 一般市民の死者＝約500万人	死者＝5000万人以上 （うち半数以上が一般市民）
日本への影響	①好景気（戦争中）⇨産業・経済の発展 ②五大国の1つに地位が向上	①国内産業の破壊⇨国力の激減 ②敗戦⇨連合国の占領

グレードアップ さらに知識を広げよう 沖縄戦

■ アメリカ軍の沖縄上陸と軍部

　太平洋戦争最末期1945年4月1日，アメリカの大軍が沖縄本島に上陸し地上戦が始まった。3月10日には東京大空襲があり，日本の都市が空から無差別爆撃をうけていた。

　日本の天皇を中心にした軍部は，連合軍の本土上陸が迫っていると考えて，沖縄を本土上陸を引き延ばすための防波堤にしようとした。防波堤にされた沖縄は，「最後の一人まで戦え」という指令のもと，軍隊だけでなく県民すべてを巻きぞえにした，降伏の許されない戦いを強いられた。そのため組織的な戦闘が終わった6月23日を過ぎ，日本の終戦の8月15日が過ぎてもゲリラ戦が続いて9月にようやく沖縄戦は終わった。

■ 県民の動員―ひめゆり学徒隊たち

　兵士も物資も足らない沖縄では，法的な根拠もないまま15歳未満の子どもや60歳以上の老人まで動員された。現在の中学生，高校生にあたる生徒たちも学徒隊や，義勇隊として戦場に送られた。沖縄県立第一高等女学校と師範学校女子部の女生徒はひめゆり学徒隊とよばれて，病院壕などに動員されたが，その半数以上が命を落とした。

■ 沖縄での集団死

　暮らしていた町や村が戦場になった沖縄の人々は，日本軍とともに南へ逃げるしかなかった。アメリカ軍の攻撃で多くの人が死んだが，一方で，スパイと疑われて殺されたり，投降しようとしたからと殺されたり，子どもが泣いて殺されたり，味方と思った日本兵によって殺された事件がたくさんおこっている。その上，アメリカ軍が上陸していざという時には死ぬようにという日本軍の指示のもとで，地域全体，小さな子どもも含めた家族が殺しあうという集団死（「集団自決」ともいわれる）までもがおこった。

　こうして沖縄では，悲惨な戦争により6万5000人の守備隊が戦死し，さらにそれをうわまわる12万人以上もの島民が亡くなったといわれている。

　1995年に，南部の摩文仁の丘には沖縄戦で亡くなった人々を悼むために「平和の礎」という碑がたてられた。ここにはアメリカ兵も含めて，亡くなったすべての人の名が刻まれ，平和の重さと尊さをうったえている。

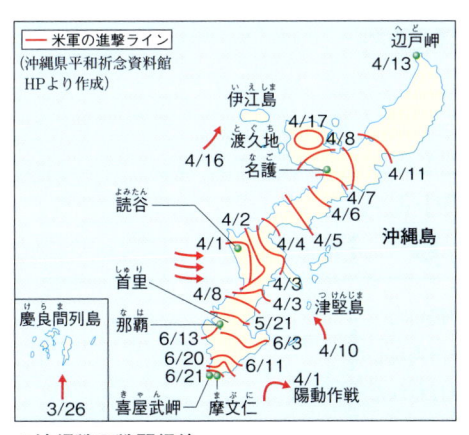

▲沖縄戦の戦闘経緯

▲平和の礎（沖縄県）

時代をとらえる

時代の移り変わりをとらえよう

次の❶～❻のキーワードと写真を参考にして，8章の時代の移り変わりをまとめよう。

❶ 第一次世界大戦　　❷ 三・一独立運動
❸ 普通選挙運動　　　❹ 昭和恐慌
❺ リットン調査団　　❻ 広島（原爆投下後のようす）

解答例　本格的な総力戦となった第一次世界大戦では，戦車や毒ガスなどの新兵器が登場した。戦後は，三・一独立運動や五・四運動などの民族独立運動や普通選挙を要求する運動などが発展した。しかし，1930年代の昭和恐慌は農村に大きな被害をもたらし，政治不信や社会不安が拡大していった。満州事変がはじまるとファシズムの風潮が強まったが，国際連盟のリットン調査団報告書を拒否した日本は，国際的な孤立を強めた。さらに，日中戦争，太平洋戦争（アジア・太平洋戦争）へと突き進み，1945年の広島・長崎への原爆投下を経て，敗戦をむかえた。

時代の特色を説明しよう

次の文中の【　】に言葉を入れて，8章の時代を説明しよう。

　近代後半は【　❶　】の時代である。それは【　❷　】からである。

解答例
❶ 戦争，❷ 第一次世界大戦や第二次世界大戦が続いた
❶ 民主主義，❷ 護憲運動が展開されて普通選挙が実現した
❶ 民族主義，❷ 三・一独立運動や五・四運動が行われた
❶ 民衆，❷ 民主主義の運動やファシズムに民衆が参加した

テスト直前チェック

↓答えられたらマーク　　　　　　　　　　　わからなければ ↪

- ❶ ☐ ファシズムに反対し，共産党や労働組合などが協力してつくった組織は何か。　p.299 ❶
- ❷ ☐ スペインで❶がつくった内閣に対して，反乱をおこしたのはだれか。　p.299 ❶
- ❸ ☐ 第二次世界大戦は，ドイツがどこへ侵入したことからはじまったか。　p.299 ❷
- ❹ ☐ ❸は何年のことか。　p.299 ❷
- ❺ ☐ 第二次世界大戦で，連合国に対して，ファシズム諸国を何というか。　p.299 ❶
- ❻ ☐ 1940年，日本で各政党や団体が解散して，設立された国民組織は何か。　p.300 ❶
- ❼ ☐ ❻の総裁にはだれがなったか。　p.300 ❶
- ❽ ☐ 1940年につくられたファシズム3国の軍事同盟を何というか。　p.301 ❷
- ❾ ☐ 日本軍が1940・41年の2度にわたって進駐したところはどこか。　p.301 ❷
- ❿ ☐ 太平洋戦争（アジア・太平洋戦争）がはじまったのは何年か。　p.301 ❶
- ⓫ ☐ ❿のうち，陸軍が攻撃をはじめたのはどこか。　p.301 ❶
- ⓬ ☐ ❿のうち，海軍が攻撃をはじめたのはどこか。　p.301 ❶
- ⓭ ☐ ❿のときの首相はだれか。　p.301 ❸
- ⓮ ☐ 大学生が戦地にむかったことを何というか。　p.302 ❸
- ⓯ ☐ 空襲にそなえ，都会の児童を地方へ集団的に移したことを何というか。　p.302 ❸
- ⓰ ☐ 1943年，連合国が日本の戦後処理について出した宣言は何か。　p.303 ❶
- ⓱ ☐ 1945年，連合国がドイツの戦後処理についてとりきめた協定は何か。　p.303 ❶
- ⓲ ☐ ⓱の協定で，日本への参戦を決めた国はどこか。　p.303 ❶
- ⓳ ☐ 連合国が日本に無条件降伏をすすめた宣言を何というか。　p.304 ❷
- ⓴ ☐ ⓳を決定した会談に参加した3か国を答えよ。　p.304 ❷
- ㉑ ☐ 原子爆弾が最初に投下された都市と年月日を答えよ。　p.304 ❷
- ㉒ ☐ 日本国民が，いわゆる玉音放送で日本の敗戦を知った年月日を答えよ。　p.304 ❷

解答

- ❶ 人民戦線
- ❷ フランコ
- ❸ ポーランド
- ❹ 1939年
- ❺ 枢軸国
- ❻ 大政翼賛会
- ❼ 近衛文麿
- ❽ 日独伊三国同盟
- ❾ フランス領インドシナ（仏印）
- ❿ 1941年
- ⓫ マレー半島
- ⓬ ハワイの真珠湾
- ⓭ 東条英機
- ⓮ 学徒出陣
- ⓯ 疎開（学童疎開）
- ⓰ カイロ宣言
- ⓱ ヤルタ協定
- ⓲ ソ連
- ⓳ ポツダム宣言
- ⓴ アメリカ，イギリス，ソ連
- ㉑ 広島，1945年8月6日
- ㉒ 1945年8月15日

定期テスト予想問題

解答⇒p.370

1 ［2つの大戦と日本］
次の年表を見て，問いに答えなさい。

(1) 年表中の(Ⅰ)・(Ⅱ)にあてはまる年代を答えよ。
(2) 年表中の(a)〜(c)にあてはまるできごとを次から選べ。
　ア　日本が国際連盟を脱退する。
　イ　韓国を併合する。
　ウ　日本のシベリア出兵が始まる。
　エ　関東大震災がおこる。
　オ　日独伊三国同盟が結ばれる。
　カ　ロンドンで海軍軍縮会議が開かれる。
(3) Aの指導者はだれか。
(4) Bの講和会議で結ばれた条約は何というか。
(5) Cで選挙権を得たのは何歳以上の男子か。
(6) Dによる経済不況を立て直すため，アメリカがとったニューディール政策とはどのような政策か，簡単に書け。

（Ⅰ）	第一次世界大戦が始まる	
1917	ロシア革命がおこる	A
1918	（ a ）	
1919	パリで講和会議が開かれる	B
1923	（ b ）	
1925	男子の普通選挙が実現する	C
（Ⅱ）	世界大恐慌が始まる	D
1932	五・一五事件がおこる	E
1933	（ c ）	
1936	二・二六事件がおこる	
1937	日中戦争が始まる	
1939	第二次世界大戦が始まる	F
1940	政党が解散する	G
1941	太平洋戦争が始まる	H
1945	（　　）・長崎に原爆が投下される	I
	日本が降伏する	J

(7) Eの事件で暗殺された総理大臣はだれか。
　ア　伊藤博文　イ　原敬　ウ　大隈重信　エ　犬養毅
(8) Fは，ドイツが突然ある国に侵攻したことから始まった。ある国とはどこか。
(9) Gのできごとと関係の深いものを，次から1つ選べ。
　ア　大政翼賛会がつくられた。
　イ　議会も閉会になり，軍部の独裁体制が強化された。
　ウ　産業報国会がつくられた。
　エ　隣組がつくられた。

ベストガイド

1 (1) aはロシア革命に対する干渉戦争である。bによって日本の経済は大打撃をうけた。cによって日本は国際社会から孤立することとなった。(4) この講和会議はパリのベルサイユ宮殿でおこなわれた。(5) 現在とちがうので注意しよう。(6) ニューディールとは，「新規まき直し」という意味。(11) 国民は正しい戦況を知らされな

⑽　Hの戦争の始まりになった戦闘は何か。次から1つ選べ。
　　ア　盧溝橋事件　　イ　真珠湾攻撃　　ウ　ミッドウェー海戦　　エ　江華島事件
⑾　Hの戦争のころのようすとして正しくないものを，次から1つ選べ。
　　ア　不足した労働力をおぎなうために，中国や朝鮮の人々を強制的に連れてきて，工場や鉱山などにきびしい条件のもとで働かせた。
　　イ　食料や衣服などの生活必需品が不足し，配給制が実施された。
　　ウ　東京・大阪などの大都会ははげしい空襲にさらされ，集団疎開が実施された。
　　エ　国民は日本軍が苦戦している状況を知りながらも，日本の勝利を信じていた。
⑿　Iの(　)にあてはまる都市名を答えよ。
⒀　Jのとき，日本は何を受け入れたか。

2　[20世紀初頭の日本]
次の史料や写真を見て，問いに答えなさい。

⑴　下の史料について，問いに答えよ。

> 一，中国政府は，ドイツが山東省に持っているいっさいの権利を日本にゆずる。
> 一，中国政府は，南満州・東部内蒙古における鉱山の採掘権を日本国民にあたえる。

　①　この史料を何というか。
　②　1919年に中国でおきた①の取り消しなどを求める運動を何というか。
⑵　Aの新聞記事が報道する事件によって始まった戦争を何というか。
⑶　Bの写真について問いに答えよ。
　①　右の写真のころに制定された法律を次から1つ選べ。
　　　ア　労働基準法
　　　イ　徴兵令
　　　ウ　治安維持法
　　　エ　国家総動員法
　②　①の法律は何年に制定されたか。

A

B

ベストガイド
かった。⒀ ドイツ降伏後，ドイツのポツダムで話し合われた。
2 ⑴ 大戦中，ヨーロッパ列強がアジアをかえりみる余裕がないのにつけこんで，中国に突きつけた要求。⑵ Aは柳条湖事件を報道する新聞記事。⑶「ぜいたくは敵だ」という看板から判断する。

史料から時代を読み取る　近代の世界と日本

権利章典　⇒p.198

第1条　議会の承諾なしで，王権によって法律または法律の施行を停止する虚偽の権力は違法である。

第4条　大権に名を借り，議会の承認なしに，議会が認め，もしくは認めるべき方法と異なった方法で，王の使用に供するために金銭を徴収することは違法である。

第5条　国王に請願するのは臣民の権利であり，このような請願をした者を拘禁したり，訴追したりすることは，すべて違法である。

【1689年】

(注) イギリスの名誉革命のとき，議会が出した「権利宣言」を，1689年に国王がこの名で発布したもの。イギリスの基本法の1つで，上にあげたものは，そのおもな条項である。

フランス人権宣言　⇒p.199

第1条　人間は生まれながらにして自由かつ平等な権利をもっている。社会的な差別は，一般の福祉に基づく以外にはありえない。

第2条　あらゆる政治的結合の目的は，天賦にして不可侵の人権を維持することにある。その権利とは，自由，財産所有，安全および圧政に対する抵抗である。

第3条　あらゆる主権の原理は，本来，国民のうちにある。いかなる団体，いかなる個人でも明白に国民のうちから出ない権威を行使することはできない。

【1789年】

(注) 1789年，フランス国民議会が民主主義の理想をかかげて出した宣言。進歩的な貴族であるラファイエットらが起草したもので，ルソーらの啓蒙思想がおりこめられており，19世紀の各国の自由主義の改革や運動に大きな影響をおよぼした。1791年のフランス憲法は，その一部をこの人権宣言によっている。

17世紀　18世紀　19世紀

アメリカ独立宣言　⇒p.201

われわれは，次の真理を自明なものと認める。すべての人は平等に創られていること。かれらは，その創造者によって，一定のゆずることのできない権利をあたえられていること。それらの中には，生命・自由および幸福の追求があげられること。

【1776年】

(注) 1776年にアメリカ13州植民地が発表した独立宣言。トーマス＝ジェファーソンが起草したものであるが，イギリスのロックの思想の影響が強くみられる。

▲リンカン

リンカンの演説　⇒p.207

87年前，われわれの祖先は，自由を胸にいだき，すべての人は平等につくられているとの信条に身を捧げ，この大陸に新しい国家を建設したのであります。…この国に，神のめぐみのもと，自由の新しい誕生をもたらし，また，人民の，人民による，人民のための政治 (government of the people, by the people, for the people) が，この地上より消滅することのないようにすべきであります。

【1863年】

(注) 1863年，アメリカの南北戦争最大の激戦地であったゲティスバーグで，戦死者追悼のために，大統領のリンカンが行った演説である。この時の「人民の，人民による，人民のための政治」ということばは有名である。

日米和親条約 ⇒p.222

第1条 日本と合衆国とは、その人民の間に永久の和親を結び、場所・人柄の差別をしない。
第2条 下田・函館の両港で、薪水・食料・石炭など、アメリカ船が不足した品を供給する。
第9条 日本政府が外国人に対して、今回アメリカ人に許可しなかった事柄を許可した際には、アメリカ人へも同様の事柄を許可する。このことは、会議をせずにただちに行うこと。
【1854年】

(注) 第9条は、他国に与える最もよい待遇と同じ待遇をアメリカに与えること(最恵国待遇)を約束したもので、日本側だけが一方的に強制された不平等な性格を示している。

▲黒船（武州潮田遠景　新潟県　黒船館蔵）

徴兵告諭

我が国の古代の制度は、全国民皆兵士であった。…そもそも、この世においては、すべてのものに関して、税金がかからないものはなく、この税金は国の必要にあてる。だから、人は本来的に心も力をも国のために尽くさなければならない。西洋人はこのことを血税といっている。自らの血によって国に報いるという意味である。…従って、今その長所を取り入れ、わが国古来の軍制にそれを補って、海軍と陸軍の二軍を備え、全国の男子で二十歳になった者をすべて兵籍に入れておき、この兵士によって危急の場合の必要に備えなければならない。【1872年】

(注) 徴兵令(⇒p.235)発布の前に出された布告である。

1850年代

1860年代

1870年代

▲五箇条の御誓文（乾南陽筆　五箇條御誓文　東京都　明治神宮外苑聖徳記念絵画館蔵）

五榜の掲示 ⇒p.233

第一札 道徳をただし、弱い立場の人をあわれむこと。殺人、窃盗などをしてはいけない。
第二札 何事もよくないことを大勢で話し合って徒党をくみ、強訴したり、居住地を離れて逃散したりすることはかたく禁止する。
第三札 キリスト教は禁止する。
第四札 外国との交際は国際法に従う。…これより以後は、外国人を殺害したり、わきまえのない行動をとったりすることは、天皇の命令にそむき、日本の国難をつくることになる。
第五札 士族身分の者が、国を脱走することを禁止する。
【1868年】

(注) 五榜の掲示は五箇条の御誓文の翌日に出された。第二札、第三札からは、新政府が江戸幕府の民衆統治を受け継いでいることがうかがえる。

日清修好条規 ⇒p.239

第1条 こののち大日本国と大清国は、友好を深め、たがいの国土をおかさず、永久に安全なものとする。
第8条 両国の開港地には、それぞれの領事を置き、自国の商人の取りしまりを行う。財産や産業についてうったえがあった事件は、それぞれ裁判を行い、自国の法律に従う。
【1871年】

(注) 日本が初めて対等な立場で結んだ条約であった。

学制(学事奨励に関する被仰出書) ⇒p.237

人々がその身をたて，資産をたくわえて家業をさかんにして，その人の人生をつくっていくものはほかでもなく，身を修め，才能や技芸をみがくことによるものである。そしてその身を修め，知識を開き，才芸をのばすためには学ばなければならない。これが学校が設けられるわけで，ふだんの行動・言語・書算をはじめ，士官・農商，すべての工芸や法律・政治・天文・医療等に至るまで，およそ人の営むものは皆，学問にもとづいている。…今後，文部省が学制を定めて，…布告するのでこれより以後，一般の人民は華士族，農工商および婦女子を問わず，必ず村に無学の家がなく，家に無学の人がないようにしたいと思っている。人の父兄たる者は，…子弟を必ず学校に通わせるようにしなければならない。　【1872年】

注 学制の趣旨を説明したものである。国民皆学をめざしていた。

教育勅語 ⇒p.245

わたし(明治天皇)が思うに…，代々の天皇の徳は深く厚いものである。…あなたたち臣民は，父母に孝行し，兄弟仲良くし，夫婦は協力し，友達は信じ合い，人には敬意をはらって，つつしみ深く，広く人々を愛し，学問を修め，高めて道徳心を養い，進んで公共の利益に奉仕し，世の中のつとめにはげみ，常に憲法を重んじ，法律を守り，ひとたび国家に危険がせまれば，忠義と勇気を持って国のために働き，天地のようにきわまりない皇室の運命を守り，助けなければならない。…　【1890年】

注 教育勅語は，教育の目的は，国家に大事があれば天皇を助けるために奉公する児童・生徒を育てることであると明記しており，当時の学校教育の基本方針とされた。

1870年代
1880年代
1890年代

樺太・千島交換条約 ⇒p.239

第1条　今後樺太全島はすべてロシア領となり，宗谷海峡を両国の国境とする。
第2条　今後千島列島は日本領とし，カムチャッカ半島のロパトカ岬と占守島との間の海峡を両国の国境とする。　【1875年】

注 日露和親条約(1854年)では，千島列島は択捉島まで日本領とし，樺太は日本人とロシア人の雑居地で国境を定めていなかった。

大日本帝国憲法 ⇒p.245

第1条　大日本帝国ハ万世一系ノ天皇之ヲ統治ス
第3条　天皇ハ神聖ニシテ侵スヘカラス
第11条　天皇ハ陸海軍ヲ統帥ス
第20条　日本臣民ハ法律ノ定ムル所ニ従ヒ兵役ノ義務ヲ有ス
第29条　日本臣民ハ法律ノ範囲内ニ於テ言論著作印行集会及結社ノ自由ヲ有ス
第33条　帝国議会ハ貴族院衆議院ノ両院ヲ以テ成立ス　【1889年】

注 天皇主権を宣言している。国民は臣民とされ，法律の範囲内において自由が認められた。議会は衆議院と貴族院がおかれた。

▶大日本帝国憲法の発布式
(和田英作筆　憲法発布式　東京都明治神宮外苑聖徳記念絵画館蔵)

韓国併合を歌った２つの歌　⇒p.256

①小早川　加藤　小西が世にあらば
　　　今宵の月を　いかに見るらむ
②地図の上　朝鮮国に黒々と
　　　墨をぬりつつ　秋風を聴く
　　　　　　　　　　　　　【1910年頃】

(注) ①は初代朝鮮総督の寺内正毅の歌。②は歌人の石川啄木の歌。それぞれの訳は、①小早川、加藤、小西（豊臣秀吉の朝鮮侵略に参加した大名）が今生きていたならば、朝鮮が日本のものになった今夜の月をどのような気持ちで見るだろう。②日本領となり、なくなってしまった朝鮮国をしのび、身にしみる秋風を感じながら地図上の朝鮮国を墨で塗りつぶした。「韓国併合」という同じ出来事について、寺内正毅は韓国併合を喜び、石川啄木は批判していることに注目。

吉野作造の民本主義　⇒p.286

民主主義といえば、「国家の主権は人民にあり」という危険な学説と混同されやすい。また、平民主義といえば、平民と貴族を対立させ、貴族を敵に、平民を味方にする意味に誤解されるおそれがある。ただ、民衆主義という言葉にはそうした欠点はないが、民衆を「重んじる」という意味があらわれない。憲政の根底にあるのは一般民衆を重んじ、貴賤上下の区別せず、国体の君主制か共和制かを問わず広く通用する主義であるので、民本主義という用語がいちばん適当であるかと思う。　　　【1916年】

(注) 吉野作造の思想は民本主義といわれ、大正デモクラシーを広める上で大きな役割を果たした。

水平社の宣言　⇒p.286

全国に散在する部落の人々よ、団結せよ。…ここにわれわれが人間を尊敬することによって、みずからを解放しようとする運動をおこしたのは当然である。…水平社はこうして生まれた。人の世に熱あれ、人間に光あれ。　【1922年】

(注) 1922年、京都市で開かれた全国水平社の創立大会で発表された宣言文。この後、部落解放運動は発展していった。

1910年代
1920年代
1930年代

青鞜社の宣言　⇒p.285

元始、女性は実に太陽であった。真正の人であった。今、女性は月である。他によって生き、他の光によってかがやく、病人のように青白い顔の月である…私共はかくされてしまったわが太陽を今や取りもどさなくてはならぬ。…現代の日本の女性の頭脳と手によってはじめて出来た『青鞜』は初声を上げた。　　　【1911年】

(注) 平塚らいてうらは、女性解放をめざして青鞜社をおこした。この宣言は青鞜社の雑誌『青鞜』の創刊号にのせられた。

『青鞜』の表紙▶

三・一独立運動　⇒p.280

私たちは、ここに朝鮮国が独立であること、および朝鮮人が自由であることを宣言する。これをもって世界すべての国々に人道平等を明らかにして、これを子孫万代まで伝え、民族自決の正当な権利を永久に保有することを告げる。…　　　　　　　　　　　　　　　【1919年】

(注) 朝鮮の日本からの独立を目指した運動。朝鮮の独立運動は、ベルサイユ条約で民族自決の原則がかかげられたことに刺激されておこった。

国家総動員法　⇒p.296

第１条　国家総動員とは戦時において、国防のため、国の全力が最も有効に発揮できるように人、物、資源を統制、運用することをいう。
第２条　政府は、勅令をだして、帝国臣民を徴用し、生産、運輸、金融、教育などの業務に従事させることができる。　　　【1938年】

(注) この法令によって、戦争の時、政府は議会の承認なしに人や物資を動員できるようになった。

＊p.310～313の史料は部分要約しているものもあります。

4編 現代の日本と世界

日本国憲法のもと，日本は平和で民主的な国家として再出発しました。世界でもソ連の解体によって長い間続いた冷戦も終わり，ヨーロッパではEU（ヨーロッパ連合）ができるなど，新たな国際関係が作られています。しかし，世界の政治情勢はいぜん不安定で，とくにアメリカ同時多発テロ以後は，政治的緊張が高まっています。

日本

昭和時代

- 1950
  - ポツダム宣言
  - 日本国憲法
  - サンフランシスコ平和条約
  - 日米安全保障条約
  - 原水爆禁止運動
- 1960
  - 高度経済成長
  - 日韓基本条約
- 1970
  - 沖縄返還条約
  - 日中国交正常化
  - 石油危機
  - 日中平和友好条約
- 1980
  - バブル経済

▲日中平和友好条約の調印式

平成時代

- 1990
  - 阪神・淡路大震災
- 2000
  - 日朝首脳会談
- 2010
  - 民主党政権の成立
  - 東日本大震災

朝鮮 / 中国

- 朝鮮戦争
- ベトナム戦争
- 東西冷戦の終結
- 湾岸戦争
- EUの発足
- 同時多発テロ

大韓民国・朝鮮民主主義人民共和国

中華民国 → 中華人民共和国

9章 新しい日本と世界

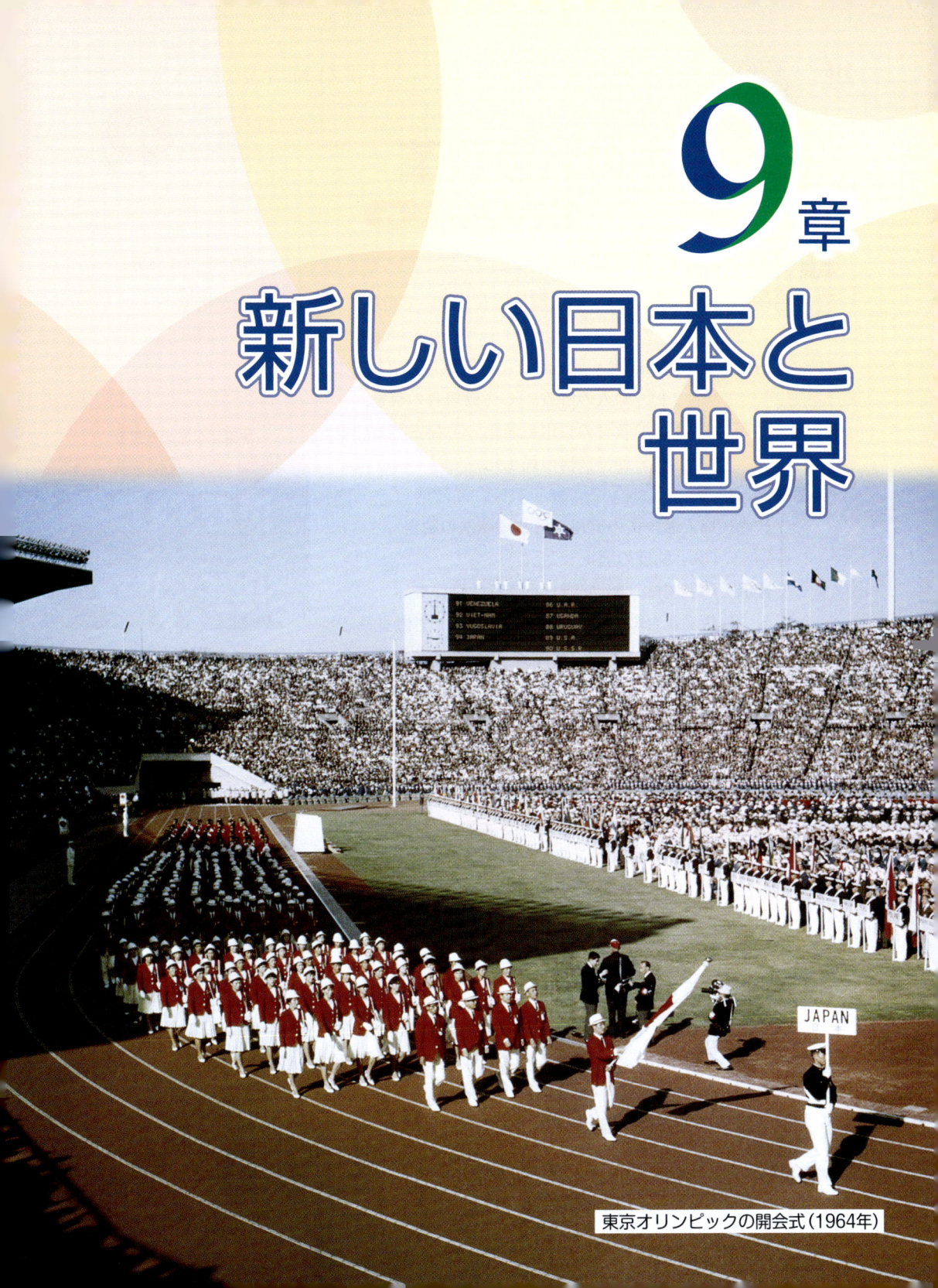

東京オリンピックの開会式（1964年）

1 日本の戦後改革

教科書のまとめ

1 占領と日本の民主化

解説ページ ⇨ p.317

- ☐ 連合国の日本占領 … **ポツダム宣言**にもとづいて指示。**マッカーサー**が指導。
  - ↳ 軍国主義の排除と平和国家の建設
  - ● 占領方法：間接統治＝日本政府に占領政策を実施させる。
- ☐ 五大改革の指令 ｛ ①婦人の解放，②労働組合の奨励，③教育の自由主義化，④秘密警察の廃止，⑤経済機構の民主化。
- ☐ 諸改革の実施
  - 政治…婦人参政権の実現，**日本国憲法**の制定，「家」制度の廃止など。
  - 経済…**財閥解体**，**農地改革**（小作農⇨自作農），労働組合の育成など（労働組合法・労働基準法）。
  - 教育…**教育基本法**・学校教育法の制定（男女共学，6・3・3・4制など）。

▼憲法公布の祝賀会

2 日本国憲法と戦後の国民生活

解説ページ ⇨ p.318

- ☐ 日本国憲法の制定 … 1946（昭和21）年11月3日公布。1947（昭和22）年5月3日施行。
  国民主権・基本的人権の尊重・平和主義（戦争放棄）。
- ☐ 戦後の国民生活 … 戦後インフレ⇨経済安定九原則⇨不況へ。

『あたらしい憲法のはなし』▶
の挿絵（→p.340）

3 2つの世界とアジア

解説ページ ⇨ p.319

- ☐ 国際連合の成立 … 1945年，**世界の平和と安全の維持**。総会と安全保障理事会。
- ☐ 戦後のヨーロッパとアメリカ … アメリカ合衆国とソ連が発展⇨2大強国へ。
  - ↳ 西ヨーロッパ諸国を援助 ← ↳ 東ヨーロッパに影響力
- ☐ アジア諸国の独立 … 朝鮮・インド・中国・東南アジア諸国。
  - ↳ 2つの朝鮮 ↳ 中華人民共和国

2つの世界とは

1 占領と日本の民主化

1 連合国の日本占領

1 間接統治 無条件降伏した日本は、アメリカ軍を主力とする<u>連合国軍最高司令官総司令部（GHQ）</u>に占領された。占領方法は軍政ではなく、連合国軍最高司令官の<u>マッカーサー</u>が指令・勧告などを出して日本政府に占領政策を実行させる間接統治であった。

2 五大改革指令 占領の目的は、日本がふたたび戦争をはじめないように日本から軍国主義をなくし、民主主義国家にすることであった。そのため軍隊を解散させ、戦争をおしすすめた軍人や政治家を<u>極東国際軍事裁判</u>（東京裁判）にかけ、戦争中に要職にあった人々を公職から追放した。1945（昭和20）年10月、マッカーサーは、①女性の解放、②労働組合の奨励、③教育の自由主義化、④秘密警察の廃止、⑤経済機構の民主化という五大改革指令を幣原喜重郎内閣に発した。

3 政治の改革 日本政府は、五大改革の指令にもとづき、さまざまな改革を行った。治安維持法を廃止し、政治犯を釈放した。1945年（昭和20年）12月には選挙法を改正し、<u>満20歳以上の男女すべてに選挙権</u>があたえられ、<u>女性参政権</u>が実現した。すべての政党活動が自由となり、政党の再建や結成があいついだ。

また、国家と神道を切りはなし、1946（昭和21）年1月、天皇は神ではないという「人間宣言」を行った。

2 経済・社会の改革

1 労働運動の育成 1945（昭和20）年、労働者の団結権や団体行動権を保障する<u>労働組合法</u>が制定され、労働運動が活発化した。1947（昭和22）年には労働基準法が制定され、労働条件の最低基準が定められた。

2 農地改革 農村の地主制度が民主化をさまたげていたことから、1946（昭和21）年から本格的な<u>農地改革</u>をすすめた。政府が、地主の土地を強制的に買いあげ、小作人に有利な条件で売り渡した。その結果、自作農

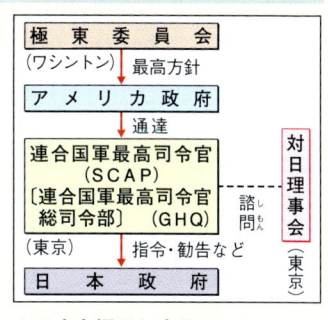

▲日本占領のしくみ

参考 極東国際軍事裁判
　1946（昭和21）年5月から、東京で開かれた連合国による軍事裁判。1948（昭和23）年11月に<u>東条英機</u>元首相ら25人に対して判決がくだり、7人が絞首刑、18人が禁錮刑となった。

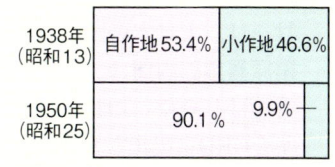

1938年（昭和13）	自作地 53.4%	小作地 46.6%
1950年（昭和25）	90.1%	9.9%

▲農地改革の前と後（『農林省統計表』）
視点 自作地が約90%となり、日本の農業は自作農が中心となった。

年代ゴロあわせ

1946年 ➡ 農地改革

農地改革　民主化の道へ
　　　　 1 9 4 6
　　　　行く進路

用語 農地改革
　政府が、<u>不在地主</u>の全耕地と在村地主の約1ha以上の耕地（北海道は約4ha）を買いあげ、小作人に有利な条件で売り渡した。また、小作料も物納ではなく金納になった。しかし、山林や原野には手がつけられなかった。

が増加し、地主と小作人の封建的な関係がなくなった。

③ 財閥解体 1945(昭和20)年11月、GHQは戦争をすすめるうえで大きな役割をはたした**財閥の解体**を指令し、三井・三菱・住友などが解体された。さらに、一部の企業が経済を支配することをやめさせ、自由な競争を確保するため、1947年に**独占禁止法**が制定された。

④ 教育の民主化 1947(昭和22)年、**教育基本法**が制定され、軍国主義や極端な国家主義の教育をあらため、民主主義を育てることが目標となった。同時に、学校教育法が制定され、**6・3・3・4制**の新しい学校制度が発足した。

> 勉強、がんばろう！
>
> みんなが学んでいる中学校が義務教育になったのは、1947年からなんだ。義務教育が6年間から**9年間**に延長されて、国民の教育水準は一段と向上した。
> また、**男女共学**が小・中学校や高校・大学におよび、女性の地位をひきあげた。

2 日本国憲法と戦後の国民生活

１ 日本国憲法の制定

① 改正案の作成 1945(昭和20)年10月、マッカーサーは、大日本帝国憲法の改正を日本政府に指示した。幣原喜重郎内閣は、憲法問題調査委員会を設置して検討をはじめた。1946(昭和21)年2月、政府は憲法改正案をGHQに提出したが、それは大日本帝国憲法とほとんど変わらない案であった。そのため、マッカーサーはこれを拒否し、民間の**憲法研究会**の案などを参考にした草案を日本政府に示した。政府は、このGHQ案をもとにして憲法改正草案要綱をつくり、発表した。

② 憲法の制定 1946年4月、女性参政権がはじめて認められた総選挙が行われ、その議会で憲法改正の審議が行われた。議会でのいくつかの重要な修正ののち成立し、**日本国憲法**(→p.340)は1946(昭和21)年11月3日に公布され、1947年(昭和22)5月3日に施行された。

③ 憲法の原則 日本国憲法は、**国民主権・基本的人権の尊重・平和主義**(戦争放棄)を基本原則としている。また、地方自治が強く認められ、首長や議員も住民の直接選挙で選ばれるようになった。さらに、封建的な「家」制度が廃止され、家族はみんな平等な人間として尊重されるようになった。

用語 憲法研究会
民間の憲法学者や政治学者らによる研究会。国民主権の憲法草案を発表していた。

分析 日本国憲法と大日本帝国憲法との比較

日本国憲法	大日本帝国憲法
主権は**国民**	主権は天皇
天皇は国・国民全体の象徴	天皇は元首で、統治権をもつ
国会は国権の最高機関。衆議院・参議院ともに国民が選挙	議会は協賛機関で、権限が小さい。衆議院のみ国民が選挙
人権は永久に広く保障	人権は制限つきで認められる
戦争放棄。戦力をもたない	軍隊の統帥権は天皇がもつ

年代ゴロあわせ
1946年 → 日本国憲法の公布

19　　4　6
得意に**知ろう**　日本国憲法の三原則

2 戦後の国民生活

1 戦後インフレ 戦後の国民生活は，物資の不足とはげしいインフレーションに苦しめられた。政府の対策も効果をあげず，生活を守るために労働争議や小作争議がおこった。1947(昭和22)年2月1日に官公庁労働者を中心としたゼネストが計画されたが，マッカーサーの命令で禁止され，中止した。このころより，アメリカは日本の民主化よりも共産主義に対抗できる安定した体制をつくることを優先するようになった。

2 経済安定九原則 1948年，GHQが経済安定九原則を指令し，予算を引きしめてインフレがおさまった。しかし，国民生活は苦しく，中小企業は多く倒産し，大企業は大量の解雇を行ったので失業者は増加した。そのため労働運動が活発化したが，下山事件・三鷹事件・松川事件がおこり，労働運動は大打撃を受けた。

> **参考 ドッジ＝ライン**
> 経済安定九原則を具体化するため，1949年2月に，アメリカよりデトロイト銀行頭取のドッジが来日した。ドッジは，財政の歳出を大はばにおさえた「超均衡予算」を日本政府に勧告した（ドッジ＝ライン）。物価上昇はおさえられたが，不景気が深刻化した。

> **用語 下山事件・三鷹事件・松川事件**（1949年7〜8月）
> 下山事件は国鉄(いまのJR)の下山定則総裁が東京都内の国鉄線路の上で死体で発見された事件。三鷹事件は東京都三鷹駅で無人の電車が暴走した事件。松川事件は福島県松川駅付近で列車が転覆した事件。
> 政府は，本格的な捜査がはじまる前に共産党や労働組合員の犯行であると発表した。これらの事件をきっかけに労働組合が弱体化し，労働者の首切り(解雇)が強行された。
> しかし，松川事件では裁判で全員が無罪となり，下山事件では自殺説もあり，捜査は打ち切られた。

ポイント
ポツダム宣言 ⇒ 五大改革指令 ⇒
- 政治…日本国憲法の制定／婦人参政権の実現
- 経済…財閥解体，農地改革／労働組合の育成
- 教育…教育基本法の制定

3 2つの世界とアジア

1 国際連合の成立

1945年10月，国際連合憲章にもとづき国際連合が発足し，本部をニューヨークにおいた。国際連合は国際の平和と安全の維持を目的として，総会と安全保障理事会を中心に国際協力や人権の国際的保障などを行っている。

> **用語 国際連合憲章**
> 1941年の大西洋憲章の精神にもとづき，1945年4月に連合国50か国がアメリカのサンフランシスコに集まり成立した。国際の平和と安全の維持という国際連合の基本的性格を定めている。
> ▼国際連合の本部

2 戦後のヨーロッパとアメリカ

戦後の世界では，国土が戦火をうけなかったアメリカ合衆国が圧倒的な地位を占めるようになった。アメリカは，西ヨーロッパ諸国を援助し，経済復興をはかった。

枢軸国の中心であったドイツ・オーストリアは，アメリカ・イギリス・フランス・ソ連の4か国によって分割統治された。ドイツは，1949年にドイツ連邦共和国(西ドイツ)とドイツ民主共和国(東ドイツ)に分裂して独立した。オーストリアは，1955年，永世中立国として独立した。また，東ヨーロッパのポーランド・ハンガリー・ルーマニアなどでは，ソ連の指導の下で社会主義政権がつくられた。

3 アジア諸国の独立

1 中国 戦後，中国国民党の国民政府と中国共産党との内戦がふたたびおこった。毛沢東のひきいる中国共産党は，中国の全土を支配したため，蔣介石らの国民政府は台湾にしりぞいた。1949年，北京に毛沢東を主席とする中華人民共和国(中国)が成立し，社会主義国家として発展した。

2 インドシナ フランス領インドシナでは，1945年にホー=チ=ミンを大統領とするベトナム民主共和国が成立したが，フランスはこれを攻撃し，インドシナ戦争がはじまった。ホー=チ=ミン側の激しい反撃の結果，1954年のジュネーブ協定で休戦が成立し，フランスはベトナムから手をひいた。

3 インドその他 インドでは，宗教上の違いがもとで，1947年にインド・パキスタンが，翌年にセイロン(いまのスリランカ)がそれぞれ分かれて独立した。インドネシア・フィリピン・ビルマ(いまのミャンマー)など東南アジア諸国も独立した。

●第二次世界大戦後の世界の動き
①民主主義諸国がファシズム勢力を屈伏させ，民主主義勢力の自信が強められた。
②世界大戦のおびただしい被害を反省し，平和を求める世論が高まった。
③ソ連などの社会主義国の勢力が強まり，その勢力のおよぶ範囲が広まった。
④アジア・アフリカなど植民地の民族が，つぎつぎに独立を達成した。
⑤西ヨーロッパ諸国の地位は下がったが，アメリカ合衆国の地位はますます高まった。

参考 国際連合のしくみ

国際連合の中心機関は総会だが，とくに国際社会の平和と安全の維持に大きな役割を果たすのは安全保障理事会である。この理事会では，アメリカ・イギリス・フランス・ソ連(現在はロシア)・中国の五大国が常任理事国となり，各国に拒否権を認めて，五大国一致の原則をとった。必要なときには武力を用いることができるとも定めた。このほか，国際理解や国際協力を進めるために，ユネスコ(国際連合教育科学文化機関)・国際労働機関(ILO)などの専門機関をもうけた。

国際連合には，その後，もとの枢軸国や新しい独立国など世界の大部分の国々が加盟した。中国の代表も1971年，中華民国から中華人民共和国になった。

▲国際連合の総会(ニューヨーク)

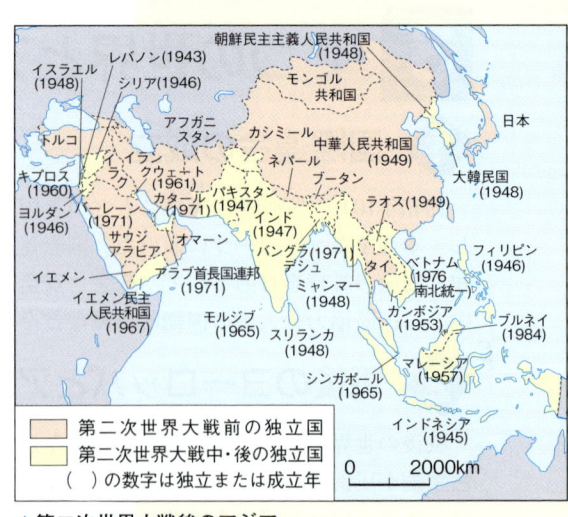

▲第二次世界大戦後のアジア

テスト直前チェック

↓答えられたらマーク　　　　　　　　　　　わからなければ →

- ❶ □ 1945年に日本を占領したときの連合国軍最高司令官はだれか。 p.317 ①
- ❷ □ 連合国軍最高司令官総司令部の略称を答えよ。 p.317 ①
- ❸ □ 1945年10月，❶が日本政府に発した民主化指令を何というか。 p.317 ①
- ❹ □ 1946年，東京ではじまった連合国による軍事裁判を正式には何というか。 p.317 ①
- ❺ □ 1945年に改正された選挙法では，選挙権はどのように定められたか。 p.317 ①
- ❻ □ 1945年に制定された，労働者の団結権などを認めた法律は何か。 p.317 ②
- ❼ □ 労働条件の最低基準を定めた，1947年に制定された法律は何か。 p.317 ②
- ❽ □ 小作農に土地があたえられ，自作農が増加した改革を何というか。 p.317 ②
- ❾ □ 経済の民主化のため財閥本社を解散させた改革を何というか。 p.318 ②
- ❿ □ 経済の自由競争確保のために1947年に制定された法律は何か。 p.318 ②
- ⓫ □ 1947年，教育の目標が民主主義の育成にあると定めた法律は何か。 p.318 ②
- ⓬ □ ⓫と同時に制定され，6・3・3・4制の学校制度を定めた法律は何か。 p.318 ②
- ⓭ □ 日本国憲法が公布された年月日と施行された年月日を答えよ。 p.318 ①
- ⓮ □ 日本国憲法の3つの基本原則は何か。 p.318 ①
- ⓯ □ 1948年，GHQが経済の引きしめについて指令した原則を何というか。 p.319 ②
- ⓰ □ ⓯にもとづき，「超均衡予算」を勧告したものを何というか。 p.319 ②
- ⓱ □ 国際連合の目的や原則などを定めたものを何というか。 p.319 ①
- ⓲ □ 1949年，ドイツは2国に分裂して独立したが，その国名を答えよ。 p.320 ②
- ⓳ □ 中華人民共和国が成立したのは西暦何年か。 p.320 ③
- ⓴ □ 北京に成立した中華人民共和国の初代主席はだれか。 p.320 ③
- ㉑ □ 台湾にのがれた中華民国政府の指導者はだれか。 p.320 ③
- ㉒ □ 1945年に成立したベトナム民主共和国の大統領はだれか。 p.320 ③

9章 新しい日本と世界

解答

- ❶ マッカーサー
- ❷ GHQ
- ❸ 五大改革指令
- ❹ 極東国際軍事裁判
- ❺ 満20歳以上の男女
- ❻ 労働組合法
- ❼ 労働基準法
- ❽ 農地改革
- ❾ 財閥解体
- ❿ 独占禁止法
- ⓫ 教育基本法
- ⓬ 学校教育法
- ⓭ 1946年11月3日，1947年5月3日
- ⓮ 国民主権，基本的人権の尊重，平和主義
- ⓯ 経済安定九原則
- ⓰ ドッジ＝ライン
- ⓱ 国際連合憲章
- ⓲ ドイツ連邦共和国，ドイツ民主共和国
- ⓳ 1949年
- ⓴ 毛沢東（マオツォトン）
- ㉑ 蔣介石（チァンチェシー）
- ㉒ ホー＝チ＝ミン

2 国際社会と日本

教科書のまとめ

1 冷たい戦争と朝鮮戦争　　解説ページ ⇨ p.323

- ☐ 冷たい戦争（冷戦）… 東西両陣営の対立。
  - 対立 ｛ 資本主義陣営（西側）… アメリカ中心。北大西洋条約機構（NATO）など。
  　　　 ｛ 社会主義陣営（東側）… ソ連中心。ワルシャワ条約機構など。
- ☐ 朝鮮戦争（1950～53年）… アメリカ軍を中心とする国連軍の参戦。
  　　　日本，特需で好景気。警察予備隊（のち自衛隊となる）発足。

2 国際社会に復帰する日本　　解説ページ ⇨ p.324

- ☐ 日本の独立 … 1951年，**サンフランシスコ平和条約**によって独立。
  　　　同時に**日米安全保障条約（安保条約）**を結ぶ⇨西側（資本主義陣営）に組み込まれる。
- ☐ 国際連合への加盟 … 1956年，**日ソ共同宣言**⇨**国際連合に加盟**。
  　　　　　　　　　　　　　　　　　　　　└▶ 国際社会へ復帰

3 世界の多極化　　解説ページ ⇨ p.325

- ☐ 第1回アジア・アフリカ会議 … 1955年，バンドン⇨**「アフリカの年」**（1960年）。
  　　⇨第三勢力…非同盟・中立主義（1961年，第1回非同盟諸国首脳会議）
- ☐ 原水爆禁止運動 … 第五福竜丸被ばく事件⇨第1回原水爆禁止世界大会の開催。

4 55年体制と安保条約の改定　　解説ページ ⇨ p.326

- ☐ 改定安保条約の調印 … 1960年⇨反対運動のもりあがり。
  　　⇨岸信介内閣の総辞職⇨池田勇人内閣へ。

　　安保条約には，どんな問題があったのかな？

5 経済の高度成長と国民生活の変化　　解説ページ ⇨ p.327

- ☐ 経済の高度成長 … 1955年ころ～1973年。
- ☐ 高度経済成長のひずみ ｛ 都市の過密化と農村の過疎化。
  　　　　　　　　　　　　｛ 専業農家の激減と兼業農家の増加。
  　　　　　　　　　　　　｛ 公害の発生…四大公害裁判。公害対策基本法。環境庁。
- ☐ 石油危機 … 1973年，物価の急上昇と「モノ不足」⇨**高度経済成長の終わり**

　　石油危機はオイルショックともいうよ

1 冷たい戦争と朝鮮戦争

1 冷たい戦争

1 冷たい戦争（冷戦） 1947（昭和22）年，アメリカ合衆国のトルーマン大統領は，共産主義の封じ込めを宣言（トルーマン＝ドクトリン）し，ソ連側はそれに対抗してコミンフォルム（共産党情報局）を結成して結束の強化をすすめた。このころより，資本主義陣営（西側）と社会主義陣営（東側）の対立がきびしくなった。この東西対立は，**冷たい戦争（冷戦）**とよばれた。

2 東西の軍事同盟 東西の両陣営は，それぞれ軍事同盟を結び，たがいに対抗しあうようになった。1949年，アメリカ・カナダおよび西ヨーロッパ諸国のあいだに**北大西洋条約機構（NATO）**が成立した。
　いっぽう，ソ連は1955年に，東ヨーロッパ諸国とワルシャワ条約機構を成立させて対抗した。

参考 マーシャル＝プラン
共産主義封じ込め政策（トルーマン＝ドクトリン）を実際にすすめるため，マーシャル国務長官が，ヨーロッパの経済援助計画を発表した。この計画がマーシャル＝プランで，資本主義の再建によってソ連と対抗しようとした。

用語 コミンフォルム
1947年，ソ連と東ヨーロッパ諸国の共産党を中心に結成された情報交換機関。1956年に解散した。

用語 北大西洋条約機構
1949年につくられた西側の集団防衛機構。北大西洋軍をもつ。アメリカ合衆国・イギリス・フランス・西ドイツ・カナダなど欧米12か国で発足した。

用語 ワルシャワ条約機構
1955年にソ連と東ヨーロッパ7か国との間に結ばれた東側の集団防衛機構。1991年に解消した。

2 朝鮮戦争と日本

1 朝鮮戦争のおこり 第二次大戦後の朝鮮半島は，北はソ連，南はアメリカに分割占領されていたが，1948年に南の**大韓民国（韓国）**と北の**朝鮮民主主義人民共和国（北朝鮮）**に分かれて独立した。1950（昭和25）年，両国は北緯38度線付近で武力衝突した（**朝鮮戦争**）。

2 経過 アメリカは，劣勢であった韓国側を援助するために日本から軍隊を送った。国連は，ソ連が欠席していた安全保障理事会で，北朝鮮に対する武力制裁を認める決議を採択した。アメリカ軍を中心とする国連軍が反撃をはじめ，中国国境にせまると，中華人民共和国が北朝鮮に義勇軍を送り，38度線付近までおしもどした。その後，平和を願う国際的な世論が高まり，1953年に板門店で休戦協定が結ばれた。

3 朝鮮戦争と日本 朝鮮戦争がはじまると，アメリカは大量の軍需物資を日本に発注した。これらの生産を日本が引き受ける**特需**により，日本経済は好景気（**特需景気**）となり経済復興を早めた。またGHQは，共

参考 ソ連の欠席
ソ連は，中国の国連代表権が中華人民共和国ではなく中華民国であることに抗議して，安全保障理事会をボイコット（出席拒否）していた。

年代ゴロあわせ
1950年 ➡ 朝鮮戦争

1 9 5 0
行く号令　もらって米軍
朝鮮へ

産党の活動を制限し，共産党員とその支持者を職場から追放した（レッドパージ）。さらに，日本のアメリカ軍が朝鮮半島に派兵されると，マッカーサーは警察予備隊をつくるよう日本政府に指令した。こうして自衛隊の前身である警察予備隊がつくられた。

> **参考 警察予備隊から自衛隊へ**
> アメリカ軍から装備の提供をうけ，訓練もアメリカ軍の軍事顧問団が行った。その後，1952年に保安隊に，1954年には陸・海・空の3隊の自衛隊に拡充された。

2 国際社会に復帰する日本

1 サンフランシスコ講和会議

1 平和条約の調印　朝鮮戦争がおこると，アメリカは日本と講和して，社会主義陣営に対抗する体制を強めようとした。1951（昭和26）年9月，アメリカのサンフランシスコで対日講和会議が開かれ，日本は首相の吉田茂を首席全権として連合国の48か国とサンフランシスコ平和条約（→p.340）を調印し，独立を回復した。日本は朝鮮の独立を承認し，台湾や千島列島などを放棄し，沖縄・小笠原諸島のアメリカ統治を認めた。

2 日米安全保障条約　平和条約調印と同日，日本はアメリカと日米安全保障条約（安保条約）を，1952年には日米行政協定を結んだ。これらにより，日本はアメリカを中心とする資本主義陣営の一員となり，アメリカ軍が引き続き日本に駐留することとなった。

2 国際連合への加盟

1 中国・インド・ビルマとの講和　日本は，講和会議に招かれなかった中国について，アメリカの意向で，台湾の国民政府と日華平和条約を1952（昭和27）年に結んだ。そのため，中華人民共和国との国交は成立しなかった。また，講和会議を欠席したインド・ビルマ（いまのミャンマー）とは，個別に平和条約を結んだ。

2 国際連合への加盟　ソ連とのあいだでは，北方領土問題で意見が対立したために平和条約は結ばなかったが，1956（昭和31）年に日ソ共同宣言（→p.340）を調印して国交が回復した。これにより，同年日本の国際連合への加盟が認められ，国際社会への復帰が実現した。

> **年代ゴロあわせ**
> **1951年 → サンフランシスコ平和条約**
> 単独ながら　独立国へ
> 　１９５１
> 　いく合意

> **分析　平和条約に調印しなかった国**
> ①会議に招かれなかった国…中華人民共和国・中華民国。
> ②会議に出席したが，調印しなかった国…ソ連・ポーランド・チェコスロバキア。
> ③出席を拒否した国…インド・ビルマ（現ミャンマー）・ユーゴスラビア。
> 　ソ連・インドなどは，アメリカ軍の日本からの引き上げを求めて同意しなかった。南北朝鮮は，交戦国でなかったという理由で招かれなかった。しかし，日本国内には，すべての交戦国との講和（全面講和）を望む声もあった。

▲**北方領土問題**　視点　日本は国後・択捉・歯舞・色丹の4島の返還をソ連（いまはロシア）に要求している。

3 世界の多極化

1 アジア・アフリカの動き

1 アジア・アフリカ会議 1955(昭和30)年、インドやインドネシアなどの主唱で、インドネシアのバンドンで第1回**アジア・アフリカ会議(バンドン会議、A・A会議)**が開かれた。アジア・アフリカの29か国が参加し(日本も参加)、反植民地主義・民族自決主義など、いわゆる平和十原則をきめた。この会議の成功は、その後の民族独立運動に大きな力をあたえた。

2 「アフリカの年」 1960年前後になると、アフリカではガーナをはじめとする黒人の独立国がつぎつぎに誕生した。とくに1960年には多くの独立国が生まれ、「アフリカの年」とさえいわれた。こうして、アジア・アフリカの独立国はその数を増し、国際連合をはじめ国際社会において第三勢力として大きな役割を果たすこととなった。

▲第1回アジア・アフリカ世界大会のようす

> **用語 平和十原則**
> 1954年に、インドのネルー首相と中国の周恩来首相の間に結ばれた平和五原則を発展させたもの。主権尊重・内政不干渉・相互不可侵・相互援助・平和的共存の五原則に、国連憲章の尊重、地域的集団安全保障の尊重などを定めた。

> **参考 非同盟・中立主義**
> 1961年、ユーゴスラビアのベオグラードで、インドのネルー首相、ユーゴスラビアのチトー大統領、エジプトのナセル大統領の提唱により、第1回の非同盟諸国首脳会議が開かれた。この会議で、平和的共存、反植民地主義、アメリカ・ソ連のいずれの陣営とも軍事同盟を結ばない非同盟・中立主義の立場を明らかにした。一時は、国連加盟国の3分の2を占める勢力となった。

> **年代ゴロあわせ**
> 1955年 → アジア・アフリカ会議
> バンドンへ 行く
> 5 5   1 9
> GOGO   A・Aの人

2 平和への歩み

1 原水爆禁止運動 1954(昭和29)年、アメリカが太平洋上のビキニ諸島で水爆実験を行った。そのとき、危険水域の外にいた静岡県の第五福竜丸が「死の灰」をあび、乗組員の1人が死亡した。この事件は、日本国民に衝撃をあたえ、原水爆禁止運動が全国に広がった。翌1955年には原水爆禁止世界大会が広島で開かれ、以後、毎年開かれるようになった。

▲第1回原水爆禁止世界大会

❷ 平和共存への動き

1962（昭和37）年，ソ連がキューバで建設していたミサイル基地の撤去を，アメリカが強硬に要求し，米ソの核戦争の危険が生まれた。このキューバ危機は，ミサイル基地の撤去で解決され，そののちアメリカとソ連とのあいだで平和共存の動きがすすみ，1963年に部分的核実験停止条約（地下核実験は除外）が，1968年には核拡散防止条約が結ばれた。

▶アメリカの弾道迎撃ミサイル

4 55年体制と安保条約の改定

❶ 55年体制

経済が復興し，国民生活が安定してくると政界にも新しい動きがでてきた。1955（昭和30）年，それまで分かれていた政党が合同して社会党と自由民主党（自民党）が成立した。自民党はその後38年間，野党第一党の社会党と対抗しながら政権をとり続けた。これを**55年体制**という。

❷ 安保条約の改定

1960（昭和35）年，岸信介内閣は安保条約を改定した新安保条約に調印した。新条約では，日本が防衛力を維持・発展させること，日本国内のアメリカ軍基地が攻撃された場合には，日本とアメリカが共同行動をとることなどが定められた。また，条約の固定期限は10年で，その後は，どちらか一方からの通告で条約を廃棄できることになった。

❸ 安保闘争

この条約に対して，アメリカの戦争にまきこまれるおそれがあるとして反対運動が展開されたが，自民党は衆議院で条約の承認を強行採決した。そのため，民主主義擁護・安保条約改定阻止の国民運動が急速にもりあがった（**安保闘争**）。

❹ 岸内閣の総辞職

新安保条約は，参議院での採決ができないまま，自然承認されて成立したが，岸内閣はその直後に総辞職した。かわって登場した池田勇人内閣は，野党との対決をさけながら「**所得倍増**」をスローガンに経済成長政策をすすめた。

> **参考 日米相互協力及び安全保障条約**（→p.341）
> 新安保条約の正式名は**日米相互協力及び安全保障条約**という。条約期限の1970年には，条約に反対する運動がおこったが，条約はそのまま自動延長された。その後，「**日米防衛協力のための指針（ガイドライン）**」（1978年）によって，アメリカ軍と自衛隊の日米共同作戦の準備が本格化した。さらに，1997年の**新ガイドライン**とそれに関連する法律（→p.333）によって，在日アメリカ軍の戦闘行動に自衛隊や自治体・民間機関が協力する体制がつくられた。

年代ゴロあわせ
1960年 ➡ 新安保条約

新安保　遠く群れなす　デモの人
　　　　１９６０

5 経済の高度成長と国民生活の変化

1 経済の高度成長

1 高度経済成長のはじまり 朝鮮戦争の特需(→p.323)は、日本経済の復興を早め、1955(昭和30)年ころから日本経済は急速に成長した。企業はアメリカから新しい技術をさかんに取り入れて、設備投資を増やした。

2 所得倍増計画 1960(昭和35)年、池田勇人内閣は、「所得倍増計画」を発表し、経済成長政策を積極的にすすめた。貿易を自由化し、太平洋ベルト地帯に石油化学コンビナートを建設した。

3 経済の高度成長 1955(昭和30)年ころから1973(昭和48)年ころまでに日本経済は、毎年10%以上の割合で生産を拡大し、国民所得は4倍以上の大きさになった(高度経済成長)。国民生活の電化はすすみ、新幹線や高速道路などの交通網が発達し、テレビに代表されるマスコミは消費をあおった。大量消費社会となり、国民生活は豊かで便利になった。

> **用語 設備投資**
> 企業が生産を拡大するために、新しく工場や機械などの生産設備をそろえること。家庭電化製品や自動車などの新製品の生産に必要な設備投資の増加は、景気の拡大をうながした。

> **参考 電化生活**
> 電化生活は、理想のライフスタイル(生活様式)と感じられて、1960年代前半には「三種の神器」といわれたテレビ・電気洗濯機・電気冷蔵庫が売れた。さらに1960年代末には、カー(自動車)・カラーテレビ・クーラーの3Cが急速に普及した。

2 高度成長のひずみ

1 社会の変化 重化学工業の発展は、農林業の後退とともに農村から都市への人口の移動をもたらし、都市の過密化と農村の過疎化を生みだした。都市では、狭い住宅・通勤地獄・騒音・排ガスなどの問題が深刻化した。

いっぽう、農村では、農業の機械化がすすんだが、高額の借金をかかえこんだ。そのため、農業以外の仕事をもつ兼業農家が増えて、専業農家が激減した。

2 公害の発生 高度成長は、全国各地に深刻な公害問題をひきおこした。工場からの廃液による水の汚染、排ガスによる大気汚染などによって住民に多大な被害をもたらした。

▲東海道新幹線の開通

3 住民運動と公害対策

1960年代後半には，公害に対する住民運動が高まった。1967(昭和42)年には，公害対策基本法(1993年環境基本法に)が制定され，1971年には環境庁(2001年環境省に)ももうけられた。1970年代初めに判決が出された四大公害裁判では，すべて患者側が勝利し，企業や行政の責任が追及された。

用語 四大公害裁判

イタイイタイ病(富山県)・新潟水俣病・四日市ぜんそく(三重県)・水俣病(熊本県)の4つの公害についての裁判。四日市ぜんそくは石油化学コンビナートが出す排ガスによる大気汚染が，その他は工場からの廃液による海や河川の汚染が原因。すべて住民側が勝訴し，企業や国・自治体の責任が追及された。

新潟水俣病
(阿賀野川下流)
〔水質のよごれ〕

イタイイタイ病
(神通川下流)
〔水質のよごれ〕

四日市ぜんそく
〔大気のよごれ〕

水俣病
〔水質のよごれ〕

◀四大公害地図

③ 石油危機

1 石油危機

1973(昭和48)年10月，第4次中東戦争による石油不足と値上がりをきっかけに石油危機(オイルショック)がおきた。石油製品に限らず物価の急上昇が続き，1974年の卸売物価上昇率は30%をこえる激しいインフレーションがおきた。

2 モノ不足

石油危機がおきると，洗剤やトイレットペーパーなどがスーパーマーケットの店先から姿を消した。品切れを心配した主婦らは，自衛のために買いだめをした。その一方で，値上がりを見こした大企業・商社が売り惜しみや買い占めをした。1974(昭和49)年の経済成長率は，戦後初のマイナスを記録し，高度経済成長は終わりをつげた。

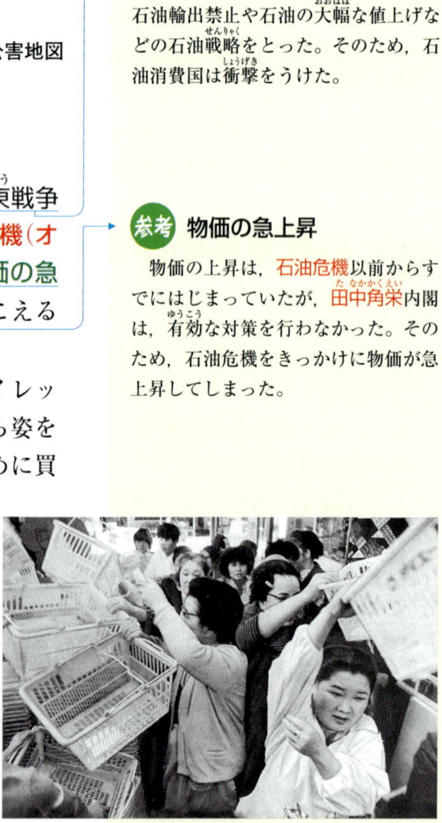

用語 第4次中東戦争

1973年にエジプト・シリアなどのアラブ諸国とイスラエルとの間でおこった戦争。アラブ諸国は，石油資源が自国のものであると主張し，戦争を有利に進めるためにイスラエル支援国への石油輸出禁止や石油の大幅な値上げなどの石油戦略をとった。そのため，石油消費国は衝撃をうけた。

参考 物価の急上昇

物価の上昇は，石油危機以前からすでにはじまっていたが，田中角栄内閣は，有効な対策を行わなかった。そのため，石油危機をきっかけに物価が急上昇してしまった。

▶石油危機
視点 品物不足がうわさされ，品物を争って買おうとする人々のようす。

テスト直前チェック

↓答えられたらマーク　　　　　　　　　　わからなければ ↰

① ☐ 実際の武力衝突にはいたらない東西の対立は何か。　p.323 ❶
② ☐ 1949年，アメリカ・カナダと西欧の資本主義国で結成された軍事同盟は。　p.323 ❶
③ ☐ 1955年，ソ連と東欧の社会主義国で結成された軍事同盟は。　p.323 ❶
④ ☐ 朝鮮戦争がはじまったのは西暦何年か。　p.323 ❷
⑤ ☐ 朝鮮戦争のための軍需物資の発注により好景気になったことを何というか。　p.323 ❷
⑥ ☐ 朝鮮戦争がはじまったときにつくられた自衛隊の前身は何か。　p.324 ❷
⑦ ☐ 第二次世界大戦の日本と連合国との講和会議は，何年にどこで開かれたか。　p.324 ❶
⑧ ☐ ⑦の会議に招かれなかった国を2つあげよ。　p.324 ❶
⑨ ☐ ⑦の会議に出席を拒否した国をユーゴスラビア以外に2つあげよ。　p.324 ❶
⑩ ☐ 連合国との平和条約と同時に結ばれた日本とアメリカの間の条約は何か。　p.324 ❶
⑪ ☐ ソ連との間で調印されて，国交回復を実現したものを何というか。　p.324 ❷
⑫ ☐ 1955年の第1回アジア・アフリカ会議はどこで開かれたか。　p.325 ❶
⑬ ☐ アフリカで黒人の独立国が多く誕生した1960年を何というか。　p.325 ❶
⑭ ☐ 東西両陣営に対してアジア・アフリカの新しい独立国を何というか。　p.325 ❶
⑮ ☐ 米ソのいずれの陣営とも軍事同盟を結ばないという立場を何というか。　p.325 ❶
⑯ ☐ 1954年，水爆実験により被ばくした日本の漁船を何というか。　p.325 ❷
⑰ ☐ 自民党が政権を持ち，社会党と対立した1955〜93年までの体制を何というか。　p.326
⑱ ☐ 1951年の日米安全保障条約が改定されたのは西暦何年で，首相はだれか。　p.326
⑲ ☐ 1955年ころから1973年までの日本経済の変化を何というか。　p.327 ❶
⑳ ☐ 四大公害裁判のうち，熊本県と三重県でおこったのはそれぞれ何か。　p.328 ❷
㉑ ☐ 公害対策のため1967年に制定された法律は何か。　p.328 ❷
㉒ ☐ 1973年，物価が急上昇して「モノ不足」となったことを何というか。　p.328 ❸

解答

① 冷たい戦争（冷戦）
② 北大西洋条約機構（NATO）
③ ワルシャワ条約機構
④ 1950年
⑤ 特需景気
⑥ 警察予備隊
⑦ 1951年，サンフランシスコ
⑧ 中華人民共和国，中華民国
⑨ インド，ビルマ（いまのミャンマー）
⑩ 日米安全保障条約（安保条約）
⑪ 日ソ共同宣言
⑫ バンドン（インドネシア）
⑬ アフリカの年
⑭ 第三勢力
⑮ 非同盟・中立主義
⑯ 第五福竜丸
⑰ 55年体制
⑱ 1960年，岸信介
⑲ 高度経済成長
⑳ 水俣病，四日市ぜんそく
㉑ 公害対策基本法
㉒ 石油危機（オイルショック）

3 今日の世界と日本

教科書のまとめ

1 複雑化する世界　　解説ページ ⇨ p.331

- □ ベトナム戦争の終わり … アメリカ軍の撤退⇨南北ベトナムの統一。
- □ アジアのなかの日本
  - ● 中華人民共和国 … 1972年，**日中共同声明**で国交正常化。
    - ⇨1978年，**日中平和友好条約**を結ぶ。
  - ● 大韓民国（韓国）… 1965年，**日韓基本条約**で国交成立。
  - ● 朝鮮民主主義人民共和国（北朝鮮）… 国交は未成立。
  - ● ロシア（旧ソ連）… 1956年，**日ソ共同宣言**で国交回復。
    - 北方領土問題が未解決で平和条約を結んでいない。
  - ● 東南アジア諸国 … 経済関係が密接化。
- □ 沖縄返還 … 1972年，アメリカから施政権が返還された。
  - ⇨「**基地の島・沖縄**」の現状は変わらず。

2 世界と日本の現状　　解説ページ ⇨ p.332

- □ ソ連の解体 … ゴルバチョフによるペレストロイカ（改革）。
  - ⇨東ヨーロッパの民主化。1991年，ソ連解体。
- □ 西ヨーロッパの統合 … 1993年，**ヨーロッパ連合（EU）**の発足。
- □ 不安定な西アジア … パレスチナ問題，イラン・イラク戦争など。
- □ 湾岸戦争 … イラクのクウェート侵攻⇨1991年，**多国籍軍**による解放。
- □ 地域紛争の増加 … ソマリア内戦，ルワンダ内戦，チェチェン紛争など。
- □ 流動化する国内政治 … 1993年，非自民連立による細川護熙内閣の成立。
  - ⇨政党の再編成，連立内閣が続く。
  - ⇨2009年，鳩山由紀夫民主党内閣の成立。

3 われわれの課題　　解説ページ ⇨ p.334

- □ 現代の諸問題 … 南北問題，核兵器廃絶の問題，環境問題，原発をめぐるエネルギー問題など。
- □ 日本の役割 … 人権の尊重，平和憲法・**非核三原則**にもとづく国際貢献。

1 複雑化する世界

1 ベトナム戦争の終わり

ベトナムでは，南ベトナム政府軍を支援するアメリカが，大量の地上兵力を南ベトナムに投入し，1960年代後半から北ベトナムへの爆撃（北爆）を開始していた。しかし，アメリカは苦戦を続け，1973年にはベトナムから撤退した。その後，1975年に南ベトナム解放民族戦線と北ベトナム軍は南ベトナム全土を解放し（ベトナム戦争），1976年南北ベトナムは統一された。超大国アメリカが，軍事的には劣勢と見られたベトナムの人々によって敗れたことは，世界の人々に衝撃を与えた。

2 アジアのなかの日本

1 朝鮮半島との関係 1965（昭和40）年に日韓基本条約（→p.341）を結び，大韓民国と国交が成立し，友好関係を深めている。しかし，朝鮮民主主義人民共和国とは国交がない。

2 中華人民共和国との関係 1972（昭和47）年，日中共同声明が結ばれて国交が成立し，1978（昭和53）年には，日中平和友好条約も結ばれた。

3 ロシア（旧ソ連）との関係 北方領土問題で意見が一致せず，まだ，平和条約は結ばれていない。

4 東南アジア諸国との関係 1960年代に太平洋戦争の賠償をすすめるなかで経済的関係が深まり，日本企業が進出して現地生産を行っている。

3 沖縄返還

1945（昭和20）年の沖縄戦以来，アメリカの支配下にあった沖縄は，「基地の島・沖縄」という状態が続いていた。沖縄県祖国復帰協議会（復帰協）は，核も基地もない状態で，沖縄が日本に返還されることを望んだ。1972（昭和47）年5月15日，核ぬきの保証がないまま，沖縄は日本に返還されたが（→p.341），基地の島という現実はかわらなかった。

用語 北爆

アメリカ軍のB52戦略爆撃機は，アメリカの支配下にあった沖縄の米軍基地から，直接ベトナムのハノイなどへの北爆に飛び立った。

分析 ベトナム戦争とアメリカ

アメリカでは，1960年代，黒人に対する差別に反対し選挙権などを要求する黒人公民権運動が拡大していた。そのうえ，ベトナム戦争への本格的介入がはじまると反戦運動がもりあがっていった。そうした中で，戦費の増大によって財政が行きづまり，戦争を続けていくことができなくなった。

用語 日中共同声明

日中共同声明で，日本は戦争による加害の「責任を痛感し，深く反省する」と表明した。そして，中華人民共和国を中国の唯一の政府として認めた。これによって，台湾の中華民国政府との国交が断絶されたが，経済的な関係は維持されている。

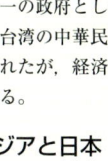

参考 東南アジアと日本

日本は戦争の賠償をきっかけに東南アジアへの経済的進出をはじめた。1970年代には，日本企業が東南アジア各地に工場をつくって現地生産をはじめた。しかし，劣悪な労働条件や公害の発生など日本企業を批判する声もある。

参考 基地の島・沖縄

返還直後の1972（昭和47）年，沖縄の米軍基地の面積は2.8万haで在日米軍基地の58.6%を占めていたが，2009（平成21）年には約2.3万haで在日米軍基地の73.9%となっている。1995年には，米兵による少女暴行事件をきっかけに沖縄県民の米軍基地の整理・縮小，日米地位協定の見直しを求める運動が高まった。翌年（1996年），住宅密集地にある普天間基地の返還・移転が日米で合意したが，米軍基地の整理・縮小はすすんでいない。

2 世界と日本の現状

1 ソ連の解体

　1986年，ゴルバチョフはペレストロイカ(改革)をとなえて民主化や軍縮をすすめ，市場経済を導入した。1987年には米ソのあいだで中距離核戦力(INF)全廃条約が結ばれ，1989年のマルタ会談では冷戦終結が宣言された。
　一方，東ヨーロッパ諸国では民主化とソ連からの自立の動きが活発化した。1989年には，「ベルリンの壁」が撤去され，翌年，東西ドイツは統一した。1991年12月にはロシア・ウクライナなどソ連を構成していた共和国が独立し，ソ連は崩壊して独立国家共同体(CIS)ができた。

2 西ヨーロッパの統合

　1993年，ヨーロッパ共同体(EC)を母体として，ヨーロッパ連合(EU)が発足した。1999年には銀行間の取り引きで一部の国の間で共通通貨(ユーロ)の使用がはじまり，2002年には紙幣や硬貨の使用もはじまった。こうしてヨーロッパ全体をおおう大きな経済統合が進んだが，2010年には，加盟国のギリシャ・ポルトガルが金融危機に見まわれるなど，新たな問題もおきつつある。

3 中国と韓国

　中国では，1989年，軍隊が民主化を求める学生・市民を弾圧した天安門事件がおこった。その一方，改革・開放政策のもとで市場経済がすすみ，日本にならぶ経済大国に成長した。そして，その経済力を背景に2008年には北京オリンピックを開催した。しかし，国内の地域的格差や，貧富の差の拡大などの問題もかかえている。
　韓国も経済成長を背景に，2002年には日本と共同でワールドカップを開催した。さらに1990年代ころより韓国ドラマを中心とする韓国文化が日本の国民に広く受け入れられるようになり(「韓流」)，2国間の旅行者も増え，交流と友好は大きく進んだ。
　しかし，中国とは尖閣諸島，韓国とは竹島(韓国では独島)をめぐる国境紛争も生じている。

用語 マルタ会談
　1989年に，地中海のマルタ島で行われたブッシュアメリカ大統領とゴルバチョフソ連最高会議議長との会談。この会談で冷戦の終結を確認した。

参考 ソ連軍のアフガニスタン侵攻
　1979年，ソ連軍がアフガニスタンに侵攻したが，アメリカやパキスタンの支援を受けた反政府側のゲリラ戦に苦戦した。多くの犠牲を強いられたソ連軍は，1989年に完全撤退した。1991年のソ連崩壊の原因の1つとなった。

用語 ヨーロッパ共同体(EC)
　1967年，ヨーロッパ経済共同体(EEC)を直接の母体として，フランス・西ドイツ・イタリアなど西ヨーロッパ6か国で発足した機構。西ヨーロッパの経済統合を中心にすすめていった。

用語 韓流
　東アジアにおこった韓国大衆文化の流行のこと。ドラマのほか映画，音楽，アイドル，料理など多方面で流行がみられる。

参考 国境紛争
　2010年，尖閣諸島近くの日本領海内では，中国漁船が海上保安庁の巡視船と接触，衝突して逃走した中国漁船衝突事件がおこった。竹島では韓国が不法に占拠したままの状態が続いている。

4 不安定な西アジア

1 中東情勢　中東では，第二次世界大戦後に建国されたユダヤ人国家イスラエルと追い出されたアラブ人（パレスチナ人）や周辺のアラブ諸国との紛争が絶えない。また，1980年にイランとイラクとのあいだで国境紛争がはじまり，8年間も続いた。

2 湾岸戦争　1990年，イラクがクウェートに侵攻し，国連の安全保障理事会はイラク制裁決議を採択した。アメリカを中心とする多国籍軍は，1991年，イラクの軍事基地への空爆・ミサイル攻撃と地上戦で，イラクを降伏させてクウェートを解放した（湾岸戦争）。

3 イラク戦争　2001年，アメリカで同時多発テロがおきると，アメリカのブッシュ大統領は国際的なテロ組織を崩壊させることを理由にアフガニスタンを攻撃した。さらに2003年には，大量破壊兵器の国連の調査に協力的でないことを理由にイギリス軍とともにイラクを攻撃し，フセイン政権をたおした（イラク戦争）。

しかし，イラク攻撃に対してはドイツ・フランス・ロシアからだけでなく，アメリカ国内からも批判がおこり，ついに2009年には共和党ブッシュ政権に代わって，移民出身の民主党のオバマ大統領が選ばれた。

5 地域紛争

冷戦終結後，ソマリア内戦，ルワンダ内戦，チェチェン紛争，ボスニア内戦，コソボ紛争など民族や宗教の対立などを背景として，地域紛争が絶えない。

6 流動化する国内政治

1 「非自民」政権の誕生　1993（平成5）年，宮沢喜一内閣の下で行われた衆議院総選挙で自民党が敗北した。自民党は，結党以来はじめて政権の座をおり，細川護熙・日本新党総裁を首相とする社会・公明・日本新党など8党派による非自民連立内閣が成立した（55年体制の終わり）。しかし，翌年，細川護熙は政治資金についての疑惑から辞任した。

参考　パレスチナ問題

1948年に，ユダヤ人によって建国されたイスラエルは，パレスチナ地方に生活していたアラブ人（パレスチナ人）の土地を奪った。そのため，多くの難民が生まれ，パレスチナの回復を目的として，アラファトを議長とするパレスチナ解放機構（PLO）が結成された。

参考　自衛隊の海外派遣

1992（平成4）年，国連平和維持活動協力法（PKO協力法）が制定され，同年，政府は国連のカンボジアPKO（平和維持活動）に陸上自衛隊を派遣した。2004年には，イラク戦争（2003年）後の人道復興支援活動として，イラク特別措置法に基づき，自衛隊がイラクに派遣された。

用語　同時多発テロ

2001年9月11日，アメリカで4機の旅客機が乗っ取られたテロ事件の総称。2機が世界貿易センタービルへ，1機はアメリカ国防総省に突入し1機は墜落した。3000人近くの人が亡くなった。

参考　周辺事態法

1997（平成9）年，新ガイドラインで「日本周辺の諸事態」に対して自衛隊が米軍の後方地域支援を行うことなどが日米間で合意された。また，1999（平成11）年の周辺事態法では，民間の港湾や自治体の病院などが強制的に日米共同の作戦行動に協力させられることが定められた。しかし，日本がアメリカの戦争に巻き込まれる危険があるという意見や，自衛隊がアジアの人々の脅威になるという意見がある。

2 自民党と連立内閣
1994（平成6）年，社会党の村山富市を首相とする社会党・自民党・新党さきがけの連立内閣が成立し，自民党が政権に復帰した。2005年には，自民党小泉純一郎が「郵政民営化」を主張して選挙に圧勝し，首相となった。しかしその後，安倍・福田・麻生政権は短期間で交代した。

3 政権交代
2009（平成21）年，総選挙で自民党が敗れ，民主党の鳩山由紀夫を首相とする民主党・社民党・国民新党の連立内閣が成立した。しかし，2010年に菅直人，11年に野田佳彦，12年に安倍晋三（第2次）が組閣するなど，国内政治の不安定性は続いている。

3 われわれの課題

1 現代の諸問題

1 南北問題
北半球の先進国と南半球の発展途上国との経済格差の問題。縮小していない。

2 核兵器の廃絶
アメリカをはじめ，ロシアやイギリス・フランス・中国が核兵器を保有し続けている。また，大国の核兵器独占に対して，インドやパキスタンなどが核実験を実施するなど核拡散の動きもある。

3 環境問題
人類の進歩は，地球規模の環境破壊をもたらした。地球温暖化や酸性雨・オゾン層の破壊など，いずれも一国だけでは解決不可能の問題である。

2011年におきた東日本大震災と福島第1原子力発電所の事故から，私たちはエネルギー問題などこれからのあり方を考えていかなければならない。

2 日本の役割

1 人権の尊重
部落差別の撤廃，アイヌの人々や在日韓国・朝鮮人への差別や偏見をなくすことは，国や地方自治体の課題であり，国民一人一人の課題である。

2 平和主義
日本は，日本国憲法で戦争を放棄すると誓った。また，非核三原則は国民共通の意志となっている。今こそ，平和主義の日本国憲法をもつ日本だからこそできることをすすめていく必要があるだろう。

用語 郵政民営化
国営の郵便局が行っていた郵便，貯金，保険などの事業をわけ，それぞれ民間企業に行わせるということ。2005年に郵政民営化法が成立し，2007年からは郵便局株式会社，郵便事業株式会社，株式会社ゆうちょ銀行などによって，事業が行われるようになった。

参考 核兵器廃絶の願い
1980年代，世界各地で核軍縮を求める運動がもりあがり，国連軍縮特別総会などが開かれた。こうした世論の高まりのなかで，1987年に米ソのあいだで中距離核戦力（INF）全廃条約が調印され，一部の核兵器の廃棄が決まった。
1996年には，1963年の部分的核実験停止条約で除外されていた地下実験をふくむ核実験禁止の包括的核実験禁止条約（CTBT）が調印された。しかし，2011年末現在，アメリカや中国が批准していないなど，必要な批准国がそろわず発効していない。また，核保有国と考えられている朝鮮民主主義人民共和国やインド・パキスタンが署名していない。

参考 東日本大震災と福島第1原発事故
2011年3月11日，宮城県沖を震源とするマグニチュード9を記録する地震が発生した。この地震により，東北地方から関東地方の太平洋沿岸に大津波が押し寄せ，多大な被害をもたらした。死者，行方不明者は2万人以上。この地震と津波によって東京電力福島第1原子力発電所では，放射性物質が原子力発電所外に飛散した。原子力発電所の事故による被害は，日本の将来に重い宿題を課すこととなった。

用語 非核三原則
「核兵器はつくらず，もたず，もちこませず」という原則。1968（昭和43）年に政府が表明し，1971（昭和46）年には国会でも議決された。

グレードアップ　さらに知識を広げよう　戦争の償い

■ 戦後補償を求める裁判

2001(平成13)年7月12日、第二次世界大戦中に強制連行されたのち強制労働にたえかね逃亡し、13年間山中で生活をした中国人の故劉連仁さんが国に賠償を求めた裁判で、国に2千万円の支払いを命じる判決があった。東京地方裁判所のこの判決は、国が劉さんを保護する義務をおこたったとしてその責任を認めた。

1944(昭和19)年9月に強制連行された劉さんは、北海道の炭坑で1日まんじゅう3個で強制労働をさせられた。宿舎は、鉄条網の囲いがあり、ひんぱんに暴行の制裁を受けた。翌年7月、たえきれずに仲間4人と逃走した。4人は捕まったが、劉さんは翌月の敗戦も知らずに山中に13年間逃げつづけた。1958(昭和33)年に発見されたのち、国は不法残留の疑いで出頭を求めるなどという冷たい態度をつづけ、劉さんは同年帰国した。1996(平成8)年、劉さんは、日本政府の仕打ちに対し、「今も悪夢にうなされている。真の謝罪がほしい」として裁判をはじめたのである。

国の保護責任を認めた東京地裁の画期的な判決に対して、国は東京高等裁判所に控訴した。2005(平成17)年、東京高裁は中国人強制連行や虐待の事実を認めながら、賠償や国の責任を認めなかった。

■ 賠償についての国の立場

1951年のサンフランシスコ平和条約では、日本に賠償支払いの義務があることをうたったうえで、「別段の定めがある場合を除き」連合国は賠償を求めないと定めている。これは、朝鮮戦争のさなかでアメリカが日本との同盟を強化するため、講和会議で連合国に働きか

▲劉連仁事件の新聞記事

けた結果であった。日本の侵略をうけたフィリピン・ビルマ(いまのミャンマー)・インドネシア・ベトナムはその後、日本と個別に賠償や経済援助に関する協定を結んだ。

一方、サンフランシスコ平和条約に調印しなかったソ連(いまのロシア)は1956年の日ソ共同宣言で、会議に招かれなかった中国は1972年の日中共同声明で、それぞれ賠償を求めないこととした。韓国とは1965年の日韓基本条約で、賠償にかえて経済援助を行うことが決められた。しかし、国家賠償とは別に、日本政府や企業などに被害を受けた個人の補償については解決していないという意見がある。また、ドイツでは、2030年ころまでに総額で1,200億マルクを超える補償を行う見込みであり、賠償とは別に政府・企業が強制労働について基金を創設して補償を行っている。

■ 戦争被害の償いを求める声

日本政府に公式の謝罪と戦後補償を求める訴訟(訴え)は1990年代からあいついでいる。

太平洋戦争中に従軍慰安婦にされたり、軍需工場で強制労働させられた韓国の女性が慰謝料の支払いと公式の謝罪を求めた訴訟、韓国人のB・C級戦犯が補償と公式謝罪を求めた訴訟、戦争でけがをした在日韓国人の軍人・軍属が日本人には適用される「援護法」の適用を求めた訴訟などがある。

これらの訴訟で問われている問題に対して、誠実にこたえていくことが新しい時代を切りひらいていく出発点になるだろう。

時代をとらえる

時代の移り変わりをとらえよう

次の経済成長率のグラフを参考にして，9章の時代（現代）の移り変わりをまとめよう。

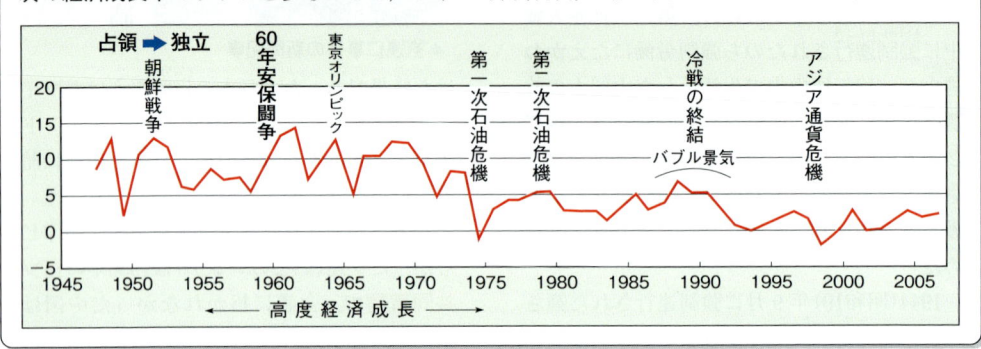

（グラフ：1945年～2005年の経済成長率。占領→独立，朝鮮戦争，60年安保闘争，東京オリンピック，第一次石油危機，第二次石油危機，冷戦の終結，バブル景気，アジア通貨危機。高度経済成長期が示されている。）

解答例 　第二次世界大戦後，日本は農地解放や**財閥解体**，教育の民主化などの改革を進め，大日本帝国憲法を改正して**日本国憲法**を制定した。朝鮮戦争による**特需**は，日本経済の復興を早め，さらに，**高度経済成長**で急速な経済成長を実現した。一方，公害や過密・過疎の問題などをひきおこした。**高度経済成長は，第一次石油危機によって終わり**，その後は低成長の時代となった。

時代の特色を説明しよう

❶ 次の①～⑤のことがらについて，説明してみよう。
　① サンフランシスコ平和条約
　② 第1回アジア・アフリカ会議
　③ 日中共同声明
　④ ベルリンの壁崩壊
　⑤ 湾岸戦争

❷ ❶のことがらと関連の深い場所を，右の地図から選ぼう。

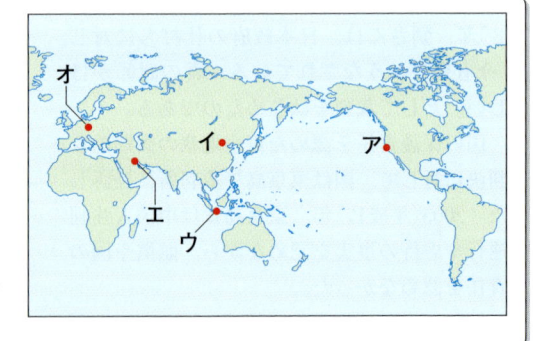

解答例 ❶ ① 1951年，日本と連合国との間に結ばれた第二次世界大戦の講和条約で，翌年に日本は独立した。
　② 1955年，インドネシアのバンドンで開かれた会議で，平和十原則を決めた。
　③ 1972年，日本と中華人民共和国との間に結ばれた条約で，日中の国交回復を実現した。
　④ 1989年，ベルリンを東西に分割していた壁が解体され，翌年に東西ドイツは統一した。
　⑤ 1990年，クウェートに侵入したイラク軍をアメリカ・イギリスなどの多国籍軍が撃退した。
❷ ①ア　②ウ　③イ　④オ　⑤エ

テスト直前チェック

🔽 答えられたらマーク　　　　　　　　　　　　　　　わからなければ 🔼

① □ ベトナム戦争でアメリカが北ベトナムを爆撃したことを何というか。　　　p.331 ①
② □ 南ベトナムでアメリカ軍や南ベトナム政府軍と戦った組織は何か。　　　p.331 ①
③ □ 日本と韓国とのあいだに1965年に結ばれ，国交が成立した条約は何か。　p.331 ②
④ □ 1972年，日本と中華人民共和国との国交の成立を宣言したものは何か。　p.331 ②
⑤ □ ④の後の1978年に日本と中国とのあいだに結ばれた条約は何か。　　　p.331 ②
⑥ □ 日本とロシアとの平和条約について，意見が一致していない問題は何か。　p.331 ②
⑦ □ 沖縄で日本への復帰を要求し，多くの人々を組織した団体は何か。　　　p.331 ③
⑧ □ 沖縄がアメリカから日本へ返還されたのは西暦何年か。　　　　　　　　p.331 ③
⑨ □ 1986年，ソ連のゴルバチョフがとなえた改革路線は何か。　　　　　　p.332 ①
⑩ □ 1989年，東西冷戦の終結が宣言された米ソの首脳会談は何か。　　　　p.332 ①
⑪ □ 1993年，ヨーロッパで発足した政治・経済の総合的な協力機構は何か。　p.332 ②
⑫ □ ⑪の前身で，1967年にEECを母体として結成された協力機構は何か。　p.332 ②
⑬ □ 1989年，中国でおこった軍隊が民主化を求める学生，市民を弾圧した事件を何というか。p.332 ③
⑭ □ イスラエルとかつてそこに住んでいたアラブ人との紛争は何か。　　　　p.333 ④
⑮ □ 1991年，多国籍軍がイラクの占領からクウェートを解放した戦争は何か。　p.333 ④
⑯ □ 1992年に制定され，国連PKOへの自衛隊の参加を定めている法律は何か。p.333 ④
⑰ □ 1993年，自民党内閣からかわった非自民連立内閣の首相はだれか。　　p.333 ⑤
⑱ □ 先進国と発展途上国とのあいだの経済的格差の問題を何というか。　　　p.334 ①
⑲ □ 1963年に調印され，地上などの核実験の禁止を定めた国際条約は何か。　p.334 ①
⑳ □ 1987年，米ソのあいだで一部の核兵器の廃棄を定めた国際条約は何か。　p.334 ①
㉑ □ 1996年に調印され，地下をふくむ核実験の禁止を定めた国際条約は何か。p.334 ①
㉒ □ 核兵器について日本国民共通の原則となっていることは何か。　　　　　p.334 ②

解答

① 北爆
② 南ベトナム解放民族戦線
③ 日韓基本条約
④ 日中共同声明
⑤ 日中平和友好条約
⑥ 北方領土問題
⑦ 沖縄県祖国復帰協議会（復帰協）
⑧ 1972年
⑨ ペレストロイカ
⑩ マルタ会談
⑪ ヨーロッパ連合（EU）
⑫ ヨーロッパ共同体（EC）
⑬ 天安門事件
⑭ パレスチナ問題
⑮ 湾岸戦争
⑯ 国連平和維持活動協力法（PKO協力法）
⑰ 細川護煕
⑱ 南北問題
⑲ 部分的核実験停止条約
⑳ 中距離核戦力（INF）全廃条約
㉑ 包括的核実験禁止条約（CTBT）
㉒ 非核三原則

定期テスト予想問題

解答⇒p.371

1 [戦後の日本]
次の文を読んで，あとの問いに答えなさい。

　第二次世界大戦後の日本は，連合国の占領下で①戦前の軍国主義をあらため民主化をめざすさまざまな改革が行われ，日本国憲法も制定された。この憲法の第9条には，戦争の放棄をうたって（　A　）の原則を明らかにしている。その後，1951年には（　B　）で平和条約が結ばれ，日本の独立が認められた。また，同時に②日米安全保障条約も結ばれた。1956年には③国際連合への加盟も実現して，国際社会に復帰することができた。

(1) 文中の（　A　）にあてはまることばを答えよ。
(2) 文中の（　B　）には，ある都市の名が入る。その都市名を答えよ。
(3) 下線部①の内容として正しくないものを，次から1つ選べ。
　ア　選挙権が20歳以上のすべての男女にあたえられた。
　イ　戦前の体制を経済的に支えてきた財閥が解体された。
　ウ　軍隊は解散され，戦争責任があるとされた軍人や政治家が軍事裁判にかけられた。
　エ　民主主義の教育をめざす教育勅語が制定され，小中学校を義務教育とした。
(4) 右のグラフは全農家戸数に占める自作・小作別農家の割合の変化を示したものである。グラフからわかる，自作農家と小作農家のそれぞれの割合の変化を，下線部①の改革の1つに関連づけて，簡単に書け。

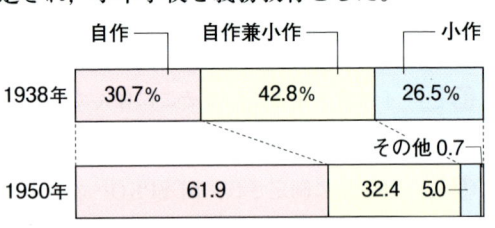

	自作	自作兼小作	小作
1938年	30.7%	42.8%	26.5%
1950年	61.9	32.4	5.0 その他0.7

(5) 下線部②の条約の内容として正しいものを，次から1つ選べ。
　ア　朝鮮におけるアメリカの優位を認める。
　イ　アメリカは，日本国内で軍事基地を使用できる。
　ウ　日本とアメリカは，おたがいに2度と戦争をしない。
　エ　沖縄はアメリカの管理下におく。
(6) 下線部③と同じ年のできごとを，次から1つ選べ。
　ア　日ソ共同宣言に調印して，ソ連との国交が回復した。
　イ　日中共同声明を発表して，中国との国交が回復した。
　ウ　大韓民国と日韓基本条約を結び，国交を正常化させた。
　エ　日米安全保障条約の改定をめぐり，安保闘争がおこった。

ベストガイド

1 (1)日本国憲法の三大原則の1つを書く。(2)アメリカ合衆国の都市。(3)教育勅語は「忠君愛国」のための教育をめざしたもの。(4)小作農家が減り，自作農家が増えていることに着目する。(5)エは平和条約で日本が認めた内容。(6)国際連盟の加入にはソ連の承認が必要であったことを考える。

2 [戦後の重要事件]

次の各文の(　)の中に，適当なことばを入れなさい。また，各文に関係のある場所を下の地図中から1つずつ選び，その記号を書きなさい。

(1) 1951年，対日平和条約がここで結ばれ，日本からは首席全権として(　A　)が出席した。

(2) 戦後，南北に分けられたこの地域では，1950年6月，北緯38度線付近で南北両軍が武力衝突し，(　B　)戦争がおこった。

(3) 第1回の(　C　)会議は，1955年ここで開かれた。非白人国家だけの国際会議としては世界最初のものであった。

(4) 第二次世界大戦中から，強力な国際平和機構をつくることが話し合われ，1945年10月に，(　D　)が成立し，本部がここにおかれた。

(5) 1949年，毛沢東ひきいる共産党が本土を手中におさめ，蔣介石の国民政府をここにしりぞけた。本土には(　E　)が成立した。

(6) 西アジアのこの地域では，1948年ユダヤ人によって(　F　)国ができ，アラブ諸国と対立し，今なお紛争が続いている。

(7) 1990年，イラクがこの地域に侵攻し，国連の安全保障理事会の決議をうけたアメリカを中心とする多国籍軍とのあいだで(　G　)戦争がおこった。

(8) この地域では，1989年，冷戦を象徴する「(　H　)の壁」が撤去され，翌年東西に分かれていた2国が統一した。

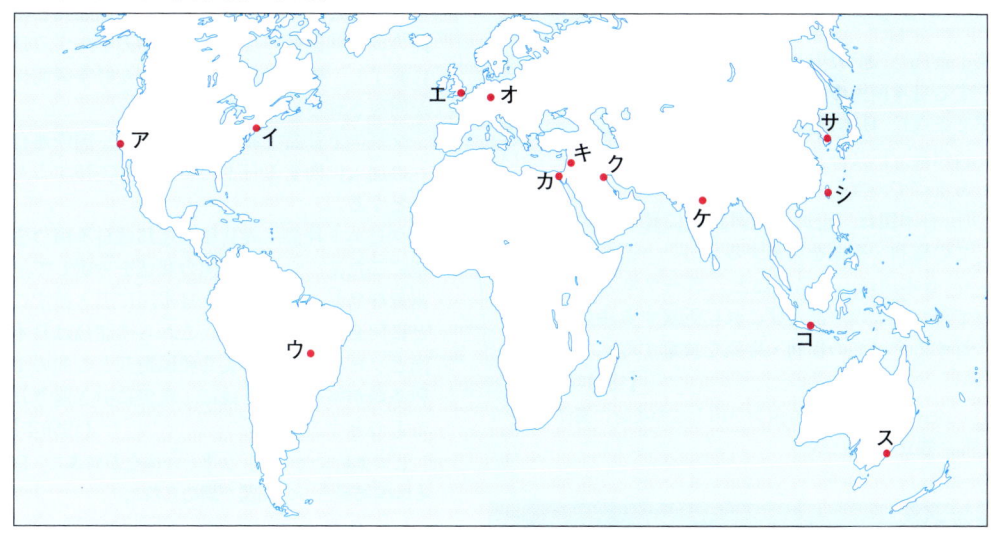

ベストガイド

2 Aは当時の総理大臣。Cの会議はアジア・アフリカの29か国が参加して開かれた。それぞれの文のあらわす場所・地域は，(1)サンフランシスコ，(2)朝鮮半島，(3)インドネシアのバンドン，(4)ニューヨーク，(5)台湾，(6)パレスチナ，(7)クウェート，(8)ドイツ。

史料から時代を読み取る　現　代

日本国憲法　⇒p.318

第1条　天皇は，日本国の象徴であり日本国民統合の象徴であって，この地位は，主権の存する国民の総意に基づく。

第9条　日本国民は，正義と秩序を基調とする国際平和を誠実に希求し，国権の発動たる戦争と，武力による威嚇又は武力の行使は，国際紛争を解決する手段としては，永久にこれを放棄する。

第11条　国民は，すべて基本的人権の享有を妨げられない。この憲法が国民に保障する基本的人権は，侵すことのできない永久の権利として，現在及び将来の国民に与へられる。

【1946年】

(注) 日本国憲法の三大原則は，第1条(**国民主権**)，第9条(**平和主義**)，第11条(**基本的人権の尊重**)で定められている。

サンフランシスコ平和条約　⇒p.324

第1条(b)　連合国は，日本国とその領海に対する日本国民の完全な主権を承認する。

第2条(a)　日本国は，朝鮮の独立を承認し，済州島，巨文島及び鬱陵島を含む朝鮮に対するすべての権利・権原を放棄する。

(b)日本国は，台湾と澎湖諸島に対するすべての権利・権原を放棄する。

(c)日本国は，千島列島と，ポーツマス条約で得た樺太の一部及びこれに近接する諸島に対するすべての権利・権原を放棄する。

【1951年】

(注) 1951年，日本は連合国48か国とこの条約に調印し，**独立を回復した**。

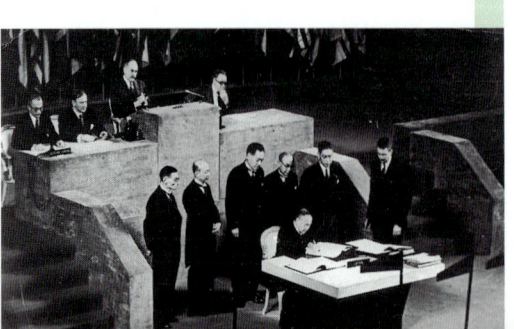

1940年代

1950年代

あたらしい憲法のはなし　⇒p.316

こんどの憲法では，日本の国が，けっして二度と戦争をしないように，二つのことをきめました。

その一つは，兵隊も軍艦も飛行機も，およそ戦争をするためのものは，いっさいもたないということです。これからさき日本には，陸軍も海軍も空軍もないのです。これを戦力の放棄といいます。…もう一つは，よその国と争いごとがおこったとき，けっして戦争によって，相手をまかして，じぶんのいいぶんをとおそうとしないことをきめたのです。

【1947年】

(注) 1947年8月，文部省は，日本国憲法の解説のために，全国の中学校1年生用の社会科の教科書として発行した。

日ソ共同宣言　⇒p.324

一　日本国とソビエト社会主義共和国連邦との間の戦争状態は，この宣言が効力を生ずる日に終了し，両国の間に平和及び友好善隣関係が回復される。

四　ソビエト社会主義共和国連邦は，国際連合への加入に関する日本国の申請を支持するものとする。

　ソビエト社会主義共和国連邦は日本国の要望にこたえ，かつ日本国の利益を考慮して，歯舞群島および色丹島を日本国に引き渡すことに同意する。ただし，これらの諸島は日本国とソビエト社会主義共和国連邦との間の平和条約が締結された後に，現実に引き渡されるものとする。

【1956年】

(注) この条約によって，ソ連との国交が回復し，日本は国際連合への加盟が認められた。

◀サンフランシスコ平和条約に調印する日本代表

史料から時代を読み取る　現代　**341**

日米相互協力及び安全保障条約　⇒p.326

第3条　日米両国は，自助と相互援助により，武力攻撃に抵抗するそれぞれの能力を，憲法の規定に従うことを条件として維持し発展させる。

第5条　日本の領域は（米軍基地を含む）への武力攻撃に対して両国は，自国に対する攻撃とみなし，憲法の規定と手続きに従って，共同で防衛にあたる。

第6条　日本の安全と，極東の平和・安全を維持するため，アメリカ軍（陸軍，空軍，海軍）は，日本国内の軍事基地を使用できる。

【1960年】

注　サンフランシスコ条約調印と同時に日米安全保障条約が調印されたが，その改定となるこの新安保条約は国内に強い反対があり，安保闘争がおこった。

▲日中平和友好条約の調印式

▲沖縄に残るアメリカ軍基地（嘉手納飛行場　写真撮影：とくさとフォト）

1960年代

1970年代

▲東海道新幹線の開通式

日韓基本条約　⇒p.331

第2条　1910年8月22日以前に大日本帝国と大韓帝国との間で締結されたすべての条約及び協定は，もはや無効であることが確認される。

第3条　大韓民国政府は，国際連合総会決議に明らかにされているとおりの朝鮮にある唯一の合法的な政府であることが確認される。

【1965年】

注　この条約によって，1910年8月22日に調印された韓国併合に関する条約が完全に無効となった。この条約で大韓民国と国交が成立した。

沖縄返還協定　⇒p.331

第1条　アメリカ合衆国は，2に定義する琉球諸島及び大東諸島に関し，1951年9月8日にサンフランシスコ市で署名された日本国との平和条約第3条の規定に基づくすべての権利及び利益を，この協定の効力発生の日から日本国のために放棄する。…

第3条1　日本国は，1960年1月19日にワシントンで署名された日本国とアメリカ合衆国との間の相互協力及び安全保障条約及びこれに関する取り決めに従い，この協定の効力発生日の日にアメリカ合衆国に対して琉球諸島及び大東諸島における施設及び区域の使用を許す。

【1971年】

注　この返還協定によって，1972年に沖縄が日本に返還された。しかし，返還後もアメリカ軍の広大な基地が残っているなど，問題がある。

9章　新しい日本と世界

＊p340～341の史料は部分掲載，部分要約しています。

ふろく 重要地名・人名・用語などの整理

● ここまで，一通りの勉強が終わって歴史に強くなったはずだね。最後にテストに強くなるため，日本と世界の重要地名，日本の世界遺産や似ていて誤りやすい重要人名・重要用語などを整理しておきましょう。

■ 日本と世界の重要地名

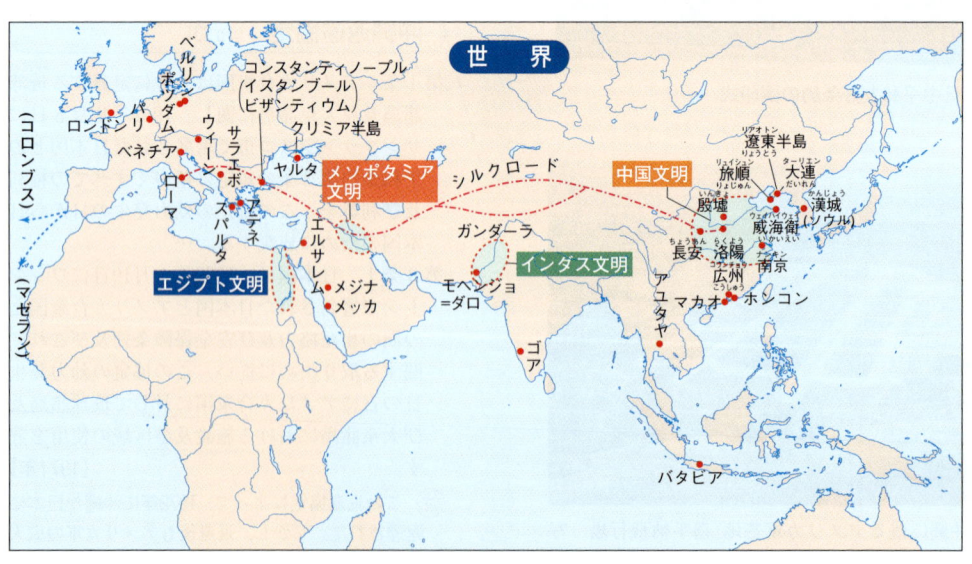

日本の旧国名と現在の県名

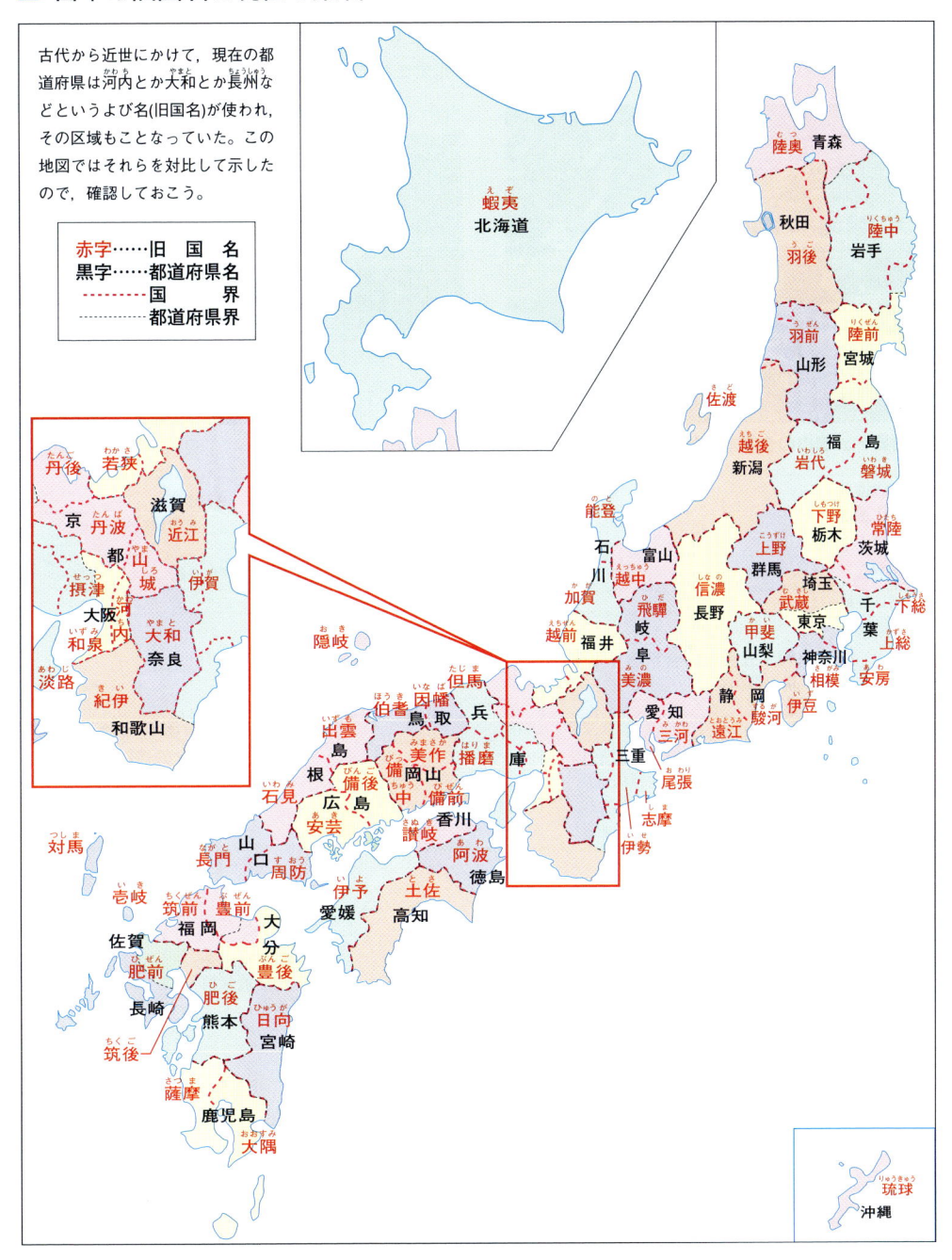

古代から近世にかけて、現在の都道府県は河内とか大和とか長州などというよび名(旧国名)が使われ、その区域もことなっていた。この地図ではそれらを対比して示したので、確認しておこう。

- 赤字……旧国名
- 黒字……都道府県名
- ━━━ 国界
- ┈┈┈ 都道府県界

北海道
- 蝦夷 / 北海道

東北
- 陸奥 / 青森
- 陸中 / 岩手
- 羽後 / 秋田
- 羽前 / 山形
- 陸前 / 宮城
- 岩代・磐城 / 福島

関東
- 常陸 / 茨城
- 下野 / 栃木
- 上野 / 群馬
- 武蔵 / 埼玉・東京
- 下総・上総・安房 / 千葉
- 相模 / 神奈川

中部
- 越後・佐渡 / 新潟
- 越中 / 富山
- 能登・加賀 / 石川
- 越前・若狭 / 福井
- 甲斐 / 山梨
- 信濃 / 長野
- 飛騨・美濃 / 岐阜
- 駿河・伊豆・遠江 / 静岡
- 尾張・三河 / 愛知

近畿
- 伊勢・志摩・伊賀 / 三重
- 近江 / 滋賀
- 山城・丹後・丹波 / 京都
- 摂津・河内・和泉 / 大阪
- 但馬・播磨・淡路 / 兵庫
- 大和 / 奈良
- 紀伊 / 和歌山

中国
- 因幡・伯耆 / 鳥取
- 出雲・石見・隠岐 / 島根
- 美作・備前・備中 / 岡山
- 備後・安芸 / 広島
- 周防・長門 / 山口

四国
- 阿波 / 徳島
- 讃岐 / 香川
- 伊予 / 愛媛
- 土佐 / 高知

九州
- 筑前・豊前・筑後 / 福岡
- 肥前・壱岐・対馬 / 佐賀・長崎
- 肥後 / 熊本
- 豊後 / 大分
- 日向 / 宮崎
- 薩摩・大隅 / 鹿児島

沖縄
- 琉球 / 沖縄

日本の世界遺産

●世界遺産とは，みんなの宝物のことです。人類共通の遺産として，世界中の多くの自然や文化財が世界遺産として登録されており，日本では十数か所の世界遺産が指定されています。

（2015年4月）

❻白川郷・五箇山の合掌造り集落（岐阜県・富山県）

⓭知床五湖（北海道）

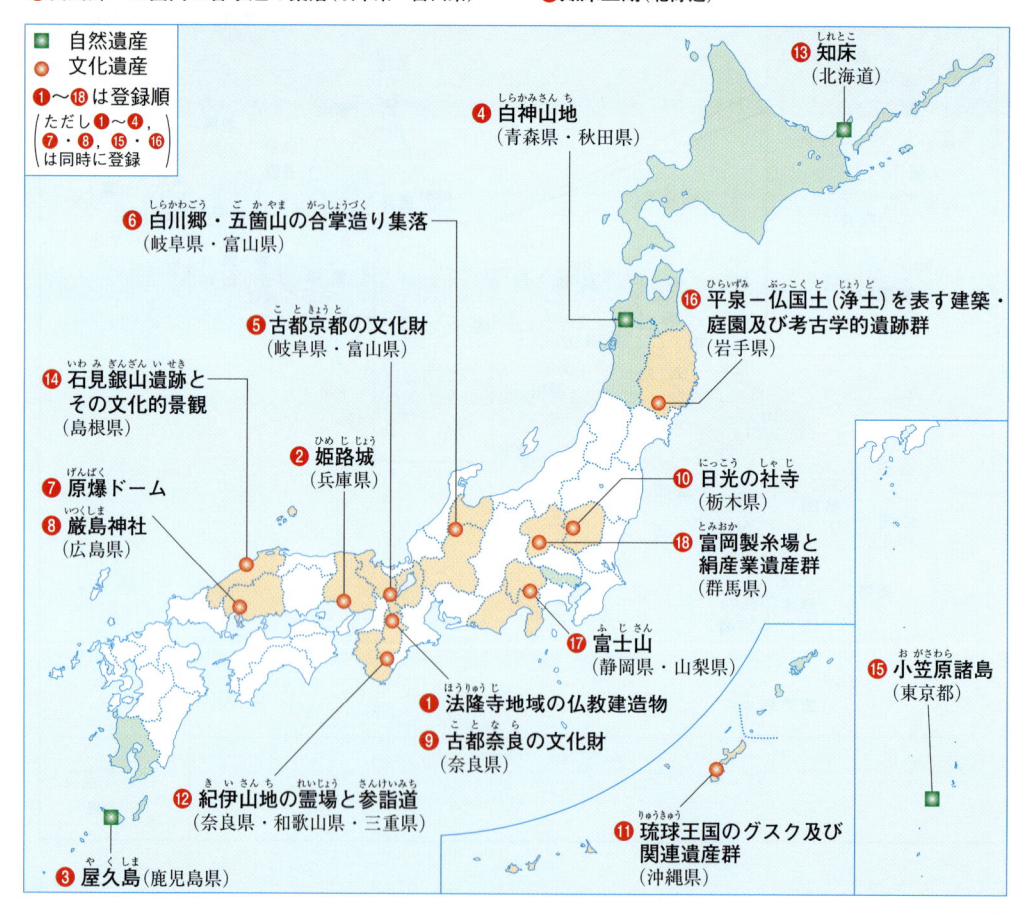

■ 自然遺産
● 文化遺産
❶〜⓲ は登録順
ただし ❶〜❹，❼・❽，⓯・⓰は同時に登録

⓭知床（北海道）

❹白神山地（青森県・秋田県）

❻白川郷・五箇山の合掌造り集落（岐阜県・富山県）

⓰平泉－仏国土（浄土）を表す建築・庭園及び考古学的遺跡群（岩手県）

❺古都京都の文化財（岐阜県・富山県）

⓮石見銀山遺跡とその文化的景観（島根県）

❷姫路城（兵庫県）

❿日光の社寺（栃木県）

❼原爆ドーム
❽厳島神社（広島県）

⓲富岡製糸場と絹産業遺産群（群馬県）

⓱富士山（静岡県・山梨県）

⓯小笠原諸島（東京都）

❶法隆寺地域の仏教建造物
❾古都奈良の文化財（奈良県）

⓬紀伊山地の霊場と参詣道（奈良県・和歌山県・三重県）

⓫琉球王国のグスク及び関連遺産群（沖縄県）

❸屋久島（鹿児島県）

❿日光東照宮の陽明門(栃木県日光市)

❺平等院鳳凰堂(京都府宇治市)

❼原爆ドーム(広島県)

⓫琉球王国の守礼門(沖縄県)

⓰中尊寺金色堂(岩手県平泉町)

❶法隆寺(奈良県斑鳩町)

⓯小笠原諸島の父島列島・南島(東京都)

まちがえやすい人名を区別しておぼえる

人名		おもなことがら
中臣	鎌足	大化の改新(645年)。藤原氏の祖先
藤原	不比等	大宝律令の作成(701年)
	良房	はじめて摂政となる(9世紀の中ごろ)
	道長	摂関政治の全盛(11世紀前半)
	頼通	宇治(京都府)に平等院鳳凰堂を建立
	純友	瀬戸内海で反乱(10世紀前半)
奥州藤原氏		平泉(岩手県)の地方豪族。中尊寺金色堂の建立
平	将門	下総(茨城県)で反乱(10世紀前半)
	清盛	平治の乱(1159年)で勝利⇒太政大臣
源	義家	前九年合戦(前九年の役)・後三年合戦(後三年の役)で活躍
	義朝	平治の乱で平清盛にやぶれる
	頼朝	1192年、鎌倉(神奈川県)に鎌倉幕府をたてる
	義経	平氏をほろぼすが、兄の頼朝と対立
	義仲	木曽(長野県)から都に入り、平氏を追う
	実朝	3代将軍。歌人。『金槐和歌集』
北条	政子	源頼朝の妻。父は北条時政。尼将軍。
	義時	承久の乱で後鳥羽上皇をやぶる。
	泰時	御成敗式目(貞永式目)の制定
	時頼	御家人代表との合議制の政治
	時宗	元寇(13世紀後半)で、元を撃退
足利	尊氏	京都に室町幕府をひらく
	義満	3代将軍。勘合貿易。金閣⇒北山文化
	義政	8代将軍。応仁の乱。銀閣⇒東山文化
	義昭	織田信長に追われ、室町幕府がほろぶ
徳川	家康	江戸(東京都)に江戸幕府をひらく
	家光	3代将軍。島原・天草一揆⇒鎖国
	綱吉	5代将軍。文治政治。生類憐みの令
	吉宗	8代将軍。享保の改革。米将軍
	慶喜	15代将軍。大政奉還(1867年)
	光圀	水戸藩主。『大日本史』を編集する

■ おもな文化人をおぼえる

人名	おもなことがら	時代
太安万侶	元明天皇の命令で稗田阿礼と『古事記』を著す	奈良
行基	東大寺の大仏づくりに協力。各地で社会事業	奈良
鑑真	唐の高僧。日本に渡来し、唐招提寺を建立	奈良
最澄	天台宗を開き、比叡山に延暦寺を建立	平安
空海	真言宗を開き、高野山に金剛峯寺を建立	平安
菅原道真	遣唐使の廃止を進言(894年)	平安
紫式部	宮中生活をえがいた小説『源氏物語』を著す	平安
清少納言	宮中につかえ、随筆『枕草子』を著す	平安
吉田兼好	京都の吉田神社の神官。随筆『徒然草』を著す	鎌倉
雪舟	中国にわたり絵を修業、水墨画を大成	室町
世阿弥	父の観阿弥と能楽を大成。『花伝書』を著す	室町
本居宣長	『古事記伝』を著し、国学を大成	江戸
杉田玄白	前野良沢らと『解体新書』を著す。蘭学	江戸
伊能忠敬	全国の沿岸を測量し、日本全図を作成	江戸
歌川広重	「東海道五十三次」によって風景版画を大成	江戸
近松門左衛門	浄瑠璃の脚本を書く。『国姓爺合戦』が有名	江戸
松尾芭蕉	俳句を数多くつくる。『奥の細道』が有名	江戸
井原西鶴	浮世草子の作家。『日本永代蔵』が有名	江戸
福沢諭吉	『学問のすゝめ』を著す。慶応義塾	明治
吉野作造	民本主義を説く。大正デモクラシー	大正
湯川秀樹	1949年、日本最初のノーベル賞を受ける	昭和

■ おもな明治時代の政治家をおぼえる

人名	おもなことがら
西郷隆盛	征韓論に敗れ、西南戦争をおこし、自殺
大久保利通	明治政府の中心人物で、その基礎をきずいた
木戸孝允	明治政府の参議となり、活躍。旧名は桂小五郎
板垣退助	自由民権運動を指導。自由党をつくる
陸奥宗光	第二次伊藤博文内閣の外務大臣として、条約改正(治外法権)につくす
小村寿太郎	第二次桂太郎内閣の外務大臣として、条約改正(関税自主権)を完成
大隈重信	立憲改進党をつくる。隈板内閣の誕生

■ まちがえやすい歴史用語に注意する

高句麗(コウクリ)…7世紀ころまで朝鮮半島に栄えた国。新羅(シラギ)・百済(クダラ)とともに三国を形成した。

高麗(コウライ)…10世紀に新羅に代わって朝鮮半島に成立した国。元寇(ゲンコウ)のさいは，元に強制され日本に出兵した。

御家人(ごけにん)(鎌倉時代)…将軍と直接主従関係を結んだ武士。

御家人(江戸時代)…将軍直属の武士のうち，将軍に目通(めどお)りできない身分の者。

摂関政治(せっかん)…10世紀なかば，藤原氏が行った政治。

執権政治(しっけん)…源氏将軍が3代でほろんだのち，鎌倉幕府で北条氏(ほうじょう)が行った政治。

文永(ぶんえい)・**弘安**(こうあん)の役(えき)…鎌倉時代の，2度の元寇(げんこう)をこうよぶ。

文禄(ぶんろく)・**慶長**(けいちょう)の役…豊臣秀吉(とよとみひでよし)が行った2度の朝鮮出兵。

座(ざ)…鎌倉・室町時代の商工業者の同業組合。

株仲間(かぶなかま)…江戸時代の商工業者の同業組合。

勘合貿易(かんごう)…室町時代の日明貿易。倭寇(わこう)と区別するための割札(わりふだ)の勘合(かんごう)をもつ。

朱印船貿易(しゅいんせん)…おもに江戸時代初めに行われた貿易。幕府の貿易許可証(きょかしょう)である朱印状(しゅいんじょう)をもつ。

セルジューク朝…十字軍(じゅうじぐん)遠征のきっかけをつくった。11～12世紀，エルサレムを支配したトルコ人の王朝。

オスマン帝国…15世紀中ごろ，東ローマ帝国(ビザンツ帝国)をほろぼしたトルコ人の王朝。

独立宣言…1776年，アメリカ独立戦争のさいに出された宣言。

人権宣言…1789年，フランス革命のさいに出された宣言。人間の自由・平等や人民主権などをうたう。

ポーツマス条約…1905年，日露戦争の講和(こうわ)条約としてアメリカのポーツマスで結ばれた条約。

ポツダム宣言…1945年，ドイツのポツダムでアメリカ・イギリス・ソ連首脳(しゅのう)が示した，日本の降伏(こうふく)条件。

国際連盟…第一次世界大戦後，アメリカ大統領ウィルソンの提案でつくられた国際組織。アメリカの不参加，大国の不一致など。

国際連合…第二次世界大戦後の1945年，世界の平和と安全を守るためにつくられた国際組織。

日本と中国・朝鮮の関係［明治時代〜平成時代］

明治以後の日本と中国との関係年表

1871(明治4)	□日清修好条規（日本が外国と結んだはじめての対等条約）
1874(明治7)	□日本が台湾に出兵
1885(明治18)	□朝鮮問題に関して，日本と清国が天津条約を結ぶ
1894(明治27)	□日清戦争がおこる
1895(明治28)	□日清戦争後の下関条約で遼東半島・台湾を日本の領土とする
	□ロシア・ドイツ・フランスの三国干渉
1899(明治32)	□義和団事件がおこる
1911(明治44)	□辛亥革命がおこる
1912(明治45)	□中華民国が成立する
1915(大正4)	□日本が中国の袁世凱政府に二十一か条の要求
1919(大正8)	□北京で五・四運動
	□孫文が中国国民党を結成
1921(大正10)	□中国共産党が結成される
1926(大正15)	□蔣介石が北伐を開始
1927(昭和2)	□日本が山東へ出兵
	□蔣介石が南京に国民政府を結成
1928(昭和3)	□張作霖の爆殺事件がおこる
1931(昭和6)	□満州事変がおこる
1932(昭和7)	□日本が満州国の建国を宣言
1937(昭和12)	□日中戦争が始まる
	□第2次国共合作
1949(昭和24)	□中華人民共和国が成立
1966(昭和41)	□社会主義文化大革命がおこる
1971(昭和46)	□中華人民共和国が国連で代表権を承認される
1972(昭和47)	□日中共同声明で日本との国交が正常化（田中角栄内閣）
1978(昭和53)	□日中平和友好条約の調印（福田赳夫内閣）

明治以後の日本と朝鮮との関係年表

1873(明治6)	□西郷隆盛らが征韓論を主張
1875(明治8)	□江華島事件
1876(明治9)	□日朝修好条規（日本が外国におしつけたはじめての不平等条約）
1894(明治27)	□日清戦争が始まり，清および日本が朝鮮に出兵
1895(明治28)	□下関条約によって朝鮮の独立を清に認めさせる
1905(明治38)	□日露戦争後のポーツマス条約で，朝鮮を日本の勢力下におく
	□漢城（現在ソウル）に統監府をおき，朝鮮を保護国とする
1909(明治42)	□初代統監の伊藤博文が満州のハルビンで，朝鮮の安重根に射殺
1910(明治43)	□日本が韓国併合
1919(大正8)	□三・一独立運動（万歳事件）（以後，朝鮮の独立運動が高まり，日本はきびしい弾圧を加える）
1923(大正12)	□関東大震災のさい，流言により多数の朝鮮の人々が殺される
1939(昭和14)	□この年から，朝鮮の人々が日本国内の炭坑・鉱山・土建業などの労働者として強制連行
1940(昭和15)	□創氏改名が行われ，朝鮮の人々の氏名が日本式の氏名にかえられる
1945(昭和20)	□日本の敗戦で，朝鮮が日本から独立
1948(昭和23)	□北緯38度を境に，大韓民国（韓国）と朝鮮民主主義人民共和国（北朝鮮）が成立
1950(昭和25)	□朝鮮戦争（日本はアメリカ軍の基地となり，特需が増大）
1965(昭和40)	□日韓基本条約の調印（佐藤栄作内閣）
2002(平成14)	□日朝首脳会談（平壌宣言）

350

入試問題にチャレンジ 1

制限時間 **30**分
解答⇒*p.371*

得点

1 [原始～近代の郷土史]

よしのさんのクラスでは，「私たちの郷土」というテーマで調べ，発表することになりました。次の文は，そのときの原稿の一部です。これを読んで，あとの問いに答えなさい。　[65点]

　私たちは，和歌山県のふるさと教育副読本『わかやま発見』，『わかやま何でも帳』をもとに，郷土の歴史や文化が，日本の歴史や文化とどのようなつながりがあるのかを調べました。

　遺跡や古墳についてみると，県内で発見された最古のⓐ石器は，約3万年前のものであることや，鳴神貝塚は，近畿地方で初めて発見された貝塚であることがわかりました。国の特別史跡になっている岩橋千塚古墳群は国内最大級の古墳群で，ⓑ日本が倭とよばれたころの和歌山には，大きな勢力をもった豪族がいたと考えられています。その後ⓒ律令制が成立し，国づくりの体制が整う中で，紀伊国は七郡に分けられました。また，天皇や貴族は，このころ整備された南海道を通って和歌浦や白浜などをたびたび訪れ，『万葉集』に多くの歌を残しています。

　さらに，和歌山は国宝や重要文化財の数がとても多く，熊野三山や高野山などは「紀伊山地の霊場と参詣道」として世界遺産に登録されています。有名な僧も多く，有田郡にゆかりの深い明恵は，ⓓ承久の乱の後に　　　　　が制定した御成敗式目に大きな影響を与え，宗祇は，ⓔ室町時代に幕府や朝廷から連歌師として最高の役職や称号を与えられています。民話なども多く残されており，道成寺を舞台として11世紀につくられた安珍と清姫の物語は，後に能楽や，ⓕ人形浄瑠璃，歌舞伎によって全国に知られ，今に伝えられています。

　江戸時代に，徳川吉宗はⓖ紀州藩主から8代将軍となり，紀州流の土木工法を活用して新田開発や干拓事業を行うなどⓗ幕府の改革を進めました。また，この時代に華岡青州が全身麻酔を使った手術に成功していたことや，小山肆成が日本で初めて国産天然痘予防ワクチンを開発していたことにとても驚きました。さらに，明治時代以降には，ⓘ陸奥宗光が不平等条約改正の交渉に成功し，生物学者でⓙ孫文とも交流があった南方熊楠は，自然保護運動に情熱をかたむけ，その先駆けとなりました。

　こうしたことを調べた結果，郷土の人物の業績や文化が，日本の歴史や文化に多くの影響を与えたことがよくわかり，これからもっと和歌山のことを学びたいと思いました。

(1)　文中の　　　　にあてはまる人物名を書け。（5点）
(2)　文中の下線部ⓐに関し，図1は岩宿遺跡から発見された石器である。このことについて，あとの①，②を答えよ。
　①　この石器が発見された岩宿遺跡の位置として適切なものを，略地図中のア〜エの中から1つ選び，記号で答えよ。（4点）
　②　図1の石器の発見により，歴史上，明らかになったことはどのようなことか，簡潔に書け。（6点）

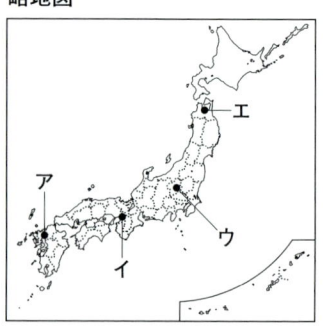

図1　　　略地図

(3) 文中の下線部ⓑに関し，『魏志』の「倭人伝」に，ある国が30ほどの小国を従えていたと書かれている。この国を何というか，書け。（5点）
(4) 文中の下線部ⓒに関し，6歳以上の男女に口分田を割りあてる制度を何というか，書け。
（5点）
(5) 文中の下線部ⓓの後に設置された六波羅探題の役割を簡潔に書け。（6点）
(6) 文中の下線部ⓔに関して，次の①，②を答えよ。
① この時代の人々のくらしについて最も適切に述べているものを，次のア～エの中から1つ選び，記号で答えよ。（5点）
　ア　京都では，町衆により町の政治が行われた。
　イ　商人や手工業者の中で，株仲間がつくられるようになった。
　ウ　田畑の売買が禁止され，年貢の納入など連帯責任を負わされた。
　エ　草や木の灰が肥料に使われ始め，二毛作が行われるようになった。
② 図2は，1428年におきた一揆（正長の土一揆）の碑文で，ここには「正長元年より以前については，神戸四か郷においては負い目がない」という内容が書かれている。このことから，この一揆の目的を簡潔に書け。（6点）

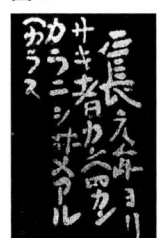

図2

(7) 文中の下線部ⓕに関係する人物として最も適切なものを，次のア～エの中から1つ選び，記号で答えよ。（4点）
　ア　俵屋宗達
　イ　与謝蕪村
　ウ　菱川師宣
　エ　近松門左衛門
(8) 文中の下線部ⓖに関し，藩を治めていた大名とはどのような武士か，領地に着目して簡潔に書け。（5点）
(9) 文中の下線部ⓗに関し，次のア～エは，徳川吉宗，田沼意次，松平定信，水野忠邦のそれぞれが行った政治の内容について述べている。これらのできごとを年代の古い順に並べると，どのようになるか，その記号を順に書け。（5点）
　ア　公事方御定書という裁判の基準となる法律を整備した。
　イ　江戸や大阪周辺の大名などの領地を，幕府の領地にしようとした。
　ウ　政治を批判する出版物をきびしくとりしまり，朱子学を奨励した。
　エ　長崎貿易を盛んにしたり大商人の力を利用したりして，財政の再建を図った。

(10) 文中の下線部ⓘに関し、陸奥宗光は、略年表中のア〜エのどの期間にイギリスとの不平等条約改正の交渉に成功したか。適切なものを1つ選び、その記号を書け。（4点）

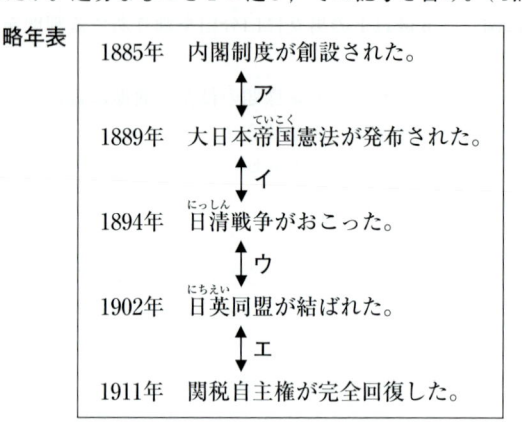

略年表
- 1885年　内閣制度が創設された。
  ↕ ア
- 1889年　大日本帝国憲法が発布された。
  ↕ イ
- 1894年　日清戦争がおこった。
  ↕ ウ
- 1902年　日英同盟が結ばれた。
  ↕ エ
- 1911年　関税自主権が完全回復した。

(11) 文中の下線部ⓙは、辛亥革命で成立した国の臨時大総統に就任している。この国を何というか、書け。（5点）

［出題：和歌山県］

2 ［近現代の戦争］

まりこさんは、「近現代の戦争」というテーマで年表をつくりました。これについてあとの問いに答えなさい。　　　　　　　　　　　　　　　　　　　　　　　　　　　　　　　　［35点］

年表

時代	できごと	
明治	・旧幕府軍と新政府軍による戊辰戦争が始まった。 ・ⓐ西郷隆盛を中心とする鹿児島の士族らの反乱がおこった。 ・ⓑ日清戦争後、ロシアとの対立が激しくなり、日露戦争がおこった。 ・ⓒ第一次世界大戦がおこり、日本も参戦した。	↕〈 X 〉
大正	・柳条湖事件をきっかけにⓓ満州事変がおこった。	
昭和	・第二次世界大戦が終結し、戦後のⓔ民主化政策が始まった。	

(1) 〈 X 〉の時期におこった次のア〜ウのできごとを、古い順に並べて記号で答えよ。（6点）
　ア　大日本帝国憲法が発布された。
　イ　廃藩置県が実施された。
　ウ　五箇条の御誓文が出された。

(2) 下線部ⓐのできごとを何というか、「　　　　戦争」の空欄を埋める形で答えよ。（6点）

(3) 下線部ⓑに関連して、島根県出身で『舞姫』などの作品を残した、明治期を代表する作家で、日清・日露戦争に軍医として参加した人物を、次のア〜エの中から1つ選び、記号で答えよ。
（5点）

　ア　石川啄木　　イ　夏目漱石
　ウ　樋口一葉　　エ　森鷗外

(4) 下線部ⓒに関連して，第一次世界大戦中に日本では米騒動が発生した。このできごとが発生した理由について，グラフ1を参考にして，次の2つの語句を使い35字程度で説明せよ。なお，2つの語句の使用順序は自由である。（8点）

> シベリア出兵　　米価

グラフ1　米価の推移（1石あたりの価格）

(5) 下線部ⓓに関連して，グラフ2は，満州事変前後の各国の鉱工業生産指数を示しており，ソ連は，1929年から始まった世界恐慌の影響を受けていないことがわかる。その理由について述べた文として適当なものを，あとのア～エの中から1つ選んで，記号で答えよ。（5点）

グラフ2　鉱工業生産指数

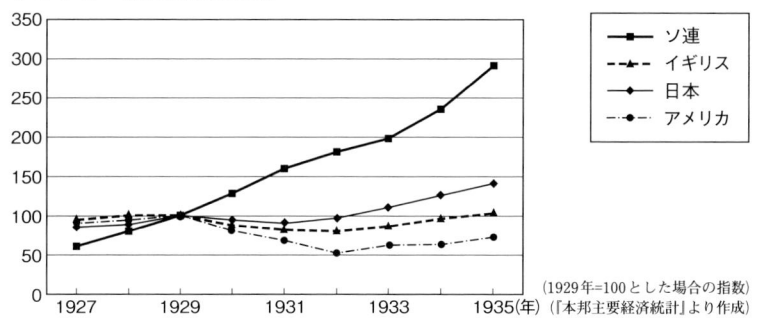

ア　韓国を併合し，朝鮮総督府を設置して植民地支配をすすめ，市場を拡大したから。
イ　蒸気機関を動力とする機械が実用化され，産業革命をなしとげたから。
ウ　計画経済のもとで，「五か年計画」による重工業化をすすめていたから。
エ　ニューディール政策を実施し，積極的に公共事業を行っていたから。

(6) 下線部ⓔについて述べた次の文中の　P　，　Q　に入る語句の組み合わせとして正しいものを，ア～エの中から1つ選び，記号で答えよ。（5点）

	P	Q
ア	帝国主義	学制
イ	平和主義	学制
ウ	帝国主義	教育基本法
エ	平和主義	教育基本法

> 国民主権，基本的人権の尊重，　P　を三原則とする日本国憲法が制定されたことによって，多くの法律や制度が改められた。教育の機会均等や9年間の義務教育などを規定した　Q　が定められたこともその一つである。

[出題：島根県]

入試問題にチャレンジ 2

制限時間 30分
解答⇒p.372
得点

1 [原始〜近代の生活史]

人々は，互いに協力して生活を営むことで社会を築いてきた。そこで，班に分かれて，社会の成り立ちについて調べた。次の問いに答えなさい。 [32点]

(1) Kさんの班は，人々が共同で生活を営むようになったころの日本のようすを調べた。
　① 次の各文は，人々が集落をつくり，生活を営むようになったころのようすについて述べたものである。ア〜ウについて，年代の古いものから順に記号を書け。(5点)
　　ア　大陸から渡来した人々によって稲作が伝えられた。
　　イ　縄目のような文様をつけた土器がつくられ始めた。
　　ウ　古墳の墳丘に埴輪が並べられるようになった。
　② 金属器は，さまざまな道具に使用された。次の文は，鉄器と同じころに大陸から伝えられた金属器について述べたものである。文中の□□□に当てはまる語を書け。(5点)
　　　右の写真の銅鐸は，□□□器とよばれる金属器の1つであり，祭礼の道具として使用された。

(2) Mさんの班は，14世紀から16世紀にかけての日本では，有力な農民や商工業者たちによる自治が行われていた村落や都市があったことを知り，調べた。
　① 産業が発達すると，農民の生活も豊かになり，村落では有力な農民による自治的な組織がつくられるようになった。次の文は，そのようすについて述べたものである。あとのア〜エのうち，(ⓐ)，(ⓑ)に当てはまる語の組み合わせとして正しいものはどれか。1つ選び，記号で答えよ。(6点)

　　農民は，(ⓐ)とよばれる自治的な組織をつくり，寄合をひらいて村のきまりを定めたり，年貢を集めて領主に納めたりした。また農民は，年貢の減免や負債の取り消しを求めることもあった。1485年におこった山城の国一揆では武士と農民が協力して(ⓑ)の軍勢を追い出し，8年間にわたって自治を行った。

　　ア　ⓐ 座　　　　ⓑ 関白
　　イ　ⓐ 惣(惣村)　ⓑ 関白
　　ウ　ⓐ 座　　　　ⓑ 守護大名
　　エ　ⓐ 惣(惣村)　ⓑ 守護大名

　② 商業が発達した都市では，有力な商工業者たちによる自治が行われることもあった。次の文は，有力な商人たちによる自治が行われていた堺について，そのころ来日したイエズス会の宣教師が本国に送った書簡を翻訳したものの一部である。

　　日本全国当堺の町より安全なる所なく，ⓐ他の諸国に於て動乱あるも，此町には曾て無く，敗者も勝者も，此町に来住すれば皆平和に生活し，諸人相和し，他人に害を加ふる者なし。

(I) 堺は，勘合貿易とよばれる中国との貿易の拠点となり発展した。日本と勘合貿易を行っていたころの中国の王朝名を，次のア～エの中から1つ選び，記号を書け。(5点)
　　ア　宋　　イ　元　　ウ　明　　エ　清

(II) ⓐ他の諸国に於て動乱あるとの記述は，イエズス会の宣教師たちが見聞した日本のようすを記したものである。次のア～エのうち，イエズス会の宣教師たちが来日していたところにおこったできごととして最も適切なものはどれか。1つ選び，記号で答えよ。(5点)
　　ア　桶狭間の戦い　　イ　壇ノ浦の戦い　　ウ　応仁の乱　　エ　承久の乱

(III) 堺の商人たちは，琉球や東南アジアの各地にも船を出し，貿易を行っていた。江戸時代の初期には，東南アジアの各地に居住する日本人が増えて，日本町とよばれる場所が形成された。そのころ，呂宋とよばれた島にも日本町がつくられていた。呂宋とよばれた島を含む，多数の島からなる地域の現在の国名を書け。(6点)

[出典：大阪府]

2 [古代～近代の外交]

古代から近代までの外交に関する次の略年表について，あとの問いに答えなさい。　[44点]

略年表

西暦	できごと	
239	卑弥呼が魏に使いを送る	
607	聖徳太子が小野妹子を隋に送る	……ⓐ
753	唐の僧鑑真が来日する	……ⓑ
894	遣唐使が廃止される	……ⓒ
1274	元が日本に来襲する	
1404	明と勘合貿易をはじめる	……ⓓ
1543	ポルトガル人が鉄砲を伝える	
1635	日本人の海外渡航を禁止する	
1853	ペリーが浦賀に来航する	……ⓔ
1871	岩倉使節団を欧米へ派遣する	
1886	ノルマントン号事件おこる	……ⓕ
1914	第一次世界大戦に参戦する	……ⓖ

(1) 略年表中のⓐに聖徳太子とあるが，資料1は，聖徳太子が役人に対して政治の心構えを示したものの一部である。これを何というか，名称を書け。(5点)

資料1
　一に曰く　和を貴び，人にさからうことのないよう心がけよ。
　二に曰く　あつく三宝を敬え。三宝とは仏と，その教え(法)と，それを説く僧侶である。
　三に曰く　天皇の詔を受けたら，必ず謹んでこれに従え。君は天であり，臣は地である。

(『日本書紀』より一部要約)

(2) **略年表**中の⑥のころ，天皇や貴族から庶民までの和歌がおさめられた歌集ができた。その名称を書け。（5点）

(3) **略年表**中の©のころから藤原氏が勢力を強め，摂政，関白という地位について，摂関政治とよばれる政治を行った。藤原氏はどのようにして権力を維持したのか。下の**資料2**を参考にして，わかりやすく説明せよ。（8点）

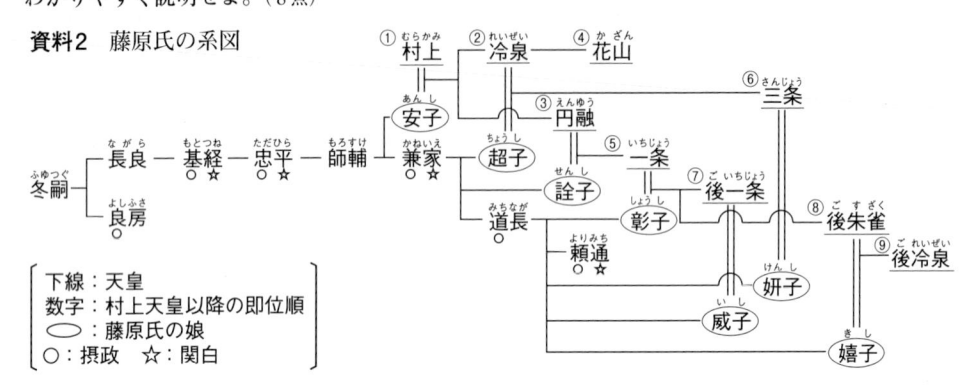

資料2 藤原氏の系図

［下線：天皇
数字：村上天皇以降の即位順
　　　：藤原氏の娘
○：摂政　☆：関白］

(4) **略年表**中のⓓのころ，商人や手工業者は同業者ごとに団体をつくり，貴族や寺社の保護を受け，営業を独占していた。その団体の名称を，次のア～エの中から1つ選び，記号で答えよ。（5点）
　ア　馬借
　イ　寄合
　ウ　座
　エ　町衆

(5) 次のア～エは，**略年表**中のⓔより後のできごとを述べたものである。年代の古いものから順に並べて，記号を書け。（5点）
　ア　土佐藩の坂本龍馬らの仲立ちで，薩摩藩と長州藩が同盟を結んだ。
　イ　大老井伊直弼が，江戸城桜田門外で水戸藩などの浪士に暗殺された。
　ウ　将軍徳川慶喜は，政権の維持は困難と判断し，朝廷に政権を返上した。
　エ　下田と函館の港を開き，外国船に燃料・食料などを補給することを認めた。

(6) **略年表**中のⓕにより，不平等条約の改正を求める世論が高まった。国民が求めた改正の内容はどのようなものであったか。**資料3**を参考に簡潔に書け。（8点）

資料3 ノルマントン号事件に関する風刺画

1886年，イギリス船ノルマントン号が紀伊半島沖で沈没しました。イギリス人船員はほとんど救助されましたが，日本人乗客は全員水死しました。裁判の結果，イギリス人の船長は軽い罪に問われただけでした。

(7) 略年表中の⑧について、第一次世界大戦中、日本の経済はどのように変化し、また国民生活はどのような影響を受けたか。資料4と資料5を参考に簡潔に書け。(8点)

[出典：佐賀県]

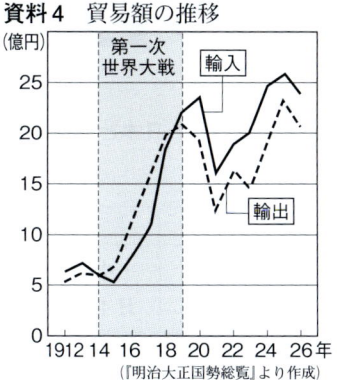

資料4 貿易額の推移

資料5 物価と賃金の変化

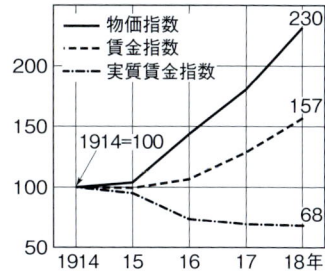

③ [現代史]

右の年表を見て、あとの問いに答えなさい。 [24点]

年	できごと
1951	ⓐサンフランシスコ平和条約を結ぶ
	↕ⓑ
1972	沖縄が日本に復帰する
	↕ⓒ
2002	日朝首脳会談が開かれる

(1) 日本は、年表中の下線部ⓐをアメリカなど48か国と結んだが、ソ連はこれに調印しなかったので、この時点では日本とソ連の国交は回復されなかった。

① 下線部ⓐが結ばれたころ、すでに始まっていた冷たい戦争(冷戦)にかかわって、次の文中の ◯◯ に当てはまる適切な語句を漢字2字で書け。(6点)

> 冷たい戦争(冷戦)とは、ソ連を中心とする社会主義諸国(東側陣営)とアメリカを中心とする◯◯主義諸国(西側陣営)との対立である。◯◯主義とは、生産のもとになる◯◯をもつ者(◯◯家)が労働者をやとって生産する経済のしくみをいう。

② 日本とソ連は1956年に国交を回復し、同年、日本は国際連合への加盟を実現した。日本とソ連が国交を回復する際に調印した次の資料の名称を6字で書け。(6点)

> 資料　日本国とソ連との間の戦争状態は、この宣言が効力を生ずる日に終了し、両国の間に平和及び友好善隣関係が回復される。 (日本外交主要文書・年表より部分要約)

(2) 年表中のⓑ、ⓒの各期間のできごととして適切なものを、次のア～カの中からそれぞれ1つずつ選び、記号で答えよ。(各6点)

ア　日本が国際連盟を脱退した。
イ　二十一か条の要求の取り消しなどを求める五・四運動が中国でおきた。
ウ　日中平和友好条約を結んだ。
エ　日韓基本条約を結び、大韓民国との国交を正常化した。
オ　北京の外国公使館を包囲した義和団が、日本を主力とする連合軍に鎮圧された。
カ　韓国を併合し、日本の植民地とした。

[出典：長野県改]

入試問題にチャレンジ 3

制限時間 **30分**
解答⇒p.372
得点

1 [原始～近代の日本と世界の歴史]
次の表中のA～Eは，同じころにおこった，日本と世界のおもなできごとを示したものである。表を見て，あとの問いに答えなさい。 [39点]

	日本のおもなできごと	世界のおもなできごと
A	唐の律令を手本とした ① が制定された後，ⓐ平城京がつくられた。	中国東北部にあった渤海が，はじめて日本に使いを送った。
B	足利義政が銀閣を建てた。このころ，(ⓑ)。	バスコ＝ダ＝ガマが，喜望峰を回ってインドに到達した。
C	ⓒ承久の乱がおこった。その後，執権の北条泰時が御成敗式目を定めた。	フビライ＝ハンが国号を ② と定め，その後，中国全土を支配した。
D	西廻り航路や東廻り航路がひらかれた。また，ⓓ都市が大きく発展した。	イギリスでピューリタン（清教徒）革命と名誉革命がおこった。
E	九州北部にあったⓔ奴国の王が，中国の皇帝から金印を授かった。	インドでおこった仏教が，中国に伝わった。

(1) ① ， ② にあてはまる最も適当なことばを書け。（各5点）
(2) A～Eを年代の古い順に並べよ。ただし，いちばん年代の古いものはEである。（6点）
(3) ⓐに関して，この都がつくられた現在の府県名と，794年に平安京に都を移した天皇の組み合わせとして，正しいものはどれか。次のア～エの中から1つ選び，記号で答えよ。（4点）
　ア （京都　聖武天皇）　　イ （京都　桓武天皇）
　ウ （奈良　聖武天皇）　　エ （奈良　桓武天皇）
(4) ⓑにあてはまるできごととして，最も適当なものはどれか。次のア～エの中から1つ選び，記号で答えよ。（4点）
　ア 運慶らが，東大寺南大門の金剛力士像などの力強い彫刻作品を制作した。
　イ 雪舟が，中国にわたり水墨画の技術を学び，「秋冬山水図」を描いた。
　ウ 杉田玄白らが，オランダの医学書を翻訳した『解体新書』を出版した。
　エ 紫式部の『源氏物語』や清少納言の『枕草子』などの文学作品が生まれた。
(5) ⓒについて，この乱をおこした上皇はだれか。（5点）
(6) ⓓに関して，次の表は三都の繁栄のようすを示している。　　　に適することばをおぎない，文を完成せよ。（6点）

表
三都	繁栄のようす
江戸	将軍の城下町で，諸藩の江戸屋敷が置かれた。
大阪	，天下の台所とよばれた。
京都	西陣織などの高級絹織物や優れた工芸品を産出した。

(7) **略地図**は，ⓔのころの世界の一部を示している。X，Yの国名の組み合わせとして，最も適当なものはどれか。(4点)

ア （X 漢　Y ローマ帝国）
イ （X 漢　Y ビザンツ帝国）
ウ （X 清　Y ローマ帝国）
エ （X 清　Y ビザンツ帝国）

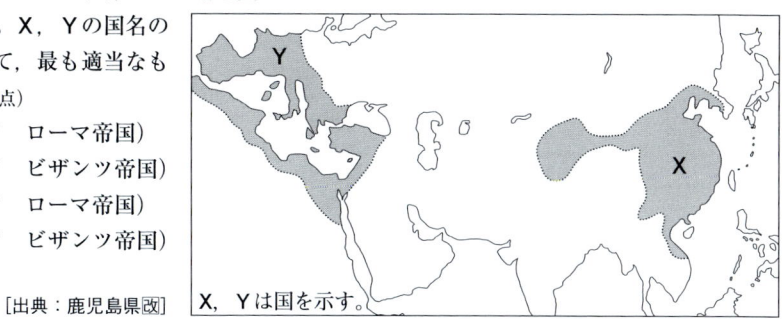

[出典：鹿児島県改]

略地図

X，Yは国を示す。

2 ［近代以降の歴史］

Mさんのクラスでは，近代以降の歴史について班ごとに調べ，紙芝居で発表することにした。次は，各班が紙芝居づくりのために作成した資料の一部である。また，資料中の【参考】は紙芝居の絵をかくための資料の1つであり，【場面構成】のできごとは年代順に並んでいる。これについて，あとの問いに答えなさい。　　　　　　　　　　　　　　　　　　　　　　　　　　[31点]

A班　【タイトル】自由と平等を求めて—①フランス革命—

【参考】

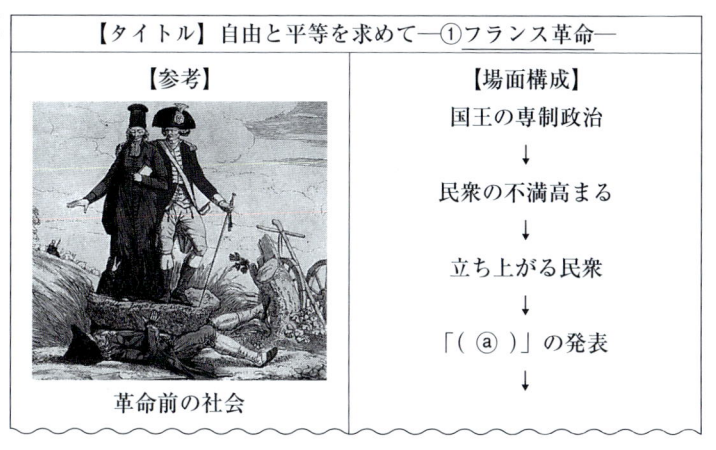

革命前の社会

【場面構成】
国王の専制政治
↓
民衆の不満高まる
↓
立ち上がる民衆
↓
「(ⓐ)」の発表
↓

(1) 下線部①について，このできごとに影響を与えた思想家と，その思想家の考えを日本に紹介して，自由民権運動に関係した人物の組み合わせとして正しいものを，次のア〜エの中から1つ選び，記号で答えよ。(4点)

ア ルター ― 中江兆民　　イ ルター ― 内村鑑三
ウ ルソー ― 中江兆民　　エ ルソー ― 内村鑑三

(2) 次の文は，A班の資料の(ⓐ)の条文の一部である。この条文を参考にして(ⓐ)に入る適切な語を答えよ。(5点)

第1条　人間は，生まれながらにして自由で平等な権利を持っている。

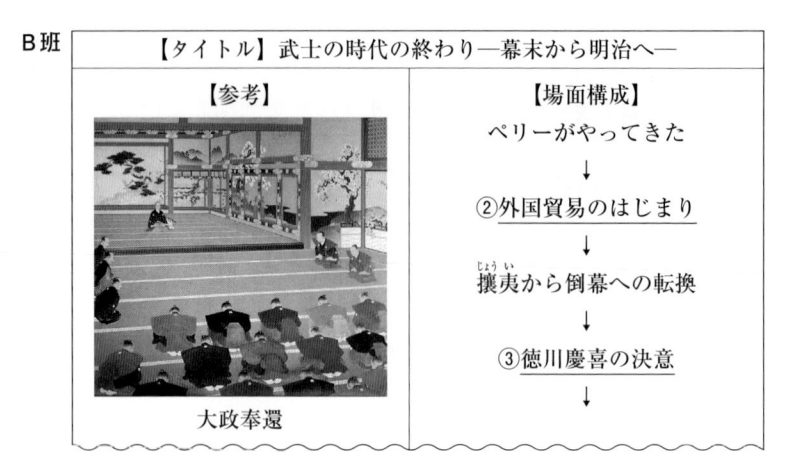

B班 【タイトル】武士の時代の終わり―幕末から明治へ―

【参考】
大政奉還

【場面構成】
ペリーがやってきた
↓
②外国貿易のはじまり
↓
攘夷から倒幕への転換
↓
③徳川慶喜の決意
↓

(3) 下線部②について，これにより国内の綿織物業は打撃を受けたが，それはなぜか。「関税自主権」という語を用いて，簡潔に述べよ。(6点)

(4) 下線部③について，B班では，この場面を次の文のように説明することにした。文中の（　　　）に，適切な語句をおぎない，文を完成させよ。(6点)

> こうして，徳川慶喜は，大政奉還を決意しました。大政奉還とは，（　　　）ことをいいます。

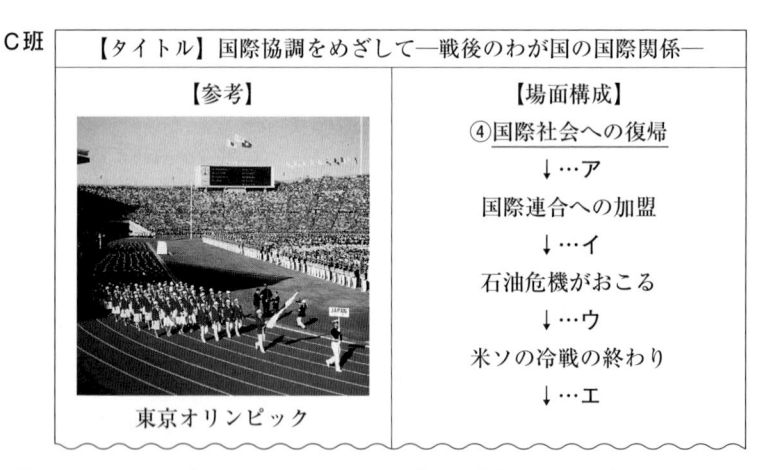

C班 【タイトル】国際協調をめざして―戦後のわが国の国際関係―

【参考】
東京オリンピック

【場面構成】
④国際社会への復帰
↓…ア
国際連合への加盟
↓…イ
石油危機がおこる
↓…ウ
米ソの冷戦の終わり
↓…エ

(5) 下線部④について，1951年にわが国が48か国と結んだ条約は何か。答えよ。(5点)
(6) C班の紙芝居で，「東京オリンピックの開催」を【場面構成】に加える場合，ア～エのどの位置にあたるか。記号で答えよ。(5点)

[出典：山口県]

3 [戦後の日本]

戦後の日本のできごとについての，あとの問いに答えなさい。 [30点]

(1) 右の**資料**は，農地改革による国内の自作地と小作地の割合の変化を示している。この改革について健二さんがまとめた次の文章中の｜ a ｜に当てはまる機関の名前を書け。また，｜ b ｜に当てはまる内容を，「地主」と「安く売り渡す」という語句を使って簡潔に書け。(各6点)

資料

1938年　自作地 53.2%　小作地 46.8
1949年　87.0%　13.0

(『農林省統計調査局資料』より作成)

> この改革は，マッカーサーを最高指令官とする｜ a ｜が日本政府に完全実施を求めたものである。｜ b ｜という内容で，その後の農業生産の増大につながった。

(2) 1960年代の日本社会の変化についてⅠ～Ⅲのカードをつくった。カード中の｜ X ｜～｜ Z ｜に当てはまるものをあとのア～ウから1つずつ選び，記号で答えよ。(各4点)

Ⅰ　人々は余暇を楽しむようになりました。表から，家電製品が普及したことがわかり，家事の時間の短縮が，余暇を楽しむ背景にあると考えました。

家電製品の普及率の推移(%)

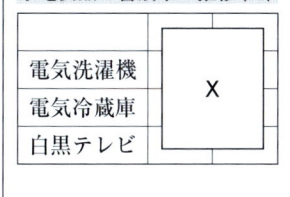

電気洗濯機	X
電気冷蔵庫	
白黒テレビ	

Ⅱ　東京オリンピックの開催にあわせて，全国で高速道路の建設が本格化しました。表から，自動車での移動が増加していることがわかりました。

国内輸送(旅客)の割合の推移(%)

鉄道	Y
自動車	
航空・船舶	

Ⅲ　集団就職に象徴されるように，多くの働き手が農村から都市に流出しました。表から，産業構造の変化がわかり，農業就業人口の減少がうかがえました。

産業別就業人口の割合の推移(%)

第一次産業	Z
第二次産業	
第三次産業	

ア

1960年	1970年
32.7	19.3
29.1	34.0
38.2	46.6

イ

1960年	1970年
40.6	91.4
10.1	89.1
44.7	90.2

ウ

1960年	1970年
75.8	49.2
22.8	48.4
1.4	2.4

(『数字でみる日本の100年』改訂第5版などより作成)

(3) 戦後の日本経済について述べた次のア～エの文を，年代の古い順に並べ，記号で答えよ。(6点)

ア　年平均10%をこえる高い経済成長が続いた。
イ　財閥解体などによって，経済の民主化が進められた。
ウ　狂乱物価といわれる激しいインフレがおこった。
エ　朝鮮戦争に関係する軍事物資の輸出が増加し，経済が急速に回復した。

[出典：山梨県改]

入試問題にチャレンジ 4

制限時間 **30**分
解答⇒ *p.373*

得点

1 [衣服から見る歴史]
次の各文を読んで，文中の(1)～(5)について，あとの同番号の各問いに答えなさい。　[25点]

> 衣服は，人々の生活に欠くことのできないものである。(1)旧石器時代に獣皮を身にまとい，続く新石器時代に植物繊維を用いた織物を巻衣・貫頭衣として着用するようになったといわれている。(2)古代文明の頃には，身分や階級の差を反映し，衣服の素材や形状は多様化していった。

(1) この時代の人類の進化や生活の様子について述べた文として，誤っているものを次のア～エの中から選び，記号で答えよ。(5点)
　ア　アフリカで猿人が誕生し，やがて打製石器を作り始めた。
　イ　原人は，脳の容量が猿人の2倍もあり，農耕・牧畜を行うようになった。
　ウ　新人の中には，動物の姿を洞くつの壁面に描くものもいた。
　エ　氷河時代の終わり頃，大陸と地続きだった日本列島に新人が渡ってきた。

(2) これについて述べた文として，誤っているものを次のア～エの中から選び，記号で答えよ。
　　　　　　　　　　　　　　　　　　　　　　　　　　　　　　　　　　　　　　(5点)
　ア　ナイル川流域に栄えた文明では，定期的な洪水を利用した農業が行われ，巨大な建造物も多く造られた。
　イ　チグリス・ユーフラテス川流域に栄えた文明では，太陽暦が用いられ，七曜制や十進法も考え出された。
　ウ　インダス川流域に栄えた文明では，計画的に都市が建設され，文字も使用されていた。
　エ　黄河流域を支配した殷王朝では，甲骨文字が用いられ，さまざまな形状や文様の青銅器も作られた。

> 中世以後，衣服は各地でさまざまに変化していった。たとえばヨーロッパでは，(3)13～15世紀に，裁断技術の向上もあって男性はタイツ，女性はスカートという姿が広まった。また，近世になって宮廷文化が栄えると，都市では男女とも華美な服装が流行し，レースやリボンなども多用された。しかし，このような貴族趣味的な服装は，フランス革命後変化していった。服装の流行も市民階級がおもに担うようになり，男性は，それまで貧しい市民層のはいていた長ズボンを常用するようになっていた。この頃(4)産業革命がヨーロッパ各地で進展しており，衣服の素材も，羊毛と並んで(5)木綿が中心となった。

(3) この時期の世界の様子について述べた文として，あてはまらないものを次のア～エの中から選び，その記号を書け。(5点)
　ア　東ローマ帝国が滅亡した。
　イ　マルコ゠ポーロが元に着いた。
　ウ　イタリアでルネサンス運動が始まった。
　エ　スペインから独立したオランダが，貿易で大いに栄えた。

(4) この様子や影響について述べた文として，誤っているものを次のア～エの中から選び，記号で答えよ。（5点）
ア 18世紀，機械の発明や改良が相次いだイギリスで，家内制手工業に代わってマニュファクチュアが定着した。
イ 男性ばかりでなく，女性や子供も工場の労働者となり，資本家に低賃金で長時間働かされることになった。
ウ 労働者の生活と権利を守るために労働組合が作られ，労働条件の改善を求めてストライキなどを行うようになった。
エ 工業化の進んだ欧米諸国は，工業原料の確保や工業製品の売り先を求めて，アジアやアフリカなどへの進出を強めた。

(5) これについて述べた次の文中の（　）にあてはまる語を書け。（5点）

> 日本でも，近世には木綿が各地で盛んに栽培され，庶民の衣服として普及したが，それには農業技術の発展も関係があった。特に干鰯や（　）などの購入肥料の効果は高く，木綿のほかにもさまざまな商品作物の栽培が盛んになった。

［出典：奈良・東大寺学園高］

2 ［弥生～江戸時代の歴史］
次の年表を見て，あとの問いに答えなさい。　　［19点］

時　代	できごと
弥　生	・稲作が九州から東日本まで広まる
古　墳	
奈　良	・6歳以上の人々に口分田が与えられる
平　安	・荘園が各地に広まる
鎌　倉	↕ あ
室　町	
安土桃山	A 太閤検地と刀狩が行われる
江　戸	↕ い

(1) 年表の□□□の部分に書かれている時代は，どのような基準で区分されているか。その基準を，次のア～エの中から1つ選び，記号で答えよ。（4点）
ア 文化の特徴
イ 社会のしくみの特徴
ウ 政治の中心地
エ 年号（元号）

(2) あ の時期に見られた社会の様子について，正しく述べている文を，次のア～エの中から2つ選び，記号で答えよ。（4点）
ア 物資の流通がさかんになり，問丸（問）や馬借という運送業者が活躍していた。
イ 都市では，株仲間という同業者組織がつくられ，大きな力をもつようになった。

ウ　幕府が発行した貨幣が取り引きに使われ，両替商(両替店)も増えた。
エ　堺などのように，町衆とよばれる商工業者を中心として自治を行う都市が現れた。

(3)　Aの政策によって，次の江戸時代に引き継がれる身分制度の基礎ができたと言える。なぜそのように言えるのか，書け。(5点)

(4)　 い　の時期には，各地で次の資料に見られるような変化が生じた。これを受けて，農村では綿花，あぶらな，野菜などの生産に力を入れるようになった。その理由を，資料から読み取れることを含めて書け。(6点)

> 昔は村々ではたいへん銭が不足して，一切のものを銭では買わず，皆，米や麦で買っていたことを，私は田舎(いなか)で見て覚えている。近年の様子を聞くと，元禄のころから田舎へも銭が行きわたって，銭で物を買うようになった。

(『政談』より。一部の表現はわかりやすく改めた)

[出典：石川県]

3　[日本とロシアの外交史]
次の【A】～【D】の文を読んで，あとの問いに答えなさい。　　　　　　　　　　[56点]

【A】　19世紀後半，東アジアを南下するロシアは，ⓐ朝鮮への進出をはかる日本と対立することとなっていった。1895年，日本が日清戦争に勝ち，[①]を手に入れたとき，ロシアはただちにこれに干渉し，また1900年におきた北清事変のあとには，ロシアは大軍を満州に残して朝鮮をうかがったりした。1904年，ついに両国の間にⓑ日露戦争がはじまった。結果はロシアが敗れ，朝鮮の支配権を日本に認めることとなった。

【B】　1914年，ヨーロッパでⓒ第一次世界大戦がはじまり，ロシアも参戦した。しかし，ロシアは長期戦にたえられず，1917年，国内でⓓロシア革命がおこった。このとき，列国はただちに干渉戦争をおこし，ロシアに誕生した社会主義政権をたおそうとした。とりわけ，[②]出兵をおこなった日本は，大軍を派遣して最後まで撤兵しようとしなかった。1922年，新政権は，この危機をのりこえてソ連を建国した。

【C】　ⓔ満州事変のあと，満州国が建国されると，ソ連は満州との国境で日本と向きあうこととなった。いっぽう，1939年にヨーロッパで第二次世界大戦がはじまると，ドイツを脅威とするソ連は，1941年に日本との間に[③]を結び，独ソ戦にそなえた。その後，ソ連は連合国の一員としてドイツと戦い，1945年，ドイツを降伏させた。その3か月後，ソ連は[③]を破り，突如としてⓕ満州などに攻めこんだ。

【D】　第二次世界大戦後，冷戦によって米ソの対立がはげしくなった。そうしたなか，日本の独立を認める1951年のサンフランシスコ平和条約にソ連は調印しなかったが，その後，ⓖ冷戦の緊張がゆるんでくると，ソ連は1956年の日ソ共同宣言に調印し，日本との国交を回復した。そのとき未解決となったいわゆる「[④]」の問題は，ⓗ1989年に冷戦が終結し，その後ソ連が解体したあとも解決されないままとなっており，日本との平和条約は今なお結ばれていない。

(1)　文中の空欄[①]～[④]に適当な語句を書け。(各4点)

(2) 下線部ⓐに関連して,このころの明治政府の外交について述べた次のア～エの文のうち,誤っているものを1つ選べ。(5点)
　ア　政府は江華島事件をきっかけにして,日朝修好条規を結んだ。
　イ　政府は台湾に出兵したが,日清修好条規を結び撤兵した。
　ウ　政府は清国の反対にもかかわらず琉球を沖縄県とした。
　エ　政府は樺太・千島交換条約を結び,千島列島を日本領とした。
(3) 下線部ⓑについて,次のア～エの文のうち,この戦争のあと日本でおこったできごととして誤っているものを1つ選べ。(5点)
　ア　軍事目的もあって主要な鉄道が国有化された。
　イ　官営の八幡製鉄所が操業を開始した。
　ウ　大逆事件がおこり,幸徳秋水らが処刑された。
　エ　関税自主権を完全に回復し,条約改正が達成された。
(4) 下線部ⓒについて,大戦後,世界的に軍備縮小の動きが強まったが,その1つとして1921～22年に開かれた国際会議がある。この国際会議名を答えよ。(5点)
(5) 下線部ⓓについて,これに関連して述べた次のア～エの文のうち,誤っているものを1つ選べ。(5点)
　ア　革命家レーニンは「すべての権力をソビエトへ」とよびかけた。
　イ　革命が成功すると,ロシアはイギリスと講和し,戦線から離脱した。
　ウ　革命政府は,資本家から工場や銀行を没収して国有化の政策をすすめた。
　エ　革命は日本の社会主義運動に影響をあたえ,日本共産党が結成された。
(6) 下線部ⓔについて,この前後の日本の動きを述べた次のア～エの文のうち,誤っているものを1つ選べ。(5点)
　ア　農村では,農作飢饉や大凶作にあいついでみまわれ,生活に困窮する農民が多かった。
　イ　軍部は満州全土を占領したあと,満州国を建国し,天皇を国家元首とした。
　ウ　満州事変を調査した国際連盟は,日本に対して満州から軍隊を撤退するように勧告した。
　エ　五・一五事件で犬養毅首相が殺害され,政党政治がとだえた。
(7) 下線部ⓕについて,このことは連合国首脳会議のなかでとりきめられていたことであるが,この会談の開催地を次のア～エのうちから1つ選べ。(5点)
　ア　パリ　イ　ポツダム　ウ　モスクワ　エ　ヤルタ
(8) 下線部ⓖについて,このような情勢のなかで,1955年にインドネシアで開かれた国際会議を,次のア～エのうちから1つ選べ。(5点)
　ア　アジア太平洋経済協力会議
　イ　非同盟諸国首脳会議
　ウ　アジア・アフリカ会議
　エ　アセアン首脳会議
(9) 下線部ⓗについて,右の写真はこのことに関連するできごとであるが,このできごとがおこった都市を答えよ。(5点)

[出典:愛媛・愛光高]

解答と解説

1章 文明のおこりと日本

定期テスト予想問題

● p.42〜44

1 (1)猿人　(2)打製石器　(3)①A，②B，③B，④C，⑤A，⑥B，⑦D，⑧A，⑨B，⑩A，⑪B，⑫D

解説　(1)サルとの分岐点は直立二足歩行がはじまった時点。(2)打製石器を使用した時代を旧石器時代とよぶ。やがて農耕のはじまりは新しい道具を生みだし，磨製石器を使用する新石器時代へと発展し，土器をつくって生活を豊かにした。(3)四大文明については，文明の特色を文明ごとに整理しておくとよい。

2 (1)①ポリス，②孔子，③始皇帝，④漢，⑤ローマ，⑥キリスト教
(2)民主政治(デモクラチア)
(3)カースト制度
(4)ヘレニズム文化
(5)①万里の長城，②(例)北方の民族の侵入を防ぐため。(14字)
(6)シルクロード(絹の道)

解説　(1)①アテネやスパルタが代表的なポリスである。②孔子は，中国の春秋・戦国時代の思想家であり，『論語』は孔子の考えをまとめたものである。⑤イタリア半島におこった都市国家ローマは，紀元前3世紀に半島を統一し，さらに周辺の諸民族を征服して，紀元前1世紀には地中海地域を支配する大帝国に成長した。⑥キリスト教は，はじめローマ帝国から弾圧を受けたが，4世紀末にはローマ帝国の国教になった。(4)この文化はインドや中国にも伝えられ，日本にも影響をおよぼした。(5)①現在のものは明の時代につくられたものである。②始皇帝は，北方から侵入してきた遊牧民の匈奴を討ち，以後の侵入を防ぐために万里の長城を整備した。(6)シルクロード(絹の道)の名は，中国の絹がローマまで運ばれたことに由来する。

3 (1)Ⅲ→Ⅰ→Ⅱ　(2)①弥生土器，②イ，③金印，④卑弥呼，⑤邪馬台国
(3)①古墳，②ア，③大和政権(ヤマト王権)，④渡来人，⑤ウ
(4)①縄文土器，②エ，③貝塚，④イ

解説　(2)①縄文土器にくらべて，薄手で赤褐色のじょうぶな土器。②高床倉庫は稲の貯蔵に利用された。③『後漢書』東夷伝によると，57年に倭の奴国の王が中国の後漢の光武帝に印を授かったとある。写真の印は，江戸時代に福岡市の志賀島で見つかった。④問題の文は『魏志』倭人伝を要約したものの一部である。『魏志』倭人伝によれば，3世紀ごろの日本列島では，邪馬台国の女王卑弥呼が約30ほどの国を従えていたことがわかる。(3)③この国のことは大和政権(ヤマト王権)あるいは大和国家とよんでいる。⑤稲作や青銅器は，縄文時代の終わりごろから弥生時代にかけて伝わった。(4)③三内丸山遺跡は青森市で発見された日本最大級の縄文集落のあとで，縄文時代の生活を具体的に知ることができる貴重なものとなっている。登呂遺跡と吉野ヶ里遺跡は，弥生時代の代表的な遺跡。岩宿遺跡は，相沢忠洋によって日本ではじめて打製石器が発見された場所。

2章 古代日本の歩みとアジア

定期テスト予想問題

● p.74〜75

① (1) Ⅰ＝710，Ⅱ＝794
(2)ア＝隋，イ＝聖徳太子，ウ＝大宝律令，エ＝平将門，オ＝宋
(3)大化の改新 (4)平城京 (5)長安
(6)平安京 (7)桓武天皇 (8)承平・天慶の乱
(9)摂関政治 (10)源氏 (11)X＝飛鳥文化，Y＝天平文化，Z＝国風文化
(12)(例)仏教の影響が強く，国際性豊かな文化。
(13)(例)日本の風土にあった日本風の文化。
(14)①Z，②Y，③Y，④Z，⑤Z，⑥X，⑦Z，⑧Y
(15)①十七条の憲法（憲法十七条），②A

解説 (2)イ．聖徳太子は推古天皇の摂政として，蘇我馬子の協力をえて政治を行った。ウ．大宝律令の完成によって，天皇を中心とする政治のしくみ＝律令制が確立した。(3)大化の改新では，蘇我氏を倒し天皇中心の中央集権政治をめざした。(7)桓武天皇は，律令政治を立て直そうとして，都を移し，地方政治の引きしめや班田収授や税制の改革などを行った。(9)藤原氏が摂政あるいは関白の地位を利用して，天皇にかわり政治の実権をにぎった。(10)源頼義・義家父子が関東の武士団を利用してこの乱をしずめ，勢力を強めた。平氏は西日本で勢力を強めていた。(15)豪族が朝廷の役人として天皇につかえる心がまえを示したもの。聖徳太子が定めた。

② (1)①国分寺，②東大寺，③最澄，④延暦寺，⑤天台宗，⑥空海，⑦金剛峯寺，⑧真言宗，⑨浄土教（浄土信仰）
(2)C

解説 奈良時代に国家の強い保護と統制のもとにおかれた仏教は，平安時代には貴族や民衆に受け入れられ，とりわけ浄土教は末法思想の流行もあって，人々のあいだに広まった。

3章 武家政治の成立と展開

定期テスト予想問題

● p.122〜124

① (1) Ⅰ＝1192，Ⅱ＝1467
(2)あ＝源頼朝，い＝建武の新政，う＝倭寇
(3)院政 (4)平清盛
(5)①北条氏，②執権政治 (6)ウ
(7)①御成敗式目，②北条泰時
(8)足利尊氏 (9)守護大名
(10)①勘合貿易（日明貿易），②足利義満
(11)ア (12)①D，②北条政子
(13)①F，②元（モンゴル），③火薬と集団戦法

解説 (2)い．足利尊氏らの協力をえて鎌倉幕府をほろぼした後醍醐天皇は，天皇みずから政治を行った。これが建武の新政である。う．倭寇は13世紀末から16世紀にかけて活動した。(5)②執権は将軍を補佐する地位。(6)六波羅探題は，朝廷や西国の御家人を監視するためにおかれた鎌倉幕府の機関である。(7)御成敗式目は，頼朝以来の裁判の先例や武士のしきたりを51条にまとめたもので，ながく武家の法律の手本となった。(11)11年にもおよぶ応仁の乱によって，京都は焼け野原となり，幕府の権威はおとろえ，公家や寺社も没落した。(12)史料は，承久の乱にさいし，北条政子が御家人によびかけたもの。(13)③この絵には，集団で攻撃する元の兵と，一騎討ちで立ち向かう日本の武士，そのあいだで破裂する火薬がえがかれている。

2 A＝ク，B＝サ，C＝シ，D＝イ，E＝ウ，
F＝ツ，G＝セ，H＝キ，I＝タ，J＝ソ，
K＝カ，L＝ケ，M＝エ

解説 室町時代には，農業や手工業が発達し，流通する商業も活発になった。人々の生活が向上すると各地で自治の動きが強まり，自治が進むと年貢の軽減などを求めて，土一揆がおこった。

3 (1)－エ－⑧ (2)－キ－① (3)－ケ－⑦
(4)－カ－③ (5)－オ－⑨ (6)－イ－⑤
(7)－ク－④ (8)－ウ－⑥ (9)－ア－②

解説 文化については，時代別・分野（宗教・学問・文芸・美術・建築など）別に整理しておくとよいだろう。

4章 ヨーロッパ人との出会いと天下統一

定期テスト予想問題

● p.147～148

1 (1)ア＝室町，イ＝大阪 (2)c
(3)フランシスコ＝ザビエル (4)e
(5)楽市・楽座 (6)太閤検地
(7)①刀狩，②農民の一揆を防ぐ
(8)ウ (9)エ

解説 (2)中国船が種子島に漂着し，乗船していたポルトガル人によって鉄砲が伝えられた。(3)イエズス会のザビエルは，カトリック教会（旧教）勢力回復のためにアジアでの布教にあたっていたが，マラッカで会った日本人青年のアンジロー（ヤジロー）の案内で鹿児島に上陸した。(5)新しい商業の発達をさまたげていた座を廃止し，だれもが自由に商売ができるようにした。城下町を繁栄させることが目的だった。(8)太閤検地や刀狩によって，江戸時代の身分制の土台が築かれた。(9)ア．朝鮮の軍隊や民衆の抵抗により，秀吉軍は苦戦を強いられた。イ．徳川家康は九州まで行ったが，朝鮮には出兵しなかった。ウ．朝鮮出兵によって，朝鮮の国土は荒れ，経済・文化も停滞した。

2 (1)コロンブス (2)マゼラン
(3)ルネサンス (4)ア

解説 (1)コロンブスは，1492年にアメリカ大陸の今の西インド諸島に到達した。(2)マゼランはフィリピンで住民と戦って死んだが，部下は1522年に世界一周を達成した。問題にはないが，Cの航路はバスコ＝ダ＝ガマの航路。(3)ルネサンスは，キリスト教中心の考え方をはなれ，自然や人間をありのままに見ようとする人間中心の文化。

5章 幕藩体制と鎖国

定期テスト予想問題

● p.185～187

1 (1)1603 (2)①ウ，②イ，③カ，④エ
(3)武家諸法度 (4)①参勤交代，②ウ
(5)寺請制度（宗門改） (6)徳川吉宗
(7)松平定信
(8)①C，②A，③C，④B，⑤A，⑥B

解説 (2)アは1792年，オは1543年のことである。(5)島原・天草一揆は，キリシタンの多かった九州の島原・天草地方でおこった一揆で，この後，幕府は寺請制度や絵踏によって，キリシタンの取りしまりを強めた。また，宣教師の密入国をおそれて，ポルトガル船の来航を禁止した。(8)改革政治の特色や政策は，区別できるように表などにしてまとめておくとよい。

2 (1)ア＝オランダ，イ＝出島
(2)ウ＝村役人，エ＝五人組　(3)オ＝新田
(4)カ＝江戸，キ＝大阪
(5)ク＝百姓一揆　(6)ケ＝寺子屋

解説　(1)イ．幕府はオランダ商館を長崎の出島におき貿易を統制した。中国とは，長崎に中国人居留地である唐人屋敷をもうけ貿易を行った。(3)オ．新田開発により，江戸時代には耕地が大幅に拡大した。(6)ケ．武士の教育機関は，藩によって藩校がつくられた。

3 (1)元禄文化　(2)化政文化
(3)①エ，②ウ，③キ，④オ，⑤イ，⑥ア，⑦カ　(4)ア・エ・オ
(5)①国学，②(例)古事記などの日本の古典を研究して，外来の仏教や儒教にとらわれない，日本にもとからある思想を明らかにしようとする学問。

解説　(3)①代表作は『日本永代蔵』『世間胸算用』『好色一代男』など。②浮世絵の風景画家として，「富嶽三十六景」の作者の葛飾北斎と混同しないようにする。④江戸初期の俵屋宗達（代表作は「風神雷神図」）と混同しやすいので注意。⑤杉田玄白のように，オランダ語の書物を通じて西洋の文化を学ぼうとする学問を蘭学という。⑦は伊能忠敬の「大日本沿海輿地全図」の東北部分。(5)本居宣長に代表される，日本の古典を研究して日本古来の思想をみきわめようとする学問を国学という。

6章 近代国家の成立と日本の開国

定期テスト予想問題

● p.229〜230

1 (1)1858　(2)ウ　(3)水野忠邦　(4)ウ
(5)ペリー　(6)日米和親条約　(7)エ

(8)関税自主権がない，治外法権（領事裁判権）を認めた　(9)③→②→①→④→⑤
(10)エ　(11)ア

解説　(2)天保のききんのため，大阪でも餓死者がでた。こうした中で貧民救済を求めて大塩平八郎が乱をおこした。アの田沼意次が老中になったのは1772年のこと。イの桜田門外の変は1860年。エの「ええじゃないか」のさわぎが広まったのは1867年ごろのこと。(4)ウ．薩摩藩や長州藩では，有能な中・下級武士を登用して藩政改革を行い，成果をあげて幕末に雄藩として活躍する土台をつくった。(6)この条約によって200年以上におよんだ鎖国が終わり日本は開国した。イギリス・ロシア・オランダとも同じような条約を結んだ。貿易の取り決めはない。(8)日米修好通商条約は，アメリカ総領事ハリスと幕府の大老井伊直弼とのあいだで調印され，神奈川（横浜）・函館・長崎・新潟・兵庫（神戸）の5港を貿易港として開港した。イギリス・ロシア・オランダ・フランスとも同じような条約を結んだ。(9)幕末の動きはやや複雑だが流れをつかんでおく。(11)アメリカは1861年に南北戦争がはじまり，日本との貿易から手を引くしかなかった。イのイギリスの産業革命は，18世紀中ごろ，ウのアメリカの独立戦争は1775年，エのアヘン戦争は1840年におこった。

2 (1)A＝イギリス，B＝資本，C＝社会，D＝アヘン戦争，E＝インド
(2)(例)工業原料の供給地と工業製品の販売市場を求めた。

解説　イギリスでは，毛織物工業がさかんであったが，インドから大量に綿花が輸入されるようになると，綿織物の需要が高まり，機械の発明があいついで産業革命がはじまった。産業革命で生産力と軍事力を高めたイギリスは，欧米諸国に先がけてアジアに進出していった。

7章 近代国家への歩み

定期テスト予想問題

● p.269～270

1 (1)①五箇条の御誓文，②版籍，③廃藩置県，④1873，⑤徴兵，⑥民撰議院設立の建白書，⑦西南，⑧国会開設，⑨1889
(2)イ　(3)B　(4)3%　(5)自由民権運動
(6)薩摩藩　(7)立憲改新党　(8)伊藤博文
(9)(例)ドイツの憲法は君主権が強力であったから。　(10)直接国税を15円以上おさめる満25歳以上の男子。　(11)ウ

解説　(1)②藩の領地(版)と人民(籍)を天皇に返させ，大名を政府の役人とし，旧領地をおさめさせることとした。③藩をやめて県をおき，県には政府が新しく任命した県令を派遣した。(2)アは17～18世紀，イのドイツ帝国が成立するのは1871年，ウは1917年のロシア革命，エはフランス革命で1789年。(3)鹿鳴館が建てられたのは1883年。(4)地租改正では，地価を決め，その3%を税(地租)として現金でおさめさせた。しかし，人々の負担はほとんど変わらず，各地で地租改正反対の一揆がおこった。そのため，政府は1877年から地租を2.5%に引き下げた。(11)関税自主権の完全回復は，1911年のこと。

2 (1)1894年　(2)下関条約　(3)イ　(4)義和団事件(北清事変)　(5)キリスト教徒…内村鑑三，社会主義者…幸徳秋水(または堺利彦)
(6)ポーツマス条約　(7)イ　(8)1910年

解説　(3)満州(中国東北部)や朝鮮への進出をねらうロシアは，日本の遼東半島進出をおそれ，フランス・ドイツとともに半島を清国に返すよう要求した。地図のウは山東半島。(7)旅順・大連は遼東半島先端の都市。

8章 2度の世界大戦と日本

定期テスト予想問題

● p.308～309

1 (1)Ⅰ＝1914，Ⅱ＝1929
(2)a＝ウ，b＝エ，c＝ア　(3)レーニン
(4)ベルサイユ条約　(5)25歳以上
(6)(例)ダム建設などの公共事業をおこし，失業者に仕事を与えた。
(7)エ　(8)ポーランド　(9)ア
(10)イ　(11)エ　(12)広島
(13)ポツダム宣言

解説　(2)イは1910年，オは1940年，カは1930年のできごと。(5)このとき財産による選挙権の制限が廃止され，男子の普通選挙が実現した。同時に，共産主義運動への弾圧を強める治安維持法が制定されたことはおさえておくこと。(6)大統領フランクリン＝ルーズベルトによる政策。イギリス・フランスは本国と植民地の結びつきを強めるブロック経済政策をおしすすめた。(7)イの原敬は，米騒動のあと本格的な政党内閣を組織した人物。ア・ウは明治期の政治家。(9)政党が解散してつくられたのは大政翼賛会。ウの産業報国会は，労働組合が解散してつくられた組織。(10)アは日中戦争のきっかけとなった事件。ウは太平洋戦争中の海戦で，日本海軍が大敗した。エは1875年の事件で，これを口実に，日本は朝鮮に不平等な内容をもつ日朝修好条規を押しつけた。

2 (1)①二十一か条の要求，②五・四運動
(2)満州事変　(3)①エ，②1938年

解説　(2)「柳條溝(柳条湖)の満鉄線爆破」という記事から判断。(3)国家総動員法は日中戦争が長引くなかで，国民生活のすべてを戦争に動員するために，1938年に制定された。

9章 新しい日本と世界

定期テスト予想問題

●p.338〜339

1 (1)平和主義 (2)サンフランシスコ (3)エ (4)(例)農地改革が行われたので、自作農の割合が増え、小作農の割合が減った。 (5)イ (6)ア

解説 (1)日本国憲法の三大原則の1つである。ほかは、国民主権と基本的人権の尊重。必ず覚えておくこと。(2)日本は連合国48か国と講和条約を結んだ。(3)エ。戦後制定されたのは教育勅語ではなく教育基本法である。(5)エはサンフランシスコ平和条約で日本が認めた内容。(6)イは1972年、ウは1965年、エは1959〜1960年。

2 A＝吉田茂, B＝朝鮮, C＝アジア・アフリカ(A・A), D＝国際連合, E＝中華人民共和国, F＝イスラエル, G＝湾岸, H＝ベルリン
[位置] (1)ア (2)サ (3)コ (4)イ (5)シ (6)キ (7)ク (8)オ

解説 (6)パレスチナ地方では、ユダヤ人とアラブ人が共存していたが、ユダヤ人によって1948年にイスラエルが建国されると、そのために追い出された100万をこえるパレスチナのアラブ人は、アラブ諸国の支持をうけ抵抗を続けた。そうしたなかで、アラブ諸国とイスラエルのあいだに、たび重なる中東戦争がおこり、現在でも紛争が続いている。

入試問題にチャレンジ 1

●p.350〜353

1 (1)北条泰時 (2)①ウ,②(例)日本に旧石器時代があったことがわかった。 (3)邪馬台国 (4)班田収授法(班田収授) (5)(例)朝廷を監視すること。(西国の御家人を統制すること。) (6)①ア ②(例)借金の帳消しの徳政を求めた。 (7)エ (8)(例)将軍から1万石以上の領地を与えられた武士。 (9)ア→エ→ウ→イ (10)イ (11)中華民国

解説 (2)岩宿遺跡は群馬県みどり市にある。1946年、相沢忠洋によって関東ローム層から打製石器が発見された。(4)口分田は、良民の男子は2段、女子はその3分の2、奴婢は良民の3分の1与えられた。(6)①イとウは江戸時代、エは鎌倉時代のこと。②正長の土一揆は、近江(滋賀県)の馬借の蜂起をきっかけにおこった土一揆。(7)エの近松門左衛門は元禄時代の脚本家。代表作に『曽根崎心中』がある。アの俵屋宗達は、江戸時代初期の装飾画の画家。イの与謝蕪村は化政文化の時代の俳人。ウの菱川師宣は元禄時代の浮世絵師。代表作に「見返り美人図」がある。(9)それぞれアは徳川吉宗、イは水野忠邦、ウは松平定信、エは田沼意次の政策。(10)日清戦争の直前の1894年に回復した。(11)1912年に中華民国が成立し、孫文は臨時大総統となった。

2 (1)ウ→イ→ア (2)西南(戦争) (3)エ (4)(例)シベリア出兵を見こした商人が米の買い占めを行い、米価が上昇したから。(34字) (5)ウ (6)エ

解説 (1)アは1889年、イは1871年、ウは1868年のこと。(3)アの石川啄木は『一握の砂』、イの夏目漱石は『吾輩は猫である』『坊っちゃん』、ウの樋口一葉は『たけくらべ』などが代表作。(4)グラフを見ると米価が急に上がっていることがわかる。シベリア出兵は、ロシア革命の

影響が自国に及ぶことをおそれて行ったもの。シベリア出兵が決まると，米の値上がりを見こした商人による買い占めが行われたため，米価は急上昇した。それに怒った富山の主婦が行動をおこし，騒動が全国に広がった。
(5)アは日本，イはイギリス，エはアメリカのこと。この3国は世界恐慌の影響を受けている。ソ連は資本主義諸国とは経済関係を持たなかったため影響を受けなかった。

入試問題にチャレンジ❷

●p.354〜357

1 (1)①イ→ア→ウ ②青銅 (2)①エ ②(Ⅰ)ウ (Ⅱ)ア (Ⅲ)フィリピン

解説 (1)①アは弥生時代，イは縄文時代，ウは古墳時代のこと。(2)①座は，鎌倉，室町時代の手工業者の同業者組合。②(Ⅰ)日明貿易は倭寇と区別するために勘合という証明書を使って行ったので勘合貿易ともいう。(Ⅱ)アは1560年，イは1185年，ウは1467年，エは1221年のこと。イエズス会の宣教師ザビエルが初めて来日しキリスト教を伝えたのは1549年。(Ⅲ)日本町ではほかに，タイのアユタヤなどもある。

2 (1)十七条の憲法（憲法十七条） (2)万葉集 (3)(例)娘を天皇の后にし，生まれた子を次の天皇に立て，摂政・関白として権力をにぎっていった。(4)ウ (5)エ→イ→ア→ウ (6)(例)治外法権（領事裁判権）の撤廃 (7)(例)輸出額が輸入額を上回り，景気がよくなったが，物価が上昇したため多くの国民の生活は苦しくなった。

解説 (2)奈良時代にできた『万葉集』は万葉仮名で書かれており，天皇から庶民までの和歌が約4500首おさめられている。(3)資料2をみると，藤原氏の娘が天皇と結婚し，その子が天皇となって，また藤原氏の娘と結婚するということが繰り返されていることがわかる。

(4)アの馬借は中世の運送業者。イの寄合は惣（農民の自治組織）の会議。エの町衆は，室町から戦国時代にかけての京都の裕福な商工業者。(5)アの薩長同盟は1866年，イの桜田門外の変は1860年，ウの大政奉還は1867年，エの日米和親条約は1854年のこと。(6)治外法権（領事裁判権）がなかったため，日本の法律では裁けず，船長は軽い罰をうけただけだった。(7)資料4をみると，第一次世界大戦中は輸出額が輸入額を上回っていることが，資料5からは物価と賃金がともに上昇し，実質賃金指数は減少していることがわかる。

3 (1)①資本 ②日ソ共同宣言 (2)ⓑ＝エ ⓒ＝ウ

解説 (2)②この条約が結ばれるまでは，国際連合の安全保障理事会の常任理事国であるソ連が日本の加盟を反対していたため，日本は国際連合に加盟することができなかった。
(3)アは1933年，イは1919年，ウは1978年，エは1965年，オは1900年，カは1910年のこと。

入試問題にチャレンジ❸

●p.358〜361

1 (1)①大宝律令 ②元 (2)(E)→A→C→B→D (3)エ (4)イ (5)後鳥羽上皇 (6)(例)蔵屋敷が立ち並ぶ商業の中心地となり (7)ア

解説 (1)①701年に制定された。(2)Aは奈良時代，Bは室町時代，Cは鎌倉時代，Dは江戸時代，Eは弥生時代のこと。(3)平城京は奈良におかれた。平安京に移したのは桓武天皇のとき。聖武天皇は奈良時代の天皇で，東大寺の大仏や国分寺を建て，仏教の力により国の平安を願おうとした。(4)アは鎌倉時代，ウは江戸時代，エは平安時代のこと。(6)江戸は将軍のお膝元といわれ政治都市であった。京都

は千年の古都といわれ文化の中心であった。(7)eは57年のこと。漢は紀元前202年から前漢・後漢あわせて約400年続いた。ローマ帝国は、紀元前27年から395年まで続いた。ビザンツ帝国とは、395年に東西に分裂したローマ帝国の東半分を支配した帝国。1453年にオスマン帝国に滅ぼされた。

2 (1)ウ　(2)人権宣言　(3)(例)関税自主権がなかったため、安い外国製品が大量に輸入されたから。　(4)政権を朝廷に返上する
(5)サンフランシスコ平和条約　(6)イ

解説 (1)中江兆民は、ルソーの『社会契約論』を紹介して「東洋のルソー」とよばれた。(3)産業革命を成しとげたイギリスなどの国は、機械を使って大量に商品を生産し、安い値段で輸出していた。(6)東京オリンピックは、1964年のこと。

3 (1)a＝連合国軍最高司令官総司令部(GHQ)
b＝(例)政府が地主から土地を買い上げ、小作農に安く売りわたす　(2)X＝イ　Y＝ウ　Z＝ア　(3)イ→エ→ア→ウ

解説 (1)戦後日本は連合国軍最高司令官総司令部(GHQ)に間接統治された。(2)Ⅰは、三種の神器といわれた家電である。Ⅲ．第一次産業とは、農林水産業、第二次産業とは鉱業、製造業、建設業、第三次産業とは商業、金融業、サービス業などのこと。(3)アは1960年代から1970年代初めまで。イは戦後すぐに行われた改革。ウの狂乱物価は、1973年の石油危機でおこった異常な物価の高騰。エの朝鮮戦争は1950年のこと。

入試問題にチャレンジ 4

● p.362〜365
1 (1)イ　(2)イ　(3)エ　(4)ア　(5)油かす

解説 (1)農耕・牧畜を行うようになったのは新人のとき。(2)メソポタミア文明では太陰暦が用いられた。太陽暦はエジプト文明。(3)アの東ローマ帝国の滅亡は1453年。イのマルコ＝ポーロは1275年に元の都に着いた。ウのルネサンスは14世紀〜16世紀にかけておこった。エのオランダがスペインから独立したのは1581年。貿易で栄えたのは17世紀〜18世紀ごろのこと。(4)イギリスで産業革命がおこったのは18世紀後半。イギリスでのマニュファクチュア(工場制手工業)の発達は16世紀ごろのこと。(5)干鰯(乾燥した鰯)や油かすなどのお金で買う肥料(金肥)を使うと生産量が上がった。

2 (1)ウ　(2)ア・エ　(3)(例)農民と武士の区別が明らかになったから。　(4)(例)農村でも貨幣を使うようになったので、綿花、あぶらな、野菜などを作って売り、貨幣を手に入れようとしたから。

解説 (2)イとウは江戸時代のこと。(3)太閤検地や刀狩で職業に基づく身分が固定された。

3 (1)①遼東半島　②シベリア　③日ソ中立条約　④北方領土
(2)イ　(3)イ　(4)ワシントン会議　(5)イ
(6)イ　(7)エ　(8)ウ　(9)ベルリン

解説 (2)イ．日清修好条規が結ばれた後に、台湾出兵が行われた。(3)イの八幡製鉄所は日清戦争の賠償金の一部を使ってつくられた。操業は1901年。(4)アメリカの提案で開かれ、アジア・太平洋地域における列強の利害の調整や海軍の軍備の制限などが決められた。(5)イ．イギリスではなくドイツと講和した。(6)満州国は清朝最後の皇帝である溥儀を執政(のちに皇帝)とした。(7)アメリカ・イギリス・ソ連が黒海沿岸のヤルタで会談し、ドイツの戦後処理とソ連の対日参戦などが決められた。(8)ウ．インドネシアのバンドンで開かれた。バンドン会議ともいう。

さくいん

赤字は，人名であることを示す。

あ

愛国社 …… 243
相沢忠洋 …… 34
アイヌ（アイヌ民族）… 107, 160
アウストラロピテクス …… 21
青木昆陽 …… 164, 176
青木繁 …… 266
青木周蔵 …… 255
赤い鳥 …… 287
県　主 …… 39
赤松氏 …… 105
秋月の乱 …… 242
芥川龍之介 …… 286
悪　党 …… 100
アクバル …… 211
アークライト …… 202
明智光秀 …… 140, 141
上地令（上知令） …… 220
上げ米の制 …… 176
浅井氏 …… 115, 140
浅井忠 …… 266
朝倉氏 …… 109, 115, 116, 140
朝倉孝景条々 …… 116
アジア・アフリカ会議 …… 325
アジア・太平洋戦争 …… 301
足尾鉱毒事件 …… 261
足利学校 …… 118
足利尊氏 …… 100, 101
足利直義 …… 101
足利義昭 …… 140
足利義尚 …… 114
足利義政 …… 114, 117
足利義視 …… 114
足利義満 …… 105, 117
足軽鉄砲隊 …… 139
アジャンターの壁画 …… 29
阿修羅像（興福寺） …… 61
飛鳥時代 …… 50

飛鳥寺 …… 50
飛鳥文化 …… 50
アステカ帝国 …… 134
アステカ文明 …… 135
アダム＝スミス …… 208
あたらしい憲法のはなし … 340
安土城 …… 140, 144
安土桃山時代 …… 143
阿氏河荘農民の訴え … 93, 188
アテネ …… 25, 26
アテルイ …… 66
アトリー …… 304
アフリカ横断政策 …… 251
アフリカ縦断政策 …… 251
アフリカの年 …… 325
安部磯雄 …… 261
阿倍仲麻呂 …… 60
アヘン戦争 …… 213
尼子氏 …… 115
尼将軍 …… 92
阿弥陀信仰 …… 86
阿弥陀如来 …… 71
阿弥陀如来像（平等院） …… 71
アメリゴ＝ベスプッチ …… 133
厦　門 …… 106, 214, 252
新井白石 …… 161, 174, 179
荒　事 …… 169
アラビア数字 …… 127
アラビアン＝ナイト …… 127
アラベスク模様 …… 127
アーリア人 …… 28, 31
有島武郎 …… 286
アリストテレス …… 26
有田焼 …… 144
アルタミラの壁画 …… 21
アレクサンドル２世 …… 206
アレクサンドロス大王 …… 26
アロー号事件 …… 214
アロー戦争 …… 214

安重根 …… 256
安政の五か国条約 …… 223
安政の大獄 …… 223
安全保障理事会 …… 319, 320
安藤昌益 …… 180
安藤信正 …… 224
安保条約 …… 324
安保闘争 …… 326

い

井伊直弼 …… 223
イエス …… 28, 31
イエズス会 …… 132, 213
家の子 …… 69
家　持 …… 157
衣　冠 …… 70
生田万 …… 219
イグナチウス＝ロヨラ …… 132
池田勇人 …… 326, 327
池大雅 …… 181
生け花 …… 118, 119
異国船打払令 …… 218
石川島人足寄場 …… 179
石川啄木 …… 265
石田三成 …… 151
石包丁 …… 36
泉鏡花 …… 265
出雲の阿国 …… 144
イスラエル …… 333
イスラム教 …… 31, 127
イスラム帝国 …… 127
李舜臣 …… 143
伊勢物語 …… 70
李成桂 …… 107
イタイイタイ病 …… 328
板垣退助
　…… 239, 242, 243, 246, 247
板付遺跡 …… 36

イタリア王国 ……… 206	インダス文明 ……… 23, 28	ええじゃないか ……… 226
市川団十郎 ……… 169	インダス文字 ……… 28	エーゲ文明 ……… 25
市川房枝 ……… 285	インディオ ……… 135	会合衆 ……… 110
一ノ谷の戦い ……… 89	インドシナ戦争 ……… 320	衛　士 ……… 57
一里塚 ……… 165	インド大反乱 ……… 212	エジプト文明 ……… 23, 24
五日市憲法草案 ……… 244, 247	インド帝国 ……… 212	え　た ……… 154, 155
厳島神社 ……… 86	インフレーション ……… 259	江田船山古墳出土の鉄刀 … 38
一向一揆 ……… 117, 140		江　戸 ……… 168, 180
一向宗 ……… 94, 117, 118	**う**	江藤新平 ……… 239, 242, 243
一色氏 ……… 105		江戸時代 ……… 151
一所懸命 ……… 90	ウィッテ ……… 254	江戸幕府 ……… 151
一寸法師 ……… 118	ウィリアム＝アダムス …… 157	絵　踏 ……… 158
一世一元の制 ……… 233	ウィルソン ……… 277, 278	絵巻物 ……… 70, 86
一　遍 ……… 94	ウィーン体制 ……… 200	蝦　夷 ……… 66
伊藤博文	植木枝盛 ……… 243, 244, 247	エリザベスⅠ世 ……… 197
……… 225, 244, 246, 250, 256	上杉謙信 ……… 115	エルサレム ……… 129
糸割符制度 ……… 157	上杉憲実 ……… 118	エレキテル ……… 180
稲荷山古墳出土の鉄剣 … 38	上杉治憲（鷹山） ……… 220	円覚寺 ……… 118
犬追物 ……… 92	宇喜多秀家 ……… 143	円覚寺舎利殿 ……… 95
犬養毅 ……… 243, 284, 294	浮世絵 ……… 170, 181	猿　人 ……… 21
犬上御田鍬 ……… 60	浮世草子 ……… 169	袁世凱→ユワンシーカイ
井上馨 ……… 255	浮世風呂 ……… 180	円・銭・厘 ……… 236
井上準之助 ……… 294	氏 ……… 39	エンタシス ……… 50
井上日召 ……… 294	氏　上 ……… 39	円　墳 ……… 38
伊能忠敬 ……… 180	氏　人 ……… 39	延暦寺 ……… 66, 140
井原西鶴 ……… 169	歌川（安藤）広重 ……… 181	
今川仮名目録 ……… 116	打ちこわし ……… 178, 224, 226	**お**
今川氏 ……… 116	内村鑑三 ……… 253, 263, 264	
今川義元 ……… 140	厩戸皇子 ……… 49	オイルショック ……… 328
任　那 ……… 38, 48	梅原龍三郎 ……… 286	欧化政策 ……… 255
イラク戦争 ……… 333	浦　賀 ……… 222	王権神授説 ……… 197
入会地 ……… 113	浦島太郎 ……… 118	奥州総奉行 ……… 90
岩倉使節団 ……… 239, 254	運　脚 ……… 57	奥州道中 ……… 165
岩倉具視 ……… 239	運　慶 ……… 95	奥州藤原氏 ……… 69, 71, 89
岩崎弥太郎 ……… 236, 242, 260	運上金 ……… 167	王政復古の大号令 ……… 226
岩宿遺跡 ……… 34		汪兆銘 ……… 296
石　見 ……… 152, 165	**え**	応天門の変 ……… 79
殷 ……… 29		応仁の乱 ……… 114
院 ……… 84	栄　西 ……… 94	大海人皇子 ……… 56
インカ帝国 ……… 134, 135	永仁の徳政令 ……… 99, 189	大内氏 … 105, 109, 115, 116, 138
殷　墟 ……… 29	英仏協商 ……… 273	大内氏壁書 ……… 116
印紙法 ……… 201	永楽通宝 ……… 109	大岡忠相 ……… 175
印象派 ……… 208	永楽帝 ……… 106	大　臣 ……… 39
院　政 ……… 84, 188	英露協商 ……… 273	大　王 ……… 39, 49

大久保利通 …… 225, 234, 242	小野妹子 …………… 49	片山潜 …………… 260, 261
大隈重信	オバマ ……………… 333	家 長 ………………… 155
…… 237, 242, 243, 246, 255	首 …………………… 39	勝海舟 …………… 226, 233
大蔵永常 ……………… 164	臣 …………………… 39	学校教育法 …………… 318
大御所 ………………… 151	オランダ風説書 …… 160, 222	学校令 ………………… 263
大 阪 ……………… 152, 168	オリエント …………… 25	活字印刷術 …………… 143
大阪城 …………… 141, 144	尾 張 ………………… 153	葛飾北斎 ……………… 181
大阪夏の陣 …………… 151	恩賞方 ………………… 100	合衆国憲法 …………… 202
大阪冬の陣 …………… 151		活版印刷術 …………… 131
大塩の乱 ……………… 219	**か**	桂小五郎 ……………… 234
大塩平八郎 ……… 193, 219		桂太郎 ………………… 284
大津事件 ……………… 255	海軍軍縮条約 ………… 278	桂離宮 ………………… 171
オオツノジカ ………… 34	快 慶 ………………… 95	加藤清正 ……………… 143
大友皇子 ……………… 56	外国船打払令 ………… 218	加藤高明 …………… 284, 294
大伴家持 ……………… 62	海国兵談 …………… 178, 218	カートライト ………… 202
大 連 ………………… 39	改新の詔 …………… 52, 77	カトリック教会 …… 128, 132
大村益次郎 …………… 235	廻 船 ………………… 109	ガーナ王国 …………… 134
大目付 ………………… 152	解体新書 ……………… 179	神奈川条約 …………… 222
大森貝塚 ……………… 35	開拓使 ………………… 236	仮名文字 …………… 70, 71
大森房吉 ……………… 263	貝 塚 ………………… 35	狩野永徳 ……………… 144
大輪田泊 ……………… 85	灰 陶 ………………… 29	狩野山楽 ……………… 144
岡倉天心 ……………… 266	懐風藻 ………………… 62	狩野芳崖 ……………… 266
緒方洪庵 ……………… 180	解放令 ………………… 234	姓 …………………… 39
尾形光琳 ……………… 170	カイロ宣言 …………… 303	歌舞伎 ………………… 181
沖縄県祖国復帰協議会 … 331	カエサル ……………… 27	歌舞伎踊り …………… 144
沖縄戦 …………… 303, 305	柿本人麻呂 …………… 62	株仲間 …………… 167, 176
沖縄返還 ……………… 331	科 挙 ………………… 47	株仲間の解散 ………… 219
沖縄返還協定 ………… 340	核拡散防止条約 ……… 326	家 法 ………………… 116
荻原重秀 ……………… 174	学 制 ………… 237, 263, 312	鎌 倉 ………………… 89
荻原守衛 ……………… 266	学制反対一揆 ………… 237	鎌倉府 ………………… 105
オクタビアヌス ……… 27	学徒出陣 ……………… 302	鴨長明 ………………… 95
阿国歌舞伎 …………… 144	学問のすゝめ ………… 237	賀茂真淵 ……………… 179
奥の細道 ……………… 169	掛 屋 ………………… 168	伽 耶 …………… 38, 48
桶狭間の戦い ………… 140	囲い米の制 …………… 178	火 薬 …… 67, 127, 131, 133
尾崎紅葉 ……………… 265	笠 懸 ………………… 92	唐草文様 ……………… 50
尾崎行雄 …………… 243, 284	加持祈禱 ……………… 66	唐古・鍵遺跡 ………… 36
小山内薫 …………… 266, 287	貸本屋 ………………… 180	樺太・千島交換条約 … 239, 312
オスマン帝国 …… 133, 206, 215	カースト制度 ……… 28, 31	ガリレオ＝ガリレイ … 131
オゾン層の破壊 ……… 334	和 宮 ………………… 224	カルバン ……………… 132
織田氏 ………………… 115	化政文化 ……………… 180	枯山水 …………… 118, 119
織田信長 ……………… 139	華 族 ………………… 234	家 禄 …………… 234, 242
越 訴 ………………… 177	華族令 …………… 244, 245	河上肇 ………………… 286
御伽草子 ……………… 118	刀狩（刀狩令）…… 141, 142, 191	河竹黙阿弥 …………… 266
踊念仏 ………………… 94		西文氏 ………………… 39

河村瑞賢 …………………… 166
河原者 ……………………… 118
漢 …………………………… 30
観阿弥 ……………………… 118
冠位十二階 ………………… 49
官営模範工場 ……………… 236
官営模範工場の払い下げ … 259
環境基本法 ………………… 328
環境省 ……………………… 328
環境庁 ……………………… 328
勘合 ………………………… 106
環濠集落 …………………… 36
韓国併合 …………… 256, 313
漢字 ………………………… 39
漢書 ………………………… 30
勘定奉行 …………………… 152
『漢書』地理志 ………… 37, 76
鑑真 ………………………… 60
鑑真像(唐招提寺) ………… 61
寛政異学の禁 ……………… 178
関税自主権 ………… 223, 255
寛政の改革 ………………… 178
間接統治 …………………… 317
ガンダーラ美術 ………… 26, 29
ガンディー ………………… 280
カント ……………………… 208
関東大震災 ………………… 285
菅直人 ……………………… 334
漢委(倭)奴国王 …………… 37
関白 ………………………… 68
江華島事件 ………………… 239
桓武天皇 …………………… 65
管領 ………………………… 105

き

魏 …………………………… 37
紀伊 ………………………… 153
棄捐令 ……………………… 178
祇園祭 ……………………… 110
ききん ……………………… 178
菊池寛 ……………………… 286
騎士 ………………… 128, 130
岸田劉生 …………… 286, 287

岸信介 ……………………… 326
『魏志』倭人伝 ………… 37, 76
寄進 ………………………… 83
寄進地系荘園 ……………… 83
貴族院 ……………… 245, 246
喜多川歌麿 ………… 178, 181
北里柴三郎 ………………… 263
北大西洋条約機構 ………… 323
北畠親房 …………… 101, 118
北村透谷 …………………… 265
北山文化 …………………… 117
吉祥天女画像(薬師寺) …… 61
契丹族 ……………………… 67
切符制 ……………… 296, 302
木戸孝允 ……… 225, 234, 242
絹の道 ………………… 30, 61
紀伊国屋文左衛門 ………… 168
紀貫之 ……………………… 70
吉備真備 …………………… 60
キープ ……………………… 135
義兵運動 …………………… 256
奇兵隊 ……………………… 225
君 …………………………… 39
木村栄 ……………………… 263
肝煎 ………………………… 156
格 …………………………… 66
九か国条約 ………………… 279
義勇軍 ……………………… 323
95か条の意見書 …………… 132
旧石器時代 …………… 22, 34
牛馬耕 ……………………… 108
弓馬の道 …………………… 92
キューバ危機 ……………… 326
教育基本法 ………………… 318
教育勅語 ……… 245, 263, 312
狂歌 ………………… 179, 181
行基 ………………………… 58
狂言 ………………………… 118
京極氏 ……………… 105, 115
共産党宣言 ………………… 204
行商人 ……………………… 167
強制連行 …………………… 302
協調外交 …………………… 293
京都 ………………… 152, 168

匈奴 ………………………… 30
京都所司代 ………………… 153
享保の改革 ………………… 175
享保のききん ……………… 178
清浦奎吾 …………………… 284
玉音放送 …………………… 304
極東国際軍事裁判 ………… 317
キヨソネ …………………… 237
拒否権 ……………………… 320
浄御原令 …………………… 56
キリシタン大名 …………… 139
ギリシャ …………………… 25
キリスト教 ……… 28, 31, 128
記録所 ………………… 84, 100
記録荘園券契所 …………… 84
義和団事件 ………………… 252
金 …………………………… 67
金印 ………………………… 37
金槐和歌集 ………………… 95
金閣 ………………………… 117
銀閣 ………………………… 117
禁教令 ……………………… 158
金座 ………………………… 167
銀座 ………………………… 167
金属器時代 ………………… 22
禁中並公家諸法度 ………… 154
欽定憲法 …………………… 245
均田制 ……………………… 47
金肥 ………………………… 164
禁門の変 …………………… 225
金融恐慌 …………………… 292
勤労動員 …………………… 302

く

空海 ………………………… 66
空也 ………………………… 71
愚管抄 ……………………… 95
公暁 ………………………… 91
くさび形文字 ……………… 25
公事方御定書 ……… 175, 192
クシャトリア ……………… 28
楠木正成 …………… 100, 101
百済→ペクチェ

百済観音像(法隆寺)	50
グーテンベルク	131
く に(国)	37
国一揆	116
国替え	153
国木田独歩	265
国 友	138
国 造	39
口分田	57, 59, 60
口分田(中国)	47
組 頭	155, 156
公 文	83
公文所	90
クラーク	236, 237
鞍作鳥	50
蔵 元	168
蔵 物	167
蔵屋敷	167
クリミア戦争	206
クレオパトラ	27
蔵 人	66
黒田清輝	266
黒田長政	143
クロマニョン人	21
クロムウェル	198
クロンプトン	202
軍記物	86, 95
軍記物語	101
郡県制度	30
郡 司	56, 65
郡 代	153
軍 閥	256

け

慶安の御触書	192
経済安定九原則	319
経済恐慌	290
警察予備隊	324
敬神党の乱	242
契 沖	179
慶長の役	143
啓蒙思想	198
下剋上	115, 116

下 司	83
血盟団事件	294
下 人	83, 93
検非違使	66
ケマル=パシャ	280
ケロッグ=ブリアン協定	279
元	98
元 寇	98, 102
源 氏	69, 85
原子爆弾	304
源氏物語	70, 71
源氏物語絵巻	70
源 信	71
原 人	21
遣隋使	49
原水爆禁止運動	325
原水爆禁止世界大会	325
憲政党	246
憲政の常道	294
検地帳	141
建長寺	118
建仁寺	118
言文一致体	265
玄 昉	60
憲法研究会	318
建武の新政	100
倹約令	219
権利章典(権利の章典)	198, 310
権利の請願	197
県 令	234
元禄時代	174
元禄文化	169

こ

呉	37
ゴ ア	134
恋川春町	178
小石川養生所	175
小泉純一郎	334
ゴイセン	132
五・一五事件	294
興	38
弘安の役	98

公 害	327
公害対策基本法	328
江華島事件→カンファド事件	
康熙帝	213
高句麗→コグリョ	
甲骨文字	29
庚午年籍	52
甲午農民戦争	250
孔 子	30
洪秀全→ホンシウチュアン	
甲州道中	165
甲州法度之次第	116
豪 商	143
工場制手工業	178
工場制手工業(ヨーロッパ)	197
工場法	261
更新世	21
甲申政変	250
香辛料	134
強 訴	113, 178
皇 族	234
豪 族	38
好太王の碑文	38
幸田露伴	265
公地公民	52, 56
弘道館	182
幸徳秋水	253, 261
高度経済成長	327
抗日運動	302
抗日民族統一戦線	295
弘仁・貞観文化	66
鴻池善右衛門	168
河野広中	244
公武合体	224
興福寺の仏頭	56
工部美術学校	266
神 戸	223
弘法大師	66
光明皇后	58
光明天皇	100
皇民化	302
空 也→くうや	
高野山	66

高　麗→コリョ
広隆寺 50
公　領 83
御　恩 90
五街道 165
五箇条の御誓文 233
五か年計画 291
後　漢 37
『後漢書』東夷伝 37, 76
古今和歌集 70
国　王 128, 130
国　学 179
国・郡・里 52, 56
国際連合憲章 319
国際連盟 278
国際労働機関 320
国　司 56, 65, 68, 83, 100
国　人 113, 115
国粋主義 264
石　高 141
黒　陶 29
国風文化 69
国富論 208
国分寺 58
国分尼寺 58
国民議会 199
国民義勇軍 199
国民社会主義ドイツ労働者党 292
国民精神総動員運動 296
国民政府 280, 320
国民徴用令 296
極楽浄土 71
高句麗 37, 38, 48, 53
国連平和維持活動協力法 333
御家人 90, 152, 155
護憲運動 284
五公五民 156
小作争議 285
五　山 118
御三家 153
後三条天皇 84
後三年合戦(後三年の役) 69

五・四運動 280
古事記 62
古事記伝 179
児島惟謙 255
コシャマイン 107
55年体制 326, 333
御成敗式目 92, 188
戸　籍 57
五　代 67
五大改革指令 317
五大国一致の原則 320
後醍醐天皇 99, 100, 101
古代荘園 60
ゴータマ＝シッダールタ 29
国　家 23
国会開設の勅諭 243
国会期成同盟 243
骨角器 22, 34
国家主義 264
国家総動員法 296, 313
国共合作 280
国境紛争 332
ゴッホ 208
後藤象二郎 242, 243
後鳥羽上皇 91
小西行長 143
五人組 156
近衛文麿 295, 300
小林一茶 181
小林多喜二 286
古　墳 38
古墳時代 38
コペルニクス 131
五榜の掲示 233, 311
コミンフォルム 323
小村寿太郎 254, 255
米騒動 283
御用商人 168
コーラン 127
高　麗 53, 67, 98
五稜郭 226
御料所 105
コルテス 135
ゴルバチョフ 332

コロッセオ 27
コロンブス 133
金剛峯寺 66
金剛力士像 95
今昔物語集 86
健児の制 65
墾田永年私財法 59, 78
近藤重蔵 218
困民党 244

さ

座 94, 108
西園寺公望 278, 284
西　行 95
西郷隆盛 225, 226, 239, 242
祭政一致 23
最　澄 66
彩　陶 29
斎藤道三 115
財　閥 260, 292
財閥解体 318
西遊記 106
蔡　倫 30
堺 110, 138, 152
酒井田柿右衛門 170
堺利彦 253, 261
坂下門外の変 224
坂田藤十郎 169
坂上田村麻呂 66
佐賀の乱 242
佐賀藩 221
坂本龍馬 225
酒　屋 109
酒屋役 105
防　人 57
作　人 83, 93
桜田門外の変 223
鎖国(鎖国令) 159, 161, 192
座　禅 94
佐竹義和 220
薩英戦争 225
雑訴決断所 100
薩長同盟 225

さくいん（さ〜し）

札幌農学校 …………………… 236
薩摩藩 … 160, 161, 220, 221, 225
佐　渡 ………………… 152, 165
茶　道 ………………… 119, 144
佐藤信淵 ……………………… 164
サヘラントロプス゠チャデン
　シス ………………………… 21
侍　所 …………………… 90, 105
サラエボ事件 ………………… 274
猿　楽 ………………………… 118
サルジニア王国 ……………… 206
讃 ……………………………… 38
三・一独立運動 ……… 280, 313
山家集 ………………………… 95
三月革命 ……………………… 276
三管領 ………………………… 105
産業革命 ……………… 202, 215
産業革命（日本）……… 259, 262
参勤交代 ……………………… 154
三権分立 ……………… 198, 202
三国干渉 ……………………… 251
三国協商 ……………………… 273
三国時代 ……………………… 37
三国同盟 ……………………… 273
三斎市 ………………………… 108
３Ｃ政策 ……………… 251, 274
三種の神器 …………………… 327
三条実美 ……………………… 225
酸性雨 ………………………… 334
三世一身法 …………………… 59
三　都 ………………………… 168
山東京伝 ……………………… 178
三内丸山遺跡 ………………… 35
３Ｂ政策 ……………… 251, 274
三部会 ………………………… 199
三奉行 ………………………… 152
サンフランシスコ講和会議
　……………………………… 324
サンフランシスコ平和条約
　……………………… 324, 335, 340
三別抄 ………………………… 102
ざんぼう律 …………………… 243
三民主義 ……………………… 256
三毛作 ………………………… 108

し

自衛隊 ………………………… 324
シェークスピア ……………… 131
慈　円 ………………………… 95
志賀潔 ………………………… 263
四か国条約 …………………… 279
志賀直哉 ……………………… 286
史　記 ………………………… 30
式 ……………………………… 66
私擬憲法案 …………………… 247
式亭三馬 ……………………… 180
始皇帝 ………………………… 30
四公六民 ……………………… 156
シーザー ……………………… 27
四　職 ………………………… 105
寺社奉行 ……………………… 152
時　宗 …………………… 94, 118
氏姓制度 ……………………… 39
自然主義 ……………………… 208
自然主義文学 ………………… 265
士　族 ………………………… 234
士族の商法 …………………… 242
事大党 ………………………… 250
下地中分 ……………………… 93
七月革命 ……………………… 205
自治都市 ……………………… 130
執　権 ………………………… 91
執権政治 ……………………… 91
十返舎一九 …………………… 180
幣原喜重郎 …………… 293, 318
四天王寺 ……………………… 50
地　頭 …………… 89, 90, 92, 105
地頭請 ………………………… 93
持統天皇 ……………………… 56
寺内町 ………………… 110, 117
司馬江漢 ……………………… 181
斯波氏 ………………… 105, 115
司馬遷 ………………………… 30
柴田勝家 ……………………… 141
シパーヒーの反乱 …………… 212
師範学校 ……………………… 237
地曳網 ………………………… 165
渋染一揆 ……………… 193, 220

シベリア出兵 ………… 277, 283
四木三草 ……………………… 164
シーボルト …………………… 180
資本家 ………………… 197, 204
資本主義 ……………………… 215
資本主義社会 ………………… 204
資本主義陣営 ………………… 323
資本論 ………………………… 204
島崎藤村 ……………………… 265
島地黙雷 ……………………… 264
島津氏 ………………………… 160
島原・天草一揆 ……………… 159
持明院統 ……………………… 99
市民階級 ……………………… 197
市民革命 ……………………… 197
自民党 ………………………… 326
四民平等 ……………………… 234
下　田 ………………………… 222
下関事件 ……………………… 225
下関条約 ……………………… 250
下村観山 ……………… 266, 286
下山事件 ……………………… 319
シャカ（釈迦）………… 29, 31
社会契約論 …………………… 199
社会主義 ……………………… 204
社会主義陣営 ………………… 323
社会党 ………………………… 326
社会民主党 …………………… 261
釈迦三尊像（法隆寺）…… 50, 51
シャクシャインの戦い ……… 160
車　借 ………………………… 109
ジャワ原人 …………………… 21
朱印状 ………………………… 158
朱印船 ………………………… 158
朱印船貿易 …………………… 157
十一月革命 …………………… 277
周恩来→チョウエンライ
集会条例 ……………………… 243
衆議院 ………………… 245, 246
宗教改革 ……………………… 132
従軍慰安婦 …………… 302, 335
十字軍 ………………………… 129
十七条の憲法 …………… 49, 77
重商主義 ……………… 197, 201

集団自決 …………… 303, 305	小説神髄 …………… 264, 265	新安保条約 ……………… 326
自由党 ………………… 243	正倉院 …………………… 61	辛亥革命 ………………… 256
自由党（イギリス）………… 206	城　代 ………………… 153	塵芥集 …………………… 116
十二単 …………………… 70	浄智寺 ………………… 118	新ガイドライン …………… 333
周辺事態法 ……………… 333	正長の土一揆 …… 113, 114, 190	進化論 …………………… 208
自由民権運動 ……… 243, 247	上地令（上知令）………… 220	辰　韓 …………………… 37
自由民主党 ……………… 326	聖徳太子 ……………… 49, 50	神祇官 …………………… 56
宗門改帳 ………………… 159	正徳の治 ………………… 174	神　曲 …………………… 131
十四か条の平和原則 ……… 277	浄土宗 …………………… 94	慎機論 …………………… 219
儒　学 …………………… 30	浄土真宗 ………… 94, 117, 118	親魏倭王 ………………… 37
修学院離宮 ……………… 171	常任理事国 ……………… 320	新　劇 …………………… 266
儒　教 ………………… 30, 39	尚巴志 ………………… 107	人権宣言 …………… 199, 310
宿場町 …………… 110, 168	昌平坂学問所 …………… 182	新古今和歌集 ……………… 95
朱元璋 ………………… 106	承平・天慶の乱 …………… 69	壬午軍乱 ………………… 250
守　護 ……… 89, 90, 100, 105	障壁画 …………… 144, 170	真言宗 …………………… 66
守護請 ………………… 101	浄妙寺 ………………… 118	真珠湾 …………………… 301
守護代 ………………… 115	荘　民 …………………… 83	新　人 …………………… 21
守護大名 ………… 101, 105	聖武天皇 ……………… 58, 61	壬辰・丁酉の倭乱 ………… 143
朱子学 ………… 67, 171, 174	定免法 ………………… 176	壬申の乱 ………………… 56
シュードラ ……………… 28	縄文時代 ………………… 34	新石器時代 …………… 22, 34
ジュネーブ協定 ………… 320	縄文土器 ………………… 34	新田開発 …………… 164, 176
種の起源 ……………… 208	庄　屋 …………… 155, 156	寝殿造 …………………… 70
寿福寺 ………………… 118	生類憐みの令 …… 174, 192	神皇正統記 ………… 101, 118
聚楽第 ………………… 144	浄瑠璃 ………………… 144	新派劇 …………………… 266
春秋時代 ………………… 30	昭和恐慌 ……………… 292	親　藩 ………………… 153
書院造 …………… 117, 119	蜀 ………………………… 37	神風連の乱 ……………… 242
攘夷運動 ……………… 224	殖産興業 ……………… 236	新婦人協会 ……………… 285
貞永式目 …………… 92, 188	植民地 ………………… 212	神仏分離令 ……………… 264
荘　園 …………………… 83	贖宥状 ………………… 132	新聞紙条例 ……………… 243
荘　園（ヨーロッパ）……… 128	諸　侯 …………… 128, 130	臣　民 ………………… 245
荘園整理令 ……………… 83	諸国民の富 …………… 208	人民戦線内閣 …………… 299
蒋介石→チャンチェシー	諸子百家 ………………… 30	親　鸞 …………………… 94
松下村塾 ……………… 225	女真族 ………………… 213	
城下町 …… 109, 116, 155, 168	所得倍増 …………… 326, 327	**す**
荘　官 …………………… 83	ジョン＝ロック ………… 198	
蒸気機関 ……………… 202	白　樺 ………………… 286	隋 ………………………… 47, 49
蒸気機関車 …………… 203	白河天皇 ………………… 84	出　挙 …………………… 57
蒸気船 ………………… 203	新　羅→シルラ	水滸伝 ………………… 106
承久の乱 ………………… 91	シルクロード ………… 30, 61	推古天皇 ………………… 49
将軍のお膝元 …………… 168	新　羅 …… 37, 38, 48, 53, 60, 67	隋　書 …………………… 49
象形文字 ………………… 24	城 ……………………… 143	水墨画 ………… 67, 118, 119
上　皇 …………………… 84	秦 ………………………… 30	枢密院 ………………… 245
相国寺 ………………… 118	晋 ………………………… 37	須恵器 …………………… 39
尚　氏 …………… 107, 160	清 ……………………… 213	陶晴賢 ………………… 115

菅原道真	68, 69
杉田玄白	179
助郷役	156, 166
調所広郷	221
鈴木梅太郎	263
鈴木貫太郎	304
鈴木春信	181
鈴木三重吉	287
スターリン	291, 303, 304
スチーブンソン	203
スパルタ	25, 26
スパルタクスの反乱	27
スフィンクス	24
住友	260
角倉了以	166
スラム	204
孫文	256, 280

せ

世阿弥	118
済	38
征夷大将軍	66, 89, 100, 151
征韓論	239, 242
清教徒	132, 198
清教徒革命	198
製紙法	127
聖書	28
政商	259
清少納言	70, 71
政体書	233
青鞜	285
青銅器	36
青銅器時代	22
製陶技術	143
青鞜社	313
政党内閣	246, 284
西南戦争	242
西部戦線	300
西洋紀聞	179
世界恐慌	290
世界の記述	98, 133
世界の工場	203
関ヶ原の戦い	151

関所	109, 166
関銭	105
関孝和	171, 180
赤報隊	226
石油危機	328
石塁	98
摂関政治	68
石器	22
石器時代	22
雪舟	118
摂政	49, 68
絶対王政	197
節用集	118
ゼネスト	319
セポイの反乱	212
セポイの蜂起	212
施薬院	58
セルジューク朝	129
セルビア	274
前九年合戦(前九年の役)	69
戦国時代	30, 105, 115
全国水平社	286, 313
戦国大名	115, 139
千石どおし	164
禅宗	67, 94, 118
賤称廃止令	234
千年の古都	168
千利休	119, 144
専売制	175, 220
千歯こき	164
前方後円墳	38
賤民	57, 155
千夜一夜物語	127
川柳	181

そ

宋	67, 85
惣(惣村)	113
早雲寺殿二十一箇条	116
総会	319
宗氏	160
造士館	171, 182
宋書	38

宋銭	86, 94
曹洞宗	94
僧兵	84
草木灰	93, 108
雑徭	57
惣領	92
惣領制	92
副島種臣	243
疎開	302
蘇我氏	48, 50
蘇我入鹿	51
蘇我馬子	48
蘇我蝦夷	51
束帯	70
ソクラテス	26
租借地	252
租・調・庸	52, 57
租・調・庸(中国)	47
曽根崎心中	169
ソビエト社会主義共和国連邦(ソ連)	277
ソビエト政府	277
尊王思想	180
尊王攘夷	179
尊王攘夷運動	224
尊王論	224
孫文→スンウェン	

た

第一次世界大戦	275
第1帝政	200
太陰暦	25
大越国	67
大化	51
大覚寺統	99
大化の改新	51, 77
代官	153
大韓帝国	255
大韓民国(韓国)	323
大逆事件	261
太閤	141
太閤検地	141
大黒屋光太夫	179

第五福竜丸	325	
第三勢力	325	
太政官	56	
大正デモクラシー	286	
大政奉還	226	
大西洋憲章	300	
大政翼賛会	300	
大戦景気	283	
大仙古墳	38	
帯　刀	155	
大東亜共栄圏	302	
大統領制	202	
第2共和政	205	
第二次世界大戦	299	
大日本帝国憲法	245, 312	
第2帝政	205	
大日本産業報国会	296, 300	
大仏造立の詔	78	
大仏(東大寺)	58	
太平記	101, 118	
太平天国の乱	214	
太平洋戦争	301	
大宝律令	56	
大　名	152, 155	
大名貸し	168	
大名飛脚	166	
太陽暦	238	
平清盛	85	
平将門	69	
平将門の乱	79	
大　老	152	
台　湾	320	
ダーウィン	208	
多賀城	58, 66	
高杉晋作	225	
高野長英	219	
高野房太郎	260	
高橋由一	266	
高松塚古墳壁画	56	
高峰譲吉	263	
高向玄理	49	
高村光雲	266	
高山右近	142	
高山樗牛	264	
高床倉庫	36	
滝川幸辰	294	
滝沢馬琴	180	
滝廉太郎	266	
武田勝頼	140	
武田氏	109	
武田信玄	115, 116	
竹取物語	70	
竹本義太夫	169	
多国籍軍	333	
大宰府	56, 58	
足高の制	175	
タージ=マハル	211	
太政官制	233	
打製石器	22, 34	
館	107	
竪穴住居	34	
伊達氏	116	
田堵	68	
田中義一	292, 293	
田中勝介	157	
田中正造	261	
谷崎潤一郎	286	
田沼意次	176	
種子島	138	
ダビデ像	131	
ターヘル=アナトミア	179	
玉川庄右衛門・清右衛門	164	
玉川上水	164	
玉虫厨子	50, 51	
濃絵	144	
田山花袋	265	
樽廻船	166	
俵　物	165, 176	
俵屋宗達	170	
段　銭	105	
男尊女卑	155	
団琢磨	294	
ダンテ	131	
壇ノ浦の戦い	89	

ち

治安維持法	284, 286	
治安警察法	261	
治外法権	223, 255	
近松門左衛門	169	
地球温暖化	334	
地　券	235	
地租改正	235	
地租改正反対一揆	235	
秩父事件	244	
秩禄処分	242	
地動説	131	
血の日曜日事件	253	
千葉卓三郎	244, 247	
チャーチスト運動	206	
チャーチル	300, 303, 304	
茶の湯	118, 119, 144	
茶　法	201	
チャールズ1世	197	
蔣介石	280, 293, 295, 303, 320	
張作霖爆殺事件	256, 293	
中華人民共和国(中国)	320, 323	
中距離核戦力全廃条約	332, 334	
中宮寺	50	
中国国民党	280	
中国文明	23, 29	
中　山	107	
中尊寺金色堂	69, 71, 86	
中東戦争	328	
長　安	48	
周恩来	295, 325	
朝貢貿易	106	
張作霖爆殺事件→チャンツォリン爆殺事件		
逃　散	113	
町　衆	110	
鳥獣戯画	70, 86	
長州征討(第1回)	225	
長州征討(第2回)	226	
長州藩	220, 221, 225	
朝鮮王朝(朝鮮)	107	
朝鮮式山城	52	
朝鮮戦争	323	
朝鮮総督府	256	

さくいん（ち〜と）

朝鮮通信使 …………… 160
朝鮮民主主義人民共和国
　（北朝鮮）…………… 323
町　人 …………… 154, 155
徴兵告諭 ……………… 311
徴兵制 ………………… 47
徴兵令 ………………… 235
勅　令 ………………… 245
直轄地 ………………… 152
珍 ……………………… 38
チンギス＝ハン ……… 98
鎮西奉行 ……………… 90

つ

築地小劇場 …………… 287
継飛脚 ………………… 166
対馬藩 ………………… 161
津田梅子 ……………… 237
津田左右吉 …………… 286
蔦屋重三郎 …………… 178
土一揆 ………………… 113
坪内逍遙 ……… 264, 265, 266
冷たい戦争 …………… 323
津　料 ………………… 105
鶴岡八幡宮 …………… 89
徒然草 ………………… 95

て

定期市 ………………… 94, 108
帝国議会 ……………… 245, 246
帝国主義 ……………… 251
適　塾 ………………… 180
出　島 ………………… 159, 160
鉄器 …………………… 36
鉄器時代 ……………… 22
鉄血勤皇隊 …………… 303
鉄道国有法 …………… 260
鉄砲 …………………… 138
テネシー川の流域開発公社
　……………………… 290
デモクラチア ………… 26
寺請制度 ……………… 159

寺内正毅 ……………… 283
寺子屋 ………………… 171, 181
寺島宗則 ……………… 254
天安門事件 …………… 332
田　楽 ………………… 118
電化生活 ……………… 327
天下の台所 …………… 168
天下布武 ……………… 139
天下分け目の戦い …… 151
伝教大師 ……………… 66
天子様のお膝元 ……… 168
天智天皇 ……………… 52
天守閣 ………………… 144
天寿国繡帳 …………… 50
天正遣欧少年使節 …… 139
天台宗 ………………… 66
天津条約 ……………… 250
天　皇 ………………… 49
天皇機関説 …………… 294
田畑永代売買禁止令 … 156
天平文化 ……………… 61
天賦人権思想 ………… 243
天保の改革 …………… 219
天保のききん ………… 178
天武天皇 ……………… 56
天明の打ちこわし …… 178
天明のききん ………… 178, 193
天龍寺 ………………… 118

と

問 ……………………… 94, 109
土一揆 ………………… 113
ドイツ帝国 …………… 207
ドイツ民主共和国 …… 320
ドイツ連邦共和国 …… 320
問　丸 ………………… 94, 109
唐 ……………………… 47
東海道 ………………… 165
東海道五十三次 ……… 181
東海道中膝栗毛 ……… 180
東学党の乱 …………… 250
統監府 ………………… 256
銅　鏡 ………………… 36

道　鏡 ………………… 65
東京裁判 ……………… 317
東京大空襲 …………… 303
東京美術学校 ………… 266
銅　剣 ………………… 36
道　元 ………………… 94
同時多発テロ ………… 333
堂島の米市 …………… 167
東洲斎写楽 …………… 181
唐招提寺 ……………… 61
東条英機 ……………… 301
東清鉄道 ……………… 252
唐人屋敷 ……………… 159
統帥権 ………………… 245
統帥権干犯問題 ……… 293
東大寺 ………………… 58
東大寺南大門 ………… 95
東大寺法華堂 ………… 61
銅　鐸 ………………… 36
東福寺 ………………… 118
東方見聞録 …………… 98, 133
東方貿易 ……………… 130
銅　矛 ………………… 36
トゥーマイ猿人 ……… 21
唐　箕 ………………… 164
東洋大日本国国憲按 … 244, 247
棟　梁 ………………… 69
富樫氏 ………………… 117
土　器 ………………… 22
土岐氏 ………………… 115
土　偶 ………………… 35
徳川家継 ……………… 174
徳川家斉 ……………… 178, 180
徳川家宣 ……………… 174
徳川家光 ……………… 151, 154
徳川家茂 ……………… 223, 224
徳川家康 ……………… 151
徳川綱吉 ……………… 169, 174
徳川斉昭 ……………… 182, 221, 223
徳川秀忠 ……………… 151
徳川慶福 ……………… 223
徳川慶喜 ……………… 226
徳川吉宗 ……………… 164, 175, 179
特産品 ………………… 175

特産物 ……… 108, 164, 165, 220	長岡半太郎 ………………… 263	新島襄 ……………… 237, 264
特需景気 ……………………… 323	長崎 … 139, 152, 158, 218, 223	二月革命 ……………………… 205
徳政 ……………………………… 113	長崎貿易 ……………………… 174	2官8省 ………………………… 56
徳政令 …………………… 99, 114	中里介山 ……………………… 287	ニコライ2世 ………………… 276
独ソ戦 …………………………… 300	長篠の戦い …………………… 140	西インド諸島 ………………… 133
独ソ不可侵条約 ……………… 299	中山道 …………………………… 165	錦絵 ……………………………… 181
徳富蘇峰 ……………………… 264	中継貿易 ……………………… 107	西田幾多郎 …………………… 286
徳冨蘆花 ……………………… 265	中臣鎌足 ………………………… 51	仁科芳雄 ……………………… 286
徳永直 ………………………… 286	中大兄皇子 ……………………… 51	西市 ……………………………… 58
独立国家共同体 ……………… 332	奴国 ……………………………… 37	西廻り航路 …………………… 166
独立宣言（アメリカ）… 201, 310	ナチス …………………………… 292	二十一か条の要求 …… 275, 280
独立党 ………………………… 250	夏目漱石 ……………………… 265	二条河原の落書 ……… 100, 189
土佐日記 ………………………… 70	名主 ……………………… 155, 156	二条城 ………………………… 171
外様大名 ……………………… 153	鍋島直正 ……………………… 221	西ローマ帝国 ………………… 128
十三湊 ………………………… 107	ナポレオン3世 ……………… 205	日英通商航海条約 …………… 255
土倉 ……………………………… 109	ナポレオン法典 ……………… 200	日英同盟 ………………… 253, 275
土倉役 ………………………… 105	ナポレオン＝ボナパルト … 200	日ソ共同宣言 ………………… 324
ドッジ＝ライン ……………… 319	生麦事件 ……………………… 225	日独伊三国同盟 ……………… 301
隣組 ……………………………… 296	納屋物 ………………………… 167	日独伊三国防共協定 ………… 299
鳥羽・伏見の戦い …………… 226	奈良時代 ………………………… 57	日独防共協定 ………………… 299
トーマス＝ジェファーソン	成金 ……………………………… 262	日米安全保障条約 …… 324, 340
………………………… 201	鳴滝塾 ………………………… 180	日米行政協定 ………………… 324
富岡製糸場 …………………… 236	南下政策 ……………………… 253	日米交渉 ……………………… 301
土民 ……………………………… 113	南京事件 ……………………… 295	日米修好通商条約 …………… 223
豊臣秀吉 ……………………… 141	南京条約 ……………………… 214	日米相互協力及び安全保障
渡来人 …………………………… 39	南山 ……………………………… 107	条約 ………………………… 326
鳥毛立女屏風 ………………… 61	南禅寺 ………………………… 118	日米地位協定 ………………… 331
止利仏師 ………………………… 50	南総里見八犬伝 ……………… 180	日米和親条約 ………… 222, 311
トルコ共和国 ………………… 280	南朝 ……………………………… 101	日明貿易 ……………………… 105
トルーマン …………… 304, 323	南蛮人 ………………………… 139	日蓮 ……………………………… 94
トルーマン＝ドクトリン … 323	南蛮屏風 ……………………… 144	日蓮宗 …………………………… 94
奴隷 ……………………………… 23	南蛮文化 ……………………… 143	日露戦争 ……………………… 253
奴隷解放令 …………………… 207	南蛮貿易 ……………………… 139	日韓基本条約 …… 331, 335, 340
登呂遺跡 ………………………… 36	南部仏印進駐 ………………… 301	日韓協約 ……………………… 255
屯田兵 ………………………… 236	南北戦争 ……………………… 207	日光東照宮 …………… 151, 171
問屋制家内工業 ……… 165, 178	南北朝時代 ……………… 101, 105	日光道中 ……………………… 165
	南北朝時代（中国）…… 37, 47	日清修好条規 ………… 239, 311
な	南北朝の合一 …………… 101, 105	日清戦争 ……………………… 250
	南北問題 ……………………… 334	日ソ共同宣言 ………… 335, 340
内閣制度 ……………………… 244		日ソ中立条約 ………………… 301
ナウマン ……………………… 237	**に**	新田義貞 ………………… 100, 101
ナウマン象 ……………………… 34		日中共同声明 ………… 331, 335
永井荷風 ……………………… 286	新潟 ……………………………… 223	日中平和友好条約 …………… 331
長岡京 …………………………… 65	新潟水俣病 …………………… 328	日朝修好条規 ………… 239, 250

に

- 新渡戸稲造 …………………… 278
- 二・二六事件 ………………… 294
- 二宮尊徳 ……………………… 164
- 日本永代蔵 …………………… 169
- 日本海海戦 …………………… 253
- 日本共産党 …………………… 286
- 日本銀行 ………………… 236, 259
- 日本憲法見込案 ……………… 247
- 日本国憲法 ……………… 318, 340
- 日本社会党 …………………… 261
- 日本書紀 ……………………… 62
- 日本農民組合 ………………… 285
- 日本橋の魚市 ………………… 167
- 日本町 ………………………… 158
- 日本郵船会社 ………………… 260
- 二毛作 ………………………… 93
- ニューディール ……………… 290
- ニュートン …………………… 208
- 女房装束 ……………………… 70
- 人形浄瑠璃 ……………… 169, 181
- 人間宣言 ……………………… 317

ぬ

- 奴婢 …………………………… 39

ね

- 根来 …………………………… 138
- ネルー ………………………… 280
- 年貢 …………………………… 156
- 念仏 …………………………… 71

の

- 農業全書 ……………………… 164
- 農地改革 ……………………… 317
- 農奴 …………………………… 128
- 農奴解放令 …………………… 206
- 能(能楽) ……………………… 118
- 野口英世 ……………………… 286
- 野尻湖 ………………………… 34
- 野田佳彦 ……………………… 334
- 野々村仁清 …………………… 170

は

- ノモンハン事件 ……………… 300
- ノルマン人 …………………… 128
- ノルマンディー上陸 ………… 303
- ノルマントン号事件 ………… 255

- 俳諧 ……………………… 169, 181
- 配給制 …………………… 296, 302
- バイシャ ……………………… 28
- 廃刀令 ………………………… 242
- 排仏毀釈(廃仏毀釈) ………… 264
- 博多 …………………………… 110
- 馬韓 …………………………… 37
- 萩の乱 ………………………… 242
- 白村江の戦い ………………… 52
- バグダッド …………………… 127
- 白馬会 ………………………… 266
- 幕藩体制 ……………………… 153
- 白鳳文化 ……………………… 56
- ハーグリーブズ ……………… 202
- 幕領 …………………………… 152
- 函館 ……………………… 222, 223
- 箱根用水 ……………………… 164
- 羽柴秀吉 ……………………… 141
- 橋本雅邦 ……………………… 266
- 橋本左内 ……………………… 223
- 馬借 ……………………… 94, 109, 113
- バスコ＝ダ＝ガマ …………… 133
- バスチーユ牢獄の襲撃 ……… 199
- 長谷川等伯 …………………… 144
- 支倉常長 ……………………… 157
- 畠山氏 …………………… 105, 116
- 旅籠 …………………………… 166
- バタビア ……………………… 134
- 旗本 ……………………… 152, 155
- 八・一宣言 …………………… 295
- 八月十八日の政変 …………… 225
- バテレン追放令 ………… 142, 191
- 鳩山由紀夫 …………………… 334
- 花の御所 ……………………… 105
- 花畠教場 ……………………… 171
- パナマ運河 …………………… 252
- 埴輪 …………………………… 38
- パピルス ……………………… 24
- バビロニア …………………… 24
- 浜口雄幸 ………………… 292, 293
- 蛤御門の変 …………………… 225
- バーミンガム ………………… 203
- 林子平 …………………… 178, 218
- 隼人 …………………………… 58
- 原敬 …………………………… 284
- バラモン ……………………… 28
- パリ＝コミューン …………… 205
- パリ条約 ……………………… 201
- バルカン半島 ………………… 274
- パルチザン …………………… 303
- パルテノン神殿 ……………… 26
- パレスチナ問題 ……………… 333
- 班固 …………………………… 30
- 藩校 ……………………… 171, 182
- 藩札 …………………………… 167
- ハンザ同盟 …………………… 130
- 蛮社の獄 ……………………… 219
- 半済 …………………………… 101
- 版籍奉還 ……………………… 234
- 班田収授法 ………………… 52, 57
- バンドン会議 ………………… 325
- 藩閥政治 ……………………… 242
- 藩閥内閣 ……………………… 244
- ハンムラビ王 ………………… 24
- ハンムラビ法典 ……………… 25
- 板門店 ………………………… 323
- 万有引力の法則 ……………… 208
- 万里の長城 …………………… 30
- 韓流 …………………………… 332

ひ

- 比叡山 ………………………… 66
- ヒエログリフ ………………… 24
- 菱垣廻船 ……………………… 166
- 非核三原則 …………………… 334
- 東インド会社 …… 134, 212, 213
- 東日本大震災 ………………… 334
- 東市 …………………………… 58
- 東廻り航路 …………………… 166
- 東山文化 ………………… 117, 119

東ローマ帝国 …… 128, 129, 130	**ふ**	不戦条約 …………………… 279
引付衆 …………………………… 91		譜代大名 …………………… 153
飛脚 …………………………… 166	武 ………………………… 38, 77	札差 ………………………… 168
樋口一葉 …………………… 265	ファシスト党 ……………… 291	二葉亭四迷 ………………… 265
ビクトリア女王 …… 206, 212	ファシズム …………… 291, 292	武断政治 …………………… 174
ピサロ ……………………… 135	溥儀 ………………………… 294	府知事 ……………………… 234
ビザンツ帝国 ……………… 128	フィレンツェ ………… 130, 131	普通選挙法 ………………… 284
菱川師宣 …………………… 170	フェートン号 ……………… 218	復帰協 ……………………… 331
菱田春草 …………………… 266	フェノロサ ………………… 266	仏教 …………… 29, 31, 39, 77
ビスマルク …………… 207, 273	フェリペ２世 ……………… 197	ブッシュ …………………… 333
備中ぐわ …………………… 164	富嶽三十六景 ……………… 181	武帝 ………………………… 30
ビットリオ＝エマヌエーレ	不換紙幣 …………………… 259	風土記 ………………………… 62
２世 ……………………… 206	溥儀→プイ	船成金 ……………………… 283
悲田院 ………………………… 58	富貴寺大堂 ………………… 86	不入の権 …………………… 83
非同盟諸国首脳会議 ……… 325	福沢諭吉 …………………… 237	フビライの国書 …………… 189
非同盟・中立主義 ………… 325	福島事件 …………………… 244	フビライ＝ハン ……………… 98
人返し令 …………………… 219	福島正則 …………………… 143	部分的核実験停止条約 …… 326
一橋慶喜 …………………… 223	武家諸法度 …………… 154, 191	富本銭 ………………………… 58
ヒトラー ……………… 291, 292	府県会 ……………………… 243	踏絵 ………………………… 158
ひにん ………………… 154, 155	府県制・郡制 ……………… 245	踏車 ………………………… 164
日野富子 …………………… 114	富国強兵 …………………… 235	不輸の権 …………………… 83
日比谷焼き打ち事件 ……… 254	釜山 ………………………… 161	プラッシーの戦い ………… 211
卑弥呼 ………………………… 37	武士 ………………………… 154	プラトン ……………………… 26
姫路城 ……………………… 144	富士川の戦い ………………… 89	フランク王国 ……………… 128
ひめゆり学徒隊 …… 303, 305	藤島武二 …………………… 266	フランコ …………………… 299
百姓 …………………… 141, 154	藤田東湖 …………………… 221	フランシスコ＝ザビエル
百姓一揆 ……… 177, 224, 226	武士団 …………………… 69, 84	………………………… 132, 138
百姓請 ……………………… 113	伏見城 ……………………… 144	フランス革命 ………… 199, 200
百姓代 ………………… 155, 156	藤原京 ………………………… 56	フリードリヒ大王 ………… 197
ピューリタン ………… 132, 198	藤原鎌足 ……………………… 51	古河 ………………………… 259
ピューリタン革命 ………… 198	藤原清衡 …………………… 69, 89	フルトン …………………… 203
氷河時代 ……………………… 21	藤原定家 ……………………… 95	プロシア（プロイセン）…… 207
評定衆 ………………………… 91	藤原純友 ……………………… 69	ブロック経済 ……………… 290
平等院鳳凰堂 ………………… 71	藤原種継 ……………………… 65	プロテスタント …………… 132
ピョートル大帝 …………… 197	藤原仲麻呂 …………………… 65	プロレタリア文学 ………… 286
平賀源内 …………………… 180	藤原秀衡 …………………… 69, 89	文永の役 …………………… 98, 102
平田篤胤 …………………… 179	藤原広嗣 ……………………… 65	文学界 ……………………… 265
平塚らいてう ……………… 285	藤原道長 …………………… 68, 79	文化・文政時代 …………… 180
平戸 …………………… 139, 158	藤原基経 ……………………… 68	文芸復興 …………………… 130
ピラミッド …………………… 24	藤原元命 ……………………… 68	分国 ………………………… 115
琵琶法師 ……………………… 95	藤原基衡 …………………… 69, 89	分国法 ………………… 116, 190
貧窮問答歌 …………………… 59	藤原良房 ……………………… 68	分地制限令 ………………… 156
ヒンドゥー教 ………………… 29	藤原頼通 …………………… 68, 71	文治政治 …………………… 174
貧民街 ……………………… 204	扶清滅洋 …………………… 252	文明開化 …………………… 237

さくいん（ふ〜ま）

文禄の役 ……………… 143

へ

平安京 …………………… 65
平家納経 ………………… 86
平家物語 ………………… 95
平　氏 ………… 69, 84, 85
平治の乱 ………………… 85
平城京 …………………… 57
兵農分離 ……………… 142
平　民 ………………… 234
平民社 ………………… 261
平民新聞 ………… 253, 261
平和十原則 …………… 325
北京オリンピック …… 332
北京原人 ………………… 21
北京条約 ……………… 214
百　済 ……… 37, 38, 48, 53
ヘーゲル ……………… 208
ベトナム戦争 ………… 331
ベネチア ………… 130, 131
部　民 …………………… 39
ペリー ………………… 222
ベルサイユ宮殿 ……… 197
ベルサイユ条約 ……… 277
ベルサイユ体制 ……… 278
ペルシャ ………………… 25
ペルシャ戦争 …………… 25
ベルツ ………………… 237
ベルリンの壁 ………… 332
ベルリン＝ローマ枢軸 … 299
ペレストロイカ ……… 332
ヘレニズム文化 ………… 26
ヘロドトス ……………… 26
弁　韓 …………………… 37

ほ

ボアソナード ………… 237
保安条例 ……………… 244
保安隊 ………………… 324
法　皇 …………………… 84
包括的核実験禁止条約 … 334

封建社会（ヨーロッパ）… 128
封建制度 ………………… 90
封建制度（中国）……… 30
保元の乱 ………… 85, 188
奉　公 …………………… 90
方広寺鐘銘事件 ……… 151
方丈記 …………………… 95
北条実時 ………………… 95
北条氏 …………… 116, 141
北条早雲 ……………… 115
北条時政 ………………… 91
北条時宗 ………………… 98
北条時頼 ………………… 91
北条政子 ………………… 91
北条泰時 ………………… 91
奉天の会戦 …………… 253
法　然 …………………… 94
法の精神 ……………… 198
方　墳 …………………… 38
法隆寺 …………………… 50
法隆寺金堂の壁画 ……… 56
法隆寺夢殿 ……………… 61
北　山 ………………… 107
北清事変 ……………… 252
北進論 ………………… 301
北　朝 ………………… 101
北　爆 ………………… 331
北　伐 ………………… 280
北部仏印進駐 ………… 301
北面の武士 ……………… 84
干　鰯 …………… 164, 165
戊戌夢物語 …………… 219
保守党（イギリス）… 206
戊辰戦争 ……………… 226
ボストン茶会事件 …… 201
細川勝元 ………… 114, 115
細川氏 ……… 105, 114, 115
細川重賢 ……………… 220
細川護熙 ……………… 333
ホー＝チ＝ミン ……… 320
ポチョムキン ………… 253
渤　海 …………… 48, 60
ボッカチオ …………… 131
法華宗 …………… 94, 118

ポツダム宣言 ………… 304
北方領土問題 …… 324, 331
ポーツマス条約 ……… 254
ホメロス ………………… 26
ホモ＝サピエンス ……… 21
ポリス …………………… 25
本阿弥光悦 …………… 170
洪秀全 ………………… 214
本　所 …………………… 83
本　陣 ………………… 166
本草学 ………………… 171
本多光太郎 …………… 286
本多利明 ……………… 180
本能寺の変 …………… 140
本百姓 …………… 155, 156

ま

前島密 ………………… 236
前野良沢 ……………… 179
毛沢東 …………… 295, 320
マカオ ………………… 134
枕草子 …………… 70, 71
マーシャル＝プラン … 323
磨製石器 ………………… 22
マゼラン ……………… 133
町　衆 ………………… 110
町飛脚 ………………… 166
町火消し ……………… 175
町奉行 ………………… 152
町役人 ………………… 157
松尾芭蕉 ……………… 169
マッカーサー …… 317, 318
松方デフレ …………… 259
松方正義 ……………… 244
松川事件 ……………… 319
松平定信 ……………… 178
松平治郷（不昧）…… 220
松永氏 ………………… 115
末法思想 ………………… 71
松前藩 …………… 160, 161
マニュファクチュア … 178
マニュファクチュア
　（ヨーロッパ）……… 197

さくいん（ま〜も） 389

マニラ … 134
間引き … 177
マホメット … 31, 127
間宮林蔵 … 218
マヤ文明 … 135
マリ王国 … 134
マルクス … 204, 208
マルコ゠ポーロ … 98, 133
マルタ会談 … 332
円山応挙 … 181
マレー半島 … 301
満州事変 … 294
満州人 … 213
万寿寺 … 118
マンチェスター … 203
満　鉄 … 256, 293
政　所 … 90, 105
マンモス … 34
万葉仮名 … 62
万葉集 … 62, 78, 179

み

ミイラ … 24
ミケランジェロ … 131
三島通庸 … 244
水　城 … 52
水野忠邦 … 219, 220
水呑百姓 … 155, 156
三鷹事件 … 319
三　井 … 259, 260
三井高利 … 168
密　教 … 66
三　菱 … 259, 260
水　戸 … 153
水戸藩 … 221
港　町 … 110, 168
水俣病 … 328
南アフリカ連邦 … 251
南満州鉄道株式会社 … 256, 293
源実朝 … 91, 95
源義家 … 69
源義経 … 89
源義朝 … 85
源義仲 … 89
源頼家 … 91
源頼朝 … 89
源頼義 … 69
美濃部達吉 … 286, 294
任　那→イムナ
三宅雪嶺 … 264
宮崎安貞 … 164
宮沢喜一 … 333
ミュンヘン会談 … 299
冥加金 … 167
苗　字 … 155
名　主 … 83, 93
三好氏 … 115
弥勒菩薩像（広隆寺） … 50, 51
弥勒菩薩像（中宮寺） … 50
ミロのビーナス像 … 26
旻 … 49
明 … 106
民　会 … 26
明　銭 … 106, 109
民撰議院設立の建白書 … 243, 247
民族自決 … 278
民　党 … 246
民本主義 … 286, 313

む

ムガル帝国 … 211, 215
武者小路実篤 … 286
ムッソリーニ … 291
陸奥宗光 … 250, 255
棟別銭 … 105
ムハンマド … 31, 127
むら … 36, 37
村　掟 … 113, 189
村方三役 … 155
紫式部 … 70, 71
連 … 39
村田清風 … 221
村八分 … 156
村山富市 … 334
室生寺 … 66
室町時代 … 105
室町幕府 … 105

め

明治憲法 … 245
名誉革命 … 198
明倫館 … 171
明倫堂 … 171, 182
明六社 … 237
メソポタミア文明 … 23, 24
目　付 … 152
メーデー … 285
メディチ家 … 131
目安箱 … 175
綿工業 … 202
免罪符 … 132

も

孟子 … 30
毛沢東→マオツォトン
毛利氏 … 115
毛利輝元 … 143
最上徳内 … 218
木版印刷術 … 67
モース … 237
モスク … 127
以仁王 … 89
本居宣長 … 179
モナ゠リザ … 131
物くさ太郎 … 118
物部氏 … 48
モヘンジョ゠ダロ … 28
桃山文化 … 143
森有礼 … 263
森鷗外 … 265
モリソン号 … 218, 219
モンゴル帝国 … 98
モンゴル民族 … 98
門前町 … 109, 168
問注所 … 105
モンテスキュー … 198
門　徒 … 117

文武天皇 ･･････････････････ 56
モンロー主義 ･･････････････ 278

や

八色の姓 ･･････････････････ 56
薬師寺の東塔 ･･････････････ 56
屋島の戦い ････････････････ 89
安井曾太郎 ･･････････ 286, 287
安田 ･･････････････････････ 260
柳田国男 ････････････････ 286
柳宗悦 ･･････････････････ 280
八幡製鉄所 ････････ 250, 260, 262
流鏑馬 ････････････････････ 92
山内豊信(容堂) ･･････････ 226
山県有朋 ････････････ 235, 242
山崎の戦い ･･････････････ 141
山背大兄王 ･･････････････ 51
山城の国一揆 ･･････ 114, 116
邪馬台国 ････････････････ 37
山田長政 ････････････････ 158
大和絵 ･･････････････ 70, 86
ヤマト王権 ･･････････････ 38
大和政権 ･･････････････ 38
大和朝廷 ･･････････････ 39
東漢氏 ･････････････････ 39
山名氏 ････････････ 105, 114
山名持豊 ･･････････ 114, 115
山上憶良 ････････････ 59, 62
山内上杉氏 ･･････････････ 115
山本有三 ･････････････････ 286
弥生時代 ･････････････････ 36
弥生土器 ･････････････････ 36
弥生文化 ･････････････････ 36
ヤルタ協定 ･･････････････ 303
ヤン＝ヨーステン ･･･････ 157

ゆ

友愛会 ････････････ 285, 286
郵政民営化 ････････････ 334
友禅染 ････････････････ 170
雄藩 ･･････････････････ 221
郵便制度 ･･････････････ 236

柳寛順 ･･････････････････ 280
ユグノー ････････････････ 132
湯島の聖堂 ･･････････ 174, 182
ユネスコ ････････････････ 320
ユーロ ･･････････････････ 332
袁世凱 ･･････････････ 256, 275

よ

洋学 ･･････････････････ 179
養蚕 ･･････････････････ 164
煬帝 ･･････････････････ 47, 49
横浜 ･･････････････････ 223, 236
横浜毎日新聞 ･･････････ 237
横山大観 ････････････ 266, 286
与謝野晶子 ･･･････････ 253, 265
与謝蕪村 ･･･････････････ 181
吉田兼好 ･･･････････････ 95
吉田茂 ･････････････････ 324
吉田松陰 ･･････････ 223, 225
吉野ヶ里遺跡 ･･･････････ 36
吉野作造 ･･････････ 286, 313
四日市ぜんそく ･･････････ 328
淀君 ･･････････････････ 152
世直し一揆 ･･････････････ 226
読本 ･･････････････････ 180
寄合 ･･････････････ 110, 113
ヨーロッパ共同体 ･････････ 332
ヨーロッパの火薬庫 ･･････ 274
ヨーロッパ連合 ･･････････ 332
四大公害裁判 ･･･････････ 328
四大文明 ･･･････････････ 23

ら

楽市・楽座 ･････････････ 140
楽市令 ･････････････････ 190
ラクスマン ･･････････ 179, 218
楽浪郡 ･･････････････ 30, 37
ラジオ放送 ･････････････ 287
羅針盤 ･･････ 67, 127, 131, 133
ラスコーの壁画 ･････････ 21
ラファイエット ･･･････････ 199
ラファエロ ･･････････････ 131

蘭学 ･･････････････････ 179
蘭学事始 ････････････ 193

り

柳条湖事件 ･･････････････ 294
力織機 ･･････････････････ 202
李鴻章 ････････････ 214, 250
李舜臣→イスンシン
李成桂→イソンゲ
律 ･･････････････････････ 47
立憲改進党 ････････････ 243
立憲政友会 ･･････････ 246, 284
立志社 ････････････････ 243
リットン調査団 ･･････････ 294
律令国家 ･･････････････ 56
リーフデ号 ････････････ 157
柳寛順→ユグァンスン
琉球王国 ･･･････････ 107, 160
琉球処分 ･･･････････････ 239
竜骨車 ･･････････････････ 164
柳条湖事件→リウティア
　オフー事件
令 ･･････････････････････ 47
遼 ･･････････････････････ 67
龍安寺 ････････････････ 118
両替商 ････････････････ 167
領家 ････････････････････ 83
令外の官 ･･････････････ 66
領国 ･･････････････････ 115
良民 ･･････････････････ 57
リンカン ････････････ 207, 310
臨済宗 ････････････････ 94
臨時大総統 ････････････ 256
林則徐 ････････････････ 213

る

ルイ14世 ･････････････ 197
ルイ16世 ･････････････ 199
ルイス＝フロイス ･･････ 138
ルイ＝ナポレオン ･･････ 205
ルイ＝フィリップ ･･････ 205
盧溝橋事件 ･･････････ 295